George Jonas wurde 1935 in Budapest geboren und lebt seit 1956 als Journalist und Autor in Kanada. Hauptsächlich ist er als Produzent bei der Canadian Broadcasting Corporation tätig. *Die Rache ist unser* hat Jonas in enger Zusammenarbeit mit der Hauptperson seiner Geschichte geschrieben, die aus begreiflichen Gründen anonym bleiben muß.

Vollständige Taschenbuchausgabe 1988

Titel der Originalausgabe »An Eye for an Eye«

Aus dem Englischen übersetzt von Gertrud Theiss
Umschlaggestaltung Adolf Bachmann
Umschlagfoto Studio Schmatz
Druck und Bindung Elsnerdruck, Berlin
Printed in Germany 5 4 3 2 1
ISBN 3-426-01655-9

George Jonas:
Die Rache ist unser

Ein israelisches Geheimkommando im Einsatz

Knaur®

Inhalt

So spricht der Herr Herr: Darum
daß die Philister sich gerächt haben,
und den alten Haß gebüßet nach allem
ihrem Willen am Schaden meines Volks,
Darum spricht der Herr Herr
also: Siehe, ich will meine Hand aus-
strecken über die Philister, und die
Krether ausrotten, und will die
übrigen am Ufer des Meers umbringen;
Und will große Rache an ihnen
üben, und mit Grimm sie strafen, daß
sie erfahren sollen, Ich sei der Herr,
wenn ich meine Rache an ihnen geübt habe.

Hesekiel 25, Vers 15–17
(Weissagung wider die Philister)

Vorwort

Im Herbst des Jahres 1981 fragte mich mein Verleger, ob ich an einem Treffen mit einer Person interessiert sei, die eine faszinierende Geschichte zu erzählen habe. Nach umfangreichen Vorbereitungsmaßnahmen wurde eine Begegnung in einer nordamerikanischen Kleinstadt arrangiert. Dort traf ich in einem schäbigen Büro mit einem Mann zusammen, der mir einen wichtigen Abschnitt in Israels verborgenem Kampf gegen den Terrorismus schilderte: er berichtete von der Untergrundarbeit eines Vergeltungstrupps, der den Mordanschlag auf die israelischen Sportler bei den Olympischen Sommerspielen des Jahres 1972 in München rächen sollte.
Noch bevor er sich mit mir in Verbindung setzte, hatte mein Verleger sich von der Glaubwürdigkeit dieses Mannes überzeugt. Nach unserer ersten Begegnung stellte ich meinerseits sorgfältige Nachforschungen an, die das Gutachten des Verlags bestätigten. Für uns gab es keinen Zweifel daran, daß wir es mit einem israelischen Agenten zu tun hatten, der »aus der Kälte kam«; er war unseres Wissens der erste.
Ich erklärte mich bereit, weitere Recherchen anzustellen und ein Buch über die Geschichte des Agenten zu schreiben. Im Laufe des folgenden Jahres bereiste ich mehrere Länder in Europa und dem Nahen Osten. Ich verbrachte einige Zeit in zwei Städten hinter dem ehemals sogenannten Eisernen Vorhang. Über einen längeren Zeitraum hinweg trafen mein Gewährsmann und ich an verschiedenen Orten zusammen. Auf seine Empfehlung interviewte ich sechs weitere Informanten in Deutschland, Frankreich, Israel und in den Vereinigten Staaten. Darüber hinaus führte ich Gespräche mit eigenen Kontaktpersonen – Nahostexperten, Regierungsbeamten, unparteiischen Zeugen –, die mir halfen, verschiedene Aspekte des Geschehens näher zu beleuch-

ten. Viele meiner Informanten darf ich offen nennen; andere müssen aus verständlichen Gründen anonym bleiben.
Natürlich kann ich auch die Identität meines Hauptgewährsmanns nicht preisgeben. Er traf übrigens selbst umfangreiche Sicherheitsvorkehrungen, um in dem Bestreben, sich vor unwillkommenen Nachforschungen zu schützen, nicht allein von meiner Diskretion abhängig zu sein.
Um mir das Szenarium näherzubringen, ermöglichten es mir meine Gewährsleute, ein paar unbedeutenden Kampfeinsätzen beizuwohnen. In Begleitung von Agenten, die in Europa arbeiten, konnte ich mir Einblick verschaffen in die Grundregeln der Routineüberwachung, des Kaufs und Gebrauchs gefälschter Dokumente, der Beschaffung konspirativer Wohnungen sowie der Kontaktaufnahme mit Informanten. Wenn meine Studien auch keinesfalls erschöpfend waren, so gewann ich doch aus erster Hand eine gewisse Kenntnis der Szene, über die ich zu schreiben beabsichtigte.
Die meisten Vorfälle, über die ich berichten wollte, waren zu dem Zeitpunkt, als sie sich ereigneten, von der Tagespresse in ein oder zwei Spalten abgehandelt worden. Obwohl sie offiziell nie geklärt wurden, brachte man einige von Anfang an mit der israelischen Konterguerilla in Verbindung. In mehreren jüngst veröffentlichten Büchern über internationale Terror- und Gegenterrororganisationen finden sie Erwähnung. Die nackten Tatsachen werden in verschiedenen Dokumentationen aufgeführt; so in Richard Deacons: »Der israelische Geheimdienst«, Stewart Stevens: »Die Meisterspione von Israel« sowie in David B. Tinnins und Dag Christensens: »Das Todeskommando«. Edgar O'Ballance beschreibt in groben Zügen die Ermordung mehrerer palästinensischer Terroristenführer in seinem ausgezeichneten Buch: »Die Sprache der Gewalt«. Ein gewisses Grundpotential an Informationen war also vorhanden, aber ich wollte die Zusammenhänge und Hintergründe aufdecken.
Obgleich keine Erfindungen in meine Aufzeichnungen einflossen, konnte ich nicht hoffen, den gestrengen Maßstäben des Historikers gerecht zu werden. Schließlich stützten sich einige

meiner Informationen unweigerlich auf eine einzige Quelle, die ich nicht einmal angeben durfte. Manche Details der Geschichte meines Gewährsmanns ließen sich nicht nachprüfen. Andere konnte ich verifizieren, mußte sie aber in einigen Fällen abändern, um meinen Informanten und andere Helfer zu schützen.[1]
Ein Journalist, der seinen Bericht auf vertraulichem Material aufbaut, stützt sich im Idealfall auf zwei voneinander unabhängige Quellen, die ihre Aussagen gegenseitig untermauern; diesem Anspruch konnte ich im vorliegenden Buch nicht durchgängig gerecht werden.[2] Ferner konnte ich Dialoge, von denen keinerlei Aufzeichnungen existieren, nur mit Hilfe der Erinnerungen meines Gewährsmanns rekonstruieren, unter Inkaufnahme des Risikos, daß das menschliche Gedächtnis fehlbar ist und selektiv arbeitet.

Ich beschloß, die Geschichte des Agenten so zu erzählen, als blicke ich ihm über die Schulter, und sie am Doppelanker seiner und meiner Einstellung festzumachen. Das gleiche Verfahren wendete ich auf viele andere Figuren meines Buches an. Im Gegensatz zur Ich-Erzählung gab mir dieses Stilmittel die Möglichkeit, die Ereignisse mit den Augen meiner Informanten zu sehen – in manchen Fällen meine einzigen Zeugen –, ohne jedoch ihren Blickwinkel unkritisch übernehmen zu müssen. Wie ein Geschworener konnte ich aus dem vorliegenden Material meine Schlüsse ziehen.

Natürlich sind viele Aspekte dieser Geschichte zusätzlich an Belegen aus der Sekundärliteratur verankert. Die jeweiligen Quellen sind im Text bzw. in den Anmerkungen gekennzeichnet, entsprechend den üblichen Gepflogenheiten bei der Aufbereitung zeitgeschichtlicher Fakten für ein breites Lesepublikum. Wenn meine Darstellung der früherer Publikationen widerspricht – was manchmal der Fall ist –, so stelle ich die Varianten jeweils zur Diskussion.

Da dieses Buch zweifellos Fragen aufwirft, die von den Experten unterschiedlich beantwortet werden, halte ich es für angemessen, den Leser kurz mit meiner persönlichen Einstellung vertraut zu machen.

Wie die meisten Menschen lehne ich politischen Terror ab, ja ich verwerfe die zynische These, daß der Mörder des einen der Befreier eines anderen sei. Terroristen werden nicht durch ihre politischen Ziele, sondern durch die Mittel charakterisiert, deren sie sich bedienen.[3]

Dennoch unterliege ich nicht dem weitverbreiteten Irrtum, Terrorismus sei wirkungslos. Ich halte eine solche Ansicht für bloßes Wunschdenken. Nicht nur Terrorakte verfehlen häufig das angestrebte Ziel, sondern auch konventionell geführte Kriege, diplomatische oder andere politische Bemühungen. Mit dieser Fehlargumentation könnte man genauso gut Krieg und Diplomatie für wirkungslos erklären. Ich bin ganz einfach der Meinung, daß Terrorismus verbrecherisch ist, gleichgültig, ob er Erfolg hat oder nicht.

Auch die Konterguerilla fordert Blutvergießen, und so erheben sich unweigerlich eine Reihe ethischer Bedenken angesichts der Geschichte eines Mannes, der – wenn auch im Auftrag seiner Regierung – mit eigener Hand zwölf Menschen getötet hat; sieben davon vorsätzlich und kaltblütig. Ich maße mir nicht an, diesen Gewissenskonflikt hier auszudiskutieren. Soweit die daraus resultierenden Fragen überhaupt beantwortet werden können, geschieht das durch die Gesamtschau des Buches.

Im Konflikt zwischen Israel und seinen Feinden stehe ich auf seiten Israels, und zwar – abgesehen davon, daß ich Jude bin – aus zwei Gründen. Zum einen erscheint mir eine liberale Demokratie die beste aller möglichen Staatsformen, und im Nahen Osten kommt Israel einer solchen Demokratie am nächsten. Zum zweiten hat Israel sich während der Dauer des Nahost-Konflikts nach wesentlich höheren ethischen Maßstäben gerichtet als seine Gegner; wenngleich eingeräumt werden muß, daß sein moralischer Ruf in letzter Zeit nicht mehr ganz makellos ist. Ich bringe dem Anliegen der Palästinenser durchaus Teilnahme entgegen, aber ich habe kein Verständnis für diejenigen, die ihre Interessen mit Terrorakten durchzusetzen suchen.

Toronto, Juni 1983

George Jonas

Prolog

München
Im Vergleich zu der herkömmlichen, eleganten Linienführung, die die meisten modernen Infanteriewaffen auszeichnet, wirkt die Kalaschnikow massiv und gedrungen. Die AK-47, wie ihre offizielle Bezeichnung lautet, wurde angeblich von einem sibirischen Bauern erfunden. So will es zumindest die Legende, die sich um diese in der internationalen Terrorismusszene am häufigsten verwendete Waffe rankt. Die Kalaschnikow ist robust und einfach konstruiert. Sie wird in zwei Ausführungen hergestellt. Mit Holzschaft erreicht sie eine Gesamtlänge von 87 cm, mit Metallschulterstütze mißt sie 85 cm. Die mattgraue Metallkonstruktion zwischen Griff und Schaft enthält Verschlußstück und Abzugsmechanismus sowie das Magazin, das in sanfter Abwärtsneigung nach vorn gerichtet ist. Die Magazinkapazität beträgt 30 Patronen vom Kaliber 7,62, Bleigeschosse mit einem spitzen Stahlkern. Die theoretische Feuergeschwindigkeit beträgt 600 Schuß pro Minute. Bei Dauerfeuereinstellung erreicht die Kalaschnikow eine Schußfrequenz von 100 Patronen pro Minute. Die AK-47 wird von den Staatsarsenalen der Sowjetunion hergestellt, aber auch in Lizenz unter verschiedenen Namen in anderen Ostblockländern fabriziert. Auf kurze Entfernung kann das leichte Sturmgewehr einen Menschen buchstäblich in Stükke reißen.
Am 5. September 1972 wurden mehrere Exemplare der AK-47 aus ihren ölverschmierten Schutzhüllen gezerrt und den acht Terroristen des »Schwarzen September« ausgehändigt, die sich auf dem Weg zur Connollystraße 31 befanden, dem Quartier der israelischen Mannschaft im Münchner Olympischen Dorf.
Die Fedajin (der arabische Terminus bedeutet: »die sich Opfernden«, und wird häufig von islamischen Freischärlern zur Be-

zeichnung ihrer jeweiligen Organisation verwandt) wurden zum erstenmal gesichtet – freilich ohne daß man ihre Absicht erriet –, als sie sich gegen vier Uhr morgens an dem fast zwei Meter hohen Drahtzaun am Kusocinskidamm zu schaffen machten. Sie betraten das Olympische Dorf knapp fünfzig Meter von der Unterkunft der israelischen Sportler entfernt. Eine so kurze Strecke kann selbst bei langsamem und vorsichtigem Anschleichen in ein bis zwei Minuten zurückgelegt werden. Doch es war bereits 4 Uhr 25, als die Terroristen mit einem Hauptschlüssel die Flurtür des Apartments Nr. 1 in der Connollystraße 31 öffneten. Ob sie innerhalb des Olympiadorfes Komplizen hatten, konnte nicht geklärt werden.[1]

Yossef Gutfreund, Ringerschiedsrichter und ein Riese mit fast 125 Kilo Lebendgewicht, hörte die Eindringlinge als erster. Einen Augenblick lang glaubte er, sein Zimmernachbar, der Ringertrainer Moshe Weinberger, der Nachtausgang hatte und mit einem eigenen Schlüssel unterwegs war, kehre ins Quartier zurück. Doch die Stimmen der Araber, die hinter der Tür miteinander flüsterten, belehrten ihn gleich darauf, daß Gefahr im Anzug sei. »Gefahr!« rief er denn auch auf Hebräisch, um seinen zweiten Zimmergenossen zu warnen, ehe er sich mit voller Wucht gegen die Tür warf, die sich einen Spaltbreit geöffnet hatte.

Sekundenlang stemmten sich die acht Araber vergeblich gegen die von Gutfreund blockierte Tür. Der enorme Kraftaufwand beider Seiten verbog sowohl das Türgewände als auch die Metallangeln. Der Kampf dauerte lange genug, um Gutfreunds Teamkameraden, dem Gewichthebertrainer Tuvia Sokolovsky, die Flucht durchs Fenster zu ermöglichen.

Vier weitere Bewohner des Apartments Nr. 1 hatten nicht soviel Glück. Leichtathletiktrainer Amitzur Shapira, Fechter Andrei Spitzer, Schützentrainer Shorr Kehat und Gewichtheber-Punktrichter Yacov Springer wurden mit vorgehaltener Waffe bedroht. Durch Schläge und Fußtritte suchten die Araber sie dazu zu bewegen, den Aufenthaltsort der übrigen Israelis preiszugeben. Die Fedajin boten den vier Männern die Freiheit, falls sie dem Terrorkommando Zutritt zu den Unterkünften ihrer Kameraden

verschafften. Gutfreund ein solches Anerbieten zu unterbreiten versuchten die Freischärler erst gar nicht. Vielmehr fesselten sie ihn so brutal, wie ihre biblischen Vorfahren, die Philister, einst den gefangenen Samson in Ketten legten.
Als die Israelis jegliche Unterstützung verweigerten, beschlossen die Terroristen, das Haus Connollystraße 31, das außer der israelischen auch die Olympiamannschaft Uruguays und Hongkongs beherbergte, auf eigene Faust zu durchsuchen. An den Apartments 2, 4 und 5, in denen acht israelische Sportler wohnten,[2] liefen sie vorbei, aber im Apartment Nr. 3 nahmen sie sechs Athleten gefangen. Es waren die Ringer Eliezer Halfin, Mark Slavin und Gad Zobari sowie die Gewichtheber David Marc Berger, Zeev Friedman und Yossef Romano. Bevor es den Fedajin gelang, ins Apartment Nr. 3 einzudringen, mußten sie freilich erst mit Ringertrainer Moshe Weinberger fertigwerden, der gerade von seinem Nachtausgang zurückgekehrt war und die Connollystraße entlangschlenderte.
Weinberger hatte etwa Gutfreunds Statur und war ein ebenso zäher Bursche wie sein Teamkamerad. Er schlug einen der acht Terroristen k. o., und wurde sogar durch einen Schuß ins Gesicht nur für kurze Zeit bezwungen. Weinberger war schwer verwundet, doch er gab nicht auf. Als die Araber die Bewohner des Apartments 3 überwältigt und gefesselt hatten und sie über die Connollystraße zurück zum Apartment 1 trieben, suchte Gad Zobari, Ringer im Leichtgewicht, sein Heil in der Flucht. Die Fedayin jagten ihm einige Salven hinterher, doch der drahtige kleine Sportler tauchte gewandt im Zickzack unter dem Kugelhagel weg und brachte sich in Sicherheit. Weinberger nutzte diesen Zwischenfall und verpaßte dem Terroristen neben ihm einen so gewaltigen Kinnhaken, daß der Mann mit gebrochenem Kiefer bewußtlos zu Boden sank. Gleich darauf wurde Weinberger von mehreren Schüssen in die Brust getroffen und brach zusammen.
Gewichtheber Yossef Romano und sein Teamkamerad David Marc Berger waren die nächsten, die einen Fluchtversuch wagten. Bevor die Terroristen sie fesseln konnten, versuchten die

beiden, durchs Küchenfenster des Apartments Nr. 1 zu entkommen. Als sich ihnen ein Palästinenser in den Weg stellt, reißt Romano ein Messer vom Küchentisch und stößt es dem Angreifer in die Stirn. Vor Schmerz wie gelähmt, taumelt der Araber zurück, aber schon springt ein anderer vor und feuert das gesamte Magazin seiner Kalaschnikow aus nächster Nähe auf Romano ab. Der Gewichtheber fällt zu Boden. Als die Rettungsmannschaften am nächsten Tag seinen Leichnam fortschaffen wollen, bricht der Körper über der Taille auseinander.

Weinberger hatte indessen den Kampf noch nicht aufgegeben. Statt davonzukriechen, sobald er wieder zu sich kam, schlich der Ringertrainer auf allen vieren ins Apartment 1, entschlossen, es noch einmal mit den Terroristen aufzunehmen. Als der blutige Koloß ihnen entgegenwankte, waren die Fedayin einen Augenblick lang starr vor Entsetzen. Weinberger gelang es, einen Palästinenser mit der Faust niederzustrecken und einem anderen mit dem Küchenmesser den Arm aufzuschlitzen, ehe ein Kopfschuß ihn tötete.

Es war jetzt fünf Uhr morgens. Binnen fünfundzwanzig Minuten hatte das Terrorkommando des »Schwarzen September« zwei israelische Sportler getötet und neun Geiseln genommen. Zwei Israelis konnten fliehen. Acht weitere, die im selben Gebäude untergebracht waren, blieben von den Terroristen nicht unentdeckt.

Während des fünfundzwanzig Minuten dauernden Kampfes erhielten die Sicherheitsorgane des Olympischen Dorfes nur unklare Meldungen über »irgendeinen Tumult« in der Connollystraße 31. Man sah darin keinen Grund zur Beunruhigung. Die meisten Sportler und Funktionäre lagen noch in tiefem Schlaf. Die Rufe und Schüsse draußen wechselten immer wieder mit Ruhepausen. Diejenigen, die von dem Lärm erwachten, konnten seine Ursache nicht gleich erkennen. Sie lauschten einen Moment ins Dunkel, und als alles still blieb, schliefen sie wieder ein. Die wenigen, die aufstanden und nachsahen, bemerkten nichts Verdächtiges. Irgendeinen Anlaß zum Feiern gab es im Dorf fast jede Nacht. Man war daran gewöhnt, daß noch zu später Stunde das Krachen von Feuerwerkskörpern, Lachen und Singen von den Häuserwänden widerhallten. Viele schläfrige Nachbarn der israelischen Mannschaft hielten den Tumult nebenan für solch ein lärmendes Fest.

Ein Sicherheitsbeamter kam um 4 Uhr 55 auf seiner Runde vorbei. Als er den vermummten Terroristen vor dem Haus Connollystraße 31 erblickte, griff er nach seinem Walkie-talkie und murmelte: »Was soll das heißen?« Wortlos verschwand der Araber im Gebäude.

Inzwischen hatten die beiden geflüchteten Israelis Alarm geschlagen, der eine im Quartier der südkoreanischen Mannschaft, der andere von der Unterkunft der Italiener aus. Innerhalb der nächsten 30 Minuten wurden den Behörden die Forderungen der Terroristen, die mit Schreibmaschine in englischer Sprache verfaßt waren, in mehreren Kopien zugeleitet. Im Olympiadorf warfen die Fedayin Moshe Weinbergers Leiche auf die Straße hinaus.

Das Terrorkommando forderte die Freilassung von 234 Gefangenen des »Israelischen Militärregimes«, deren Namen in den Kopien aufgeführt waren. Die Liste benannte ferner einige in der Bundesrepublik Deutschland inhaftierte Terroristen, unter ihnen die Anführer der Baader-Meinhof-Bande, Ulrike Meinhof und Andreas Baader, die die deutsche Polizei im Juni dieses Jahres festgenommen hatte. Die Fedajin verlangten drei Flugzeuge, die sie nach Erfüllung ihrer Bedingungen an einen »sicheren Ort« bringen sollten. Dort versprachen sie die israelischen Sportler freizulassen. Sie gaben den Behörden bis 9 Uhr morgens Zeit, ihre Forderungen einzulösen. Andernfalls würden die Geiseln »einzeln oder auf einen Schlag« hingerichtet.

Es folgte das übliche Tauziehen. Regierungsmitglieder von hohem Rang boten sich zum Tausch gegen die Geiseln an – eine mutige Geste, zu der sich ein Bundes- und ein bayerischer Minister, der Bürgermeister des Olympischen Dorfes, ein ehemaliger Bürgermeister der Stadt und der damalige Polizeichef von München bereit erklärten. Doch die Fedajin gingen nicht auf den Tauschhandel ein. Das Ultimatum wurde auf 12 Uhr mittags verlängert. Bundeskanzler Willy Brandt konferierte in einem zehnminütigen Telefongespräch direkt mit Israels Premierministerin Golda Meir. Das Ergebnis dieser kurzen Konsultation war vorauszusehen. Israels Haltung gegenüber Terroranschlägen war hinlänglich bekannt: Nie und unter keinen Umständen darf mit Terroristen ein Abkommen getroffen werden.

Obwohl die Deutschen nicht versuchten, öffentlich Druck auf Israel auszuüben, sprechen vielerlei Anzeichen dafür, daß sie die unerbittliche Haltung der israelischen Regierung für übertrieben und gefährlich hielten. Warum wollte man nicht wenigstens ein Dutzend der gefangenen Fedajin freilassen? Damit würden die Terroristen ihr Gesicht wahren, die Geiseln freigeben und München verlassen. Die Deutschen ihrerseits waren bereit, Ulrike Meinhof und Andreas Baader an die Palästinenser auszuliefern, wie sie bereits in einem frühen Stadium der Verhandlungen betonten.

Die Gespräche wurden fortgeführt. Die Terroristen verlängerten das Ultimatum Schritt für Schritt auf 21 Uhr. Sie reduzierten ihre Forderungen im Laufe der Verhandlungen auf ein Flugzeug, das sie und ihre Geiseln nach Kairo bringen sollte. Dort drohten sie die Sportler zu erschießen, falls die israelische Regierung auf ihrer Weigerung beharrte, die gefangenen Palästinenser auszuliefern. Dies war ein weiteres Zugeständnis der Fedajin, die ursprünglich geschworen hatten, die Geiseln an Ort und Stelle zu erschießen, wenn ihre Kameraden nicht vor ihrem Abflug aus München auf freien Fuß gesetzt würden.

Um 20 Uhr brachte man den Palästinensern und ihren Gefangenen Verpflegung. Bundeskanzler Brandt beklagte in einem Fernsehauftritt den tragischen Zwischenfall und gab der Hoffnung auf eine gütliche Lösung Ausdruck, sprach sich aber gleichzeitig gegen den vorzeitigen Abbruch der Olympiade aus, den die israelische Regierung zu Ehren der beiden ermordeten Sportler gefordert hatte. Aus Brandts Sicht wäre ein solcher Schritt gleichbedeutend mit einem Sieg der Terroristen gewesen. Dieser Standpunkt war gewiß verständlich, wenngleich man umgekehrt auch die Fortsetzung der Spiele, die angeblich Frieden und Brüderlichkeit symbolisieren, als Triumph des Terrors hätte werten können. Zumindest wehten am Nachmittag die Flaggen aller Wettkampfnationen auf halbmast; allerdings nur bis zu dem Zeitpunkt, da eine Delegation zehn arabischer Länder gegen diese Anordnung protestierte, worauf die Deutschen sich fügten und die Fahnen wieder hochzogen.

Um 22 Uhr 20 starteten zwei Hubschrauber vom Oberwiesenfeld in der Nähe des Olympiadorfes und nahmen Kurs auf den Militärflughafen Fürstenfeldbruck. Ein VW-Bus hatte die acht Fedayin und ihre neun Geiseln zu den Helikoptern gebracht. Obwohl die bundesdeutschen Behörden, in völligem Einverständnis mit der israelischen Regierung, beschlossen hatten, die Terroristen nicht mit ihren Opfern nach Kairo entkommen zu lassen, wurde den Palästinensern während der Autofahrt kein Hinterhalt gelegt. In der Rückschau könnte man urteilen, damit sei die sicherste Chance zur Befreiung der Geiseln verpaßt worden; doch hinterher ist man bekanntlich immer klüger.

Nach der Landung auf dem Flughafen Fürstenfeldbruck, etwa 20 Kilometer Luftlinie vom Zentrum der Stadt München entfernt, überstürzten sich die Ereignisse. Fünfzehn Minuten nach dem Start, um 22 Uhr 35, gingen die beiden Hubschrauber knapp hundert Meter neben einer Düsenmaschine vom Typ Boeing 727 nieder, die scheinbar für den Start der Araber und ihrer Gefangenen vorbereitet wurde. Vier der israelischen Olympiateilnehmer waren im ersten, fünf im zweiten Helikopter gefesselt. Vier Fedajin kletterten aus den Maschinen, um das Flugzeug zu inspizieren. Minuten später eröffneten deutsche Scharfschützen – bei ungünstigen Lichtverhältnissen und aus großer Entfernung – das Feuer.

Die Terroristen wurden getroffen, schossen aber zurück. Die vier deutschen Besatzungsmitglieder der Hubschrauber versuchten, aus dem Schußfeld zu fliehen. Zweien gelang es. Die beiden anderen gerieten ins Kreuzfeuer und wurden schwer verletzt. Die Israelis konnten sich nicht rühren. Sie waren mit verbundenen Augen an ihre Sitze gefesselt.

Überraschenderweise töteten die Fedajin sie nicht sofort. Viel-

leicht fürchteten sie, dadurch ihren letzten Trumpf zu verspielen. Oder sie hatten genug damit zu tun, das Feuer der Scharfschützen zu erwidern und den gegnerischen Kugeln auszuweichen. Möglicherweise widerstrebte es ihnen aber auch, neun völlig wehrlose Männer zu erschießen; selbst die gewissenlosesten Mörder haben angeblich eine solche Hemmschwelle. Der wiederholten Aufforderung der Deutschen, sich zu ergeben, kamen die Terroristen nicht nach, obgleich sie wissen mußten, daß sie dadurch ihr Leben hätten retten können.
Der Feuerwechsel dauerte 57 Minuten an. Als es um Mitternacht immer noch nicht gelungen war, die Palästinenser aus ihren Stellungen unter den Hubschraubern zu vertreiben, beschlossen die Deutschen, deren Schußfeld durch die Geiseln eingeengt wurde, im Schutz von sechs Panzerwagen eine Infanterieattacke zu wagen. Der Angriff hatte kaum begonnen, da schleuderte ein Terrorist eine Handgranate in den Hubschrauber mit den fünf Geiseln. Die Maschine ging sofort in Flammen auf. In Sekundenschnelle erschossen zwei andere Araber die übrigen vier Geiseln im zweiten Helikopter.
Hätte man den Angriff der Infanterie nur noch um einige Minuten hinausgezögert, wären Zeev Friedman, Yacov Springer, Eliezer Halfin und der gigantische Yossef Gutfreund vielleicht am Leben geblieben. Den vier israelischen Sportlern war es nämlich gelungen, ihre Fesseln so weit zu lockern – an den Knoten der dicken Stricke, mit denen sie an ihre Sitze gebunden waren, fanden sich Bißspuren –, daß sie sich schon bald hätten befreien und die beiden Terroristen vor dem Hubschrauber unschädlich machen können. Was Amitzur Shapira, David Marc Berger, Andrei Spitzer, Mark Slavin und Shorr Kehat getan hätten, ließ sich nicht einmal mehr vermuten. Ihre Leichen waren bis zur Unkenntlichkeit verkohlt.
Zwei der fünf überlebenden Fedajin setzten den Kampf fort. Fünfzehn Minuten später gelang es den Einheiten der Polizei und des Bundesgrenzschutzes, einen von ihnen zu töten.Es war Essafadi oder »Issa«, der einen Hubschrauber mit der Handgranate in die Luft gejagt hatte. Gleichzeitig nahmen die Deutschen

einen schwer verwundeten Terroristen namens Badran gefangen. El-Denawi und »Samir« Talafik wurden ebenfalls festgenommen. Sie stellten sich tot, waren aber in Wahrheit unverletzt.
Am längsten leistete ein drahtiger Kettenraucher namens Tony Widerstand, der sich gern als »Guevara« ansprechen ließ. Welche menschlichen Qualitäten diesem Mann auch fehlen mochten, an Wagemut mangelte es ihm nicht. Tony[3] hielt den Deutschen noch eine Stunde lang stand und erschoß einen Polizeimeister. Um 1 Uhr 30 wurde er schließlich umzingelt und getötet. Der schreckliche Kampf war vorbei.
Am nächsten Tag wurden die Olympischen Spiele fortgesetzt. In diesem Jahr errang die Sowjetunion 50 Goldmedaillen. Die USA belegten mit 33 den zweiten Platz.

Teil 1
Ein Agent wird geboren

I

Avner

Avner brauchte den braunen Umschlag nicht erst zu öffnen, um zu erfahren, was in dem Brief stand. Zumindest wußte er, wer ihn geschrieben hatte und warum. In einem solchen Fall konnte er sich uneingeschränkt auf seinen sechsten Sinn verlassen – ein Glück für Avner, denn seine übrigen Sinne waren nur mittelmäßig ausgebildet. Sein Sehvermögen etwa genügte zwar den Anforderungen des normalen Alltagslebens durchaus, doch in seinen Traumberufen – Avner wünschte sich abwechselnd, ein brillanter Kampfflieger oder Meister im Tontaubenschießen zu sein – hätte er es damit nicht weit gebracht. Er hatte auch kein besonders gutes Gehör, und seinen Händen fehlte es an Geschicklichkeit, um einen wirklich guten »Handwerker« aus ihm zu machen. Auf seinen sechsten Sinn hingegen konnte er mit Recht stolz sein.

Für gewöhnlich enthielten braune Umschläge wie der, den Avner jetzt unschlüssig musterte, Anschreiben der israelischen Regierung. Doch während jede öffentliche Behörde, selbst die Armee, sich durch irgendeinen Stempel auf dem Kuvert auszuweisen pflegte, trug dieser Brief keinerlei Absender.

Das Schreiben umfaßte nicht mehr als fünf Zeilen, getippt auf einer alten hebräischen Schreibmaschine, deren »m« defekt war. Falls Avner an einem Job interessiert sei, unterbreitete der Absender ihm folgenden Vorschlag: »Kommen Sie zur Ecke Frishman- und Dizengoff-Straße in Tel Aviv.« Es folgten der genaue Zeitpunkt für die Begegnung, der Name eines Cafés und eine Telefonnummer, unter der Avner sich melden solle, falls er generell ablehnen oder lediglich den Termin ändern wolle. Die Unterschrift lautete: »Mit freundlichen Grüßen, Moshe Yohanan«. Der Name sagte ihm überhaupt nichts.

Avner erhielt diesen Brief Anfang Mai 1969. Er war gerade zweiundzwanzig, gesund und durchtrainiert. Er gehörte zu den *sabras,* wie man die im Lande geborenen Israelis nennt. Wie die meisten seiner Mitbürger hatte er im Sechs-Tage-Krieg gekämpft. Vor kurzem war sein Militärdienst in einer Elitetruppe beendet gewesen und er im Rang eines Hauptmanns der Reserve aus der Armee ausgeschieden. In seiner Spezialeinheit war das freilich nichts Ungewöhnliches; Avner hatte beim Fledermausflügel-Kommando als Froschmann gedient.

»Right on«, murmelte er vor sich hin, als er den Brief in den Umschlag zurücksteckte und hinaufging, um zu duschen. Diese beiden Eigenarten – mitten am Tag zu duschen und auf englisch *right on* zu sagen – waren typisch für Avner. Es gab gewiß nicht viele junge Männer in der Armee, die sich die Mühe machen würden, aus einer leeren Orangenkiste, ein paar Metern Bindfaden und einem alten Eimer eine transportable Dusche zu basteln. Avner jedoch band seine vorsintflutliche Konstruktion seelenruhig an einem Panzer fest und nahm sie zum Manöver in die Wüste mit, worüber seine Kameraden sich halb totlachten. Unberührt von ihrem Spott, schleppte Avner noch eine zweite Apfelsinenkiste mit in den Negev. In ihren Boden hatte er sorgfältig ein kreisrundes Loch geschnitten und sie so zu einem handlichen Nachtgeschirr umfunktioniert. Avner hatte nicht vor, sich wie ein Affe in den Sand zu kauern und die Mistkäfer auf seinem Hintern herumkrabbeln zu lassen.

Er war durchaus nicht der Ansicht, daß Sauberkeit das Wichtigste im Leben sei, er war nur einfach ein reinlicher Mensch und sah keinen Grund, sich deswegen zu schämen. Hätte er sich genieren sollen, weil er möglicherweise der einzige Soldat der gesamten israelischen Armee war, der sein Marschgepäck bei der Entlassung in ebenso untadeligem Zustand wieder ablieferte, wie man es ihm vor vier Jahren ausgehändigt hatte?

Gewiß, sein Ordnungssinn war leicht übertrieben, aber der Hang zur Übertreibung gehörte nun einmal zu Avners Wesen. Mit dieser Neigung hing übrigens auch sein Amerika-Tick zusammen. Avner war noch nie in den Vereinigten Staaten gewesen, doch seine Mutter behauptete, sein erstes Wort als Baby sei nicht »Mama« oder »Papa« gewesen, sondern »Amerika«. Das war 1947, also fast ein Jahr vor der offiziellen Gründung des Staates Israel – wahrscheinlich nur so eine Geschichte, aber auf Avner paßte sie ausgezeichnet. Als er alt genug war, um ins Kino zu dürfen, gab es für ihn nichts Schöneres, als sich in einer Nachmittagsvorstellung aus den verlassenen, von der Sonne ausgedörrten Straßen Rehovots fortzuträumen in die Welt seiner Phantasie. Lana Turner, John Wayne, Rita Hayworth – das waren seine Idole.

Im Kino schnappte Avner die ersten Brocken Englisch – oder besser gesagt Amerikanisch – auf, und wie viele Israelis übernahm er sie begeistert in sein Vokabular und benutzte sie eifrig, wenn auch grammatisch nicht immer korrekt. Im Gegensatz zum Englischunterricht in der Schule vermittelten die amerikanischen Filme eine Sprache, die man nicht nur spürte und auf der Zunge schmeckte, sondern durch die man sich verwandelte. Alles klar, Mister, ich bin vom FBI.

Inzwischen erinnerte sich Avner natürlich nur noch selten an diese Kindheitsphantasien. Jetzt war er ein Mann und vollauf damit beschäftigt, lebenswichtige Entscheidungen zu treffen. Seine Militärzeit war abgelaufen. Seine Vorgesetzten hatten ihn aufgefordert, gebeten, ja angefleht und beschworen, seinen Entschluß zu ändern. Umsonst. Vier Jahre waren genug, das stand für Avner fest. So weit, so gut, aber was nun? Sollte er sich eine Anstellung suchen oder Shoshana heiraten oder vielleicht ein Studium beginnen?

Avner kam aus der Dusche, trat vor den Spiegel und warf einen kurzen Blick auf seinen geschmeidigen, tiefgebräunten Körper, ehe er sich ein Badetuch um die Hüften schlang. Er glich seinem Vater, wenn dieser auch größer und hellhaariger war. Allerdings hatte Papa sich sehr verändert in letzter Zeit und war erstaunlich rasch gealtert. Eigentlich kein Wunder, wenn man bedenkt, was er durchgemacht hat, sinnierte Avner. Sein Haar war fast weiß geworden, seine Muskeln in kraftlose Fettpolster verwandelt und seine Stimmung – nun ja, er hatte gute und schlechte Tage.

Vater mußte etwas mit dem braunen Umschlag zu tun haben, der drüben auf dem Badezimmerhocker lag. Natürlich nicht direkt, davon war Avner fest überzeugt. Vater würde nie mit denen über ihn sprechen. Im Gegenteil, wenn er ihre Absichten ahnte, würde er versuchen, sie aufzuhalten: »Meinen Sohn kriegen die nur über meine Leiche.«

Avner hatte nicht vor, seinem Vater von dem Brief zu erzählen. Er konnte dieses Angebot selbst ablehnen. Schließlich hatte er vor ein paar Monaten ja auch die Leute vom Aman[1] allein abgewimmelt. »Schön, ist ja verständlich, daß Sie nicht aktiver Soldat bleiben wollen«, hatten die vom Geheimdienst gesagt. »Aber wie wär's mit dem militärischen Nachrichtendienst?« Nein, danke.

Zu Moshe Sowieso mit seinem braunen Umschlag würde er ebenfalls nein sagen. Aber zu dem vorgeschlagenen Treffpunkt würde er trotzdem gehen. Er mußte ohnehin am Montag nach Tel Aviv, um Shoshana abzuholen. Bei der Gelegenheit würde er die Leute mal in Augenschein nehmen und sich anhören, was sie zu sagen hatten. Das konnte schließlich nicht schaden.

Avner hatte vor zwei Monaten seine Bewerbung bei El Al, der staatlichen Fluglinie, eingereicht. Obwohl es allgemein hieß, dort unterzukommen sei unmöglich, war es ihm zumindest gelungen, seine Papiere vorzulegen, und zwar mit Hilfe einer Tante, deren Bekannter eng befreundet war mit einem Vorstandsmitglied. Er hatte allerdings keine Chance, als Pilot aufgenommen zu werden, denn ihm fehlte die nötige Vorbildung für die erforderlichen Tests, und außerdem rekrutierten sich die Piloten ohnehin aus den ehemaligen Angehörigen der Luftwaffe. Aber wer bei El Al angestellt war, arbeitete immerhin für eine Fluglinie, und wenn auch nur als Steward oder beim Bodenpersonal. Der Gedanke an einen Posten bei der El Al weckte die Hoffnung, reisen zu können, wieder einmal aus Israel herauszukommen und neue Eindrücke der wundervollen Welt zu gewinnen. Wer weiß, vielleicht treff ich auch 'n paar alte Kumpel aus der Grundausbildung, die später zur Luftwaffe gingen und jetzt für El Al fliegen. Die lassen mich dann eines Tages vielleicht sogar 'ne Landung probieren oder wenigstens 'n Start. Avner hockte sich, in sein Badetuch gehüllt, auf den Klodeckel und simulierte eine Bilderbuchlandung mit einer Boeing 707. Es war phantastisch. Federleicht setzten die riesigen Räder des gewaltigen Jets auf der Piste auf. Kein Wunder! Avner übte seit seinem zehnten Lebensjahr Landungen im Badezimmer. Er rollte die Boeing zum Hangar, putzte sich die Zähne und zog sein Hemd an. Mutter machte irgendwo einen Besuch. Shoshana war in Tel Aviv. Avner überlegte, ob er den Bus nehmen und zu seinem Vater hinausfahren sollte. Vielleicht könnte ich mir seinen alten Citroën ausleihen? Für den Bus müßte mein Geld gerade noch reichen. In Israel war es samstags ohnehin schwer, Geld auszugeben, denn sämtliche Vergnügungsstätten hatten Ruhetag. Das einzige, was man hierzulande am Samstag, am Sabbat, unternehmen konnte, war ein Restaurantbesuch, bei dem man allerdings mit kalten Sandwiches vorliebnehmen mußte. Es wäre schön, am Montag Shoshana in Vaters Citroën abzuholen, auch wenn der Wagen die altmodischste Mühle im Nahen Osten war. Jedenfalls wäre es angenehmer, Shoshana mit dem Auto heimzubringen, als gemeinsam zu trampen, obgleich es ihr nichts ausmachte, per Anhalter zu fahren. Shoshana sah mit ihrer schlanken Figur, dem durchsichtigen Teint, ihrem honigblonden Haar und den ebenmäßigen, aristokratischen Zügen, die an eine ägyptische Statue erinnerten, zwar aus, als stamme sie aus königlichem Geblüt, doch im Herzen war sie eine waschechte *sabra.* Sie kannte keine Schwäche und war nicht die Spur verwöhnt. Avner hatte sich in der Wortwahl vergriffen, damals, als er sie bei ihren Eltern zum ersten Rendezvous abholte. Sie waren einander am Abend zuvor im Hause eines gemeinsamen Freundes begegnet, und er hatte ihren Namen vergessen. Ihre kleine Cousine öffnete ihm die Tür.

»Ja?«

»Ist die Prinzessin da?«

Abgesehen von ihrem Äußeren war das keineswegs die treffende Bezeichnung für Shoshana. Die Prinzessin? Das Kind verstand nicht, was Avner meinte. Um ein Haar hätte die Kleine ihm die Tür vor der Nase zugeschlagen, doch kam zum Glück Shoshana die Treppe herunter. Avner hätte womöglich nicht gewagt, ein zweites Mal zu läuten.

Sie hatte erwartet, daß er sie ins Kino einladen würde, aber er mußte noch am selben Abend zurück in die Kaserne. Er war gerade erst in die Einheit aufgenommen worden und dachte nicht daran, seine Karriere aufs Spiel zu setzen, Prinzessin hin, Prinzessin her.

»Wieso mußt du denn schon heute zurück?« hatte sie ihn gefragt. »Die andern Jungs haben doch alle bis Sonntag frei.«

»Tja, in meiner Einheit ist das nun mal anders.«

»Also schön, komm, wir gehn spazieren.«

Und das taten sie dann auch. Shoshana war damals erst siebzehn, doch sie war klug genug, ihm keine weiteren Fragen zu stellen. In Israel fragte man nicht viel, wenn es sich um die Armee handelte. Und Shoshana fragte erst recht nicht. Kein einziges Mal.

Ihre Treffen verliefen weiterhin so wie jenes erste. Wann immer er ein paar Tage frei hatte, unternahmen sie Spaziergänge oder gingen gemeinsam ins Kino. Im Schnitt einmal im Monat. Das machte über den Daumen gepeilt zehn Rendezvous pro Jahr, also vierzig während der vier Jahre seiner Militärzeit. Zwanzig Spaziergänge, zwanzig Kinobesuche. Sobald er einen Urlaubsschein bekam, trampte Avner am Freitagabend nach Rehovot zu seiner Mutter. Wenn er dort zwischen dreiundzwanzig Uhr und Mitternacht eintraf, sagte er bloß: »Hallo, Mama, ich bin wieder da«, lehnte seine Uzi an die Wand und fiel erschöpft ins Bett. Freilich erst, nachdem er seine Kleider sorgfältig aufgehängt hatte.

Jetzt aber war er aus der Armee entlassen und mußte sich um seine Zukunft kümmern. Es gab eine einfache Lösung, die den meisten Freunden als natürlich und naheliegend erschienen wäre. Diese Möglichkeit lag gleich um die Ecke, an der Avner jetzt auf den klapprigen, alten Bus wartete: Shoshanas Onkel würde ihnen das Geld für den Bau eines Hauses leihen. Was könnte einfacher sein? Ihre Beziehung hatte die Prüfung der Zeit überstanden – oder doch jedenfalls die Prüfung von zwanzig Spa-

ziergängen und ebenso vielen Kinobesuchen. Shoshana würde bald die Lehramtsprüfung ablegen. Und er? Wenigstens hatte er den Militärdienst hinter sich gebracht. Eine Menge glücklicher Ehen wurden auf noch viel wackligeren Fundamenten gegründet.
Allerdings trug da auch keiner der Partner, so schoß es ihm durch den Kopf, die Bürde von Frankfurt, dieser wunderbaren Stadt.
Avner war der einzige, der mit der Bürde Frankfurts leben mußte. Shoshana war eine makellose *sabra,* ihre Familie lebte seit vier Generationen in Israel, wenngleich auch sie europäische Vorfahren hatte. Allein – ihr bedeutete Europa nichts. Sie hatte in ihrem einundzwanzigjährigen Leben ja auch noch nie den aromatischen Duft eines tiefen, dunklen Märchenwaldes nach ein paar Regentagen gespürt. Schnee war für sie nicht mehr als ein Wort, die Bezeichnung für etwas, das einige wenige Glückspilze an einem außergewöhnlich kalten Wintertag für ein paar Stunden in den Hügeln um Jerusalem bestaunen durften. Sie selbst hatte nie welchen zu Gesicht bekommen, und sie hatte auch noch nie eine Stadt gesehen, die älter als zwanzig Jahre war; das heißt natürlich mit Ausnahme derjenigen, die auf eine mehr als zweitausendjährige Geschichte zurückblickten.
Avner hingegen hatte 1959, als er kaum zwölf Jahre alt war, etwas so Aufregendes und Verwirrendes erlebt, daß er es kaum beschreiben konnte. Und doch war es wirklich geschehen, was diesem Ereignis ungleich größere Intensität verlieh als dem Phantasiereich John Waynes. Dieses Abenteuer konnte niemand als Ausgeburt seiner Einbildungskraft abtun. Dennoch war es völlig unerklärlich, war ein Phänomen, das seine Eltern unmöglich hätten voraussehen können, als sie sich entschlossen, mit ihm und seinem kleinen Bruder Ber nach Frankfurt zu reisen, um den Großvater zu besuchen.
Anfangs schien es ein ganz gewöhnlicher Urlaub zu werden. Zweck der Reise war es, den Kindern eine Freude zu machen, oblgeich Avner zunächst nicht das geringste Interesse bekundete. Sein Traumland hieß Amerika; Deutschland ließ ihn völlig

kalt. Ja, er hegte sogar eine ausgesprochene Abneigung dagegen, denn schließlich war es doch das Land, wo die Nazis dauernd Juden umbrachten, oder? Wieso konnte der Großvater, den Avner nie im Leben gesehen hatte, sie ausgerechnet dorthin einladen?

Aber im Verlaufe dieses Sommers 1959 sollte Avner eine große Überraschung erleben: Er fand alles, was ihm im Leben etwas bedeutete – ja selbst Dinge, von denen er nicht wußte, daß er sie begehrte, weil er sie bisher nicht gekannt hatte –, vereint in einer einzigen Stadt, so als hätte ein Zauberer sie vor seinen staunenden Kinderaugen ausgebreitet! Später, daheim in Israel, versuchte er vergeblich, seinen Freunden Frankfurt zu beschreiben. Es war ein Traumreich, ein Märchenland, das sich nicht in Worte fassen ließ.

Avner wußte nicht einmal, wo er mit seiner Schilderung beginnen sollte. »Ihr müßt euch eine Stadt vorstellen«, sagte er, »die viel, viel größer ist als Tel Aviv; eine Stadt, in der alles blitzsauber aussieht und in der sich die Leute auf den Straßen nicht dauernd anrempeln. Aber das liegt nicht daran, daß nichts los ist in Frankfurt, o nein! Alles ist soviel größer als bei uns und unheimlich geschäftig. Die hellsten Neonlichter, die ihr euch denken könnt, erleuchten nachts die Straßen, auf denen Millionen von Autos fahren!« Avner hatte noch nie so viele Autos gesehen. Es war genau wie in Amerika. In Frankfurt stieß man auch nicht ständig auf unfertige Gebäude und zerbröckelnde Ziegelhaufen oder auf hochaufragende Erdwälle und ausgeschachtete Gräben, die nur notdürftig mit ein paar Holzplanken überdeckt waren.

Sie waren erst knapp eine Woche in Frankfurt, als der Großvater Avner ein Päckchen überreichte. Er wickelte es aus und fand – *ein Transistorradio!* Natürlich wußte Avner, daß es so etwas gibt; er erinnerte sich sogar, ein Foto davon in einer amerikanischen Zeitschrift gesehen zu haben, aber daß ihm ein solcher Apparat geschenkt wurde, einfach so, als handele es sich um einen Apfel oder ein Stück Schokolade, das schien ihm unbegreiflich. In Israel wäre dies ein würdiges Geschenk für Ben Gurion gewesen!

Aber so sehr all der Luxus Avner auch blendete, das eigentliche

Wunder Frankfurt war etwas anderes – nämlich die Luft! An dieser Überzeugung hielt er auch Jahre später, als Erwachsener, unbeirrt fest. Es hatte nichts mit dem Klima zu tun. Avner liebte vielmehr die israelischen Witterungsverhältnisse, liebte den warmen Sonnenschein und den strahlendblauen Himmel. Er hielt sich gern am Strand von Ashdod auf, obwohl er erst in der Armee schwimmen lernte. Er fand es ausgesprochen unangenehm zu frieren; also konnte es nicht am Klima liegen. Nein, es war ganz bestimmt die Luft.

Avner meinte in der Frankfurter Luft einen frischen, klaren, wohltuenden, ja heilsamen Hauch zu spüren. In Wirklichkeit war es eher so, daß dieser Luft etwas fehlte, nämlich die schwere, feuchte, drückende und bedrohliche Atmosphäre von daheim. Jahre später entdeckte er, daß keineswegs nur Frankfurt dieses besondere Flair besaß; er atmete es auch in anderen westeuropäischen Großstädten wie Zürich, Amsterdam, London und Paris sowie in den Metropolen der USA.

»Na, mein Junge, wie gefällt's dir hier?« hatte sein Vater ihn gefragt, als sie eine Weile in Frankfurt verbracht hatten.

»Ich find's herrlich!«

Vater lachte nur, aber seine Mutter nahm die Reaktion ihres Sohnes mit gemischten Gefühlen auf.

»Du darfst nie vergessen«, ermahnte sie Avner in einem für sie ungewöhnlich scharfen Ton, »daß all die scheinbar so netten Leute, die du hier triffst, einmal versucht haben, Papas und meine Familie auszurotten!«

»Reden wir nicht mehr davon«, begütigte sein Vater.

»Ich möchte ja nur, daß er's nicht vergißt!« beharrte seine Mutter.

Es war indessen nicht nötig, Avner an die Greuel des Dritten Reiches zu erinnern. In der Schule, daheim in Rehovot, verging kaum ein Tag, an dem im Unterricht nicht über den Holocaust gesprochen wurde. Das änderte jedoch nichts daran, daß Avner Frankfurt liebte – mit derselben Leidenschaft, die er später für all die anderen europäischen Städte empfinden sollte.

Als der Tag des Rückflugs kam, griff das Schicksal ein, und Av-

ner erfuhr zum erstenmal, wie nachhaltig unbedeutende Begebenheiten wichtige Ereignisse zu beeinflussen vermögen. Ohne die Personenwaage im Badezimmer hätte Avner gewiß nicht ganze achtzehn Monate in Frankfurt verbringen dürfen, folglich wäre er auch nicht dort zur Schule gegangen und hätte nicht gelernt, Deutsch ebenso gut zu beherrschen wie seine Muttersprache. Weder hätte er mit Andreas, dem Sohn reicher Eltern, Freundschaft geschlossen, noch hätte sein späteres Leben die Wendung genommen, die ihm nun bevorstand. Der irdische Tatbestand, der diese tiefgreifenden Veränderungen einleitete, war zunächst nichts weiter als ein dumpfer Aufprall. Als sie daraufhin ins Bad eilten, erblickten sie den Großvater am Boden liegend. Er schüttelte immerfort den Kopf und zischte vor Schmerz und Empörung wie eine angriffslustige Schlange. Er war von der Waage gefallen. Die Untersuchung ergab, daß er sich lediglich den Knöchel gebrochen hatte, doch sie konnten schließlich nicht einfach zum Flughafen fahren und ihn seinem Schicksal überlassen. Avners Eltern beschlossen zu bleiben. Der Junge konnte zur Not auch hier in Frankfurt zur Schule gehen. Sie würden erst abreisen, wenn Großvater wieder auf den Beinen war.
Obwohl Avners Mutter Großvaters Tochter war, schien ihr der Entschluß seltsamerweise besonders schwer zu fallen. Papa dagegen blieb offenbar nicht ungern in Frankfurt. Avner, der natürlich über die unerwartete Entwicklung hell begeistert war, hatte den Eindruck, seinem Vater würde es nichts ausmachen, sich für immer in Frankfurt niederzulassen.
Einmal belauschte er ein Gespräch zwischen seinen Eltern.
»Was hältst du davon, wenn wir einfach hierbleiben?« fragte Papa leichthin.
»Du bist wohl nicht bei Trost?« rief seine Mutter entsetzt.
Zu dieser Zeit hatte Vater eine Wohnung gleich um die Ecke von Großvaters Haus gemietet, und Avner ging bereits über einen Monat in Frankfurt zur Schule.
»Nein, ehrlich, überleg doch mal«, bat Vater beschwichtigend. »Ich bin sowieso die meiste Zeit unterwegs, und da wäre es doch schön für dich und die Kinder . . .«

»Ich möchte nicht darüber reden!«
Und das tat sie auch nicht, weder damals noch später. Für Mutter grenzte es an Sünde, Israel nur für eine Urlaubsreise zu verlassen. Aber gar in der Fremde – und dazu noch in Deutschland – zu leben und ihre Kinder aufzuziehen, das war für sie undenkbar. Sie war im allgemeinen eine heitere Frau mit einem ausgeprägten Sinn für Humor, ja, bisweilen sogar zu Streichen aufgelegt – eine Neigung, die Avner von ihr geerbt hatte –, doch wenn es um Patriotismus ging, verstand sie keinen Spaß. Sobald eine Unterhaltung sich dem Thema Israel zuwandte, erstarrte ihr lebhaftes Gesicht zur Maske, und das Lächeln auf ihren Zügen wich eisiger Entschlossenheit. Israel war ihr Lebensinhalt, eine Offenbarung jenseits von Recht und Unrecht, von Gut und Böse.
Avner bewunderte diesen Vaterlandssinn seiner Mutter. Gleichzeitig aber bewunderte er auch seinen Vater, was ihn in ständige Konflikte stürzte, denn Papas Nationalitätsgefühl ähnelte dem seiner Mutter ganz und gar nicht. Avner wußte nicht einmal, ob sein Vater ein Patriot war. Papa beantwortete diese Frage stets nur mit vagem Schulterzucken und einem müden Lächeln. Es sollte noch manches Jahr ins Land ziehen, ehe Avner erfuhr, wie weit sein Vater im Dienste Israels zu gehen bereit war.
Avner hatte keine Ahnung, womit sein Vater ihren Lebensunterhalt verdiente. Angeblich arbeitete er in einem Export-Import-Geschäft, aber sein Dienst richtete sich nicht nach den üblichen Bürostunden. So weit Avner zurückdenken konnte, hatte der Vater sie immer wieder allein gelassen, weil er auf Geschäftsreisen mußte, die manchmal mehrere Monate dauerten.
Auch in diesem Punkt bedeutete die Zeit in Frankfurt eine erfreuliche Abwechslung: solange sie in Frankfurt wohnten, brauchte Papa überhaupt nicht fort. Er mußte natürlich arbeiten, das heißt, er traf Leute in Restaurants oder Cafés, manchmal auch einfach an einer Straßenecke. Ab und zu nahm er Avner sogar mit, wenn er zu einer solchen Besprechung fuhr. Dann machten sie eine gemächliche Spazierfahrt von dem ruhigen Vorort Eschersheim, wo sie wohnten, hinunter ins Stadtzentrum. Dort kurvten sie so lange über die Kaiserstraße oder um den

Goetheplatz, bis der Vater seinen Gesprächspartner entdeckt hatte. Er parkte, und während Avner im Wagen wartete, schlenderte er zu dem Mann hinüber und wechselte ein paar Worte mit ihm. Manchmal überreichte Papa dem anderen auch einen Umschlag, den dieser nach einem scheuen Blick in die Runde entgegennahm und eilig in seiner Tasche verschwinden ließ. Avner entging das nervöse Gebaren von Vaters Partnern nicht, und als er es ein paarmal beobachtet hatte, begann er geradezu, darauf zu warten. Die Männer, mit denen Vater zu tun hatte, waren sehr verschieden voneinander, doch der scheue Blick war bei allen gleich. Das schien ihm sonderbar, und eines Tages fragte er seinen Vater nach dem Grund.

»Papa, wer war der Mann? Und warum hat er so komisch geguckt?«

»Ach, vergiß es. Das ist rein geschäftlich, weißt du. Hör mal, es ist ja erst drei. Was hältst du davon, wenn wir zusammen ins Kino gehen?«

Und sie machten sich auf die Suche nach einem Hitchcock oder einem Western. Sie gingen immer in amerikanische Filme, denn Vater schwärmte ebenso dafür wie Avner. Solche Nachmittage fand der Junge einfach himmlisch! Nur schade, daß sie ziemlich selten waren.

Avner fand es verwunderlich, daß sein Vater zwar Geschäftsmann, aber nicht reich war. Geschäftsleute waren doch normalerweise reich, oder nicht? Zu Hause in Rehovot war ihm dieses Mißverhältnis nicht weiter aufgefallen, denn dort war niemand reich, jedenfalls keiner von den Leuten, die Avner kannte. Seine Familie hatte zum Beispiel kein eigenes Auto, aber auch keiner ihrer Nachbarn besaß einen Wagen. Hier in Frankfurt verfügten sie zwar über ein Auto, aber da erschien es ihm nicht mehr als Luxus, denn die Eltern seiner Schulkameraden fuhren alle einen Wagen. Manche Familien, etwa die seines besten Freundes Andreas, hatten sogar drei. In Frankfurt hörte Avner seine Eltern zum erstenmal über Geld sprechen, und hier geschah es auch, daß sein Vater, wenn Avner sehnsüchtig auf irgendein Spielzeug in einem Schaufenster starrte, mit gereizter Stimme sagte: »Tut

mir leid, mein Junge, aber das können wir uns nicht leisten. Vielleicht verdienst du eines Tages soviel, daß du es dir selber kaufen kannst.«
Aber das waren nur rasch vorüberziehende Wolken an einem im allgemeinen strahlendblauen Kinderhimmel. Sehr zum Mißfallen der Mutter überließ der Junge sich bald uneingeschränkt seiner großen Liebe zu Frankfurt. Es war inzwischen Winter geworden, und Avner verschwand täglich gleich nach der Schule zum Rodeln in der Siedlung Höhenblick oder fuhr bei schlechtem Wetter mit der Straßenbahn die Eschersheimer Landstraße hinunter bis zur Adickesallee, an deren Ecke sich der PX-Store, das Kaufhaus für die amerikanischen Streitkräfte, befand. Der Umstand, daß Frankfurt als Hauptquartier der US-Army in Deutschland diente, machte den Zauber der Stadt für Avner perfekt. Wenn er den Vorort Ginnheim, jenseits der Hügelstraße, durchstreifte, in dem die Soldaten mit ihren Familien wohnten, dann kam er sich beinahe vor wie in Amerika. An den Straßenrändern parkten amerikanische Autos, es gab amerikanische Clubs, Radioprogramme und Filme, ja selbst Restaurants, in denen man Hot dogs und Pommes frites servierte!
Viele amerikanische Kinder gingen mit Avner in dieselbe Schule, und nach einer Weile hatte er sogar eine amerikanische Freundin. Doris war blond, ungemein beliebt und vor allem atemberaubend erwachsen – beinahe vierzehn, während Avner doch gerade erst seinen zwölften Geburtstag gefeiert hatte. Sein Freund Andreas war bereit zu wetten, daß Doris nie mit ihm ausgehen würde, aber er hatte eben nicht bedacht, wie ausdauernd, ja hartnäckig Avner sein konnte. Schon damals gab er sich nicht mit einem Nein zufrieden, wenn er sich einmal etwas in den Kopf gesetzt hatte. Er blieb am Ball, und das mit einer unerschütterlichen Beharrlichkeit, die bei manchen Mädchen Wunder wirkte. Überdies war Avner ein hübscher und anstelliger Junge, der älter wirkte, als er war, und der vor allem besser Englisch sprach als die meisten seiner deutschen Kameraden. So kam es, daß nach Wochen zähen Werbens die blonde Doris schließlich hinter ihm auf dem Schlitten saß und er den sanften

Druck ihrer Brüste in seinem Rücken spürte, wenn sie den steilen Hügel über der Ludwig-Tieck-Straße hinuntersausten. Leider landeten sie gleich beim erstenmal in einem Dornengestrüpp. Doris zerkratzte sich Gesicht und Hände so arg, daß sie es ablehnte, Avner je wiederzutreffen. Er war tatsächlich ziemlich waghalsig gefahren, aber nur, um Eindruck auf das Mädchen zu machen. Der Vorfall war ihm eine Lehre. Wer ein Risiko eingeht und dabei verliert, der imponiert niemandem.

In eine große Staubwolke gehüllt, holperte der Bus nach Tel Aviv heran. Er hielt mit quietschenden Bremsen, und Avner stieg ein. Mein Gott, dachte er, wie lange ist das her, dieser Winter in Frankfurt! Was mag wohl aus der blonden Doris geworden sein? Wo wohl Andreas steckt, der damals mein bester Freund war, der Junge aus dem reichen Haus, dessen Erscheinung und geschliffene Manieren ich so sehr bewunderte? Sie hatten schon lange keine Verbindung mehr, er und Andreas. Anfangs waren ein paar Briefe und Postkarten hin und her gegangen, dann riß der Kontakt allmählich ab. Eigenlich kein Wunder, denn es war alles andere als einfach, vom Kibbuz aus eine Korrespondenz aufrechtzuerhalten.

Anfang 1961 waren sie nach Israel zurückgekehrt. Kurz danach verreiste der Vater auf unbestimmte Zeit. Er blieb zwar so lange bei seiner Familie, bis sie sich in Rehovot wieder eingelebt hatten, doch dann beorderte das Export-Import-Geschäft ihn wieder ins Ausland. Diesmal fuhr er nicht für ein oder zwei Monate fort, sondern für immer.
Zum damaligen Zeitpunkt ahnte Avner natürlich nicht, daß sein Vater die Familie endgültig verließ; nicht einmal seine Eltern wußten es, wenn sie sich auch darüber im klaren waren, daß diese Trennung sehr lange dauern würde. »Ich kann's nicht ändern«, sagte Vater. »Geschäft ist Geschäft! Ich werd draußen gebraucht: Kann sich vielleicht 'n paar Jährchen hinziehen.«

»Und wohin fährst du?« fragte Avner.
»Ach, weißt du, hierhin und dorthin. Läßt sich schwer voraussagen, in meinem Beruf. . .«
»Aber hör mal zu, mein Junge«, unterbrach seine Mutter eifrig. »Ich hab eine gute Neuigkeit für dich! Dein Vater und ich, wir haben unsre Beziehungen spielen lassen und mit ein paar einflußreichen Leuten geredet. Und jetzt paß auf! Du weißt doch, daß nicht weit von hier ein großer Kibbuz liegt, nicht wahr? Stell dir vor: Sie werden dich aufnehmen!«
»Was?« Avner traute seinen Ohren nicht.
»Ja, du bist zugelassen! Du darfst dort zur Schule gehen, gleich nächsten Monat. Ist das nicht herrlich?«
»Du mußt natürlich nicht hingehen«, warf Papa mit einem Blick auf die Mutter ein. »Nur wenn du willst.«
»Aber mein Lieber, wie kannst du so etwas sagen!« rief seine Mutter aufgebracht, ehe Avner auch nur den Mund öffnen konnte. »Selbstverständlich möchte er! Das Leben im Kibbuz ist doch für einen Jungen in seinem Alter das schönste auf der Welt! Außerdem komme ich allein unmöglich mit zwei Kindern zurecht.«
»Na, mein Junge, was sagst du dazu?« fragte sein Vater.
Avner war wie vor den Kopf geschlagen. Er konnte nicht glauben, daß seine Eltern es wirklich ernst meinten. Er war weniger entsetzt über den Gedanken an den Kibbuz als darüber, daß Mama und Papa ihn von zu Hause fortschicken wollten. Selbst in Frankfurt, das er doch über alles liebte, hätte er nicht alleine bleiben wollen. War es denn nicht schon schlimm genug, daß sie wieder ins feuchte, trostlose Rehovot hatten zurückkehren müssen? Und da brachten es seine Eltern übers Herz, ihn zu fremden Leuten zu schicken? Aber warum? grübelte Avner. Haßt Mama mich denn so sehr?
Aber er würde es ihr schon zeigen! Sie sollte nicht die Genugtuung haben, zu erkennen, wie sehr er *sie* in diesem Augenblick haßte.
»Meinetwegen«, murmelte er, den Blick starr auf den Fußboden gerichtet. »Mir soll's recht sein.«

»Na fein!« rief seine Mutter zufrieden. »Dann ist es also abgemacht.«
Obwohl Avner, sobald er den ersten Schock verkraftet hatte, einsah, daß seine Mutter es wirklich gut mit ihm meinte, verzieh er ihr diesen Schritt sein Leben lang nicht. Sein sechster Sinn spürte die Aufrichtigkeit ihrer Begeisterung für den Kibbuz[2] und das, was er verkörperte. Aber wie konnte sie nur annehmen, daß *er* ihre Leidenschaft teilte? Wußte sie denn gar nichts von ihm?
Er überlegte hin und her, wie er seine Mutter dazu bewegen könnte, ihren Entschluß rückgängig zu machen. Schließlich glaubte er, die Lösung gefunden zu haben: Er würde gute Miene zum bösen Spiel machen; mehr noch, er würde all seine Kraft einsetzen, würde angestrengter und ausdauernder arbeiten als die echten Kibbuzniks! Die würden das bald merken und seiner Mutter schreiben, was für ein außergewöhnlicher Junge ihr Sohn war. Ja, und dann würde es ihr leid tun, daß sie ihn fortgeschickt hatte. Sie würde kommen und ihn nach Hause holen.
Es war gewiß ein heldenhafter Entschluß, der jedoch während der Busfahrt über die staubige, glühendheiße Landstraße nach Gedera zusehends in sich zusammensank. Dabei war Avner noch längst nicht am Ziel, als sie diese öde kleine Stadt erreichten. Der Kibbuz lag noch eine gute Autostunde entfernt. Der Weg dorthin führte über zerfurchte Feldwege, die sich zwischen flachen Hügeln hindurchwanden und vorbei an Baumwollfeldern und Orangenhainen auf einen flimmernden Horizont zustrebten, vor dem sich die staubbedeckten Bäume eines Eukalyptuswäldchens wie grüngraue Tupfen abhoben. Die Temperatur betrug fünfunddreißig Grad im Schatten, und die Hitze lagerte unbeweglich über den Äckern und Wiesen, auf denen magere Rinder mit trägen Blicken dem vorbeifahrenden Bus nachblickten. Diese Tiere hatten nicht die mindeste Ähnlichkeit mit den wohlgenährten Kühen, die ihm mit sanften Augen aus seinen Bilderbüchern entgegengeblinzelt hatten und die auf den saftigen Weiden Deutschlands lebendig geworden waren.
In gewissem Sinne war das schlimmste am Kibbuz, daß es nichts daran auszusetzen gab. Man empfing ihn mit kräftigem, herzli-

chem Handschlag; der riesige Speisesaal war hell und freundlich; das Essen, welches hauptsächlich aus Eiern und frischem Gemüse bestand, wurde schmackhaft zubereitet; die Schlafräume, in denen Jungen und Mädchen übernachteten, waren blitzsauber. All das machte den Kibbuz zu einem ausgesprochen angenehmen Aufenthaltsort für diejenigen, die sich hier wohl fühlten, die hier zu Hause waren.

In einer Situation, in der er sich als Außenseiter empfindet, der er aber nicht entkommen kann, bleiben dem Menschen genau drei Möglichkeiten zu reagieren. Er kann sich auf sich selbst zurückziehen, er kann mit Gewalt versuchen, sich einzufügen, oder er kann seine Isolation überbetonen und sein Außenseitertum bewußt hochstilisieren. Avner wechselte zwischen allen drei Varianten, manchmal innerhalb eines einzigen Tages.
Die Rückzugsmethode fiel ihm am leichtesten. Es war keine totale Introversion, sondern im Gegenteil ein Zustand, der von den anderen nicht einmal bemerkt wurde. Avner versenkte sich in eine Art innerer Betäubung, verbarg sich unter einem Schleier, der die blühendste Phantasiewelt vor ihm auftat und die Wirklichkeit verblassen ließ. Gemeinsam mit den anderen erwachte John Wayne um sechs Uhr früh, geweckt vom Trompetensignal, das ein Matrose unter dem Fahnenmast des alten englischen Kanonenbootes intonierte. Er nahm rasch eine Dusche, schob sich den Colt in den Gürtel und trank unten im großen Speisesaal einen Orangensaft. Während der beiden ersten Unterrichtsstunden vor dem Frühstück warf er den Arbeitern draußen auf den Feldern durchs Fenster huldvolle Blicke zu. Ihnen drohte keine Gefahr. Oberstleutnant Wayne hatte für den Fall, daß die Jordanier von Osten her angreifen sollten, einen perfekten Überraschungsplan ausgeheckt. Auf seinen Befehl hin würde eine Panzerflotte aus unterirdischen Silos hinter dem Kuhstall auftauchen. Doch statt des von den Jordaniern erwarteten Frontalangriffs würden die Tanks ihnen im Baumwollfeld seitlich in die Flanke fallen. Nach der siegreichen Attacke würde sich auf einen

Knopfdruck von John Wayne das Buschwerk am Rande des Akkers teilen und eine provisorische Rollbahn freigeben. Die riesigen Panzerfahrzeuge fuhren gigantische Tragflächen aus und verwandelten sich so in Kampfflieger, die schwerfällig und doch majestätisch auf die Startbahn zurollten und sich dröhnend in die Lüfte erhoben.

Der Held und Retter seines Volkes, der schnellste Schütze des Nahen Ostens, betrat um Punkt vierzehn Uhr die Konservenfabrik und stutzte den Hühnern die Krallen. Zwei Stunden später zog er als Avner der Bandit weiter. Er war jetzt ein knallharter Bursche, der aus seiner Haltung gegenüber der Herrschaft des Tyrannen kein Hehl machte. Er und seine Gang – Itzig, Yochanan, Tuvia und Yemenite – behinderten durch skrupellose Sabotage jegliche Operation des Feindes.

Da waren zum Beispiel Moshe und Muzhik, die die Glühbirnen in der Hofbeleuchtung wechseln sollten. Aber wie sollten sie bis zu den hohen Laternen hinaufreichen? Eines mußte man diesen russischen Emigranten lassen: es waren einfallsreiche Köpfe. Als sie merkten, daß die Leiter zu kurz war, da spannten sie einfach den alten Wallach vor den Mistkarren und plazierten die Leiter auf dem Wagen. Aber wenn nun das Pferd ... nein, der alte Gaul würde sich nie freiwillig vom Fleck rühren. Ja, aber wenn wir nun diesen Draht erhitzen und ihn damit in den Hintern piken?

Es grenzte an ein Wunder, daß Avner und seine Bande während ihrer vierjährigen Schulzeit im Kibbuz weder jemanden umbrachten noch ernsthaft verletzten. Potentielle Unglücksfälle inszenierten sie jedenfalls zur Genüge. So schmuggelte Avner eines Tages »aus Versehen« einen Bienenschwarm mit ins Klassenzimmer, um ein biologisches Experiment zu demonstrieren. Einmal banden sie den Bullen los und führten ihn in den Speisesaal, und dann sperrten sie Moshe einen halben Tag lang im Tiefkühlraum ein. Aber was sie auch anstellten, sie hatten stets Glück und wurden nicht ein einziges Mal geschnappt.

Die Strafe ereilte Avner ironischerweise ausgerechnet dann, wenn er in seine dritte Rolle schlüpfte, die des untadeligen Kibbuznik und guten Kameraden, eines *chaver* also. Wenn er sich am Schwarzen Brett im Speisesaal freiwillig für zusätzliche Samstagsarbeit eintrug, etwa um im benachbarten Kibbuz bei der Ernte zu helfen, dann wies man ihn im Angesicht all seiner Kameraden zurück. Aber Avner, was willst du denn da? Würdest dir doch höchstens mit der Sense den Finger abhacken! Wenn du dich wirklich nützlich machen willst, dann stutz doch ein paar Hühnerkrallen.

John Wayne konnte zwar mühelos die Jordanier in die Flucht schlagen, und Avner der Bandit entkam nach jedem Gaunerstück unerkannt seinen Häschern, doch Avner der Kibuzznik brachte es nie zu etwas. Er hatte eben nicht das Zeug zu einem erstklassigen Farmer. Er war von Natur aus weder schwächlich noch besonders ungeschickt. Aber die anderen Kinder, die hier im Niemandsland am Rande der künstlichen Bewässerungsgräben aufgewachsen waren und die er gleichzeitig bewunderte und verachtete, die waren im Vergleich zu ihm eben doch zäher und wendiger. Und wenn schon! dachte Avner trotzig. Dafür bin ich gerissener als sie alle zusammen. Ich kann Englisch und Deutsch. Ich hab 'ne Menge gesehen, hatte sogar 'ne amerikanische Freundin und bin schon um die halbe Welt gereist. Diese Kibbuzniks, die über mich die Nase rümpfen, würden sich doch schon vor Aufregung in die Hose machen, wenn sie mit einem Eselskarren nach Bnei Re'em fahren dürften.

Avner konnte nicht verstehen, warum seine Kameraden ihm keine Beachtung schenkten. Bisher war es ihm immer mühelos gelungen, andere Jungen – und auch Mädchen – zu beeindrucken, sogar in Deutschland. Aber im Kibbuz hatte er einfach kein Glück. Er hatte sein Transistorradio mitgebracht, und anfangs hatten die neuen Kameraden ihn umringt und begeistert zugehört. Aber eine von den Aufseherinnen schrieb seiner Mutter und bat sie, den Apparat abzuholen, da im Kibbuz alle gleich seien; deshalb dürfe kein Kind etwas besitzen, was die anderen nicht hätten. Seine Mutter reiste gleich am nächsten Wochenende an und nahm Großvaters Radio mit.

Diejenigen unter den Kindern, die Avner nicht leiden konnten, schimpften ihn einen *jecke poz.* Solange er mit seiner Familie in Rehovot lebte, hatte Avner angenommen, Israelis seien Israelis, nichts weiter. Gewiß, es gab kleine Unterschiede, wie die zwischen den *sabras,* zu denen er gehörte, und Einwanderern, die sich wie seine Eltern kurz vor der Gründung des Staates Israel hier niedergelassen hatten. Dann waren da noch die neuzugezogenen Siedler, die nicht einmal Hebräisch sprachen, und die strenggläubigen Juden, die sich auch hier noch betrugen, als lebten sie in der Diaspora oder als gehörten sie zu den Opfern des Holocaust, selbst wenn sie schon seit Generationen in Israel ansässig waren. Man erkannte sie schon von weitem an ihren schwarzen Kaftanen, den breitkrempigen Hüten und den Schläfenlocken. In Rehovot begegnete man solch orthodoxen Glaubensvertretern allerdings nur selten. Immerhin kannte Avner die äußeren Unterscheidungsmerkmale, doch daß man ihn den *jeckes* zuordnete, das war ihm gänzlich neu.

Im Kibbuz freilich lernte er zwischen verschiedenen selbsternannten Kategorien von Juden zu unterscheiden. Die meisten der Kinder, mit denen er zur Schule ging, waren Ostjuden, »Galizier« genannt, eine Gruppe, die Avner als gleichbedeutend mit ordinär, rücksichtslos und unwissend einstufte. Er hingegen, obwohl selbst ein *sabra,* war ein Abkömmling der *jeckes,* zivilisierter, gebildeter Juden, die in Deutschland geboren waren. In Avners Vorstellung symbolisierten diese beiden Kategorien alsbald nicht nur eine geographische, sondern auch eine intellektuelle Komponente. Galizien, das östlichste Kronland der ehemaligen Habsburger Monarchie, wurde in Avners Vorstellung zur Brutstätte nicht nur übertriebenen, engherzigen Stammesgefühls, sondern auch der Korruption sowie jeder Art von hinterhältigem, betrügerischem und gemeinem Betragen. Es ließ sich nicht leugnen, daß die Galizier andererseits einfallsreich, wendig und energisch waren; Avner gestand ihnen das gern zu. Viele von ihnen besaßen überdies einen ausgeprägten Sinn für Humor. Persönlich mochten sie durchaus tapfer und ihrem Lande treu ergeben sein. Aber sie versuchten ständig, mit irgendwelchen Winkelzügen zu operieren. Von den höheren Dingen des Lebens

verstanden sie rein gar nichts. Dafür hatten sie nicht die geringsten Skrupel zu lügen, zu betrügen und einem unverhohlenen Materialismus zu frönen. Untereinander freilich hielten sie zusammen wie Pech und Schwefel. Natürlich kamen nicht alle von ihnen aus Galizien, aber wer diese zweifelhaften Qualitäten aufwies, den stufte Avner als Galizier ein.
Im Unterschied zu diesen hatten sich die aus Deutschland gebürtigen *jeckes* und die übrigen westeuropäischen Juden an die jeweilige Nation assimiliert und nicht isoliert in einem Getto oder *schtetel* gehockt. Folglich hatte sich in ihren Reihen kaum etwas von jenem Instinkt des gejagten Wildes, jener gehetzten Witterung der Gefahr erhalten, ohne die ein Jude in Osteuropa nicht hätte überleben können. *Jeckes* waren höflich, ordentlich und sauber. Sie besaßen Bücher und liebten klassische Musik. Nun gab es zwar auch Galizier, die gern lasen oder gute Musik hörten, doch die *jeckes* trugen ein Idealbild europäischer Kultur und Zivilisation in sich. Sie wollten aus Israel eine Art Skandinavien für Juden machen, ein Land, in dem Symphonieorchester Beethoven spielten und Gemäldegalerien Bilder von Rembrandt ausstellten.
Die *jeckes* hatten klar umrissene Vorstellungen von ihren Bürgerpflichten. Für sie war es zum Beispiel selbstverständlich, daß die Lebensmittelvorräte in Notzeiten rationalisiert wurden und man sich dafür anstellen mußte. Sie waren es gewohnt, Anweisungen zu geben oder zu empfangen, nicht aber nach Art der Galizier einen anderen übers Ohr zu hauen, ihn zu umgarnen und zu übertölpeln. Sie waren pünktlich, handelten überlegt und systematisch. Sie wirkten vielleicht ein klein wenig großspurig. In der hübschen Stadt Nahariya hatten die *jeckes,* die dort bei weitem die Mehrheit der Bevölkerung bildeten, helle, freundliche Siedlungen errichtet, die sich in ihrer planvollen und übersichtlichen Anordnung beinahe deutscher ausnahmen als vergleichbare Wohnanlagen in Deutschland.
Avner begriff bald, daß das starke Zusammengehörigkeitsgefühl der Galizier und ihr ausgeprägtes Kastendenken nicht eigentlich einen Affront gegenüber anderen Gruppen bedeutete.

Sie sorgten vielmehr ganz einfach für die Ihren, das aber waren nun einmal die Ostjuden, hauptsächlich die aus Polen und Rußland. Sie bildeten den magischen Kreis. In ihren Händen lag die Führung des Kibbuz, und das anscheinend auf unbegrenzte Zeit. Wenn die Frage auftauchte, wessen Sohn Medizin studieren durfte, dann kümmerte man sich weder um Noten noch um Begabung der Kandidaten. Natürlich ging man offiziell ausgesprochen demokratisch vor. Jedes einzelne Mitglied des Kibbuz durfte bei einer Wahl auf der Generalversammlung seine Stimme abgeben. Und doch hätte Avner seinen letzten Schekel dafür verwettet, daß am Schluß ein Galizier die Chance bekommen würde.

Ob diese Wahrnehmung – oder, wie Avner es nannte, diese Erkenntnis – nun den Tatsachen entsprach oder nicht, er gewann sie im Kibbuz, und er hielt an ihr fest. Er fand sie bestätigt während seiner Militärzeit und auch in seiner späteren Laufbahn. In Israel hatten die Galizier das Ruder in der Hand, und sie sorgten dafür, daß den westeuropäischen oder amerikanischen Juden möglichst wenig, den orientalischen Juden so gut wie gar kein Mitspracherecht eingeräumt wurde.

Zwar war Avner felsenfest von dieser ungleichen Machtverteilung auf der politischen Bühne seines Landes überzeugt, aber er reagierte darauf keineswegs mit Bitterkeit, Anklagen oder gar Selbstmitleid. Im Gegenteil! Für ihn gab es in solch einer Situation nur einen Ausweg: Er würde kämpfen. Er würde die Galizier mit ihren eigenen Waffen schlagen. Er würde sich ein Gebiet suchen, auf dem er so einzigartig, überragend und unschlagbar werden konnte, daß man ihn an der Spitze akzeptieren, ja selbst über die Galizier und die Kibbuzniks stellen mußte. Ganz gleich, wie gerissen, wie stark, entschlossen und skrupellos seine Gegner auch sein mochten, er würde sie besiegen. Am Ende würde er, Avner, gewinnen.

Vielleicht konnte er sein Ziel erreichen, wenn er in die Fußstapfen seines Vaters trat. Denn es gab einen unfehlbaren Weg für Außenseiter, sich in Israel Anerkennung und Ansehen zu erringen. Man mußte ein Held werden, und zwar ein richtiger, so wie

Har-Zion[3], der mutige, abenteuerlustige, unerschrockene Kämpfer des Sechs-Tage-Krieges. Ein Ritter ohne Furcht und Tadel auf den Barrikaden der Moderne.

Es war irgendwann im Jahre 1964 – kurz bevor Avner den Kibbuz verlassen durfte –, als er erfuhr, daß sein Vater Geheimagent war. Nicht, daß es ihm jemand gesagt hätte. Wäre darüber gesprochen worden, so hätte gewiß niemand das Wort »Agent« gebraucht. Seine Mutter zum Beispiel hätte bestenfalls gesagt: »Tja, weißt du, dein Vater arbeitet für die Regierung.« Die meisten Leute hätten wahrscheinlich unbewußt die Stimmen gesenkt und ihm geheimnisvoll zugeraunt: »Also, wenn du's unbedingt wissen willst, dein Vater macht irgendwas für die Mossad.« Da dieser hebräische Begriff wörtlich nichts anderes bedeutete als »Institution«, hätte es sich theoretisch um Laboruntersuchungen auf dem Gebiet der Biochemie oder um statistische Erhebungen zur Verkehrssicherheit handeln können. Doch der Name Mossad ohne jeglichen Zusatz kann nur eines bezeichnen: nämlich jene relativ kleine, streng bewachte, hoch angesehene und äußerst geheime Organisation, deren Arbeit im Dienste Israels lebenswichtig für die Sicherheit des kleinen Landes ist.

Einige der Kinder, mit denen Avner den Schlafsaal teilte, hatten Väter, die im Staatsdienst standen. Zwei oder drei waren hohe Armeeoffiziere, einer war Mitglied im Parlament, der Knesset, und von einem Jungen munkelte man, sein Vater sei »irgendwas bei der Mossad«.

Eines Tages stand Avner zufällig mit eben diesem Kameraden vor dem Haupteingang, als dessen Vater in seinem Wagen vorfuhr. Er wollte seinen Sohn besuchen, gerade so, wie Avner hoffte, daß auch sein Papa eines Tages unverhofft auftauchen würde. Der Mann stieg aus, legte seinem Sprößling die Hand auf die Schulter und klopfte ihm zur Begrüßung aufmunternd auf die Wange. Dann fiel sein Blick auf Avner.

»Das ist Avner«, stellte sein Sohn vor.

»Freut mich, dich kennenzulernen«, sagte der Besucher und schüttelte ihm kräftig die Hand. »Bist wohl neu hier, was? Wie heißt denn dein Vater, hm?«
Avner nannte seinen Namen.
»Sieh mal an«, murmelte der Mann, und in seinem Blick flackerte momentanes Interesse. »Du bist also sein Sohn. So 'ne Überraschung! Na, dann grüß ihn mal schön von mir, wenn du ihn siehst.«
»Kennen Sie denn meinen Vater?« fragte Avner gespannt.
»Na, und ob ich den kenne!« Damit schob der Mann seinen Sohn vor sich her durchs Tor in den Hof hinein.
Das war alles. In Avners Kopf jagten sich die abenteuerlichsten Gedanken. Die bloße Tatsache, daß ein Mann, über den man munkelte, er habe mit der Mossad zu tun, seinen Vater kannte, brauchte natürlich noch lange nicht zu bedeuten, daß Papa Geheimagent war. Aber in den Augen des Mannes war bei der Nennung seines Namens eine Art Wiedererkennen aufgeblitzt, so als dächte er: Aha, einer von uns also! Avner vertraute in diesem Punkt blindlings auf seinen sechsten Sinn. Im Lichte dieser flüchtigen Begegnung erwog er das »Export-Import-Geschäft«, Vaters häufige Reisen, die Männer an den Straßenecken in Frankfurt mit ihren nervösen Blicken, und plötzlich war die Geschichte so einfach wie zwei mal zwei gleich vier.
Um ganz sicherzugehen, nutzte Avner die nächste Gelegenheit, seine Mutter unter vier Augen zu sprechen.
»Mama, ist Papa ein Spion?« fragte er rundheraus.
»Hast du den Verstand verloren?« zischte seine Mutter entsetzt und blickte sich verstohlen um.
»Ach komm, Mama, ich bin doch kein Baby mehr! Hier im Kibbuz gibt's welche, die Papa kennen. Wär's dir lieber, ich frag die?« Er wußte nur zu gut, daß dies in ihren Augen den denkbar größten Verstoß gegen die Etikette darstellen würde.
»Nun hör mal gut zu, mein Junge«, begann sie nach einem tiefen Seufzer. »Wir sind hier nicht im Kino, merk dir das! Bei uns gibt's keine Spione. Dein Vater ist im Export-Import-Geschäft, und manchmal, na ja, manchmal, da arbeitet er für die Regierung. Hast du das verstanden?«

»Klar, Mama.«
»Hoffen wir's«, entgegnete sie spröde.
Es stimmte also! Avner war so aufgeregt, daß er sein Herz pochen hörte. Seine ganze Welt hatte sich mit einem Schlag verändert. Zum einen konnte er seinem Vater jetzt endlich verzeihen, daß er Mama erlaubt hatte, ihn von zu Hause fortzuschicken. Das war jedoch nicht das wichtigste. Auf einmal fühlte Avner sich dem größten Kibbuznik ebenbürtig, wenn nicht gar überlegen. Es war ein berauschendes Gefühl: ein Hühnerkrallen stutzender *jecke poz*, der es mit jedem Galizier aufnehmen konnte, und sei er noch so 'n hohes Tier!
Nur schade, daß er mit niemandem darüber sprechen konnte.
Vielleicht hätte er mit seinem Vater geredet, wenn der ihn je besucht hätte. Doch während seiner vierjährigen Ausbildung im Kibbuz sah Avner ihn nur zweimal daheim, als er und Papa gleichzeitig einen Blitzbesuch in Rehovot machten. Vater kam zu dieser Zeit höchstens für zwei, drei Tage nach Hause. Dann mußte er Israel wieder verlassen – geschäftlich natürlich. Bei den kurzen Begegnungen gelang es Avner nie, ihn allein zu sprechen. Ständig war seine Mutter um ihn herum, oder der kleine Bruder störte mit seinen törichten Kinderfragen.
Wenn sein Vater ihn im Kibbuz besucht hätte, wo sie allein miteinander gewesen wären – wer weiß, vielleicht hätte Avner ihn dann nach seiner Arbeit für die Mossad gefragt. Es stimmte ihn sehr traurig, daß Papa nie kam.

Heute, im Jahre 1969, konnte er seinen Vater täglich sehen, oder jedenfalls das, was von ihm übriggeblieben war; einen gebrochenen, kranken Mann. Jetzt, da Avner zweiundzwanzig Jahre alt und nach vierjährigem Dienst in einer Eliteeinheit als Hauptmann der Reserve entlassen war, jetzt, da es nicht mehr darauf ankam, konnte er seinen Vater besuchen, sooft er Lust hatte. Aber kam es wirklich nicht mehr darauf an?
Avner war erhitzt von der Busfahrt und verspürte schon wieder das Verlangen nach einer kalten Dusche. Er stieß das Gartentor

auf. Sein Vater lag direkt vor ihm in einem Liegestuhl und schlief. Neben ihm im Gras stand ein Glas Orangensaft, um dessen Rand ein unruhiger Fliegenschwarm surrte. Es war drückend und schwül. Der Schlafende atmete schwer. Vater hatte anscheinend zugenommen seit Avners letztem Besuch.

»Hallo, Papa!«

»Hm-hm?« Der alte Mann öffnete die Augen, und zwar eins nach dem anderen. Es war eine Angewohnheit, die Avner schon als Kind aufgefallen war und die er außer an seinem Vater noch an keinem anderen Menschen bemerkt hatte.

»Geht's dir gut?«

»Hm-hm.«

»Brauchst du den Wagen am Wochenende, oder kann ich ihn mir ausleihen?«

»Ja, ja, nimm ihn nur.« Sein Vater hustete, räusperte sich und setzte sich auf. »Wie spät ist es?«

Avner warf einen Blick auf seine Armbanduhr. »Gleich drei«, sagte er.

»Ist Wilma da?« fragte sein Vater.

»Weiß nicht, ich bin grade erst gekommen. Ich hab sie nicht gesehen.«

Wilma war Vaters zweite Frau. Er hatte sie nach der Scheidung von Mutter im Ausland geheiratet. Irgendwie muß sie wohl auch mit zu diesem »Export-Import-Geschäft« gehört haben, dachte Avner. Sie sprachen nie darüber, er und Papa. Die offizielle Version lautete, sein Vater habe Wilma geheiratet, und erst danach habe sie begonnen, mit ihm zusammenzuarbeiten. Doch es hätte ebensogut umgekehrt gewesen sein können. Aber wie dem auch sei, Vater wurde verhaftet und ins Gefängnis gesteckt. Als man ihn vor anderthalb Jahren, kurz nach dem Sechs-Tage-Krieg, freiließ, brachte er Wilma mit nach Israel. Avner schätzte, ja, er bewunderte sie. Sie war eine wirkliche Dame, und sie war keine Jüdin.

»Wie geht's deiner Mutter?« fragte der alte Mann.

»Gut, danke.«

Avner zog den braunen Umschlag aus der Tasche und reichte ihn

seinem Vater. Was Papa auch dazu sagen würde, Avner war entschlossen, seine eigene Entscheidung zu treffen.
Der alte Mann setzte die Brille auf und las. Der Brief umfaßte nur fünf Zeilen, aber es dauerte lange, bis sein Vater das Schreiben sinken ließ. Sein schweres Atmen verstummte, und im Garten war kein Laut mehr zu hören außer dem Summen der Fliegen, die den Orangensaft umkreisten.
Endlich faltete Papa den Brief zusammen und gab ihn Avner zurück.
»Du wirst ihnen nicht mal antworten«, sagte er energisch.
Sein Tonfall reizte Avner zum Widerspruch. »Na hör mal«, rief er. »Ich kann doch nicht einfach so tun, als hätt ich den Brief nicht gekriegt!«
»Und ob du das kannst«, beharrte sein Vater. »Oder willst du mich zwingen, sie anzurufen? Meinen Sohn kriegen die nur über meine Leiche!«
Avner muße unwillkürlich lächeln. Papa hatte mit genau den Worten reagiert, wie er es sich vorgestellt hatte.
»Wenn du sie anrufst«, warnte er, »red ich nie mehr ein Wort mit dir. Das ist allein meine Angelegenheit.«
»Du wirst doch wohl nein sagen?«
»Na, klar mach ich das. Ich wollte dir den Brief bloß mal zeigen, das ist alles.«
»Mit denen ist nicht zu spaßen«, erklärte sein Vater eindringlich. »Vielleicht kommt's dir vor wie ein grandioser Scherz, aber glaub mir, das ist es nicht! Schau doch nur mich an, mein Junge!«
»Laß gut sein, Papa«, sagte Avner und legte dem alten Mann beschwichtigend den Arm um die Schulter. »Mach dir keine Sorgen. Dir mögen sie übel mitgespielt haben. Aber mit mir würde ihnen das *nie* gelingen. Das kannst du mir glauben.«
Noch Jahre später konnte Avner sich an diese Unterhaltung in allen Einzelheiten erinnern. Die Hitze war ihm ebenso lebhaft im Gedächtnis geblieben wie die Farbe des Liegestuhls oder der Ausdruck auf dem Gesicht seines Vaters und die Fliegen, die den Orangensaft umlagerten. Unvergeßlich war ihm auch die an-

schließende Fahrt in dem alten Citroën, mit dem er Shoshana besuchte. Sie hatten Händchen gehalten und herumgealbert, waren ins Kino gegangen, aber er hatte kein Wort über den Brief verloren. Am Montag morgen, Punkt zehn Uhr, hatte er sich in dem Café Ecke Frishman- und Dizengoff-Straße eingefunden.
Moshe Yohanan war ein kleiner Mann von etwa fünfzig Jahren. Er trug ein weißes Hemd und blätterte in einer Zeitung. Sobald er Avner erblickte, winkte er ihn freundlich zu sich heran. Sie schüttelten einander höflich die Hand, und Avner bestellte ein gemischtes Eis: »Zitrone und Vanille, bitte.«
Mr. Yohanan kam sofort zur Sache. »Wissen Sie«, begann er, »im Moment kann ich Ihnen noch nichts Konkretes sagen. Ich weiß ja nicht mal, ob Sie der richtige Mann für uns sind. Das wird sich erst noch herausstellen. Aber *wenn* Sie der richtige sind, mein Freund, dann braucht Ihr Land Ihre Hilfe.«

II
Andreas

Wenn es dem Freund seiner Tante gelungen wäre, Avner einen Job bei der El Al zu beschaffen, dann hätte er nie an der Tür von Apartment Nr. 5 im zweiten Stock eines unauffälligen Gebäudes in der Borochov-Straße geklingelt. Er hätte Moshe Yohanan ganz einfach gebeten, sich die ganze Geschichte aus dem Kopf zu schlagen. »Ich geh wieder nach Hause«, hätte er gesagt. »Was ihr auch mit mir vorhabt, es erinnert mich zu sehr ans Militär!«

Das junge Mädchen, welches ihm die Tür öffnete, wirkte ebenfalls recht militärisch, obgleich sie in Zivil war. Aber angesichts ihrer adretten, sachlichen und geschäftsmäßigen Art fühlte Avner sich wie auf dem Kasernenhof. Sie drückte ihm einen Stapel Papiere in die Hand und bat ihn, alles sorgfältig auszufüllen. Der Raum wirkte nüchtern und kahl; er war nur spärlich möbliert.

Avner nahm an einem rohgezimmerten Holztisch Platz, und nachdem das Mädchen das Zimmer verlassen hatte, begann er, die vorgedruckten Fragebogen durchzusehen. Frage Nr. 36: »Haben Sie lebende Verwandte in der Sowjetunion?« Noch hab ich Zeit auszusteigen, dachte Avner. Nicht, daß die Beantwortung einer Fülle von zum Teil höchst persönlichen Fragen seinen Freiheitssinn beleidigt hätte – ein solcher Gedanke wäre ihm nie gekommen. Nein, es war ihm ganz einfach lästig. Außerdem war dieser Wust von Papier ein sicheres Indiz dafür, daß noch eine Menge Scherereien auf ihn zukommen würde, wenn er bliebe. Er konnte es sich lebhaft vorstellen: weitere Formulare, Dienstlisten, Arbeitspläne, Urlaubssperre, Befehl zum Rapport um sechs Uhr morgens. Hatte er davon in den letzten vier Jahren nicht mehr als genug gehabt?

Avners Abneigung gegen das Militär beruhte auf anderen Gründen als bei den meisten Soldaten. Ihm machte es zum Beispiel gar nichts aus, mit über vierzig Pfund Gepäck bei Nacht quer durch Israel zu marschieren. Mochte auch die Hälfte der Anwärter auf die begehrten Fledermausflügel bei einer solchen Übung zusammenklappen und im Sanitätswagen in die Kaserne zurückkehren; um so besser für Avner. Denn der wurde nicht ohnmächtig, wenn er auch keineswegs der stärkste oder der größte unter seinen Kameraden war. Auch im Tauchkurs stand er an der Spitze, obwohl er erst beim Militär das Schwimmen gelernt hatte. Am Ende war er einer der etwa fünfzehn von insgesamt hundert Bewerbern, die zu den Froschmännern gehen durften. Er trug die Fledermausflügel, die Insignien der Elitetruppe, die innerhalb der israelischen Streitkräfte an zweiter Stelle, gleich hinter dem Jagdgeschwader, rangierte.

Avner weigerte sich auch nicht, im Sechs-Tage-Krieg während eines Gefechts unbemerkt mit einer Ladung magnetischer Seeminen unter Wasser zu gehen. Natürlich hatte er Angst. Nur ein Dummkopf hätte sich in dieser Situation nicht gefürchtet, und bei den Froschmännern duldete man keine Dummköpfe.

Avners Abneigung jedoch richtete sich gegen provisorische Duschen, unter denen man sich nie wirklich erfrischen konnte, gegen ungenießbares Essen, das an Samstagen auf Veranlassung des Rabbiners noch dazu kalt serviert wurde, und vor allem gegen die starre Bürokratie. In der Armee gab es alle nur erdenklichen Verhaltensmaßregeln, die nicht das geringste mit der Sicherheit der Truppe oder mit ihrer Leistungsfähigkeit im Kampf zu tun hatten. Da wurde einem ohne ersichtlichen Grund der Urlaub gesperrt; zumindest sah Avner keinen Grund dafür. Aufgaben wurden nicht unter dem Aspekt verteilt, wer am besten zu ihrer Durchführung geeignet sei, sondern nach angeblich psychologischen Gesichtspunkten entweder als Belohnung oder als Strafe vergeben.

Er haßte es, unter dem Zeitdruck zu trampen, nach Ablauf von zwölf Stunden zurück in der Kaserne sein zu müssen. Dabei ging jedesmal kostbare Zeit durch nutzloses Warten am Straßenrand verloren. Gut, vielleicht gehörte das einfach zum Leben ei-

nes Soldaten, womöglich gar eines Helden, ganz gleich, in welcher Armee der Welt er diente. Avner war gern bereit, das zu glauben. Nur wollte er nichts damit zu tun haben, jedenfalls nicht auf unbegrenzte Zeit. Er wäre jederzeit für sein Vaterland gestorben, doch per Anhalter fahren wollte er nicht mehr.
Avner zögerte freilich noch aus einem anderen Grund, ehe er die Fragebogen ausfüllte. Er hatte zwar zu seinem Vater gesagt: »Dir mögen sie übel mitgespielt haben. Aber mit mir würde ihnen das nie gelingen.« Allein, das waren lediglich Worte, hinter denen sich mehr Prahlerei als Überzeugung verbarg. Avner hatte keine konkrete Vorstellung davon, was *sie* ihm eigentlich antun könnten. Ja, er wußte nicht einmal genau, was sie mit seinem Vater gemacht hatten.
Sein Beruf hatte Papa gelehrt, schweigsam zu sein. Und so erklärte er Avner nie wirklich, was geschehen war, als er mit seiner neuen Frau nach Israel zurückkehrte. Er bemerkte scherzhaft, daß seine Ehe mit Wilma schon deshalb keine Bigamie sei, weil der Mann seiner Mutter nicht identisch sei mit dem, der im Ausland Wilma geheiratet habe. Einer dieser beiden Männer existierte legal überhaupt nicht. Ja, er und Wilma waren zusammen eingesperrt gewesen, weil sie für Israel Spionage betrieben hatten. Jedenfalls lautete so die Anklage. Und wie war es in Wirklichkeit, Papa? Na, was glaubst denn du, mein Junge?
Dem äußeren Anschein nach hatten Avners Eltern weiterhin ein durchaus herzliches Verhältnis zueinander. Sein Vater machte fast jede Woche einen Besuch in Rehovot und unterhielt sich stundenlang mit Mutter in der Küche. Als Avner einmal scherzhaft zu ihr sagte: »Du siehst ihn jetzt häufiger als während eurer Ehe«, da zuckte sie nur mit den Schultern.
»Du denkst wohl, *Gefühle* seien das wichtigste im Leben?« fragte sie ihn bei einer anderen Gelegenheit. »Glaub mir, das sind sie nicht!«
Avner zog daraus den Schluß, seine Mutter empfinde es als eine patriotische Pflicht, das Scheitern ihrer Ehe ohne Groll und Verbitterung hinzunehmen. Warum sollte sie ihrem Land nicht den Status einer verheirateten Frau opfern, wenn andere ihr Leben

für Israel gaben? Sie äußerte nie ein böses Wort über seinen Vater oder über Wilma, doch sie vermied es, über Papas zweite Frau zu sprechen. Und wenn das Thema sich absolut nicht vermeiden ließ, dann zählte sie Wilma ganz einfach all den anderen Mißhelligkeiten zu, die sein Vater hatte erdulden müssen, wie zum Beispiel seine Verhaftung und die Zeit im Gefängnis. Obwohl Avner ihre Einstellung verstand, konnte er sich einem leichten Gefühl der Verachtung gegenüber seiner Mutter nicht erwehren. Ihm wäre es lieber gewesen, sie hätte die Zähne gezeigt und Widerstand geleistet.

Vater verhielt sich ganz anders. Er machte kein Geheimnis aus seiner Verbitterung, wenn er über die Ursache seines Mißgeschicks auch nur in dunklen Andeutungen sprach. »Ist es erst einmal vorbei, bist du erledigt für die«, sagte er. »Solange sie dich brauchen, ist das Beste grade gut genug. Du bist der Größte, und sie behandeln dich auch so. Aber wenn's vorbei ist, geben sie dir einfach 'nen Tritt.« Und nach einer Weile setzte er hinzu: »Und dann kann man noch von Glück sagen, mit dem Leben davongekommen zu sein.«

Avner fragte zwar manchmal: »Wen meinst du denn mit *sie?* Wer steckt dahinter?«

Aber sein Vater starrte nur stumm vor sich hin und murmelte schließlich statt einer Antwort: »Die pressen dich aus wie 'ne Zitrone, und dann werfen sie dich einfach zum Abfall.«

Obwohl Papa keine Einzelheiten preisgab, konnte Avner sich doch einiges zusammenreimen. Der weißhaarige Mann, der mit seinen knapp fünfundfünfzig Jahren eigentlich noch gar nicht alt war, kehrte als ein Gebrochener nach Israel zurück. Dahinter steckte mehr als die Gefangenschaft mit ihren endlosen, zermürbenden Verhören. »Einerseits wirken zwei, drei Jahre im Gefängnis wie ein furchtbarer Schicksalsschlag«, hatte er Avner gegenüber einmal geäußert. »Aber verglichen mit anderen Übeln ist die Haftzeit das reinste Kinderspiel. Ich könnte die paar Jahre glatt noch mal absitzen, ohne mit der Wimper zu zucken.« Das schlimmste für Vater war auch nicht seine Krankheit, wenngleich er ständig Ärzte konsultieren mußte, oder seine Geldsorgen, obschon es ihm finanziell ziemlich schlecht ging. Er hatte keine Arbeit und bezog nur eine kleine Rente. Seit seiner Rückkehr hatte er zweimal versucht, ins Geschäftsleben einzusteigen, aber beide Unternehmungen waren fehlgeschlagen. Doch das wahre Problem lag wesentlich tiefer.

»Sie halten dir 'n Vermögen vor die Nase«, sagte er eines Tages zu seinem Sohn. »Du darfst es sogar anfassen und 'n Weilchen damit spielen. Dieser ganze Schatz gehört dir, sagen sie, wenn du dies oder das für uns tust. Und dann noch was, nur 'ne Kleinigkeit, und so geht es immer weiter. Aber wenn der Tag kommt, an dem du an ihre Tür klopfst und dein Vermögen endlich abholen willst, heißt es: Wie bitte? Was denn für 'n Vermögen? Was haben Sie gesagt, wie heißen Sie?«

Avner erinnerte sich, daß er Papa gebeten hatte, ihm das alles näher zu erklären, doch der schüttelte nur resigniert den Kopf.

Sein Vater sagte die Wahrheit, daran zweifelte Avner nicht. Doch vielleicht galt diese Wahrheit nur für ihn und nicht gleichzeitig für alle anderen. Denn wenn diese Wahrheit jederzeit und für jedermann gültig wäre, was sollte dann aus ihm werden – ihm, Avner, dem Ritter ohne Furcht und Tadel, dessen Begabung weder im geschäftlichen Bereich noch auf dem Gebiet der Chemie oder der Mathematik lag? Sollte das Zauberreich ihm für immer verschlossen bleiben? Mußte er für den Rest seines Lebens Hühnerkrallen stutzen? Würde er Frankfurt nie wiedersehen und statt dessen einmal pro Woche mit Shoshana zum Strand von Ashdod trampen? Sollte er seine Zeit damit verschwenden, weiter auf einen Posten bei der El Al zu hoffen, den ihm die Beziehungen seiner Tante vielleicht eines fernen Tages einbringen würden? Durfte er nie etwas anderes sein als ein braver *jecke poz?* Waren die Jahre im Kibbuz und seine ruhmreichen Anstrengungen in der Armee denn ganz und gar vergeblich gewesen? Sollte er nie etwas Außergewöhnliches vollbringen, weder für sich noch für sein Land, bloß weil sein Vater gescheitert war? Vielleicht waren *die* ja gar nicht schuld an Vaters Unglück, oder jedenfalls nicht sie allein. Möglicherweise hatte Papa die Sache falsch angepackt.

Avner füllte die Fragebogen aus und gab sie dem Mädchen zurück. Ein paar Minuten später führte sie ihn ins Nebenzimmer, wo ein Mann in mittleren Jahren hinter einem einfachen Holzschreibtisch saß. Außerdem befanden sich in dem Raum noch ein metallener Aktenschrank und ein ungepolsterter Besucherstuhl auf Rollen. Der Mann sah Avner fest in die Augen, schüttelte ihm kräftig die Hand und bedeutete ihm mit einer Geste, Platz zu nehmen.

»Nun, wie geht's Ihnen, junger Mann?«

»Gut, danke«, antwortete Avner, den dieser herzliche Empfang ein wenig überraschte.

»Und was macht Ihr Vater?«

»Er fühlt sich ganz wohl, glaub ich.«

»Schön, schön«, sagte der Mann und erkundigte sich dann nach Avners Vorgesetztem aus der Armee. Die Namen der Offiziere, welche Eliteeinheiten kommandierten wie jene, der Avner angehört hatte, waren der Öffentlichkeit nicht bekannt. Avner überlegte, was sein Gegenüber wohl bezweckte. Wollte er möglichst rasch eine vertraute Beziehung herstellen, oder war es nur eine Vorsichtsmaßnahme, um Avners Glaubwürdigkeit zu prüfen? Oder wollte er vielleicht gar seine eigene unter Beweis stellen? Avner hielt es für das beste, ganz sachlich zu antworten.

»Als ich ihn das letzte Mal sah, ging's ihm blendend.«

»Das war im . . . warten Sie mal . . ., ja, richtig, im Februar, nicht wahr?« fragte der Mann hinter dem Schreibtisch beiläufig und zog einen schmalen Aktenordner zu sich heran.

»Im März«, entgegnete Avner, und seine Stimme verriet nicht, ob ihn das Wissen des anderen irritierte oder beeindruckte. Tatsächlich war beides der Fall. Er war irritiert durch das Spiel, das der Mann mit ihm trieb, und beeindruckt von seiner übermäßigen Vorsicht. Ehe dieses Interview zustande kam, hatte man ihn gewiß dreimal überprüft, und doch gingen sie immer noch kein Risiko ein.

Der Mann bot ihm eine Zigarette an. Er lehnte ab und registrierte, daß der andere ebenfalls keine nahm. Nichtraucher bieten normalerweise keine Zigaretten an, dachte er. Also ist das vermutlich ein weiterer Test, um herauszufinden, ob ich auch wirklich ich bin. Ein Raucher, der versucht hätte, sich an meiner Stelle einzuschmuggeln, hätte womöglich unwillkürlich zugegriffen und sich so entlarvt. Wie raffiniert von dem Kerl! Avner der Bandit konnte der Versuchung kaum widerstehen. Am liebsten hätte er so getan, als besinne er sich eines Besseren, und die Zigarette dankend angenommen, bloß um zu sehen, wie der andere darauf reagierte. Aber er beherrschte sich.

Der Mann hinterm Schreibtisch erklärte, daß Avner, falls er akzeptiert würde, sehr interessante Aufgaben übertragen bekäme. Vorläufig konnte er allerdings nicht einmal mit Bestimmtheit sagen, ob man ihn zu den Aufnahmeprüfungen zulassen würde. Sollte das aber der Fall sein und sollte Avner sie bestehen, dann stehe ihm zunächst eine sehr lange Trainingsphase bevor, in deren Verlauf etwa die Hälfte der Kandidaten ausscheiden würde. Die erfolgreichen Absolventen des Lehrgangs allerdings erwarte ein faszinierender Auftrag, der noch dazu von größter Wichtigkeit für Israel sei. Er berechtige zu glänzenden Erwartungen in finanzieller Hinsicht und zu einer beachtlichen Pension. Auch die Krankenversicherung, ja selbst anstehende Zahnbehandlungen würden beglichen. Es bestehe die Möglichkeit, aufregende Auslandsreisen zu unternehmen. Die Organisation, die all dies biete, müsse man sich vorstellen wie eine Pyramide, mit einer Menge Leute am Fuß und sehr, sehr wenigen an der Spitze. Es komme ganz allein auf den einzelnen an, wie weit er es innerhalb dieser Hierarchie bringe.

»Nehmen Sie zum Beispiel mich«, sagte der Mann eifrig und beugte sich vor. »Ich hab selbst ganz unten angefangen. Mußte 'ne Menge durchstehen, bis ich da landete, wo ich heute bin.«

Na, und wie weit sind Sie da schon gekommen? dachte Avner bei sich. Mit gut fünfzig Jahren haben Sie oller *schmok* es nicht weiter gebracht, als in 'nem stickigen kleinen Zimmer auf 'nem harten Stuhl zu hocken und blutige Anfänger einzuweisen. Ist ja 'ne tolle Karriere!

Na wenn schon, widersprach eine andere Stimme in seinem Innern. Natürlich ist dieses schäbige Apartment in der Borochov-

Straße das Letzte. Aber deswegen kann's an der Spitze der Organisation trotzdem ganz aufregend sein. Die Spitze, der John Wayne zustrebte, sah vielleicht ganz anders aus.
Nach diesem Gespräch geschah längere Zeit gar nichts. Avner erhielt weder einen Anruf noch eine schriftliche Benachrichtigung. Aber damals, im Sommer 1969, war er durchaus nicht darauf erpicht, eine rasche Entscheidung fällen zu müssen, und so kam ihm dieser Schwebezustand sehr gelegen.
»Hat sich der Typ von der El Al eigentlich schon gemeldet?« fragte Shoshana ihn an einem der nächsten Wochenenden.
»Mm-mm.« Avner schüttelte den Kopf.
»Der läßt sich aber ganz schön Zeit, was?«
Shoshana hatte es zwar selbst nicht gerade eilig, aber ihre Frage war durchaus ernst gemeint. Im Herbst würde sie ihre Lehramtsprüfung machen, und wenn sie auch nie direkt über den Hochzeitstermin sprachen, so galt es doch als ausgemacht, daß sie heiraten würden. Sobald Avner eine Anstellung gefunden hatte, würden sie sich nach einer Wohnung umsehen. Sie liebten einander. Während der vier Jahre, die Avner beim Militär verbracht hatte, war Shoshana nie mit einem anderen ausgegangen. Wenn sie heirateten, würden Shoshanas Eltern ihnen helfen, einen Hausstand zu gründen. Schließlich konnte ein alter Citroën nicht ewig ein richtiges Heim ersetzen.
»Weißt du, ich bin nicht unbedingt auf El Al angewiesen«, sagte Avner. »Ich hab da noch was in der Hinterhand.«
»Ach, wirklich? Was denn?«
»Tja, also . . ., 'nen Job bei der Regierung. Wär 'ne feine Sache, wenn's klappt. Ich warte bloß noch auf den endgültigen Bescheid.«
Er erzählte ihr keine Einzelheiten, und Shoshana stellte keine weiteren Fragen. Das war einer der Gründe, warum Avner sie liebte. Außerdem hatten ihr honigblondes Haar, ihre aristokratischen Züge und ihre porzellanblauen Augen es ihm angetan, wenngleich sie nicht das Wesentliche waren. Doch das Wesentliche ließ sich – wie meist im Leben – nicht in Worte fassen.

Über ein Monat verging, ohne daß irgend etwas geschah. Dann kam das Telegramm. Es war an die Adresse seiner Mutter geschickt worden. Avner hatte die Geschichte schon beinahe vergessen und sich wieder ganz auf einen möglichen Job bei der El Al konzentriert. Selbst als Steward oder als Purser würde er sich seinen Traum erfüllen und fliegen dürfen. Was hatten die Leute in der Borochov-Straße dagegen schon zu bieten?
Das Telegramm beorderte ihn diesmal zu einer anderen Adresse, doch das Apartment, in dem er vorsprach, war nicht minder schäbig als das erste. Auch hier empfing ihn ein Mädchen mit militärischem Gehabe. Sie bat ihn zu warten und führte ihn schließlich in ein Büro, das dem aus der Borochov-Straße aufs Haar glich. Hinter dem Schreibtisch allerdings saß ein Fremder.
»Ich habe Sie hergebeten«, sagte der Mann, »um mit Ihnen über den Posten zu sprechen, für den Sie sich beworben haben. Sind Sie daran noch interessiert?«
Avner nickte.
»Schön.« Der Mann zog einen Kalender zu sich heran, kreiste ein bestimmtes Datum ein und zeigte es Avner. Dann schob er ein Stück Papier über den Schreibtisch.
»Melden Sie sich an dem bewußten Tag bei dieser Adresse. Prägen Sie sich die Anschrift gut ein und geben Sie mir den Zettel zurück. Lassen Sie sich nicht mit dem Wagen hinbringen, sondern benutzen Sie öffentliche Verkehrsmittel. Sie werden dort an einem Einführungskurs teilnehmen, in dessen Rahmen auch ein paar Tests durchgeführt werden. Zum Abschluß des Kurses legen Sie eine Prüfung ab, und dann werden wir weitersehen.«
Avner zögerte.
»Noch Fragen?«
»Tja, also . . . bin ich denn nun eingestellt?« fragte er schließlich. »Ich meine, bekomme ich ein Gehalt?«
»Vorläufig sind Sie nur zur Ausbildung zugelassen«, erklärte der Mann hinter dem Schreibtisch. »Selbstverständlich erhalten Sie Geld während dieser Zeit. Sie werden als Teilzeitkraft einem öffentlichen Versorgungsbetrieb zugewiesen, welchem, weiß ich

nicht genau. Jede Woche wird Ihnen ein Gehaltsscheck per Post zugestellt. Sonst noch was?«
»Nein, das wär alles.« Avner stand auf. »Danke«, fügte er hinzu.
»Viel Glück.« Ohne sich hinter seinem Schreibtisch zu erheben, streckte ihm der Mann die Hand entgegen. Das Mädchen mit dem ernst dreinblickenden Gesicht hielt bereits die Tür auf. Im nächsten Moment stand der frischgebackene Agent der Mossad auf der Straße.
An diesem Abend fuhr Avner mit Shoshana im alten Citroën seines Vaters spazieren. Aus einem Impuls heraus, den er sich selbst nicht erklären konnte, fragte er sie unvermittelt, ob sie sich vorstellen könne, auszuwandern. Er wußte selbst nicht, wie er auf diese Idee kam, es war ein launischer Einfall, weiter nichts.
Shoshana blickte ihn verständnislos an.
»Aber wohin denn?« fragte sie.
»Ich weiß nicht. Irgendwohin. Vielleicht nach Deutschland oder nach Amerika.«
»Du meinst, für immer?«
»Ja, natürlich für immer. Sonst wär's ja kein Auswandern.«
Shoshana begann zu lachen, doch es klang ein wenig beklommen. »Das kann doch nicht dein Ernst sein«, rief sie schließlich entgeistert. »Ich fang im Herbst zu unterrichten an . . . Meine Eltern . . ., wir . . . wir sind doch hier zu Hause.« Sie warf Avner einen prüfenden Blick zu und ergänzte liebevoll: »Mach dir keine Sorgen. Früher oder später findest du schon Arbeit.«
Avner antwortete nicht. Er verschwieg Shoshana, daß er bereits einen Job hatte, vielleicht sogar einen sehr guten. Wenngleich ihm der Ausdruck Déjà-vu kein Begriff war, beschlich ihn das beklemmende Gefühl, diese Szene schon einmal erlebt zu haben. Es war seltsam, Avner konnte es sich nicht erklären. Doch in der Nacht, kurz vor dem Einschlafen, erinnerte er sich plötzlich. Natürlich! Es war genau wie damals, als sein Vater gefragt hatte, ob Mutter sich vorstellen könnte, in Frankfurt zu bleiben. »Du bist wohl nicht bei Trost!« hatte sie geantwortet.

Obwohl der Einführungskurs erst in zwei Wochen begann, konnte Avner seine Neugier nicht bezähmen. Gleich am nächsten Tag borgte er sich wieder den Wagen seines Vaters und machte sich auf den Weg – diesmal natürlich allein. Er fuhr in den Tel Aviver Stadtteil Hakirya und dann nach Norden in Richtung Haifa.

Als er die angegebene Adresse erreichte, blickte er sich ratlos um. Er kannte die Gegend gut, doch er könnte sich nicht vorstellen, wo um alles in der Welt hier ein Trainingszentrum der Mossad sein sollte. Er fuhr die Straße mehrmals auf und ab, aber er sah nur junge Leute, die wie Studenten wirkten, auf den Gehsteigen entlangschlenderten oder in Grüppchen auf den Eingangsstufen der Häuser saßen. Die Straße mündete in ein freies Feld, das mit Maschendraht eingezäunt war. In seiner Mitte erkannte Avner eine in den Boden eingelassene pilzförmige Kuppel. Sie sah aus wie ein Generator, konnte jedoch auch die Spitze eines Luftschutzbunkers sein. Avner fragte sich, ob diese mysteriöse Ortsangabe bereits einen ersten Test darstellte. Er konnte auf keinen Fall jemanden um Rat bitten, aber genauso unmöglich war es, zu dem Mann in dem schäbigen Büro zurückzugehen und ihm zu erklären, er sei nicht imstande, das Trainingslager zu finden. Außerdem hätte er den Mann wahrscheinlich gar nicht mehr angetroffen. Sowohl das Apartment in der Borochov-Straße als auch das andere hatten den Eindruck gemacht, als seien sie nur für kurze Zeit angemietet.

Plötzlich kam ihm eine Idee. Er wendete den Wagen, fuhr zurück bis zur nächsten Hauptverkehrsstraße, manövrierte den Citroën in eine Parkbucht an der Ecke und wartete. Es herrschte zwar nicht viel Verkehr, aber während der nächsten Stunde bogen doch eine Reihe von Autos in die Straße ein oder kamen heraus. Avner beobachtete sie unauffällig. Er wartete auf ein Zeichen seines sechsten Sinns, auf irgendein Merkmal, das ihm helfen würde, zwei und zwei zusammenzuzählen.

Er hockte seit ein paar Stunden in dem alten Citroën, als endlich das Auto auftauchte, auf das er gewartet hatte. Der Wagen unterschied sich eigentlich überhaupt nicht von all den anderen,

die vorbeigefahren waren, und die beiden jungen Männer im Innern hätten ohne weiteres Universitätsdozenten oder Lehrbeauftragte eines Forschungsinstituts sein können. Avner freilich wußte, daß sie keins von beiden waren. Er konnte selbst nicht erklären, woher er diese plötzliche Eingebung hatte, doch als er später darüber nachdachte, da kam er achselzuckend zu dem Ergebnis, »daß ein Regierungsauto eben aussieht wie ein Regierungsauto . . ., sogar in Israel«.
Avner folgte dem Wagen in sicherem Abstand und stellte verwundert fest, daß er direkt auf den Maschendraht am Feldrain zusteuerte, im letzten Moment scharf nach rechts abbog und scheinbar direkt in die Häuserwand des letzten Gebäudes an der Straße hineinfuhr. Aber statt gegen die massive Betonmauer zu prallen, rollte die Limousine ganz gemächlich eine schmale Fahrspur zwischen Zaun und Haus entlang, die Avner zuvor überhaupt nicht bemerkt hatte. An ihrem unteren Ende öffnete sich jetzt eine elektrische Schiebetür und gab den Blick frei auf einen steil abfallenden, asphaltierten Weg. Das Regierungsauto verschwand sozusagen unter dem Feld.
Avner gab die Verfolgung auf, aber zwei Wochen später fand er sich zur festgesetzten Zeit im Trainingszentrum ein. Seine Gruppe umfaßte insgesamt zwölf – ausschließlich männliche – Teilnehmer. Die meisten waren ungefähr Avners Jahrgang, zwei schienen wesentlich älter zu sein. Einen von ihnen schätzte Avner auf mindestens vierzig. Er kannte niemanden, obgleich ein paar der Gesichter ihm bekannt vorkamen. Vielleicht hatten sie gemeinsam an einem Manöver teilgenommen? Von seiner Einheit war jedenfalls niemand dabei.
Eine Woche später brachte die Post seinen ersten Gehaltsscheck. Die Wasserwerke von Tel Aviv hatten ihn nach Rehovot an seinen offiziellen Wohnsitz im Hause seiner Mutter geschickt. Er war ausgestellt auf die Summe von hundertzwanzig israelischen Pfund. Ein recht bescheidener Lohn, mit dem sich schwerlich eine Familie gründen ließ. Doch darüber machte Avner sich im Augenblick keine Sorgen. Geld an sich bedeutete ihm nie sonderlich viel, und zu jener Zeit erst recht nicht. Daß sich das spä-

ter ändern sollte, war nicht allein seine Schuld. Ursprünglich jedenfalls zählten für Avner im Leben nur die Dinge, die Aufregung und Abwechslung versprachen: Reisen in andere Länder und Kontinente zum Beispiel. Tun können, was einem Spaß macht, und damit noch einem guten Zweck dienen – das erschien ihm als das höchste Glück auf Erden.

Die Ausbilder waren zum größten Teil nur vier bis fünf Jahre älter als Avner. Dave, der Spezialist für Schußwaffen, bildete eine Ausnahme. Seinem Gesicht nach zu urteilen, hatte er gut und gerne seine sechzig Jahre auf dem Buckel; sein Körper dagegen war straff und durchtrainiert wie der eines Sportlers in Höchstform.

Dave kam von der Marine. Er war Amerikaner, und sein Hebräisch ließ sehr zu wünschen übrig. Avner und ein paar andere Kursteilnehmer hätten sich zwar nur zu gern mit ihm auf englisch unterhalten, aber Dave bestand darauf, hebräisch zu sprechen. »Ihr lernt die verdammten Kanonen, und ich lern die verdammte Sprache«, erklärte er Avner bei ihrer ersten Unterredung in seiner wunderlich schleppenden Ausdrucksweise mit den langgezogenen Vokalen. Seltsamerweise verlieh gerade der fremdländische Akzent seiner Stimme eine gewichtige Autorität. »Wir beide schön lernen, wie?«

»Mir soll's recht sein«, antwortete Avner.

»Du bist von der Armee, stimmt's?« fragte der Ältere. »Du schießen gelernt bei der Armee?«

»Jedenfalls haben sie uns Gewehre gegeben«, entgegnete Avner zurückhaltend.

»Tu mir Gefallen, großen Gefallen, ja?« bat Dave ernsthaft. »Und tu auch *dir* großen Gefallen. Mußt vergessen, daß du je gesehen ein Gewehr. Du siehst Gewehr zum erstenmal hier, bei mir.«

Der Rat war gar nicht so abwegig, wie er sich anhörte. Obwohl Avner beim Militär eine ganze Menge über Seitenwaffen gelernt hatte – die Froschmänner waren immerhin eine Kommandotruppe –, war er nie bei einer Schießübung gewesen, wie der alte Dave sie veranstaltete. Zunächst einmal entpuppte sich dieser als fanatischer Verfechter des Konditionstrainings. Dabei ging

es ihm weniger um die körperliche Kraft seiner Schützlinge als um die exakte Koordination des Bewegungsablaufs. »Ihr denkt, Gewichtheber gut schießen?« fragte er spöttisch. »Gewichtheber schießen sauschlecht! Wer will schmeißen Felsbrocken auf Feind, der heben Gewicht. Aber wer will schießen Feind, der springen Seil. Wie kleine Mädchen.« Und genau das taten sie dann täglich eine volle Stunde in der unterirdischen Turnhalle. Ein Dutzend angehende Geheimagenten übte Seilhüpfen mit dem Eifer zwölfjähriger Schulkinder. Daves nahezu mystischer Glaube an die Relation zwischen Seilspringen und dem sicheren Gebrauch einer Handfeuerwaffe schlug sich in dem markigen Spruch nieder: »Wer nicht kann seilhüpfen, der nicht kann schießen.« Avner bezweifelte diese Theorie nicht einen einzigen Augenblick. Denn Dave konnte aus zehn Meter Entfernung einen Nagel in die Wand jagen, und das sogar mit der linken Hand. Avner bewunderte ihn grenzenlos, doch für Dave waren solche Kunststücke keineswegs ausschlaggebend. »Wer will lernen Scheibenschießen, der soll gehen in Sportverein. Hier ihr lernt gottverdammtes Schießen in Einsatz.«
Ein guter Kampfschütze mußte nach Daves Meinung die Waffe des Gegners kennen. »Ihr glaubt, Feind wie verdammte Zielscheibe wartet, bis ihr losballert? Nein! Er schießen zuerst, wenn ihr nicht fix seid. Und er vielleicht treffen besser als ihr. Ihr lernen gut schießen, und wenn ihr Glück habt, ihr leben lange. Aber ihr lernen euch zu ducken, und ihr leben länger!«
Natürlich konnten sie nicht praktisch üben, sich vor einer Kugel zu ducken, aber sie saßen stundenlang über Schaubilder gebeugt oder versuchten anhand von Dias, all die Waffentypen zu identifizieren, die der Feind benutzen könnte. Dave erklärte ihnen, daß jeder Revolver, jeder Colt, jede Pistole und jedes Gewehr ein ganz besonderes Charakteristikum hätte. Dies zu erkennen und entsprechend zu reagieren könnte im Ernstfall lebensrettend sein. »'ne Kugel ist keine gottverdammte Wespe, die einem hinterherfliegt. Kugel immer bleiben in grader Linie.« Wenn man über die Waffe des Gegners Bescheid wußte, blieb einem unter Umständen der Bruchteil einer Sekunde, um vorauszukalkulie-

ren, welche Bahn die Kugel nehmen würde, und sich in Gegenrichtung zu ducken. »Nehmen wir Beispiel. Ihr seht, er hat Revolver. Ihr klug und wissen, *alle* Revolver ziehen bißchen nach rechts, auch wenn er ist verdammt guter Schütze. Also ihr euch ducken nach rechts und Kugel ausweichen. Aber wenn ihr nicht klug und nicht unter Kugel wegtauchen, Feind euch erwischen und peng, alles aus!« Zur Illustration bohrte er seinen Zeigefinger Avner direkt zwischen die Augen.

Selbstverständlich war es genauso wichtig, mit dem eigenen Schießeisen hundertprozentig vertraut zu sein. Als endlich der ersehnte Tag kam, an dem Dave seinem Kurs echte Waffen in die Hand gab, stellte Avner verwundert fest, daß es sich um halbautomatische Berettas vom Kaliber 22 handelte. Zunächst glaubte er, sie seien nur zum Scheibenschießen gedacht. Doch er hatte sich geirrt.

»In eurem Job *das* ist eure Waffe, und zwar für immer. Die und keine andere!« bestimmte Dave. Er erklärte ihnen, daß es in der Arbeit eines Agenten weniger auf Reichweite und Durchschlagskraft einer Feuerwaffe ankomme als auf ihre Zielsicherheit, relative Geräuschlosigkeit und nicht zuletzt darauf, wie gut sie sich verstecken lasse. Dave ließ durchblicken, daß diese Philosophie und vor allem die Einführung der Beretta 22[1] seinen persönlichen Beitrag zur Bewaffnung des israelischen Geheimdienstes darstellten. Vor seiner Zeit hatten die Agenten Armee- oder auch Polizeiwaffen wesentlich größerer Kaliber wie etwa 32er, 38er, ja selbst 45er benutzt. »Sie sagen zu mir: Was soll diese Zweiundzwanziger? Wir brauchen große!« erinnerte sich Dave. »Aber ich antworte: Ihr mir vertrauen; ihr nicht brauchen große.«

Dave hatte sogar darauf bestanden, das Munitionsgewicht zu verringern und zu diesem Zweck Spezialpatronen anfertigen lassen. Dadurch erhielt die kleine 22er zwar eine noch geringere Mündungsgeschwindigkeit und kürzere Schußweite als gewöhnlich. Andererseits aber wurde durch diese Maßnahme der Knall beim Abfeuern der Pistole so weit abgeschwächt, daß man keinen Schalldämpfer benötigte. Darüber hinaus verringerte sich dank der so präparierten Waffe in der Druckkabine eines Flugzeugs die Gefahr, daß eine Kugel den Aluminiummantel durchdringen und eine Dekompression auslösen würde. Solch ein explosionsartiger Druckabfall konnte eine ganze Maschine in die Luft sprengen, weshalb die Verwendung herkömmlicher Feuerwaffen an Bord eines modernen Jets ein geradezu untragbares Risiko bedeutete.

»Ihr Angst, weil nur kleine Pistole?« fragte Dave spöttisch. »Ihr wollen große Waffe? Warum? Euer Feind vielleicht ein Elefant oder Panzer? *Wenn* euer Feind Panzer, dann ihr braucht Bazooka. Aber wenn euer Gegner ist Mensch, dann kleine Waffe genügt.«

Einige der Männer, die beim Militär gewesen waren, äußerten die Befürchtung, die Schußweite einer 22er sei nicht ausreichend. Aber Dave wollte nichts davon hören: Das Operationsfeld eines Agenten sei mit dem eines Soldaten nicht zu vergleichen. Wenn man Dave Glauben schenkte, so war der Militärdienst die denkbar schlechteste Voraussetzung für einen Geheimdienstler. Die Armee bilde Scharfschützen aus, die auf Bäumen hocken und den Feind auf einen Kilometer Entfernung angreifen. Ein Soldat müsse immer eine ganze Salve auf einmal abfeuern. »Und nun stell dir vor, du großer Agent in London«, sagte Dave sarkastisch, »du dort rumrennen mit Maschinenpistole vielleicht? Nehmen Heckler & Koch, o ja, gute Waffe, jede Sekunde ein Schuß! Aber was dann! Einer dich gucken an schräg in U-Bahn, du erledigen ganze Zug?«

Als Soldat oder als Polizist lernte man, seine Pistole zu laden, zu sichern und dann vorzustürmen, die Waffe im Anschlag. Dave aber riet seinen Leuten, die Sicherung zu vergessen. Denn die könne nicht verhindern, daß eine Waffe aus Versehen losgeht, etwa wenn sie zu Boden fällt, andererseits aber könnte die Sicherung bewirken, daß der Schütze einen Sekundenbruchteil zu spät abdrückt, wenn's wirklich brenzlig wird. Daves System sah folgenden Ablauf vor: nicht durchladen und die Waffe nicht in die Hand nehmen bis zu dem Augenblick, in dem man abdrückt. Avner und seine Gruppe mußten lernen, ihre Waffe zu ziehen und gleichzeitig den Laufschlittenverschluß zu betätigen. Dieses Kunststück gelang nur, wenn man beide Hände gleichzeitig benutzte. Dave hämmerte ihnen ein, es so lange zu üben, bis sie den gesamten Ablauf in einer einzigen, fließenden Bewegung beherrschten.

»Wenn es muß sein, sogar in Schlaf! Wer hat Waffe in Hand, der schießt. Nie Pistole ziehen, ohne abdrücken. Sie ist zum Schießen da, oder etwa nicht? Ihr nicht sein gottverdammte Polizisten. Ihr Agenten. *Geheim*agenten! Wenn ihr zieht Pistole zur Warnung, ihr nicht gut. Ihr machen kaputt eure Tarnung. Wenn ihr zieht, dann ihr schießt. Und wenn ihr schießt, ihr tötet.«

Das war die wichtigste Lektion, die Dave nie müde wurde zu wiederholen: Man zieht die Waffe nur, um zu schießen, und man schießt nur, um zu töten. Wenn ein Dieb es auf deine Brieftasche abgesehen hat, gib sie ihm. Gib ihm deine Schuhe und dein Hemd. Laß dich schlagen und beschimpfen. Aber sobald jemand was von dir will, das du nicht hergeben kannst, dann leg ihn um. Zieh die Waffe nie, bloß um zu drohen. Schieß niemanden ins Bein. Du bist kein Polizist, du bist ein Agent. Man bezahlt dich dafür, daß du unerkannt arbeitest. Es ist deine oberste Pflicht, dich nicht enttarnen zu lassen.

Wenn du aber abdrückst, dann tu's immer zweimal. In diesem Punkt war Dave ebenso fanatisch wie beim Seilspringen. Im unmittelbar aufeinanderfolgenden zweimaligen Abdrücken liege das Wesen des Kampfes mit der Pistole, besonders, wenn es sich um eine 22er handelt. Der ehemalige Offizier der amerikanischen Marine erklärte seinem Kurs, daß die Position der Hand sich unweigerlich verändert, sofern man erst abdrückt und dann innehält. Ganz gleich, wie gut trainiert der Schütze auch sein mag, er wird seine Hand ein ganz klein wenig bewegen, und sei es nur unbewußt. Und obwohl er beim erstenmal genau ins Ziel getroffen hat, wird er beim zweitenmal wegen dieser lächerlichen Reaktion womöglich danebenschießen.

Drückt man hingegen zweimal unmittelbar hintereinander ab, dann trifft man zweimal ins Schwarze, vorausgesetzt natürlich, man hat richtig gezielt. War das nicht der Fall, dann ist es unerheblich, ob eine oder zwei Kugeln vergeudet sind. Wer vorbeigeschossen hat, justiert seine Waffe und feuert abermals zwei Schüsse ab – falls er noch die Zeit dazu hat. Aber es müssen unbedingt zwei sein! Wann immer man abdrückt, tut man es zweimal.

»Ihr das nie vergessen«, ermahnte Dave. »Nicht einmal in Schlaf. Immer peng-peng. Nie bloß gottverdammtes peng! Das nicht gut. Es muß sein peng-peng, selbst in Schlaf.«

Nachdem er die Grundausbildung längst hinter sich hatte, begegnete Avner dem alten Dave zufällig auf der Jabotinski-Straße in Tel Aviv. »Oh, das bist du!« rief der Amerikaner erfreut. »Wie geht dir? Du erinnern peng-peng? Du aufpassen, daß nicht vergessen!«

Avner vergaß es nicht. Er war kein talentierter Schütze, aber er übte unermüdlich, wie es sich für einen Abkömmling pflichtbewußter *jeckes* gehörte. Er erreichte nie die Spitze seiner Gruppe. Dazu bedurfte es eines ausgezeichneten Augenmaßes und des Gespürs für Rhythmus. Avner verfügte weder über das eine noch das andere, aber er war fest entschlossen, alles zu erreichen, was sich durch reine Willenskraft bewirken ließ. Und er schaffte es. Er lernte, die Waffe im Kampf nie zu früh zu ziehen. »Du denken, du feuern Interkontinentalraketen?« kommentierte Dave diesen Fehler mit süffisantem Lächeln. Avner gelang es auch, die Angst zu überwinden, er könnte zu weit von seinem Ziel entfernt sein und es verfehlen. »Sicher, du setzen Lauf an Nase von Feind, du nicht schießen daneben«, frotzelte Dave. »Aber dann er dich treten in Eier, daß kommen bei Arsch heraus.« Avner bot ihm keine Gelegenheit, solche Witze mehr als einmal über ihn zu reißen.

Mit ebensolchem Ehrgeiz widmete er sich den übrigen Kursen: Fotografie, Nachrichtenübermittlung, Sprengstoff. In letzterem hatte Avner den anderen dank seiner Militärausbildung einiges voraus. Froschmänner mußten mit dem Wesen der Explosiva, mit ihrer Anwendungs- und Wirkungsmöglichkeit vertraut sein. Avner wäre zwar nicht in der Lage gewesen, eine Bombe zu konstruieren oder sie zu entschärfen – ausgenommen vielleicht ein besonders einfaches Modell. Beim Kommiß hatte es genügt zu wissen, wie man eine Sprengladung plaziert und auslöst. Sprengkapsel, Zeitzünder und Plastiksprengmittel waren vorfabriziert. Man brauchte nicht einmal besonders vorsichtig mit dem Zeug umzugehen, denn obwohl bereits eine faustgroße Menge genügte, um eine Safetür zu sprengen, war das Zeug so stabil, daß man es fallen lassen, darauf herumhämmern, ja sogar eine Zigarette darin ausdrücken konnte, ohne eine Explosion zu verursachen. Man mußte nur wissen, wie man das Gemisch aus Nitroglyzerin oder Nitroglykol mit Ammonsalpeter zu kneten hatte. Es konnte jede gewünschte Form annehmen, ja, man konnte es selbst mit jeder beliebigen Farbe anstreichen. Dann steckte man es in die Zündkapsel und schloß die Drähte an: Rot gehörte zu Rot, Blau zu Blau; es war wirklich kinderleicht.

Der Kurs über Dokumente und Urkunden war wesentlich spannender. Hier brillierte Avner, was vielleicht etwas mit seinem sechsten Sinn zu tun hatte. Sie brauchten sich nicht damit abzugeben, Papiere zu fälschen, dazu gab es Experten, und die Agenten wurden mit deren Techniken nicht behelligt. Ihre Aufgabe war es vielmehr, mit gefälschten Papieren umgehen und sie als solche zu erkennen. Dazu gehörten Fingerspitzengefühl und die Fähigkeit, auch scheinbar Nebensächliches zu beachten und aus den gesammelten Fakten die richtigen Schlüsse zu ziehen. Der Ausbilder war ein argentinischer Jude namens Ortega.[2] Seiner Theorie zufolge mußte man, um in diesem Kurs erfolgreich zu sein, nicht viel von Dokumenten, dafür aber eine Menge von Psychologie verstehen.

Bevor ein Agent sich darüber Gedanken machte, wie er im praktischen Einsatz an gefälschte Papiere herankam und sie benutzte, sollte er nach Ortegas Meinung lernen, Falsifikate zu erkennen. Wenn Avner und seine Kameraden auch nicht im Inland für den Spionageabwehrdienst arbeiten sollten – das war Aufgabe einer eigenständigen Organisation namens Shin Bet[3] –, so war es doch durchaus denkbar, daß sie eines Tages außerhalb Israels bei der Abwehr eingesetzt würden. Ortegas Unterrichtskonzept zielte darauf ab, anhand der Fehler anderer zu demonstrieren, worauf der einzelne besonders achten mußte, um selbst ähnliche Schnitzer zu vermeiden.

Ortega teilte beispielsweise Pässe aus und wies seine Schüler an, auf einer beliebigen Seite eine kleine Änderung vorzunehmen, etwa mit Hilfe einer Rasierklinge eine Eintragung zu entfernen und durch eine andere zu ersetzen. »Versucht möglichst, alle auf verschiedenen Seiten zu probieren, und wenn ich die Ausweise einsammle, verratet mir nicht, woran ihr gearbeitet habt.«

Hinterher stellte sich heraus, daß Ortega jedem einzelnen mühelos nachweisen konnte, welche Seite er frisiert hatte, indem er die Pässe auf seine ausgestreckte Handfläche legte und beobachtete, wo sie sich öffneten. Jeder Ausweis klappte unweigerlich an der Stelle auf, an der sein potentieller Fälscher eine geschlagene Stunde mit Feuereifer herumgedoktert hatte.

»Der Clou kommt aber erst!« rief Ortega. »Während der Paß offen daliegt, betrachte ich nicht etwa ihn, sondern *Sie*.«

Die meisten Ausweise, auch unfrisierte, öffnen sich in der Regel an einer bestimmten Stelle. Dieser Umstand ist an sich noch nicht verdächtig, es sei denn, er wird begleitet von einem Flakkern im Auge des Besitzers oder von einem Zucken seiner Lider. Mehr als eine solch winzige Reaktion durfte man nicht erwarten, denn ein feindlicher Spion war zu gut trainiert, um auf der Stelle zusammenzubrechen und ein Geständnis abzulegen. Natürlich konnte ein derartiges Zucken auch ganz harmlos sein oder in einem für den Observierenden völlig irrelevanten Zusammenhang stehen. Vielleicht war der Kerl bloß nervös, weil er Zigaretten schmuggelte. In einer solchen Situation mußte man sich auf den sechsten Sinn verlassen. Ohne diesen war ein Agent nicht perfekt, gleichgültig, ob es darum ging, gefälschte Papiere zu erkennen oder sich mit ihnen durchzuschlagen.

Für Avner lag in diesem Aspekt der Reiz des Agentenberufs. Hier bot sich ihm ein Einsatzfeld, dem seine Talente gerecht wurden. Zwar waren ab und zu auch Kenntnisse in solch trockenen Fächern wie Mathematik und Naturwissenschaften erforderlich, und man mußte sich bisweilen mit unglaublich komplizierten Apparaten herumschlagen – vor allem im Bereich des

Nachrichtendienstes. Da gab es Verwürfelungsvorrichtungen an Telefonen und Sender, die eine einstündige Botschaft in einem einzigen Stoß übermittelten. Avner mußte sich gehörig plagen, ehe er auch nur mit den Grundzügen des Chiffrierens und Dechiffrierens vertraut war. Der Umgang mit Computern war und blieb ihm ein Greuel. Er hatte kein besonders gutes Gedächtnis, und seine sportlichen Leistungen waren nur mittelmäßig. Er war ein guter Autofahrer, was er jedoch weniger seinem Können als seinem Wagemut verdankte. Seine Kenntnisse der deutschen und englischen Sprache waren zwar ausreichend, aber nicht fundiert. Er verfügte über eine schnelle Auffassungsgabe und konnte sich in jedem Fach rasch ein oberflächliches Gesamtbild verschaffen; was ihm fehlte, war Ausdauer für die lästige, doch notwendige Kleinarbeit.

Ungeachtet all dieser negativen Aspekte war Avner sicher, in der Mossad seinen Platz gefunden zu haben. Denn hier konnte man auch Leute gebrauchen, die nicht das Zeug zum Spezialisten hatten. Es gab eine Fülle von Codierungsgenies und skurrilen Chemikern, die ihr Leben damit zubrachten, irgendwo in einem Labor zu hocken und unsichtbare Tinte herzustellen. Daneben benötigte die Mossad jedoch Leute, die das Gesamtbild im Auge behielten – Männer und Frauen, die wie Avner zwar keine Spitzenleistungen in einem eng umgrenzten Spezialgebiet erbrachten, die aber zwei und zwei zusammenzählen konnten.

In dieser Kunst war Avner unschlagbar. Manchmal hatte er das Gefühl, die Stimme buchstäblich zu hören, die ihm zuflüsterte: Kümmere dich nicht um *dies,* aber gib acht auf *das.* Gleichgültig, ob es sich um Papiere handelte oder um Menschen, er konnte – fast unbewußt – das kleinste Signal wahrnehmen. Da war zum Beispiel der belgische Paß, der ihnen in einer Übungsstunde vorgelegt wurde. Avner vermochte nicht sofort zu erkennen, was mit ihm nicht in Ordnung war. Die Visa wirkten echt, die Farbe ging nicht ab, wenn er mit den Fingern über die Seiten rieb, und als er den Ausweis gegens Licht hielt, entdeckte er kein verräterisch dünnes, durchscheinendes Papier. Und doch leuchtete in seinem Kopf ein Warnlämpchen auf. Sie übten die Szene, als fände sie unter den konkreten Bedingungen einer Flughafenkontrolle statt. Avner blieben also knapp dreißig Sekunden, um zu entscheiden, ob er den Paßinhaber durchlassen oder festhalten sollte. Und plötzlich wußte er es. Natürlich, das Paßbild! Die Heftklammern, mit denen es im Ausweis befestigt war, hatten genügend Rost angesetzt, um zu einem zwei Jahre alten Dokument zu passen, das augenscheinlich viel benutzt wurde. Aber die winzigen Rostspuren auf der gegenüberliegenden Seite saßen nicht an der richtigen Stelle – ein untrüglicher Beweis dafür, daß man das Foto ausgetauscht hatte.

Im Observieren war Avner ebenfalls ein wahrer Künstler. Dafür gab es keinen speziellen Kurs, denn für das Trainingsprogramm wurden ohnehin nur Leute ausgewählt, die überdurchschnittlich wachsam und hellhörig waren. Observieren bedeutete zunächst einmal nichts weiter, als die Augen wie Radarstrahlen zu benutzen und in kurzen Abständen das gesamte Gesichtsfeld abzusuchen. Auf keinen Fall durfte man seine Aufmerksamkeit länger als ein paar Sekunden auf einen bestimmten Gegenstand richten. Um Avner und seinen Kameraden dies zur unabdingbaren Gewohnheit zu machen, an der sie rund um die Uhr festhielten, stellten die Ausbilder ihnen Fallen an den unerwartetsten Stellen und zu den unwahrscheinlichsten Zeiten, manchmal sogar während ihrer Freizeit auf Spaziergängen. Man brachte ihnen bei, jede reflektierende Oberfläche – seien es Schaufensterscheiben oder Autotüren – als Spiegel zu benutzen, um ständig das gesamte Umfeld im Auge zu haben, ohne jedoch zu verraten, daß man auf der Lauer lag.

Den meisten Agenten geht das Observieren so in Fleisch und Blut über, daß sie es auch im Privatleben praktizieren. Es dauerte nicht lange, bis Avner herausfand, daß man sich schon verraten konnte, weil man – als Vorsichtsmaßnahme – seine Umgebung ständig kritisch zu beobachten pflegt. Agenten lächeln zum Beispiel selten. Die meisten haben ungewöhnlich ausdruckslose Gesichter. Das ist nicht weiter verwunderlich, denn es ist äußerst schwierig, unablässig mit den Augen die Gegend abzutasten, ohne daß dabei die Gesichtszüge erstarren. Avner speicherte diese Beobachtung im Unterbewußtsein und vertraute darauf, daß sie ihm in Zukunft von Nutzen sein würde.

Wachsamkeit ist die oberste Tugend eines Agenten im Einsatz. Dabei gilt es, nicht nur auf solche Vorgänge zu achten, die einen unmittelbar betreffen, sondern jede noch so banale Information zu registrieren, die man auffängt. Während der sechs Monate, die Avner unter der pilzförmigen Kuppel verbrachte, wurde auf das Trainieren der Wachsamkeit größter Wert gelegt; die meisten Exkursionen, die seine Gruppe unternahm, dienten in erster Linie diesem Zweck. Sie mußten zum Beispiel mit dem Bus nach Haifa fahren und sich stundenlang in die Empfangshalle eines bestimmten Hotels setzen. Bei ihrer Rückkehr sollten sie alles erzählen, was ihnen aufgefallen war, ohne irgend etwas auszulassen. Es ging nicht darum, was dem einzelnen wichtig erschien oder nicht. Sie hatten nichts weiter zu tun, als einen garantiert vollständigen Bericht abzuliefern.

Gewiß erforderten Aufgaben wie diese ein geschultes Gedächtnis und Geduld. Obwohl Avner mit beidem nicht sonderlich gesegnet war, profitierte er von diesen Übungen, denn er lernte dabei eine Menge über die Natur des Menschen. Es geschah nicht selten, daß die Ausbilder zwei Teilnehmer verschiedener Kurse in dieselbe Hotelhalle schickten, natürlich ohne daß einer vom anderen wußte. Wichen ihre Berichte später dann erheblich voneinander ab, sagte der Trainer gewöhnlich: »Nun hört mal zu, Jungs! Wie wär's, wenn ihr nach nebenan geht und das unter euch ausmacht?«

Meist war des Rätsels Lösung ganz einfach. Einer der beiden Agenten in spe hatte Hunger bekommen oder Langeweile verspürt und seinen Posten verlassen, um sich einen Kaffee zu holen oder etwas Eßbares aufzutreiben. Auch ein Agent war schließlich nur ein Mensch, der mal zur Toilette mußte oder dem die Zigaretten ausgingen. Manche hatten eine lebhafte Phantasie und neigten zu Übertreibungen oder gar Erfindungen. Im Hinblick darauf dienten die Exkursionen nicht nur dazu, die Wachsamkeit der Gruppe zu testen und zu fördern. Sie vermittelten vielmehr auch Aufschluß über den Charakter jedes einzelnen.

Tendierte jemand dazu, etwas zu erfinden oder zu beschönigen? Konnten sie zwischen Beobachtung und Einbildung unterscheiden? Wenn man sie bei einem Widerspruch ertappte, würden sie ihren Fehler eingestehen oder frech auf ihrer Behauptung beharren?
Diese Überlegungen spielten eine entscheidende Rolle für den Ausbildungsbereich, in dem Avner sich zum unbestrittenen Favoriten mauserte, und zwar dem der vorbereitenden Strategie. Dieser Sektor umfaßte die Planung und Organisation einer Unternehmung. Dazu gehörte es ebenso, die richtigen Leute auszuwählen und ihnen ihr Aufgabengebiet zuzuteilen, wie die Listen für die notwendigen technischen und sonstigen Hilfsmittel zusammenzustellen. Der Erfolg einer Operation hing in nicht zu unterschätzendem Maße davon ab, wer aufgrund seiner Stärke, seiner Erfahrung und seiner Persönlichkeit mit welcher Funktion betraut wurde.
Es blieb den Ausbildern nicht lange verborgen, daß Avner Charakter und Temperament seiner Kameraden einschätzen konnte und die Aufgaben entsprechend verteilte. Darüber hinaus entwickelte er minuziös und bis in die kleinste Einzelheit ausgefeilte Stufenpläne. Für den fiktiven Auftrag, sich heimlich Zutritt zu einer arabischen Botschaft in Rom zu verschaffen und das Pressezimmer zu stürmen, erarbeitete er folgendes Konzept: Zunächst forderte er von dem in Rom stationierten Agenten einen detaillierten Bericht über den Tagesablauf der Gesandtschaft an, und zwar für den Zeitraum einer vollen Woche. Drei Tage vor der geplanten Operation schickte er den schwerfälligsten, aber verläßlichsten der zur Verfügung stehenden Mannschaft los, um eine Skizze vom Verkehrsnetz in unmittelbarer Nähe der Botschaft zu erstellen. Gesetzt den Fall, die fiktive Botschaft befand sich in einem Hochhaus, so übernahm Avner es, als angeblich deutscher Geschäftsmann in dem Gebäude aufzutauchen und sein Interesse an Büroräumen zu bekunden. Auf diese Weise verschaffte er sich als potentieller Mieter Zugang zu den Grundrißzeichnungen der einzelnen Stockwerke. Er achtete darauf, daß jede Phase der Operation mit möglichst geringem Perso-

nalaufwand durchgeführt werden konnte. Er behielt sich nie das Recht vor, die einzelnen Mitarbeiter persönlich auf ihren Einsatz vorzubereiten, sondern wählte die gewissenhaftesten Vertreter der jeweiligen Sektion aus und bestimmte sie zu Instrukteuren ihrer Gruppe. Unter jede seiner Ausarbeitungen setzte er seinen Namen in schwungvollen, leserlichen Schriftzügen. Er war stolz auf seine Entwürfe und spürte instinktiv, daß dieser Stolz seiner künftigen Arbeit förderlich sein würde. Eines Tages hielt der Ausbilder beim Vergleich verschiedener Pläne ein Blatt Papier hoch und wies die Gruppe auf die unsichere, schlecht lesbare Handschrift hin: »Seht euch das an! Sieht so die Schrift eines Helden aus?«

Avner verstand instinktiv, was diese Worte besagen sollten. Je unleserlicher eine Unterschrift ist, desto schlechter ist es um das Selbstbewußtsein des Schreibers bestellt. An diesem Tag beschloß Avner, sich später im Einsatz immer zuerst die Unterschrift eines Operationsplans anzusehen. War der Name ohne Schwierigkeiten zu entziffern, so steigerte das seine Chance, lebendig nach Hause zurückzukehren.

In diesem wie in allen anderen Bereichen faszinierten Avner vornehmlich die psychologischen Implikationen, die den Informationen innewohnten. Die Fakten vergaß er unter Umständen bald wieder, doch den psychologischen Hintergrund behielt er im Gedächtnis. Die Details des reinen Wissensstoffs konnte man jederzeit nachlesen oder nachfragen. Die Psychologie aber mußte man sich eigenständig erarbeiten. Mit ihrer Hilfe war man in der Lage, sich weitere, neue Informationen zu beschaffen.

Wenn es darum ging, psychologische Tricks und Verhaltensmuster einzuüben, konnte Avner sich hundertprozentig auf sein ansonsten lückenhaftes Gedächtnis verlassen. Da war zum Beispiel Ortegas eher nebensächliche Bemerkung über den Umgang mit Dokumenten, die Avner sich unauslöschlich einprägte. Es gab zahlreiche Qualitätsmerkmale, anhand derer man die einzelnen Falsifikate klassifizieren konnte. Die Spannbreite reichte von Dauerpapieren, die etwa ein seßhafter Agent über Jahre hinweg

benutzte, bis hin zum sogenannten Wegwerf-Ausweis, wie man einen Paß bezeichnet, der zum Beispiel einem Touristen auf dem Flughafen im Waschraum gestohlen wird, um im Notfall einem Geheimdienstler rasch über die Grenze zu helfen.
Ortega versuchte seinen Kursteilnehmern klarzumachen, daß es letztlich weniger auf die Qualität der Papiere ankomme als auf das Vertrauen des Benutzers in seine Quelle. »Ein Dokument wirkt nie aus sich heraus, sondern immer in Verbindung mit euch. Wenn ihr euren Papieren oder dem, der sie euch beschafft hat, nicht vertraut, könnt ihr einen Dauerpaß zum Wegwerf-Ausweis degradieren. Umgekehrt aber könnt ihr's mit 'nem gestohlenen Führerschein weit bringen, vorausgesetzt, ihr glaubt an den Wisch.«
Die Psychologie spielt in alle Aufgabenbereiche eines Agenten hinein. Will man einen potentiellen Gegner in Paris oder Amsterdam beschatten lassen, so hat ein verliebtes Pärchen bessere Chancen, unbeachtet zu bleiben, als beispielsweise ein einsamer Mann im Regenmantel, der auf der Terrasse eines Cafés eine Zeitung liest. Nach Sizilien oder Korsika würde man hingegen eher einen Einzelgänger schicken. Bei der Beschaffung konspirativer Wohnungen werden in der Regel ältere Ehepaare bevorzugt; im Quartier Latin jedoch, rings um die Sorbonne, würde ein Studentenpärchen weniger auffallen.
Als Avner zum erstenmal seinem Ausbilder im Wagen folgen sollte, ohne ihn aus den Augen zu verlieren, machte er sich auf trickreiche Abhängmanöver gefaßt. Völlig ratlos stellte er fest, daß sein Vordermann im Gegenteil wie eine alte Oma durch Tel Aviv schlich und jede Rechts- oder Linkswendung durch Blinken anzeigte. Das dauerte eine ganze Weile, doch dann passierte es: Der Wagen vor ihm bremste bei Gelb an einer Kreuzung, aber im selben Augenblick, da die Ampel auf Rot schaltete, schoß er wie eine Rakete davon. Avner konnte ihm unmöglich folgen, ohne einen Unfall zu provozieren. Es war eine einfache Lektion, die ihre Wirkung indes nicht verfehlte.
Viele seiner Kameraden erwarteten, das Training würde ihnen feste Regeln und genaue Verhaltensweisen vermitteln. Nun gab

es zwar durchaus solche verbindlichen Anweisungen, allein Avner begriff rasch, daß ein Agent, der ausnahmslos Dienst nach Vorschrift verrichtet, sein Leben ernsthaft in Gefahr bringt. Die Arbeit für den Geheimdienstler hat eben nichts mit Routine zu tun – das war auch der Grund, warum Avner sich so leicht damit anfreunden konnte. Das Erfolgsrezept, dachte er, ist kein Geheimnis, jedenfalls nicht für mich. Man muß die Regeln beherrschen, ohne sich durch sie gebunden zu fühlen. Wer in diesem Job zu improvisieren versteht und immer wieder das Unerwartete tut, der boxt sich durch bis ganz nach oben. Hier geht's nicht zu wie bei der Armee, die im Grunde als unbeweglicher Beamtenapparat aufgebaut ist. Nein, hier hab ich endlich die ideale Aufgabe gefunden, wie maßgeschneidert für Außenseiter, ganz gleich, ob Sonderling oder schwarzes Schaf. Damals glaubte Avner das wirklich.

Nach der sechsmonatigen Grundausbildung wurde das Training im Einsatz fortgesetzt. Zwischen beiden Phasen lag zwar keine offizielle Prüfung, aber während der einzelnen Kurse hatten die Ausbilder ihre Gruppe aufmerksam beobachtet und die individuellen Leistungen genau beurteilt. Wer den Ansprüchen nicht genügte, schied ohne Aufsehen aus. Avner hatte keine Ahnung, wer von seinen Mitbewerbern die Grundausbildung überstanden hatte und wer nicht, denn wenn ein Kursteilnehmer plötzlich nicht mehr erschien, so bedeutete das vielleicht nur, daß man ihn einem anderen Aufgabenbereich überstellt oder ihn einer Spezialeinheit zugeteilt hatte. Es konnte allerdings auch heißen, daß der Betreffende die Anforderungen nicht erfüllt hatte und ausgeschieden war. Sobald einer aus ihren Reihen fehlte, wurde natürlich in der Gruppe darüber getuschelt, doch es gab keinerlei offizieller Verlautbarungen über den Verbleib der Verschwundenen.

Bevor er zum Einsatz kam, mußte Avner noch eine Reihe von Instruktionsstunden über sich ergehen lassen, in denen von speziellen Arbeitsweisen sowie von der besonderen Form der Berichterstattung die Rede war. Diese Lektionen vermittelten zwar recht interessante Fachkenntnisse, hielten aber keine Überra-

schungen bereit; mit einer Ausnahme. In gewissem Sinne barg diese Episode durchaus komische Elemente. Avner freilich wußte nicht recht, ob er sie auf die leichte Schulter nehmen oder sie als böses Omen für die Zukunft werten sollte. Sein sechster Sinn ordnete sie jenen unerquicklichen Problemen zu, auf die sein Vater bisweilen mit so düster verschleiernden Worten anspielte. Am Ende beschloß er zwar, diese instinktiv erfühlte Parallele als Ausgeburt seiner Phantasie zu belachen, aber ganz wohl war ihm nicht dabei. Der Mann, der das denkwürdige Briefing abhielt, erinnerte im ersten Moment mit seinem schlohweißen Haarkranz an Ben Gurion, doch die vermeintliche Ähnlichkeit erlosch auf den zweiten Blick, da diesem Mann jegliches Charisma fehlte. Er hatte ein gescheites Gesicht, aber einen unproportionierten Schädel, der auf einem gnomenhaften Körper ruhte. Er war schätzungsweise nicht einmal ein Meter fünfzig groß, denn er konnte im Sitzen mit den Füßen nicht den Boden berühren. Der Alte thronte auf einem Drehstuhl hinter einem unglaublich unordentlichen Schreibtisch. Avner bemerkte Nikotinflecken an seinen Fingern. Seine hellen Augen unter den buschigen Brauen, deren eine sich wie ein personifiziertes Fragezeichen hoch in seine Stirn schob, blitzten Avner spöttisch an. Sein schmuddeliges Hemd war vermutlich einmal weiß gewesen.
Der ist nicht bloß irgend 'n Galizier, dachte Avner. Das ist der Urahne aller Galizier!
»Du wirst also ausziehen und die Welt sehen«, begann der Alte. »Wie schön für dich! Aber nun setz dich erst mal, und hör mir zu. Ich muß dir noch verschiedenes erklären. Zunächst einmal bitte ich dich, nichts von dem, was ich dir sagen werde, persönlich zu nehmen. Es hat nichts mit dir zu tun. Wie sollte es auch, schließlich hab ich dich ja noch nie im Leben gesehen. Nein – das, was ich jetzt mit dir besprechen muß, kriegen all die anderen auch zu hören, ohne Ausnahme. Siehst du die Schwarten hier auf dem Schreibtisch? Da drin ist unsre gesamte Buchführung festgehalten. Und weißt du, was ich mit diesen dicken Schinken mache? Nun, ich will's dir sagen: Ich blättre in ihnen, immerzu, denn ich muß überprüfen, wieviel Geld ihr ausgebt,

du und die übrigen, und wofür ihr es verbraucht. Ich erklär dir das, um dich zu warnen. Ein paar von euch halten ihren Auftrag nämlich für 'ne Vergnügungsreise erster Klasse, finanziert vom Staate Israel. Um diesen Irrtum aufzuklären, bin ich da. Aber ich mach das nur ein einziges Mal, sowohl bei dir als auch bei den anderen. Also paß gut auf und merk es dir: Ich brauche Quittungen! Ich verlange Belege für jeden Pfennig, den ihr im Dienst ausgebt. Wenn du ein Taxi nehmen mußt, dann ist das in Ordnung, vorausgesetzt, du hast 'ne Quittung dafür. Wenn du dir 'n Boot mieten mußt, auch gut, aber bring mir den Beleg. Wenn du fürs Luftholen bezahlen mußt, zeig mir die Quittung, und der Fall ist erledigt. Aber wenn du keine hast, wird dir die Summe vom Gehalt abgezogen. Wenn du mit 'nem Taxi fährst, dann sorg dafür, daß du einen plausiblen Grund dafür angeben kannst, denn ich werd dich todsicher danach fragen. Falls du ebensogut mit der U-Bahn ans Ziel kommen könntest, nimm die U-Bahn! Oder fahr mit dem Bus wie jeder normale Mensch. Meinetwegen geh zu Fuß. Mir ist das ganz gleich, aber sobald du Geld ausgibst, ohne mich überzeugen zu können, daß es unumgänglich war, wird's dir vom Gehalt abgezogen. Damit wir uns nicht mißverstehen: Jede Summe, die für den Auftrag nötig ist, steht dir zur Verfügung. Denn dein Auftrag ist was Besonderes, dein Auftrag, hörst du, *nicht* du! In meinen Augen bist du kein Held, ganz gleich, was du tust. Selbst wenn du mir Hitler in Handschellen anschleppst, werd ich dich fragen: Wo sind die Quittungen? Und was ist mit dem Ferngespräch? War das etwa privat? Hast du deine kleine Freundin angerufen, hm? Wenn das so ist, zieh ich dir's vom Gehalt ab.
Ich sag das alles nicht, um dir zu drohen, sondern lediglich als Warnung. 'n paar von euch scheinen nämlich in dem irrigen Glauben zu leben, sie arbeiteten für Baron Rothschild. Ich versichere dir, du stehst nicht im Dienste Rothschilds, sondern Israels. Aber sobald es um Geld geht, da arbeitest du für mich, mein Junge!«
Der Galizier hielt inne, legte den Kopf auf die Seite und blickte Avner durchdringend an.

»Ich bitte darum, mich nicht auf die Folter zu spannen«, sagte er plötzlich sehr förmlich. »Sollte ich mich nicht klar ausgedrückt haben, dann sagen Sie es mir.«
Avner stand auf.
»Ich bin vollkommen im Bilde«, versicherte er steif. Insgeheim dachte er: Lohnt sich nicht, sich über diesen Widerling aufzuregen. Was kann man von ihm schon andres erwarten? Der Mensch schließt eben von sich auf andere. Dieser alte *ganew*[4] stiehlt wahrscheinlich alles, was nicht niet- und nagelfest ist. Also denkt er, alle anderen machen's genauso.
Aber in Avners Fall sollte er sich irren. Bei Lichte besehen, trafen seine Befürchtungen auf keinen der angehenden Agenten zu. Wer es auf fremdes Eigentum abgesehen hat oder auch nur auf schnelle Art das große Geld machen will, der schließt sich keiner Organisation an, in der ein Arbeitstag vierundzwanzig Stunden hat und der Monatslohn sechshundertfünfzig israelische Pfund beträgt.
Die einzigen offiziellen Prüfungen, denen sie sich vor dem ersten Einsatz im Außendienst unterziehen mußten, waren psychologische Testreihen. Die Herren an der Spitze waren offenbar neugierig darauf, was Leute wie Avner und seine Gruppe bei der Stange hielt. Die Mehrheit der angehenden Agenten fand sich offensichtlich durchaus normal, ungeachtet ständiger gegenseitiger Frotzeleien wie: Du mußt verrückt sein, dich auf so 'n Job einzulassen, komplett verrückt, sag ich dir! Avner jedenfalls hielt *sich* für völlig normal, während ihm die anderen, nun, sagen wir, ein wenig exzentrisch erschienen.
Den psychologischen Tests gegenüber empfand Avner ein instinktives Mißtrauen. Er hatte das untrügliche Gefühl, ständig ein wenig tricksen zu müssen, um die gewünschten Ergebnisse zu erzielen.
Nur bei den Belastbarkeitsübungen war es anders. Die waren unkompliziert und direkt. Avner fand sie überdies sehr sinnvoll. Es machte ihm Spaß, auszuprobieren, ob er ein mathematisches Problem, das ihm schon unter normalen Bedingungen Schwierigkeiten bereiten würde, nach vierundzwanzig Stunden ohne

Schlaf und ohne Nahrungsaufnahme lösen konnte. Er staunte nicht schlecht, als sich herausstellte, daß er es nicht nur geschafft, sondern sogar ein wenig präziser und schneller gearbeitet hatte als gewöhnlich.

Daneben gab es jedoch Tests, bei denen Avner sich nur auf seine Intuition stützen konnte. Er mußte herausbringen, was die Prüfer von ihm wollten, und es ihnen liefern, gleichgültig, ob es seinen wahren Empfindungen entsprach oder nicht. Der Grund für dieses komplizierte Katz-und-Maus-Spiel lag darin, daß die Herren an der Spitze gewisse Eigenschaften an ihren Agenten absolut nicht schätzten. Genau diese Eigenschaften aber hatten Avner bewogen, sich anwerben zu lassen. Das war die Wahrheit, so unglaublich sie auch klingen mochte.

Sein sechster Sinn verriet ihm, daß die Mossad beispielsweise mit John Wayne nicht das geringste zu tun haben wollte. Nein, das stimmte nicht ganz. Die Fähigkeit John Waynes, eine ganze Stadt voller Banditen auf eigene Faust zu befreien, war ihnen durchaus willkommen. Aber daß er die Gelegenheit zu einer solchen Heldentat herbeisehnte und sie eigenmächtig ergriff, sobald sie sich bot, das paßte der Mossad ganz und gar nicht. Wenn Helden ihnen vielleicht auch nicht gerade verhaßt waren, so hatten sie jedenfalls keine hohe Meinung von ihnen. Avner spürte, daß sie mißtrauisch waren gegenüber Leuten, deren Begeisterung für ihre Arbeit ein gewisses Maß überschritt. Sie schätzten es anscheinend nicht einmal, wenn ihre Agenten starke Emotionen gegen den Feind entwickelten. Da war zum Beispiel in Avners Gruppe ein junger Mann aus Alexandria, der sich mit fanatischem Eifer gegen die Araber engagierte, was verständlich schien, da seine gesamte Familie im Jahre 1949 einem arabischen Terroranschlag zum Opfer gefallen war. Doch Avner erriet aus den Mienen der Ausbilder, daß dem Jungen aus Alexandria beim Geheimdienst keine große Zukunft winkte.

Aus der Sicht der Mossad mußte ein idealer Agent so präzise, verläßlich und unauffällig funktionieren wie eine gute Maschine. In gewissem Sinne sollte er nicht mehr Begeisterung für seinen Auftrag entwickeln als ein Computerchip oder ein Magnetkompaß. Seine Leistung durfte nicht von der Motivation abhängen, die er seiner Aufgabe entgegenbrachte. Das bedeutete keineswegs, daß die leitenden Herren sich stumpfe, gefühllose Agenten wünschten, denn die hätten weder Erfindungsreichtum noch die für diesen Beruf unerläßliche Loyalität aufgebracht. Der ideale Agent sieht so aus: Er ist leidenschaftlicher Patriot, doch frei von jeglichem Fanatismus; er ist hochintelligent, enthält sich aber aller eigenständigen Ideen und Gedanken; er ist waghalsiger Draufgänger und staatlich geprüfter Buchhalter in einer Person. Kurz gesagt, der ideale Agent verkörpert ein Spektrum von Fähigkeiten und Eigenschaften, wie sie wohl kaum je ein realer Mensch in sich vereinigt.

Avner hielt dieses ganze Idealbild für ein Hirngespinst. Weder er noch all die anderen Anwärter seiner Gruppe entsprachen dieser Beschreibung. Sie ließen sich überhaupt nicht in ein einheitliches Schema pressen, sondern waren genauso verschieden voneinander wie andere Menschen auch. Gewiß waren sie alle patriotisch gesinnt, aber welcher Israeli war das nicht, vor allem im Jahre 69? Doch wenn die Psychologen der Mossad einen bestimmten Typus suchten, dann würde Avner ihn eben spielen. Sein sechster Sinn würde ihm helfen, die richtigen Antworten zu finden. Kein noch so raffiniert ausgetüftelter Test würde ihn hindern, das aufregende Leben eines Geheimagenten zu führen.

Die Mossad würde es nie bereuen, ihn angeworben zu haben, ob sie nun John Wayne schätzte oder nicht. Denn Avner würde der beste Agent sein, den Israel je hatte. Er würde sein Land aus tausend Gefahren erretten, ohne daß irgend jemand etwas davon erfuhr. Aber wenn nach vielen Jahren vorbildlicher Pflichterfüllung der Ministerpräsident selbst ihm ein persönliches Dankschreiben schickte, dann würde er es vielleicht seiner Mutter zeigen. Und wenn sie dann entgeistert ausrief: »Ja, aber was hast du denn getan?«, dann würde er nur bescheiden antworten: »Oh, ich darf leider nicht drüber reden. Aber es war nichts Besonderes.«

Avner wußte natürlich nicht mit Sicherheit, ob er die Psychologen der Mossad wirklich hinters Licht geführt hatte. Vielleicht erkannten sie den Ritter ohne Furcht und Tadel in ihm sehr wohl, aber er erschien ihnen brauchbar. Wie dem auch sei, sie erklärten Avner für flügge, und zwar im wahrsten Sinne des Wortes. Sein erster Auftrag im Außendienst führte ihn an Bord einer El-Al-Maschine. Er wurde der Fluglinie, für die er möglicherweise in anderer Funktion hätte arbeiten können, als Begleitschutz zugeteilt.

Ein anderer würde diese Aufgabe vielleicht als recht bescheiden angesehen haben, aber für Avner erfüllte sich damit sein sehnlichster Wunsch. Wenn er auch nicht im Cockpit befehligte, so durfte er immerhin fliegen. Ihm wäre es schon traumhaft erschienen, wenn der Jet bloß über dem Flughafen gekreist wäre. Aber der Vogel tat weit mehr als dies: Innerhalb weniger Monate war Avner auf Kosten der Regierung in fast alle Hauptstädte Westeuropas geflogen. Obwohl er für den Nachrichtendienst ausgebildet worden war, gehörte die aktive geheime Nachrichtenübermittlung zunächst nicht zu seinem Aufgabengebiet, zumindest keine von der Sorte, wie man sie normalerweise mit dem Begriff Spionage verbindet. Soweit Avner es beurteilen konnte, war die Zahl der Spione, die sich in Schlüsselpositionen feindlicher Regierungen einschlichen und Militärgeheimnisse fotografierten, ohnehin relativ gering. Gewiß verfügte die Abwehr über ein paar Spitzenkräfte wie etwa den legendären Eli Cohen.[5] Doch die meisten Agenten operierten anscheinend auf genau der Ebene, auf welcher man nun auch Avner eingesetzt hatte.

Außer seiner Verantwortung für die Sicherheit von Passagieren und Besatzung der El-Al-Maschine während des Fluges war Avner die heimliche Überwachung öffentlicher Einrichtungen übertragen. Über jede seiner Observierungen mußte er einen detaillierten Bericht vorlegen. In Paris verbrachte er einmal einen ganzen Tag auf dem Flughafen Orly. Er erkundete den Gebäudekomplex, machte sich Notizen über Ein- und Ausgänge und fertigte eine peinlich genaue Beschreibung der Modelle aller Dienstwagen an, die Zugang zur Rollbahn hatten. Er vermerkte die Position jeder einzelnen Kontrollkamera und gab an, wo es

sich um Einsatzgeräte, wo um Attrappen handelte. Unter dem Vorwand, ein paar hübsche Stewardessen für sein Heimkino aufzunehmen, filmte er die Schichtwechsel an verschiedenen Zoll- und Paßkontrollpunkten.
In Rom, London und Athen trieb er sich jeweils einen Vor- und Nachmittag in der Nähe der arabischen oder russischen Botschaft herum. Er hatte Anweisung, sich unauffällig zu verhalten, aber wie er das machte, blieb ihm überlassen. Sein sechster Sinn warnte Avner von Anfang an vor zu aufwendigen Verkleidungen. In einer Stadt mit lebhaftem Fremdenverkehr erschien es ihm günstig, seinen Beobachtungsposten in einem Café zu beziehen. In London hingegen ging er mit einem Hund im Park gegenüber der Botschaft spazieren. In Rom mietete er einmal einen Kombi, postierte sich damit vor der libyschen Botschaft, stellte ein Umleitungsschild auf und machte sich im Kanalschacht einer Seitenstraße zu schaffen.
Manchmal hatte er nichts weiter zu tun, als den Verkehr an einer bestimmten Botschaft zu beobachten und sich die Nummern der Wagen zu notieren, die hineinfuhren oder in der Nähe parkten. Häufiger geschah es, daß er die Anweisung erhielt, sich ein Gesicht von einem Foto einzuprägen und festzustellen, ob die betreffende Person die Botschaft betrat oder verließ. Er brauchte nie jemandem zu folgen, sondern mußte nur nahe genug an die fragliche Person herankommen, um sie einwandfrei identifizieren zu können.
Avner erfüllte jeden Auftrag gewissenhaft und mit großem Enthusiasmus. Er fand seine Arbeit aufregend. Wenn er von Zeit zu Zeit hörte, daß einer aus seiner ehemaligen Ausbildungsgruppe ein Fortbildungsseminar in Nachrichtenwesen, Fotografie oder Sprachen absolvierte, um sich für den Dienst auf höherer Ebene – wie etwa langfristige Observierung oder komplizierte Nachrichtenübermittlung – zu qualifizieren, dann kam es ihm nie in den Sinn, den Betreffenden zu beneiden. Warum sollte er in einem Fortgeschrittenenkurs darüber brüten, wie man Papiere fälscht oder eine Bombe bastelt, wenn er statt dessen jede Woche in eine andere Großstadt fliegen konnte? Hätte man ihn in ein

weiterführendes Seminar geschickt, wäre er auch dort sein Bestes zu geben bestrebt gewesen, aber es war ihm wesentlich lieber, daß man ihn damit verschonte und ihn weiterhin in Rom in einem Café sitzen oder in Paris einen Brief abliefern ließ. Avner rechnete sich aus, daß er bei seinem Verdienst ein ganzes Jahr sparen müßte, um sich auch nur eine der Reisen leisten zu können, die er allwöchentlich absolvierte.

Die Jagd nach Quittungen entwickelte sich bei ihm allmählich zu einer wahren Manie. Er hätte wohl auch von sich aus auf korrekte Abrechnung geachtet, denn schließlich war er als *jecke* ein ordnungsliebender Mensch. Doch seine Begegnung mit dem Ahnvater aller Galizier im Herzen der Mossad stachelte ihn dazu an, jeden Pfennig, den er namens der Regierung ausgab, dreimal umzudrehen. Er tat das keineswegs, weil der Alte ihn eingeschüchtert hatte, sondern weil er dem Zwerg die Genugtuung nicht gönnte, ihn bei einem Irrtum zu erwischen oder ihm einen Fehler nachzuweisen. Um dieser Demütigung zu entgehen, hätte Avner lieber sein eigenes Geld für die Regierung ausgegeben, und in kritischen Grenzfällen tat er das auch. Einmal, als er in Paris aus Versehen den Kassenbon für ein Glas Ananassaft fallenließ, ging er auf die Knie und suchte den Zettel zwischen den Beinen der Gäste im überfüllten Café gegenüber der jordanischen Botschaft. Ich führ mich schon auf wie 'n echter *schmok,* schoß es ihm durch den Kopf. Bloß gut, daß der Feind keine Ahnung davon hat, wie die Galizier die Mossad leiten. Sonst könnten sie die israelischen Agenten mit Leichtigkeit hochgehen lassen. Sie müßten nur drauf achten, wer so verrückt ist, wegen einer Quittung über lumpige fünf Franc auf dem Boden rumzukriechen!

In gewissem Sinne unterlag er wieder denselben Zwängen wie seinerzeit im Kibbuz. Er war der *jecke* zwischen den mächtigen Galiziern. Nur machte es ihm jetzt kaum noch etwas aus. In der Mossad war es vielleicht sogar ein Vorzug, *jecke* zu sein. Im Kibbuz hatten die Galizier Leute wie ihn nicht gebraucht. Aber hier im europäischen Außendienst war es sehr nützlich, einen *jecke* zur Verfügung zu haben. Denn die Galizier waren zwar gescheit und mutig, doch sie verstanden es nicht, sich unauffällig im Hintergrund zu halten. In Anbetracht ihrer eigentümlichen Gebärden sowie der charakteristischen Gestik und Haltung war Anpassung nicht gerade ihre starke Seite. Außerdem hatten sie mit Sprachproblemen zu kämpfen. Obwohl die Bevölkerung Israels weitgehend mehrsprachig war, beherrschten die jungen *sabras,* die aus ostjüdischen Familien stammten, eine Fremdsprache selten wirklich gut. Abkömmlinge von *jeckes* dagegen sprachen in der Regel genügend Deutsch oder Französisch, um sich als Bürger des jeweiligen Landes ausgeben zu können. Außerdem waren sie besser bewandert in europäischen Kleidungsgewohnheiten und ließen es sich nicht einfallen, womöglich Turnschuhe zum Straßenanzug zu tragen.[6]

Avner fühlte sich in Europa direkt zu Hause. Er empfand eine weit stärkere Neigung zum dortigen Lebensstil als zu dem in Israel propagierten. In Europa gefiel ihm einfach alles. Die lässige Art, einzukaufen oder eine Straße zu überqueren, ein Essen zu bestellen oder ein Taxi anzuhalten, imponierte ihm ebenso wie die Kleidung der Leute, ihre Gewohnheit zu grüßen und die Selbstverständlichkeit, mit der die Frauen seinen bewundernden Blick erwiderten. Alles, was er um sich herum erblickte, entsprach aufs Haar seiner Vorstellung davon, wie Menschen aussehen, sich bewegen und miteinander umgehen sollten. Avner lernte zwar so gut wie nichts über die Kunst, die Architektur und die Geschichte von Paris oder Rom, aber er wußte bald alles über gepflegte und doch preiswerte Hotels, zweckmäßige Einkaufszentren und den kürzesten Weg zum Flughafen. Er studierte das Publikum der Touristencafés und der Nachtlokale. Er mauserte sich zum Experten für Eisenbahnfahrpläne, Schalterstunden der einzelnen Postämter und billige Souvenirs. Er genoß die Atmosphäre weltmännischer Geschäftigkeit, die er zu spüren glaubte, sobald sein Fuß das Pflaster einer europäischen Großstadt betrat. Er liebte das Flair und die Luft, die ihn noch genauso betörten wie einst als kleinen Jungen in Frankfurt.

Im Gegensatz zu den meisten im eigenen Lande geborenen Israelis hatte Avner eine Kontaktperson in Europa, und zwar Andreas, den besten Freund aus seiner Frankfurter Schulzeit.

Als sein Dienst ihn das erste Mal nach Frankfurt führte, da verschwendete er allerdings nicht einmal einen Gedanken an Andreas. Das war nicht weiter verwunderlich. In der Zwischenzeit hatte sich so vieles ereignet: zunächst der Kibbuz, dann der Sechs-Tage-Krieg, und schließlich hatte die Mossad all seine Aufmerksamkeit beansprucht. Natürlich dachte Avner manchmal an seinen Großvater zurück. Aber ansonsten lebte Frankfurt in seiner Erinnerung lediglich als schemenhaftes Wahrzeichen eines herrlichen, verlockenden Lebens fort. Erst auf dem Rückflug nach Tel Aviv kam Andreas ihm plötzlich in den Sinn, und als er das nächste Mal nach Frankfurt kam, da suchte er seine Nummer aus dem Telefonbuch heraus.
Andreas war nicht eingetragen, aber er fand die Nummer seiner Eltern. Sie gaben vor, nichts über den Verbleib ihres Sohnes zu wissen, verwiesen Avner jedoch an eine junge Frau, die mit Andreas befreundet sei. Als Avner sie anrief, reagierte sie sehr kühl und behauptete, Andreas gar nicht zu kennen. Avner, oder besser gesagt sein sechster Sinn, antwortete begütigend: »Hören Sie zu, vielleicht hab ich mich ja in der Nummer geirrt. Aber falls Ihnen doch noch was einfallen sollte, erreichen Sie mich im Holiday Inn. Ich hab Zimmer 411. Ich bin noch bis morgen in der Stadt.«
Es war schon fast Mitternacht, als Andreas ihn anrief. Es war verblüffend: Die Unterhaltung kam so mühelos zustande, als hätten sie erst vor ein paar Tagen miteinander gesprochen. Sie verabredeten sich für den nächsten Tag in einem Straßencafé am Goetheplatz. Avner erschien zehn Minuten vor der verabredeten Zeit. Diese Vorsichtsmaßnahme war reine Routine, die er selbst dann nicht außer acht ließ, wenn er einen alten Schulfreund traf. Sei frühzeitig am Treffpunkt, geh kein Risiko ein, schütz dich vor Überraschungen, so lautete die Devise. Heute freilich erwartete Avner eine große Überraschung.
Von seinem Platz aus erkannte er Andreas sofort, als er um die Ecke bog; und das auf fast dreißig Meter Entfernung. Allerdings war es nicht sein alter Schulfreund, der ihm auffiel, sondern das Original eines Fotos, das er sich hatte einprägen müssen. Der

Mann, der da mit leichten Schritten auf das Café zuschlenderte, war ein deutscher Terrorist; ehemaliger Student, jetzt Mitglied der Baader-Meinhof-Gruppe, keine große Nummer, sondern eher ein Mitläufer.

Avner sah, wie Andreas zögerte und den Blick forschend über die Gesichter der Gäste schweifen ließ, die auf der Terrasse Platz genommen hatten. Um sich zu sammeln und seiner Verwunderung Herr zu werden, gab Avner sich ihm nicht gleich zu erkennen.

Als Andreas ihn entdeckte, trat er einen Schritt vor.

»Avner?« fragte er leise.

Avners Entschluß war gefaßt. Er erhob sich mit strahlendem Lächeln und klopfte seinem alten Schulkameraden freundschaftlich auf die Schulter. Nur ein Narr hätte diese Gelegenheit nicht beim Schopf ergriffen. Andreas kannte ihn nur unter dem Namen, den er als Kind getragen hatte. Doch Avner hatte ihn in der Armee geändert, wie das alle in seiner Einheit taten.[7] Er war ohnehin mit dem Vorsatz gekommen, Andreas nichts über seine Arbeit zu erzählen, nicht einmal, daß er zum Begleitschutz der El Al gehörte. Komplikationen vermied man am besten durch Schweigen. Er würde Andreas reden lassen. Wer weiß, vielleicht konnte er durch ihn eines Tages wertvolle Verbindungen knüpfen.

Es war eine geradezu prophetische Eingebung, die Avner zu dieser Zurückhaltung bewog. Noch ahnte er nicht, wie nützlich die Beziehung zu Andreas für ihn werden würde, doch bereits knapp zwei Jahre später sollte sie seinem Leben eine völlig neue Wendung geben.

An jenem Nachmittag im Straßencafé am Goetheplatz freilich tranken sie nur Bier miteinander und schwelgten in Kindheitserinnerungen. Sie sprachen ausschließlich über die Vergangenheit. Andreas erzählte kaum etwas von sich, lediglich, daß er sein Studium abgebrochen habe und sich mit dem Gedanken trage, Schriftsteller zu werden. Avner seinerseits gab auch keine Einzelheiten preis. Er sagte, er bereise Europa im Auftrag einer israelischen Lederfabrik. Das Thema Politik wurde in ihrem Ge-

spräch überhaupt nicht angeschnitten. Beim Abschied steckte Andreas ihm einen Zettel mit einer Telefonnummer zu, unter der Avner ihn ständig erreichen oder aber eine Nachricht für ihn hinterlassen könne.
Seit dieser Begegnung meldete Avner sich bei jedem Aufenthalt in Frankfurt zuerst bei Andreas. Manchmal trafen sie sich auf ein Bier, manchmal telefonierten sie nur miteinander. Stets sprachen sie ausschließlich über die alten Zeiten, so als seien sie nicht Dreiundzwanzigjährige, sondern Männer mittleren Alters. Avner spürte, daß Andreas behutsam versuchte, den Geist ihrer früheren Kameradschaft wieder heraufzubeschwören, und er ließ es geschehen. Einmal erzählte er beiläufig, daß er unterwegs nach Zürich sei, worauf Andreas ihn bat, einen Brief mitzunehmen und in der Schweiz aufzugeben.
»Er ist für 'n Mädchen bestimmt«, erklärte er. »Ich hab ihr vorgemacht, ich sei für 'ne Weile nicht in der Stadt.«
Avner nahm den Brief entgegen und steckte ihn in Zürich in den Kasten, ohne sich um Adresse oder gar Inhalt zu kümmern. Er tat Andreas diesen Gefallen ganz bewußt. Für ihn war es eine Art Kredit, den er dem Freund gewährte, um ihn gegebenenfalls wieder einzufordern. Gleich bei seinem ersten Treffen mit Andreas hatte er nach einigem Zögern beschlossen, diesen Kontakt der Mossad nicht zu melden. Seine Entscheidung war nicht von Freundschaft oder Loyalität diktiert, sondern fußte auf einem Rat seines Vaters.
Avner hatte gerade mit der Grundausbildung begonnen, da wußte Papa bereits, für wen er arbeitete. Ob er es durch seine Beziehungen zur Mossad erfahren oder ob er einfach zwei und zwei zusammengezählt hatte, das erfuhr Avner nicht.
»Wie gefällt's dir denn bei den Wasserwerken?« fragte sein Vater eines Tages unvermittelt. Ohne die Antwort abzuwarten, setzte er brüsk hinzu: »Du bist unglaublich dumm. Aber es ist schließlich dein Leben.«
»Hast du keinen besseren Rat für mich?« fragte Avner.
»Auf den besten, den ich dir geben konnte, wolltest du ja nicht hören. Aber ich kann dir den zweitbesten anbieten. Jetzt, wo du

einmal drin bist, mußt du dich mit allen Kräften reinknien in den Job. Halt dich streng an die Vorschriften. Zeig ihnen, daß du 'n Goldjunge bist. Aber leg nicht all deine Karten auf den Tisch. Behalte immer 'n As im Ärmel.«

An diese Unterredung dachte Avner, als er beschloß, seinen Kontakt zu Andreas für sich zu behalten. Er ging damit kein Risiko ein. Wenn jemand sie zusammen sah und Andreas erkannte, konnte er glaubhaft versichern, für ihn sei der Deutsche nur ein Schulfreund, den er zufällig wiedergetroffen habe, ohne ihn mit der verschwommenen Fotografie eines Baader-Meinhof-Anhängers aus dem Archiv des Geheimdienstes in Verbindung zu bringen. Man konnte das vielleicht nachlässig nennen, ihm aber weiter nichts anhaben. Kein großes Wagnis also im Vergleich zu dem Trumpf, den er sich einhandelte.

Die nächsten beiden Jahre vergingen für Avner wie im Flug und ohne nennenswerte Ereignisse. Seine Arbeit machte ihm nach wie vor Spaß, und seine Auftraggeber schienen mit seinen Leistungen zufrieden. Wenn er auch nach wie vor einen niederen Rang in der Hierarchie des Geheimdienstes bekleidete und man ihn nicht mit der Übermittlung wirklich brisanter Nachrichten betraute, so wurden seine Aufträge doch nach und nach anspruchsvoller. Ab und zu mußte er mit einem Dienstausweis in eine europäische Hauptstadt – in der Regel nach Athen oder London – fliegen, wo er vom Leiter der dortigen Mossad-Niederlassung mit einem anderen Paß und einer neuen Identität, etwa der eines deutschen Geschäftsmannes, ausgestattet wurde. Mit diesem Paß flog er weiter nach Zürich oder Frankfurt. Dort traf er sich mit einem israelischen Agenten, der auf arabischem Territorium arbeitete. Diesem Mann, gewöhnlich war es ein aus dem Orient stammender Jude, mußte Avner entweder Instruktionen übermitteln oder seinen Bericht entgegennehmen. In der Regel wurden Agenten, die in arabischen Staaten operierten, zu den Routinebesprechungen nicht nach Israel zurückgeholt. Es hätte ihre Arbeit nur unnötig gefährdet, wenn arabische Agenten

sie dabei beobachtet hätten, wie sie eine Maschine nach Israel bestiegen. Die meisten Geheimdienste arbeiteten mit der Methode, drei Viertel ihrer Informationen in den Fremdenverkehrszentren der Welt auszutauschen.
Avner entwickelte eine etwas zynische Theorie über diese Gepflogenheit. Für eine kurze, heimliche Zusammenkunft hätte sich Birmingham ebenso geeignet wie London, wäre Nancy ebenso verläßlich gewesen wie Paris. Aber auch Spione sind nur Menschen. Wer möchte schon gern eine Woche in Nancy verbringen, wenn er statt dessen durch Paris bummeln kann? Avner hatte jedenfalls nicht das geringste gegen die gängigen Praktiken einzuwenden. In seinen Augen war der Weltstadtrummel, in dem er sich bewegen durfte, der attraktivste Anreiz seiner Arbeit.
Viele der Aufträge, die Avner während dieser zwei Jahre erhielt, betrafen direkt oder indirekt Verteidigungsmaßnahmen gegen die anschwellende Terrorismuswelle. Die auf internationaler Ebene verzeichneten, besonders aber die gegen Israel gerichteten Terroranschläge häuften sich zusehends seit dem Sommer 1969, als Avner der Mossad beigetreten war. In manchen Ländern gehörten Attentate terroristischer Vereinigungen mittlerweile zur Tagesordnung. Im Herbst des Jahres 1972 war allein die Zahl der Zwischenfälle, die auf das Konto der verschiedenen palästinensischen Freischärlerorganisationen gingen, auf mehr als zwanzig gestiegen.[8]
Zunächst hatten die palästinensischen Untergrundorganisationen ihre Anschläge hauptsächlich auf den Luftverkehr und auf technische Einrichtungen beschränkt, die im Besitz Israels oder des befreundeten westlichen Auslandes waren. Am 21. Februar 1970 wurden durch eine Bombenexplosion alle siebenundvierzig Insassen einer Swissair-Maschine, die auf dem Weg nach Tel Aviv war, kurz nach dem Start in Zürich getötet. Für das Attentat zeichnete das »Generalkommando«, eine Splittergruppe der »Volksfront für die Befreiung Palästinas«, verantwortlich. Am gleichen Tag explodierte eine Postmaschine der Austrian Airlines auf der Strecke Frankfurt – Wien. Nur wenige Tage vor die-

sen beiden Sabotageakten hatte ein anderes Palästinenserkommando auf dem Flughafen München-Riem Handgranaten in einen Bus geworfen, der Passagiere der El Al beförderte. Ein Israeli wurde getötet, elf weitere verwundet, darunter auch die bekannte Schauspielerin Hannah Marron, der man ein Bein amputieren mußte. Zwischen dem 6. und 9. September desselben Jahres wurden insgesamt fünf Flugzeuge auf abenteuerliche Weise durch Kommandos der Volksfront entführt. Nur eines davon, eine Boeing 707 der El Al auf dem Flug von Amsterdam nach New York, konnte entkommen. Die Sicherheitskräfte an Bord töteten einen Luftpiraten und nahmen seine Begleiterin, Leila Khaled, gefangen. Eine Pan-Am-Maschine hingegen wurde von Terroristen erfolgreich nach Kairo dirigiert, dort zur Landung gezwungen und nach Freilassung der Passagiere gesprengt. Die drei anderen Flugzeuge landeten auf einem Wüstenflugplatz in Jordanien. Die über vierhundert Geiseln wurden nach und nach im Austausch gegen palästinensische Terroristen, die in England, der Schweiz und in der Bundesrepublik Deutschland inhaftiert waren, freigelassen.
Wenn die Palästinenser diesen Anschlag auch als großen Erfolg verbuchten, so blieb ihnen doch nicht viel Zeit, sich über ihren Sieg zu freuen. Innerhalb der nächsten Wochen verbot König Hussein von Jordanien jegliche terroristische Vereinigung in seinem Land und ließ die Freischärler, die seinem Befehl nicht Folge leisteten, öffentlich hinrichten. Als die Guerillas sich derart in Bedrängnis sahen, suchten sie Hilfe bei der bis dahin außerhalb des Nahen Ostens nur wenig bekannten, aber fraglos gewalttätigsten palästinensischen Untergrundorganisation – dem »Schwarzen September«.
Nun ist der Terrorismus weder eine Erfindung der Palästinenser, noch schlug seine Geburtsstunde in den späten sechziger Jahren. Vielmehr läßt sich die Geschichte des politischen Terrors bis weit in die Menschheitsgeschichte zurückverfolgen. Seine Waffe mag bisweilen für ein paar Jahrzehnte in Vergessenheit geraten, doch alsbald tritt eine neue Generation auf den Plan, die sich ihrer Durchschlagskraft erinnert und sie erneut einsetzt. Viele

ansonsten achtbare Nationen oder Parteien haben sich ihrer an einem kritischen Punkt ihrer Geschichte bedient. Die einzig neue Erkenntnis der palästinensischen Untergrundorganisationen in den späten Sechzigern bestand in der brillanten strategisch-taktischen Entdeckung der Achillesferse des Gegners und in einer erfolgversprechenden Reaktion darauf. Sie hatten nämlich festgestellt, daß man den Israelis auf eigenem Territorium zwar weder mit konventionellen Kampfmethoden noch durch Guerillakrieg beikommen konnte, daß sie aber im westlichen Ausland sehr wohl verwundbar waren.

Ungeachtet all seiner offiziellen Dementis teilte diese Erkenntnis ein Mann, der an der Universität Stuttgart Ingenieurwissenschaften studiert hatte und der auf den Namen Aba-a-Rahman (Yassir) Arafat hörte. Wenn er auch öffentlich Terrorhandlungen außerhalb Israels und der durch die Israelis besetzten Gebiete nicht billigte, so begann er doch schon bald, sich solche Anschläge zunutze zu machen, zunächst unmittelbar mit Hilfe der El Fatah und später hauptsächlich durch geheime Kontakte mit dem »Schwarzen September«, die zu unterhalten er offiziell auf das schärfste bestritt.

1971 probte die El Fatah ihren ersten Anschlag in Form eines Sabotageaktes auf Benzinlager in Rotterdam. Es folgten Angriffe gegen die jordanische Luftgesellschaft sowie Attentate auf ihre Botschaften in Kairo, Paris und Rom, welche die Fatah als Racheakte für König Husseins Mord an ihren Landsleuten deklarierte. Durch den Erfolg der El Fatah ermutigt, führte der »Schwarze September« noch im selben Jahr seine ersten Operationen durch. Im November ermordeten seine Scharfschützen den jordanischen Ministerpräsidenten Wasfi Tell auf den Stufen des Sheraton Hotels in Kairo. Knapp drei Wochen später folgte ein Anschlag auf Zaid Rifai, den jordanischen Botschafter in London, der mit Schußverletzungen ins Krankenhaus eingeliefert werden mußte.

Wenig Erfolg war der ersten Terroraktion des »Schwarzen September« auf israelischem Boden beschert. Im Mai 1972 brachten Luftpiraten eine Sabena-Maschine auf dem Flug Brüssel – Wien

– Tel Aviv in ihre Gewalt und erklärten sich bereit, die Geiseln bei der Landung in Lod gegen dreihundertsiebzehn palästinensische Guerillas auszutauschen, die in israelischen Gefängnissen inhaftiert waren. Doch es kam ganz anders! Israelische Fallschirmjäger griffen ein, befreiten die Entführten, konnten zwei der Luftpiraten festnehmen und so die Zahl der gefangenen Guerillas auf dreihundertneunzehn erhöhen.
Durchwegs gutes Gelingen war im Jahre 72 den antiisraelischen Operationen der »Volksfront für die Befreiung Palästinas« beschieden. Diese älteste und größte der palästinensischen Widerstandsgruppen war von Dr. George Habash[9] gegründet worden und verübte Anfang der siebziger Jahre ihre Attentate unter dem Kommando von Dr. Wadi Hadad.[10] Er war es auch, der als erster internationale Verbindungen zwischen den einzelnen Untergrundorganisationen knüpfte. So heuerte er am 31. Mai 1972 drei japanische Terroristen an, die in der Abfertigungshalle des Flughafens Lod nahe Tel Aviv ein Blutbad anrichteten, bei dem sechsundzwanzig Menschen getötet und fast achtzig weitere verletzt wurden. Diese schreckliche Tat entbehrte nicht einer Spur tragischer Ironie: Die meisten der Opfer waren christliche Pilger aus Puerto Rico.
Angesichts der häufigen Anschläge auf Flughäfen und der Eskalation der Luftpiraterie nimmt es nicht wunder, daß Avners Aufträge in dieser Zeit oft darin bestanden, bestimmte Flugplätze in Europa zu observieren und potentielle Terroristen ausfindig zu machen, ehe sie eine Maschine nach Israel bestiegen. Avners Aufgabe bestand nicht aus purem Rätselraten, obgleich sie manchmal nicht weit davon entfernt war. Bisweilen erhielt die Mossad von einem Informanten einen Tip über eine bevorstehende Terroraktion, allerdings ohne präzise Angaben über Abflughafen und Fluglinie sowie Zahl und Identität der Untergrundkämpfer. Wenn auch viele solcher Anschläge von jungen Arabern durchgeführt wurden, konnten die Terroristen theoretisch jeder beliebigen Nationalität oder Altersstufe angehören. Vielleicht handelte es sich um eine reine Männer- bzw. Frauengruppe, vielleicht traten die Attentäter auch paarweise auf. Es

kam sogar vor, daß die einzelnen an einem Coup beteiligten Freischärler nichts voneinander wußten.

Nicht jeder Terrorist, der eine israelische Maschine bestieg, plante einen Sabotageakt oder eine Entführung. Einige von ihnen wurden als Agenten nach Israel eingeschleust. Andere hatten die Aufgabe, Palästinenser, die in den besetzten Gebieten lebten, zum Untergrundkampf zu bekehren und sie als Spione oder Saboteure auszubilden.

Die Mossad erarbeitete ein Standardprofil der Verdächtigen, dem zwar die wenigsten Terroristen Punkt für Punkt entsprachen, das aber doch einige wichtige Charakteristika aufwies, die bei der Enttarnung hilfreich waren. Durch Befragung gefangener Freischärler hatte man zum Beispiel in Erfahrung gebracht, wie ein palästinensischer Guerillakämpfer in der Regel die letzten achtundvierzig Stunden vor der Durchführung seines Auftrags verbrachte. Die meisten neigten dazu, noch einmal kräftig auf die Pauke zu hauen, im feinsten Hotel abzusteigen und ihr ganzes Geld, bis auf den Betrag für ein Flugticket nach Israel, zu verjubeln. Viele dachten nicht daran, ihr Hotelzimmer im voraus zu reservieren, und konnten weder Freunde noch Verwandte in dem Land angeben, das sie angeblich so dringend besuchen mußten. Verbreitet war die Praxis, das endgültige Ziel über eine Reihe von Umwegen anzufliegen. Wenn also ein angeblicher Student, der im teuersten Hotel von Genf übernachtete, ein einfaches Ticket nach Tel Aviv über Paris, Rom und Athen verlangte, ohne eine Erklärung dafür zu haben, was er in Israel eigentlich wollte, so erregte er unweigerlich Verdacht.

Da sie sich in einer besonderen Streßsituation befinden, neigen Terroristen unwillkürlich zu gewissen Verhaltensmustern, die dem geschulten Beobachter ins Auge fallen. Sie reisen für gewöhnlich mit leichtem Gepäck, umklammern aber krampfhaft ihren Bordkoffer oder Kleidersack und behalten ihn lieber auf dem Schoß, als ihn auf den freien Platz neben sich oder in der Abflughalle auf den Boden zu stellen. Möglicherweise rauchen sie eine Zigarette nach der anderen und gehen häufig auf die Toilette. Sie versenken sich nicht in die Lektüre eines Buches oder einer Zeitschrift, durchblättern dagegen mit Vorliebe achtlos ein Magazin, sichtlich unfähig, sich zu konzentrieren. Luftpiraten reisen in der Regel in Dreier- oder Vierergruppen, aber sie sitzen in der Abflughalle nie beisammen, tauschen hingegen häufig Blicke miteinander. (Ein Agent der Mossad, der in Amsterdam-Schiphol einen Terroristen nach einem Foto erkannte, brauchte nur den nervösen Blicken dieses Mannes zu folgen, um auch seine beiden Komplizen dingfest machen zu können.) Terroristen zeichnen sich außerdem durch eine ausgesprochene Vorliebe für Fensterplätze aus, wenngleich ein Gangplatz für den geplanten Anschlag weitaus sinnvoller wäre.

Der »Profilentwurf«, wie die Mossad ihre Sammlung solcher und ähnlicher Merkmale hochtrabend nannte, war natürlich weitgehend unzuverlässig oder zumindest nicht sonderlich fundiert. Einige Aspekte waren zwar durchaus hilfreich, aber nur für einen Beobachter mit jenem besonderen Gespür, das Avner gern als die Fähigkeit bezeichnete, zwei und zwei zusammenzuzählen. Er selbst führte Dutzende solcher Observationen durch, gab aber nur zweimal Alarm. In einen Fall waren sämtliche Anzeichen vorhanden, doch das junge Paar, das er verdächtigte, plante kein größeres Verbrechen, als eine allerdings beträchtliche Menge Hasch zu schmuggeln. Das andere Mal landete er einen Volltreffer. Sein Argwohn fiel auf einen Mann, der als einer der erfolgreichsten Terroristenanwerber der West-Bank entlarvt wurde. Dieser Mann hatte ein Rückflugticket, war Nichtraucher, ging nicht ein einziges Mal auf die Toilette und hatte in der Abflughalle mit keinem der anderen Passagiere Augenkontakt aufgenommen. Avner wußte selbst nicht, was ihn veranlaßte, in Tel Aviv anzurufen und vorzuschlagen, man möge diesen Fluggast bei der Ankunft verhören. Gewiß, der Mann war Araber, doch das waren viele andere Passagiere auch.

Es wäre falsch zu glauben, Avner hätte sich zu einem Spezialisten in der israelischen Konterguerilla entwickelt. Er wurde vielmehr ständig für verschiedene Operationen der unteren Rangordnung eingesetzt. Ihm war das nur recht. Denn zum einen teilte er seine Aufträge nicht in Kategorien ein, zum anderen

wurde er laufend im Ausland eingesetzt und durfte also dauernd reisen. Ende 1971 kam er sogar bis New York. Er hatte sein höchstes Ziel erreicht, ein Traum war in Erfüllung gegangen.
Er gehörte zwar inzwischen nicht mehr zum Begleitschutz, wurde aber von Zeit zu Zeit immer noch als Sicherheitswache eingeteilt. Einmal war er einem Kommando zugeteilt, das einen Überläufer der DDR-Streitkräfte, dessen Namen Avner nie erfuhr, aus West-Berlin herausschmugeln sollte. Die Operation war äußerst kompliziert, doch Avners Aufgabe erschöpfte sich darin, einen Verpflegungswagen der El Al durch eine Lücke im Zaun rings um das Flughafengelände zu manövrieren und zu einer wartenden Boeing 707 zu fahren. Er bekam den Flüchtling überhaupt nicht zu Gesicht. Ein anderes Mal durfte er als Golda Meirs Leibwache nach Paris fliegen. Die Reise verlief ohne besondere Vorkommnisse.
Avner und Shoshana hatten keinen Grund mehr, ihre Hochzeit hinauszuschieben. Sie heirateten 1971, zwischen zwei von Avners Außendiensteinsätzen. Als ledige Frau hätte man Shoshana nach ihrem Examen wahrscheinlich zum Militärdienst eingezogen. Natürlich war dies nicht der Grund für ihre Eheschließung, aber sie beeinflußte doch immerhin die Wahl des Zeitpunktes, zumindest, was Avner betraf. Wie viele Männer hatte er sich nämlich ohne eine feste Bindung recht wohl gefühlt.
Avner hatte Shoshana auf seinen Reisen nie betrogen. Das lag nicht etwa daran, daß er keinen Blick für attraktive Frauen gehabt oder daß eine Affäre gegen die Regeln der Mossad verstoßen hätte. Es war vielmehr so, daß seine Arbeit ihn die meiste Zeit geistig und körperlich mit Haut und Haaren beanspruchte. Außerdem verspürte er in sich einen unbestimmten Widerwillen gegen Liebesabenteuer, der wahrscheinlich etwas mit seinem Vater zu tun hatte. *Ich will nicht werden wie Papa. Ich will ein normales Familienleben führen.* Vielleicht widerstand Avner der Versuchung auch aus dem Gefühl heraus, daß er ohnehin nicht in der Lage sei, Frauen zu beeindrucken. Und man mußte einer Frau doch imponieren, um sie zu erobern, oder? Ja, wenn er über seine Arbeit hätte sprechen können, dann wäre ihm gewiß so manche be-

wundernd zu Füßen gelegen. Aber genau das durfte er eben nicht. Andere schafften es, sich durch Späße oder witzige Unterhaltungen Beachtung zu verschaffen, doch dafür hatte Avner kein Talent. Wenn ihm ein besonders hübsches Mädchen über den Weg lief, starrte er sie nur sprachlos an. Er fand es ausgesprochen frustrierend, einen phantastischen Trumpf in der Hand zu haben, ohne ihn ausspielen zu dürfen. Gewissermaßen zum Selbstschutz entwickelte Avner eine geradezu sauertöpfische Haltung Frauen gegenüber. Wenn die männliche Besatzung einer Maschine sich nach einer tollen Blondine den Hals verrenkte, spielte Avner den Gleichgültigen, selbst wenn ihm in Wahrheit fast die Augen aus dem Kopf fielen. »Na ja«, sagte er achselzuckend. »Zur Not geht sie. An der Front kann man wohl nichts Besseres erwarten.«

Mit Shoshana verhielt es sich ganz anders. Sie war zwar auch eine Schönheit, aber nicht auf diese phänomenale, aufsehenerregende Art; sie strahlte vielmehr verhalten, von innen heraus. Vor allem war sie eine *sabra.* Ihr brauchte man nicht zu imponieren. Sie verstand Avner ohne viele Worte. Obwohl sie keine Fragen stellte, hatte sie gewiß eine Vorstellung davon, warum Avner so häufig verreisen mußte. Aber wann immer sich jemand deswegen erkundigte, erklärte sie mit gleichmütiger Stimme: »Avner? Oh, der ist im Auftrag der Regierung unterwegs.« In Israel genügte diese Auskunft vollauf.

Die Hochzeit wurde ein fröhliches Fest. Auf den Fotos strahlte Avners tiefgebräuntes Gesicht über einem weißen Blazer. Shoshana wirkte auf geheimnisvolle Weise in sich gekehrt in ihrem langen, weißen Brautkleid. Sie hatten Freunde und Nachbarn eingeladen, und sogar ein paar der Kameraden aus Avners früherer Einheit waren erschienen. Der lange Tisch bog sich unter der Last der reichverzierten Torten und der Batterie von Flaschen, gefüllt mit honigfarbenem, süßem israelischen Wein. Shoshanas Eltern betreuten die Gäste. Avners Mutter war natürlich zugegen, und auch Papa war gekommen und bezauberte die Gesellschaft mit seinem Charme, den er mit Vorliebe vor Publikum entfaltete. Er hatte Wilma mitgebracht, seine zweite Frau.

Man gab sich gegenseitig die größte Mühe, nett miteinander umzugehen, und auf einigen Fotos standen Mutter, Vater und Wilma sogar nebeneinander, doch die beiden Frauen blickten stets in verschiedene Richtungen.

Teil 2
Von denen, die auszogen, die jüdische Geschichte zu ändern

III
Golda Meir

Als bei der Münchner Olympiade das Attentat auf die israelischen Sportler verübt wurde, war Avner in Paris. Gleich den meisten Israelis überall auf der Welt hockte auch er die meiste Zeit gebannt vor dem Fernseher. Als die Opfer beerdigt wurden, flog er nach Hause zurück. Obwohl ein feierliches Staatsbegräbnis angeordnet war, nahm Premierministerin Golda Meir nicht daran teil. Offiziellen Verlautbarungen zufolge hinderte die private Trauer um ihre kürzlich verstorbene Schwester sie daran, sich in der Öffentlichkeit zu zeigen. Allerdings wurde gemunkelt, in Wahrheit bliebe sie der Beisetzung der Athleten fern, weil Ausschreitungen, ja Gewalttätigkeiten gegen sie befürchtet würden. Denn wenn es auch keinen Grund gab, sie für die Tragödie verantwortlich zu machen, so ließ sich schwer voraussagen, wie das Volk in seiner Trauer und in seiner beispiellosen Empörung reagieren würde.

Avner hielt sich kaum vierundzwanzig Stunden in Israel auf, da man ihn umgehend als Kurier nach New York schickte. Normalerweise hätte er sich auf diese Reise ganz besonders gefreut, doch die Stimmung düsterer Trauer, die über der ganzen Nation lag, hatte auch ihn ergriffen.[1] Zum erstenmal fühlte er sich unbehaglich in der geschäftigen, schnellebigen Atmosphäre New Yorks, wo man nach momentanem Entsetzen über die furchtbare Bluttat gleichgültig zur Tagesordnung überging. Er war froh, als er am Freitag, genau zwei Wochen nach dem Terroranschlag auf die israelischen Sportler, wieder heimfliegen konnte.

Wie gewöhnlich hatte er einen Haufen preiswerter Mitbringsel bei sich, T-Shirts für Shoshana, Schlüsselringe und Salzstreuer für seine Mutter und die Schwiegereltern. Sogar für Charlie, ihren jungen Schäferhund, hatte er einen hübschen Beißknochen gekauft. Er und Shoshana liebten den Welpen über alles. Er war das Hochzeitsgeschenk von Avners Militärkameraden, die sich daran erinnert hatten, wie oft er beim Kommiß von Bobby, dem Liebling seiner Kinderzeit, schwärmte. Auch Bobby war ein deutscher Schäferhund gewesen.

Es war schon spät am Nachmittag, als das Flugzeug in Lod landete. Avner hatte Shoshana versprochen, sie am Abend seiner Rückkehr zum Essen auszuführen. Freitags werden in israelischen Restaurants jedoch nach Sonnenuntergang keine warmen Speisen mehr serviert. Avner hatte es also eilig und war daher alles andere als erfreut, als er am Ausgang von seinem Abteilungschef begrüßt wurde.

»Guten Flug gehabt?« erkundigte sich sein Vorgesetzter.

»Ja, vielen Dank«, antwortete Avner einsilbig. Es war ungewöhnlich, daß ein Abteilungsleiter sich zum Flughafen hinausbemühte, nur um einen unbedeutenden Kurier zu empfangen. »Ist was Besonderes? Ich wollte eigentlich noch vor Einbruch der Dunkelheit zu Hause sein.«

»Aber sicher, spricht nichts dagegen«, beruhigte ihn sein Vorgesetzter. »Ich bin nur gekommen, um Ihnen Bescheid zu geben, damit Sie sich für morgen nichts vornehmen. Um neun kommt jemand bei Ihnen vorbei, um Sie abzuholen.«

»Worum geht's denn?«

»Ich hab wirklich keinen blassen Schimmer«, erwiderte der andere. »Halten Sie sich nur um neun bereit, dann wird sich schon alles finden.«

Avner paßte das ganz und gar nicht. »Verdammt«, fluchte er leise vor sich hin. »Ich bin hundemüde. Hab immerhin zwölf Stunden Flug hinter mir. Ich wollt mich endlich mal richtig ausschlafen.«

»Na, dann ab mit Ihnen, haun Sie sich aufs Ohr«, empfahl sein Chef munter. »Ich halt Sie nicht auf!«

Am nächsten Morgen hatte Avner diese kurze Unterredung am Flughafen völlig vergessen. Er packte gerade sein Badezeug ein – samstags pilgert ganz Tel Aviv an den Strand –, da fiel es ihm wieder ein. »Tut mir leid«, sagte er zu Shoshana. »Ich kann nicht mit. Verdammt, schon gleich neun. In zwei Minuten werd ich abgeholt.«

Wie gewöhnlich stellte Shoshana auch diesmal keine Fragen. Er merkte ihr nicht einmal an, ob sie enttäuscht war. Sie stand nur stumm neben ihm und hielt seine Tasse, während Avner versuchte, gleichzeitig Kaffee zu trinken und seine Schuhe zuzubinden.

Eine Minute nach neun läutete es an der Tür. Avner sauste die Treppe von ihrer Wohnung im zweiten Stock hinunter, nahm zwei Stufen auf einmal und knöpfte dabei sein Hemd zu. Den Mann, der unten vor dem Haus stand, kannte er. Auch er war Geheimagent, allerdings hatte er eine feste Stellung, als Chauffeur des *memune,* des Leiters der Mossad, General Zvi Zamir.

Avner glaubte im ersten Augenblick, es handele sich um eine Verwechslung.

»Haben Sie bei mir geläutet?« fragte er und mühte sich vergebens mit dem letzten Hemdknopf. Der Chauffeur nickte, hielt ihm die Tür auf und ging voran. Am Straßenrand parkte ein Auto. Der Chauffeur öffnete den Wagenschlag. Im Fond saß Zamir persönlich.

Avner zögerte.

»Na los, steigen Sie schon ein«, drängte der General und winkte ungeduldig mit der Hand.

Avner ließ sich neben dem Leiter der Mossad in die Polster fallen. In seinem Kopf drehte sich alles. Zweimal hatte er Zamir bisher getroffen. Das erste Mal war er ihm, zusammen mit ein paar anderen Nachwuchsagenten, bei einem Probeeinsatz vorgestellt worden, und ein andermal hatte Avner zum Begleitschutz einer Maschine gehört, mit welcher der General nach Rom geflogen war. Unterwegs hatten sie sogar ein paar Worte miteinander gewechselt.

Und jetzt saßen sie nebeneinander im Wagen, als sei das die natürlichste Sache der Welt!

Nun, das ist eben Israel, dachte er nicht ohne Stolz. Ein kleines Land, das für die Gleichheit seiner Bürger eintritt und keinen Wert auf Zeremoniell legt. Natürlich war er überrascht, doch seine Verwirrung reichte nicht im entferntesten an die heran, in die ein einfacher FBI-Agent geraten wäre, wenn er plötzlich Seite an

Seite mit J. Edgar Hoover gesessen hätte. Die soziale Kluft zwischen den Angehörigen unterschiedlicher Bildungs- und Einkommensstufen ist in Israel weit geringer als in den meisten Ländern. Hier sind alle in erster Linie Juden, die miteinander im selben Boot sitzen und im gemeinsamen Kampf ums Überleben ihre Pflicht tun.

Der Wagen fuhr durch die Hamasger-Straße, passierte den Derekh Kibbuz Galuyot und bog in östlicher Richtung in eine Landstraße ein.

»Wir fahren nach Jerusalem«, sagte Zamir.

Avner nickte nur. Es war zwecklos, Fragen zu stellen. Zur rechten Zeit würde er schon erfahren, was das alles bedeutete. Er überlegte, ob er vielleicht irgendeinen Fehler begangen hatte. Doch nein, das müßte schon ein kolossaler Verstoß sein, daß Zamir sich persönlich darum kümmerte. Eines solchen Vergehens hatte Avner sich gewiß nicht schuldig gemacht. Erleichtert sank er in die Polster zurück.

Die Straße nach Jerusalem wirkte an diesem Samstagmorgen wie ausgestorben. Als sie von Tel Aviv aufbrachen, brannte die Septembersonne heiß aufs Pflaster. Eine halbe Stunde später kroch der Wagen durch die Hügelkette vor Jerusalem, und die Luft wurde merklich kühler. Avner liebte die kurvenreiche Strecke durch die lichtbewaldeten Höhen rings um Jerusalem, ihm gefielen die rauhen Felsen, und er genoß die sanfte, trockene Luft, die ihn an einen frischen, klaren Sommertag in Europa denken ließ. Entlang der Straße verstreute Lastwagentrümmer erinnerten an die Konvois, die während des Unabhängigkeitskrieges die Versorgung zwischen Jerusalem und dem Hinterland gesichert hatten. Diese Fahrzeuge wurden bei der Durchquerung arabischen Territoriums oft von Guerillakämpfern aus dem Hinterhalt angegriffen. Mahnzeichen wie diese waren in Israel keine Seltenheit, und die meisten Leute achteten gar nicht mehr darauf. Avner freilich beeindruckte ein solches Memento nachhaltig.

Zamir wirkte freundlich, aber geistesabwesend. Während der Fahrt sprach er nicht viel, fragte jedoch nach Avners Vater. Daran war Avner gewöhnt. Seit seiner Verhaftung und dem Prozeß war

Papa fast so berühmt wie Eli Cohen. Artikel berichteten von den Heldentaten, die er im Dienste seines Landes vollbracht hatte, und sogar ein Buch wurde über ihn geschrieben. Natürlich hatten die Autoren nur wenig über sein Privatleben und nichts über seine Einstellung zur Mossad in Erfahrung gebracht, denn Papa hatte mit seiner Familie in Rehovot nicht unter dem Namen gelebt, der ihn in der Öffentlichkeit bekannt machte. Da Avner beim Militär seinen Namen ebenfalls geändert hatte, brachten ihn Uneingeweihte erst recht nicht mit seinem Vater in Verbindung.
»Ihm geht's ganz gut«, beantwortete Avner die Frage des Generals. »Aber er ist nicht besonders kräftig.«
Zamir nickte. »Bitte richten Sie ihm aus, daß ich mich nach ihm erkundigt habe. Ach, und sagen Sie, ich würde demnächst mal vorbeischauen.«
»Darüber freut er sich bestimmt«, entgegnete Avner höflich. In Wahrheit war er sich dessen ganz und gar nicht sicher. Er hegte sogar im Gegenteil den Verdacht, Zvi Zamir könnte zu den geheimnisvollen »sie« gehören, über die sein Vater sich so gern in dunklen Andeutungen erging.
Den Rest des Weges legten sie schweigend zurück. In der Regel brauchte man für die Strecke Tel Aviv – Jerusalem mit einem schnellen Wagen etwa eine Stunde. An diesem Samstag schafften sie es in noch kürzerer Zeit. Avner erinnerte sich, daß es nicht einmal zehn Uhr war, als sie vor einem Gebäude am Stadtrand hielten. Er glaubte das Haus zu kennen und traute doch seinen Augen nicht. Fragend starrte er den *memune* an; der aber stieg wortlos aus und winkte Avner, ihm zu folgen. Ein Polizist stand am Tor. Als sie näher kamen, öffnete er es.
Benommen ging Avner hinter dem General her. Sie wurden in einen Wohnraum geführt, dessen altmodische Einrichtung hübsch, doch nicht kostspielig wirkte. Avner hatte nicht mehr den geringsten Zweifel, wo er sich befand, und weigerte sich trotzdem, es zu glauben, bis er die Fotos an der Wand erblickte. Eines zeigte sie bei einer Eröffnungsfeier, wie sie gerade das Einweihungsband durchschnitt, auf einem anderen begrüßte sie Nehru, und auf dem dritten lächelte sie neben Ben Gurion.

Golda Meir betrat das Zimmer. Durch die offene Tür erhaschte Avner einen Blick in die Küche. Die Premierministerin war ein wenig gebeugt. Sie trug ein Hauskleid. Der Boden knarrte unter ihren derben, schwarzen Schuhen. Sie streckte Avner die Hand entgegen.

»Wie geht's Ihnen?« fragte die Premierministerin von Israel. »Und was macht Ihr Herr Vater?«

Avner murmelte irgend etwas, dessen Sinn er selbst nicht verstand.

»Sehr schön«, sagte Golda Meir. »Es freut mich, das zu hören. Haben sich die Herren schon bekannt gemacht?«

Avner bemerkte erst jetzt, daß sich außer General Zamir und einem Leibwächter ein weiterer Mann im Zimmer befand. Er war in Uniform und trug die Insignien Israels – eine schlanke Weizenähre, gekreuzt mit dem Meßstab eines Ingenieurs – auf den Schulterstücken. Es war Generalmajor Ariel Sharon,[2] Avners Idol aus seiner Militärzeit. Die beiden Männer schüttelten einander die Hand.

»Möchten Sie Tee oder Kaffee?« fragte Golda Meir. »Vielleicht ein bißchen Obst?«

Sharon und der *memune* setzten sich, und nach kurzem Zögern folgte Avner ihrem Beispiel. Er konnte noch immer nicht begreifen, wie er ins Wohnzimmer der Premierministerin kam. Sogar sein sechster Sinn schien vorübergehend ausgefallen zu sein. Verwirrt beobachtete er Golda Meir, die in der Küche verschwand, gleich darauf mit einem Tablett wiederkam und den Tisch deckte. Der Leibwächter war verschwunden. General Zamir und General Sharon unterhielten sich leise und machten keine Anstalten, der Premierministerin ihre Hilfe anzubieten. Avner stand auf, doch Golda Meir bedeutete ihm, sich wieder zu setzen. Fasziniert starrte er auf ihre unordentliche Frisur, die kräftigen, ein wenig pummeligen Finger und die altmodische viereckige Herrenuhr an ihrem Handgelenk. Obwohl er ihr schon einmal auf besagtem Flug nach Paris begegnet war, hatte er sie noch nie richtig angesehen. Sie sieht aus wie Großmama, dachte Avner verträumt. Aber wahrscheinlich hat sie die Gabe, jeden an seine Großmutter zu erinnern, zumindest, wenn sie so dasteht wie jetzt und Äpfel in Scheiben schneidet. Golda Meir gab jedem ein Stückchen in die Hand, so als hätte sie Kinder vor sich.

Dann begann die Premierministerin zu sprechen.

Avner wußte zunächst nicht, an wen ihre Worte gerichtet waren. Einen Augenblick lang glaubte er sogar, sie rede mit ihm; aber nein, er mußte sich irren, denn sie blickte ihn nicht an. Doch dann bemerkte er, daß ihre Augen auch nicht auf die beiden Generäle gerichtet waren, sondern einen imaginären Punkt an der Wand, ein wenig oberhalb der Köpfe ihrer Zuhörer, fixierten. Es war, als wende sie sich an ein erdachtes Publikum irgendwo außerhalb des Raumes. Vielleicht sprach sie im Geiste in ganz Jerusalem, ja zum ganzen jüdischen Volk, obwohl sie nicht ein einziges Mal die Stimme hob. Möglicherweise redete sie aber auch nur mit sich selbst.

Avners Verwirrung stieg, während er Golda Meir zuhörte. Sein Befremden erwuchs jedoch nicht aus dem Inhalt ihrer Rede. Sie bediente sich einfacher Worte, sprach allerdings mit Nachdruck und überaus bewegend. Avner war von allem, was sie sagte, überzeugt. Die Premierministerin rekapitulierte die jüngste Geschichte. Sie erinnerte daran, daß die Juden wieder einmal in aller Welt verfolgt und aus dem Hinterhalt ermordet würden, nur weil sie ihren Anspruch auf eine Heimat geltend machten. Sie gedachte der unschuldigen Flugpassagiere und Besatzungen, die in Athen, Zürich und Lod ums Leben gekommen waren. Genau wie vor dreißig Jahren, fuhr sie fort, habe man Juden auf deutschem Boden gefesselt, ihnen die Augen verbunden und sie erschossen, während die Welt damit beschäftigt war, ein Volleyballspiel zu verfolgen. Blasmusik ertönte, das Olympische Feuer brannte, und die Welt feierte ihre Sieger, während die Juden Särge statt Medaillen nach Hause brachten. Wie immer waren die Juden auch diesmal allein. Die anderen hielten bestenfalls fromme Reden. Aber keiner von ihnen war bereit, den Juden zu Hilfe zu kommen. Sie mußten also ihre Verteidigung selbst in die Hand nehmen.

Es sei Aufgabe des Staates Israel, fuhr Golda Meir fort, die Juden vor ihren Feinden zu schützen und ihnen auf Erden einen Hafen freizuhalten, in dem sie in Frieden leben könnten. Doch sogar im erbittertsten Kampf hätte Israel es bisher immer vermieden, sich durch brutale Gewaltanwendung zu erniedrigen und mit dem Feind auf eine Stufe zu stellen. So solle es auch in Zukunft bleiben. Sie werde sich Beschränkung auferlegen und sich selbst in der Verteidigung ihrer Landeskinder zur Mäßigung zwingen. Gewiß, sie wolle kämpfen für die Sicherheit ihres Volkes, aber ohne sich dabei schuldig zu machen und ohne die Gesetze zivilisierter Staatsführung zu verletzen. Sie wende sich ausdrücklich gegen unnötige Gewaltanwendung und gegen die Vernichtung unschuldigen Menschenlebens. Israel sei ein Land, in dem die Todesstrafe nicht existiere, nicht einmal für Terroristen, Spione oder Saboteure.[3] Sie persönlich habe sich immer dagegen ausgesprochen, diese Regelung zu ändern; ja, sie habe jeden Vorschlag abgelehnt, dessen Realisierung den Bruch auch nur eines einzigen Moralgebotes erfordert hätte.
Zum erstenmal blickte die Premierministerin Avner direkt in die Augen.
»Ich möchte Ihnen mitteilen, daß ich eine Entscheidung getroffen habe«, sagte sie nach einer kleinen Pause. »Ich trage die volle Verantwortung.«
Sie erhob sich und wandte sich zum Gehen.
»Es ist meine Entscheidung«, wiederholte sie, als sie sich an der Tür noch einmal umdrehte. »Die Einzelheiten können Sie unter sich aushandeln, meine Herren.« Damit verließ sie das Zimmer.
Avner wußte nicht, wie ihm geschah. Er war mit allem, was Golda Meir über Israel und seine Geschichte gesagt hatte, vollkommen einverstanden. Aber warum sah sie sich genötigt, ihm oder Ariel Sharon und General Zvi Zamir das zu erzählen? Schleppte der Leiter der Mossad wirklich ihn, einen kleinen Agenten, am Sabbat nach Jerusalem, nur damit er aus dem Munde der Premierministerin die Wahrheit hören konnte, die er und die meisten Israelis ohnehin als Selbstverständlichkeit erachteten? Und

was meinte sie mit der Entscheidung, die sie angeblich getroffen hatte? Was gab es auszuhandeln über das Thema ihres Vortrags?
General Sharon brach als erster das Schweigen. »Sie haben wohl schon vermutet«, wandte er sich an Avner, »daß Sie hier einem bedeutsamen historischen Augenblick beiwohnen. Na, versteht sich ja eigentlich von selbst, schließlich würden Sie nicht hier sitzen, wenn es nicht um Hochwichtiges ginge.«
Da Avner spürte, daß der General seine Zustimmung erwartete, nickte er wortlos.
»Die Frage ist nun«, fuhr Sharon fort, »ob Sie bereit sind, einen Auftrag zu übernehmen. Ich brauche Ihnen nicht zu sagen, daß es sich dabei um ein maßgebliches Projekt handelt, aber ich muß Sie darauf hinweisen, daß die Aufgabe, die man Ihnen zugedacht hat, gefährlich ist. Ihr Leben würde dadurch völlig umgekrempelt. Sie müßten das Land verlassen und könnten möglicherweise jahrelang nicht nach Hause zurückkehren.«
Avner schwieg.
Sharon warf Zamir einen Blick zu, dann fuhr er eindringlich fort: »Selbstverständlich müßten Sie über Ihre Arbeit absolutes Stillschweigen bewahren. Wir könnten es wohl arrangieren, daß Sie Ihre Frau gelegentlich im Ausland treffen, aber selbst ihr gegenüber dürften Sie mit keinem Wort von Ihrem Auftrag sprechen.«
Ein paar Augenblicke lang herrschte Stille, dann nahm General Sharon wieder das Wort. »Ich wünschte nur, man hätte mir diese Aufgabe zugedacht«, sagte er leise.
Gewaltsam schüttelte Avner seine Benommenheit ab. Er zwang sich, seine Gedanken zu ordnen. Ein Auftrag, natürlich, das hätte er sich denken können. Es mußte sich ja um einen Auftrag handeln. Warum sonst hätten sie einen untergeordneten Agenten in Golda Meirs Wohnung geholt? Und natürlich mußte es was Wichtiges sein, wenn die Premierministerin sich persönlich darum kümmerte. Aber wieso ausgerechnet er? Und was um Himmels willen sollte er eigentlich tun?
Er mußte ihnen endlich eine Antwort geben, und so stellte er die

erstbeste unverfängliche Frage, die ihm in den Sinn kam: »Wäre ich bei der Operation allein?«
Der *memune* ergriff zum erstenmal das Wort. »Nein. Aber das ist im Augenblick nicht relevant. Wie lautet Ihre Antwort? Stellen Sie sich freiwillig zur Verfügung?«
»Ich würde eigentlich . . .« Avner stockte. »Ich muß erst mal drüber nachdenken. Wie wär's, wenn ich Ihnen in einer Woche Bescheid gebe!«
Er konnte sich sein Zögern nicht erklären. Vielleicht hatte sein sechster Sinn ihn dazu getrieben. Die Gefahr war es jedenfalls bestimmt nicht gewesen. Die scheute Avner als Fünfundzwanzigjähriger immer noch nicht; weder vier Jahre Militärdienst noch der Sechs-Tage-Krieg oder seine Operationen im Ausland hatten daran etwas geändert. Aber warum zögere ich dann? fragte er sich. Shoshana ist schwanger, ging es ihm durch den Kopf. Er wußte es seit geraumer Zeit. Sie ist immer noch so zart, und dabei ist sie schon im fünften Monat. Nein, es ist nicht wegen Shoshana, entschied Avner bei sich. Da steh ich nun wirklich und wahrhaftig im Hause von Golda Meir, der Leiter der Mossad bittet mich, einen Auftrag zu übernehmen, und ich – ich kann mich nicht entschließen!
General Zamir schüttelte den Kopf. »Ich geb Ihnen einen Tag«, sagte er. »Überlegen Sie sich's. Wer in einem Tag nicht zu einem Entschluß kommt, der wird sich nie entscheiden können.«
General Sharon streckte ihm die Hand entgegen. »Wahrscheinlich sehen wir uns nicht wieder«, sagte er freundlich. »Deshalb . . . möchte ich Ihnen Glück wünschen.« Er blickte Avner fest in die Augen. »Alles Gute und viel Glück, wie immer Ihre Entscheidung auch ausfallen mag.«
Wenn ich ihnen doch nur Fragen stellen dürfte, überlegte Avner. Aber er wußte, das war zwecklos. Ob es ein Auftrag ist wie der von Eli Cohen? Oder wie der letzte von Papa? Müßte ich ein »Maulwurf« werden und untertauchen? Würde ich . . .
Golda Meir kam zurück. Avners Kopf war bei ihrem Anblick wieder wie leergefegt.
»Nun, wie kommen Sie voran, meine Herren? Ist alles geregelt?«

»Es bleibt bei unserer Abmachung«, antwortete Zamir schroff. Nach einer winzigen Pause setzte er hinzu: »Den endgültigen Bescheid kriegen wir zwar erst morgen, aber es bleibt alles wie vereinbart.«

Trotz seiner Verwirrung fing Avner einen bedeutsamen Blick zwischen dem *memune* und der Premierministerin auf und bemerkte ihr winziges Kopfschütteln, mit dem sie zu sagen schien: »Ich hab's ja gewußt, es ist nicht so einfach.« Doch die Augen des Generals antworteten: »Kein Grund zur Sorge. Ob der oder ein anderer, wir schaffen's bestimmt.« Aber vielleicht bildete Avner sich diese stumme Unterhaltung auch nur ein.

Was dann geschah, war jedoch keineswegs seiner Phantasie entsprungen. Golda Meir trat auf ihn zu, legte ihre Hand auf seinen Arm und führte ihn aus dem Zimmer. Draußen in der Diele sagte sie: »Bestellen Sie Ihrem Vater Grüße von mir, und auch Ihrer reizenden Frau ... wie war doch gleich ihr Name? Shoshana? Wie hübsch ... Ich wünsche Ihnen von Herzen alles Gute.« An der Tür drückte sie ihm die Hand und setzte hinzu: »Vergessen Sie diesen Tag nicht. Was jetzt geschieht, wird die jüdische Geschichte verändern. Denken Sie daran, denn Sie haben teil an dieser Veränderung.«

Avner war so eingeschüchtert und von Ehrfurcht durchdrungen, daß er nicht einmal den Versuch machte, zu antworten. Ihre Worte hatten ihn tief beeindruckt, doch er hätte zu gern gewußt, wovon sie eigentlich sprach. Hoffentlich seh ich nicht zu dämlich aus, mit diesem idiotischen Grinsen im Gesicht, schoß es ihm durch den Kopf. Krampfhaft lächelnd stand er dabei, als Golda Meir dem *memune* und General Sharon die Hand reichte, ehe sie sich umwandte und im Haus verschwand.

General Zamirs kühle Stimme brach die Verzauberung. »Ich brauche Sie wohl nicht darauf aufmerksam zu machen, daß Sie von dieser Unterredung weder Ihrem Vater noch Ihrer Frau oder irgend jemand sonst berichten dürfen«, sagte er. »Gleichgültig, wofür Sie sich entscheiden; das, was heute hier gesprochen wurde, darf außer der Premierministerin und uns dreien niemand erfahren.« Er überlegte einen Augenblick. »Tja, das wär's. Warten

Sie im Wagen auf mich, ich hab mit dem General noch einiges zu besprechen.«

Avner setzte sich ins Auto. Er konnte noch immer nicht begreifen, was mit ihm geschah. In unserer Zeit, sinnierte er, ist es doch eigentlich undenkbar, daß ein Staatsoberhaupt einem Agenten persönlich einen Auftrag erteilt. Ja, früher, da haben vielleicht die Herrscher ihre Untertanen direkt zu sich bestellt, wenn's um eine wichtige Sache ging. Aber heute? Ist denn in unserer komplexen und vielschichtig organisierten Gesellschaft solch ein unmittelbarer Kontakt überhaupt noch möglich?

Avner war im Augenblick völlig ratlos. Sehr viel später kam ihm der Verdacht, daß man Golda Meir wahrscheinlich zu dieser ungewöhnlichen Begegnung geraten hatte, um zu dokumentieren, daß es sich bei dem fraglichen Auftrag um ein ganz und gar außergewöhnliches Projekt handelte. Vielleicht hatte sie aber auch von sich aus das Gefühl, diesem jungen Mann werde eine Aufgabe zugemutet, deren Erfüllung man bisher noch von keinem israelischen Soldaten erwartet hatte. Jedenfalls gelang es ihr, Avner diesen Eindruck zu vermitteln.

Die Teilnahme der Premierministerin an der Unterredung war möglicherweise zudem von jenem Unbehagen diktiert, das man in Israel seit jeher gegenüber heimlichen, im verborgenen durchgeführten Aktionen empfindet. Zwar waren schon vor den Massakern von Lod und München vereinzelt israelische Konterguerillas aufgetreten und hatten versucht, die Position des Feindes durch Vergeltungsmaßnahmen zu schwächen. Als es beispielsweise 1956 auf Betreiben Ägyptens zu ersten Übergriffen der Fedajin auf israelisches Territorium kam, da wurden Oberstleutnant Hafez und Oberst Mustapha, zwei Offiziere des ägyptischen Nachrichtendienstes, die für die Terroraktionen der Fedajin verantwortlich waren, durch Paketbomben getötet. Doch Operationen wie diese waren in Israel stets wesentlich umstrittener als in anderen Ländern. Die Großmächte haben zu allen Zeiten eine gewisse Toleranz gegenüber Gewaltanwendung im Dienst des nationalen Interesses bewiesen; das gilt nicht nur für die Regierung totalitärer Staaten wie der Sowjetunion, sondern zum Beispiel auch für die Vereinigten Staaten und Großbritannien. Israel hat sich diese Tradition nie zu eigen gemacht. Dem legendären Agenten mit dem Freibrief für Mord würde weder die israelische noch die jüdische Folklore einen Ehrenplatz einräumen.

Einen weiteren Grund für Golda Meirs Anwesenheit bei dieser geheimen Konferenz, den Avner natürlich nicht erraten konnte, lieferte die internationale Politik der Mossad. Im Herbst des Jahres 1972 war die Position General Zamirs dadurch gefährdet, daß er Terroranschläge wie die auf Lod und München nicht hatte verhindern können. General Aaron Yariv vom militärischen Abschirmdienst wurde zum Abteilungsleiter des Ressorts zur Bekämpfung des separatistisch-nationalen Terrorismus ernannt. Dem Vernehmen nach gestattete ihm diese Position nicht unbeträchtliche Eingriffe in die Entscheidungsgewalt des *memune.* Man munkelte, Yariv sei ein Günstling der Premierministerin.[4] Es war also durchaus denkbar, daß entweder Yariv selbst ihr nahegelegt hatte, an dieser Konferenz im engsten Kreis teilzunehmen, oder daß General Zamir darauf bestanden hatte – sei es, um nach außen hin im Einverständnis mit der Premierministerin zu handeln, sei es, um ihr zu demonstrieren, mit welch unermüdlichem Engagement er als Leiter der Mossad die Bekämpfung des Terrorismus betrieb. Ein Motiv für die Einschaltung Golda Meirs hatten jedenfalls alle Verantwortlichen, denn das Terrorismusproblem war auf einem so kritischen Punkt angelangt, daß es bereits die Moral der Nation zu untergraben drohte.

Durchs Wagenfenster beobachtete Avner die Generäle Zamir und Sharon, die sich lebhaft unterhielten. Er holte tief Luft und versuchte, sich zu entspannen. Er schloß die Augen und begann, langsam bis hundert zu zählen. Dabei zwang er sich, an nichts anderes zu denken.

Er war bei siebenundachtzig angelangt, als General Zamir zu ihm ins Auto stieg. General Sharon war verschwunden. »Ich bleibe heute in Jerusalem«, sagte der *memune.* »Der Fahrer kann mich absetzen und Sie dann nach Tel Aviv zurückbringen. Morgen um . . .« Er warf einen Blick auf seine Armbanduhr. »Melden Sie sich morgen mittag Punkt zwölf in meinem Büro.«

Avner sah verstohlen auf seine Uhr. Es war genau zwölf. General Zamir gab ihm exakt vierundzwanzig Stunden.

Avner brauchte die Bedenkzeit jedoch nicht mehr. Er hatte sich bereits entschieden.

Als das Auto vor seinem Haus in Tel Aviv vorfuhr, da hoffte er, daß die Nachbarn ihn beobachteten, wie er dem imposanten Dodge mit Chauffeur entstieg. Ob wohl jemand weiß, daß dies der Dienstwagen von General Zvi Zamir ist? Vielleicht waren solch eitle Überlegungen eines Mannes unwürdig, der sich anschickte, die jüdische Geschichte zu verändern, doch für den Augenblick beanspruchten sie Avners Gedanken vollauf.

IV
Ephraim

Knapp zwei Wochen später, am Nachmittag des 25. September 1972, saß Avner in seinem Hotelzimmer in Genf auf der Bettkante und starrte aus dem Fenster. Das Hotel du Midi war ein bescheidenes Haus, das jedoch einen untadeligen Ruf genoß und vor allem als diskret galt. Seine weiß-rote Fassade war der Place Chevelu zugewandt, einem kleinen Platz im Herzen des eleganten Einkaufsviertels der Stadt. Von seinem Fenster aus konnte Avner die düsteren Geschäfts- und Bankhäuser am anderen Ufer der Rhône sehen, die sich nur wenige hundert Meter weiter östlich in den Genfer See ergießt.

Genf, der geistige Mittelpunkt der französischen Schweiz, wirkt auf den distanzierten Beobachter wie ein Glashaus, dessen Bewohner sich hüten, mit Steinen zu werfen. Der Sitz zahlreicher gelehrter Gesellschaften und internationaler Vereinigungen achtet auf seinen Ruf, und die Neutralität wird in den Mauern der Stadt nur höchst selten verletzt. Hinter diesem Schutzwall von Recht und Ordnung hatten sich jedoch die Umsturzbewegungen aus aller Herren Länder durch stillschweigende Übereinkunft eine Oase geschaffen, in der sie ungestört ihre Pläne schmieden, sich gegebenenfalls reorganisieren oder von Fehlschlägen erholen konnten.

Avner wandte sich vom Fenster ab und richtete sein Augenmerk auf die vier Männer am Tisch, die seinen Blick ruhig und zuversichtlich erwiderten. Sie warteten gespannt auf das, was er ihnen zu sagen hatte.

Noch vor einer Woche hatte Avner nicht einmal von der Existenz dieser Männer gewußt. Jetzt waren sie seine Partner, sein Team. Er war ihr Anführer. Es fiel ihm noch immer schwer, es zu glauben, aber er leitete die Operation.

Bis zur Erfüllung ihres Auftrags mußten er und diese vier vertrauter miteinander sein als je mit irgendeinem Menschen zuvor. Avner hatte die Pflicht, sich ihnen verbundener zu fühlen als seinen *chaverim* in der Armee und als seinen engsten Freunden; sie standen ihm näher als sein Vater und seine Mutter, ja selbst als Shoshana. Denn er und diese Männer hatten einander ihr Leben anvertraut.

Im Verlauf von zehn Tagen waren mehr bedeutende Ereignisse über Avner hereingestürmt, als ihm in seinem ganzen bisherigen Leben widerfahren waren. Von einem Augenblick zum anderen hatte sein Dasein eine völlig neue Wendung genommen, an der er freilich nicht ganz unschuldig war. Denn seit seiner Zeit als Froschmann hatte er mit jedem seiner beruflichen Schritte auf eine solche Aufgabe hingearbeitet. Was Avner beunruhigte, war, daß er sich seit dem Moment, in dem Golda Meir ihm Glück wünschte, nicht mehr als Herr der Lage fühlte. Obwohl diese Erkenntnis ihm keine Angst einjagte, stellte er mit geradezu objektiver Distanz fest, daß er über Bord gegangen war. Er strampelte im Wasser, und die Strömung trieb ihn aufs offene Meer hinaus. Ob es ihm nun gefiel oder nicht, es war zu spät, etwas dagegen zu unternehmen. Es wäre sinnlos gewesen, gegen den Strom zu schwimmen.

Als Avner sich am Tag nach der Konferenz in Golda Meirs Wohnung Punkt zwölf bei General Zamir meldete, wirkte der *memune* kühl, ja beinahe gleichgültig. »Nun?« fragte er und blickte von seinem Schreibtisch auf.

»Ich melde mich freiwillig«, sagte Avner.

Der General nickte gelassen, ohne die geringste Gefühlsregung zu verraten, so als habe er die einzig mögliche Antwort gehört. Avner wußte zwar, daß man in Israel nicht unbedingt Freudensprünge vollführt, wenn jemand freiwillig einen riskanten und gefährlichen Job übernimmt, aber er war dennoch ein wenig enttäuscht.

»Warten Sie einen Moment draußen«, bat der General. »Ich möchte Sie mit jemandem bekannt machen.«

Eine halbe Stunde später stand Avner einem hochgewachsenen Mann in mittleren Jahren gegenüber, der ein wenig professorenhaft wirkte. Sein Haar war vorzeitig ergraut, sein Rücken leicht gebeugt. Um seinen Mund lag ein Anflug von Traurigkeit, doch seine Augen funkelten lebhaft. Er war liebenswürdig und verstand sich darauf, Avner vom ersten Augenblick ihrer Begegnung wie einen alten Bekannten zu behandeln. Wohl weckte er kein Zugehörigkeitsgefühl in Avner, denn er war unverkennbar ein Galizier, aber er gefiel dem jungen Mann trotzdem.

»Sagen Sie ruhig Ephraim zu mir«, meinte der Ältere. »Ich bin Ihr Einsatzoffizier. Hören Sie, dieser Auftrag ist Neuland für uns alle. Sie haben gewiß eine Menge Fragen, die ich vielleicht jetzt noch gar nicht alle beantworten kann. Aber ich hoffe, Sie werden Geduld mit mir haben. Hm-hm . . . Was halten Sie davon, wenn wir erst mal zusammen zu Mittag essen?«

In einem kleinen Restaurant in der Nähe nahmen sie einen Imbiß, und anschließend machten sie einen langen Spaziergang am Strand. Unterwegs redete Ephraim pausenlos auf ihn ein.

Erst viel später kam Avner zum Bewußtsein, daß Ephraim ihn zwar bereits während der ersten fünf Minuten ihrer Begegnung über den Inhalt seiner Mission aufgeklärt hatte, daß er jedoch noch volle zwei Tage brauchte, ehe er den Sinn seiner Worte verstand.

Als Ephraim sagte: »Wir haben uns entschlossen, ein Team zur Vernichtung der Terroristen in Europa aufzustellen«, da nickte Avner in vollstem Einverständnis. Wurde aber auch Zeit, dachte er und stellte erleichtert fest, daß die Operation, der er sich zur Verfügung gestellt hatte, sich nicht als einsamer Spionageauftrag im Stil der Arbeit seines Vaters entpuppte. Eine lange und enervierende Vorbereitungszeit mit Sprachtraining und dem Erlernen von Geheimschriften würde ihm also erspart bleiben. Ein Team – das klang vielversprechend; womöglich würde die Arbeit genauso unterhaltsam werden wie früher der Dienst in seiner Militäreinheit. Daß die Operation in Europa steigen sollte, kam Avners Wünschen ebenfalls sehr entgegen. Was den Begriff »Vernichtung« betraf, so nahm er daran keineswegs Anstoß, denn der war ihm aus dem Vokabular seiner Soldatenzeit durchaus geläufig. Er verstand darunter ein Kommando, das einen Überraschungsangriff oder eine Aufklärungskampagne in feindlichem Gebiet ebenso betreffen konnte wie die Sprengung einer Radaranlage, eines Versorgungs- oder Nachrichtenzentrums. Hinter dem Begriff verbarg sich vielleicht auch der Befehl, auf einem Streifzug Gefangene zu machen. Jedenfalls schwang in dem Wort nichts mit, was einen ehemaligen Froschmann schockiert oder überrascht hätte.

»Als erstes müssen wir wohl die Vorgehensweise klären«, schlug Ephraim vor.

Sie kamen überein, daß Avner seiner Frau erzählen solle, er müsse für einige Tage verreisen. Zur verabredeten Zeit fand er sich in einem Haus im Zentrum von Tel Aviv ein. Dort traf er Ephraim in einer Wohnung im Erdgeschoß; die oberen Etagen waren von einer Kleiderfabrik gemietet. Achtundvierzig Stunden lang blieben die beiden Männer allein. Ab und zu verschwand Ephraim für eine Weile und ließ sich von einem anderen vertreten. »Damit Sie Gesellschaft haben«, sagte er zu Avner. Doch der Mann bewahrte düsteres Schweigen und offenbarte dadurch den wahren Grund für seine Anwesenheit. Er hatte dafür zu sorgen, daß Avner sich nicht aus der Wohnung entfernte, um zu telefonieren.

Paradoxerweise erforderte Avners erster großer Auftrag im Dienste der Mossad seinen Austritt aus der Organisation. Der erste sogenannte Vertrag, den Ephraim ihm zur Unterschrift vorlegte, betraf nicht seinen zukünftigen Aufgabenkreis, sondern bestand in einer Aufstellung all dessen, was die Unterzeichner sich zu unterlassen verpflichteten. Die Mossad trat weder als sein Auftraggeber in Erscheinung, noch war sie für seine Unterstützung, Altersversorgung oder seinen Rechtsschutz verantwortlich. Im Bedarfsfall konnte er sich weder wegen konsularischer noch ärztlicher Hilfe an sie wenden. Avner mußte auf alle Ansprüche an die Mossad verzichten. Weder durfte er ihre Dienste in Anspruch nehmen noch sie für seine Taten und deren Folgen verantwortlich machen. Er durfte nirgendwo verlauten lassen, daß er in ihrem Dienst stand, und er durfte natürlich ebensowenig erwähnen, daß er sich zu solch einer Geheimhaltung verpflichtet hatte.

»Sind Ihnen diese Klauseln verständlich?« fragte Ephraim jedesmal, wenn er Avner ein neues Dokument vorlegte. »Bitte lesen Sie's. Ich möchte nicht, daß Sie was unterschreiben, ohne es gelesen zu haben.«

Avner nickte und unterschrieb. Ein paarmal schoß es ihm durch den Kopf, daß er entgegen dem Ratschlag seines Vaters keinen Trumpf im Ärmel behielt. Aber er hatte keine andere Wahl. Hätte er vielleicht um einen Anwalt bitten sollen, nachdem Golda Meir ihm die Hand auf den Arm gelegt und ihm prophezeit hatte, er werde die jüdische Geschichte verändern?

Er tröstete sich mit dem Gedanken, daß Galizier zwar mit Vorsicht zu genießen seien, ihre Kameraden jedoch niemals im Stich ließen. In diesem Punkt setzte Avner blindes Vertrauen in alle seine Landsleute, selbst in die Ostjuden, denen er auf anderem Gebiet nicht über den Weg traute. Ungeachtet aller Geschäftigkeit und alles Protektionismus würden sie Himmel und Hölle in Bewegung setzen, um einem Kameraden zu helfen, der in Not geraten war. Sie würden lügen und betrügen, schmeicheln und drohen, ja sogar töten oder ihr Leben opfern, um einen Mitkämpfer aus Feindeshand zu befreien. Darauf konnte er sich verlassen, auch ohne Vertrag. Eli Cohen fiel ihm ein. Was hat Israel nicht alles getan, um sein Leben zu retten, dachte Avner. Während die meisten Länder einen enttarnten Agenten einfach verleugnen, hat Israel sogar das Leben von Soldaten aufs Spiel gesetzt, um Cohens Leiche aus Syrien rauszuholen.[1] Um den Beistand seines Landes brauchte Avner sich also wirklich keine Sorgen zu machen.

Als er Ephraim an Cohens Schicksal erinnerte, lächelte dieser gequält und meinte: »Na, sehn wir doch lieber zu, daß Sie am Leben bleiben. Hier, unterschreiben Sie. Das ist Ihr Verzicht auf den Zuschuß für Zahnbehandlungen.«

»Ab mit Schaden.« Avner seufzte.

Als der Papierkrieg beendet war, überreichte Ephraim ihm einen

Scheck über knapp zweitausend israelische Pfund als Rückzahlung der Rentenbeiträge, die Avner während seiner dreijährigen Dienstzeit geleistet hatte. »Ich gratuliere Ihnen«, sagte Ephraim. »Jetzt sind Sie ein freier Mann. Ja, im Ernst, wenn Sie Ihre Meinung ändern, solange wir hier zusammensitzen, und mir erklären, Sie möchten aussteigen, dann wird niemand Sie daran hindern.«

»Und wenn ich erst mal hier raus bin, was dann?« fragte Avner.

Ephraim blickte ihn lachend an. »Freut mich, daß Sie Ihren Sinn für Humor nicht verloren haben«, sagte er.

Das Ziel der Mission bestand nach Ephraims Worten darin, den Terrorismus an der Wurzel zu packen. Im Gegensatz zu einer Armee, die von einer Nation in ihrer Gesamtheit getragen wird, läßt eine terroristische Vereinigung, ganz gleich, wie allgegenwärtig sie sich auch präsentieren mag, sich stets auf einen relativ kleinen Kern reduzieren. In dessen Zentrum stehen in der Regel nicht mehr als eine Handvoll Leute, deren Aktionen von einigen ausgewählten Führern und Organisatoren gelenkt werden. Freischärler arbeiten im Untergrund und müssen an wechselnden Standorten hinter den feindlichen Linien operieren. Wenngleich die Terroristen ihren strikten Geheimhaltungskodex und ihr Wirken im verborgenen als Stärke betrachten, so lassen sich diese Faktoren sehr wohl auch in ihr Gegenteil verkehren. Im Gegensatz zu den regulären Streitkräften eines Landes haben die Guerillaverbände keinerlei offizielle Machtbefugnis, sind also aus eigener Kraft nicht lebensfähig. Durch verborgene Kanäle werden sie mit Geld, Waffen, Papieren, Verstecken, Informationen und Nachwuchs versorgt. Es genügt, eine einzige dieser unterirdischen Kommunikationsadern zu durchschneiden, um ein ganzes Netz zu zerreißen.

»Der Terrorismus ist eine Hydra«, schloß Ephraim seine Ausführungen. »Aber zum Glück hat die ja, wie man weiß, nur neun Köpfe. Vielleicht gelingt es uns, sie einen nach dem andern abzuschlagen.«

»Und Sie glauben, es wachsen keine nach?« fragte Avner.

Ephraim betrachtete lächelnd seine Fingernägel. »Nein, so naiv bin ich nicht«, antwortete er. »Trotzdem glaub ich, daß wir eine Chance haben. Schaun Sie, Terroristen sind Fanatiker. Die Rädelsführer müssen außerdem Talent und Sachkenntnis mitbringen. Nun sind aber die meisten Menschen keine Fanatiker, und den wenigen, die's gibt, fehlen die notwendigen Voraussetzungen für den aktiven Untergrundkampf. Wenn wir einen Topterroristen erledigen, dauert es möglicherweise ein, vielleicht sogar zwei Jahre, ehe man ihn ersetzen kann. In der Zwischenzeit hat sich die Gruppe zerstreut, und der Neue braucht vielleicht noch ein weiteres Jahr, um sie wieder aufzubauen. In dieser Rekrutierungsphase wird er sich zwangsläufig exponieren. Das gibt uns die Chance, ihn zu identifizieren und gleichfalls auszuschalten, ehe er nennenswerten Schaden anrichten kann.
Auf diese Weise wird Hunderten unschuldiger Menschen das Leben gerettet. Das lohnt doch den Einsatz, oder? Aber hinter unserem Plan steht zusätzlich eine zeitgeschichtliche Erwägung. Sehn Sie, selbst der beste Terrorist ist nichts weiter als ein Zündholz, das ein Pulverfaß benötigt, um eine große Explosion auszulösen. Ich brauche Ihnen nicht zu sagen, daß unsere Erde im Augenblick einem Pulverfaß gleicht, aber wer weiß, wie's in ein, zwei Jahren aussehen wird?«
Ephraim schwieg einen Moment, blickte auf und hielt Avner seine ausgestreckte Hand entgegen.
»Hier, schaun Sie sich meine Nägel an«, sagte er. »Wenn ich nun feststelle, es sei Zeit, sie zu schneiden, würden Sie mir dann raten, mir die Mühe zu sparen, weil sie ja doch wieder nachwachsen?«
»Sie haben recht.«
»Aber das sind geradezu philosophische Fragen«, fuhr Ephraim fort. »Und wir sind nicht hier, um gelehrte Dispute zu führen. Wir sollen den Einsatz vorbereiten. Das heißt nicht, daß Sie mir keine Fragen stellen dürfen. Wenn Ihnen irgend etwas unklar ist, dann fragen Sie. Aber zunächst lassen Sie mich Ihnen das Unternehmen in kurzen Zügen erklären.«
Schritt für Schritt legte er Avner den Plan auseinander, den die

Mossad in langwierigen Sitzungen erarbeitet hatte. Man war übereingekommen, daß die Operation am besten von einer kleinen, eigenständigen Gruppe durchgeführt würde, die sich in Europa monate-, vielleicht sogar jahrelang im Untergrund halten könnte. Dieses Team, das in finanzieller Hinsicht von Israel unabhängig arbeiten sollte, setzte sich aus Spezialisten verschiedener Sparten zusammen. Es verfügte ebenso über einen Waffen- und Sprengstoffexperten wie über einen Logistiker und einen Fachmann für Urkunden. Dank dieser Zusammensetzung, so erklärte Ephraim, sei die Gruppe nicht auf die üblichen Kanäle der Mossad angewiesen. Freimütig gab er zu, daß der Geheimdienst diese Vorsichtsmaßnahme auch im eigenen Interesse getroffen habe, versicherte jedoch, daß sie in erster Linie der Sicherheit des Teams diene. Agenten flogen in der Regel dann auf, wenn sie mit dem jeweiligen Hauptquartier, das ihnen Instruktionen, Waffen und Papiere lieferte, Kontakt aufnahmen. Eine Mannschaft hingegen, die sich ihre Dokumente und Waffen selbst beschaffen konnte, die ihr eigenes Informationsnetz aufbaute, die weder schriftlichen noch telefonischen Kontakt mit ihren Auftraggebern unterhielt – eine solche Mannschaft sei nahezu unschlagbar. Dieses Team mußte so organisiert sein, daß seine Mitglieder ohne die Hilfe einer Botschaft oder eines ortsansässigen Agenten auskamen, nicht auf Kanäle oder Kontakte angewiesen waren, die von der Mossad auch anderweitig genutzt wurden, ja, daß sie nicht einmal einen toten Briefkasten brauchten. Was den Planern vorschwebte, war das Pendant einer terroristischen Vereinigung, ausgestattet mit dem Vielfachen an Macht und Stärke. Im Idealfall würde dieses Team sich sogar derselben Nachrichten- und Versorgungsquellen bedienen wie die echten Terroristen. Auf diese Weise würden zwei Fliegen mit einer Klappe geschlagen. Gegenwärtig waren die terroristischen Vereinigungen in Europa äußerst zahlreich, und die einzelnen Gruppen wußten oft sehr wenig voneinander. Sie alle aber brauchten konspirative Wohnungen, Pässe und Sprengstoff. In ihrer Mitte nach ihrem Vorbild zu operieren, wäre die ideale Tarnung für die israelische Konterguerilla.

»Es ist absolut überflüssig, daß ihr Kontakt zu uns habt«, versicherte Ephraim. »Überlegen Sie doch mal, was passiert, wenn die Terroristen ein Flugzeug in die Luft jagen? Am nächsten Tag steht's in *Le Monde,* im *Corriere della sera,* wenn Amis an Bord waren, sogar in der *New York Times.* Falls unser Plan gelingt, werde ich demnächst die Zeitung aufschlagen und lesen, daß man einen Terroristen umgelegt hat. Mehr brauch ich doch nicht zu wissen, oder?«

Je mehr Ephraim ihm erzählte, desto größer wurden Avners Interesse und Begeisterung. Was für ein aufregendes Unternehmen! Und er würde es organisieren. Bei einer solchen Mission konnte er seinen Eifer und seinen Mut endlich unter Beweis stellen. Doch er war sorgsam darauf bedacht, seinen Enthusiasmus vor Ephraim hinter einem Pokergesicht zu verbergen. Er dachte an die psychologischen Tests und daran, wie wenig die Ausbilder den Typ des Draufgängers mit der Attitüde des potentiellen Helden geschätzt hatten. Also bemühte er sich, eine sorgenvolle, düstere Miene zur Schau zu tragen.

In diesem Stadium der Einweisung verstand Avner immer noch nicht die volle Tragweite seiner Aufgabe. Die Erkenntnis kam erst, als Ephraim nach einer kurzen Mittagspause die Fragestunde eröffnete.

»Stell ich dieses Team zusammen?« wollte Avner als erstes wissen.

»Nein, wir haben die Männer schon ausgesucht.«

»Wann lern ich sie kennen?«

Ephraim lächelte. »Geduld, mein Lieber, nur Geduld. Sie . . . sie sind noch nicht mal im Lande.«

Sein sechster Sinn verriet Avner, daß Ephraim nicht die Wahrheit sagte, aber das bekümmerte ihn im Augenblick nicht weiter.

»Na schön, was sind das also für Experten? Ich nehme an, einer versteht sich auf Sprengkörper?«

»Richtig.« Ephraim nickte.

»Einer kennt sich mit Papieren aus?«

»Hm-hm.«

»Dann haben wir wahrscheinlich noch ein oder zwei Leute, die

den Schlag führen«, fuhr Avner fort und erntete damit ein verwundertes Stirnrunzeln seines Gegenübers. »Nun . . ., ich meine, einer muß doch auf den Knopf drücken, nicht wahr?«
»Wie soll ich das verstehen?«
»Ich bitte Sie!« Jetzt war Avner der Überraschte. »Ich rede von dem, der die Kanone zieht. Wir brauchen doch 'nen Spezialisten, der schießt, wenn's soweit ist, oder?«
Fassungslos starrte Ephraim ihn an. »Einen *Spezialisten?«* fragte er gedehnt. »Soll das heißen, Sie wissen nicht, wie man 'ne Waffe abfeuert? Mann, wollen Sie mir allen Ernstes weismachen, daß Sie vier Jahre in der Armee waren, ohne schießen gelernt zu haben?«
Avner schwieg.
»Was stellen Sie sich eigentlich unter diesem sogenannten Spezialisten vor?« fragte Ephraim gereizt. »Wer ist schon auf so was spezialisiert? Können Sie mir sagen, wo man bei uns in Israel Leute dafür ausbildet? *Wie* sollte man denn Ihrer Meinung nach einen Mann aufs Töten trainieren? Sollte man ihn erst mit Hunden üben lassen, um dann eines Tages zu sagen: ›Du, siehst du den Alten, der da über die Dizengoff-Straße schleicht? Vorwärts, leg ihn um!‹?«
Avner antwortete nicht.
»Wir bringen unsren Leuten bei, mit 'ner Waffe umzugehen«, fuhr Ephraim nach einer Pause fort. »Wir bilden Soldaten für Einsätze aus, zeigen ihnen, wie man 'ne Bombe legt oder 'n Messer handhabt und was sonst noch dazu gehört. Sie brauchen sich nur an Ihre Zeit im Trainingszentrum zu erinnern. Aber wir ziehen uns keine Experten im Töten heran, ist das klar?«
Avner räusperte sich. »Ich verstehe«, erwiderte er leise. »Ich hab auch nur danach gefragt, weil . . .« Er stockte.
Ephraim lehnte sich in seinem Stuhl zurück und sah Avner erwartungsvoll an. Seine Verwunderung wirkte echt.
Avner gab sich einen Ruck. Sollte der andere ihn ruhig für naiv halten. Schön, vielleicht hätte er sich denken können, was man von ihm verlangen würde, aber der Gedanke war ihm nicht einmal im Traum gekommen. Warum hatten sie gerade ihn dafür

ausgesucht? Avner beschloß, der Sache ein für allemal auf den Grund zu gehen.
»Bitte antworten Sie mir klipp und klar«, sagte er mit erhobener Stimme. »Warum ich?«
»Warum was?« fragte Ephraim ein wenig ungeduldig zurück.
»Warum haben Sie mich ausgewählt?«
»Wieso? Was ist denn gegen Sie einzuwenden?«
»Nichts, gar nichts«, versicherte Avner. »Ich kenn mich in Europa gut aus, mein Organisationstalent ist nicht schlecht, ich ... ich glaub, ich hab sogar 'n ziemliches Durchhaltevermögen, ich meine, was ich anfange, das steh ich auch durch. Aber warum ich? Ich hab so was noch nie gemacht.«
»Die anderen auch nicht«, bemerkte Ephraim trocken. Er beugte sich vor und fuhr mit sanfterer Stimme fort: »Damit wir uns nicht falsch verstehen: Wenn Sie aussteigen wollen, dann sagen Sie's, und der Fall ist erledigt. Niemand zwingt Sie. Was aber Ihre Frage angeht ... tja, wen hätten wir sonst nehmen sollen? Wir müssen einen wählen wie Sie, jung, gut ausgebildet und in Form, mit einwandfreien Zeugnissen, Fremdsprachenkenntnissen ... Ich kann's Ihnen ruhig verraten, es ist kein großes Geheimnis: Vielleicht hat niemand Sie ausgesucht, sondern Sie sind vom Computer ermittelt worden. Wir haben ein paar Fragen eingetippt, und er hat 'n paar Namen ausgespuckt. Was für Leute, glauben Sie, läßt man den Computer für eine solche Operation aufspüren? Hätten wir vielleicht nach sämtlichen Bankräubern, Verrückten, *ganews* und Triebmördern des Landes fahnden sollen? Wie stellen Sie sich das vor, Mann? Alle mal herhören: Wir bitten die Verbrecher, Israel zu retten, weil unsere netten, verläßlichen Jungs sich nicht die Hände dreckig machen wollen?«
Avner überlegte fieberhaft. Der Computer – das könnte stimmen. Es klingt logisch, ja, wenn man drüber nachdenkt, wirkt es völlig plausibel. Und doch ...
»Glauben Sie mir«, sagte Ephraim eindringlich. »Ich weiß, daß es alles andere als leicht ist. Kommen Sie, wir wollen die Sache mal durchsprechen, jetzt gleich, dann haben wir's hinter uns und brauchen uns nicht mehr mit dem Problem rumzuschlagen.

Haben Sie Yossef Gutfreund gekannt, den Ringrichter, der in München umgebracht wurde? Ein Hüne von einem Menschen ... also, ich kannte ihn zufällig. Hatte zwei Töchter, der Gutfreund, und 'nen kleinen Laden in Jerusalem. Rettete im Sinai ein Dutzend ägyptischer Soldaten vor dem Verdursten ... Aber lassen wir das. Sie haben ihn von Kopf bis Fuß zusammengeschnürt, wie 'n Bündel alter Kleider, so fest, daß die Stricke ihm das Fleisch durchschnitten, und dann haben sie ihm vier Kugeln in den Leib gejagt.

So, und nun nehmen wir mal an, Ihnen begegnet der Mann, der den Befehl zu diesem Mord gegeben hat und der die Waffe dazu lieferte. Sagen wir, Sie sehen ihn in einer Bar in Amsterdam. *Er* ist Yossefs wahrer Mörder. Oder stellen Sie sich folgendes vor. In Tel Aviv lebt ein Mädchen, sie ist hübsch, aber sie humpelt an Krücken, weil ihr bei dem Überfall in Lod ein Bein weggerissen wurde ... Den Befehl dazu gab derselbe Mann, der da in Amsterdam vor Ihren Augen seelenruhig an der Theke lehnt und an seinem Genever nippt, während er sich überlegt, wen er als nächstes in die Luft jagen könnte. Sie stehn dicht hinter ihm, und Sie tragen eine Waffe bei sich. Vielleicht werden Sie mir jetzt erklären, daß Sie das alles nichts angeht, und daß Sie's nicht fertigbringen abzudrücken. Ich würde das sogar verstehen. Ich würde Ihnen keinen Vorwurf machen, nein, bestimmt nicht. Wenn das Ihre Einstellung ist, dann sollten wir uns die Hand geben und einander Lebewohl sagen. Ich würde deswegen nicht schlechter von Ihnen denken, denn ich weiß, wie schwer es ist, auf einen Menschen zu schießen. Nur um eines bitte ich Sie: Kommen Sie mir nicht mit Schulung und Training. Erzählen Sie mir nichts von *Spezialisten!* Wenn Sie's nicht können, dann können Sie's eben nicht, und ich würd es Ihnen auch in hundert Jahren nicht beibringen. Ich wollte es auch gar nicht, ich würde nicht mal versuchen, Sie umzustimmen, weil das nämlich ganz sinnlos wäre. Aber wenn Sie sich innerlich dazu durchzuringen vermögen, glauben Sie mir, dann *können* Sie's auch. Ihre Ausbildung ist vollkommen ausreichend, Sie sind geschult in allem, was Sie je brauchen werden.«

»Ich weiß nicht recht«, sagte Avner gedehnt. »Vielleicht wär ich dazu fähig.« Er machte eine Pause, die ihm endlos lang erschien. Schließlich richtete er sich auf. »Sie haben recht«, bestätigte er. »Ich kann's.«

»Das wußte ich«, versicherte Ephraim. »Ich hab nicht einen Augenblick daran gezweifelt. Denn wissen Sie, wenn Sie der Aufgabe nicht gewachsen wären, dann säßen Sie gar nicht hier.«

Wie gut, daß wenigstens er sich so sicher ist, dachte Avner. Ich hab nämlich sogar erhebliche Zweifel. Er hatte noch nie im Leben solche Angst empfunden. Während des Gesprächs pochte sein Herz so laut, daß Avner befürchtete, Ephraim könne es hören. Aber ihm schien nichts aufzufallen. Seelenruhig wandte er sich wieder der Logistik zu. Der Exkurs in die Philosophie war beendet.

Am nächsten Tag, dem 20. September, flog Avner zum erstenmal nach Genf. Er stieg im Hotel du Midi ab, mietete einen Wagen und fuhr über den Pont du Mont-Blanc zum Quai Général-Guisan. In der Rue du Commerce, im Geschäftszentrum, fand er ein Parkhaus, wo er das Auto abstellte. Zu Fuß machte er sich auf den Weg zu dem altmodisch anmutenden Gebäude der Union des Banques Suisses, wo er zwei Konten eröffnete und einen Safe mietete. Auf das eine Konto zahlte er lediglich den Nennbetrag ein, auf dem anderen deponierte er einen Kreditbrief über eine Viertelmillion Dollar, wovon er sofort fünfzigtausend in bar abhob und in seinem Safe hinterlegte.

Das erste Konto war für sein Gehalt und die Spesen bestimmt, die sich auf insgesamt fast dreitausend Dollar pro Monat beliefen. Das war vielleicht keine fürstliche Summe, überstieg sein früheres Einkommen jedoch um mehr als das Doppelte, und vor allem konnte er den gesamten Betrag sparen. Bei jedem Aufenthalt in Genf würde er sein Konto wachsen sehen, wie Ephraim sich ausdrückte. Denn seine Hotelrechnungen, die Mahlzeiten und Unterhaltskosten würden aus einem separaten Fonds bestritten. Das gehörte zu den Sonderleistungen, die man für eine

Mission bekam, bei der man sieben Tage die Woche rund um die Uhr im Einsatz sein mußte. »Wir erstatten sämtliche Kosten«, hatte Ephraim ihm erklärt. »Aber natürlich nur innerhalb eines vernünftigen Rahmens. Wir bezahlen weder Huren noch Diamantringe. Sollten Sie jedoch ein Hemd brauchen, Schuhe oder einen Regenmantel, dann kaufen Sie's. Heben Sie bloß die Quittungen auf, dann wird alles erstattet.«

Für die Operation stand Avner und seinem Team ein unbegrenzter Betrag zur Verfügung. Das war auch notwendig, denn es ließ sich nicht vorausberechnen, wieviel eine wichtige Information, eine notwendige Reise, ein Paß, ein Wagen oder eine bestimmte Menge Gelatinedynamit kosten würde. Die Ausgaben für die eigentliche Aktion brauchten nicht genau belegt zu werden. Es wäre auch sinnlos gewesen, einen Spitzel oder einen Waffenhändler auf dem schwarzen Markt um eine Quittung zu bitten. Avner hatte sich immer darüber gewundert, daß man einem Agenten einerseits fraglos Zehntausende von Dollars für seine Einsätze zubilligte, ihm aber andererseits einen Beleg über lächerliche zwei Dollar für eine Portion Spaghetti Bolognese abverlangte.

Das zweite, für die Operation bestimmte Konto würde regelmäßig auf den Stand von zweihundertfünfzigtausend Dollar aufgestockt werden. Sobald sie eine größere Summe abhoben, würde man die Differenz von irgendeiner Bank aus überweisen. Avner brauchte sich darum nicht zu kümmern. Mit dieser Aufgabe waren Sonderagenten betraut, die allerdings ihrerseits nichts über den Kontoinhaber wußten.

Der Safe diente mehreren Zwecken. Zum einen sollte das Team darin einen Teil seines Fonds in bar aufbewahren, um anfallende Zahlungen, die sich nicht per Scheck begleichen ließen, schnell und unkompliziert regeln zu können. Zum anderen war es sicherer, wenn ihr Auftrag einen raschen Ortswechsel erforderte, Bargeld über die Grenze zu schaffen, als Überweisungen zu tätigen, die Verfolgern leicht ihre Spur verraten konnten. Darüber hinaus diente der Safe zur Nachrichtenübermittlung. Ephraim besaß einen der beiden Schlüssel. Er konnte eine Botschaft für das Team im Safe deponieren, und umgekehrt konnten sie sich auf diesem Wege mit ihm in Verbindung setzen. Der Kontakt würde zwar während dieser Mission nicht intensiv sein, aber der Safe ermöglichte wenigstens für den Notfall die Kommunikation mit dem Hauptquartier.

Als er seine Bankgeschäfte geregelt hatte, ließ Avner den Wagen im Parkhaus und ging zu Fuß ins Hotel zurück. Diesmal nahm er den Weg über den Pont de la Machine. Obwohl er eigentlich nicht den Verdacht hatte, daß ihm jemand folgte, waren Banken nun einmal beliebte Operationsbasen für Spione. Er selbst hatte bei früheren Aufträgen Kreditinstitute frequentiert, um feindliche Agenten aufzuspüren. Außerdem hatte Avner es sich angewöhnt, zwischen Autofahren und Zufußgehen abzuwechseln, sofern seine Zeit es erlaubte. Er tat das ebenso routinemäßig, wie er ein Gebäude auf anderem Wege als beim Betreten verließ. Er hatte diese Methoden, einen potentiellen Verfolger abzuschütteln, so oft geübt, daß er sie inzwischen rein mechanisch und ohne darüber nachzudenken anwandte. Den Pont de la Machine wählte er für seinen Rückweg, weil es eine Fußgängerbrücke war. Hätte ihm also jemand im Wagen vor der Bank aufgelauert, so könnte er ihm jetzt weder hinterherfahren noch sein Auto in den belebten Straßen schnell genug abstellen, um Avner zu Fuß zu beschatten.

Ephraim unterrichtete ihn nur bruchstückhaft über den Plan der Mossad. Sooft Avner eine Frage stellte, vertröstete er ihn mit seinem unverbindlichen »Geduld, mein Freund, nur Geduld«.

Avner wollte zum Beispiel wissen, wer die anderen Teammitglieder seien. »Geduld, Sie werden Sie kennenlernen, sobald Sie aus Genf zurück sind.«

»Und wenn wir nun nicht zusammenpassen? Wenn wir nicht miteinander arbeiten können?«

»Machen Sie sich darüber keine Sorgen. Wir haben die Gruppe schon so zusammengestellt, daß ihr prima miteinander auskommen werdet.«

»Aber wenn wir nun nicht in der Lage sind, Papiere zu beschaffen, Waffen zu kaufen, was dann? Ich hab so was noch nie gemacht.«
»Brauchen Sie auch nicht. Die Jungs in Ihrem Team wissen Bescheid. Die sind dafür ausgebildet.«
»Na schön, aber wozu brauchen sie dann mich?«
»Sie, mein Lieber«, hatte Ephraim geantwortet, »Sie werden der Kopf des Teams sein, der Anführer.«
Morgen, wenn ich wieder in Tel Aviv bin, werde ich die anderen zum erstenmal treffen, dachte Avner. Aber ich hab noch immer keine Ahnung, gegen wen der Schlag sich eigentlich richten soll. Soviel ist klar: Man setzt uns nicht auf das Fußvolk an. Wir werden uns nicht mit den kleinen Fischen rumschlagen, seien es nun die jungen Fedajin aus den Flüchtlingslagern, linke Studentengruppen oder gefallene Mädchen, die man durch Erpressung, manchmal sogar mit Gehirnwäsche dazu zwingt, unter Einsatz ihres Lebens Menschen umzubringen. Aber wer sind unsere Angriffsziele? Und wie viele gibt es? Ein oder zwei Namen drängten sich fast von selbst auf. Avner hatte sie Ephraim gegenüber erwähnt, doch sein Einsatzoffizier hatte nur achselzuckend abgewehrt.
»Geduld«, sagte er. »Alles zu seiner Zeit. Wir liefern euch zweierlei: Geld und eine Liste. Hier ist erst mal das Geld. Zahlen Sie's auf ein Schweizer Konto ein, und Sie werden sehen, wenn Sie aus Genf zurück sind, kriegen Sie auch die Liste.«
»Sie haben gut reden, Sie mit Ihrer ewigen Geduld. Was passiert denn, wenn wir den Falschen erwischen?«
Ephraims Antwort auf diese unbedachte Frage war kurz und unmißverständlich: »Ich möchte das nicht gehört haben!«
Am nächsten Morgen verließ Avner das Hotel du Midi, nachdem er für den Fünfundzwanzigsten ein Zimmer reserviert hatte. Er schlenderte hinüber zum Ambassador und bestellte dort zwei Räume für denselben Tag. Dann begab er sich ans andere Ufer der Rhône und holte den Wagen aus dem Parkhaus. Um eventuelle Verfolger abzuschütteln, wählte er für den Rückweg den Pont du Mont-Blanc, brachte das Fahrzeug zurück zum Au-

toverleih in der Innenstadt und nahm ein Taxi zum Flughafen. Etwa vier Stunden später landete er in Tel Aviv.
Gegen fünf Uhr nachmittags fuhr er mit Ephraim zu einem Apartmenthaus am Stadtrand. Als Ephraim an einer Tür im dritten Stock läutete, öffnete ein junges Mädchen, deren ernster Gesichtsausdruck Avner an die beiden Vorzimmerdamen erinnerte, die ihn vor drei Jahren zu seinen ersten Interviews geführt hatten. Das Mädchen ließ sie eintreten und schloß die Tür hinter ihnen.
Die vier Männer, die im Zimmer saßen, blickten auf, als Avner und Ephraim eintraten. Einer ließ das Buch sinken, in dem er gelesen hatte, der zweite deutete im Sitzen eine Verbeugung an, der dritte hörte auf, seine Pfeife im Aschenbecher auszuklopfen, und der vierte, der an der Wand lehnte, trat einen Schritt vor.
Eine Weile herrschte Schweigen, während Avner und die vier Männer einander musterten.
»Da wären wir.« Ephraim stockte und räusperte sich. »Jungs«, begann er von neuem, »ich möchte euch mit Avner bekannt machen. Avner, das sind Carl, Robert, Hans und Steve.«
Sie begrüßten einander mit kräftigem, soldatischem Händedruck. Avner konnte auf den Gesichtern der anderen keinerlei Reaktion ablesen. Er selbst war völlig überrascht, um nicht zu sagen entsetzt. Man hatte ihm *alte* Männer zugeteilt! Steve, der noch am jüngsten aussah, war mindestens zehn Jahre älter als er, und Carl, der älteste, hatte bestimmt seine fünfundvierzig Jahre auf dem Buckel.
Avner fürchtete nicht, daß sie zu alt seien für den Job, darüber konnte er sich kein Urteil erlauben. Was ihn schockierte, war die Vorstellung, daß er diese Männer, von denen gewiß jeder mehr Erfahrung besaß als er, kommandieren sollte. Die sind bestimmt schon im Sinai-Feldzug dabeigewesen, dachte Avner entmutigt. Carl könnte sogar schon den Unabhängigkeitskrieg mitgemacht haben. Wie soll ich denn ein Team führen, dessen Mitglieder alt genug sind, um meine Väter zu sein? Werden die sich von mir überhaupt was sagen lassen?
»Also los, Freunde, die Zeit drängt«, rief Ephraim munter.

»Kommt, setzen wir uns, um die Einzelheiten durchzusprechen. Das ist unsere einzige Zusammenkunft. Das nächste Mal seht ihr euch in Genf.«

Avner war zu nervös, um stillsitzen zu können. Er sah, wie Carl seine Pfeife stopfte, und wünschte sich zum erstenmal im Leben, Raucher zu sein. Hans, Robert und Steve wirkten völlig entspannt. Carl schien sich nur auf die Suche nach Streichhölzern zu konzentrieren. Avner holte tief Luft.

»Erst mal zum Terminplan«, nahm Ephraim wieder das Wort. »Mit Ausnahme von Carl und Avner geht ihr noch zwei Tage zu 'nem Auffrischungskurs. Damit wären wir beim Vierundzwanzigsten. Den habt ihr frei, um eure persönlichen Angelegenheiten zu regeln. Am nächsten Tag holt ihr euch die Pässe ab und fliegt nach Genf. Jeder soll sich 'ne eigene Flugroute raussuchen, und achtet auch drauf, daß ihr zu verschiedenen Zeiten aufbrecht, aber sorgt dafür, daß ihr alle vor Einbruch der Dunkelheit ankommt. Avner hat die Zimmer reserviert, er wird nachher die Details mit euch durchsprechen. Sobald ihr euch im Hotel eingetragen und die Ausweise zurückbekommen habt, deponiert ihr sie im Safe. Für die Dauer eurer Operation könnt ihr diese Pässe nicht mehr benutzen.

Während ihr drei den Auffrischungslehrgang besucht, werden Avner und Carl die Liste mit den Namen der Attentatsziele durchgehen, die wir vorbereitet haben. Wenn ihr euch in Genf wiedertrefft, werden die beiden genausoviel über diese Personen wissen wie wir. Sie geben ihre Informationen an Ort und Stelle an euch weiter.

Schön, nun zur Durchführung der Operation«, setzte Ephraim nach einem kurzen Blick in die Runde seinen Vortrag fort. »Wir haben die Liste der *mechablim* nach ihrer geschätzten Rangordnung zusammengestellt. Doch die Reihenfolge, in der ihr sie ausschaltet, könnt ihr selbst bestimmen. Hauptsache, ihr findet alle und liquidiert sie.

Tja, meine Herren, ich denke, das wär's. Vom Fünfundzwanzigsten an seid ihr auf euch selbst gestellt. Wenn ihr Erfolg habt, werd ich's aus der Zeitung erfahren. Wenn nicht . . . aber ich bin sicher, ihr werdet erfolgreich sein. Ich hab vollstes Vertrauen zu euch!«

Ephraim hatte seine Ansprache im Stehen gehalten. Jetzt zog er sich einen Stuhl heran und setzte sich. Mit unsicheren Bewegungen, so als gehorchten seine Glieder ihm nicht recht, holte er ein Papiertaschentuch aus der Hosentasche. Aber statt sich die Nase zu putzen, starrte er das Taschentuch nur gedankenverloren an und steckte es schließlich kopfschüttelnd wieder ein. Die fünf Männer, die ihm am Tisch gegenübersaßen, schwiegen. Nur Carl, der anscheinend Schwierigkeiten hatte, seine Pfeife in Gang zu halten, verursachte ab und zu Geräusche wie ein Wasserbüffel, worauf er jedesmal mit einem entschuldigenden Lächeln in die Runde blickte.

Avners sechster Sinn reagierte nicht auf die anderen drei, doch er verriet ihm, daß er mit Carl gut auskommen würde; selbst wenn der alt genug war, um sein Vater zu sein.

Wieder ergriff Ephraim das Wort. »Eure Arbeit muß von zwei Prinzipien diktiert sein, die wir vielleicht noch nicht deutlich genug herausgearbeitet haben«, sagte er. »Da beide von immenser Wichtigkeit sind, will ich noch mal kurz darauf eingehen.

Zum ersten beachtet das Motto der Terroristen: Bestrafe einen, und versetze dadurch hundert andere in Angst und Schrecken. Aber wie verhält sich das umgekehrt? Wie kann man Terroristen Angst einjagen? Wenn ihr einen von ihnen erschießt, der sich gerade exponiert und damit der Gefahr förmlich aussetzt, hat das möglicherweise auf die übrigen gar keinen Effekt. Die sagen vielleicht bloß: ›Oh, sie haben Achmed geschnappt, weil er zu leichtsinnig war. Aber mich kriegen sie nicht, ich bin vorsichtiger.‹ Dann wäre eure Tat sinnlos gewesen, versteht ihr? Ihr hättet zwar einen unschädlich gemacht, aber die anderen würden ohne die geringste Furcht weitermachen wie bisher.

Wenn ihr dagegen einen *mechabel* erledigt, während er von seinen eigenen Leuten umgeben ist, sich also sicher fühlt und keine Gefahr wittert, dann ist das etwas ganz anderes. Wenn ihr geschickt vorgeht und im unerwarteten Moment zuschlagt, ich ... ich kann euch da natürlich nichts Konkretes raten, ist ja auch euer Job! Jedenfalls wenn ihr Zeitpunkt, Ort und Durchführung des Attentats so unvorhersehbar wie möglich wählt, dann werdet ihr die ganze Bande verschrecken. ›Oh, sie sind gerissen, diese verdammten Juden‹, wird es heißen. ›Wenn sie Achmed *da* gekriegt haben, dann könnten sie auch mich erwischen.‹«

Avner bemerkte, daß Carl während Ephraims Ausführungen aufmerksam Roberts Gesicht musterte. Robert hielt die Augen geschlossen und das Kinn in die Hand gestützt, als sei er tief in Gedanken versunken. Im Unterbewußtsein zählte Avner schnell, ja fast mechanisch zwei und zwei zusammen. Wenn er auch noch nichts über sein Team wußte, so mußte Robert wohl der Waffenspezialist sein. Er und Carl hatten anscheinend schon früher zusammengearbeitet.

»Das zweite Grundprinzip«, fuhrt Ephraim fort, »kommt zum Tragen in Krisen wie der, die Avner einmal ansprach. Was geschieht, wenn ihr den Falschen erwischt? Oder wenn ihr zwar den Richtigen erledigt, aber zudem ein unschuldiger Passant dran glauben muß?

Die Antwort lautet: Das passiert euch nicht. Klar und einfach, doch ich möchte in diesem Punkt jedes Mißverständnis ausschließen, und deshalb wiederhole ich: So was kommt bei euch nicht vor! Natürlich gibt's immer ein Risiko, aber ihr habt die Aufgabe, es auf ein absolutes Minimum zu reduzieren. Null Risiko, so lautet ein Punkt eures Auftrags. Ihr seid keine Terroristen, die Handgranaten in Busse werfen oder Theaterbesucher im Foyer mit 'ner Maschinenpistole niedermähen. Ihr seid nicht einmal in der Rolle unsrer offiziellen Luftwaffe, die ein Ziel bombardieren muß und nicht darauf Rücksicht nehmen kann, ob ein paar Zivilisten im Weg stehen.

Eure Operation wird die sauberste, die man sich vorstellen kann. Ihr habt jeweils nur *eine* Zielperson; einen Mörder sollt ihr exekutieren, ihn und niemand sonst. Wenn ihr nicht hundertprozentig sicher seid, den Richtigen im Visier zu haben, dann laßt ihn laufen. Ist das klar? Ihr müßt ihn so einwandfrei erkennen wie euren eigenen Bruder, mehr noch, er selbst muß seine Identität preisgeben. Wenn ihr nicht absolute Gewißheit habt, dann laßt die Hände davon.«

Ephraim erhob sich.
»Bitte prägt euch das gut ein«, sagte er. »Hier geht es um eine der wenigen Fehlerquellen, die's in eurem Auftrag gibt. Auf eurer Liste stehn elf Namen. Wenn ihr nur drei der Leute erwischt, dann wird uns das zwar enttäuschen, aber ihr habt keinen Fehler gemacht.
Wenn ihr gar keinen zur Strecke bringt, dann war natürlich die ganze Mission ein Schlag ins Wasser, was uns sehr unglücklich machen würde. Trotzdem hättet ihr euch nichts vorzuwerfen. Solltet ihr andererseits alle elf erledigen, dabei aber auch nur einen einzigen unschuldigen Menschen verletzen, dann hättet ihr euch schuldig gemacht. Vergeßt das nicht!
Diese Grundregel hat absolute Priorität bei eurem Auftrag. Wenn er ein Mädchen bei sich hat, dann laßt ihn laufen. Wenn der Taxifahrer hinter ihm steht, dann laßt ihn gehen. Das gilt selbst dann, wenn ihr ihn monatelang verfolgt habt und gerade eure erste Chance kriegt. Vielleicht klappt's am nächsten Tag, und wenn nicht, dann ist es eben Schicksal. Dafür habt ihr möglicherweise mit dem nächsten mehr Glück. Und schließlich arbeitet ihr ja nicht im Akkord. Diese Operation wurde nur unter bestimmten Bedingungen genehmigt. Wir wollen auf keinen Fall eine zweite Kanafani-Affäre.«
Ghassan Kanafani war palästinensischer Schriftsteller und Wortführer der »Volksfront für die Befreiung Palästinas«. Fünf Wochen nach dem Kamikaze-Angriff auf den Flughafen Lod sprengte man in Beirut seinen Wagen in die Luft. Avner hatte den damals kursierenden Gerüchten entnommen, daß ein Kommando seiner ehemaligen Einheit im Auftrag der Mossad die Hand im Spiel gehabt hätte. Es wurde nie ganz geklärt, ob Kanafani über seine rein verbale Verteidigung der terroristischen Bewegung und ihrer Ziele hinaus für das Massaker von Lod mitverantwortlich war. Es stand jedoch außer Zweifel, daß seine Nichte Lamees, die mit ihm im Auto saß, völlig unschuldig war.[2]
Avner hatte in der Zwischenzeit niemanden mehr über den Fall sprechen hören; das Thema war verpönt. Offensichtlich berührte auch Ephraim es nur ungern.

»Ich will mich gar nicht auf spitzfindige Diskussionen darüber einlassen, ob Pannen wie die mit Kanafani sich nun vermeiden lassen oder nicht«, verwahrte er sich vorsorglich gegen jeden möglichen Einwand. »Im Moment habe ich keinerlei Interesse an euren Vorstellungen von Recht und Unrecht. Ich übermittle euch lediglich die Grundregeln für diesen ganz speziellen Auftrag.«
Carl blies einen großen Rauchring in die Luft und blickte Avner an. Die anderen folgten seinem Beispiel. Avner fühlte sich unbehaglich, doch die vier hatten recht. Die Frage mußte jetzt gestellt werden, und zwar von ihm, denn er war der Leiter des Teams.
»Wie steht's mit Selbstverteidigung?« erkundigte er sich. »Was tun wir, wenn ein Unbeteiligter 'ne Waffe zieht oder versucht, uns festzunehmen?«
Ephraim verdrehte die Augen.
»Wenn, wenn!« Sein durchdringender Blick fixierte die fünf Männer am Tisch. »Wenn ihr alles sorgfältig geplant und organisiert habt, dann sollte so was nicht passieren. Wenn es doch geschieht, tja . . . was kann ich euch da raten? In dem Moment, wo ein Unbeteiligter 'ne Kanone zieht, ist er nicht mehr unbeteiligt, oder?«
Er setzte sich wieder hin und zog erneut das zerknüllte Papiertaschentuch hervor. »Paßt mal auf, Jungs«, sagte er mit leiser Stimme. »Bei einer . . . also, bei so 'ner Mission wie dieser hier ist es unmöglich, alles vorauszuberechnen. Im Grunde wünschen wir doch alle, daß die ganze Operation nicht nötig wäre. Aber unter den gegebenen Umständen kann ich nichts weiter tun, als Prioritäten zu setzen und euch zu erklären, was wir erreichen wollen. Was allerdings die Durchführung angeht . . .« Ephraim hob abwehrend die Hände. »Ich zweifle nicht daran, daß ihr euer Bestes geben werdet. Und mehr können wir nicht verlangen.«
Er hatte genau den richtigen Ton getroffen. Obwohl Avner ihn durchschaute und spürte, daß Ephraim dieses Wechselbad zwischen harter und weicher Welle ganz bewußt veranstaltete, bewunderte er die Perfektion seines Spiels. Ephraim ist eine geborene Führernatur, von dem kann ich mir 'ne Scheibe abschnei-

den. Man sieht ja förmlich, wie die Männer sich entspannen, ihre Bedenken abschütteln und darauf brennen, die Erwartungen zu erfüllen, die er in sie setzt. Diesen Trick werd ich auch lernen müssen, und zwar schnell.

»Ich sehe, wir verstehn uns«, sagte Ephraim zufrieden. »Darüber, daß die Gruppe flexibel operieren wird und die Aufgaben nicht streng fixiert auf bestimmte Mitglieder verteilt sind, haben wir ja schon gesprochen. Jeder tut die Arbeit, die grade anfällt, klar? Wir wollen hier keine Starspezialisten züchten. Trotzdem ist es natürlich so, daß jeder von euch gewisse Schwerpunkte und Talente hat, die das Team nutzen sollte. Am besten, ihr umreißt mal kurz eure Fachgebiete, damit Avner sich 'n Bild machen kann.«

»Nein, bitte lassen Sie mich den Anfang machen«, bat Avner. Er entsprach damit einer israelischen Tradition, wonach der Anführer stets als erster Zeugnis über sein Können und seine Fähigkeiten ablegt. »Ich war vier Jahre in der Armee, hab in 'ner Kommandotruppe gedient. Ich bin in Israel geboren, aber 'ne Weile in Deutschland zur Schule gegangen. Ich bin verheiratet, das erste Kind ist unterwegs.«

Ephraim nickte wohlwollend. »Hans, wollen Sie weitermachen?« fragte er.

Der nach Avners Schätzung zweitälteste der Gruppe räusperte sich. Er trug als einziger eine Krawatte. Seine Gestalt war hager, sein Haar lichtete sich bereits, und er hatte auffallend lange, knöcherne Finger. Er sieht fast aus wie 'n fleischgewordener Bleistift, dachte Avner. Folglich überraschte es ihn nicht sonderlich zu hören, daß Hans für die Dokumente zuständig war.

Hans war in Deutschland geboren und in ganz jungen Jahren, noch vor dem Krieg, nach Israel gekommen. Nach seiner Militärzeit hatte er sich als Geschäftsmann versucht, ehe er der Mossad beitrat. Sein letzter Auftrag hatte ihn nach Frankreich geführt. Seine Frau, die aus Israel stammte, hatte ihn begleitet und war in Frankreich geblieben. Ihre Ehe war kinderlos.

»Ich brauche einen Fonds für Materialkosten«, erklärte Hans. »Außerdem würd ich's vorziehen, allein zu wohnen. Dann kann

ich mich in aller Ruhe um die Papiere kümmern. Am leichtesten ist es natürlich, Originalausweise zu retuschieren, aber wenn's sein muß, kann ich auch 'n völlig neuen Paß fabrizieren.
Ich brauch von jedem von euch 'n paar Angaben für die Papiere, aber das können wir später regeln. Ist ja noch 'ne Menge Zeit.«
Hans hatte einen wichtigen Punkt angesprochen. Der Name und ein, zwei Details zur Person waren nicht schwer zu behalten, aber das genügte nicht, um mit falschem Paß durchzukommen. Ein Agent erarbeitet sich in der Regel einen gewissen Katalog gleichbleibender oder doch nur leicht variierbarer Personalien, die zu seinem Persönlichkeitsbild passen und die er glaubhaft vertreten kann. Es genügt nicht, Alter, Anschrift und Beruf einer angenommenen Identität herbeten zu können. Vielmehr müssen wirklicher und vorgeblicher Paßinhaber auch in etwa dem gleichen Hintergrund entstammen. Es wäre zum Beispiel töricht, jemanden mit Papieren auszustatten, die Bilbao als seinen Heimatort nennen, wenn der Betreffende weder Spanisch noch Baskisch spricht. Je nach Gedächtnisleistung, Sprachtalent und Allgemeinbildung beherrscht ein erfahrener Agent zwischen drei und sechs ständige Identitäten. Einige wenige besonders Begabte kommen angeblich mit bis zu fünfzehn zurecht. Für eine dringende Grenzüberquerung können selbstverständlich keine solch sorgfältigen Vorkehrungen getroffen werden. Da muß man im Notfall jeden verfügbaren »Vierundzwanzig-Stunden-Paß« akzeptieren, wenn nur das Geschlecht stimmt und das Gesicht auf dem Foto wenigstens oberflächliche Ähnlichkeit mit dem Inhaber des Ausweises zeigt.
»Ich spreche Deutsch und Englisch«, sagte Avner zu Hans. »Wie steht's mit Ihnen?«
»Deutsch und Französisch.«
»Schön, weiter«, drängte Ephraim und deutete auf Robert.
Auch Robert war groß und schlank, allerdings nicht so hager wie Hans. Er war Ende Dreißig, hatte wirres, hellbraunes Haar und sanfte, graue Augen, die auffallend weit auseinanderstanden. Avner stellte überrascht fest, daß sein Hebräisch mit einem star-

ken englischen Akzent gefärbt war. Sein Spezialgebiet hatte er indessen erraten.
Robert war der Sprengstoffexperte. Seine Familie hatte früher in England Spielzeug hergestellt, und die Tüftelei an ungewöhnlichen Erfindungen und sinnreichen Vorrichtungen hatte Robert lange vor seinem Eintritt in die Mossad zum Hobby erkoren. Er war mit einer französischen Jüdin verheiratet und hatte vier Kinder.
»Was immer ihr in die Luft jagen wollt, ich kann's arrangieren«, versicherte Robert. »Ich weiß auch, wo und wie man das nötige Zubehör beschafft, kein Problem. Aber je nachdem, wie groß der Auftrag ist, müßten wir natürlich die Logistik ausarbeiten und den finanziellen Aspekt klären.«
»Wie steht's mit Ihren Sprachkenntnissen?« fragte Avner.
»Leider sprech ich bloß Englisch.« Robert lächelte. »Und wenn Sie mich arg unter Druck setzen, auch noch Hebräisch«, fügte er hinzu.
Avner grinste breit. An Roberts Hebräisch war in Wirklichkeit nichts auszusetzen. »Wann sind Sie nach Israel gekommen?« fragte er.
»Vor vier Jahren erst«, erwiderte Robert. »Leider kam ich zu spät. Ihr Jungs habt den ganzen Spaß für euch allein gehabt.«
Avner bezweifelte, ob das die richtige Umschreibung für den Sechs-Tage-Krieg war, aber er nickte nur lächelnd.
Ephraim wandte sich an den jüngsten der vier. »Nun, Steve, und was ist mit Ihnen?«
»Meine Spezialität sind Autos«, sagte Steve. »Wenn Sie 'nen Wagen auf dem schnellsten Weg von einem Ort zum anderen befördern wollen, dann bin ich der richtige Mann für den Job.«
Auch Steve hatte einen leichten Akzent, den Avner jedoch nicht zu lokalisieren vermochte. Dem Aussehen nach hätte er Pilot sein können. Steve war nicht sehr groß, hatte aber einen muskulösen Körper und ein gutgeschnittenes Gesicht. Er wirkte ein bißchen arrogant. Er war mindestens fünfunddreißig, also gut zehn Jahre älter als Avner, doch neben ihm kam Avner sich wie der Ältere vor, ein Gefühl, das ihm keineswegs unangenehm war.

»Sie sprechen Englisch, stimmt's?« fragte er.
»Ja«, antwortete Steve. »Und Deutsch. Außerdem kann ich 'n bißchen Afrikaans, aber dafür gibt's bei unserem Auftrag wohl kaum Verwendung. Ich stamme aus Südafrika, wissen Sie.«
»Jetzt bin wohl ich dran«, sagte Carl mit einem Blick auf Ephraim. Er stand auf und klopfte die Pfeife in seiner Handfläche aus. »Ich hab zwar kein eigentliches Spezialgebiet, aber ich bin schon ziemlich lange im Geschäft. Ich denk mir schon was aus, womit ich mich nützlich machen kann. Ich schlage vor, ihr betrachtet mich als Mädchen für alles, wie man so schön sagt.«
»Heißt das, Sie melden sich freiwillig dazu, dem Team die Hindernisse aus dem Weg zu räumen und den Rücken freizuhalten?« fragte Avner respektvoll. Hinter dieser Umschreibung verbarg sich der wohl gefährlichste Posten einer Operation, der des »Schleppers«, wie es im Jargon der Geheimdienstler hieß. Der Schlepper verließ jeweils als letzter den Tatort. Er bereitete die Flucht seiner Kameraden vor, machte sich selbst aber erst dann aus dem Staub, wenn er sich über den Stand der behördlichen Ermittlungen unterrichtet und jegliches belastende Beweismaterial vernichtet hatte. Diese Aufgabe erforderte einen Mann, dessen Blut kälter war als flüssige Luft. Außerdem mußte er über ein schnelles Reaktionsvermögen und umfangreiche Erfahrung verfügen.
Darum also, dachte Avner, ist er soviel älter als wir. Ein Veteran der Mossad, der wahrscheinlich schon seit der Gründung des israelischen Geheimdienstes dabei ist.
Wie Hans war auch Carl in Deutschland geboren und als Kind nach Israel gekommen. Er war mit einer tschechischen Jüdin verheiratet, die mit ihrer Adoptivtochter in Rom lebte, wo Carl zuletzt stationiert gewesen war.
»Ich spreche Deutsch und Italienisch«, fuhr Carl fort. »Mit Deutsch bin ich aufgewachsen. Ist zwar schon ein bißchen eingerostet, aber wenn ich mich anstrenge, werd ich es rasch wieder aufpolieren.«
»Wir alle wollen uns bemühen«, erwiderte Avner, »daß Ihnen Ihr

Job nicht gar zu schwer gemacht wird. Freut mich, Sie in meinem Team zu haben.«
Wir werden's schaffen, dachte er. Es ist genau wie beim Militär. Die Männer sind in Ordnung, haben 'ne Menge auf 'm Kasten, von denen kann ich mir noch 'ne Scheibe abschneiden.
Plötzlich wurde ihm blitzartig klar, warum man ausgerechnet ihm die Leitung der Gruppe übertragen hatte. Für eine Operation, die in Europa durchgeführt werden sollte, wählte die Mossad vernünftigerweise Leute mit europäischer Herkunft aus. Die anderen vier waren *jeckes* wie seine Eltern, nicht ein einziger Galizier war darunter. Natürlich waren sie alle israelische Staatsbürger, doch Avner schien der einzige *sabra* zu sein. Einem im Lande geborenen Israeli standen zwar nicht automatisch alle Türen offen, aber er hatte doch einen beachtlichen Vorteil. Für die Juden, die auf eine jahrtausendealte Geschichte zurückblickten, in der sie stets nur geduldet und oft geächtet in der Fremde hatten leben müssen, war es von geradezu symbolhafter Bedeutung, endlich in Israel geborene Landeskinder vorweisen zu können. Insofern hatten *sabras* einen ganz besonderen Stellenwert.
»Noch ein Wort zur Befehlsgewalt«, sagte Ephraim, als hätte er Avners Gedanken erraten. »Bei einer Operation wie der euren sind alle aufeinander angewiesen. Es versteht sich von selbst, daß jeder Schritt gemeinsam diskutiert werden muß. Der Führer, Avner also, ist demnach nur der Erste unter Gleichgestellten. Nach ihm ist Carl der Ranghöchste.« Ephraim entschloß sich endlich, sein Taschentuch zu benutzen und putzte sich geräuschvoll die Nase. »So, das wär's. Noch Fragen?«
Die Männer schüttelten stumm den Kopf, doch als sie einer nach dem anderen das Zimmer verließen, tauschte Carl einen vielsagenden Blick mit Avner, wandte sich an Ephraim und wartete, bis sich die Tür hinter den drei übrigen geschlossen hatte. »Was mich noch interessieren würde, nur so aus Neugier«, begann Carl in leichtem Plauderton, »morgen kriegen Avner und ich eine Liste mit elf Namen von Ihnen. Das ist 'ne ganz beachtliche Anzahl. Sind wir die einzige Gruppe, die auf die Leute angesetzt wird?«

Einen Augenblick lang herrschte Schweigen. »Tut mir leid, aber darüber kann ich Ihnen keine Auskunft geben«, sagte Ephraim endlich. »Da bin ich überfragt.«[3]

Am nächsten Tag wurde Avner und Carl die angekündigte Liste nebst kurzgefaßten Lebensläufen ausgehändigt. Sie verbrachten den ganzen Tag damit, sich die Informationen über jeden einzelnen einzuprägen. Sie durften nämlich keine schriftlichen Unterlagen mit nach Genf nehmen. Man hatte ihnen lediglich erlaubt, die Fotos der Zielpersonen so lange zu behalten, bis sie den anderen Mitgliedern des Teams gezeigt werden konnten. Danach würde man sie verbrennen.

»Ich hoffe, Ihr Gedächtnis ist besser als meins«, seufzte Avner am Nachmittag mit rauchendem Kopf. Carl zuckte nur lachend die Achseln.

Die Namen der elf Attentatsziele bedeuteten für die beiden Agenten keine sonderliche Überraschung. Man hatte es nicht auf die Generäle palästinensischer Terrororganisationen – wie Arafat, Habash oder Jibril – abgesehen, sondern sozusagen auf deren Leutnants. Der erste auf der Liste war Ali Hassan Salameh, ein gutaussehender Mann Anfang Dreißig, der in weiten Kreisen als der Hauptverantwortliche für das Massaker von München galt. Als zweiter kam Abu Daoud, der Sprengstoffexperte des »Schwarzen September«. Als dritter folgte Mahmoud Hamshari, ein Intellektueller, der im diplomatischen Dienst stand und sich zum Sprecher der Palästinenser gemacht hatte, den zu diesem Zeitpunkt allerdings nur wenige mit Terrororganisationen in Verbindung brachten. Ebenso unverdächtig schien weiten Kreisen der vierte auf der Liste, ein Dichter namens Wael Zwaiter. Vom fünften, dem Professor der Rechtswissenschaften Dr. Basil al-Kubaisi, hieß es, er sei der Waffenlieferant für George Habashs Volksfront. Kamal Nasser, die Nummer sechs, war wiederum ein Intellektueller. Er hatte sich bis zum Pressechef der El Fatah hochgearbeitet und trat 1972 erstmals auch als offizieller Sprecher der PLO auf. Im Gegensatz zu Männern wie Hamshari, Zwaiter oder Kubaisi machte Nasser aus seiner Verbindung mit den Freischärlern kein Geheimnis. Ebenso wie er bekannte sich auch Kemal Adwan, der siebente auf der Liste, zu seinen Kontakten mit dem palästinensischen Untergrund. Er leitete die Sabotageakte der Fatah in den von Israel besetzten Gebieten. Das achte der elf Attentatsziele war ein Mann namens Mahmoud Yussuf Najjer, bekannt als »Abu Yussuf«. Er zählte zu den führenden Köpfen der palästinensischen Befreiungsbewegung und hatte das unselige Bündnis zwischen El Fatah und »Schwarzem September« gestiftet. Nummer neun war der Algerier Mohammed Boudia, ein in ganz Paris bekannter Schauspieler, Theaterdirektor und Bonvivant, von dessen nicht unbedeutender Rolle auf der Bühne des internationalen Terrorismus freilich nur die wenigsten wußten. Der zehnte, Hussein Abad al-Chir, zählte zu den wichtigsten Verbindungsmännern zwischen der PLO und dem KGB. Der letzte, Dr. Wadi Hadad, galt allgemein als der führende Kopf in der palästinensischen Terroristenszene, übertroffen wohl nur von seinem Freund, Dr. George Habash, dem »Lenin des Nahen Ostens«.

Bis auf zwei oder drei Ausnahmen war in dieser Namensliste ein berüchtigter Personenkreis zusammengestellt, mit dem jeder Agent der Mossad vertraut war und den auch ein Großteil der israelischen Bevölkerung kannte und fürchtete.

Den nächsten Tag verbrachte Avner mit Shoshana. Der Abschied fiel ihm schwer.

Sie liebten einander am hellichten Nachmittag. Als sie später ausgeruht und entspannt nebeneinanderlagen, betrachtete er seine junge Frau. Die Schwangerschaft war Shoshana noch immer kaum anzumerken, nur daß sie ein bißchen voller geworden war und ihre festen, kleinen Brüste runder schienen. Avner wünschte plötzlich, sie möge weinen, sich wehren, verzweifelt sein. Aber da Shoshana nun einmal Shoshana war, tat sie ihm den Gefallen nicht. Sie blickte ihn nur stumm aus ihren porzellanblauen Augen an und streichelte seine Brust.

»Vielleicht bleib ich nur 'n paar Monate weg«, sagte Avner. »Es kann aber auch 'n Jahr werden. Ich weiß selber nicht, wie lange ich fortbleiben muß.«

»Ich hab ja nicht danach gefragt«, entgegnete Shoshana.
»Ich werd dir schreiben, sooft ich kann«, versprach Avner. »Ach ja, um Geld brauchst du dir keine Gedanken zu machen, ich habe alle Vorkehrungen getroffen.«
»Ich mach mir keine Sorgen.«
Merkwürdigerweise waren es gerade ihr mangelnder Widerstand und das Ausbleiben jeglicher Klagen, die Avner das Gefühl gaben, er müsse sich verteidigen. Er war wütend auf sich selbst, doch er konnte den Impuls unterdrücken. »Ich hab dir ja gesagt, daß so was passieren könnte. Wir haben lang und breit drüber diskutiert.«
»O ja, ich weiß.«
»Also, wenn du's weißt«, fuhr Avner auf, da sein Zorn sich auf einmal unsinnigerweise gegen Shoshana richtete, »wenn du's weißt, warum hackst du dann die ganze Zeit auf mir rum? Ich kann schließlich nichts dafür.«
Shoshana lachte und nahm seinen Kopf zwischen beide Hände. Mit einer energischen Bewegung warf sie ihr honigblondes Haar, das ihr ins Gesicht gefallen war, zurück. »Dein Problem ist, daß du einfach nichts kapierst«, murmelte sie zärtlich und küßte ihn auf den Mund. »Schau, daß du daheim bist, wenn unser Kind zur Welt kommt, ja?«
»Ich versprech's dir«, rief Avner und umarmte seine Frau stürmisch. »Ich geb dir mein Wort darauf«, flüsterte er und vergrub sein Gesicht in ihrem Haar.
In Wahrheit hatte er keine Ahnung, ob es ihm gelingen würde, zur rechten Zeit heimzukommen.
Am nächsten Morgen duschte er, packte seine Sachen und schlich auf Zehenspitzen zurück ins Schlafzimmer. Shoshana schlief noch, oder sie tat jedenfalls so. Avner beugte sich über sie und küßte sie sanft. Sie hatten sich darauf geeinigt, daß der Abschied leichter sei, wenn Shoshana nicht mit zum Flughafen hinauskäme.

Am Spätnachmittag des 25. September saß Avner in seinem Zimmer im Hotel du Midi und blickte gedankenverloren aus dem Fenster. Entlang des Quai Général-Guisan, am anderen Ufer der Rhône, flammten die ersten Lichter auf. Ihr Widerschein tanzte funkelnd auf dem Wasser und ließ die Wellen erglänzen wie schimmerndes Geschmeide. In der sinkenden Dämmerung erinnerte die Stadt den jungen Agenten mehr denn je an ein Glashaus.

Er wandte sich vom Fenster ab und ließ den Blick prüfend über die vier Männer gleiten, die ihn zuversichtlich und zugleich erwartungsvoll ansahen. Die entspannten Gesichter von Carl, Hans, Robert und Steve gaben Avner plötzlich das Gefühl, er habe noch nie jemanden so gut gekannt, sei noch nie mit einem Menschen so vertraut gewesen wie mit diesen vier Männern, die er zum zweitenmal in seinem Leben sah. Seine Haut reagierte spürbar auf ihre physische Nähe, er erriet all ihre Gedanken und Gefühle. Die vier warteten darauf, daß Avner als erster das Wort ergriff.

Avner sprach unverkrampft und zwanglos, mit einem gelegentlichen Seitenblick auf Carl, der genüßlich seine Pfeife rauchte und Avners Ausführungen entweder mit einem Nicken begleitete oder sie mit einem kurzen Einwurf modifizierte. Hans kritzelte auf einem Blatt Papier, Robert saß mit geschlossenen Augen zurückgelehnt da und hatte die Hände in den Taschen vergraben. Steve stieß ab und zu einen kurzen, scharfen Pfiff aus wie ein übermütiges Kind. Als Avner jedoch die Namen der elf Angriffsziele bekanntgab, da verstummte er. Hans hörte auf zu malen, und Robert öffnete die Augen.

»So, das war's«, beendete Avner seinen Bericht. Die anderen schwiegen eine Weile.

»Tja«, ergriff Hans schließlich das Wort, »viel ist es grade nicht, was wir über die elf wissen.« Er nahm seine Kritzelei wieder auf. »Die Hintergrundinformationen sind 'n bißchen dürftig.«

»Alle notwendigen Angaben stehen uns zur Verfügung«, widersprach Avner. »Ich für meinen Teil möchte gar nicht wissen, wer von denen Schach spielt und wer nicht.«

»Ich versteh, was Sie meinen.« Hans nickte. »Nur ... wenn ich bedenke, daß Ephraim den Schutz für Unbeteiligte garantiert haben will, dann können wir Sprengstoff wohl in den meisten Fällen vergessen.«
Robert blickte auf. »Der Meinung bin ich ganz und gar nicht«, sagte er. »Prinzipiell brauchen wir keine einzige Möglichkeit auszuschalten. Es ist nur im Einzelfall 'n bißchen mehr Aktivierung der grauen Zellen notwendig.«
»Verschieben wir's auf morgen«, schlug Avner vor. »Heute abend wollen wir uns erst mal einleben. Ach ja, da wäre noch was. Da wir fünf in der nächsten Zeit eng zusammenleben werden, wie das so schön heißt, schlag ich vor, daß wir uns duzen, einverstanden?«
Die Männer nickten beifällig, und Avner lehnte sich erleichtert zurück. Es klappt, dachte er. Sie sind mein Team, nein, mehr noch, sie sind meine *chaverim,* meine Kameraden.
Avner hatte für Carl, Hans und Robert Zimmer im Ambassador reserviert, Steve wohnte mit ihm im Hotel du Midi. Nach dem Abendessen machten die beiden einen Spaziergang. Der Verkehr brauste an ihnen vorbei. Aus den Restaurants rings um die Place Chevelu kamen elegant gekleidete Gäste, die angeregt miteinander plauderten. Fröhliches Lachen klang herüber. Unwillkürlich lenkten Avner und Steve ihre Schritte zum Fluß hinunter. Mitten auf dem Pont de la Machine blieb Steve plötzlich stehen und lehnte sich gegen das Geländer der kaum belebten Fußgängerbrücke. Das Lichtermeer der Stadt tanzte einen lautlosen Reigen auf dem blauschwarzen Wasser und formierte sich im willkürlichen Spiel der Wellen zu einem majestätisch kreisenden Riesenrad.
Steve atmete schwer, so als schleppe er eine gewaltige Last. »Ich hab's im Gefühl«, sagte er schließlich, »daß wir dieses Abenteuer nicht alle lebend überstehn werden.«
Avner antwortete nicht.
»Aber mach dir nur keine Sorgen«, fuhr Steve nach einer Weile fort, und ein jungenhaftes Grinsen erhellte sein Gesicht. »Mein Gefühl sagt mir nämlich auch, daß wir beide es schaffen werden, du und ich.«

Teil 3
Der Auftrag

V
Wael Zwaiter

Das Hotel Leonardo da Vinci in Rom ist ein Haus der gehobenen Mittelklasse; genau gesagt befindet es sich in der Vatikanstadt in der Via dei Gracchi. Von den Zimmern im oberen Stockwerk genossen sie ungehindert den Blick auf Engelsburg und Peterskirche. Außerdem – und hier lag in Avners Augen der wahre Vorzug – war das Haus sauber, modern ausgestattet, und jedes Bad verfügte über eine verstellbare Dusche. Nur ein paar Schritte entfernt befand sich die Taverna dei Gracchi, ein Speiserestaurant, in dessen Auslage ein riesiger Schweinskopf prangte. Avner hörte nicht auf, sich darüber zu amüsieren. Im übrigen aß man dort ganz ausgezeichnet.

Avner und Carl quartierten sich am Sonntag, dem 15. Oktober, im Leonardo da Vinci ein, fast drei Wochen, nachdem das Team von Israel nach Genf aufgebrochen war. Sie hatten zuvor schon ein paar Tage in der Nähe der Ewigen Stadt verbracht. Steve und Carl waren am 10. Oktober im Holiday Inn beim Flughafen Leonardo da Vinci in Fiumicino abgestiegen. Hans, Robert und Avner hatten in Ostia, dem bekannten Seebad an der Tibermündung, Unterkunft gefunden. Bevor sie am Sonntag nach Rom übersiedelten, hatte Robert eine Verabredung auf einem Parkplatz am Strand. Seine Kontaktperson überreichte ihm in einer derben Einkaufstüte fünf Berettas Kaliber 22 mit je zwei vollen Magazinen.

Am Montag, dem 16. Oktober, bestiegen Avner und Robert gegen 20 Uhr 30 unweit ihres Hotels, und zwar an der Einmündung der Via dei Gracchi in die hübsche, baumbestandene Piazza della Libertà, einen parkenden Wagen. Am Steuer saß ein junger Italiener. In einem für römische Verhältnisse gemäßigten Tempo überquerten sie auf der Ponte Margherita den Tiber, umrundeten die Piazza del Popolo, fuhren an den herrlichen Gärten der Villa Borghese vorbei und den Corso d'Italia hinunter bis zur Via Nomentana. Dann bogen sie zweimal links ab, wobei der Fahrer beim zweitenmal ein Verbotsschild geflissentlich übersah, und erreichten den Corso Trieste. Von hier ging es durch ruhige Wohnviertel nordwärts zur Piazza Annibaliano.

Obwohl sie kaum mehr als zehn Autominuten vom überfüllten Touristentreffpunkt der Via Veneto entfernt liegt, ist die Piazza Annibaliano völlig unberührt vom pulsierenden Leben der Großstadt. Sie gehört nicht zu den Kleinodien berühmter römischer Plätze und kann weder mit antiken Tempeln noch Renaissancebrunnen oder barocken Kirchenbauten aufwarten. Inmitten der Piazza Annibaliano erhebt sich vielmehr lediglich ein winziger Park mit einem halben Dutzend ungepflegter Bäume, die in dem kleinen, asphaltgesäumten Erdrund ein kümmerliches Dasein fristen. An diesem Abend war die kärgliche Oase von so vielen Fiats, Renaults, Volkswagen und Lambrettas eingeschlossen, wie man es sich angesichts der Parkplatzmisere Roms nur vorstellen kann.

Sechs Straßen treffen ohne erkennbares System auf dem Platz zusammen. Die beiden, die fast parallel zueinander nordwärts verlaufen, sind die Via Massaciuccoli und die Viale Eritrea, die später in die Viale Libia übergeht. Diese beiden Straßen formen einen Keil, dessen Spitze nach Süden hin auf die Piazza Annibaliano stößt. Innerhalb dieses Straßenkeils erhebt sich ein düsterer, siebenstöckiger Mietskoloß, der von Leuten mit schmaler Brieftasche bewohnt wird. Der Komplex ist sowohl von beiden Straßen als auch von der Piazza aus zugänglich, an der sich der Eingang C befindet. Im Erdgeschoß des düsteren Gebäudes kämpfen kleine Geschäfte mehr schlecht als recht ums Überleben. Der Eingang C wird zur Linken von einem Friseurladen, zur Rechten von einer Kneipe, der Bar Trieste, flankiert.

Als sie die Via Bressanone erreichten, tippte Avner dem Fahrer auf die Schulter. Der Italiener fuhr an den Bordstein, hielt und ließ die beiden aussteigen. Dann umrundete er die Piazza Annibaliano und brauste in die Richtung davon, aus der sie gekommen waren. Er hatte seinen Auftrag erfüllt. Avner blickte auf die Uhr. Es war kurz nach neun.

Die beiden Männer schlenderten über den Platz und blickten sich unauffällig um. Nach einer Weile entdeckten sie Hans auf dem Beifahrersitz eines Wagens, der zwischen Eingang C und der Bar Trieste geparkt war. Hans hatte seine Kameraden zwar auch bemerkt, blickte aber mit unbeweglichem Gesicht geradeaus. Nach einer Weile richtete er ein paar Worte an die junge Italienerin, die am Steuer saß, worauf sie ausstieg, langsam bis zur Ecke der Viale Eritrea ging, kehrtmachte und zum Auto zurückkam.
Für das Mädchen hatte dieser kurze Gang keine Bedeutung, doch Avner und Robert erkannten darin das verabredete Signal. Der Mann, der in einem der Apartments über Eingang C wohnte und den das Team am liebsten nur als »unser Ziel« bezeichnete, war nach Hause gekommen, aber wieder ausgegangen. Wäre er noch oben in seiner Wohnung, dann hätte Hans die junge Italienerin nicht aussteigen lassen. Wenn gar ein unvorhergesehenes Problem aufgetreten wäre, das es ratsam erscheinen ließ, die Operation abzubrechen, hätte er dem Mädchen befohlen wegzufahren. In diesem Fall hätten Avner und Robert den etwa fünfundzwanzig Meter langen Platz überquert und sich zu Steve gesellt, der drüben in einem gemieteten grünen Fiat 125 mit Mailänder Nummernschild wartete. Auch Steve hatte eine Italienerin bei sich, doch saß er selbst am Steuer. Wenn Hans die Aktion abgeblasen hätte, wären Avner und Robert zu Steve in den Wagen gestiegen und hätten sich davongemacht.
Doch gegenwärtig sah es so aus, als würden sie am Ball bleiben. Avner und Robert nahmen ihren Spaziergang um den Platz wieder auf, freilich nicht ohne Steve und Hans im Blickfeld zu behalten. Leise unterhielten sie sich miteinander.
»Jetzt«, sagte Avner mit einem Blick auf seine Uhr, »jetzt hat Carl unsre Sachen aus dem Hotel geholt.« Außerdem hat er neue Pässe und Führerscheine besorgt, dachte er. Die Ausweise waren nebst Bargeld für jeden von ihnen an einem vereinbarten Platz hinterlegt – eine Vorsichtsmaßnahme für den Fall, daß sie sich trennen und jeder für sich aus der Stadt verschwinden mußte. Wahrscheinlich hockte Carl schon in einer der vielen Arbeiter-

kneipen hier in der Nähe, überlegte Avner weiter. Er wird sich 'n Campari Soda genehmigen und durchs Fenster die wichtigsten Straßen im Auge behalten, die auf die Piazza führen. Na, soll er sich ausruhen. Sein eigentlicher Job geht ja erst später los.
Inzwischen war es halb zehn geworden. Auf den Straßen herrschte trotz der vorgerückten Abendstunde immer noch reges Treiben, wenn sich das Verkehrsaufkommen im Vergleich zum Tage auch merklich verringert hatte. Während der Geschäftszeit kriechen die Autos in den meisten Vierteln Roms Stoßstange an Stoßstange vorwärts. Im Laufe des Abends wird es zumindest in den Wohngegenden ruhiger, und nach Einbruch der Nacht gehören die Straßen den unzähligen Katzen und den Liebespaaren, die auf ihren Vespas zum Rendezvous fahren und deren Gelächter und Getuschel von den Boulevards widerhallt.
An den Straßenecken und vor der Bar Trieste standen Männer mit verhärmten Gesichtern in Grüppchen zusammen und diskutierten mit lebhaften Gebärden. Robert und Avner erregten keinerlei Aufsehen bei ihrem gemächlichen Rundgang; Rom ist keine neugierige Stadt.
Eine weitere halbe Stunde verging, dann sah Avner, wie Hans aus dem Wagen stieg, der vor Eingang C parkte. Er schaute auf seine Armbanduhr, vertrat sich die Beine und ging um das Auto herum zur Fahrerseite. Er lehnte sich an die Tür und begann eine zwanglose Unterhaltung mit dem Mädchen am Steuer. Dann richtete er sich auf, winkte der Italienerin zu und überquerte den Platz in Richtung Corso Trieste, ohne auch nur einen Blick auf Robert und Avner zu werfen. Das Mädchen fuhr davon.
Steve und seine Begleiterin saßen immer noch in dem grünen Fiat, der auf der anderen Seite der Piazza parkte.
Für Avner und Robert wurde es Zeit, Posten zu beziehen. Die Zielperson befolgte einen streng geregelten Tagesablauf. Wenn er auch heute seiner Gewohnheit treu blieb, würde er binnen weniger Minuten vom allabendlichen Besuch bei seiner Freundin, die nur ein paar Häuser weiter wohnte, nach Hause zurückkehren. Zuvor führte er in der Regel noch ein, zwei Telefongesprä-

che von der Bar Trieste aus. Das Team hatte herausgebracht, daß seine Wohnung zwar Telefon hatte, sein Anschluß aber wegen nichtbezahlter Gebühren gesperrt war.
Daß Hans den Wagen weggeschickt hatte, kündigte noch nicht die Zielperson, sondern zunächst ein Pärchen an, das unter verliebtem Getuschel auf die Piazza zuschlenderte. Die Italienerin hatte sich mit beiden Händen bei ihrem Begleiter untergehakt. Die jungen Leute hatten den Auftrag, genau eine Minute vor dem Attentatsziel auf Eingang C zuzusteuern. Sie wußten zwar, daß ihr Erscheinen auf der Piazza Annibaliano das Eintreffen des Mannes ankündigte, den sie während der letzten drei Tage observiert hatten, aber sie hatten keine Ahnung, wem ihr Signal galt und was es bezweckte.
Beim Herannahen des Paares mußte Hans seinen Posten neben dem zweiten Fluchtfahrzeug, einem schäbigen Lieferwagen, einnehmen, der ein paar hundert Meter von der Piazza entfernt parkte und dessen Fahrer, ein älterer Italiener, geduldig wartete. Gemächlich überquerten Avner und Robert den Platz und gingen auf Eingang C des Mietsblocks zu. Steves grünen Fiat behielten sie aufmerksam im Auge. Es wäre unvorsichtig gewesen, sich länger als unbedingt nötig im Treppenaufgang aufzuhalten, also würden sie das Haus erst betreten, wenn das Mädchen in Steves Wagen ausstieg. Sollte sie freilich nach dem Verlassen des Fahrzeugs fortgehen, würden die beiden das Haus überhaupt nicht betreten. Denn dies war das verabredete Signal für den letztmöglichen Abbruch der Operation. Es bedeutete, daß die Zielperson entweder in Begleitung war oder überraschend einen anderen Weg eingeschlagen hatte. Für Avner und Robert war der Mann durch eine Hausecke verborgen, sie sahen nur den blonden Hinterkopf des Mädchens in Steves Wagen.
Avner spürte, wie seine Bauchmuskeln sich spannten. Er warf einen verstohlenen Blick auf Robert, doch das Gesicht seines Partners verriet keinerlei Erregung. Seine blasiert herabgezogenen Mundwinkel und die halbgesenkten Lider über den grauen Augen schienen vielmehr Langeweile auszudrücken.
So oder so, die Blonde müßte sich endlich bewegen, dachte Avner nervös.

Und da geschah es. Das Mädchen stieg aus dem Wagen. Aber sie ging nicht fort, sondern rannte, ein wenig ungeschickt auf ihren hohen Absätzen, auf das Pärchen zu, das gerade um die Ecke bog. »Ciao!« rief sie den jungen Leuten entgegen und hakte sich mit beiden Händen in den freien Arm des Jungen ein. Eng aneinandergeschmiegt, lachend und schwatzend, schlenderte das Trio an der Bar Trieste vorbei. Das bedeutete, die Zielperson folgte ihnen in einminütigem Abstand.
Mit raschen, entschlossenen Schritten, so als führe er einen lebenslang gehegten Plan aus, betrat Avner den Flur von Block C. Er forderte Robert weder durch Wort noch durch Geste auf, ihm zu folgen, aber er hegte keinen Zweifel daran, daß sein Partner ihm auf den Fersen war. Es gehörte nicht zur Tradition der israelischen Armee, Untergebene durch Befehl in den Kampf zu zwingen. Die Anführer eilten vielmehr ihrem Trupp voraus und konnten in der Regel sicher sein, daß sie sich nicht allein auf dem Schlachtfeld wiederfinden würden.
Im Haus war es kühl, ein wenig feucht und stockdunkel, da hier wie in fast allen billigen Mietskasernen eine automatische Beleuchtung für Flure und Treppenhäuser installiert war, die auf Knopfdruck jeweils nur ein paar Minuten brannte.
Avner und Robert hatten am Tag zuvor einen kurzen Blick in den Hauseingang geworfen, um sich notdürftig mit den Örtlichkeiten vertraut zu machen. Sie wußten, wo sich die Treppen befanden, und kannten den Zugang zum Fahrstuhl, dessen Eisengitter erst nach Einwurf einer Münze geräuschvoll zur Seite wich. Avner fuhr plötzlich erschrocken zurück. Für den Bruchteil einer Sekunde drohte sein Herzschlag auszusetzen. Was war geschehen? Seine Augen hatten sich an die Dunkelheit gewöhnt, und da war es ihm plötzlich, als käme er sich aus der Tiefe des Raumes entgegen. Gleich darauf hatte er sich wieder gefaßt. Richtig, sie hatten ja gestern schon den großen Spiegel an der Rückwand bemerkt. Scheiße, verdammte, fluchte er innerlich. Da wär ich doch beinahe vor meinem eigenen Spiegelbild davongelaufen. Bloß gut, daß Robert nichts gemerkt hat.
Die beiden Männer wandten sich um und beobachteten den Ein-

gang. Die Passanten draußen auf der Straße erschienen jeweils für einen flüchtigen Moment als dunkle Silhouetten im Türrahmen. Eine Frau ging vorbei, gefolgt von einem älteren Paar, dann kam ein Hund, blieb stehen, drehte sich um, wedelte mit dem Schwanz und jagte davon.

Und jetzt nahte der Mann, den sie töten sollten. Obwohl auch er nur wie ein Schatten an der Tür vorüberglitt, eine Einkaufstüte im Arm und vermutlich auf dem Weg zur Bar nebenan, wußten Avner und Robert instinktiv, daß er es war. Im selben Moment drang ein kurzes Hupen an ihr Ohr; Steve gab von seinem grünen Fiat aus das verabredete Zeichen. Robert und Avner brauchten es nicht, sie hatten ihre Zielperson bereits erkannt.

Der Mann würde jetzt seine Anrufe erledigen. Das gab ihnen noch eine Frist von vier bis sechs Minuten, falls die Telefonzelle besetzt war, vielleicht sogar zehn. Es war unmöglich, den genauen Zeitpunkt zu bestimmen, aber das war nicht wichtig. Am Ende mußte er auf dem Weg zu seiner Wohnung durch diese Tür kommen, und zwar allein.

Es bestand natürlich die Möglichkeit, daß andere Hausbewohner gleichzeitig mit ihm den Eingang C benutzten oder im Moment seines Eintretens herunterkämen. In diesem Fall wäre die Operation fürs erste gestorben, ja, wenn es der Zielperson gelänge, sich ihre Gesichter einzuprägen, vielleicht sogar für immer.

Was würde geschehen, wenn unversehens Leute auftauchten, nachdem das »Unternehmen«, wie es im Jargon des Teams hieß, gestartet war? Avner fiel nichts anderes ein, als eine solche Möglichkeit einfach auszuschließen. Null Risiko bedeutete eben in der Praxis lediglich *fast* risikolos. Selbst Ephraim hatte eingeräumt, daß es bei einer Operation wie der ihren unmöglich sei, absolut sicherzugehen und jeglichem Fehlschlag vorzubeugen. Wer ein garantiert risikoloses Leben wollte, der mußte daheim bleiben und sich vor den Fernseher hocken. Doch selbst dann konnte das Dach über ihm einstürzen.

Die Zielperson stand im Eingang. Aber – Avner traute seinen Augen nicht – ein Mann und eine Frau waren ihm direkt auf den

Fersen. Unschuldige Passanten, Unbeteiligte – der klassische Fall! Robert sah sie ebenfalls. Die beiden wollten gerade über die Schwelle treten, gleich hinter dem Mann mit der Einkaufstüte, der im Gehen in seiner Tasche kramte. Wahrscheinlich suchte er nach einer Münze für den Aufzug.

In diesem Augenblick machte Robert eine abrupte Bewegung, die er später selbst nicht recht zu erklären wußte. Vielleicht dachte er, das Unternehmen sei abgeblasen, nun, da die beiden so unverhofft aufgetaucht waren, und schickte sich an, das Haus zu verlassen. Jedenfalls bewegte er sich, und möglicherweise erhaschte das Paar hinter der Zielperson einen flüchtigen Blick auf die fremde Gestalt, die schemenhaft aus dem Dunkel des Hausflurs auftauchte. Vielleicht hatten sie auch nur ihre Meinung geändert, jedenfalls blieben sie stehen. Dann zog der Mann die Frau an der Hand mit sich fort.

Der Mann mit der Einkaufstüte vor ihnen hatte nichts bemerkt. Er ging auf den Fahrstuhl zu; seine Schritte klangen fest und sicher, er war mit der Dunkelheit vertraut. Mit der freien Hand fischte er immer noch in der Manteltasche nach einer Münze. Ein kleiner, schmächtiger Mann, der keine Gefahr witterte. Avner sah den Hals einer Weinflasche aus der Tüte ragen.

Robert streckte den Arm aus und knipste das Licht an.

Der Mann blinzelte zu der unerwartet aufscheinenden Lampe empor, blieb aber nicht stehen. Sein Gesicht zeigte weder Furcht noch Bestürzung. Er war bestenfalls ein wenig überrascht, als er sich anschickte, an Avner und Robert vorbeizuhuschen. Was auch immer zwei Fremde hier im dunklen Flur zu suchen haben, las Avner in den Zügen des Mannes, mich kümmert's nicht.

Als er noch ein paar Schritte entfernt war, sprach Robert ihn auf englisch an: »Sind Sie Wael Zwaiter?«

Es war eine reine Routinefrage, die er nur stellte, um der Vorschrift zu genügen. Denn in dem Augenblick, als das Licht aufflammte, hatten beide Agenten den palästinensischen Dichter erkannt, der seit Jahren als Repräsentant der PLO in Rom stationiert war. Sie hatten seine schmächtige Gestalt auf Fotos in allen Einzelheiten studiert und kannten seine offizielle Biographie

auswendig: Alter: Ende Dreißig; Geburtsort: Tchem, am Westufer des Jordan; gebildet und beliebt in den Kreisen linksgerichteter Intellektueller; ärmliche Verhältnisse, schlägt sich mit kleinen Gelegenheitsarbeiten durch; wohnt in bescheidenen Quartieren; gegenwärtig als Übersetzer an der libyschen Botschaft tätig. Er lebte alles in allem sehr zurückgezogen. Seine Freundin war älter als er, eine korpulente Frau, die sich allerdings geschmackvoll zu kleiden verstand und die im übrigen ihren Urlaub mit Vorliebe in der Sowjetunion verbrachte. Das allein machte natürlich Zwaiter ebensowenig zum Verbrecher wie der Umstand, daß die Bundesrepublik Deutschland seinen jüngeren Bruder nach dem Blutbad von München ausgewiesen hatte. Es war weder ein todeswürdiges Verbrechen, daß Zwaiter seinen vaterländischen Gefühlen in Essays und lyrischen Publikationen Ausdruck verlieh, noch, daß er die Schriften patriotisch gesinnter arabischer Autoren förderte, wie die des syrischen Dichters Nizar Qabbani, der die El Fatah mit folgenden Versen feierte: »Das Tor zur Freiheit öffnen nur Kugeln allein / Geduld wird vor ihm stets ohnmächtig sein.« Solche Aussprüche gehörten schließlich zur Standardphilosophie der neuen Linken, die von nicht wenigen westlichen Intellektuellen geteilt wurde. Ja, selbst unter den etablierten linken Parteien hatte sie Anhänger, und natürlich auch unter den Rechten alter Tradition. Wegen der Verbreitung dieses Gedankengutes bestand also kein Grund, Zwaiter auszuschalten.
Daß der unscheinbare kleine Dichter in Wahrheit ein Vetter Yassir Arafats war, wußte selbst die Mossad zu diesem Zeitpunkt noch nicht. Aber auch das war schließlich kein Verbrechen.
Auf Ephraims Liste rangierte der Name Zwaiter aus einem ganz anderen Grund an vierter Stelle. Die Mossad hegte den begründeten Verdacht, daß er zur Spitze der Organisatoren und Koordinatoren des Terrorismus in Europa gehöre. Nach den Ermittlungen der Mossad war er verantwortlich für den Angriff der Palästinenser vom 23. Juli 1968 auf eine El-Al-Maschine auf dem Flug von Rom nach Lod, die zur Landung in Algier gezwungen wurde. Dieser Akt der Luftpiraterie, der nach langwierigen Ver-

handlungen mit dem Austausch von zwölf israelischen Passagieren und zehn Besatzungsmitgliedern gegen arabische Freischärler endete, wurde zum Auftakt des Jahrzehnts terroristischer Willkür und Schreckensherrschaft. In den Augen der Mossad war Zwaiter nicht nur der Verfasser einer modernen Übersetzung der Märchen aus Tausendundeiner Nacht, sondern auch der Initiatior des Bombenattentats auf die Boeing 707 der El Al auf ihrem Flug von Rom nach Lod am 16. August 1972. Der Sprengstoff war in einem Plattenspieler versteckt, den zwei Engländerinnen – angeblich als Geschenk von arabischen Freunden – mit an Bord brachten.[1] Die Explosion verursachte freilich nur Sachschaden, und dem Kapitän gelang es, umzukehren und die Maschine sicher nach Rom zurückzubringen. Doch beim nächsten Mal würden er oder einer seiner Kameraden vielleicht weniger Glück haben und nicht so glimpflich davonkommen.

»Sind Sie Wael Zwaiter?«

Roberts Stimme klang ungezwungen, sogar höflich. Für den Bruchteil einer Sekunde schöpfte Zwaiter immer noch keinen Verdacht. Robert und Avner waren scheinbar unbewaffnet. »Ihr zieht nur, um abzudrücken«, lautete die Parole, und das durften sie erst, nachdem die Identität des Attentatsziels zweifelsfrei geklärt war. »Ihr müßt euch seiner so sicher sein, als wäre er euer eigener Bruder«, hatte Ephraim gesagt. »Am besten, ihr laßt ihn sich selbst identifizieren.«

Genau das tat Wael Zwaiter jetzt. Als Antwort auf Roberts Frage neigten Kopf und Lider sich zustimmend, doch eine Vorahnung, eine warnende innere Stimme ließen ihn mitten in der Bewegung innehalten. Er brachte seine Verbeugung nicht zu Ende. Avner fragte sich später oft, woran der Mann in diesem Sekundenbruchteil gespürt hatte, daß er in Todesgefahr schwebte.

»Nein!«

Noch ehe der Schrei verklungen war, handelten Robert und Avner gleichzeitig: rechten Fuß einen halben Schritt vor, Knie in Kampfstellung gebeugt; rechte Hand an die Hüfte; Jackett zurückschlagen und mit den Fingern den Griff der Pistole umschließen; mit der Linken einen Halbkreis über der Rechten be-

schreiben, welche die Beretta hält; Verschlußstück zurückziehen, vorschnellen lassen und so die erste Kugel aus dem Magazin in den Lauf befördern; Hahn spannen: schußbereit!
Der ganze Bewegungsablauf spielte sich in weniger als einer Sekunde ab, genauso, wie Avner ihn unzählige Male beim alten Dave geübt hatte. Diese winzige Zeitspanne gab allerdings dem Feind die Chance, als erster abzudrücken. Wenn Zwaiter zum Beispiel hinter seiner Einkaufstüte eine entsicherte Pistole versteckt hielt, wären die beiden geliefert. Das war die Kehrseite des Null-Risikos, auf dem die Mossad bestand und das sich in dem Gebot niederschlug: Trage nie eine Waffe in der Hand und zieh deine Pistole erst, wenn du zu schießen beabsichtigst. Aber bist du soweit, dann gib keine Warnung, sondern drück ohne Zögern ab.
»Wenn ihr zieht, dann schießt ihr«, hatte der alte Seebär gesagt. »Und wenn ihr schießt, tötet ihr.«
Wael Zwaiter war nicht auf Gegenwehr vorbereitet. Wenn die Informationen über ihn verläßlich waren, dann trug er nicht einmal eine Waffe. Statt auf Leibwächter und Pistole verließ Zwaiter sich auf seine undurchdringliche Tarnung: ein mittelloser Dichter und harmloser Intellektueller; ein Heimatloser, ein Immigrant, der sich als Übersetzer durchschlug und der den Befreiungskämpfen seines Volkes eine gewisse, durchaus verständliche Sympathie entgegenbrachte; ein Mann, der nicht einmal seine Telefonrechnung bezahlen konnte und der sein einfaches Abendbrot in einer zerknüllten Supermarkttüte nach Hause trug.
Und wenn er wirklich nicht mehr ist als das? schoß es Avner durch den Kopf. Ein wehrloser Mann, mit einem verzweifelten »Nein!« auf den Lippen; ein Mann, der eine Einkaufstüte umklammert hält und der wie jeder Mensch im Angesicht des Todes Angst verspürt; ein Mann, der vor Furcht erstarrt, während seine Augen sich in Entsetzen weiten. Wenn die zu Hause nun einen Fehler gemacht haben?
Avner konnte später nicht mit Bestimmtheit behaupten, daß er all das wirklich gedacht hatte, in der Sekunde, die ungenutzt ver-

strich, und er vermochte erst recht nicht zu sagen, was in diesem Moment in Roberts Kopf vorging. Die beiden sprachen auch nie darüber. Eines aber konnte Avner beschwören: Eine weitere volle Sekunde lang geschah absolut nichts. Die erste Sekunde hatten sie der Vorschrift entsprechend zur Identifizierung der Zielperson opfern müssen, bevor sie ihre Waffen zogen. Aber als jeder seine Beretta in der Hand hielt, verging eine zweite Sekunde, die in den Anweisungen nicht vorgesehen war. Vielleicht war dieser Moment die schweigende Ehrenbezeugung zweier Männer vor dem fünften Gebot, das zu brechen ihnen, ungeachtet des Schwurs, den sie ihrem Land geleistet hatten, überaus schwer fiel. »Wie sollte man denn ihrer Meinung nach einen Mann aufs Töten trainieren?« hatte Ephraim mit schneidender Stimme gefragt.

Als Avner später über die Operation Zwaiter nachdachte, neigte er zu der Ansicht, daß sowohl er als auch Robert einfach gehofft hatten, der andere möge das Feuer eröffnen.

Zwaiter machte eine Bewegung, als wolle er kehrtmachen und davonlaufen. Avner und Robert drückten gleichzeitig ab. Zweimal hintereinander. Wie sie es gelernt hatten, zielten sie auf den Körper, das größte und damit sicherste Ziel. Sie standen mit leicht gebeugten Knien, den linken Arm abgewinkelt, wie Fechter, die ihr Gleichgewicht zu halten suchen, streng nach Vorschrift, obgleich die Beretta keinen nennenswerten Rückstoß hat. Jeder von ihnen feuerte jeweils dreimal zwei Kugeln ab. Zwaiters Körper bäumte sich auf, taumelte und sank zu Boden. Avner erinnerte sich später nicht mehr, ob die Weinflasche zerbrach, als sie auf den Boden aufschlug, aber er entsann sich, daß ein paar Brötchen über die Fliesen gekullert waren.

Ihr Rhythmus stimmte nicht völlig überein. Robert feuerte um Sekundenbruchteile früher, so daß Avner seine letzten beiden Schüsse allein abgab. Sie dröhnten unvorstellbar laut in seinen Ohren wider, doch kaum waren sie verklungen, da drückte Robert noch einmal ab; und wieder schoß er zweimal unmittelbar hintereinander. Zwaiter lag reglos am Boden.

Wenn jeder Schuß ein Treffer war – und auf die geringe Entfernung konnten sie ihr Ziel kaum verfehlen –, dann hatte Zwaiter vierzehn Kugeln im Leib. Das Magazin der Beretta faßt in der Regel acht Patronen, aber Avner und Robert hatten je zwei mehr hineingepreßt. Für eine kurze Zeit war das keineswegs gefährlich. Avner hatte sechs Schüsse abgegeben, also vier Kugeln übrigbehalten. In Roberts Magazin befanden sich noch zwei Patronen.

Avner sah, wie Robert sich aus unerfindlichem Grund auf die Knie niederließ und fieberhaft den Boden absuchte. Ungläubig beobachtete er, wie Robert die leeren Patronenhülsen einsammelte, obwohl er genau wußte, daß diese Art der Indizienbeseitigung sowohl sinnlos als auch überflüssig war. Vor einem Moment hatte Avner noch wie betäubt dagestanden, unfähig, einen klaren Gedanken zu fassen. Aber angesichts der kopflosen Handlungsweise seines Partners wurde er eiskalt und ruhig. »Hör auf damit«, zischte er den am Boden herumrutschenden Kameraden an, schob die Pistole in den Gürtel und wandte sich schnellen Schrittes dem Ausgang zu. Mit einem Blick über die Schulter vergewisserte er sich, daß Robert aufstand und ihm folgte. Er hatte anscheinend völlig die Orientierung verloren. Vergeblich versuchte er, seine Waffe einzustecken. Schließlich verbarg er sie einfach unter seiner Jacke.

Sie traten hinaus auf die Piazza. Das Licht hinter ihnen im Hauseingang brannte noch. Weniger als drei Minuten waren verstrichen, seit Zwaiter das Haus betreten hatte.

Sie beschleunigten ihre Schritte, während sie auf den grünen Fiat zustrebten. Avner hielt die Augen starr auf den Wagen gerichtet und achtete nicht darauf, ob sie auf ihrem kurzen Weg Passanten überholten oder ob ihnen jemand entgegenkam. Der Fiat war in Fahrtrichtung dem Kreisverkehr zugewandt, doch Avner wußte, daß Steve ihr Kommen im Rückspiegel beobachtete. Je näher sie dem Auto kamen, desto schneller gingen sie, und die letzten Meter fiel Avner unwillkürlich in gehetzten Trab. Er riß die Tür zum Fond auf und schob Robert als ersten auf den Rücksitz.

Steve drehte sich nach ihnen um.

»Was ist passiert?« fragte er aufgeregt. »Warum habt ihr nicht geschossen?«

Es war einfach unfaßbar. Im Haus war ihm das Krachen der Schüsse so ohrenbetäubend laut erschienen, daß er hätte schwören können, das Echo dringe bis zum anderen Ende des Erdballs vor. Avner war entsetzt gewesen, als der normalerweise gedämpfte Knall der 22er plötzlich zu einem solchen Höllenspektakel anschwoll. Und nun stellte sich heraus, daß an Steves Ohr, der nur wenige Meter entfernt im Wagen gewartet und gewiß angestrengt auf jedes Geräusch gelauscht hatte, nicht ein Laut gedrungen war.

»Es ist erledigt«, preßte Avner hervor. »Fahr los.«

Der Fiat schoß auf die Fahrbahn und drängte sich so energisch in den Verkehrsfluß, der die Piazza Annibaliano umrundete, daß der Wagen hinter ihm derart scharf bremsen mußte, daß er sich beinahe um die eigene Achse gedreht hätte. Nur um Haaresbreite konnten sie einen Zusammenstoß vermeiden. Avner glaubte schon das knirschende Geräusch aufeinanderprallenden Metalls zu hören und war überrascht, daß Steve ungehindert weiterfuhr. An die Strecke den Corso Trieste hinunter hatte er nur eine nebelhafte Erinnerung.[2]

Als sie endlich den alten Lieferwagen erreichten und hinter ihm anhielten, nahm Hans sie ruhig und gelassen in Empfang. Er bedeutete dem italienischen Fahrer, ein Stück vorzusetzen, damit Steve bequemer einparken konnte. Dann öffnete er die Schiebetür des Lieferwagens, ohne den Verkehr, der von der Piazza Annibaliano herannahte, auch nur eine Sekunde aus den Augen zu lassen. Nichts deutete darauf hin, daß der grüne Fiat verfolgt worden war.

»Hast du alles?« wandte Avner sich an Robert, der vor ihm in den Lieferwagen kletterte. Robert nickte, blickte aber ein wenig skeptisch drein. Er schob seine Pistole in den Gürtel, hörte jedoch nicht auf, in seinen Taschen nach etwas zu suchen. Avner tat so, als bemerke er es gar nicht. Was Robert auch verloren haben mochte, Carl, der seiner Schätzung nach genau zu diesem Zeitpunkt den Tatort betreten würde, kümmerte sich gewiß darum. Das war schließlich seine Aufgabe.

Den Rest der Fahrt legten sie schweigend zurück. Der ältliche

Italiener lenkte den Lieferwagen in gemäßigtem Tempo südwärts aus der Stadt hinaus. Wie seine Landsleute auf der Piazza Annibaliano war auch er nicht in die Operation eingeweiht. Seine Aufgabe war es, vier Männer an ein bestimmtes Ziel zu befördern, ohne nach Namen und Grund zu fragen – basta. Am Boden des Wagens lagen Gartenwerkzeuge in einem unordentlichen Haufen, und auf dem Armaturenbrett war eine kleine Madonnenfigur befestigt. Der Fahrer hielt die Augen starr auf den Verkehr gerichtet und würdigte die vier Männer keines Blikkes.

Nach etwa zwanzig Minuten bogen sie in den Hof einer Steinmetzwerkstätte ein. Als der Wagen hielt, starrte Avner angespannt ins Dunkel. Robert und er hatten die Magazine ihrer Berettas noch in Steves grünem Fiat ausgewechselt. Hans und Steve waren ebenfalls bewaffnet. Doch das änderte alles nichts an dem Risikofaktor, den sie jetzt bewältigen mußten. Sie näherten sich der gefährlichsten Etappe der gesamten Operation, indem sie sich vorbehaltlos Leuten anvertrauten, von denen sie nichts wußten, außer, daß sie nicht zu den Ihrigen zählten.

Der Lieferwagen rumpelte davon und ließ sie auf dem weichen, sandigen Boden zurück. Sie standen vor einem niederen Schuppen, in dem halbfertige Grabsteine lagerten. In einiger Entfernung parkten zwei kleine Fiats im rechten Winkel zueinander. Der Fahrer des einen Wagens saß am Steuer und rauchte. Seine Zigarette tanzte wie ein glühender Punkt in der Dunkelheit.

Instinktiv näherten sie sich den Fahrzeugen in großem Abstand voneinander. Als er langsam, etwa drei Meter von Hans entfernt, voranschritt, schoß es Avner durch den Kopf, daß die Idee des Null-Risikos in der Praxis einem schlechten Witz gleichkomme. Zumindest, wenn man sie im Moment auf uns anwendet, dachte er bitter. Immerhin, wir haben tatsächlich die erste Etappe unserer Operation erfolgreich durchgeführt!

Die Motoren heulten auf. Steve und Robert schwangen sich in einen der beiden Fiats, der Fahrer des zweiten drückte seine Zigarette aus und öffnete Avner und Hans die Tür. Was immer noch bevorstand, innerhalb der Mauern Roms schienen für den Augenblick alle Gefahren gebannt.

Als sie die Stadt hinter sich gelassen hatten, schlugen sie den Weg nach Neapel ein. Sie benutzten jedoch nicht die Autostrada, sondern eine Nebenstraße, die näher zur Küste hin verlief. Als sie ein Schild passierten, erkannte Avner, daß sie sich auf der Staatsstraße 148 Richtung Latina befanden.
Hans und Avner sprachen zunächst nicht miteinander. Avner konzentrierte sich so lange auf die Scheinwerfer des zweiten Wagens im Rückspiegel, bis er sicher war, daß Steve und Robert sich dicht hinter ihnen hielten. Endlich brach Hans das Schweigen.
»Tja, das war also der erste«, sagte er auf hebräisch. »Würde es dich interessieren, was allein diese eine Unternehmung gekostet hat?«
Heut nacht sieht er wirklich aus wie 'n fleischgewordener Bleistift, dachte Avner unwillig.
»Ohne dich mit den Kleinstbeträgen zu behelligen«, fuhr Hans fort, »haben wir dreihundertfünfzigtausend Dollar verpulvert.«

VI
Le Groupe

Der abgelegene Bauernhof vor den Toren von Latina bot den idealen Rahmen für eine kurze Erholungspause. Der Spätherbst brachte klare Tage mit wolkenlosem Himmel und einer frischen Brise, die vom Meer heraufwehte. Wenn Avner am Nachmittag durch den Obstgarten streifte und die verkrüppelten Aprikosenbäume betrachtete, drang das salzige Aroma der See zu ihm hinauf. Ein kurzer Spaziergang hätte ihn zum Strand hinuntergebracht, doch es war zu gefährlich, den Besitz zu verlassen. Latina war nicht Rom; hier in der Kleinstadt würden Fremde nur allzu leicht unwillkommene Aufmerksamkeit erregen.

Die Summe, die Hans auf der Flucht aus Rom genannt hatte, überraschte Avner nicht sonderlich. Heutzutage war es eben teuer geworden, Menschen umzubringen. Er versuchte sich zu erinnern, wofür sie das Geld ausgegeben hatten. Dabei ging es ihm weniger um das vordergründige Rechenexempel als vielmehr darum, die Ereignisse der letzten drei Wochen zu ordnen und zu verarbeiten.

Er brauchte nicht lange zu überlegen, was mit den ersten fünfzigtausend Dollar geschehen war; die hatte Andreas kassiert. 'ne schöne, runde Summe, für die ich mir unmittelbar nicht mal was Reales eingehandelt hab, dachte Avner versonnen.

Während der ersten Tage in Genf hatte das Team nicht die leiseste Ahnung, wo sie nach einem Ansatzpunkt zur Erfüllung ihrer Mission suchen sollten. Ephraim hatte leicht reden, wenn er ihren autonomen Status pries. Sie waren zwar alle fünf damit einverstanden gewesen, in eigener Verantwortung zu handeln, doch während sie tagein, tagaus in ihren Hotelzimmern saßen und warteten, kam ihnen der schreckliche Verdacht, man habe

sie nach Europa geschickt, um Hirngespinsten nachzujagen, die Politiker daheim in Tel Aviv am Schreibtisch ausgeheckt hatten.
Man hatte ihnen erklärt, sie würden von jeder lästigen Bürokratie befreit und bräuchten sich nicht über widersprüchliche Anweisungen zu ärgern. In der Theorie klang das großartig. In der Praxis aber hockten sie die ersten beiden Tage in einem Café beisammen und diskutierten stundenlang ohne Ergebnis, während sie harte Butterbrötchen verzehrten und niedergeschlagen in den Regen hinausstarrten, der endlos und monoton auf die Dächer der spitzgiebeligen Häuser prasselte. Avner litt am meisten unter dem Gefühl, daß die anderen von ihm als ihrem Anführer eine Entscheidung erwarteten, während er doch genauso ratlos war wie sie.
Schließlich nahm er sich die Namensliste der Attentatsziele vor. Was wußten sie denn eigentlich über die elf Topterroristen, die die Häupter der von Ephraim zitierten Hydra noch um zwei übertrafen? Die Reihenfolge der Aufstellung entsprach dem Gefährlichkeitsgrad, den die Mossad jedem einzelnen von ihnen zumaß. Avner und Carl hatten bereits bei der ersten Durchsicht erstaunt festgestellt, daß man Dr. Wadi Hadad an die letzte Stelle gerückt hatte, während er in Agentenkreisen als notorisches Ziel galt. Natürlich war die Reihenfolge der Liste nicht verbindlich für das Vorgehen des Teams. Es wäre ja auch sinnlos gewesen, kostbare Zeit mit der Jagd nach einem bestimmten Terroristen zu verschwenden, wenn drei, vier andere sich in greifbarer Nähe aufhielten. Avner und seine Partner machten sich daran, ihre Zielpersonen nach anderen Kriterien zu ordnen, und kamen zu folgendem Ergebnis: In der quasi-militärischen Sprache, derer sich die fünf gern bedienten, waren Nummer eins, zwei, sechs, sieben, acht, zehn und elf »harte« Ziele. Salameh, Abu Daoud, Nasser, Adwan, Najjer, al-Chir und Dr. Hadad bekannten sich offen zu ihrer Stellung als Organisatoren und Führer der bewaffneten Revolution. Ihre Vergehen und Gewalttaten waren hinlänglich bekannt; es galt nur noch, ihren Aufenthaltsort ausfindig zu machen. Sie waren bewaffnet und umgaben sich selbst

dann mit Leibwachen, wenn sie inkognito reisten. Sie ergriffen jede erdenkliche Vorsichtsmaßnahme, denn sie hatten sich nicht nur gegen israelische Anschläge, sondern auch gegen Übergriffe rivalisierender Gruppen des eigenen Lagers zu schützen. Sie waren äußerst wachsam, verbarrikadierten sich in ihrem Heim wie in einer Festung und änderten ihre Reisepläne mit Vorliebe in letzter Minute, ja, manche von ihnen vermieden es, zweimal hintereinander unter demselben Dach zu schlafen.

Nummer drei, vier, fünf und neun hingegen waren sogenannte weiche Ziele. Zwaiter, Hamshari, Kubaisi und Boudia überließen den Schutz ihrer Person lediglich ihrer hervorragenden Tarnung. Sie bekannten sich zwar offen dazu, mit der palästinensischen Befreiungsfront zu sympathisieren, wurden aber von niemandem für Terroristen gehalten. Sie lebten ungezwungen in westeuropäischen Großstädten und brachten ihre politischen Überzeugungen scheinbar nur theoretisch auf pädagogischem, kulturellem oder diplomatischem Sektor zum Ausdruck. Ihre Beteiligung an verbrecherischen Handlungen spielte sich streng geheim und außerhalb der Reichweite der Gesetzeshüter ab.

Während die Polizei in Frankreich, Deutschland oder Italien bekannte Terroristen, Waffen- und Sprengstoffschmuggler ohne viel Federlesens auswies, waren das Publizieren gleich welchen Ideengutes sowie der Unterhalt von Informationszentren im Dienste gleich welcher politischen Gruppierungen in westlichen Demokratien nicht verboten. Ja, Leute mit einer solchen Tarnung brauchten sich, solange ihr Doppelleben unentdeckt blieb, nicht einmal vor den Israelis in acht zu nehmen. Denn auch die ahndeten die rein geistige Unterstützung der palästinensischen Befreiungsorganisation nicht mit physischen Repressalien.

»Man bringt doch niemanden um, bloß weil er der Meinung ist, die Palästinenser hätten Anspruch auf eine Heimat«, hatte Ephraim sich Avner gegenüber einmal geäußert. »Zum Teufel, auch *ich* finde, daß die Palästinenser das Recht auf ein Zuhause haben. Nein, mein Lieber, wir bekämpfen nur die Leute, die wehrlose Kinder oder Sportler in die Luft jagen.«

Es lag auf der Hand, daß die »weichen« Zielpersonen nicht viel

Sorgfalt auf Sicherheitsvorkehrungen verwandten. Den biographischen Daten eines der Männer auf der Liste war sogar seine Pariser Adresse beigefügt. Dennoch konnte das Team auch diese relativ leicht erreichbare Gruppe nicht ohne umfangreiche Vorbereitungen liquidieren. Die Planung eines Attentats und vor allem der anschließenden Flucht war in jedem Falle äußerst kompliziert. Außerdem existierte noch ein enormes logistisches Problem.

Dennoch waren weiche Ziele vergleichsweise leicht aufzuspüren und zu exekutieren. Auch das Identifizierungsproblem verringerte sich in ihrem Fall. Denn im Gegensatz zu den harten Zielen konnten die »Softies« sich auf ihre Tarnung verlassen und brauchten sich nicht hinter Verkleidungen oder falschen Namen zu verstecken. Sie duldeten, daß man sie fotografierte, und ihr Namensschild prangte an der Wohnungstür. Sie stellten sich auf Anfrage hin bereitwillig vor und konnten daher mit niemandem verwechselt werden. In ihrem Falle bestand nur die Gefahr, daß man von seiten des Hauptquartiers der Mossad den Fehler begangen hatte, sie fälschlicherweise zu verdächtigen, während sie in Wirklichkeit genau die waren, für die sie sich ausgaben.[1]

Der Zeitfaktor war ein weiteres Argument dafür, mit einem weichen Ziel zu beginnen. Das Münchner Attentat hatte Anfang September stattgefunden. Die harten Ziele, die mit Verfolgung rechnen mußten, würden gewiß für ein paar Monate untertauchen. Danach aber hatte die Welt den Mord an den israelischen Athleten vermutlich schon vergessen. Wenn das Team die Verfolgung eines Terroristen aufnahm, aber die Operation nicht erfolgreich durchführen konnte, würde es womöglich Monate dauern, ehe sich ihnen eine neue Chance bot, und es bestand die Gefahr, daß dann weder die Öffentlichkeit noch die *mechablim* mehr die Verbindung zwischen Provokation und Strafe herstellten. Avner kannte nicht den Ausspruch Lord Byrons, der die Rache mit einem Gericht verglich, das man vorzugsweise kalt genießen sollte. Wäre ihm aber dieses Zitat vertraut gewesen, so hätte er ihm entschieden widersprochen.

»Zum Teufel mit Genf!« rief Avner am zweiten verregneten Tag.

»Hier ist einfach nichts los, wir haben außerdem überhaupt keine Kontakte in der Schweiz. Wißt ihr was? Wir werden Frankfurt zum Hauptquartier machen. Aber vorher schwärmen wir erst mal aus, eröffnen Bankkonten und sammeln Informationen; jeder da, wo er sich am besten auskennt. Ich schlage vor, Steve geht nach Amsterdam, Carl nach Rom, Hans nach Paris und Robert nach Brüssel. In fünf Tagen erwarte ich euch alle in Frankfurt. Wir müssen uns ein konkretes Ziel setzen. Sagen wir, in zwei Wochen erledigen wir den ersten *mechabel.*«

Es war eine impulsive Eingebung, aber sie gefiel der Gruppe. Natürlich brauchten sie Bankkonten, Kontaktpersonen, Schließfächer und konspirative Wohnungen in verschiedenen europäischen Großstädten. Ihre Zielpersonen konnten sich heute hier, morgen da aufhalten. Außerdem benötigte das Team ein gut durchdachtes System von Fluchtwegen und Verstecken, in die sie sich nach einem Treffer zurückziehen konnten.

Im Idealfall waren an den verschiedenen Fluchtpunkten auch jeweils neue Papiere deponiert und natürlich genügend Geld, um einige Wochen davon leben zu können. Es gehörte zu ihren Regeln, von der Identität, mit der sie ein Land betraten, in dem sie zuschlagen wollten, keinen Gebrauch mehr zu machen. Im übrigen hatten sie vereinbart, nie bewaffnet die Grenze zu überschreiten. Soweit möglich, vermieden sie es auch, gleichzeitig zwei verschiedene Pässe bei sich zu tragen.

Carl war in Rom wie zu Hause; Hans kannte Paris wie seine Westentasche; Amsterdam war Steve bis in den letzten Winkel vertraut. Jeder von ihnen hatte in seiner Stadt von früher her Informanten, zu denen er leicht wieder Kontakt aufnehmen konnte. In diesem Bereich arbeiteten Agenten genau wie einfache Polizisten hauptsächlich mit geldgierigen oder rachsüchtigen Spitzeln zusammen. Immerhin bestand die Hoffnung, daß eines dieser zwielichtigen Elemente etwas über Aufenthalt und Lebensgewohnheiten der einen oder anderen Zielperson in Erfahrung bringen konnte.

Nachdem er sich von seinen Partnern verabschiedet hatte, suchte Avner die nächstbeste Telefonzelle auf und erledigte jenen Anruf, der ihn fünfzigtausend Dollar kosten sollte.

Es war sein sechster Sinn, der ihm eingab, Andreas anzurufen. Vielleicht spielte auch die Erinnerung an einen Rat Ephraims eine Rolle; er hatte Avner immer wieder gepredigt, wie wichtig es sei, in das Netz der Terroristen einzudringen und unerkannt in ihren Reihen zu operieren. Zwei Fliegen mit einer Klappe schlagen, so pflegte Ephraim das zu nennen. Avner und sein Team waren eine kleine, wasserdichte Zelle, die sich nach außen hin in nichts von vielen anderen unterschied, die zu dieser Zeit die Szene des internationalen Terrorismus im Untergrund regierten. Sie hatten weder direkten Kontakt mit einer Regierung, noch waren sie an die umständlichen Verfahrensweisen der Geheimdienste gebunden. Sie waren vielmehr allein auf sich gestellt und glichen durchaus all den scheinbar spontan gebildeten Gruppen bewaffneter Anarchisten, die von Uruguay bis zur Bundesrepublik Deutschland allenthalben aus dem Boden schossen und von der breiten Öffentlichkeit den Nachwehen der turbulenten sechziger Jahre mit Drogenkultur, Vietnamkriegsgegnern und Neuer Linken zugerechnet wurden. In Wahrheit arbeiteten die Terroristen indirekt alle einem Land zu, nämlich der Sowjetunion, was freilich 1972 nur die wenigsten wußten.[2]

Die Gründe dafür, daß die Mehrzahl der liberalen Kommentatoren und Politiker in der westlichen Welt sich bis in die späten Siebziger weigerten, die Beziehungen zwischen Rußland und der revolutionären Linken ihrer Demokratien zu untersuchen, waren vielschichtig. Zunächst einmal hatte die Bewegung der sechziger Jahre eine ungewöhnlich große und in manchen Fällen auch durchaus berechtigte Sympathie für die von den Terroristen vertretenen Gedanken und Zielsetzungen hervorgebracht.

Wenngleich die überwiegende Mehrheit der westlichen Bevölkerung absolut kein Verständnis für die sogenannten Taktiken der Anarchisten – wie Mord, Raubüberfälle und Entführungen – aufbrachte, fiel es einer ganzen Reihe von Leuten im Einzelfall nicht schwer, einen gewalttätigen Fanatiker als unreifen, labilen Menschen zu verharmlosen, der sich in jugendlicher Impulsivität von einem im Prinzip ganz löblichen Zeitgeist zu extremen Reaktionen hatte verleiten lassen.

Zum zweiten hatte die Sowjetunion stets dazu tendiert, offizielle Verlautbarungen terroristischer Vereinigungen zu verurteilen; zumindest hatte sie derlei Äußerungen nie gutgeheißen. So hatte beispielsweise Außenminister Gromyko vor den Vereinten Nationen erklärt, es sei seinem Lande »unmöglich, die terroristischen Umtriebe gewisser palästinensischer Elemente zu tolerieren, wenn sie solch tragische Folgen wie die des Attentats von München zeitigen«.[3] Kenner der sowjetischen Szene verwiesen mit einer gewissen Berechtigung auf die traditionelle Kluft zwischen Anarchisten und orthodoxen Kommunisten, welch letztere die ersteren als kleinbürgerliche Romantiker abtaten, die auf lange Sicht dem Sieg des Proletariats nur hinderlich seien. Manche Terrorgruppen gingen sogar so weit, ihre Ablehnung des »sowjetischen Imperialismus« öffentlich in ihrem Kampf gegen den »westlichen Kolonialismus« mit einzubeziehen. Aufmerksamen Beobachtern konnte es jedoch auf Dauer nicht verborgen bleiben, daß sie ihre verbal geäußerte antisowjetische Haltung nie durch Taten erhärteten.[4]

Zum dritten entging die Sowjetunion deshalb lange dem Verdacht, terroristische Umtriebe in Europa, Amerika, in der Dritten Welt und im Nahen Osten zu initiieren, weil die allenthalben wie Pilze aus dem Boden schießenden Guerillaorganisationen sich als solch ein Wirrwarr widersprüchlicher und unausgegorener Philosophien präsentierten, daß man sie sich nur mit Mühe als Manifestationen ein und derselben politischen Linie vorstellen konnte. Unter den anarchistischen Gruppierungen gab es religiöse Fanatiker und Ultranationale ebenso wie Marxisten und Neomarxisten, Antiautoritäre und Antiimperialisten, welch letztere es freilich sorgfältig vermieden, dem durchaus imperialistischen und autoritären Regierungssystem der kommunistischen Blockstaaten zu nahe zu treten.

Selbst die Verbände, die sich mit dem Attribut »kommunistisch« schmückten, bekannten sich zu Programmen, die innerhalb der Sowjetunion zu ihrer sofortigen Einstufung als Linksabweichler und zu ihrer anschließenden Einweisung in eine psychiatrische Klinik geführt hätten.

Der Irreführung der Öffentlichkeit diente ferner der Umstand, daß die revolutionären Gruppen untereinander ihre ideologischen Differenzen scheinbar überaus ernst nahmen und fast genausoviel Energie darauf verwandten, sich gegenseitig zu verfolgen, zu erschießen und in die Luft zu jagen, wie darauf, die Bürger und Regierungen der westlichen Welt zu terrorisieren.
Weder die Sowjetunion noch die ursprünglich mit ihr zusammenarbeitenden Streitkräfte der Volksrepublik China zeigten Interesse am Alltag der Terroristen, die sie ausgebildet, bewaffnet und teilweise auch finanziell unterstützt hatten. Diese jungen Leute mußten weder ihren Eid auf den Kommunismus ablegen noch sich streng an die Richtlinien der Partei halten. In den Augen des russischen Staatssicherheitsdienstes hatte der Terrorismus im Westen die Funktion, die freiheitlich-demokratischen Systeme zu unterwandern und die Stabilität der Industrienationen zu erschüttern. Mit welchen Mitteln und auf dem Boden welcher Ideologie dieses Ziel erkämpft wurde, war dem Kreml völlig gleichgültig. Für ihn zählte lediglich der Umstand, daß es dem militanten Kampfgeist der Freischärler letztendlich tatsächlich gelang, die Regierungen der westlichen Länder zu gleichermaßen unbeherrschten Reaktionen zu provozieren. Unmerklich pervertierte das KGB den angeblichen Kampf der Terroristen gegen jegliche Art von Repression zu einer Herausforderung eben jener Unterdrückung und Beschneidung freiheitlicher Rechte. Ob die Gewaltakte, die zu einer solchen Provokation der ohnmächtigen Demokratie führten, nun im Namen religiöser Ideale oder nationaler Befreiungsideen, unter Berufung auf soziale oder rassische Gerechtigkeit verübt wurden, war für den Ostblock völlig unerheblich.[5] Die dortigen Machthaber kümmerten sich nicht einmal darum, ob die von ihnen unterstützten Gruppen nur einer exzentrischen Laune nachjagten oder im Dienste einer wahrhaften und gerechten Idee standen.
Die Terroristen der unteren, bisweilen auch der höheren Ränge waren in der Regel nicht darüber im Bilde, bis zu welchem Grad sie als Instrumente der sowjetischen Politik mißbraucht wurden. Manche von ihnen gaben sich sogar der trügerischen Hoffnung hin, sie nützten die Mittel des Kremls für ihre Zwecke aus.

Diese Taktik des Kremls trug mit dazu bei, daß der Westen sich weigerte, zur Rolle der Sowjetunion im internationalen Terrorismus der siebziger Jahre Stellung zu nehmen, und daß er auch dann noch beharrlich schwieg, als bereits eine Reihe von Fakten an die Öffentlichkeit gedrungen war.[6] Im Atomzeitalter hielten viele Staatsmänner es nicht für opportun, um vergleichsweise geringfügiger Vorkommnisse willen die Entspannung zu gefährden. Der Terrorismus war schließlich kein unüberwindliches Problem. Gewiß, man opferte hie und da einen Diplomaten oder Industriellen, einen Journalisten oder irgendeinen namenlosen Flugpassagier, doch dieser Preis war nicht zu hoch, wenn es darum ging, das Tauwetter, welches endlich in den Ost-West-Beziehungen angebrochen war, zu erhalten und die Verträge von Helsinki zu schützen. Außerdem ging die Sowjetunion mit diplomatischer Diskretion vor und bediente sich in der Regel aller nur denkbaren Stellvertreter, anstatt direkt als Helfer der Terroristen aufzutreten. Die Ausbilder kamen häufig aus Kuba oder Palästina; die Trainingszentren befanden sich zum Großteil in der Tschechoslowakei oder im Süd-Jemen; die Waffenlieferungen erfolgten meist aus der DDR; Briefings wurden in der Regel eher in Sofia als in Moskau abgehalten. Allerdings diente diese Tarnung nicht, wie viele ansonsten gut unterrichtete Kreise behaupteten, dazu, die Sowjetunion aus dem blutigen Geschäft des Guerillakampfes herauszuhalten. Der Kreml legte es gar nicht darauf an, die westlichen Regierungsmächte oder Geheimdienste irrezuführen – Terror wird schließlich nur dann wirksam, wenn seine Quelle kristallklar zutage tritt –, er gab ihnen lediglich die Möglichkeit, aus freien Stücken die Augen zu verschließen, wenn sie das für geraten hielten. Für die sowjetische Führung war dies ein wundervoller Test ihrer Macht. Sie erhielten nicht nur Gelegenheit, Verletzungen mit Beleidigungen zu krönen, sondern hatten ferner die Möglichkeit, westliche Regierungschefs zu demütigen und zu demoralisieren. Kreml und KGB bedienten sich dieser Taktiken, um den Glauben der großen Demokratien an ihre heiligen Werte und das Vertrauen in ihre Stärke zu erschüttern.

Natürlich haben die Sowjets Spannungen und Zwistigkeiten nicht ins Leben gerufen.[7] Sie spürten sie lediglich auf, wo immer sie entstanden, und nutzten sie zu ihrem Vorteil. Sie ließen keine Wunde verheilen, sondern bohrten so lange darin herum, bis sie erneut zu eitern begann. Sie versuchten jede Krise zuzuspitzen. Wenn eine kriegerische Auseinandersetzung drohte, spürten sie den erstbesten Fanatiker auf, der darin verwickelt war, und belieferten ihn mit Waffen, gleichgültig, ob er ein legitimes Ziel verfolgte oder nicht. Entbrannte der Streit nicht von selbst, so halfen sie bisweilen auch ein wenig nach. Was nun die Terroristen betraf, so kalkulierte das KGB durchaus zutreffend, daß man nur eine ausreichende Zahl gewalttätiger Extremisten auszubilden und zu bewaffnen brauchte, um auch ohne gezielten Auftrag die Gewähr zu haben, daß ein Chaos der Verwüstung und Zerstörung anbrechen würde.
Im Jahre 1972 waren diese Fakten freilich nur den wenigsten bekannt. Unter den Geheimnisträgern gab es Leute, die starken Verdacht hegten und sich bemühten, die nötigen Beweise zu erbringen. Nicht wenige von ihnen brachten sich in Mißkredit, weil sie sich voreilig zu Wort meldeten.[8] Ein Mann wie Avner, der zwar kaum Zugang zu Geheimnachrichten besaß, aber über ein wenig Erfahrung und vor allem über ein gerüttelt Maß an gesundem Menschenverstand verfügte, war instinktiv mißtrauisch. Wäre er mit den Reden des Cicero vertraut gewesen, so hätte er sich angesichts der Terroristenszene in Westeuropa gefragt: cui bono? Wer hat einen Vorteil davon, die Wogen immer stärker aufzuwühlen, um unerkannt im trüben zu fischen?
Die Antwort hätte er zwar nicht mit Bestimmtheit geben können, aber er hatte den grandiosen Einfall, in eigener Sache ein bißchen mitzuangeln bei diesem spektakulären Fischzug.
In Frankfurt meldete sich Yvonne, Andreas' Freundin, am Telefon. Sie war die mißtrauische junge Dame, die Avner bei seinem allerersten Anruf abzuwimmeln versucht hatte. Inzwischen hegte sie keinen Verdacht mehr gegen ihn. Sie hatte ihn sogar schon einmal zum Essen eingeladen. Yvonne war eine auffallende Brünette mit geheimnisvollen, meergrünen Augen. Andreas war

wirklich zu beneiden. Für eine Frau war Yvonne außergewöhnlich groß; sie überragte sowohl Andreas als auch Avner um ein paar Zentimeter.
Avner beschloß, sich ganz auf seinen sechsten Sinn zu verlassen. »Hör mal zu, Yvonne«, begann er. »Ich ruf aus der Schweiz an. Ist Andreas zu Haus? Ich . . . ich steck nämlich bös in der Klemme.«
Einen Augenblick lang blieb es still in der Leitung, dann drang Yvonnes Stimme an sein Ohr: »Momentchen, bleib dran. Ich such ihn.«
Als Andreas kurz darauf an den Apparat kam, klang er ganz außer Atem. »'tschuldige«, bat er. »Ich war schon unterwegs. Was gibt's denn?«
»Ich könnte Ärger kriegen«, antwortete Avner. Er wartete einen Moment. Sein sechster Sinn verriet ihm, daß die sparsamsten Auskünfte die besten Erfolge erzielten.
»Willst du zu uns kommen?« fragte Andreas.
»Das ist ja gerade das Problem«, erwiderte Avner. »Wenn ich zu euch möchte, muß ich über die Grenze.« Er holte tief Luft, so als wolle er noch etwas sagen. In Wirklichkeit wartete er darauf, daß Andreas das Wort ergriff.
Er hatte Glück, der Trick funktionierte. »Okay, du brauchst am Telefon nicht in Einzelheiten zu gehen«, sagte Andreas. »Hast du Geld?«
»O ja«, versicherte Avner. »Das ist so ungefähr das einzige, womit ich reichlich versorgt bin.«
»Bist du in Zürich?« forschte Andreas. »Nein, nein, laß nur! Hör zu, wo du auch steckst, schau, daß du nach Zürich kommst. Dort rufst du einen gewissen Lenzlinger[9] an.« Er buchstabierte den Namen und nannte Andreas die Telefonnummer. »Sag ihm, daß ich dich an ihn verwiesen hab. Er wird dir weiterhelfen.« Andreas zögerte und fragte dann: »Du sagst, du bist reichlich mit Geld versorgt. Meinst du wirklich, du hast genug dabei?«
»Mach dir deswegen keine Gedanken, ich hab Geld wie Heu«, versicherte Avner unbekümmert. »Dank dir schön, ich meld mich wieder.« Er legte auf, ehe Andreas weitere Fragen stellen konnte.

Noch am selben Nachmittag rief Avner den Mann an, dessen Nummer Andreas ihm gegeben hatte, traf eine Verabredung und nahm den nächsten Zug nach Zürich. Ein Chauffeur in Livree erwartete ihn auf dem Bahnsteig, und zwanzig Minuten später fand Avner sich vor dem Tor einer imposanten Villa in einem ruhigen, noblen Wohnviertel oberhalb der Altstadt wieder. Das Grundstück war von einer niederen Steinmauer eingefaßt, über die sich zwei riesige Trauerweiden neigten. Die schmiedeeisernen Torflügel öffneten sich automatisch, und der Wagen rollte über den sauber geharkten Kiesweg aufs Hauptportal zu.

Lenzlinger hielt als Haustier einen Ozelot. Avner hatte die rötlich-grauschwarz gezeichnete Raubkatze, die graziös und bedrohlich zugleich den Kopf vom Teppich hob, als er das Arbeitszimmer betrat, für einen Leoparden gehalten. Doch Lenzlinger klärte ihn auf. »Er ist ganz harmlos«, versicherte er lächelnd. Er war von kleiner Gestalt, hatte auffallend zarte Hände und schmale Augen. Eine Wand seines dunkelgetäfelten Arbeitszimmers war von der Decke bis zum Fußboden mit südamerikanischen Waffen und Masken geschmückt. Sein Ozelot mag ja harmlos sein, dachte Avner. Aber er ist es ganz gewiß nicht.

Lenzlinger verlangte tausend Dollar pro Beretta 22 mit je drei Magazinen und – je nach Ausstellungsland – zwei- bis dreitausend pro Paß. Dafür garantierte er die Lieferung binnen zwei Tagen. Der Preis, den er forderte, stellte 1972 selbst auf dem schwarzen Markt eine beträchtliche Summe dar, doch Avner zahlte, ohne mit der Wimper zu zucken.

Er brauchte zwar die sieben Pistolen und fünf Pässe nicht, die er Lenzlinger abkaufte, aber in einem Schließfach in Genf konnten sie auch keinen Schaden anrichten. Wichtig war nur, daß er eine erste Kontaktperson aufgespürt hatte. Nur Stunden nach seinem ersten telefonischen Vorstoß hatte er eine Anzahl Waffen und Papiere erstanden und dazu nicht sonderlich viel mehr Anstrengung aufwenden müssen als bei einem Lebensmitteleinkauf im Supermarkt.

Avner hatte Lenzlinger sofort die Hälfte der Summe in bar ausgezahlt und mit ihm vereinbart, daß er den Rest achtundvierzig

Stunden später beim Empfang der Ware in einer Patisserie nahe der Place Kléberg in Genf übergeben würde. Sein Hauptinteresse bei dem Handel bestand darin, daß Lenzlinger Andreas davon erzählte. Selbst die besten Kontakte, die ältesten Freundschaften und die raffiniertesten Geschichten verschaffen nicht den wirklichen Zugang zur Unterwelt. Der öffnet sich nur dem, der tatsächlich Geschäfte abschließt; das ist der erste Schritt, aus dem die anderen mehr oder weniger zwangsläufig folgen.

Als Avner drei Tage später vom Frankfurter Flughafen aus Andreas anrief, bot er keine vorfabrizierte Erklärung an, sondern beschloß, sich den Vorstellungen des Freundes von seinen Unternehmungen anzupassen. Andreas hatte inzwischen gewiß von Lenzlinger erfahren, daß Avner bestimmte Dinge gebraucht und dafür mühelos zwanzigtausend Dollar in bar hingeblättert hatte.

Andreas zeigte sich hocherfreut über seinen Anruf und lud ihn zum Essen ein. Sie sprachen zunächst über alles mögliche, aber dann, beim Kaffee, sagte Andreas plötzlich scheinbar beiläufig: »Lenzlinger hat mir erzählt, du würdest 'ne kleine Armee gründen.«

Avner lachte. Yvonne hatte eine wirklich köstliche Mahlzeit improvisiert. »Tja, leider sind wir kein Gourmet-Tempel mit Bedienung«, seufzte sie nach dem Essen und machte sich daran, das Geschirr abzuwaschen. Die hochgewachsene, grünäugige Yvonne schien ganz und gar nicht in den bescheidenen Rahmen des Einzimmerapartments mit seinen wenigen skandinavischen Möbeln zu passen. Gleich an der Tür standen zwei Koffer. Beim Hereinkommen hatte Avner verstohlen versucht, einen davon mit dem Fuß zu bewegen, und festgestellt, daß er ein beträchtliches Gewicht hatte. Vermutlich standen beide für eine eventuelle überstürzte Flucht bereit. Nicht nur Yvonne, die Avner sich eher in einer Villa wie der von Lenzlinger hätte vorstellen können, wirkte in der kärglichen Wohnung fehl am Platz. Auch Andreas hatte nach Avners Meinung besser in das Haus seiner Eltern gepaßt, an das er sich noch lebhaft erinnerte.

»Nein, keine Armee«, antwortete er dem Freund, der zwar in sein

Lachen eingestimmt hatte, aber nicht aufhörte, ihn prüfend zu mustern. Mit einem Blick bedeutete er Yvonne, daß er mit seinem alten Schulkameraden allein sein wolle.

»Es heißt, du hättest dem Boten 'n ziemlich großzügiges Trinkgeld gegeben«, fuhr Andreas fort.

Avner nickte. Neuigkeiten verbreiten sich in diesen Kreisen anscheinend ungeheuer schnell. Er hatte dem jungen Mann, der ihm Lenzlingers Koffer nach Genf brachte, fünf Hundertdollarnoten geschenkt. Er wußte nicht, wie hoch man Kuriere in diesem Gewerbe gemeinhin entlohnte, aber immerhin nahmen die Jungs ein beachtliches Risiko auf sich.

»Falls du 'ne eigne Geldpresse hast, würd ich sie mir gern mal für 'n paar Stunden ausleihen«, scherzte Andreas.

»Wenn ich eine hätte, dürftest du sie 'n ganzen Tag lang benutzen.«

Sie lachten beide. Dann fragte Andreas unvermittelt: »Sag mal, mein Freund, bist du mit dem Gesetz in Konflikt geraten?«

»Na ja, in gewissem Sinne schon«, gestand Avner scheinbar betreten.

»Hast du etwa 'ne Bank überfallen?« Jetzt lächelte Avner nicht mehr.

Auch Avner war ernst geworden. »Nein«, antwortete er nur.

»Hast du irgendwo was unterschlagen?« Andreas verfolgte offenbar eine konkrete Spur, und Avner hätte zu gern gewußt, in welche Richtung sein Verdacht führte.

»Also, weißt du, das ist nämlich so«, begann er stockend, um Zeit zu gewinnen. »Ich und 'n paar von meinen Kumpels, wir, wir mußten unsre Stellung ganz plötzlich aufgeben und ... Also, ich weiß nicht, ob's in die Zeitung kommt, aber ... Es, es ist 'n ziemlich großes Ding.«

»Hab schon verstanden!« rief Andreas mit leuchtenden Augen. »Mensch, was bist du für 'n Fuchs! Du steckst in der Liechtenstein-Sache drin, stimmt's?«

Avner versuchte nicht, seinen erleichterten Seufzer zu unterdrücken. Daran also dachte Andreas. Zur Zeit überschlugen sich die Medien mit immer diffuseren Berichten über undurchsichtige finanzielle Transaktionen, in die angeblich ein bekanntes Bankhaus im Fürstentum Liechtenstein verwickelt war. In ganz Frankreich wackelten die Kreditinstitute, und man munkelte, ein paar einflußreiche israelische Geschäftsleute hätten die Hand im Spiel.

Avner bekannte sich ohne Umschweife schuldig. Jetzt wußte er auch, wo er bei Andreas anzusetzen hatte. Er brauchte nicht einmal seinen sechsten Sinn zu bemühen, so klar lag es auf der Hand, daß sein Freund in Geldschwierigkeiten war.

Andreas drehte sich einen Joint und tastete sich dabei vorsichtig an sein Anliegen heran: »Weißt du, es ist so . . . Wir haben uns in den letzten Jahren hin und wieder getroffen, aber . . . wir, wir haben nie offen miteinander geredet, nicht wahr? Du hast dich um deine Angelegenheiten gekümmert, und Yvonne und ich, wir sind unsren Aufgaben nachgegangen. Du hast wohl 'n Schimmer von dem mitgekriegt, was wir machen. Vielleicht auch nicht, ich bin mir nicht sicher . . ., aber du hast mich aus der Schweiz angerufen. Du bist doch nicht ohne Grund auf mich gekommen, oder?«

»Ich brauchte Hilfe«, erklärte Avner zurückhaltend. »Du darfst aber nicht glauben, daß ich dir nicht dankbar wäre, im Gegenteil, ich . . .«

»Nein, nein, darum geht's nicht«, unterbrach Andreas ihn ungeduldig. »Ich hab dir doch gern geholfen.« Er zündete seinen Joint an und nahm einen tiefen Zug. Aufatmend lehnte er sich zurück. »Aber vielleicht kannst du mir auch 'n Gefallen tun . . . Du besitzt was, das ich dringend brauche. Sag's ruhig, wenn ich mich irren sollte. Wir sind dann immer noch Freunde, und ich werd weiter versuchen, dir zu helfen . . . Aber ich hab den Eindruck, du schwimmst im Geld. Ich dagegen bin verdammt knapp bei Kasse.«

Avner tat, als müsse er nachdenken. »Wieviel brauchst du?« fragte er schließlich.

»Meinst du sofort?« Andreas inhalierte gierig. »Zwischen fünfzig- und hunderttausend Dollar.«

»Hunderttausend kannst du haben«, antwortete Avner, ohne zu

zögern. Er sah dem Freund fest in die Augen. Soll er es nur bedauern, nicht mehr verlangt zu haben. Hauptsache, er kriegt das Gefühl, dachte Avner, daß er in Zukunft noch größere Summen bekommen kann, wenn er sich weiter nützlich macht. Laut sagte er: »Fünfzigtausend kann ich dir sofort geben.«

Es amüsierte ihn, wie überschwenglich Andreas ihn umarmte und ihm in seiner Begeisterung sogar einen Zug von seinem Joint anbot, obwohl er wußte, daß Avner weder rauchte noch trank, ausgenommen ab und zu ein Bier. Kein Wunder, daß Andreas so aufgeregt war. Wie die meisten terroristischen Vereinigungen brauchte auch die Baader-Meinhof-Gruppe ständig Kapital. Falls Lenzlingers Preise nur einigermaßen relevant waren, hatten die Stadtguerillas enorm hohe Ausgaben. Selbst ihr Lebensunterhalt kostete eine Menge Geld. Sicherheitsschutz mußte man auf dem schwarzen Markt ebenso teuer bezahlen wie Reisen, konspirative Wohnungen, Informanten, moderne Nachrichtensender und Fahrzeuge.[10] Avner war genau darüber im Bilde, wie kostspielig der angeblich ideellen Zielen verpflichtete Terrorismus in der Realität war; es gehörte zu seiner Ausbildung als Agent, über dergleichen Bescheid zu wissen. Doch im Falle seines Freundes Andreas, so verriet ihm sein sechster Sinn, kam noch eine weitere Komponente hinzu.

Da war ein reicher, abenteuerlustiger, verwöhnter, dabei recht sensibler junger Mann, den es in eine Welt verschlagen hatte, zu der er nicht wirklich gehörte. Andreas sah gut aus und war körperlich durchaus in Form, gleichzeitig jedoch ein wenig zu ernst und zu leicht erregbar. Er hatte zum Beispiel die nervöse Angewohnheit, seine Brille alle paar Minuten mit einem weißen Batisttuch zu putzen. Avner erinnerte sich, daß Andreas' Mutter ihm diese Taschentücher als Kind dutzendweise gekauft hatte. Gewiß benutzte die »Rote Armee Fraktion« ihn dazu, Geld zu beschaffen; dessen war Avner sicher.

Vermutlich erfüllte er die Forderungen der Gruppe, indem er auf seinen Namen laufende Treuhandfonds plünderte, sich Geld von seinen Eltern und Verwandten borgte oder sie sogar erpreßte. Aber irgendwann würden seine Möglichkeiten erschöpft sein,

und Andreas befürchtete vielleicht, daß er dann verstoßen oder ihm gar Schlimmeres drohen würde.
Wenn Avner seinen Freund richtig einschätzte, würde Andreas ihn nicht allzu genau darüber aushorchen, warum er ihn für Informationen und Kontaktadressen mit Geld versorgte. Selbst wenn Andreas eines Tages der Verdacht kommen sollte, daß Avner nicht bloß ein Schmuggler auf der Flucht war, der Unterschlagungen begangen hatte, sondern daß der Israeli möglicherweise einer ähnlichen Organisation angehörte wie er selbst, nur im Dienste einer gegnerischen Macht – selbst dann würde er wahrscheinlich vor seiner eigenen Vermutung die Augen verschließen. Denn Avner, wenn er es nur geschickt anstellte, würde für Andreas zum unentbehrlichen Steuermann werden, der es ihm ermöglichte, sich noch ein wenig länger in den Stromschnellen der Revolution zu tummeln.
»'n paar Freunde von mir kommen in den nächsten Tagen nach Frankfurt«, sagte Avner. »Ich brauch drei Apartments, ungefähr so wie das hier. Glaubst du, Yvonne würde welche aussuchen, die ich mir dann anschauen könnte? Sie soll sie nicht gleich mieten, verstehst du? Ich will bloß die Adressen. Müßten alles Wohnungen in 'ner ruhigen Gegend sein, du weißt schon . . .«
»Klar.« Andreas nickte.
»Na, dann machen wir's doch gleich morgen«, schlug Avner vor und erhob sich. »Sagen wir, nach dem Mittagessen und der Geldübergabe, einverstanden?«
Am nächsten Abend hatte Yvonne sieben konspirative Wohnungen für Avner zur Auswahl bereit. Er aber brauchte nur drei: eine war für Steve und Robert bestimmt, die zweite würden Carl und er beziehen, und die dritte war Hans allein zugedacht. Es gab verschiedene Gründe, die dafür sprachen, das Team in dieser Weise aufzuteilen, unter anderem auch private.
Avner brauchte sowohl Steve als auch Robert nur anzuschauen, und er wußte, daß er mit keinem von beiden zusammenleben könnte, ohne schon am ersten Tag verrückt zu werden. Steve hatte ständig überquellende Aschenbecher neben sich, und in seiner Wohnung mußte man die Socken vermutlich im Eis-

schrank suchen. Robert hatte einen womöglich noch entsetzlicheren Lebensstil. Er sammelte mechanisches Spielzeug und vergnügte sich täglich stundenlang damit. Er verwahrte sich allerdings entschieden dagegen, seine Kindereien als spielen zu bezeichnen; er betrachtete seine Marotte als ehrbares Geschäft. Er stammte aus einer Spielzeugfabrik im Birmingham, und bevor er nach Israel ausgewandert war, hatte Robert die ausgefallensten und erfindungsreichsten Produkte der Firma selbst entworfen. Spielsachen waren sein Hobby geblieben, dem er sich mit unermüdlicher Sammlerleidenschaft widmete.

Carl hingegen war ebenso ruhig und ordentlich wie Avner und teilte auch dessen Sauberkeitsdrang. Obgleich er unablässig Pfeife rauchte, verstreute er nie Tabakkrümel oder Aschenreste, und selbst der Rauch setzte sich bei ihm nicht in der Wohnung fest, da Carl ständig lüftete. Außerdem hatte er eine Vorliebe dafür, Sofakissen symmetrisch zu ordnen. Zum Glück traf es sich auch arbeitsmäßig gut, daß Carl und Avner zusammenwohnten, da sie beide an der Logistik für das Unternehmen arbeiteten.

Hans mußte schon aus Sicherheitsgründen allein wohnen, denn sein Apartment war das einzige, in dem Belastungsmaterial aufbewahrt wurde. Überdies hatte er selbst den Wunsch geäußert, während der Arbeit an den Papieren ungestört zu bleiben.

Avner blieben noch zwei Tage Zeit bis zur Ankunft seiner Kameraden in Frankfurt. Zunächst einmal begleitete er Yvonne zu den von ihr ausgesuchten Wohnungen. Die junge Frau verstand ihr Handwerk. Alle sieben Apartments waren für Avners Zwecke hervorragend geeignet; sie befanden sich in guten Wohnvierteln, lagen aber gleichzeitig in unmittelbarer Nähe der Hauptverkehrsadern der Stadt. Am nächsten Tag ging Avner allein los und mietete drei der zur Auswahl stehenden Wohnungen. Yvonne hatte er vorsorglich erzählt, er werde nur eine einzige nehmen, für sich und seinen Freund, da seine übrigen Kollegen sich im letzten Moment entschlossen hätten, doch nicht nach Frankfurt zu kommen. Je weniger Leute ihre Schlupfwinkel kannten, desto besser. Für Carl und sich wählte Avner ein Apartment in einem Mietshaus mittlerer Größe in der Hügelstraße, nur einen Steinwurf von der Wohnung entfernt, in der er als Kind mit den Eltern gelebt hatte. Es bedarf keiner besonderen psychologischen Kenntnisse, um zu begreifen, warum Avner sich ausgerechnet in dieser Gegend sein Quartier suchte.

Für Hans, Robert und Steve mietete er zwei Apartments nahe beim Röderbergweg. Von dort brauchte man mit dem Wagen zwanzig Minuten bis zur Hügelstraße. Die beiden Viertel waren etwa gleichwertig. Östlich des Röderbergweges erstreckt sich der gepflegte Ostpark, der in den Riederwald übergeht und mit diesem zusammen ein ausgedehntes Freizeitzentrum bildet. Steve war ganz versessen auf sein allmorgendliches Fitnesstraining, bei dem er täglich bis zu zehn Kilometer zurücklegte. Hans behauptete zwar, ihn könne man nur mit gezücktem Messer zu einer schnelleren Gangart bewegen, dafür aber liebte er lange, einsame Spaziergänge. Zu diesem Zeitpunkt wußte Avner zwar noch nicht, wieviel Zeit sie während ihrer Operation im Frankfurter Hauptquartier verbringen würden, doch es konnte auf keinen Fall schaden, Wohnungen zu wählen, deren Lage und Freizeitwert ihrem jeweiligen persönlichen Geschmack entsprachen.

Am Abend vor dem Eintreffen seines Teams begleitete Avner seinen ehemaligen Schulkameraden zu einer politischen Zusammenkunft. Andreas versuchte anscheinend mit allem ihm zu Gebote stehenden Eifer, das Geld, welches Avner ihm gegeben hatte, auch zu verdienen.

Das kleine, verrauchte Apartment diente offenbar einer Zelle der Baader-Meinhof-Anhänger als Tagungsstätte. Avner merkte bereits bei der Begrüßung, daß sein Freund in diesem Kreis die Hauptperson war. Damit verlor der Abend für ihn von vornherein erheblich an Interesse. Obwohl die fünf Männer und zwei Frauen ungefähr seiner Altersgruppe angehörten, kam Avner sich im Vergleich zu ihnen wie ein alter Mann vor. Er hatte Mühe, während der endlosen politischen Debatten nicht einzuschlafen. So also gebärdeten sie sich im Anfangsstadium, die Leute, die zu den gefürchtetsten Terroristen Westeuropas heranwachsen sollten. Sie wirkten wie Studenten, die über Bücher und Ideen diskutierten, von denen Avner nur höchst vage Vorstellungen hatte. Das Fazit ihrer Gespräche jedoch erinnerte ihn an ein Gemisch aus krudem Kommunismus und barem Unsinn. Wer aber waren die Gurus dieser jungen Heißsporne? Von Frantz Fanon und Herbert Marcuse hatte Avner zwar schon gehört, doch die Namen Paul Goodman und Regis Debray sagten ihm überhaupt nichts. Ob diese redegewandten jungen Leute eine Waffe abfeuern oder eine Bombe legen konnten, wenn's drauf ankam? Sicher, dachte er bitter. Es ist ja so verdammt einfach, 'ne Sprengung vorzubereiten! Man braucht bloß Rot mit Rot und Blau mit Blau zu verbinden.

Die jungen Leute befaßten sich an diesem Abend weder mit früheren oder zu erwartenden Terroranschlägen noch mit der Palästinenserfrage. Jeden Versuch, ihn ins Gespräch zu ziehen, beantwortete Avner nur mit Nicken und Lächeln. Aber er war bemüht, sich die Gesichter der Anwesenden genau einzuprägen.

»Ich hatte gehofft, es würden noch 'n paar andere kommen«, sagte Andreas auf dem Heimweg entschuldigend. »Weißt du, diese Typen in den Randgruppen, die quatschen unheimlich viel, aber darum darf man sich gar nicht kümmern. Sie sind ganz brauchbar, wenn's drum geht, 'ne Aktentasche zu befördern, 'n Auto oder 'n Ferienhäuschen auf dem Land zu mieten. Wenn die wüßten, daß ich persönlich mich nicht mal zu den Marxisten zähle! Aber ist ja auch ganz egal, was die denken. Nach dem Sieg haben wir Zeit genug, die unnützen Quatschköpfe zu eliminieren.«

Avner nickte nur stumm. An diesem Punkt schien es nicht geraten, seine Meinung darüber zu äußern, wer wen nach wessen Sieg eliminieren würde.

Als das Team am nächsten Tag zusammentraf, hatten weder Carl noch Robert, Steve oder Hans etwas Ermutigendes zu berichten. Die vier hatten genau wie Avner Vorarbeit geleistet. Schließfächer, Geld, Papiere und konspirative Wohnungen waren in Paris, Amsterdam und Rom verfügbar, und Robert konnte mit nur einem einzigen Anruf innerhalb von achtundvierzig Stunden alle Waffen bereitstellen, die sie für einen Einsatz benötigten.

»Außer schwerer Artillerie«, sagte Robert einschränkend. »Aber«, wandte er sich an Avner, »die werden wir wohl auch nicht brauchen, oder?«

»Im Augenblick wüßte ich nicht mal, wozu wir 'ne Kinderschleuder brauchen könnten«, erwiderte Avner resigniert. »Hat denn keiner von euch irgendwas Neues zu berichten?«

Die vier Männer schüttelten niedergeschlagen den Kopf. Keiner hatte von seinen Informanten etwas über den Aufenthaltsort der harten Ziele in Erfahrung bringen können. Ja, die sonst so zuverlässigen Spitzel wußten nicht einmal mit Bestimmtheit zu sagen, ob die Organisatoren im Hintergrund, die »Softies«, deren Namen im öffentlichen Telefonbuch standen, zur Zeit wirklich in der Stadt wohnten, in der sie gemeldet waren. Avners Partner hatten über keinen der Männer auf ihrer Liste etwas in Erfahrung gebracht.

»Im Augenblick«, äußerte Steve niedergeschlagen, »stehn wir da wie Leute, die sich mächtig in Schale geworfen haben und ausgehbereit sind – nur fehlt leider die Einladung.« Diese bildhafte Umschreibung war durchaus zutreffend für die Lage des Teams am Nachmittag des 2. Oktober 1972.

Am nächsten Tag holte Avner Andreas zu einem Spaziergang ab.

»Ich hab dir hunderttausend versprochen«, sagte er. »In ein paar Tagen kriegst du die zweite Rate. Aber ich hab auch eine Bitte an dich.«

»Nur raus damit«, entgegnete Andreas. »Brauchst du 'nen Mann wie Lenzlinger hier in Deutschland? Ich kann . . .«

Avner schüttelte den Kopf. Er hatte sich auf ein gefährliches Spiel eingelassen. In den nächsten Augenblicken würde sich entscheiden, ob er Andreas richtig eingeschätzt hatte oder nicht.

»Nein«, erwiderte er sanft. »Ich brauch jemanden, der Kontakt zu den Palästinensern hat. Jemanden, der ihre Lage kennt und mich darüber unterrichten kann. Verstehst du?«

Eine Weile gingen sie schweigend nebeneinander her. »Ich weiß nicht«, sagte Andreas schließlich, »ob ich die andern fünfzigtausend wirklich so dringend brauche.«

»Warte, das ist noch nicht alles«, tastete Avner sich weiter vor. »Wenn du mir so jemanden nennen kannst, dann werd ich ihn nicht selbst bezahlen. Ich geb dir das Geld, und du kannst seinen Preis mit ihm aushandeln.«

Andreas lachte leise. Avner fühlte, daß er begriff, welche Chance sich ihm bot. Er konnte den Mittelsmann spielen und die Summe absahnen, die normalerweise in die Taschen eines Informanten fließen würde. Seine Rolle in der Baader-Meinhof-Gruppe würde dadurch gefestigt, denn er würde über die Geldquelle verfügen, die in der Terrorismusszene – genau wie in der übrigen Welt – entscheidend war für Rang und Ansehen eines Mannes.

»Du mußt die Sache nur vom richtigen Standpunkt aus betrachten«, fuhr Avner eifrig fort. »Du holst dir bloß was von eurem eigenen Geld zurück, weiter nichts. Die Palästinenser knöpfen euch doch für Ausbildung und Waffenlieferungen den letzten Pfennig ab, oder etwa nicht? Ihr steht alle im Dienste derselben Revolution, und doch lassen sie *euch* dafür blechen. Jetzt hast du die Möglichkeit, einen Teil eurer Gelder zurückzuholen. Sieh mal, es ist doch nicht so, als würdest du's für dich privat nehmen. Yvonne ist ja wohl keine Frau, die sich nach Schmuck und Pelzen sehnt.«

Die Anspielung auf Yvonne war ein guter Schachzug. Sie lebte gewiß nicht um materieller Vorteile willen mit Andreas zusammen. Niemand hätte ihr wegen seines Geldes imponiert, und doch mußte ein Mann sie mit *irgend etwas* beeindrucken, um sie zu erobern. In Avners Vorstellung jedenfalls war die Liebe einer Frau nur über ihre Bewunderung zu gewinnen. Vielleicht imponierte Yvonne die Idee der Revolution, und sie war beeindruckt von der scheinbaren Romantik des urbanen Terrorismus. Ob sie aber auch eine Vorstellung davon hatte, wieviel Geld es einen Mann wie Andreas kostete, sich in diesen Kreisen eine Position zu erkämpfen? Und ob sie ahnte, wo er enden würde, wenn er nicht mehr bezahlen konnte?

Andreas wußte es anscheinend genau. Sein Lachen verstummte.

»Du bist kein parteiloser Freiberufler, alter Freund«, stellte er sachlich fest. »Von wegen Liechtenstein!«

»Doch ... ich arbeite völlig unabhängig«, beteuerte Avner. »Manchmal handle ich eben auch mit Informationen. Das bringt 'ne Menge Geld. Dich würde ich für die Nachrichtenbeschaffung gut bezahlen. Ich schlag dann vielleicht 'nen höheren Wiederverkaufspreis raus, das ist alles.«

Es wirkte völlig glaubhaft. »Und noch was«, fuhr Avner fort. »Vergiß nicht, daß wir alte Freunde sind. Ich würde nie irgendwas tun, das dir schaden könnte. Außerdem ... hab ich ja schon 'n paar Informationen.«

Auch das klang plausibel, enthielt aber gleichzeitig eine unterschwellige Drohung.

»Glaub mir, selbst wenn ich wollte, es gibt keinen in Frankfurt, der ... jedenfalls niemanden, den ich kenne.« Andreas nahm seine Brille ab und putzte sie. »Du brauchst 'nen Mann wie Tony, aber der ist in Rom.«

»In Rom, sagst du?« fragte Avner. Er hatte gewonnen. In dem Augenblick, in dem Andreas seine Brille zu putzen begann, wußte Avner, daß er ihn in der Tasche hatte. »Kein Problem, bitte arrangier das für mich.«

Am nächsten Morgen, dem 4. Oktober 1972, saßen die beiden Freunde in einer Lufthansa-Maschine nach Rom. Am Flughafen mieteten sie einen Wagen und fuhren nach Fiumicino hinein. Dort setzten sie sich in eine kleine Trattoria in einer Nebenstraße der Via Molo di Levante. Durchs Fenster beobachtete Avner einen Schwarm Möwen, der kreischend nach Abfall tauchte.

Sie hatten gerade ihre Biergläser geleert, als ein untersetzter junger Mann an ihren Tisch trat. Er trug einen zerknitterten hellen Anzug und hatte einen Regenmantel über dem Arm. Seine dunklen Augen und das schwarze Haar standen in scharfem Kontrast zu dem blassen, kränklich wirkenden Gesicht. Er sah aus wie der Abteilungsleiter einer Schuhfabrik, der gerade die Dreißig erreicht hat, aber vorzeitig gealtert ist.
»Hallo, Tony«, begrüßte Andreas den Mann.
Tony nickte lächelnd, zog einen Stuhl heran und setzte sich. Er warf Avner einen Blick zu, der keine Gefühlsregung verriet, weder freundliche noch feindliche.
Schon bevor er zu sprechen begann, spürte Avner, daß Tony nicht zu den unteren Chargen gehörte. Ganz gleich, ob er ihm nützen würde oder nicht – Tony hatte Format.
»Habt ihr schon bestellt?« fragte Tony in fließendem Englisch, aber mit unverkennbar italienischem Akzent. »Ich bin halb verhungert.« Er überflog die Speisekarte, nannte dem Ober seine Wünsche und wählte lange und sorgfältig den passenden Wein aus. Avner bemerkte, daß er einen ziemlichen Bauchansatz hatte. In seinen wachen, intelligenten Augen lag eine Spur von Zynismus. Tony war kein Mann der Verstellungen.
»Avner ist der Freund, von dem ich dir am Telefon erzählt habe«, sagte Andreas, sobald der Kellner sich entfernt hatte. »Natürlich ist er einer von uns, und . . . na ja, er hat 'n paar Fragen.«
»So«, murmelte Tony. Ein junges Mädchen servierte, und Tony begann langsam und mit Genuß zu essen. »In der arabischen Bewegung hier bei uns tut sich was«, ergriff er nach einer Weile unvermittelt das Wort. »Die rühren gewaltig die Werbetrommel, um Nachwuchs zu kriegen. Besonders einer kommt da ganz groß raus.«
Avner standen buchstäblich die Haare zu Berge. Tony blickte ihn einen Moment lang durchdringend an. Dabei neigte er den Kopf zur Seite, als wolle er sagen: Das ist es doch, was Sie wissen wollten, oder?
Avner blieb nichts anderes übrig, als genauso direkt zu antworten. »Nennen Sie mir den Namen dieses einen?«

Tony tupfte sich die Mundwinkel mit der Serviette ab und nickte anerkennend. »Schön, kommen wir zum Geschäft«, sagte er.
Es entstand eine kleine Pause, während Andreas seinem alten Schulkameraden einen beschwörenden Blick zuwarf. »Hören Sie, für das Geld garantiere ich«, wandte er sich schließlich an Tony. »Darüber brauchen Sie sich keine Gedanken zu machen. Aber Sie werden verstehen, daß Avner sich erst davon überzeugen muß, ob Ihre Informationen für ihn wirklich von Interesse sind. Einverstanden?«
Während Andreas sprach, wandte Tony den Blick nicht von Avners Gesicht. Endlich nickte er. »Zwaiter«, sagte er zu Avner gewandt. »Der Name des Mannes ist Zwaiter.« Er sprach so schnell, daß niemand, der ihn nicht schon vorher kannte, den Namen verstanden hätte.
»Wael Zwaiter«, warf Avner ein. Seine Stimme war so leise, daß Andreas ihn nicht verstehen konnte. Auf Tony aber wirkten die beiden Worte wie eine Losung.
In Avners Kopf wirbelten die Gedanken fieberhaft durcheinander. Eins unsrer weichen Ziele ist hier in Rom! Die Nummer vier auf Ephraims Liste. Dieser Tony ist wirklich brauchbar.
Tony war sichtlich der gleichen Meinung. Bedächtig schlürfte er seinen Wein und fragte: »Kann ich sonst noch was für Sie tun?«
Avner zögerte nur einen Moment. »Können Sie in fünf Tagen seinen Lebensrhythmus, seine Gewohnheiten rauskriegen, mir 'n Bild von seinem Tagesablauf liefern? Mich interessiert, wo er wohnt, wann er ausgeht und wohin, wen er trifft . . . verstehn Sie?«
Solche Informationen einzuholen war im Augenblick noch nicht verdächtig. Avner hätte alle möglichen Gründe dafür angeben können. Immerhin hatte Andreas ihn als »einen von uns«, also einen Anhänger der Baader-Meinhof-Gruppe, vorgestellt. Es war durchaus nicht ungewöhnlich, daß einzelne Organisationen Auskünfte über die Aktivitäten anderer einholten. Beispielsweise konnte es darum gehen, daß man sich vor einer geplanten Gemeinschaftsaktion über die Integrität der mitbeteiligten Organi-

sation vergewissern wollte; ebenso war es denkbar, daß eine Gruppe, an die ein Spitzenmann wie Wael Zwaiter herangetreten war, sichergehen wollte, daß sie es nicht mit einem Doppelagenten zu tun hatte, ehe sie mit ihm ein Geschäft abschloß. Überwachung gehörte im Untergrund zur Routine.
»Ja«, antwortete Tony. »Fünf Tage lassen sich einrichten. Aber Sie sollten sich darüber klar sein, daß Sie von 'nem Fünfzigtausend-Dollar-Job reden.«
Avner erhob sich lächelnd. »Andreas wird Sie in fünf Tagen hier aufsuchen«, sagte er. »Mit dem Geld.«
Auf dem Rückflug nach Frankfurt sprudelte Andreas vor Begeisterung. »Wie gefällt dir Tony?« fragte er immer wieder. »Ich kenn ihn schon ziemlich lange. Das ist 'n echter Radikaler. Ursprünglich stammt er aus Mailand. Über Politik redet er allerdings nie. Die Phase hat er schon seit Jahren hinter sich.«
Avner hatte durchaus den gleichen Eindruck.
Am Abend desselben Tages unterbreitete Avner seinem Team einen Operationsplan, dessen Kalkül auf einer vorsichtigen Schritt-für-Schritt-Taktik basierte. Zwaiter sollte auf Platz eins der Liste vorgezogen werden, zumindest, was die zeitliche Abfolge ihrer Mission betraf. Am 8. Oktober würden vier von ihnen nach Rom fliegen. Steve sollte zur gleichen Zeit in West-Berlin Erkundigungen über die Top-Zielperson der Mossad, Ali Hassan Salameh, einholen. Carl hatte von einem arabischen Informanten, mit dem er schon lange zusammenarbeitete, einen Tip bekommen, demzufolge Salamehs Spur nach Berlin wies. Sollten Steves Nachforschungen diesen Hinweis erhärten, würde das Team die Operation Zwaiter für den Augenblick zurückstellen. Falls sich Carls Information in der ehemaligen Reichshauptstadt jedoch als falscher Alarm entpuppte, würde Steve den anderen nach Rom folgen.
Als zweiten Schritt betrachtete Avner seine nächste Begegnung mit Tony. Andreas würde ihn begleiten, aber Avner wollte unter allen Umständen vermeiden, daß sein alter Schulkamerad das Team kennenlernte. Wenn Tonys Auskünfte wirklich den dritten Schritt ihrer Operation ermöglichen sollten, würde Avner An-

dreas mit der Versicherung abwimmeln, er habe im Augenblick keine weiteren Aufträge für ihn, werde sich aber in absehbarer Zeit wieder melden.

Schritt drei sah eine mindestens zweimalige Probe des Vergeltungsschlages an Zwaiter vor. Tonys Überwachungsmannschaft würde ihnen zu diesem Versuch verhelfen, ohne es zu ahnen. Tonys Leute mußten Avners Team, mit Ausnahme von Carl, zu Zwaiters Wohnung bringen und sie von dort auch wieder abholen, hatten eine Reihe verabredeter Signale in der Praxis zu erproben und zu wiederholen, ganz so, als führten sie eine der ihnen routinemäßig übertragenen Überwachungen durch. (Bei der Beschattung eines erfahrenen, ausgefuchsten Verdächtigen war es durchaus üblich, ein ganzes Dutzend verschiedener Leute einzusetzen, die ihre Zielperson einander weiterreichten wie beim Stafettenlauf.) Diejenigen, die Zwaiter bis zum Tatort observierten, würden vor dem Anschlag verschwinden. Nach dem Attentat würden Tonys Fluchthelfer gestaffelt bereitstehen, allerdings keiner von ihnen näher als drei Block vom Tatort entfernt. Kein Außenseiter sollte Zeuge des Anschlags werden. Beschatter wie Fluchthelfer würden erst durch die Medien davon erfahren. Dann aber würden sie aus dem Gefühl heraus, in das Verbrechen verwickelt zu sein, den Mund halten. Doch selbst wenn wider Erwarten einer von ihnen redete, so konnte er nichts Wesentliches verraten.

Nur für eine einzige Etappe des Unternehmens hatten Avner und sein Team selbst ihre Vorkehrungen zu treffen: Die Attentäter mußten in einem Fluchtauto bis zu der Stelle gebracht werden, an der Tonys Leute in einem zweiten Wagen warteten. Außerdem fiel Carl als »Schlepper« die Aufgabe zu, den Tatort von möglichen Beweisstücken zu säubern, ehe er später an einem vereinbarten Ort wieder mit der Gruppe zusammentraf. Carls Anteil an der Operation hing natürlich ganz davon ab, ob das Team es bis zum vierten Schritt schaffte und den Anschlag ausführte.

Schon bald stellte sich heraus, daß Avners Stufenplan ausgezeichnet funktionierte. Tony lieferte einen minuziösen Bericht.

Avner veranlaßte Andreas, dem Mailänder fünfzigtausend Dollar in alten Hunderterscheinen auszuhändigen, und schickte seinen Schulfreund dann nach Frankfurt zurück. Das nächste Treffen mit Tony arrangierte er selbst.

Ohne unbequeme Fragen zu stellen, erklärte der Italiener sich bereit, die Überwachung Zwaiters fortzuführen und ein paar von Avners Leuten daran zu beteiligen. Außerdem verpflichtete er sich, dem Team einen sicheren Unterschlupf in der Nähe von Rom zu besorgen. Für diese Fortführung seiner Dienstleistung verlangte Tony hunderttausend Dollar, was Avner durchaus angemessen erschien. Dank dieser schnellen Einigung konnte der erste Probelauf der Operation Zwaiter stattfinden, noch ehe Steve Rom erreichte.

Der Tip, Salameh in West-Berlin zu suchen, hatte sich als eine Finte entpuppt oder war, wie Hans es im Pressejargon ausdrückte, eine »Ente«. Nach Steves Ankunft probte man die Aktion ein zweites Mal. Tony beschaffte für diesen Durchlauf andere Fahrer, die Beschatter dagegen blieben dieselben. Zwaiter selbst erwies sich – vom Standpunkt des Teams her gesehen – als ausgesprochen kooperativ. Sein geregelter Tageslauf, an dem er eisern festhielt, war die größte Hilfestellung, die ein Opfer seinen Mördern leisten konnte.

Die Unterkünfte für die Zeit bis zur Durchführung des Unternehmens besorgten Avner und seine Partner selbst. Carl hatte aus Sicherheitsgründen darauf bestanden. Nicht einmal Tony wußte, wo die fünf abgestiegen waren. Seine Leute trafen das Team jeweils an einer kurzfristig verabredeten Straßenecke und setzten sie nach den Proben in einem anderen Stadtteil ab. (Viel später erst gelangte Avner zu der Erkenntnis, daß Tony sie trotz aller Sicherheitsvorkehrungen binnen Stunden hätte aufspüren können: Er schien ganz Rom zu überwachen und unter Kontrolle zu haben.)

Carl war der einzige, den vorläufig weder Tony noch einer seiner Leute zu Gesicht bekamen. Und doch war er ständig präsent. Er hielt sich im Hintergrund, um zu überprüfen, ob Tonys Mannschaft observiert wurde; er bespitzelte die Spitzel, arbeitete Alternativrouten für die Flucht aus, besorgte konspirative Wohnungen und Dokumente. Er knüpfte das Sicherheitsnetz für seine Kameraden. Wenn irgendeine Panne passierte, würde Carl sie entdecken und die anderen warnen.

Nach dem Anschlag mußte Carl vor der Polizei am Tatort sein. Er würde eventuelles Beweismaterial verschwinden lassen und gegebenenfalls falsche Spuren legen. Sollte es nötig sein, würde er das erste Fluchtauto auf einen anderen Parkplatz schaffen. Er würde sich am Schauplatz des Attentats aufhalten, bis er herausgebracht hatte, welchen Verdacht die Polizei hegte, welche Wendung ihre Ermittlungen nahmen und welche Spuren man verfolgte.

Insgesamt war Carl in dieser Unternehmung nicht nur der am meisten geforderte, sondern auch der gefährdetste des Teams.

Am 13. Oktober waren alle Vorbereitungen getroffen, mit Ausnahme der Beschaffung des ersten Fluchtwagens, in dem Steve in unmittelbarer Nähe des Tatorts warten sollte. Natürlich konnte man dafür kein Auto nehmen, das auf einen von Tonys Leuten zugelassen war. Man hätte ein gestohlenes Fahrzeug benutzen können, doch das schien Avner ein zu großes Risiko zu sein. Einen Wagen zu mieten war ebenfalls nicht ungefährlich, denn der Verleiher würde später einen von Tonys oder Avners Leuten beschreiben können. Außerdem müßten sie in dem Fall einen Paß und einen Führerschein opfern.

Schließlich wandte Avner sich mit seinem Problem an Tony. »Wir brauchen noch 'n Auto«, erklärte er. »Und zwar eins, das man nach 'ner kurzen Strecke wieder stehenlassen kann.«

Für Tony schien das ein Kinderspiel. Um zu dokumentieren, daß er dieses Hindernis ebenso lässig überwinden würde wie alle vorigen, löffelte er demonstrativ mit gleichgültiger Miene sein Eis zu Ende. Avner und er saßen in einem kleinen Straßencafé in der Nähe der Piazza Navona. »Kleinigkeit«, sagte Tony schließlich leichthin und nannte Avner die Niederlassung einer namhaften amerikanischen Leihwagenfirma. »Da kriegt ihr 'n Wagen mit fremden Nummernschildern. Papiere braucht ihr keine vorzulegen. Wenn die Polizei den Verleiher je verhören sollte, wird der ihnen 'nen großen Texaner beschreiben, der sich den Schlitten in Mailand auf seine Diner's-Club-Karte besorgt hat. Das macht zehntausend extra.«

Dann kam die Überraschung.

»Das Geld schulden Sie nicht mir«, fuhr Tony nach einer kurzen Pause fort. »Ich geb Ihnen 'ne Pariser Telefonnummer. Wenn Sie das nächste Mal nach Paris kommen, rufen Sie dort an und fragen Sie nach Louis. Sie brauchen ihm bloß zu sagen, ich hätte Sie gebeten, 'ne Schuld bei ihm zu begleichen. Zahlen Sie die zehn Riesen und ... basta! Es eilt nicht, aber in vier bis sechs Wochen sollten Sie's erledigen.«

Avners Neugier war geweckt. Hatte Tony etwa einen Boß? Oder gab es da vielleicht einen Seniorpartner, der eine Pauschale dafür kassierte, daß er Tony in Rom freie Hand ließ? Wer weiß, dachte Avner, vielleicht schuldet er diesem Louis auch bloß zehntausend und findet es einfacher, sie durch mich überbringen zu lassen, als extra deswegen nach Paris zu fliegen.

Als Carl von dem Handel erfuhr, äußerte er die Befürchtung, das Ganze könne eine Falle sein. Doch Avner schloß diese Möglichkeit aus; sein sechster Sinn gab keinerlei Warnzeichen.

Waffenhändler und Informanten, Schieber und Freibeuter haben einen angestammten Platz in der internationalen Szene der Spionage, des Schmuggels, Verbrechens und des Terrorismus.

Manchmal schließen sie sich zu losen Organisationen zusammen, die jedoch mehr ein Verbindungsnetz als eine straffe Hierarchie darstellen. Innerhalb einer solchen Zweckgemeinschaft werden Kunden weitervermittelt, deren Aufträge der jeweilige Vertragspartner nicht selbständig erfüllen kann. In dieser Szene finden politisch motivierte und gänzlich apolitische Elemente zueinander, verbunden durch den Fetisch des Geldes, dem die einen ebenso gierig nachjagen wie die anderen. Im allgemeinen widerspricht es ihren Interessen, ausschließlich für eine Seite zu arbeiten, was in Anbetracht der häufig wechselnden Bündnispolitik der Terroristen und Verbrecher ja auch wenig lukrativ wäre. Ab und zu trifft man freilich selbst in der Unterwelt auf Leute, die sich weigern, bestimmte Aufträge zu übernehmen oder gewisse Waren zu beschaffen. Manche handeln beispielsweise grundsätzlich weder mit Drogen noch mit Sprengstoff; andere arbeiten nicht wissentlich für, respektive gegen ein bestimmtes Land, wenn sie auch ansonsten einem wirklich guten Kunden jede Information verkaufen, die er braucht. Dann wiederum gibt es Leute, die sich auf ein bestimmtes Gebiet spezialisiert haben und etwa ausschließlich Industriespionage betreiben. In der Regel kann man für den entsprechenden Preis in diesen Kreisen über kurz oder lang jegliche Dienstleistung erhalten. Nur eines ist durchweg verpönt: Keiner verkauft seine eigenen Kunden, ebensowenig wie dies ein Privatdetektiv oder ein Geschäftsmann tut. Avner wußte das und hatte daher Tony gegenüber keine Bedenken. »Was er auch über uns vermutet«, sagte er zu Carl, »er weiß, daß wir ihn mit sauberem Geld bezahlen, und das wird er nicht aufs Spiel setzen.«

Schließlich blieb lediglich die Frage zu klären, wer den Schlag führen sollte. Es kamen nur vier von ihnen dafür in Frage, denn Carl hatte ja bereits eine festgelegte Rolle für das gesamte Unternehmen. Steve war mit Abstand der beste Autofahrer, also bot es sich an, ihn ans Steuer des ersten Fluchtwagens zu setzen. Tradition und Ethos der israelischen Armee geboten Avner als dem Führer der Operation, sich bei diesem ersten Schlag als Schütze zur Verfügung zu stellen. Sein Team erwartete es von ihm; es war eine Selbstverständlichkeit. Wer aber sollte ihm zur Seite stehen – Robert oder Hans?

»Ich will mich ja nicht vordrängen . . .« Obwohl Robert hebräisch sprach, klang ein unverkennbar britischer Geist aus seinen Worten. »Aber ich bin schließlich mit Waffen vertraut und deshalb . . .«

Hans lächelte nachsichtig. Niemand bezweifelte Roberts Vorrangstellung in allem, was Sprengstoff betraf, aber jeder von ihnen war gewohnt, mit einer kleinen Handfeuerwaffe umzugehen. »Dir laß ich natürlich mit Vergnügen den Vortritt«, sagte der Ältere, wobei das freundliche Lächeln auf seinem Gesicht sich mit einer Spur von Herablassung mischte. Demonstrativ gleichgültig nahm er eine Zeitung zur Hand und setzte seine Lesebrille auf. »Ach, und wenn du noch mal Lust verspüren solltest, für mich in die Bresche zu springen: Du brauchst es bloß zu sagen. Ich hau mich dann gemütlich aufs Ohr, und du weckst mich, wenn's vorbei ist, okay?«

Natürlich war kein Wort davon ernst gemeint, dachte Avner, der diese Attitüde vom Militär her nur zu gut kannte. Da überbot einer den anderen mit der Versicherung, das letzte, was er sehen möchte, sei die Front. Der Ton, in dem man solche Erklärungen vorbrachte, sorgte jedoch dafür, daß kein Mensch einem auch nur ein Wort glaubte. Allerdings, bei dieser Operation, wer weiß? überlegte Avner. Vielleicht ist Hans wirklich erleichtert, daß er nicht zu schießen braucht. Vielleicht wären wir alle froh, wenn uns das erspart bliebe.

Aber das Grübeln nützte nichts. Zwei Tage später hatten sie ihren Auftrag ausgeführt. Zwaiter war tot.

Und jetzt schlenderte Avner zwischen verkrüppelten Aprikosenbäumen durch den Obstgarten eines Bauernhofs vor den Toren von Latina. Der Wind trug den Geruch des Meeres zu ihm hinauf, gierig sog er die Wärme der Oktobersonne ein und fühlte sich – nun, vielleicht nicht glücklich, aber ganz gewiß auch nicht unglücklich. Sie hatten den Beweis dafür erbracht, er und seine Leute, daß sie das Unternehmen durchführen konnten, und zwar buchstäblich vom Nullpunkt an. In nur drei Wochen hatten sie's geschafft, fünf *jeckes* im Alleingang! Andererseits hatte es ihm alles andere als Spaß gemacht, einen Mann zu erschießen, der ihm mit keiner anderen Waffe als einer Tüte voll Brötchen entgegentrat. Und doch – wenn er ehrlich war, so schlimm, wie er es sich vorgestellt hatte, war es auch wieder nicht gewesen. Die eigentliche Tat hatte ihm weit weniger zu schaffen gemacht als all die Grübelei davor. *Nach* dem Anschlag hatte er weder seinen Appetit verloren noch an Schlaflosigkeit gelitten. In der ersten Nacht hatten ihn keine Alpträume geplagt, und als er am Morgen erwachte, da hatte er ein kräftiges Frühstück verdrückt. Trotzdem, dachte Avner, Spaß an so 'nem Job kann doch wohl nur 'n Verrückter haben.

Das Attentat selbst war – wie auch die späteren Schläge ihrer Operation – als Gesprächsstoff zwischen Avner und seinem Team tabu. Je länger sie zusammenarbeiteten, desto öfter berührte ihre Unterhaltung zwar Fragen der Moralphilosophie, aber die Empfindungen des Exekutors im Augenblick der Tat kamen nie zur Sprache. Wohl redeten sie fast ununterbrochen über die Anschläge, die sie zu führen hatten, doch ihr Gefühlsleben klammerten sie dabei aus, vielleicht unter dem Diktat der instinktiven Befürchtung, daß die Diskussion über ihren ohnehin schwierigen Job die Arbeit nur noch erschweren würde.

Die einzigen Anzeichen, die möglicherweise auf ein schlechtes Gewissen, ja Schuldgefühl der fünf Männer hindeuteten, waren die außergewöhnliche Höflichkeit und Hilfsbereitschaft, mit der sie ihrer Umwelt im Alltag begegneten. Ob Hotelpage oder Kellner, ob Taxifahrer oder Bankangestellter, jeder, der mit dem Team zu tun hatte, konnte bezeugen, daß sie sich gegenseitig mit ihrem »bitte« und »danke« förmlich überboten. Wollte eine alte Dame die Straße überqueren, dann hielt Steve an, sprang aus dem Wagen und half ihr hinüber. Wenn jemand etwas fallen ließ, lief Hans hinzu, bückte sich und hob es auf. Sie benahmen sich wie zu groß geratene Pfadfinder. Avner und Carl nutzten jede Gelegenheit, um für ihre Familien Souvenirs zu kaufen und Postkarten nach Hause zu schicken, ganz im Stil liebender Ehemänner auf Geschäftsreise. Nur wenige Tage vor dem Anschlag in Rom beobachtete Avner, wie Robert einem zerlumpten kleinen Bengel, der sich in einem Straßencafé an seinen Tisch geschlichen hatte, ein brandneues mechanisches Spielzeug schenkte. Obwohl Robert sehr stolz darauf war und leidenschaftlich daran hing, konnte er den bettelnden Blicken des Kindes nicht widerstehen – so sagte er jedenfalls. Avner dachte sich seinen Teil. Natürlich war Robert ein gutmütiger Kerl, aber ob er diese Gelegenheit nicht auch dazu benutzte, sein Gewissen zu erleichtern?

Am frühen Nachmittag des 17. Oktober brachte Tony Carl in seinem Wagen nach Latina. Carl hatte, wie verabredet, als erster nach dem Anschlag mit Tony Kontakt aufgenommen und ihm, nachdem er sich davon überzeugt hatte, daß alles reibungslos verlaufen war, die letzte Rate ausgehändigt. Tony schien mit dieser Regelung durchaus zufrieden. Als er Carl nach Latina fuhr, mußte ihm bereits zu Ohren gekommen sein, was mit dem Mann, den seine Leute in Avners Auftrag observiert hatten, geschehen war; ja, mehr noch, es mußte ihm inzwischen klar sein, daß das Team etwas mit dem Mord an Zwaiter zu tun hatte. Doch Tony ließ sich nichts anmerken und erwähnte das Attentat in Rom mit keinem Wort. Statt dessen präsentierte der Italiener Carl kommentarlos seine Rechnung und nahm den Betrag in bar in Empfang. Ehe er von Latina abfuhr, erinnerte er Avner daran, zehntausend Dollar für den Mietwagen sobald wie möglich Louis in Paris auszuhändigen.

So kam es, daß Avner die Bekanntschaft von Louis, Papas ältestem Sohn und dem zweiten oder dritten Mann von »Le Groupe« machte. Allerdings sollte es noch eine ganze Weile dauern, ehe er in diese verwandtschaftlichen und hierarchischen Verhältnisse eingeweiht wurde.

Die Begegnung zwischen Louis und Avner fand erst einen Monat später statt, denn das Team blieb so lange in Latina, bis Carl einen Weg gefunden hatte, ihre Waffen, Papiere, ja selbst ihre Kleider zu vernichten und sie mit neuen Pistolen und Pässen auszustatten. Er berichtete Avner, daß die italienische Polizei wenige Minuten nach dem Anschlag am Tatort erschienen sei, etwa zur gleichen Zeit, als er, Robert und Steve aus dem grünen Fiat in den Lieferwagen umstiegen. Carl hatte den Fiat untersucht, ehe die Polizei ihn entdeckte, aber keine verdächtigen Indizien gefunden. Robert erleichterte das ungemein, denn er war überzeugt gewesen, ihm sei irgend etwas heruntergefallen, als er die Magazine austauschte.

Carl hatte die erste Zeugenvernahme am Tatort belauscht – ein Unterfangen, das angesichts des übersprudelnden italienischen Temperaments keine sonderliche Schwierigkeit bereitete –, doch war ihm nichts zu Ohren gekommen, was das Team hätte gefährden können.

Als sie Latina verließen, trennten die Männer sich. Carl fuhr zurück nach Rom, wo er abwarten sollte, bis die anderen vier sicher wieder in Frankfurt angelangt waren, um dann jene Waffen, Papiere und Geldmittel einzusammeln, die sie in mehreren Verstecken deponiert hatten.
Robert und Steve flogen nach Zürich, von wo sie mit dem Zug weiter nach Frankfurt reisten. Avner und Hans hielten sich einen Tag länger auf dem Lande auf als die übrigen und buchten dann einen Direktflug von Rom nach Frankfurt. Die deutsche Paßkontrolle überprüfte ihre Papiere nur flüchtig. Der erste Vergeltungsakt war vollbracht, und zwar samt dem schwierigsten Teil des Unternehmens, der Flucht.

In den folgenden Wochen gelang es ihnen nicht, auch nur einer einzigen harten Zielperson auf die Spur zu kommen. Vielleicht hielten sich einige von ihnen in Europa auf, doch war es ebensogut möglich, daß sie sich noch monate- oder gar jahrelang im Nahen Osten versteckten. Dort aber durfte Avners Team nicht operieren. Ein paar hatten sich möglicherweise auch in die Ostblockstaaten oder nach Kuba abgesetzt, wo sie für die fünf Israelis ebenfalls unerreichbar waren.
Avner und seine Männer mußten sich also vorerst auf die weichen Ziele – die Nummern drei, fünf und neun der Liste – konzentrieren. Ihre Recherchen ergaben jedoch bald, daß auch die Nummern fünf und neun, der Juraprofessor Kubaisi und der Theaterdirektor Boudia, nicht auffindbar waren. Einzig Mahmoud Hamshari, die Nummer drei, gelang es ihren Informanten in Paris aufzuspüren.
Das Team kam überein, Avner die Situation in Paris zunächst allein auskundschaften zu lassen. Hans kannte sich zwar in der französischen Hauptstadt am besten aus und beherrschte auch die Sprache, während Avners Französisch nicht über ein paar Floskeln hinausreichte, aber Hans mußte sich vordringlich um das kleine Labor kümmern, das er in seiner Frankfurter Wohnung einrichtete und in dem er in Zukunft alle wichtigen Papiere

für die Gruppe herstellen würde. Avner kannte sich in Paris einigermaßen aus, und im übrigen wurde es Zeit, Louis sein Geld zu bringen. Es hätte ihrer weiteren Arbeit geschadet, einer Verpflichtung, die sie Tony gegenüber hatten, nicht nachzukommen. In einer Welt, in der man Schulden nicht auf gesetzlichem Wege eintreiben kann, verschaffen sich die Gläubiger ihr Recht um so unnachgiebiger auf andere Weise. Außerdem hegte Avner die Hoffnung, daß Louis ihm in Paris genauso gute Dienste leisten würde, wie Tony es in Rom getan hatte.

Avner reiste in Begleitung von Yvonne und Andreas nach Paris. Er hegte zwar nicht die Befürchtung, daß es sich bei dem Treffen mit Louis um eine Falle handelte, doch er ließ sich von Carl – dem das Team bereits den Spitznamen »der Wachsame« verliehen hatte – überzeugen, daß es sicherer sei, zuerst Andreas vorzuschicken. Der hatte nach eigener Aussage im Auftrag der Baader-Meinhof-Gruppe schon ein-, zweimal mit Louis Geschäfte gemacht und beschrieb ihn als einen jungen Radikalen der extremen Richtung, der das Stadium des politischen Engagements längst hinter sich gelassen hatte. »Weißt du«, äußerte Andreas Avner gegenüber, »du mußt ihn dir ein bißchen wie Tony vorstellen.« Es bedurfte keiner Überredungskünste, um Andreas für die Parisreise zu gewinnen. Er hatte in der Zwischenzeit einen weiteren Besuch in Rom gemacht, um eine Teilzahlung an Tony zu überbringen, und dabei festgestellt, daß die Provision für die Frankfurter Zelle der Roten Armee Fraktion sehr großzügig ausfiel. Hans war recht ungehalten über diese Nebenausgaben und murrte: »Wir stiften hier das reinste Schlaraffenland für gut die Hälfte von Europas Terroristen!«

Avner sah ein, daß Hans nicht ganz unrecht hatte. Die Situation entbehrte nicht einer gewissen tragischen Ironie: Israel unterstützte die Baader-Meinhof-Bande, die ihrerseits oft genug den Fedajin geholfen hatte, Israel zu terrorisieren. Sie bewegten sich in einem sinnlosen Teufelskreis, aber Avner war Realist genug, zu sehen, daß ihnen keine andere Wahl blieb. Ihre Aufgabe war es, die *mechablim* zu erledigen. »Schmuggelt euch ins Netz der Terroristen rein, lernt ihren Apparat von *innen* her kennen«, hatte

Ephraim ihnen eingehämmert. Gewiß war ihm klar gewesen, daß der Weg für eine solche Unterwanderung mit Geld gepflastert sein mußte.

Steve, Robert und Carl waren auf Avners Seite. »Die Entscheidungen müssen wir schon den großen Tieren überlassen, Hans«, sagte Steve. »Außerdem haben ja nicht nur wir Verluste, nein, das ist ein zweischneidiges Schwert! Denk doch bloß an diesen Andreas. Dem muß doch inzwischen klar sein, daß er uns hilft, seine eigenen Freunde zu erledigen.«

Avner teilte diese Meinung nicht ganz. Andreas hatte Rom längst vor dem Anschlag auf Zwaiter verlassen, und bei der ersten Zusammenkunft mit Tony hatte er nicht einmal den Namen des Mannes verstanden, den Avner unter Beobachtung stellen ließ. Zwaiters Tod machte in Italien keine Schlagzeilen, und die deutsche Presse erwähnte ihn nur am Rande. Andreas hatte vielleicht überhaupt nichts davon erfahren oder aber keine Verbindung zwischen Avner und dem Mord hergestellt. Es war schließlich keine Seltenheit, daß die verschiedenen Organisationen sich gegenseitig aus dem Weg räumten.

Sollte Andreas jedoch wirklich Verdacht schöpfen, so konnte Avner sich glaubhaft darauf berufen, aus rein geschäftlichen Motiven mit Informationen über terroristische Vereinigungen zu handeln. Andreas würde sich dann natürlich zusammenreimen können, daß Avner rivalisierende Gruppen mit seinen Nachrichten belieferte, aber er würde seinem alten Schulfreund wohl kaum zutrauen, daß er selbst ein Attentat verübte. Und Tony würde ihm das nicht verraten, denn Tony war kein Dummkopf. Der wußte, wo sein Brotkorb hing.

Trotzdem hat Hans im Grunde recht, sinnierte Avner. Manchmal scheint das, was wir tun, schon ziemlich verrückt. Wir müssen uns davor hüten, zuviel darüber zu grübeln. Schließlich sind wir bloß Agenten, die einen Auftrag zu erfüllen haben, so oder so. Und wer weiß, wenn wir den Einblick vom *memune* und von Ephraim in die Zusammenhänge hätten, vielleicht wäre es dann ganz einleuchtend. Auf einer höheren Ebene erscheint das, war wir tun, womöglich durchaus sinnvoll.

Gleich nach ihrer Ankunft in Paris gab Avner Andreas die Telefonnummer von Louis und bat ihn, in eigenem Namen bei ihm anzurufen. Es meldete sich ein Bistro am linken Seineufer. Andreas hinterließ die Adresse seines Hotels und gab die Zeiten an, zu welchen Louis ihn am ehesten erreichen könne.
Am nächsten Abend kurz nach sechs rief Louis an. Avner hörte das Gespräch über den Nebenanschluß mit.
»Comment ça va, Louis?« erkundigte Andreas sich höflich, ehe er um Avners willen zum Englischen überwechselte. »Ein Freund von mir ist mit 'ner Nachricht für Sie von Tony nach Paris gekommen.«
»Ja, Tony hat mir so was in Aussicht gestellt«, erwiderte Louis in ungezwungenem Ton. Seine männliche Stimme war auffallend wohlklingend und erinnerte Avner ein wenig an die eines Fernsehansagers. Louis sprach Englisch mit einem leichten Akzent. »Sagen Sie Ihrem Freund, ich erwarte ihn heute abend um neun hier bei mir, wenn's ihm paßt.«
Andreas warf Avner einen fragenden Blick zu. »Ja, neun Uhr läßt sich bestimmt einrichten«, sagte er dann. »Nur glaub ich, ihm wär's lieber, ihr trefft euch vor dem Royal Monceau; in der Avenue Hoche, wissen Sie?«
»Ja, das kenn ich zufällig«, antwortete Louis mit unüberhörbarer Ironie in der Stimme. Das Royal Monceau gehörte zu den renommiertesten Hotels von Paris, und die Zimmerpreise waren dementsprechend hoch. »Ist Ihr Freud da abgestiegen?«
Andreas wandte sich an Avner, doch der schüttelte stumm den Kopf.
»Nein . . ., nein, das glaub ich nicht«, sagte Andreas in die Muschel. »Er würde Sie nur gern dort treffen, das ist alles.«
»Na schön«, entgegnete Louis schroff. »Sagen Sie ihm, ich werde da sein; Punkt neun. Ich parke direkt vor dem Hoteleingang in einem . . . oh, in 'nem schwarzen Citroën. Ach ja, und ich werd Fifi mitbringen, verstanden?«
»Das ist sein Hund«, erklärte Andreas, nachdem Louis aufgelegt hatte. »Er nimmt ihn oft mit zu solchen Verabredungen. Na ja, so wirst du wenigstens keine Schwierigkeiten haben, ihn zu erkennen.«

Avner konnte sich gut in Louis hineinversetzen, wünschte er sich doch oft, er hätte Charlie bei sich. In Wirklichkeit wohnte Avner natürlich doch im Royal Monceau, aber fürs erste war es sicherer, das vor Louis geheimzuhalten. Selbst Andreas hatte keine Ahnung davon. Ihm hatte Avner erzählt, er sei privat bei Freunden untergebracht. »Je weniger Leute deinen Aufenthaltsort kennen, desto sicherer bist du«, hatte Carl ihm vor dem Abflug nach Paris eingebleut. *Sicherheit,* dachte Avner bitter. Selbst der Gedanke daran ist in unserer Situation ein Witz. Null-Risiko! Nach dem, was wir getan haben, sind wir Gesetzlose, weiter nichts. Das ist noch lange kein Grund, sich dem Feind freiwillig ans Messer zu liefern, widersprach seine innere Stimme trotzig.
Der Mann, der Avner abends um neun die Tür zum Beifahrersitz eines schwarzen Citroëns aufhielt, war Anfang Dreißig, gut gekleidet und von angehmem Äußeren. Wie Tony neigte er ein wenig zum Bauchansatz, hatte aber, anders als dieser, ausgesprochen markante Gesichtszüge.
»Ruhig, Fifi, ruhig«, begütigte er den knurrenden Schäferhund auf dem Rücksitz. »Dieser Herr will uns nichts wegnehmen . . ., eher das Gegenteil, nicht wahr?« wandte er sich mit einem winzigen Lächeln an Avner, der noch immer auf dem Gehweg stand.
»Ich hoffe, Ihr Hund versteht Englisch«, entgegnete er und zog einen prallgefüllten Umschlag aus der Tasche.
Louis lachte auf, griff nach dem Kuvert und öffnete es. Er zog das Bündel Geldscheine heraus und schob es, ohne nachzuzählen, in die Innentasche seines Jacketts. »Danke«, sagte er. »Wollten Sie mir nur die Kohle übergeben, oder trinken wir noch einen zusammen?«
»Wenn ich auch 'nen Happen essen darf«, erwiderte Avner, »dann bin ich dabei.«
»Abgemacht«, entgegnete der Franzose. »Haben Sie irgendein Lieblingsrestaurant in Paris?«
Klingt vertrauenerweckend, dachte Avner. Wenn er mir 'ne Falle stellen wollte, hätte er selber 'n Lokal vorgeschlagen. Und er

sieht ganz so aus, als wüßte er, wie ich kombiniere. »Da ist 'ne kleine Kneipe unten am Ende der Straße, die 'n ganz guten Eindruck macht«, sagte er laut.
Louis folgte Avners ausgestrecktem Arm mit dem Blick und nickte. »Ich treff Sie da in zwanzig Minuten«, sagte er, warf die Tür zu und brauste davon. Avner war nicht recht wohl dabei, doch er konnte verstehen, daß Louis sich nicht gern mit zehntausend Dollar in bar in ein Restaurant setzte.
Die kleine Brasserie war nur knapp hundert Meter von der Place Charles-de-Gaulle entfernt. Avner wählte einen Tisch am Fenster und stellte fest, daß er den Arc de Triomphe sehen konnte, was seinen Postkartenblick für das Flair einer Metropole entzückte.
Nach genau zehn Minuten erschien Louis ohne das Geld und ohne seinen Schäferhund. Als er ihn aufrecht vor sich stehen sah, stellte Avner fest, daß Louis tatsächlich ziemlich untersetzt, dabei aber wesentlich größer war, als er hinter dem Steuer gewirkt hatte. Louis hatte eine gewisse Ähnlichkeit mit Yves Montand; in seinen Zügen spiegelte sich das gleiche Gemisch aus weltmännischer Gewandtheit und Lebensüberdruß, gewürzt mit sympathischem Charme. Avner fühlte sich auf Anhieb zu ihm hingezogen. Er hatte instinktiv das Gefühl, Louis sei der richtige Mann für ihn. Der kann mir echt helfen, dachte er, mehr noch als Tony; na, und mit Andreas ist er überhaupt nicht zu vergleichen.
Louis seinerseits schien ebenfalls Gefallen an Avner zu finden. Bei ihrer ersten Unterhaltung sprachen sie zwar nicht von Geschäften, doch sie redeten stundenlang miteinander. Nach dem Essen schlenderten sie zum Arc de Triomphe hinüber und bummelten über die Champs-Elysées bis hinunter zur Place de la Concorde und zurück. Die meiste Zeit erzählte Louis, und Avner hörte zu. Erst sehr viel später verstand er im Rückblick, was der Franzose ihm hatte klarmachen wollen. An jenem Abend war er wohl fasziniert, begriff aber eigentlich kaum etwas.
Louis war offensichtlich recht gebildet. Während ihrer Unterhaltung nahm er des öfteren Bezug auf Ereignisse oder Schriftstel-

ler und deren Gedankengut, wovon Avner noch nie gehört hatte. Der Kern seiner These schien zu besagen, daß die Erde zum gegenwärtigen Zeitpunkt eine regelrechte Schreckenskammer sei, geplagt von Krieg, Leid und Elend.

»Eine Menge Leute«, fuhr Louis fort, »glauben den Grund dafür zu kennen, daß die Welt so in Unordnung ist und aus den Fugen zu geraten droht. Sie vertreten die Ansicht, daß alles besser wird, wenn die Menschheit sich nur zum Kommunismus, zur Demokratie oder einer bestimmten Religion bekehrt – je nachdem, welcher Couleur die diversen Weltverbesserer gerade angehören. Manche glauben allen Ernstes, unser aller Heil hänge davon ab, daß Algerien total arabisiert wird oder die Emanzipation der Frauen fortschreitet; andere setzen den Anbruch des Paradieses mit dem Tage gleich, an dem die Kanadier ihre Jagd auf die Robbenbabys einstellen. Aber all diese Wunschträume sind natürlich blanker Unsinn.

Die Welt kann erst dann wieder ins Lot gebracht werden, wenn jede, aber auch jede der bestehenden Institutionen ausgelöscht worden ist. Eine Tabula rasa muß entstehen, damit die Menschen eine von Grund auf neue Welt schaffen können. Radikale Gruppen, die Gebäude, Flugzeuge und was weiß ich noch alles in die Luft jagen, handeln im Interesse dieses großen Planes, selbst wenn sie ihn nicht im geringsten verstehen. Ob sie nun die Zukunft des Sozialismus sichern oder den Ruhm der Kirche verherrlichen wollen – solange diese Extremisten töten, verwüsten und sprengen, dienen sie indirekt dem Wohl der zukünftigen Menschheit. Es gibt eine kleine, sehr kleine Gruppe«, erklärte Louis, »die dies erkannt und beschlossen hat, Nutzen daraus zu ziehen. Eigentlich ist dieser Zirkel so eng verbunden wie eine Familie, na, jedenfalls nennt er sich ›Le Groupe‹. Ja . . ., und dieser Kreis hat beschlossen, grundsätzlich jede Revolution zu unterstützen, ganz gleich, ob er ihre Ziele gutheißt oder nicht. Nein, da muß ich mich korrigieren«, fügte er rasch hinzu. »Es ist vielmehr so, daß ›Le Groupe‹ die Ziele jeder einzelnen dieser rivalisierenden Parteien im Prinzip durchaus billigt. Denn wenn man sich die Zeit nimmt, einmal gründlich darüber nachzudenken, dann haben schließlich alle idealistischen Bestrebungen ihre Berechtigung, oder?

Nun dürfen Sie um Himmels willen nicht denken, ›Le Groupe‹ fände Vergnügen daran, mit anzusehen, wie Menschen und Dinge zu Schaden kommen. Nein, daran könnte sich nur ein Wahnsinniger erfreuen! Es ist nur so, daß dieser elitäre Kreis begriffen hat, was Terror von verschiedenen Seiten bedeutet: je schneller und gründlicher diese Splitterparteien sich gegenseitig zerschlagen, desto schneller wird das große Nichts, die Vorbedingung für den Neuanfang, erreicht sein. Sehn Sie, so einfach ist das, mein Lieber«, schloß Louis mit einem zufriedenen Seufzer.

Wenn Avner sich von diesem Vortrag auch nicht beeinflussen ließ, so imponierte Louis ihm doch gewaltig. Hätte er großspurig oder mit Sendungsbewußtsein gesprochen, wären Avner seine Ausführungen noch hirnverbrannter vorgekommen als die Schaumschlägerei von Andreas' unreifen Kameraden aus der Frankfurter Baader-Meinhof-Zelle. Aber Louis präsentierte seine Absichten mit salopper Schnodderigkeit und einem skeptischen Humor, der Avner ebenso gefiel wie die lässig-arrogant zur Schau getragene Gleichgültigkeit des Franzosen hinsichtlich der Überzeugungskraft seiner Worte. Außerdem war er als Komiker ein Naturtalent; es gelang ihm an diesem ersten Abend oft, Avner zum Lachen zu bringen. Selbst wenn er ernsthaft spricht, dachte Avner, kann man ihn unmöglich ernst nehmen.

»Schaun Sie sich doch nur mal unsre Großmächte und ihre sogenannten Sicherheitsorgane an«, sagte Louis etwa. »Nehmen Sie zum Beispiel die CIA, die sich ständig auf den eignen Schwanz tritt, oder die Idioten vom KGB, die man schon von weitem an ihren ungebügelten Hosen erkennt. Barbaren, alle miteinander! Und dann betrachten Sie Paris, na, sehn sie sich um: Tausend Jahre Geschichte liegen zu Ihren Füßen! Und da sollten wir uns diesen Schafsköpfen in die Hände geben?

Ich hoffe, Sie nehmen mir meine Offenheit nicht übel, mein Freund, aber wir Franzosen sind gerissener als alle anderen zusammen. Wir haben sogar in puncto Frauen den besten Geschmack.«

Ein ganzes Jahr verstrich, ehe es Avner dämmerte, was Louis in diesem Gespräch bei ihrem ersten gemeinsamen Spaziergang gemeint und warum er seine Ansichten ausgerechnet ihm auf die Nase gebunden hatte. Sein sechster Sinn signalisierte ihm zwar gleich an jenem Abend grünes Licht, aber eine über dieses instinktive Gespür hinausgehende Klarheit verschaffte er sich erst, nachdem zwei weitere Anschläge verübt worden waren und viele tausend Dollar ihren Besitzer gewechselt hatten. Ein endgültiges Bild von »Le Groupe« gewann er jedoch erst an dem Tag, als er den großen »Papa«, den Vater von Louis, persönlich kennenlernte. Der Ex-Maquisard mit seinem grauen Haar und dem rosigen Gesicht erinnerte Avner ein wenig an seinen eigenen Vater, nur daß er sich diesen nicht in einem solch altmodischen schwarzen Anzug mit Weste und goldener Uhrkette vorstellen konnte, wie Papa sie bei seinen offiziellen Auftritten in Paris trug. Papa war durch und durch Patriot gewesen und hatte im Zweiten Weltkrieg als Widerstandskämpfer so lange die Fahrzeuge der *boches* in die Luft gesprengt, bis er – wie er augenzwinkernd gestand – Gefallen daran fand. Papa, ein gewiefter Franzose mit gesundem Menschenverstand, der sich selbst als einfachen Bauern bezeichnete, brachte nach dem Krieg sehr bald heraus, daß aus den Leidenschaften der Menschheit ungeheuerer Profit zu schlagen ist. Er schickte Louis und seine beiden jüngeren Brüder auf die Sorbonne, aber nicht, damit diese sich durch all die Bücher, die man ihnen dort zu lesen gab, den Kopf verdrehen ließen (Bücher, *merde!*), sondern damit sie die Augen offenhielten und begeisterungsfähige, wagemutige Kommilitonen ausfindig machten, die »Le Groupe« später von Nutzen sein konnten.

Vielleicht verstand Avner die Beweggründe nie völlig, die Papa und seine Familie, zu der außer den drei Söhnen noch ein älterer Onkel und zwei, drei Cousins gehörten, veranlaßt hatten, eine der brillantesten Organisationen Europas zur Unterstützung des internationalen Terrorismus aufzubauen. Papas politischen Standpunkt begriff er gewiß nicht. Er schien mit der verschwommenen anarchistischen Philosophie seines Sohnes Louis nicht viel im Sinn zu haben. Regierungen, selbst der französischen, brachte er nur Verachtung entgegen, und er erklärte kategorisch, er werde keinem Mitglied von »Le Groupe« erlauben, für irgendein Regime zu arbeiten. Er zuckte mit den Schultern, ja spuckte sogar auf den Boden, wenn die Rede auf einen Geheimdienst kam, ganz gleich, ob es sich nun um den amerikanischen, den russischen oder den britischen handelte. *Eh, merde!* Die Mossad, *merde!* Die arabische Liga, *merde!*

Papas besondere Abneigung galt den Angelsachsen, die er im Verdacht hatte, eine weltweite Verschwörung gegen die Völker des europäischen Kontinents anzuzetteln. Die Russen schien er zwar auch nicht gerade zu lieben, aber er brachte ihnen längst nicht so ausgeprägte Aggressionen entgegen wie den Engländern. Nicht einmal die Deutschen haßte er so sehr wie diese; er neigte vielmehr dazu, die Engländer für die Deutschen wie für die Russen, für die beiden Weltkriege wie für die Unruhen in Afrika und im Nahen Osten verantwortlich zu machen. Es war schwer zu sagen, woraus Papa den Engländern den größten Vorwurf machte: aus der Tatsache, daß sie ein Weltreich errichtet und die Franzosen benachteiligt oder daß sie das eigene nach dem Kriege so überstürzt niedergerissen hatten. Als europäischer Kontinentalpatriot, als Katholik und Vertreter des Bauernstandes, als Mann aus dem Volke, der sich in der Tradition der Französischen Revolution sah, schien Papas Fehde mit den Britischen Inseln ihren Ursprung in einem Händel zu haben, der weit hinter die Konflikte der Gegenwart zurückreichte. Der Anstoß seiner Feindschaft verlor sich in den Nebeln der europäischen Geschichte und verwickelte sich in Papas Gehirnwindungen. Er kämpfte gegen die hochnäsige Queen und die hinterlistige britische Aristokratie, die Napoleon auf St. Helena die Suppe mit Arsen gesalzen hatte.

Doch obwohl Avner den leisen Verdacht hegte, Papa sehe den Wald nicht mehr, so traute er ihm durchaus zu, die einzelnen Bäume klar zu erkennen. Papa und seine Söhne kannten anscheinend jeden einzelnen Stamm im undurchdringlichen Dschungel der Untergrundbewegungen der siebziger Jahre – mit Sicherheit innerhalb Frankreichs, wahrscheinlich auch im übrigen Europa, ja womöglich sogar auf der ganzen Welt. Es wäre übertrieben zu behaupten, daß »Le Groupe« den Aufenthaltsort und das Aufgabengebiet jedes einzelnen Agenten, Terroristen, Anwerbers, Organisators oder Spions kannte, der in das weitverzweigte Netz anarchistischer Revolutionen auf unserem Erdball verwickelt war. Aber man konnte getrost behaupten, daß sie Informationen über einen beachtlichen Teil von ihnen besaßen, die sie beliebig an zahlungskräftige Kunden weitergaben – mit der einzigen Ausnahme, daß sie nie an eine Regierung verkauften, jedenfalls nicht wissentlich, wie Papa und Louis stolz versicherten, sobald sie Avner gut genug kannten, um ihm zu vertrauen. Zum einen verstieß es gegen ihre Prinzipien, mit Regierungen zu verhandeln, zum anderen hielten sie Geschäfte mit ihnen für zu gefährlich. Regierungen und Geheimdienste waren, abgesehen von ihrer Unfähigkeit und bürokratischen Engstirnigkeit, nämlich so skrupellos und heimtückisch, daß sie nicht einmal einen gewissen Ehrenkodex, nämlich den der Diebe, respektierten.

Papa handelte nicht nur mit Informationen, sondern bot auch Dienstleistungen an. Seine Arbeit für die Maquis, französische Widerstandsgruppen im Zweiten Weltkrieg, hatte ihn gelehrt, daß Guerillas konspirative Wohnungen, Fluchtfahrzeuge, Lebensmittel und Kleidung sowie Waffen, Papiere und Helfer benötigen, die nach einem Anschlag alles Beweismaterial – notfalls inklusive der Leichen – vernichten. Diese Arbeit und auch das Beschatten feindlicher Ziele besorgten am besten und unauffälligsten Leute, die aus dem Lande stammten, in dem der Schlag geführt werden sollte; im Idealfall übertrug man jede einzelne Aufgabe einem Mann oder einer Frau, die in ihrem Beruf mit ähnlichen Pflichten betraut war. Das ließ sich arrangieren, es war nur eine Frage des Geldes. »Was verstehen Sie von Schlössern?« fragte Papa Avner einmal, als er ihn schon besser kannte. »Sehn Sie, ich schick Ihnen einen Schlosser. Warum sollten Sie sich damit abgeben, ein Grab zu schaufeln? Ich besorg Ihnen für 'n kleines Entgelt 'nen Totengräber. Das ist doch einfacher, n'est-ce pas?«

Papa mit seiner Bauernschläue machte die grandiose Entdekkung, daß manche Leute für entsprechende Bezahlung bereit waren, alles zu tun; viele taten für Geld allerlei, und fast jeder konnte überredet werden, irgend etwas zu tun. Zum Beispiel waren nahezu alle Menschen bereit, ein bißchen mehr von dem zu leisten, womit sie ihr Brot verdienten. Ein Fahrer fuhr, ein Waffenexperte reparierte eine Pistole oder präparierte ein Gewehr, wenn er ein »kleines Entgelt« bekam, das nur die eine Auflage mit sich brachte, den Behörden gegenüber zu schweigen. Na, und wer außer den unzuverlässigen, hinterhältigen Angelsachsen redete schon gern mit denen? Papas Betrieb erforderte eine große Belegschaft, die sich auf sehr viele Länder verteilte, aber die Honorare von »Le Groupe« waren hoch genug, um die anfallenden Unkosten zu decken.

Papa beobachtete ferner, daß Agenten, genau wie gewöhnliche Geschäftsreisende, für ihre Auslandsreisen in der Regel das Flugzeug, die Bahn oder das Schiff und nur selten das Auto benutzten. Nur sehr wenige unterzogen sich in Friedenszeiten der Mühe, sich im Schutz von Wald oder Gebirge über die Grenze zu schleichen oder von einem versteckten Flugplatz mit einer Privatmaschine aufzusteigen. Wenn sie sich erst in das Land ihrer Wahl eingeschleust hatten, bevorzugten sie bestimmte Städte, Hotels, Banken, Leihwagenfirmen und Restaurants. Papa folgerte daraus, daß es für ihn lukrativ sein müßte, an allen frequentierten Plätzen gegen geringes Entgelt einen Beobachter zu stationieren, der nichts weiter zu tun hatte, als »Le Groupe« die Ankunft jedes bekannten und, falls er verdächtig schien, auch jedes unbekannten Ausländers zu melden. Auf diese Weise mußten Papa unweigerlich eine stattliche Anzahl von Agenten wie von Terroristen ins Netz gehen.

Es sollte jedoch noch eine ganze Weile dauern, ehe Avner all das erfuhr. Als er und Louis sich nach ihrer ersten Begegnung gegen ein Uhr früh am Arc de Triomphe voneinander verabschiedeten, da war nicht einmal Papas Name gefallen. Louis versprach, in Verbindung zu bleiben, und sagte dann mit einer Handbewegung in Richtung Avenue Victor-Hugo: »Mein Wagen steht da

drüben. Oder möchten Sie, daß ich Sie bis zu Ihrem Hotel begleite?«
Avner lächelte. »Wo denken Sie hin, ich wohne nicht in dem vornehmen Schuppen, vor dem wir uns getroffen haben. Ich werd mir 'n Taxi nehmen.«
Louis erwiderte sein Lächeln. »Wie dumm von mir. Wie konnte ich nur vergessen, daß Sie nicht der Herr von Zimmer 317 im Royal Monceau sind.«
Avner hob die Brauen und nickte. Der andere hatte gewonnen. Wirklich gescheit, dieser Louis. Und, zumindest im Augenblick, nicht gefährlich. Denn er hätte gewiß nicht verraten, daß er Avners Zimmernummer kannte, wenn er etwas gegen ihn im Schilde führte.
»Es hat mich gefreut, Sie kennenzulernen«, fuhr Louis fort. »Tony sagte mir, es sei ausgesprochen angenehm, mit Ihnen Geschäfte zu machen. Daher wollte ich Ihnen sagen, wenn Sie irgendwas brauchen, ganz gleich was, dann lassen Sie's mich wissen. Ich kann Ihnen zwar nicht versprechen, daß ich immer und in jedem Fall das Passende habe, aber es wär immerhin möglich. Also vergessen Sie's nicht.«
»Nein, bestimmt nicht«, antwortete Avner. Sie schüttelten einander die Hand, und Louis wandte sich zum Gehen. Avner rief ihm nach: »Ach, da wär noch eine Kleinigkeit.«
Louis drehte sich um.
»Kennen Sie vielleicht ...« Avner zögerte. Dann gab er sich einen Ruck. »Sagt Ihnen der Name Hamshari etwas?«
Louis trat dicht an Avner heran. »Mahmoud Hamshari ist mir bekannt«, sagte er. »Er wohnt in Paris, aber ich glaube nicht, daß er zur Zeit in der Stadt ist.«
»Wenn ich Sie in ein paar Tagen unter der Nummer, die Sie mir gegeben haben, anrufe, werden Sie mir dann Bescheid sagen, wenn er zurückkommt?«
Louis nickte. »Aber ich geb Ihnen 'ne bessere Nummer. Unter der bin ich zwar nicht ständig zu erreichen, doch wenn Sie um 18 Uhr 15 mitteleuropäischer Zeit anrufen, brauchen Sie Ihren Namen nicht zu nennen. Ich weiß dann, daß *Sie* mich erreichen

wollen. Hinterlassen Sie bloß die Nummer, unter der ich Sie zurückrufen kann.«
Auf dem Weg zum Hotel murmelte Avner die Telefonnummer unaufhörlich vor sich hin, damit er sie nur ja nicht vergaß, ehe er sie Hans durchgeben konnte. Er hatte kein besonders gutes Gedächtnis für Zahlen, auch wenn er die immer noch besser behielt als Namen. Manchmal träumte er davon, daß er sich mit einer gerade erst neu zugeteilten Identität in einem Hotel eintragen wollte, aber nicht mehr wußte, wer er angeblich war. In der Mossad kursierte die Anekdote von einem jungen Nachwuchsagenten, der tatsächlich einmal in eine solche Situation geraten war. Avner beneidete Leute wie Hans und Carl, denen nichts entfiel, was sie sich einmal eingeprägt hatten. Im übrigen jedoch war er durch die Unterredung mit Louis in Hochstimmung versetzt. Als er die leere Halle des Royal Monceau durchquerte, fühlte er sich so beschwingt wie schon lange nicht mehr; ja, er war direkt zu Streichen aufgelegt. Aus schierem Übermut reizte es ihn, irgendeine Narretei zu begehen. Freilich wandelte ihn eine solche Laune nicht von ungefähr an; Avner war vielmehr der geborene Possenreißer – ein Erbteil seiner Mutter. Doch nach einem Augenblick der Besinnung bekämpfte er seine Laune. Es wäre wirklich irrsinnig, um einer Eskapade willen die ganze Operation zu gefährden.
Seltsamerweise neigten alle Mitglieder des Teams zu Faxereien und blödelten für ihr Leben gern. Steve zum Beispiel besaß eine Münze, die auf beiden Seiten »Kopf« zeigte. Da er wußte, daß Robert bei jeder Wette »Adler« wählte, benutzte er dieses Geldstück immer, wenn sie solch lästige Hausarbeiten wie Einkaufen oder Kochen auslosten. Robert kam trotz seines Erfindungsreichtums diesem Trick monatelang nicht auf die Spur, und am Ende entdeckte er den Schwindel nur deshalb, weil die anderen, als er wieder einmal verloren hatte, über sein verdutztes Gesicht in schallendes Gelächter ausbrachen.
Avner aber trieb es am schlimmsten von allen, und als er den anderen in einem unbedachten Augenblick gestand, daß man ihn als Kind *schovav* oder Kobold gerufen habe, da taufte der schlag-

fertige Steve ihn flugs Mutter Koboldine; ein Spitzname, der trefflich seine beiden hervorstechenden Eigenschaften zum Ausdruck brachte: die Neigung, anderen einen Streich zu spielen, und den Hang zur Reinlichkeit, den er mit wahrhaft missionarischem Eifer seinen Kameraden einzuimpfen suchte.

Am nächsten Morgen verließ Avner das Royal Monceau, telefonierte kurz mit Yvonne und Andreas, die noch etwas in Paris zu erledigen hatten, und flog dann zurück nach Frankfurt, um am selben Abend seinen Partnern von der Unterredung mit Louis zu berichten.

»Na, wie findest du das?« wandte Hans sich an Carl.

Der zündete bedächtig seine Pfeife an. »Klingt jedenfalls nicht schlechter als Tony«, sagte er dann. Robert und Steve nickten bestätigend.

Diese Reaktionsweise gehörte zu den Eigenschaften, die Avner an seinem Team besonders schätzte. So verschieden die Männer auch sein mochten, sie glichen sich alle in dem Punkt, daß keiner von ihnen viel Aufhebens um ein anstehendes Problem machte. In dieser Gruppe gab es weder endloses Wenn und Aber noch fruchtlose Diskussionen, die sich stundenlang im Kreis drehten. Natürlich wurde jeder Schritt sorgfältig erwogen, doch niemand zerbrach sich unnötig den Kopf über all das Für und Wider, das findige Köpfe auszubrüten pflegen, besonders wenn sie von einem Grad an Vorsicht geleitet werden, der an Feigheit grenzt. Meine Männer sind nicht so, nicht einer von ihnen, dachte Avner stolz. Die wägen auf einen Blick Vor- und Nachteile ab, und wenn die Lage für uns günstig scheint, dann handeln sie! Avner lächelte befriedigt in sich hinein.

»Mahmoud Hamshari ist also der nächste«, sagte er laut. »Die Nummer drei auf Ephraims Liste.«

VII
Mahmoud Hamshari

Hätte es einen Palästinenserstaat gegeben, so wäre Mahmoud Hamshari – Dr. Hamshari, um korrekt zu sein, denn er hatte an der Universität Algier in Wirtschaftswissenschaften promoviert – der Rang eines Botschafters zugekommen. Unter den gegebenen Verhältnissen fungierte er als offizieller PLO-Vertreter in Paris. Er hatte ein Büro in den Räumen der Arabischen Liga. Er gab eine Broschüre mit dem Titel *Faht-Information* heraus und unterhielt Kontakte zu verschiedenen arabischen Vertretern der UNESCO in der französischen Hauptstadt. Flüchtige Bekannte charakterisierten ihn als einen gebildeten Mann mit untadeligen Manieren, der sich in nichts von anderen Diplomaten unterschied. Er führte ein konservatives, um nicht zu sagen spießiges Leben in einer bürgerlichen Umgebung. Mit seiner Familie, seiner französischen Frau Marie-Claude und der kleinen Tochter Amina, wohnte er in einem komfortablen, aber nicht luxuriösen Apartment, in dem sie nie zur Unzeit Besuch empfingen.

Ein weiches Ziel.

Was die Zufallsbekanntschaften von Mahmoud Hamshari freilich nicht wußten, war, daß er – zumindest nach Ansicht der Mossad – zu den Cheforganisatoren der Stadtguerilla in Europa gehörte. Unter dem Deckmantel des seriösen Diplomaten, der Öffentlichkeitsarbeit im Dienste der Palästinenser betrieb, hatte er angeblich hinter den Kulissen an berüchtigten Terroraktionen mitgewirkt, so dem Mordanschlag auf Ben Gurion in Kopenhagen, der Bombenexplosion in einer Swissair-Maschine auf dem Flug von Zürich nach Lod, wobei alle Passagiere und die Besatzung ums Leben kamen, und sogar an dem Massaker bei der Münchner Olympiade.

Den Informationen des Teams zufolge hatte Dr. Hamshari keineswegs vor, sich aus der Terroristenszene zurückzuziehen; im

Gegenteil. Zur Zeit war er dabei, zusammen mit zwei der übrigen weichen Ziele auf Ephraims Liste eine eigene Organisation zu gründen, der sich zahlreiche Franzosen sowie Anarchisten aus anderen nichtarabischen Ländern anschlossen und die unter dem Namen »Fatah-France«[1] bekannt war. Hamshari gehörte möglicherweise zur Führungsspitze des »Schwarzen September«, dessen Verbindung mit Yassir Arafats El Fatah zur Zeit noch energisch dementiert wurde. Offiziell hatte die Fatah Anfang der siebziger Jahre die Aufgabe, die Guerillabewegung außerhalb der von Israel besetzten Gebiete einzudämmen. Inoffiziell jedoch kämpfte der »Schwarze September« als militärisches Ausführungsorgan der Fatah, und mit ihrer stillschweigenden Billigung versetzte er nicht nur den nahöstlichen Kriegsschauplatz, sondern auch das westliche Europa durch die blindwütige Brutalität seiner Anschläge in Angst und Schrecken. Mit dieser Aufgabentrennung mehrerer, ein und derselben Dachorganisation unterstellter Gruppen befanden sich die Fedajin in einer bis ins 19. Jahrhundert zurückreichenden Tradition revolutionärer Bewegungen vom anarchistisch-nihilistischen Typus. Begründet wurde diese Operationsform von den Ischutiniten in Rußland, die aufgeteilt waren in einen äußeren Zirkel, die sogenannte Organisation, der respektable Theoretiker, Aktivisten und Apologeten angehörten, und eine Kernzelle von Mördern, die man schlicht als »Hölle« bezeichnete.[2]

»Wie wär's mit 'ner Hand, die aus der Dusche langt, und dann: peng!« schlug Avner vor, der zwar noch nie von Ischutin und seinen Anhängern gehört, bekanntlich aber eine große Affinität zu Duschen hatte.

Niemand lachte, denn jeder im Raum wußte, daß Avner durchaus nicht beabsichtigte, einen Witz zu machen. Das Team war übereingekommen, daß Hamshari nicht so unauffällig wie Zwaiter, sondern auf spektakuläre Weise umgebracht werden sollte. Die Zeit drängte nicht wie beim erstenmal. Es konnte noch Wochen dauern, bis Hamshari nach Paris zurückkehrte, und bis dahin wollten sie einen Plan aushecken, dessen Resultat niemand für ein Versehen halten würde. Hamsharis Tod sollte nicht nur als Racheakt verstanden werden, sondern den anderen Terroristen als Warnung dienen, indem er demonstrierte, daß die Juden »einen langen Arm haben«, wie Ephraim zu sagen pflegte. Avner und seine Männer wollten ein Exempel statuieren, um allen palästinensischen Freischärlern klarzumachen, daß keine Tarnung, keine noch so gutbürgerliche Fassade ausreiche, um ihre persönliche Sicherheit zu garantieren.

Die Schwierigkeit war nur, einen solchen Weg zu finden und gleichzeitig zu berücksichtigen, daß bei dem Unternehmen weder Hamsharis Frau noch seiner kleinen Tochte noch irgend jemandem sonst im Hause, im Auto oder im Büro des Diplomaten ein Haar gekrümmt werden durfte. Selbst wenn das zweite Opfer auch ein Terrorist oder doch zumindest ein Sympathisant sein sollte, so würde dieser Umstand das Team nicht entlasten. An den Fall, daß gar einem Unbeteiligten ein Leid geschah, war überhaupt nicht zu denken. Es durfte keine Opfer geben, außer den elf auf Ephraims Liste.

Insgeheim bezweifelte Avner manchmal, daß sie dafür garantieren konnten. Natürlich würden sie sich alle fünf nach Kräften darum bemühen, was im Falle Hamshari vermutlich die Benutzung einer Bombe ausschloß.

»Ich weiß nicht, wer euch Brüdern immer diese Flausen in den Kopf setzt«, widersprach Robert gereizt, als Avner seine Bedenken vortrug. »Man kann Sprengkörper unheimlich präzise einsetzen. Sie können ebenso scharf auf ein Ziel eingestellt werden wie 'ne Kugel – jedenfalls wenn ein Mann mit Köpfchen sie konstruiert.«

»Na schön«, sagte Avner. »Reg dich nicht auf, erklär uns lieber, wie du's anstellen willst.«

»Bis jetzt hab ich noch keinen konkreten Vorschlag«, gestand Robert. »Es paßt mir bloß nicht, daß ihr mich von vornherein ausschließt, das ist alles.«

»Aber lieber Freund, das würden wir doch nie tun«, warf Steve ein. »Was hältst du denn von 'ner Bombe im Klo? Zum Scheißen geht er doch bestimmt allein, hm?«

»Bitte sei nicht vulgär.« Angewidert schnitt Hans eine Grimasse.

Als Louis Avner am 20. November mitteilte, daß Hamshari wieder in Paris sei, war das Team nach wie vor ohne Angriffsplan. Louis hatte noch eine zweite Information anzubieten. In wenigen Tagen würde in Genf ein Treffen dreier Spitzenleute der Palästinenserbewegung stattfinden.

»Wären Sie unter Umständen an den Namen interessiert?«

»O ja, das wäre ich«, sagte Avner zustimmend.

Louis ließ ein diskretes Hüsteln hören, räusperte sich und fragte: »Ich darf doch annehmen, daß auch Sie diese Unterredung als geschäftlich betrachten?«

»Selbstverständlich.« Avner erwartete vergeblich, daß Louis ihm nun eine Summe nennen würde. Der Franzose schien mit der bloßen Zusicherung eines Honorars zufrieden und beabsichtigte wohl – ähnlich einem Arzt oder Rechtsanwalt – seine Rechnung im nachhinein zu präsentieren.

»Haben Sie schon mal von Fakhri al-Umari gehört?«

»Hm-hm«, brummte Avner, obwohl er den Namen in Wahrheit nicht kannte.[3]

»Nun, soviel ich weiß, hat er eine Verabredung mit Ali Hassan Salameh und Abu Daoud«, bemerkte Louis kühl.

Avners Herz begann wie rasend zu klopfen. Harte Ziele! Die Nummern eins und zwei auf Ephraims Liste! Die Hauptdrahtzieher hinter der Tragödie von München, die giftigsten Köpfe von Ephraims Hydra!

»In Genf, sagten Sie?« Avner bemühte sich, seine Stimme ruhig klingen zu lassen.

»So lautet meine Information, ja.«

»Wir, äh . . . wir sind an Genf interessiert, aber wir möchten auch Paris nicht aufgeben. Könnten Sie mich über die Lage dort wie hier auf dem laufenden halten? Ich würd Sie dann zurückrufen, sagen wir, morgen um die gleiche Zeit? Natürlich«, setzte er eifrig hinzu, »auf rein geschäftlicher Basis.«

»Abgemacht.«

Tags darauf flogen Avner, Carl und Steve nach Genf. Hans und Robert folgten ihnen zwei Tage später. Sie beschlossen, sich vom Zentrum fernzuhalten, und zogen in ein Hotel in der Route de

Pregny, nicht weit entfernt vom Palais des Nations. Für Operationen wie die, mit der die Mossad Avner und sein Team beauftragt hatte, war Genf eine ungünstige Stadt. Konspirative Wohnungen waren äußerst schwierig zu beschaffen, und ein Hotel bot einen ausgesprochen ungünstigen Stützpunkt für Agenten. Der schweizerische Geheimdienst verhielt sich, gelinde gesagt, unkooperativ. Ausländer waren den Behörden willkommen, sofern sie konferierten, einkauften und Bankgeschäfte tätigten, sich tadellos aufführten und sobald als möglich wieder abreisten. Gegen rücksichtslose Geschäftsleute hatten die Schweizer nichts einzuwenden, vorausgesetzt, sie versuchten nicht, ihren Beruf innerhalb des Landes auszuüben.

Doch Ali Hassan Salameh und Abu Daoud[4] waren ein Risiko wert. Selbst wenn das Team niemanden erwischte außer diesen beiden, wäre ihre Mission erfolgreich verlaufen. Die fünf Männer hatten sich von Anfang an darauf geeinigt, daß sie alles andere stehen- und liegenlassen würden, sobald es ihnen gelang, Salamehs Spur aufzunehmen. Er war, den Ermittlungen der Mossad zufolge, der Hauptverantwortliche für den Tod der elf israelischen Sportler.

Aber das angebliche Treffen zwischen Salameh und Abu Daoud erwies sich als eine zweite »Ente«.[5] Louis gestand Avner am Telefon, daß die Reise nach Genf vergeblich gewesen sei.

Immerhin hatte Hamshari Paris nicht verlassen. Als Avner sich am 25. November von Genf aus bei Louis meldete, konnte der ihm einen ähnlich erschöpfenden Bericht über die Gepflogenheiten der Zielperson liefern, wie Tony ihn seinerzeit über Zwaiter erstellt hatte. Und wie damals in Rom gab es auch jetzt keine Fragen nach dem Grund der Überwachung. Obwohl Louis vielleicht von Anfang an gewisse Vermutungen bezüglich Avners Absichten hegte, so hätte es doch einen groben Verstoß gegen die Etikette bedeutet, darüber zu sprechen. Ja, wäre je die Rede darauf gekommen, hätte Louis sich womöglich völlig von dem Geschäft zurückgezogen. Wenn dieser Tabuisierungszwang auch äußerst heuchlerisch anmuten mochte, er ließ sich nicht umgehen. Avner war sicher, daß Louis einverstanden wäre, wenn er ihn bäte, ihm eine Waffe zu besorgen und binnen einer Stunde ein Grab zu schaufeln. Wenn ich aber, dachte er, zu ihm käme und von ihm verlangte, mir dabei zu helfen, einen Menschen zu töten, dann würde er sich weigern. Louis beschaffte Informationen und Dienstleistungen, nichts weiter. Wozu ihre Kunden sie benutzten und wie sie sie einsetzen, das ging »Le Groupe« nichts an.

Hans nannte diese Haltung das Pontius-Pilatus-Syndrom.

Avner und seine Partner diskutierten grundsätzlich nur den technischen Aspekt ihrer Attentate. Diesmal unterbreitete Robert einen Plan, der durchaus geeignet schien, sowohl die Sicherheitsvorkehrungen zu erfüllen als auch dem Bestreben, Aufsehen zu erregen, Genüge zu tun. Es war ein Gespräch über Hamsharis bewährte Methode, Terroristen anzuwerben und ihre Operationen zu organisieren, das Robert auf den entscheidenden Gedanken brachte.

»Der Kerl telefoniert doch pausenlos, nicht?« fragte Robert nachdenklich. »Sein Haus muß 'ne regelrechte Schaltstelle sein zwischen Europa und Nahost. Na also, dann lassen wir ihn doch durchs Telefon umkommen!«

Am nächsten Tag brachen Avner, Carl und Steve nach Paris auf, während Hans mit dem Zug nach Frankfurt reiste, um in seinem Labor Ersatzpapiere anzufertigen. Robert flog nach Brüssel.

Aus einem unerfindlichen Grund etablierte sich gerade im relativ friedlichen Belgien in der Zeit vom ausgehenden 19. Jahrhundert bis hin zum Zweiten Weltkrieg eine blühende Waffenindustrie. Ihr Zentrum lag nordöstlich von Lüttich, wo ein ausgedehntes Industriegebiet entstand, in dem die Waffenherstellung einen vorrangigen Platz einnahm. Handfeuer- und automatische Waffen sowie Sprengkörper wurden freilich nicht nur in Fabriken gefertigt, sondern auch in kleinen Werkstätten in den Dörfern und auf einsam gelegenen Bauerngehöften. Die Kunst der Waffenherstellung wurde vielfach vom Vater auf den Sohn weitergegeben und so lange verfeinert, bis die Belgier es schließlich zu internationalem Ruhm brachten, den ihnen wohl nur die Spanier streitig zu machen suchten, die auf eine ähnliche Tradition zurückblicken konnten.

Mit dem Siegeszug von Nazis und Faschisten begann der Niedergang dieses blühenden Industriezweiges in beiden Ländern, denn sowohl Hitler als auch Mussolini bestanden natürlich darauf, die Waffenfabrikation in Europa unter ihre Kontrolle zu bringen. Gegen Ende des Zweiten Weltkrieges war die belgische Handfeuerwaffen-Industrie nahezu ausgelöscht, wohingegen der Generalissimo Franco in Spanien immerhin drei Firmen die Genehmigung erteilte, Pistolen herzustellen; eine durfte darüber hinaus auch Revolver fabrizieren.[6]
In Belgien fanden sich nach dem Kriege eine Handvoll Individualisten zusammen, die entschlossen waren, das traditionsreiche Handwerk wieder aufleben zu lassen. Sie verrichteten ihre Arbeit in aller Stille in der Abgeschiedenheit entlegener Bauernhöfe. Ungeachtet ihrer bescheidenen Mittel gelang es ihnen schon bald, einen nicht unbeträchtlichen Marktanteil am illegalen Waffenhandel in Europa zu ergattern. Das lag nicht zuletzt daran, daß einige ihrer Erfindungen Spitzenprodukte waren, die selbst den ausgefallensten Ansprüchen gerecht wurden. Nicht nur Robert schätzte die Qualitätsgarantie der belgischen Erzeugnisse.

In seiner Eigenschaft als PLO-Vertreter in Paris hatte Mahmoud Hamshari laufend Kontakt mit der Presse. Folglich war er nicht überrascht, als in der ersten Dezemberwoche des Jahres 1972 ein italienischer Journalist in seiner Wohnung in der Rue d'Alésia No. 175 anrief und um ein Interview bat. Es mag ihn indessen verwundert haben, daß dieser Zeitungsmann, dem er am nächsten Tag in einem kleinen Café in der Nachbarschaft gegenübersaß, nicht die geringste Kenntnis von der Lage der Palästinenser besaß. Er machte sich unaufhörlich an seiner Pfeife zu schaffen und einigte sich schließlich mit Hamshari darauf, daß sie das Interview verschieben würden, bis er sich anhand der Pressemappe informiert habe, die der Diplomat mitgebracht hatte. Der Italiener versprach, Hamshari in zwei bis drei Tagen wieder anzurufen.

Carl hatte den Eindruck, daß seine Vorstellung als italienischer Journalist wenn auch nicht erstklassig, so doch gut genug gewesen war, um die Zielperson zu täuschen. Jedenfalls hatte diese Begegnung ihm Gelegenheit verschafft, sich mit Hamsharis Stimme vertraut zu machen.

Avner und Steve durchstreiften unermüdlich die geschäftige, pulsierende, dabei respektable Gegend des Vierzehnten Arrondissements, in der Hamshari wohnte. In einem kleinen Renault, den Louis ihnen beschafft hatte, erprobten die beiden zwei Tage lang alle möglichen Anfahrtswege und Fluchtrouten. Sie starteten an der Kirche St. Pierre de Montrouge auf der Place Victor-Basch, die etwa in der Mitte der Rue d'Alésia gelegen ist. Hamsharis Wohnung befand sich nur wenige hundert Meter von hier. Sie kundschafteten den morgendlichen Berufsverkehr zwischen dem Jardin du Luxembourg und dem Hôpital St. Joseph sowie zwischen Gare Montparnasse und dem Hôpital Cochin aus und kamen zu dem Schluß, daß der geeignetste Fluchtweg über die Rue Vercingétorix zum Boulevard Lefèbre führe, von dort am Palais des Sports vorbei, über den Pont du Garigliano und den Boulevard Exelmans entlang bis zur ihrer Wohnung am rechten Ufer der Seine. Sie hatten das Unternehmen so geplant, daß es nicht nötig sein würde, unterwegs die Wagen zu wechseln.

Inzwischen hatte Louis' Überwachungstrupp einen Bericht über Hamsharis tägliche Gewohnheiten vorgelegt, aus dem sich eine relativ gleichbleibende Routine ablesen ließ. Obwohl Hamshari sich häufig in der Gesellschaft von Arabern befand, die zum Teil bewaffneten Kampftrupps angehören mochten, hatte er entgegen anderslautenden Berichten keine persönliche Leibwache.[7] Sein Tagesablauf folgte vor allem in den Vormittagsstunden einem streng gegliederten Rhythmus. Seine Frau verließ mit ihrer Tochter kurz nach acht das Haus. Madame Hamshari brachte zunächst Amina zum Kindergarten und verbrachte anschließend den Tag mit Einkäufen, Museums- oder Kinobesuchen, bis es am Spätnachmittag Zeit wurde, die Kleine wieder vom Kindergarten abzuholen. Mutter und Tochter kehrten in der Regel erst am frühen Abend in die Rue d'Alésia No. 175 zurück.

Hamshari hielt sich bis gegen neun Uhr früh allein in der Wohnung auf. Dann erhielt er regelmäßig den Anruf einer gewissen Nanette, die möglicherweise seine Geliebte war. Sie hatte ein Apartment auf dem rechten Seine-Ufer, im vornehmen Siebzehnten Arrondissement, nicht weit von der Avenue Niel und ganz in der Nähe der konspirativen Wohnung, die Avners Team in Paris zur Verfügung stand. Nanette erledigte ihren allmorgendlichen Anruf bei Hamshari von einem Postamt aus, das sich Ecke Rue d'Alésia, Rue des Plantes befand, also nur ein paar Querstraßen von der Wohnung des Diplomaten entfernt lag. Wahrscheinlich war es lediglich ein Kontrollanruf, mit dem Nanette sich vergewisserte, ob Hamsharis Frau und Tochter das Haus verlassen hatten. Erhielt sie eine positive Antwort, so stieg sie wieder in ihren Wagen und fuhr die Rue d'Alésia hinunter bis zu Hamsharis Haus. Er wartete dann bereits unten auf sie, denn in dieser Straße, in der sich sowohl eine Feuerwehrstation als auch eine Reihe von Kiosken und Zeitungsständen befand, war es alles andere als leicht, einen Parkplatz zu finden.
Avner und Carl einigten sich darauf, daß der geeignete Zeitpunkt für den Anschlag zwischen acht und neun Uhr morgens lag, also nachdem Frau und Tochter die Wohnung verlassen hatten und bevor Nanette eintraf. Sie konnten dann nicht nur damit rechnen, daß ihre Zielperson allein war, sondern auch mit Sicherheit annehmen, daß Hamshari, der ja Nanettes Anruf erwartete, selbst ans Telefon gehen würde. Einen Termin für das Attentat wollten sie erst dann festsetzen, wenn Robert präzise Angaben darüber in Händen hielt, wann die Bombe, die er in Auftrag gegeben hatte, fertiggestellt, nach Frankreich geschmuggelt und in Hamsharis Telefon installiert werden konnte.
Es ist relativ einfach, eine Bombe zu konstruieren, die keinen besonderen Selektivitäts- und Sicherheitsansprüchen genügen muß. Man benutzt in der Hauptsache eine relativ stabile Substanz wie Dynamit oder Plastiksprengstoff, die nicht selten sogar im regulären Handel erhältlich sind. Diese Masse wird mit einer kleinen Zündkapsel verbunden – angefüllt mit einer win-

zigen Menge hochempfindlichen Sprengstoffs wie Nitroglyzerin oder bestimmten Sulfiden – und kann bereits durch eine Erschütterung oder einen schwachen Stromstoß zur Explosion gebracht werden. Um eine solche konventionelle Bombe scharf zu machen, genügt ein Wecker oder ein Säurezünder. Ebenso werden drahtlose Signale benutzt, die über einen bestimmten Sender laufen oder per Fernsteuerung zu bedienen sind.
Mechanische Auslöser wie Zündung oder Gangschaltung eines Autos haben den Nachteil, daß sie in jedem Fall reagieren und nicht entschärft werden können, wenn die Zielperson unerwartet in Begleitung das Fahrzeug besteigt. Ein noch größeres Problem ergibt sich bei der Verwendung eines Zeitzünders, der die Explosion unweigerlich in einem bestimmten Moment herbeiführt, gleichgültig, ob die Zielperson oder ein Unbeteiligter in der Nähe ist. Für Terroristen, die es häufig ohnehin nicht auf eindeutig definierte Ziele abgesehen haben, bedeutet dieser Umstand kein Hindernis, doch für Avner und sein Team schloß er die Benutzung eines automatischen Zünders von vornherein aus. Für sie kam nur eine Bombe in Frage, die erst ausgelöst wurde, nachdem man sich durch Augenschein davon überzeugt hatte, daß einzig und allein die Zielperson sich im Gefahrenbereich aufhielt. Allerdings war es ungemein gefährlich, innerhalb eines Wohngebietes Drähte zu spannen, die das Versteck des Attentäters mit der Bombe verbanden. Dieses Problem konnte man zwar mit Hilfe von Radiosignalen lösen, allerdings nicht, ohne ein neuerliches Risiko heraufzubeschwören: Ein x-beliebiges Rundfunkgerät, das in der näheren Umgebung zufällig auf dieselbe Frequenz eingestellt war, würde unweigerlich die Explosion herbeiführen.
Die sprunghafte Vermehrung von leistungsstarken Walkietalkies und von Geräten mit Fernsteuerung erhöhte die Gefahr einer zufälligen Detonation derart, daß vorsichtige Sprengstoffexperten wie Robert nicht einmal mehr mit Zeitzündern experimentierten, es sei denn, Scharfmachen und Detonation der Bombe zerfielen durch einen besonderen Mechanismus in zwei unabhängig voneinander kontrollierbare Vorgänge. Für den An-

schlag auf Hamshari schien Robert eine solche separate Schaltvorrichtung die einzig praktikable Lösung. Das Opfer selbst sollte die Bombe scharf machen, und erst dann würde ein Mitglied des Teams sie mit Hilfe eines Radiosignals zünden.
Robert unterbreitete der Gruppe folgenden Vorschlag: Die Bombe sollte in Hamsharis Telefonapparat installiert werden. Solange der Hörer auf der Gabel lag, würde sie völlig harmlos sein. Erst wenn Hamshari den Hörer abhob, schärfte er damit gleichzeitig die Bombe, und im nächsten Augenblick würde mit Hilfe eines drahtlosen Signals die Explosion ausgelöst.
Avner fand diese Konstruktion fast risikolos, aber eben nur fast. Denn da die Bombe am Tag vor dem Anschlag installiert werden mußte, bestand immer noch die Gefahr, daß Madame Hamshari am Vorabend des geplanten Attentats ein langes Telefonat führte. Nicht auszudenken, was geschehen würde, wenn währenddessen zufällig ein Amateurfunker die Frequenz erwischte, auf welche die Sprengkapsel eingestellt war!
Als Avner seine Bedenken vortrug, zuckte Robert nur mit den Schultern. »Absolutes Null-Risiko ist eben 'ne Illusion«, sagte er. »Meine Erfindung garantiert ein so minimales Risiko wie nur irgend möglich. Aber wenn dir das immer noch zuviel ist, dann müssen wir uns eben 'nen völlig neuen Weg ausdenken. In 'nem Telefonapparat ist nun mal nicht genügend Platz für *zwei* Empfänger. Sonst könnte ich natürlich *eine* Frequenz wählen, die die Bombe scharf macht, und 'ne andere, die sie zündet.«
»Na schön«, entschied Avner nach kurzem Zögern. »Aber paß auf, daß du keine Mordsladung reinbaust und uns das ganze Haus in die Luft fliegt.«
»Das ist wirklich nicht mein Problem«, beteuerte Robert. »Im Gegenteil! Ich muß mir überlegen, wie ich genügend Sprengstoff reinpacke, um unsren Mann zu erledigen. In 'nem Telefon ist nicht viel freier Raum, weißt du.«
Am 6. Dezember, einem Mittwoch, wurde die Bombe von Belgien nach Frankreich geschmuggelt. Als Avner sie in der Hand hielt, kam sie ihm sehr klein und leicht vor. Sieht nicht so aus, als könnte sie einen ausgewachsenen Mann unschädlich machen,

dachte er. Und doch, hatte er nicht mit eigenen Augen gesehen, welchen Schaden knapp fünfzig Gramm Plastiksprengstoff in einer Briefbombe, einer bevorzugten Terroristenwaffe, anrichten konnten? Vor nicht ganz drei Monaten hatte der »Schwarze September« einen israelischen Diplomaten in London mit einem solchen Sprengstoffbrief getötet.[8] »Hoffen wir, daß es klappt«, sagte Avner und gab Robert die Schachtel mit der Bombe zurück.

Am selben Tag teilte sich das Team in zwei Gruppen, die je eine neue Wohnung bezogen. Wie auch schon ihr erstes Pariser Apartment hatte diese der umsichtige Louis besorgt.

Am Donnerstag, dem 7. Dezember, stießen sie auf ein unvorhergesehenes Hindernis. Dem Plan nach sollten Robert und Hans sich als Mechaniker von der Telefongesellschaft verkleiden – die Uniformen hatte wiederum Louis beschafft – und abwarten, bis Madame Hamshari mit Amina das Haus verlassen und Nanette ihren Freund abgeholt hatte. Kurz nach neun sollten sich die beiden dann Zutritt zu der Wohnung verschaffen und die Bombe installieren. Robert schätzte etwa zwanzig bis dreißig Minuten Arbeitszeit, eher weniger als mehr. Avner, Steve und Carl würden vor dem Haus Posten beziehen – Carl sollte sich dabei möglichst im Hintergrund halten, damit niemand in ihm den italienischen Journalisten wiedererkannte, und die beiden anderen warnen, falls unerwartet ein Mitglied der Familie Hamshari zurückkehrte. Für diesen Notfall hatte Louis ein junges Paar engagiert, das Madame Hamshari oder ihren Mann so lange in ein Gespräch verwickeln würde, bis Avner und Steve ihre Kameraden aus dem Haus geschafft hatten.

An diesem Donnerstag jedoch blieb Nanette aus, Madame Hamshari kehrte schon nach kurzer Zeit in die Wohnung zurück, und ihr Mann verließ das Haus an diesem Vormittag überhaupt nicht.

Avner, Carl, Robert und Hans hielten sich nicht lange in der Gegend auf. Es war zu gefährlich, sich unnötig der Entdeckung preiszugeben, wenn bereits feststand, daß heute aus irgendeinem Grund der gewohnte Tagesablauf unterbrochen worden war. Nur Steve und das von Louis engagierte Pärchen blieben in

der Nähe. Kurz nach achtzehn Uhr dann rief Steve seine Kameraden an, um ihnen mitzuteilen, daß Hamshari das Haus verlassen habe und daß er ihm zu folgen gedenke.
Avner und seine Leute fuhren umgehend zurück ins Vierzehnte Arrondissement. Vorausgesetzt, daß Hamshari sich nicht zum Kindergarten aufgemacht hatte, würde seine Frau bald das Haus verlassen, um die Kleine abzuholen. Robert und Hans, die immer noch ihre Monteuranzüge trugen, parkten den Lieferwagen unweit des Hauses No. 175 auf der gegenüberliegenden Straßenseite. Avner begab sich ins Postamt Ecke Rue d'Alésia und Rue des Plantes – jenes, von dem aus Nanette zu telefonieren pflegte – und wartete. Carl blieb außer Sichtweite.
Avner hatte seinen Posten kaum bezogen, als Steve anrief. Hamshari war zu Fuß zum Boulevard Haussmann gegangen. »Das Gebäude, in dem er verschwunden ist, sieht verdammt nach Arabischer Liga aus«, erklärte Steve. Avner dankte und hängte ein. Wenn Madame Hamshari in Kürze das Haus verließ, dann blieb dem Team mindestens eine Dreiviertelstunde, ehe einer der Ehepartner zurückkehrte.
Avner schlenderte die wenigen hundert Meter vom Postamt zu Roberts Lieferwagen hinüber. Er erreichte ihn genau in dem Augenblick, als Madame Hamshari aus der hellerleuchteten Halle des gegenüberliegenden Hauses trat. Mit ziemlicher Sicherheit würde sie zum Kindergarten fahren. Das ist unsere Chance, dachte Avner. Schön, vielleicht ist es 'n bißchen spät, um Telefonreparaturen durchzuführen, aber schließlich könnte jemand 'nen Notruf durchgegeben haben. Außerdem können wir uns bestimmt drauf verlassen, daß die Leute hier genauso gleichgültig gegenüber allem sind, was um sie herum geschieht, wie in jeder anderen Großstadt auch. Die Hausmeister lassen in ihrer Wachsamkeit nach, und die Nachbarn stellen keine Fragen mehr. Wir müssen's wagen, das ist unsre einzige Chance. Schließlich kommt die Bombe nicht von allein in Hamsharis Telefon!
Robert und Hans verschwanden mit ihren Werkzeugkästen im Hauseingang.
Ungefähr eine Viertelstunde lang stand Avner allein neben dem

Lieferwagen in der Rue d'Alésia. Wenn ich doch bloß 'n Kaugummi dabeihätte, dachte er sehnsüchtig. Einmal war es ihm, als überquere Carl in einiger Entfernung die Straße, doch es war bereits zu dunkel, um das mit Bestimmtheit festzustellen. Hoffentlich erkenn ich Hamshari oder seine Frau rechtzeitig, um die beiden da oben zu warnen, überlegte Avner voller Sorge. Ach was, die werden schon nicht zurückkommen, bevor Robert und Hans fertig sind!

Plötzlich schlenderten seine beiden Kameraden über die Straße auf ihn zu. So was, dachte Avner, in der Zeit hätt ich ihnen nicht mal zugetraut, das Schloß zu knacken!

»Das soll doch wohl kein Witz sein?« fragte er gespannt. »Seid ihr wirklich schon fertig?«

»Warte bis morgen früh«, erwiderte Robert. »Dann wird es sich rausstellen, ob wir ganze Arbeit geleistet haben.«

Am Freitag, dem 8. Dezember, bezogen Steve und Hans kurz vor acht Uhr morgens in einem PKW Hamsharis Haus gegenüber Posten. Robert, Avner und Carl parkten den Lieferwagen knapp zweihundert Meter entfernt. Ihre Aufgabe war es, die beiden anderen zu warnen, falls Madame Hamshari und das Kind unverhofft zurückkehrten. An diesem Morgen waren keine von Louis' Leuten zugegen.

Es war fast halb neun, als Hamsharis Frau und Tochter das Haus verließen und zur nahegelegenen Bushaltestelle gingen. Nanette konnte jeden Moment anrufen, es galt also, schnell zu handeln.

Carl stieg aus und begab sich in ein etwa fünfzig Meter entferntes Bistro, zu dem eine öffentliche Telefonzelle gehörte. Er trat an den Apparat, warf eine Münze ein, drehte sich noch einmal um und vergewisserte sich, daß er freie Sicht auf den Lieferwagen hatte. Dann wählte er Hamsharis Nummer.

Avner blickte gespannt auf Robert, der neben ihm im Lieferwagen saß und ein Kästchen in der Hand hielt. Robert hielt die Augen starr auf Carl gerichtet, während sein Zeigefinger auf einem Kippschalter an der Außenwand des Gehäuses ruhte.

Carl hielt den Hörer ans Ohr, und seine Lippen schienen sich zu bewegen. Doch auf die Entfernung war es schier unmöglich festzustellen, ob er wirklich sprach, zumal er selbst in diesem Moment gleichmütig seine Pfeife zwischen den Zähnen behielt. Die beiden im Wagen achteten allerdings ohnehin nicht auf Carls Mund, sondern auf seine rechte Hand. Jetzt hob Carl langsam und bedächtig den rechten Arm und führte ihn mit einer Bewegung, die ganz natürlich wirkte, an den Kopf. Niemand sah, daß seine Finger ein wenig zitterten, als er sich kratzte. Avner holte tief Luft: das Signal! Er spürte, wie Robert sich neben ihm versteifte. Er mußte das Zeichen auch gesehen haben, doch ohne Avners Anweisung durfte er nichts unternehmen. »Los!« zischte Avner, und sein Blick glitt unwillkürlich an der Fassade des Hauses No. 175 empor.

Er hörte weder das Klicken des Kippschalters neben sich noch die Explosion. Aber er sah eine Art Flimmern in der Luft, so als sei ein Zittern durch das Gebäude gegangen. Eine der großen Fensterscheiben barst unter dem ungeheueren Druck klirrend in tausend Stücke.

Ein paar Fußgänger blieben stehen und blickten hinauf.

Im zweiten Stock öffnete jemand die Balkontür, trat hinaus, reckte sich über die Brüstung und blickte erst die Straße entlang, dann an der Hauswand empor.

Carl steuerte zielbewußt auf den Lieferwagen zu.

Wir haben's geschafft, jubelte Avner innerlich.

Wir haben's wieder geschafft.

Am Abend, als sie gemeinsam in einer ihrer konspirativen Wohnungen vor dem Fernseher saßen und die Nachrichten verfolgten, erlitt seine Freude allerdings einen schmerzlichen Dämpfer. Hamshari war noch am Leben. Die Nachtausgaben der Zeitungen meldeten dasselbe. Er war ohne Zweifel schwer verletzt, doch aus den Berichten ließ sich nicht ablesen, ob er den Unfall überleben würde. Man hatte ihn ins Hôpital Cochin in der Rue Faubourg Saint-Jacques gebracht. Das St.-Josephs-Krankenhaus wäre zwar ein wenig näher gewesen, wahrscheinlich aber lag das Hôpital Cochin in der Fahrtrichtung des Rettungswagens. Vielleicht, grübelte Avner, hat er inzwischen der Polizei schon von

dem italienischen Journalisten erzählt, der ihn unmittelbar vor der Explosion angerufen hatte.
Carl berichtete, daß Hamshari am Telefon ziemlich verschlafen geklungen habe. Er sei sich im ersten Moment gar nicht sicher gewesen, ob er wirklich mit der Zielperson sprach. »Deshalb hab ich, gleich nachdem ich mich als der italienische Journalist von neulich vorstellte, noch mal nachgefragt, mit wem ich eigentlich verbunden sei. ›Hier spricht Hamshari‹, hat er geantwortet. ›Dr. Hamshari.‹ Erst dann hab ich euch das Zeichen gegeben.«
Robert war völlig außer sich und manövrierte sich störrisch in die Defensive, obwohl niemand ihn angriff. »Na gut«, sagte er, »ich hätt mehr Sprengstoff reintun können, klar doch! Aber ihr wart ja alle ganz wahnsinnig vor Angst, daß vielleicht noch wer verletzt werden könnte. Da hab ich eben versucht, das Ding so zu konstruieren, daß die Explosion todsicher auf Hamsharis Arbeitszimmer beschränkt bleiben mußte.«
Den Nachrichten zufolge war es der Polizei bisher nicht gelungen, die Ursache der Explosion einwandfrei festzustellen. Ein Sabotageakt wurde nicht ausgeschlossen. Nach reiflicher Überlegung kam Avner zu dem Schluß, daß kein Grund zu übermäßiger Besorgnis vorlag. Selbst wenn Hamshari überleben sollte, so hatten sie ihn jedenfalls für lange Zeit, vielleicht sogar für immer außer Gefecht gesetzt, und was er der Polizei über den »italienischen Journalisten« erzählen konnte, barg wohl kaum eine ernsthafte Gefahr für das Team. Vermutlich würde man zwar über kurz oder lang eine Verbindung zwischen dem ominösen Zeitungsmann und der Explosion herstellen, aber dann war Carl längst über alle Berge, und das Team hatte ohnehin nicht vorgehabt, dieselbe Methode noch einmal anzuwenden. Denn daß die Detonation durch eine Telefonbombe ausgelöst worden war, hätte sich bei der Untersuchung vermutlich selbst dann herausgestellt, wenn der Sprengstoff höher dosiert und wirksamer gewesen wäre.
Die fünf verbrachten noch zwei Nächte in Paris. Sie gaben den Lieferwagen, den PKW und einige Handfeuerwaffen an Louis zurück und zahlten ihm die letzte Rate aus: runde fünfzigtau-

send Dollar; hundertfünfzigtausend hatte er bereits in der Woche zuvor bekomen. Am 10. Dezember, einem Sonntag, flogen sie getrennt und mit neuen Pässen versehen nach Frankfurt. Auf den Pariser Flughäfen wimmelte es nur so von Polizisten, doch alle fünf kamen unbehelligt durch die Kontrollen. Nach ihren Informationen war Hamshari zu diesem Zeitpunkt noch am Leben.[9]

Avner flog von Frankfurt aus nach New York weiter. Der offizielle Grund für diese Reise war ein Gerücht, das diesmal freilich nicht Louis, sondern einer der alten Pariser Informanten von Hans aufgeschnappt hatte. Angeblich war Ali Hassan Salameh oder ein anderer Spitzenterrorist der PLO unterwegs in die USA, um gemeinsam mit der Black-Panther-Organisation einen Überfall auf eine El-Al-Maschine auf dem John-F.-Kennedy-Flughafen vorzubereiten. Natürlich durfte man eine solche Information nicht unbeachtet lassen, aber Avner glaubte persönlich nicht daran. Salameh war ein eher aristokratischer Typ, der wohl kaum mit den »Black Panthers« gemeinsame Sache machen würde.

Avner hatte freilich noch einen privaten Grund für seine Amerikareise: Er wollte eine Wohnung für Shoshana mieten.

Während er im Flugzeug saß, zählte er in Gedanken die Gründe auf, die dafür sprachen, seine Frau in die Staaten zu schaffen. Erstens vermiß ich sie, dachte er. Ja, sogar mehr, als ich mir je hätte vorstellen können. Unsre Arbeit wird vielleicht noch Jahre dauern. Wer weiß, ob ich in der Zeit 'ne Möglichkeit finde, sie in Israel zu besuchen. Solange wir den Auftrag haben, dürfen wir ja nur im äußersten Notfall nach Hause, und selbst dann wär's fraglich, ob sie einen danach wieder rausschicken und weitermachen lassen. Die andern haben ihre Familien längst im Ausland angesiedelt – außer Steve, aber der ist schließlich nicht verheiratet. Carl, Robert und Hans haben ihre Frauen alle schon 'n paarmal besucht.

Zum zweiten gab Avners sechster Sinn ihm die Vorahnung ein, daß er womöglich auch nach Beendigung der Mission nicht nach Israel zurückkehren würde. Eine solche Entwicklung konnte durch den Verlauf des Einsatzes bestimmt sein oder einen anderen Grund haben – Avner hatte keine konkrete Vorstellung, sondern reagierte nur auf seinen warnenden Instinkt. Außerdem hatte er sich schon immer gewünscht, in Amerika zu leben. (»Am liebsten möchtest du Amerikaner sein«, hörte er im Geiste die tadelnde Stimme seiner Mutter.) Bei seinen wenigen Kurzbesuchen hatte ihm New York ausnehmend gut gefallen. Wer weiß, dachte er, wenn ich Shoshana erst mal für 'ne gewisse Zeit dort unterbringe, damit wir uns ab und zu sehen können, solange ich noch mit dem Team arbeite, dann gewöhnt sie sich vielleicht dran. Wenn ich Glück hab, gefällt's ihr, und sie will hinterher gar nicht mehr unbedingt nach Hause zurück. Aber das wird sich alles finden. Jetzt brauch ich sie jedenfalls!

Avner war fünfundzwanzig, und seit September hatte er keine Frau mehr gehabt. Es gab zwar Mädchen, die ihm gefielen, aber er machte nie den Versuch, eine näher kennenzulernen. Vielleicht wollte er seiner Frau treu bleiben, vielleicht auch lastete einfach zuviel Druck auf ihm. Soweit er darüber im Bilde war, hatten seine Kameraden, mit Ausnahme von Steve, ebenfalls keinerlei sexuelle Kontakte. Natürlich können Robert, Hans und Carl ihre Frauen besuchen, dachte Avner, aber das kommt auch selten genug vor. Kann sein, Sex geht ihnen nicht ab, wer weiß, wir reden ja nie darüber. Na, mir fehlt Shoshana jedenfalls, und wie!

Er fand in Brooklyn ein Einzimmerapartment in einem Haus, dessen Verwaltung die Haltung von Haustieren erlaubte, so daß Shoshana Charlie würde mitbringen können. Avner hinterlegte Kaution und erste Monatsmiete und teilte den Besitzern mit, seine Frau würde im kommenden April einziehen. Er hatte sich ausgerechnet, daß das Baby dann drei Monate alt sein würde; gewiß konnte Shoshana dann schon fliegen.

Den 20. Dezember dieses Jahres würde Avner nie vergessen. Er war wieder in Frankfurt und rief Shoshana von dort aus an. Er traute seinen Ohren nicht, als er seine Frau sagen hörte: »Das Baby kommt am Fünfundzwanzigsten. Ich möchte dich dann bei mir haben.«

Es war einfach unglaublich, daß eine *sabra,* deren Mann sich auf Auslandsmission befand, so etwas verlangte.

Einen Augenblick lang wußte Avner nicht, was er antworten sollte. Dann räusperte er sich und sagte: »Gut, ich komme.«
»Nein, das geht nicht!« protestierte Shoshana, die offenbar im nachhinein über ihre eigene Forderung erschrak. »Sei nicht albern, ich hab's doch nicht ernst gemeint. Ich hab ja alles, was ich brauche. Am Fünfundzwanzigsten geh ich in die Klinik, meine Eltern kümmern sich wirklich rührend um alles . . . Ich hab nur Spaß gemacht, du brauchst dich um mich wirklich nicht zu sorgen.«
»Ich komm rüber«, antwortete Avner und setzte hinzu: »Aber sprich mit niemandem drüber, klar?«
Zwei Tage später flog Avner mit einem deutschen Paß nach Tel Aviv. Er hatte seinen Partnern kein Wort von dieser Reise erzählt und war sich bewußt, daß er aufs gröbste gegen die Vorschriften der Mossad verstieß. Seine Handlungsweise war unentschuldbar, und an das, was passieren würde, falls einer von den eigenen Leuten ihn entdeckte, wagte er gar nicht zu denken. Bestenfalls konnte er mit unehrenhafter Entlassung rechnen. Falls ihn jedoch der Feind ausfindig machte, standen die Operation, sein eigenes und das Leben seiner Kameraden auf dem Spiel. Vor keiner illegalen Grenzübertretung hatte er sich je so gefürchtet. Es war nicht nur das Risiko, das ihm Angst einjagte. Avner hatte vielmehr, gleich den meisten seiner Landsleute, eine übersteigerte Vorstellung von den Sicherheitsvorkehrungen Israels. In der Tat verfügte das Land über einen erstklassigen Abschirmdienst, aber Leute wie Avner vermuteten wesentlich mehr dahinter. Für ihn war der israelische Geheimdienst unfehlbar, und in seinen Augen grenzte der Versuch, ihn zu hintergehen, an Selbstmord.
Avner verbrachte vier Tage in Tel Aviv. Er sah während dieser Zeit niemanden außer Shoshana und seine Mutter. Er traute sich nicht einmal, seinen Vater zu besuchen. Er begleitete Shoshana auch nicht in die Klinik. Erst nachdem das Kind geboren war, stahl er sich im Schutz der Dunkelheit ins Krankenhaus, gab sich vor der Nachtschwester als Onkel aus und überredete sie, ihm das Baby zu zeigen. Die Schwester versicherte ihm, das winzige,

schreiende Bündel sei ein Mädchen. Avner hatte noch nie etwas so Häßliches gesehen.

Shoshana überraschte ihn von neuem. Avner hatte erwartet, daß es ihn große Überredungskünste kosten würde, sie zum Umzug nach New York zu bewegen. Doch sie willigte ohne weiteres ein. »Mir macht es nichts aus, wenn ich die meiste Zeit allein bin«, sagte sie. »Ich werd's schon schaffen, selbst wenn wir uns bloß zweimal im Jahr sehn. Das nehm ich jedenfalls lieber in Kauf, als unser Kind von den Großeltern erziehen zu lassen.«

Sie verabredeten sich für den nächsten April in New York.

VIII
Abad al-Chir

Der PLO-Organisator Hussein Abad al-Chir hielt sich meist in Damaskus auf, also außerhalb des Operationsfeldes von Avners Team. Darin lag der Hauptgrund für seine Einstufung als hartes Ziel, denn al-Chir war den Informationen zufolge weder bewaffnet, noch hielt er sich eine Leibwache. Von Beruf war er Lehrer für arabische Sprachen. Innerhalb der PLO hatte er die Funktion, die Kontakte zum KGB in Zypern zu pflegen. Auf Ephraims Liste war er die Nummer zehn.

Avner wurde von Louis in Paris auf al-Chir aufmerksam gemacht. Ein Gewährsmann von »Le Groupe« in Nikosia hatte ein Gerücht über einen angeblich bevorstehenden Anschlag der palästinensischen Kommandos aufgeschnappt. Eine Terroristengruppe sollte sich an Bord eines griechischen Schiffes begeben, das zunächst den Hafen von Kyrenia, in der Nähe von Nikosia, anlaufen und von dort weiter nach Haifa fahren würde. In Kyrenia sollten automatische Waffen und wahrscheinlich auch Sprengkörper an Bord geschmuggelt werden. Nach der Ankunft in Haifa sollten die Terroristen dann das Schiff in ihre Gewalt bringen und nach dem Vorbild des Kamikaze-Angriffs von Lod soviel Verwüstung wie nur möglich anrichten.

»Der Tip ist übrigens ein Geschenk unsres Hauses«, sagte Louis, als er seinen Bericht beendet hatte.

»Könnten Sie mir auf geschäftlicher Basis vielleicht 'n paar Zusatzinformationen liefern?« erkundigte sich Avner.

»Ich könnte versuchen, noch was rauszukriegen.« Louis nickte bereitwillig. »Bis jetzt weiß ich nicht mehr, als daß die Attentäter mit afghanischen Pässen reisen werden. Ach ja, und die Organisation in Zypern liegt in der Hand eines gewissen al-Chir.«

Dieses Gespräch hatte einige Tage vor dem Anschlag auf Hamshari stattgefunden. Avner diskutierte den Fall mit seinen Part-

nern. Wenn Louis' Information korrekt war, so mußte al-Chir binnen kurzer Zeit in Nikosia auftauchen, und Zypern lag nicht außerhalb des Operationsbereichs der fünf.
Vor seinem heimlichen Besuch in Israel hatte Avner vorsorglich Louis' Telefonnummer an Carl weitergegeben. (Bis dahin war Avner der einzige gewesen, der mit Louis in direktem Kontakt stand; sein Team hatte lediglich den einen oder anderen seiner Mitarbeiter kennengelernt.) Jetzt vereinbarte Avner mit Louis, daß Carl ihn täglich anrufen würde. Sofern al-Chir wirklich nach Zypern reiste, sollte Carl vom 27. Dezember an versuchen, Avner unter einer bestimmten Nummer in Athen zu erreichen.
Avner flog genau am Siebenundzwanzigsten von Tel Aviv in die griechische Hauptstadt. Er kannte sich in Athen gut aus, hatte allerdings keine guten Erinnerungen an die Wiege der abendländischen Kultur. Hier war er als frischgebackener Agent der Mossad zum erstenmal mit jenem geheimnisvollen, düsteren Aspekt der Arbeit eines Geheimdienstlers in Berührung gekommen, den sein Vater nicht müde wurde in verschleierten Andeutungen heraufzubeschwören. In Athen hatte er zum erstenmal gespürt, daß selbst ein Ritter ohne Furcht und Tadel nicht mehr war als ein Rädchen im großen Getriebe des Staates, das gelenkt wurde von persönlichen Freundschaften und Animositäten, von Beziehungen und Intrigen.
Der Vorfall an sich war relativ harmlos gewesen. Der ältere Mann, der zu jener Zeit als ständiger Vertreter der Mossad in Athen lebte, betrank sich eines Abends in aller Öffentlichkeit. Er hatte mit seiner bedeutend jüngeren Frau sowie mit Avner und einem zweiten jungen Agenten in einem Restaurant zu Abend gegessen und sich dabei so sinnlos vollaufen lassen, daß er schließlich auf den Tisch kletterte, seinen Hosenschlitz öffnete und die Gäste angepinkelt hätte, wären Avner und sein Kollege nicht dazwischengesprungen. Die junge Frau war anscheinend an derlei vulgäre Ausbrüche ihres betagten Gatten gewöhnt, jedenfalls erhob sie sich wortlos, ging aus dem Lokal und überließ es den beiden jungen Männern, ihren Chef zu bändigen. Dieser war selbstverständlich in der Stadt nicht als israelischer Agent

bekannt; er lebte vielmehr als Geschäftsmann in Athen, und insofern war es kein übermäßiger Verstoß gegen die Sicherheitsvorschriften, wenn er sich in der Öffentlichkeit betrank.
Doch Avner war über den Vorfall entsetzlich schockiert. Er war damals ein blutiger Anfänger mit einem Kopf voller Illusionen. Er hatte gerade erst in Athen Posten bezogen und es als selbstverständlich vorausgesetzt, daß sein Chef ein Mann von Ehre sei, den er respektieren könne. Außerdem ist Trunksucht bei Juden, die zwar ansonsten genauso viele Fehler haben wie jede andere ethnische Gruppe, tatsächlich sehr selten. Avner konnte sich nicht erinnern, je eine Szene wie die in Athen erlebt zu haben. Daß sich ausgerechnet ein Standortkommandant der Mossad so gehenließ, schien ihm unentschuldbar.
Er besprach sich mit seinem Kollegen, und sie vereinbarten, den Vorfall in ihrem nächsten Bericht nach Tel Aviv zu erwähnen. Avner hielt das sogar für seine Pflicht. Wer weiß, vielleicht brauchte der Chef ja psychiatrische Hilfe? Noch eine andere Möglichkeit ging ihm durch den Kopf: Womöglich war der peinliche Auftritt nur gestellt, sozusagen ein für ihn inszenierter Test, um zu überprüfen, ob er den Skandal aus Loyalität dem Älteren gegenüber vertuschen würde oder nicht. Aber man sollte ihn, Avner, bei keiner Unregelmäßigkeit ertappen!
Als er etwa einen Monat später nach Tel Aviv zurückkehrte, bekam er zu seiner Überraschung den Befehl, sich umgehend in der Personalabteilung der Mossad zu melden. Dort wurde er von drei Männern mit ausgesprochen sauertöpfischen Mienen empfangen – Galizier, wie sie im Buche stehn, dachte Avner.
»In Ihrem Rapport haben Sie ein paar äußerst schwer wiegende Anschuldigungen erhoben«, sagte einer der drei und schob Avner seinen eigenen Bericht über den Tisch hinweg zu. »Wir möchten Ihnen dringend raten, sie zurückzunehmen.«
Avner war wie vor den Kopf geschlagen. »Wie meinen Sie das?« fragte er entsetzt. »Genauso hat sich's doch zugetragen! Sie brauchen bloß nachzulesen, was mein Kollege drüber geschrieben hat.«
»Seine Meldung ist bereits überprüft worden«, äußerte der Gali-

zier überheblich. »Der Vorfall, den Sie anführen, wird darin mit keinem Wort erwähnt. Vielleicht haben Sie sich das Ganze ja nur eingebildet?«

»Und selbst wenn Sie recht haben«, mischte sich der zweite begütigend ein, »versuchen Sie doch mal, die Sache von unsrem Standpunkt aus zu betrachten. Der Mann, den Sie denunzieren, hat Bedeutendes für Israel geleistet, als Sie nicht mal trocken hinter den Ohren waren. Noch ein Jahr, und er wird pensioniert. Ihre Meldung könnte für ihn sehr nachteilige Folgen haben. Übrigens ... *Sie* sind schließlich auch nicht vollkommen. Was glauben Sie, was Sie für Augen machen würden, wenn ich Ihnen *seinen* Bericht über *Sie* zeigte!«

»Aber«, ergriff der dritte Galizier das Wort, »soviel Wind wollen wir gar nicht machen. Nehmen wir an, Sie beide sind einfach von der Persönlichkeitsstruktur her nicht gut miteinander zurechtgekommen. Wir wollen sowohl seinen als auch Ihren Bericht ganz einfach vergessen. Damit ist allen gedient, nicht wahr?«

Zufällig hatte er genau den Ton getroffen, auf den Avner stur wie ein Maulesel zu reagieren pflegte. Er erinnerte ihn auf unangenehme Weise an den Kibbuz; hier wie dort hielten die Galizier zusammen. Avner stand auf. »Mein Bericht liegt Ihnen vor«, sagte er barsch. »Es ist mir gleich, was Sie sonst noch in der Hand haben. Es ist Ihre Sache, was Sie vergessen und woran Sie sich erinnern. Sonst noch was?«

Die Galizier antworteten nicht, und Avner verließ grußlos das Büro. Er kochte vor Wut. Man hatte ihn seither nie mehr auf diesen Vorfall angesprochen, und doch spürte er nach wie vor einen schlechten Geschmack im Mund, wenn er daran zurückdachte. Als er acht Monate später wieder einen Auftrag in Athen zu erledigen hatte, hatte die Mossad dort einen neuen Standortkommandanten eingesetzt.

Das liegt jetzt schon zwei Jahre zurück, überlegte Avner, als er nach seinem heimlichen Besuch bei Shoshana in Athen eintraf. Seltsam, heute hätt ich wahrscheinlich mehr Verständnis für den Alten. Ja, jetzt würde ich keine Meldung mehr machen. Na, wie auch immer, die Geschichte ist verjährt!

Avner war kaum in seinem Hotelzimmer, da erhielt er schon einen Anruf von Carl. Er und Hans hielten sich bereits seit einem Tag in Nikosia auf und observierten al-Chir.
Kurz nachdem Avner Frankfurt verlassen hatte, war ein Anruf von Louis gekommen, der dem Team al-Chirs Ankunft in Zypern meldete. Carl, der in Avners Abwesenheit das Kommando führte, beschloß, gemeinsam mit Hans nach Nikosia zu fliegen. Robert schickte er nach Belgien zu einer Besprechung mit seinem Kontaktmann aus der Waffenbranche. Es würde ihm guttun, mit diesem zusammen eine ausgiebige Manöverkritik über das mißlungene Telefonbombenattentat abhalten zu können, denn Robert hatte das Mißgeschick von Paris noch immer nicht verwunden. Steve befand sich zur Zeit in Spanien, wo er eine neue Spur verfolgte.
Es dauerte nur wenige Stunden, bis Avner mit Hans und Carl in Nikosia zusammentraf. Louis hatte ihnen eine konspirative Wohnung besorgt. Strahlend erzählten die beiden, daß al-Chir sich bereits mit dem Mann getroffen habe, der in Zypern das KGB vertrat. Unglücklicherweise beschlossen sie, Avners Ankunft mit einem gemeinsamen Mittagessen zu feiern, und überließen die Observierung al-Chirs in der Zwischenzeit Louis' zyprischem Überwachungsteam. Als sie die Leute wieder ablösen wollten, gestanden diese kleinlaut, daß der PLO-Organisator sein Hotel verlassen habe und mit unbekanntem Ziel abgeflogen sei.
Den dreien blieb nichts anderes übrig, als nach Frankfurt zurückzukehren. Es hatte keinen Sinn, tatenlos in Zypern herumzuhocken. Al-Chir würde gewiß über kurz oder lang dorthin zurückkehren, es fragte sich nur, wann. Die Sowjetunion hatte die kleine Mittelmeerinsel zu einem ihrer Stützpunkte erkoren, denn die geographische Lage der Insel prädestinierte sie zum idealen Standort für all jene, die das Feuer im Nahen Osten schüren wollten. Auch der chronische Konflikt zwischen Griechen und Türken ließ sich von hier aus prächtig anheizen.[1]
Avner war geradezu erleichtert, als sie Nikosia verließen. Das südliche Klima Zyperns gebar ein Temperament, mit dem er sich

ganz und gar nicht anfreunden konnte. Ihm war es recht, daß Louis' Leute in Nikosia nun allein nach al-Chir Ausschau halten mußten.
In Frankfurt trafen sie mit Steve zusammen, dessen spanische Spur im Sande verlaufen war. Ein paar Tage später kehrte auch Robert aus Belgien zurück. »Hör zu«, wandte er sich gleich nach der Begrüßung an Avner. »Wenn's mit Zypern klappt, dann mußt du mir noch mal 'ne Chance geben. Mein Freund und ich, wir haben 'n neues System entwickelt, verstehst du?«
»Kann mir schon denken, was ihr ausgebrütet habt«, spottete Steve. »'ne unsichtbare Bombe, von der al-Chir 'n Leberleiden kriegt, das ihn zehn Jahre zu früh dahinrafft. Ist doch alles Quatsch! Warum knallen wir den Kerl nicht einfach ab?«
»Du bist ja bloß sauer auf deinen Wohnungsnachbarn, weil er dich nicht mit seiner Plastikente spielen läßt«, fuhr Carl dazwischen.
Alle lachten, Steve eingeschlossen. Robert beherrschte sich zwar in Wahrheit gerade so weit, kein Spielzeug mit in die Badewanne zu nehmen, aber abgesehen davon türmten sich die unglaublichsten Erfindungen in der Wohnung, und Robert achtete streng darauf, daß Steve sie nicht in die Finger bekam. Daraus erwuchsen immer wieder Spannungen. Einmal kam Robert früher als erwartet nach Hause und überraschte Steve dabei, wie der gerade ein Auto mit Fernsteuerung ausprobierte. Robert reagierte ausgesprochen gereizt und riß ihm das Spielzeug förmlich aus der Hand. Steve rächte sich, indem er seine präparierte Münze benutzte, als ausgelost wurde, ob er oder Robert sich das Ohrläppchen durchstechen lassen mußte, um sich als Hippie Zutritt zu einer konspirativen Wohnung zu verschaffen und mit einem arabischen Informanten Kontakt aufzunehmen. Robert verzieh ihm diesen Schwindel nie.
»Kommt schon, hört auf zu streiten«, mahnte Avner. »Ihr wißt doch, daß wir über die Methode erst diskutieren können, wenn wir die Örtlichkeiten genau erkundet und was über die Gewohnheiten der Zielperson in Erfahrung gebracht haben. Bisher ist er in Nikosia immer im Olympic abgestiegen. Nehmen wir mal an«,

wandte er sich an Robert, »daß er beim nächsten Mal wieder dort wohnt. Was für 'nen Weg würdest du dann vorschlagen?«

»Ich würd ihm sechs kleine Bomben unters Bett legen«, antwortete Robert wie aus der Pistole geschossen.

»Wieso denn grade sechs?« fragte Avner entgeistert.

»Um sicherzugehen, daß wir ihn erledigen, aber niemand anders gefährden«, antwortete Robert ruhig.

Avner überlegte einen Augenblick. Er wußte, daß dies für Robert nach wie vor ein heikles Thema war. Das Team zweifelte zwar weder an seiner Sachkenntnis noch an der seines belgischen Kollegen; auch stand unbestritten fest, daß die Telefonbombe eine geniale Erfindung war. Und doch ließ sich nicht daran deuteln, daß sie keine tödliche Wirkung hatte; zumindest nicht unmittelbar.

Als Avner vor einiger Zeit mit Louis telefoniert hatte, da deutete der Franzose sehr taktvoll an, daß er einen Sprengstoffexperten empfehlen könne – für einen gewissen Preis natürlich. Avner erwähnte dieses Angebot seinen Partnern gegenüber, aber Robert wollte nichts davon hören. Er weigerte sich, eine Bombe auch nur anzufassen, die er nicht selbst mitentwickelt hatte.

»Aber wenn du so scharf drauf bist, Louis was verdienen zu lassen«, sagte er, »dann hab ich 'nen Vorschlag. Er könnte das Zeug für uns von Belgien nach Zypern schaffen.«

Avner war einverstanden. Es gehörte zu den risikoreichsten Unternehmungen einer jeden Operation, Waffen und Sprengstoff illegal über die Grenze zu befördern. Viele Terrororganisationen lösten dieses Problem, indem sie sich der diplomatischen Kuriere arabischer Länder oder der Ostblockstaaten bedienten, da Diplomatengepäck nicht vom Zoll kontrolliert wird. Weil Avner und sein Team diesen Weg nicht wählen konnten, war es durchaus ratsam, den Waffenschmuggel »Le Groupe« zu überlassen.

Mehr als zwei Wochen lang ging keine Meldung über al-Chir oder eine andere Zielperson ein. Hans nutzte die Zeit, um sich einen Traum zu erfüllen und in Frankfurt ein Geschäft mit antiken Möbeln aufzubauen. Er war nicht nur vernarrt in Antiquitäten, sondern verstand auch eine Menge davon. Außerdem war er – im Gegensatz zu Avner und Steve – der geborene Geschäftsmann. Es machte ihm ausgesprochenen Spaß zu handeln.

Carl, der Wachsame, war mit Hans' Vorhaben sehr einverstanden. Ein Antiquitätengeschäft lieferte dem gesamten Team eine recht brauchbare Tarnung und erklärte hinlänglich, warum sie ständig in der Welt herumreisten. Selbst der Transport größerer Gegenstände über internationale Grenzen würde in Zukunft durch diesen Laden völlig legitimiert sein.

Auch Avner war mit Hans' Vorhaben einverstanden, obgleich er selbst sich nie um seine Tarnung gekümmert hatte, abgesehen davon, daß er in Deutschland Lotto und in England Fußballtoto spielte. Damit hatte er allerdings schon als ganz junger Agent begonnen, denn beides lieferte eine ausgezeichnete Erklärung dafür, daß er ständig irgendwelche Zettel, vollgekritzelt mit Zahlen, herumschleppte. Es war sein Pech, daß er sich die jeweiligen Kodes für die Nachrichtenübermittlung einfach nicht merken konnte.

Avner nutzte die Wartezeit für einen Kurzbesuch in Genf. Dort griff er zum erstenmal zur Übermittlung einer Botschaft an Ephraim auf den Safe zurück. Zum einen informierte er ihn über den eventuell bevorstehenden Angriff auf Haifa. Zum anderen bat er seinen Einsatzoffizier privat, Shoshana im April bei ihrer Reise nach New York behilflich zu sein. Man hatte Avner von Anfang an zugesagt, daß er seine Frau während der Mission im Ausland treffen könne, und er hielt es nicht für nötig, Ephraim jetzt auf die Nase zu binden, daß Shoshana nicht nach Israel zurückkehren würde.

Da er ohnehin in der Bank zu tun hatte, ließ Avner sich auch die Auszüge seines Gehaltskontos zeigen. Der angesammelte Betrag war zwar immer noch recht bescheiden, erhöhte sich jedoch merklich. Avner lächelte unwillkürlich bei dem Gedanken, daß er schon jetzt mehr Geld auf einer Schweizer Bank besaß, als er je zuvor gespart hatte.

Am Montag, dem 22. Januar 1973, kam endlich der ersehnte Anruf von Louis. Abad al-Chir würde in ein bis zwei Tagen in Zy-

pern eintreffen. »Le Groupe« hatte indessen nicht herausbringen können, wie lange er diesmal bleiben würde.
Noch am selben Abend flog das Team nach Nikosia. Avner und Robert begaben sich in ihre Wohnung, während Carl, Hans und Steve im Olympic abstiegen. Carl hatte den Vorschlag gemacht, daß drei von ihnen Quartier in dem Hotel beziehen sollten, in dem sie die Zielperson erwarteten. Zum einen würde das die eindeutige Identifikation des Opfers erleichtern, zum anderen bekämen sie auf diese Weise Gelegenheit, die Zimmeranordnung des Hauses genau zu studieren. Carls Plan bot noch einen weiteren Vorteil. Es war zwar vereinbart, daß die drei das Hotel unmittelbar nach al-Chirs Ankunft wieder verlassen sollten, aber sie würden gewiß keinen Verdacht erregen, wenn sie zu einem späteren Zeitpunkt dem Personal oder den Sicherheitsbeamten auf dem Gelände begegneten. Man würde in ihnen lediglich Gäste des Hauses wiedererkennen.
Am Dienstag um die Mittagszeit überbrachten Louis' Leute Robert ein Päckchen aus Belgien.
Noch am selben Tag traf Abad al-Chir im Olympic ein.[2]
Steve und Carl berichteten – der erste amüsiert, der zweite besorgt –, daß die Zielperson ausgerechnet neben einem Brautpaar einquartiert sei, das aus Israel stammte. Die jungen Leute waren nach Zypern gekommen, um sich hier trauen zu lassen, da das Mädchen keine Jüdin war. Diesen Weg wählten nicht wenige Heiratswillige, denn in Israel verweigerte die Religion Mischehen ihren Segen.
»Tja«, kommentierte Steve augenzwinkernd, »sieht so aus, als würde es in *beiden* Zimmern ganz schön bumsen«, womit er Hans arg in Verlegenheit brachte.
»Kann ich mich drauf verlassen, daß die beiden nicht verletzt werden?« wandte Avner sich an Robert.
»Hundertprozentig«, versicherte Robert. Doch dann fügte er zögernd hinzu: »Natürlich kann ich dir keine schriftliche Garantie geben. Wenn du die brauchst, dann blasen wir das Ganze lieber ab.«
»Wie wär's, wenn wir die zwei warnen?« fragte Hans. Doch

gleich darauf schüttelte er den Kopf, ohne die Antwort seiner Kameraden abzuwarten. Er wußte so gut wie sie, daß bei einer solchen Operation niemand gewarnt werden konnte. Das Team mußte entweder das Risiko tragen oder von dem Unternehmen zurücktreten. Die Entscheidung lag bei Avner.

»Wir wollen's versuchen«, sagte er. »Hoffentlich haben wir Glück.«

»Wir?« fragte Hans sarkastisch. »Du meinst wohl die beiden jungen Leute. Möchtest du nebenan liegen, wenn Roberts sechs kleine Bomben hochgehen?« Es war ungewöhnlich, daß ein Mitglied des Teams dergestalt Kritik anmeldete, nachdem Avner seine Entscheidung bekanntgegeben hatte. Aber jeder spürte, daß Hans' Einwand von echter Besorgnis diktiert war.

Nach einem kurzen, betretenen Schweigen sagte Robert: »Also gut, meinetwegen. Ich geb euch 'ne schriftliche Garantie!«

Damit war die Diskussion beendet.

Diesmal bestand Roberts Erfindung, vereinfacht gesagt, aus einer Druckbombe. Sechs mit Sprengstoff gefüllte Kammern waren an einen Doppelrahmen angeschlossen. Die beiden Teile des Rahmens wurden durch vier kräftige Federn auseinandergehalten, deren jede in der Mitte von einer Metallschraube durchbohrt wurde. Schob man die Bombe unter einen Autositz oder eine Matratze, dann hinderten die Federn diese Schrauben im oberen Rahmen daran, vier korrespondierende Mulden im unteren zu berühren. Das Gewicht eines menschlichen Körpers dagegen würde die Spannung der Federn außer Kraft setzen und den Kontakt ermöglichen.

Eine einfache Druckbombe würde in eben diesem Augenblick explodieren. Bei Roberts Konstruktion genügte das Körpergewicht dagegen nur dazu, die Bombe scharf zu machen. Um sie zu zünden, bedurfte es eines Radiosignals. Wenn das ausblieb, kam es nicht zur Explosion. Umgekehrt konnte kein verirrtes Signal die Bombe zünden, solange die Zielperson nicht mit ihrem Gewicht auf dem Gegenstand ruhte, in oder unter dem die Höllenmaschine verborgen war.

Am Montag, dem 24. Januar, verließ Ephraims Ziel Nummer

zehn sein Hotelzimmer um acht Uhr morgens. Der KGB-Vertreter und ein zweiter Russe holten ihn im Wagen ab. Als das Auto davonfuhr, hefteten sich ihm mehrere Fahrzeuge von Louis' Überwachungstrupp an die Fersen. Insgesamt waren sechs Leute abkommandiert, die Weisung hatten, Carl sofort zu verständigen, wenn die Russen Anstalten trafen, al-Chir in sein Hotel zurückzubringen. Doch der PLO-Organisator verbrachte den ganzen Tag im Quartier der Russen.

Kurz nach Mittag, als die Putzfrauen das Feld geräumt hatten, verschaffte einer von Louis' Männern Robert und Hans Zutritt zu al-Chirs Zimmer. Sie plazierten die Bombe zwischen den Sprungfedern unter der Matratze, unterbrachen dann den Stromkreis, der die Deckenlampe speiste, und ließen lediglich die Nachttischlampe intakt. Wenn die heute nacht ausgeschaltet wurde, konnten sie sicher sein, daß al-Chir im Bett lag.

Kurz nach 22 Uhr brachten die Russen den PLO-Organisator in sein Hotel zurück. Sie begleiteten ihn bis zum Haupteingang, und beim Abschied überreichte einer der beiden ihm einen Umschlag.[3] Einer von Louis' Männern fuhr mit al-Chir im Lift nach oben, um sicherzugehen, daß er auch tatsächlich allein sein Zimmer betrat.

Alles klappte vorzüglich. Etwa zwanzig Minuten später wurde das Licht ausgeknipst. (Das Zimmer des israelischen Brautpaares lag schon eine ganze Weile im Dunkeln.) Draußen vor dem Olympic saßen Avner und Robert in einem Mercedes, während Hans und Steve sich etwas weiter entfernt in einem BMW bereithielten. Carl trieb sich wie gewöhnlich allein herum.

Nachdem das Licht in al-Chirs Zimmer erloschen war, wartete Avner noch zwei Minuten. Dann gab er Robert grünes Licht. Er hatte bewußt noch ein wenig Zeit verstreichen lassen, da es ja möglich war, daß der Araber das Licht ausknipste, bevor er sich ins Bett legte. Aber es stellte sich heraus, daß er den Befehl immer noch zu früh erteilt hatte. Als Robert die Fernsteuerung betätigte, geschah gar nichts. Vielleicht saß al-Chir auf der Bettkante und zog sich die Socken aus. Damit übte er nicht genügend Druck aus, um die Detonation herbeizuführen.

Robert zählte bis zehn und drückte erneut auf den Knopf. Mit zusammengebissenen Zähnen preßte er die Hand mit aller Kraft auf die kleine Bakelitschachtel. Natürlich wäre das völlig unwirksam gewesen, wenn al-Chir immer noch nicht in seinem Bett gelegen hätte. Aber endlich war es soweit.
Es gab eine gewaltige Explosion. Das Fenster barst unter dem Druck, Flammen züngelten heraus, Steine und Mörtel polterten auf die Straße hinunter. Robert wollte offenbar dokumentieren, daß er durchaus imstande war, Bomben zu konstruieren, die unweigerlich tödlich wirkten. Avner warf noch einen Blick nach oben. Das Bild, das sich ihm bot, ließ keinen Zweifel daran, daß Abad al-Chir dem Anschlag erlegen war.
Sie fuhren davon, als in den Fenstern des Hotels und der umliegenden Gebäude die Lichter aufflammten. Die griechischen Bewohner dieser vom Unglück verfolgten Insel vermuteten gewiß einen Angriff der Türken, während deren Verdacht sich gegen die Griechen richtete.

IX
Basil al-Kubaisi

Am 17. März 1973 saßen Carl und Avner in einem Zimmer des Hotel du Midi in Genf. Aber die beiden waren nicht allein. Ihnen gegenüber hatte sich ein großer Mann in einem Lehnstuhl ausgestreckt und stützte seine langen Beine auf die Bettkante: Ephraim.
Sein Besuch war in erster Linie dienstlich.
Nach dem erfolgreichen Attentat auf al-Chir fanden die fünf Partner sich nach und nach wieder in Frankfurt ein. Zypern hatten sie einzeln und auf verschiedenen Routen verlassen. Avner beispielsweise war zuerst nach New York geflogen, wo er die letzten Vorbereitungen für Shoshanas Ankunft traf. Carl war wie immer als letzter aufgebrochen.
Gleich nach der Explosion war er ins Hotel gegangen, um sich zu vergewissern, daß al-Chir tot, aber niemand anderem etwas zugestoßen war. Erleichtert stellte er fest, daß weder von den übrigen Gästen noch vom Personal jemand verletzt worden war. Auch das israelische Brautpaar hatte nicht den geringsten Schaden genommen. Im Zimmer nebenan allerdings waren das Bett und die Leiche al-Chirs zerfetzt und in Stücke gerissen.
Etwa drei Wochen lang hockte das Team ohne eine einzige Spur in Frankfurt. Endlich, am 25. Februar, bestellte Louis Avner zum Flughafen, wo er genau eine Stunde Aufenthalt haben würde, ehe seine Anschlußmaschine startete.
Bei dieser Begegnung erhielt Avner eindeutige Informationen über vier weitere Zielpersonen. (Nach den Attentaten auf Zwaiter und Hamshari war es ihm nicht länger sinnvoll erschienen, die Fiktion seiner Verbindung zur Baader-Meinhof-Gruppe, die er Tony gegenüber errichtet hatte, aufrechtzuerhalten. Also erzählte er Louis bereits *vor* der Ermordung al-Chirs, daß er mit Informationen über palästinensische Terroristenführer handele. Er

ging weder ins Detail, noch erwähnte er seine Verbindung zur Mossad; schließlich war es nicht seine Aufgabe, Auskünfte zu geben, sondern Ermittlungen einzuholen. Der Franzose hatte Avners Erklärung wie immer hingenommen, ohne Fragen zu stellen.)

Nun berichtete Louis ihm, daß der Anführer einer Freischärlerorganisation Anfang März in Paris eintreffen würde und daß er den ständigen Wohnsitz von drei weiteren in Beirut ermittelt habe.

Der Mann, den man in Paris erwartete, war die Nummer neun auf Ephraims Liste und gehörte auf der Werteskala des Teams zu den Softies: Dr. Basil al-Kubaisi. Bei den dreien in Beirut dagegen handelte es sich um harte Ziele; diese Männer konnten nirgendwo in Westeuropa unter ihrem eigenen Namen auftreten. Kamal Nasser war der offizielle PLO-Sprecher; Mahmoud Yussuf Najjer, bekannt als »Abu Yussuf«, koordinierte die Aktivitäten von El Fatah und »Schwarzem September«; Kemal Adwan leitete die Guerillabewegungen in den von Israel besetzten Gebieten. Auf Ephraims Liste rangierten diese drei unter den Nummern sechs, sieben und acht.

Welch aufregende Neuigkeiten! Avner hatte keine Möglichkeit, herauszufinden, ob die Mossad die Adresse jenes Beiruter Mietshauses kannte. Er hielt es für seine Pflicht, Ephraim Meldung zu erstatten. Gleichzeitig wollte er seinen Einsatzoffizier darum bitten, einmal von der Vorschrift abzusehen und dem Team die Einreise in den Libanon zu gewähren, um die drei Ziele zu liquidieren. Sie brauchten eine solche Sondergenehmigung, um in einem der »Konfrontationsstaaten«, wie man die Länder nennt, die an Israel grenzen, operieren zu dürfen.

Avner war nicht wenig überrascht, als Carl seinem Vorschlag, Ephraim über die Beiruter Spur Mitteilung zu machen, heftigen Widerstand entgegensetzte. Carl, der Wachsame, der auf eine langjährige Erfahrung im Geheimdienst zurückblickte, befürchtete, daß andere Gruppierungen innerhalb der Mossad sich diesen Auftrag »unter den Nagel reißen werden, sobald sie davon Wind kriegen! Als Team haben wir das Recht, unabhängig zu ar-

beiten, ohne Informationen an Tel Aviv weiterzugeben«, argumentierte er. »Es steht doch schwarz auf weiß in unsrem Vertrag, daß wir der Mossad gar nicht mehr unterstehen. Wenn du denen die Sache meldest, werden sie uns nie im Leben gestatten, unsre Operation nach Beirut auszudehnen. Nein, weißt du, was die machen? Die landen mit Hilfe unsrer Information 'nen saftigen Coup im großen Stil und streichen den ganzen Ruhm für sich ein. Ich sag dir, wenn wir unsre Tips der Mossad liefern, hilft uns das überhaupt nicht weiter.
Lassen wir doch die Sache, wie sie ist. Wir kommen schließlich ganz gut voran, nicht? Wenn wir genügend Mittelsmänner hier in Europa erledigen, dann müssen die Topleute in Beirut über kurz oder lang ihre Deckung aufgeben. Terroraktionen müssen schließlich organisiert werden, hab ich recht? Wenn wir außer Zwaiter, Hamshari und al-Chir noch ein, zwei andere ausschalten, dann bleibt Adwan, Najjer und Nasser gar nichts weiter übrig, als sich persönlich nach Europa zu bemühen.«
Avner war verblüfft. Er widersprach Carl zwar nicht direkt, wies ihn jedoch darauf hin, daß er im Begriff sei, genau das zu tun, wessen er die Mossad verdächtigte, nämlich den eigenen Vorteil im Auge haben und den Ruhm allein einheimsen wollen. »Was kümmern uns Ruhm und Ehre? Wir haben hier nicht an unsere Karriere zu denken. Zum Glück sind wir keine Beamten, die sich Sprosse für Sprosse in irgend 'ner bürokratischen Hierarchie hocharbeiten müssen. Wir sind Soldaten, und wir stehn in 'nem Kampf, bei dem's um Leben und Tod geht. Willst du in so 'ner Situation wirklich Informationen zurückhalten?«
Carl zuckte nur mit den Achseln. »Es schadet nie, wenn man 'n As im Ärmel hat. Und schon gar nicht, wenn man mit denen von *le'histader* in Tel Aviv spielt. Die sind's nun mal, die zu Hause das Sagen haben, oder etwa nicht?«
Avner schämte sich ein wenig, wohl weil Carl ausgerechnet die Wendung gebraucht hatte, deren sich auch sein Vater beständig zu bedienen pflegte, wenn er vom Umgang mit dem Geheimdienst sprach. Vielleicht haben sie beide recht, dachte er, Carl und Papa. Außerdem steht's mir wohl kaum zu, Carl 'ne Vorle-

sung über Patriotismus zu halten. Und darf ich, der ich immer davon geträumt habe, der strahlende Ritter ohne Furcht und Tadel zu sein, ehrlich behaupten, daß Ruhm mir nichts bedeutet?[1]

Es sollte sich herausstellen, daß Carl mit seiner Warnung recht gehabt hatte, jedenfalls zu fünfundneunzig Prozent.

Avner flog nach Genf, deponierte die Meldung im Safe, kehrte nach Frankfurt zurück und begab sich zehn Tage später wieder nach Genf, um Ephraims Antwort abzuholen. Sie lautete: »Nichts unternehmen. Absolut stillhalten. Eintreffe Genf am 18. März. Wünsche Sie und Carl zu sprechen.«

Als die drei sich jetzt im Hotel du Midi gegenübersaßen, tauschten sie zunächst einmal Höflichkeiten aus, und der Einsatzoffizier beglückwünschte das Team zu seinen Erfolgen.

Aber, dachte Avner skeptisch, überschlagen tut er sich nicht grade vor Begeisterung. Klingt eher wie: Schön und gut, aber es dauert 'n bißchen lange, nicht wahr? Und kostet 'nen ganzen Batzen Geld. Zugegeben, die Moral der Bevölkerung zu Hause wird erheblich gestärkt durch die Erfolge, die ihr erzielt habt.

»Ja, wirklich«, hörte er Ephraim sagen, »für die Leute bedeutet es 'ne ganze Menge, daß den *mechablim* endlich Einhalt geboten wird bei ihrem Versuch, die ganze Welt zu terrorisieren. Heute müssen auch sie über die Schulter nach Verfolgern Ausschau halten. So weit, so gut, nur läßt sich schwer feststellen, ob damit tatsächlich die Terrorakte eingedämmt werden. Aufgrund der Vorfälle in der jüngsten Vergangenheit befürchten manche Leute eher das Gegenteil.«[2]

»Aber«, fuhr Ephraim nach einer kurzen Pause fort, »das braucht euch vorläufig nicht zu beunruhigen. Wir stehen nach wie vor hundertprozentig hinter eurer Operation. Allerdings gibt es da ein Problem. Euch ist das vielleicht nicht bewußt, aber eure Existenz ist ein großes Geheimnis. Was den Feind angeht, so möge das ewig so bleiben. Aber davon spreche ich jetzt nicht. Nein, selbst im eigenen Lager kann man die Leute, die euch namentlich kennen, an einer Hand abzählen. Genau auf diese kleine Gruppe wird seit neuestem kolossaler Druck ausgeübt. Aus den eigenen Reihen, versteht ihr? Die Abteilungsleiter beschweren sich zum Beispiel bei den Donnerstagssitzungen.[3] ›Terroristen werden in ganz Europa gehetzt, ohne daß wir was davon wissen?‹ heißt es da. ›Was ist los? Vertraut man uns nicht mehr, oder warum müssen wir unsre Informationen aus der Presse beziehen?‹ «

»Ich bitte Sie«, unterbrach Carl in schneidendem Ton. »Mit denen werden Sie doch wohl fertig!«

»Im Augenblick schon, darüber braucht ihr euch keine Sorgen zu machen«, antwortete Ephraim. »Aber wir müssen auch an die Zukunft denken. Wie ich schon sagte: Auf uns wird ein gewisser Druck ausgeübt. Bestimmte Leute haben ihre eigenen Vorstellungen davon, wie dem Terrorismus Einhalt zu gebieten sei, und manche dieser Vorschläge klingen ganz vernünftig. Wir können diese Leute nicht ewig vertrösten und sie mit dem Hinweis abspeisen, daß unsre geheimnisvollen großen Stars in Europa mehr Zeit brauchen.«

»Vielleicht sagen Sie uns endlich, worauf Sie hinauswollen«, bat Avner ungeduldig.

»Nun, ganz einfach«, antwortete Ephraim bereitwillig. »Diesen Tip, den ihr da über die drei in Beirut bekommen habt, den hatte man uns schon längst zugespielt. Pläne wurden ausgearbeitet, nicht nur von uns, sondern auch von militärischer Seite. Vielleicht wird man sich zu einem Angriff ganz großen Stils entschließen, eine Gemeinschaftsoperation, versteht ihr? Ich will damit sagen, diese drei *mechablim* könnt ihr von eurer Liste streichen. Für die brauchen wir euch nicht.«

Avner und Carl wechselten einen Blick. Dann wandte Avner sich achselzuckend an seinen Einsatzoffizier: »Also gut, wenn Sie uns nicht brauchen, dann brauchen Sie uns eben nicht.«

»Geben Sie mir 'n ausführliches Briefing«, verlangte Ephraim. »Die Adresse in Beirut haben wir bereits, aber informieren Sie mich über alles, was Sie über die Lebensgewohnheiten der drei rauskriegen konnten, ihren Tagesablauf und . . . na, Sie wissen schon . . .«

»Aber das ist doch!« fiel Avner ihm entrüstet ins Wort. Er blickte

Carl hilfesuchend an, doch der lächelte nur, als wolle er sagen: Ich hab dich gewarnt, oder nicht? Du wolltest nicht auf mich hören, also sieh zu, wie du mit ihm fertig wirst. Avner wandte sich wieder an Ephraim: »Heißt das, wir sollen unsre ganzen Nachforschungen preisgeben, ohne den Job zu kriegen?«
»Das ist unser Job, haben Sie mich denn nicht verstanden?« entgegnete Ephraim in scharfem Ton. »Ihr arbeitet ja nicht mal für uns, habt ihr das vergessen?«
»Ganz recht, wir arbeiten nicht für Sie. Also ziehen Sie doch los und besorgen sich Ihre Informationen selbst!« rief Avner triumphierend.
Er wunderte sich über seine eigenen Worte, und auch Ephraim schien einen Moment lang überrascht. Doch dann lachte er laut auf. »Was soll das, bin ich hier im Kindergarten? Nicht zu fassen! Ist doch völlig gleichgültig, wer offiziell euer Arbeitgeber ist. Ihr tragt immerhin als Reserveoffiziere und Bürger Israels eurem Land gegenüber eine Verantwortung. Die gibt mir das Recht, euch um diese Information zu bitten. Habt ihr denn völlig vergessen, worum es eigentlich geht?«
Eine derartige Argumentationsweise war unweigerlich dazu angetan, Avners Kampfgeist zu wecken, denselben, der es ihm in anderer Situation ermöglichte, mit fünfzig Pfund Gepäck quer durch Israel zu marschieren, während rechts und links von ihm wesentlich kräftigere Burschen reihenweise zusammenklappten.
»Nein, das haben wir keineswegs vergessen«, antwortete er entschieden. »Aber vielleicht ist es *Ihnen* entfallen, über all diesem Gerede von Druck und Rücksicht auf Leute mit eigenen Vorstellungen? Ich frage mich wirklich, ob ihr in Tel Aviv nichts Besseres zu tun habt, als die Arbeit aufzuteilen. Wenn ihr *unsre* Informationen braucht, wieso können *wir* den Auftrag dann nicht selbst erledigen?«
»Wißt ihr was, vielleicht seid ihr einfach überarbeitet.« Ephraim strebte immer noch eine diplomatische Lösung an. »Wahrscheinlich ist es das beste, ihr spannt 'ne Weile aus. Ich will euch verraten, warum ihr den Auftrag nicht kriegt: weil wir das so entschieden haben! Möchtet ihr etwa, daß wir euch in Zukunft

jeden Beschluß erst vorlegen, damit ihr prüfen könnt, ob er euch vernünftig erscheint oder nicht? Was soll denn das Gefasel von *eurer* Information? Glaubt ihr vielleicht, die hat man euch aus Liebe zugespielt? Nein, man hat sie euch verkauft, und zwar für 'ne Menge Geld. Muß ich euch dran erinnern, wessen Geld das war?«
Dieser Einwand war zwar durchaus berechtigt, aber wenn Avner sich einmal angegriffen fühlte, ließ er so schnell nicht locker.
»Verzeihen Sie, daß ich daran nicht gedacht habe«, erwiderte er spöttisch. »Ganz recht, es war *Ihr* Geld. Nun, auf der Bank liegt noch 'n ganzer Haufen davon. Warum gehn Sie nicht hin, heben's ab und kaufen sich Ihre Informationen selber? Sie werden ja sehn, wie weit Sie mit Geld allein kommen!«
Sehr zur Erleichterung der beiden Streithähne, die sich gegenseitig mit dem Rücken an die Wand manövriert hatten, griff Carl in diesem Augenblick ein. »Sie wissen doch selbst, daß in diesem Geschäft 'ne Menge von persönlichen Beziehungen abhängt«, versuchte er Ephraim zu überzeugen. »Unsre Informanten sind sich nicht genau darüber im klaren, mit wem sie es zu tun haben. Wahrscheinlich wollen Sie's auch gar nicht wissen. Also stellen sie keine Fragen. Sie helfen uns zum Großteil wegen des Geldes, aber auch aus anderen Gründen. Was glauben Sie, was passiert, wenn wir denen plötzlich erzählen: Von jetzt an arbeitet ihr für die Mossad. Los, mischt euch unter die Fallschirmjäger im Libanon. Die meisten wären dazu unter keinen Umständen bereit, nicht für alles Geld der Welt.«
»Außerdem«, fügte Avner hinzu, »wenn Sie und Ihre Organisation jetzt ins Spiel kommen, dann machen sich unsre Informanten womöglich am Ende Gedanken über *uns*. Das Risiko kann ich nicht eingehen.« Bei sich dachte er: Vielleicht würde ich ihnen selber davon abraten, für euch zu arbeiten, weil euch ja nicht zu trauen ist. Doch er hütete sich, das laut zu sagen.
Ephraim schwieg eine Weile. Er stand auf, trat ans Fenster und blickte nachdenklich auf die düsteren Fassaden am anderen Ufer der Rhône. Endlich ließ er sich wieder in seinen Sessel fallen. »Also gut, bleibt für 'n paar Tage in Genf, alle beide. Ich werd

mich bei euch melden, wenn ich zurück bin, und dann reden wir noch mal in Ruhe über alles.«
Carl und Avner warteten nicht tatenlos auf Ephraims Rückkehr nach Genf. Sie flogen vielmehr nach Paris, wo Robert, Hans und Steve bereits alle Vorkehrungen für die Überwachung von Basil al-Kubaisi getroffen hatten. Die Diskussion über ihre Strategie im Falle Beirut war rasch geklärt. Das Team vereinbarte, die Dienste von »Le Groupe« unter keinen Umständen an die Mossad weiterzuvermitteln, gleichgültig, mit welchen Vorschlägen Ephraim nach Genf zurückkehrte. Später mußte Avner sich eingestehen, daß dieser Entschluß zum Teil von kindischem Trotz diktiert war. Sie reagierten beleidigt, weil sie sich ausgeschlossen fühlten.
In der Hauptsache beruhte ihre Entscheidung allerdings auf Sicherheitserwägungen, wobei es nicht nur ihr eigenes Risiko zu kalkulieren galt, sondern auch das von Louis' Leuten in Beirut. Avner und seine vier Partner konnten keine Garantie dafür übernehmen, daß eine Operation, die nicht in ihren Händen lag, fehlerlos verlaufen würde. Das Risiko, daß Informationen durchsickerten, womöglich gar Doppelagenten auftauchten, war einfach zu groß.
Als Ephraim am 23. März wieder nach Genf kam, schlug er einen Kompromiß vor. Das Team sollte den Anschlag in Beirut vorbereiten, und zwar völlig selbständig, ohne Weisung von oben und mit Hilfe ihrer eigenen Quellen und Kontakte. Erst im letzten Moment würden Kommandoeinheiten aufmarschieren und die Liquidierung vornehmen. Man plante eine Gemeinschaftsoperation zwischen Mossad und Militär. Dieses großangelegte Unternehmen würde weit über die Hinrichtung der drei Terroristenführer hinausgehen.
Als Ephraim ihnen die Details erläuterte, da mußten selbst Avner und Carl zugeben, daß eine Operation dieses Ausmaßes nicht von fünf Leuten durchgeführt werden konnte, deren einzige Unterstützung ein französisches Privatunternehmen bildete.
Der Plan war nicht nur groß angelegt, sondern auch überaus kühn, also ganz nach Avners Geschmack.

Ephraim würde ihnen sobald wie möglich den Termin für den Anschlag bekanntgeben. Die Zeit drängte, denn niemand wußte, wie lange die Fedajinführer sich noch in ihrem Beiruter Quartier aufhalten würden. Die Mossad wollte die Operation möglichst vor Mitte April durchführen. Daraus erwuchs allerdings für Avners Team ein Problem, da sie mit dem geplanten Attentat auf al-Kubaisi in Paris in Bedrängnis gerieten.

Avner fand die Lösung.

»Sobald wir das Datum kennen«, sagte er, »fliegen Carl und Steve nach Beirut. Robert, Hans und ich werden hier schon allein mit Kubaisi fertig. Wenn wir den Job erledigt haben, treffen wir euch in Beirut. Wir müssen uns eben auf 'nen heißen April gefaßt machen.«

Avner hatte zu diesem Zeitpunkt noch keine Ahnung, was für ein harter Monat ihnen bevorstand.

Am 1. April teilte Ephraim ihnen mit, daß die Operation Beirut auf den Neunten festgesetzt sei. Carl und Steve trafen umgehend ihre Vorbereitungen für eine Zusammenkunft mit Mitgliedern von »Le Groupe« in der libanesischen Hauptstadt.

Am selben Tag erhielt Avner von Louis die Information, daß al-Chirs Ersatzmann, der die Kontakte zwischen »Schwarzem September« und dem KGB weiterführte, am 11. April auf einer Konferenz in Athen erwartet werde. Der Nachfolger al-Chirs war ein Palästinenser namens Zaid Muchassi, auch bekannt als »Abu Zaid«. Das Team wußte nicht mehr über ihn, als daß er bis vor kurzem Terrorkommandos von Libyen aus befehligt hatte. Carl meinte sich zu erinnern, daß einen Abu Zaid im Oktober 1972 in Tripolis eine Briefbombe verletzt hatte. Falls dieser Muchassi mit ihm identisch war, dann hatte er sich offensichtlich schnell wieder erholt. Fest stand jedenfalls, daß Muchassi der neue Verbindungsmann zwischen den Fedajin und den Sowjets war. »Le Groupe« hatte ihn aufgespürt, weil sie al-Chirs ehemaligen KGB-Vertrauten weiterhin beschatteten.

Muchassi stand natürlich nicht auf Ephraims Liste.

Für Carl ergab sich daraus eine eindeutige Schlußfolgerung: »Er steht nicht auf der Liste, also lassen wir ihn in Ruhe. Wer er ist

und was er tut, geht uns nichts an. Außerdem haben wir mit Kubaisi und der Operation Beirut wirklich genug zu tun.«
Avner war anderer Ansicht.
»Es stimmt schon, daß er nicht auf unsrer Liste ist«, räumte er ein. »Ich bin der letzte, der hier Ausschau nach Opfern hält, damit wir auch ja genug Arbeit haben, das kannst du mir glauben. Wär ja der helle Wahnsinn.«
»Vor allem wär's unrecht«, meinte Carl.
»Im Prinzip bin ich deiner Meinung«, sagte Avner. »Aber denk mal 'nen Augenblick drüber nach, *warum* wir al-Chir auf der Liste hatten. Glaubst du vielleicht, weil Ephraim seine Nase nicht gefiel? Nein, er stand einzig und allein deshalb drauf, weil er der PLO-Kontaktmann auf der wichtigsten Station der Sowjets, auf Zypern, war. Stimmt doch, oder? Jetzt hat Muchassi seinen Platz eingenommen. Wie sollen wir drauf reagieren? Können wir wirklich sagen, als al-Chir einen Großangriff auf Haifa plante, da haben wir ihn gestoppt, doch wenn jetzt Muchassi dasselbe Ziel verfolgt, lassen wir ihn gewähren? Al-Chir durfte nicht damit durchkommen, aber Muchassi stehen alle Türen offen? Diese Liste ist doch weiter nichts als ein Stück Papier. Jeder Name wurde aus einem ganz bestimmten Grund draufgesetzt. Und jetzt frage ich euch, wovon wollen wir uns leiten lassen: von 'nem Fetzen Papier oder von diesem Grund?«
Avners Argumentation hatte etwas für sich, ja, sie stand sogar in Einklang mit einer stets hochgehaltenen israelischen Tradition. Im Kibbuz, in der Armee und bei der Mossad wurde immer wieder betont, wie wichtig selbständiges Denken sei. Folgt nicht stur den Vorschriften, zeigt Iniative, *denkt!* Diese Parole war keinesfalls ein Freibrief dafür, Befehle leichtfertig in den Wind zu schlagen und die Disziplin zu mißachten. Aber sie räumte ein, daß der Drill nicht Selbstzweck sei, sondern einen Sinn haben müsse. Die Parole forderte den einzelnen dazu auf, nach diesem Sinn zu suchen: »Wenn ihr sicher seid, daß ein Bruch besteht zwischen dem Buchstaben und dem Geist eines Befehls, dann folgt dem Geist. Handelt als denkende Wesen, nicht wie Maschinen.«

In der Praxis war das freilich nicht immer so einfach zu entscheiden.
»Bevor du einen Entschluß faßt«, sagte Carl zu Avner, »solltest du eines berücksichtigen. Wenn wir Muchassi erledigen und die oben sind damit einverstanden, dann nennt man uns Helden. Aber das sind wir auch, falls wir ihn in Ruhe lassen. Aber wenn wir ihn kaltmachen und den Bonzen ist's nicht recht, dann sind *wir* erledigt.«
»Damit stehen die Chancen zwei zu eins für unser Heldentum, falls wir uns ruhig verhalten und die Hände in den Schoß legen«, warf Hans ein.
Diese Bemerkung brachte Steve so in Fahrt, daß er sich auf Avners Seite schlug. »Es macht mich ganz krank, wenn ihr so daherredet«, sagte er zu Carl und Hans gewandt. »Ist das wirklich alles, was einen interessiert, wenn man erst mal vierzig ist: sich den Rücken freizuhalten?«
Unter diesem Angriff brach der Widerstand von Carl und Hans zusammen; und das um so leichter, als die beiden ohnehin nur aus rationalen Erwägungen gegen den Anschlag gestimmt hatten. Carl riet zwar immer noch zu dem Kompromiß, sich zuvor mit Ephraim zu beraten, denn eine Abweichung von der Liste bedeutete einen gravierenden Disziplinarverstoß. Doch die Zeit erlaubte ihnen keine solche Rückversicherung. Sie hätten zweimal nach Genf gemußt, einmal, um eine Nachricht im Safe zu deponieren, das zweite Mal, um Ephraims Antwort abzuholen. Das hätte sie um fünf bis sechs Tage zurückgeworfen.
»Wir werden's folgendermaßen anpacken«, entschied Avner. »Carl und Steve fliegen morgen nach Beirut. Hans, Robert und ich werden hier spätestens am Sechsten mit Kubaisi fertig sein. Danach komme ich sofort nach Beirut, während Robert und Hans sich in Athen um die Vorbereitung des Anschlags auf Muchassi kümmern. Dazu werdet ihr wohl kaum mehr als einen Tag brauchen. Anschließend trefft ihr uns in Beirut. Wenn die Operation dort am Neunten gelaufen ist, fliegen diejenigen von uns, die für den Job in Athen gebraucht werden, unverzüglich los.«
Als Avner später die Ereignisse des Monats April 1973 Revue

passieren ließ, mußte er sich eingestehen, daß es für sein Drängen, drei Großangriffe in so weit auseinanderliegenden Orten in solch kurzer zeitlicher Abfolge anzusetzen, noch einen weiteren Grund gab. Ephraims Reaktion auf die relative Langsamkeit, mit der das Team bisher vorgegangen war, machte ihm Sorgen. Er hatte zwar nicht direkt gesagt: »Warum braucht ihr nur so lange, Jungs? Meint ihr vielleicht, ihr seid hier auf 'ner Vergnügungsreise?« Aber Avner hatte aus seinen Worten herausgehört, daß die Mossad nicht sonderlich beeindruckt war von den bisherigen Leistungen seines Teams. Ephraim zeigte keinerlei Begeisterung. Avner und seine Leute hatten zwar nicht erwartet, daß er sie wie Helden behandeln würde; ein Israeli wurde nicht bloß zum Helden, weil er einen gefährlichen Auftrag annahm und durchführte. Die Hälfte der Bevölkerung erfüllte schließlich tagtäglich gewagte Missionen. In gewissem Sinne war das Leben eines Israeli an sich schon ein Wagnis. Doch Ephraim hatte sich bei der Unterredung in Genf so verdächtig zweideutig ausgedrückt, daß in Avner die Befürchtung aufkeimte, Tel Aviv sei nicht mehr mit ganzem Herzen an der Operation interessiert. Vielleicht gab es irgendwo in der Bürokratie, sei es bei der Mossad oder im Kabinett, Leute, die unangenehme Fragen stellten, wie: »*Warum* schicken wir fünf Männer ein halbes Jahr lang für 'n paar Millionen Dollar um die Welt, bloß um drei Terroristen loszuwerden? Das ist doch idiotisch!«
Wenn es sich so verhielt, dann würde Avners Traum vom Ritter ohne Furcht und Tadel auf ewig unerfüllt bleiben. Schlimmer noch, sein Name würde für immer mit einer Mission verknüpft sein, die abgeblasen worden war, weil man sie als unsinnig erkannt hatte. »Oh«, würden die Leute sagen, »meinen Sie den jungen Mann, der diese hirnrissige Operation leitete, die wir abgebrochen haben, als sich rausstellte, daß ein paar Kommandoeinheiten in Beirut in fünf Stunden mehr ausrichten konnten als dieses Team in einem halben Jahr? Von den Unkosten ganz zu schweigen? Ja, jetzt erinnere ich mich, der Typ hieß wirklich Avner.«
Vielleicht versuchte Ephraim ihm in Genf zu suggerieren – frei-

lich ohne es auszusprechen –, daß er und seine Leute mehr Tempo vorlegen sollten. »Bringt uns mehr Erfolgsmeldungen; wenn ihr das nicht schafft, müssen wir womöglich die ganze Geschichte abblasen.«
Carl hatte wohl erraten, was in Avner vorging, denn nachdem die Entscheidung gefallen war, alle drei Operationen in rascher zeitlicher Abfolge durchzuführen, nahm er ihn beiseite.
»Paß mal auf«, begann er vorsichtig. »Vielleicht hast du recht, und wir schaffen's. Aber laß dich nie unter Druck setzen, hörst du? Wenn du nämlich was versaust, wird niemand zugeben, daß er dich dazu getrieben hat. Hinterher heißt es bloß: ›Was denn, *ich*? Mit keinem Wort hab ich ihn dazu aufgefordert!‹«

Der Überwachungstrupp, den Louis für die Observierung al-Kubaisis bereitgestellt hatte, wurde von einer Frau befehligt, die etwa in Avners Alter war. In ihr begegnete Avner zum erstenmal einer Kollegin, die mehr tat als einfache Aufklärungsarbeit zu leisten oder den Lockvogel zu spielen. Er wußte natürlich, daß Frauen in allen Rängen der Geheimdienste arbeiteten, und er hatte auch davon gehört, daß die *mechablim* nicht selten Frauen in ihren Terrorkommandos beschäftigten. Einige von ihnen, wie Leila Khaled, Rima Aissa Tannours oder Thérèse Halesh, waren sogar zu einer gewissen Berühmtheit aufgestiegen.[4] Doch Avner hatte bisher noch nie mit einer Frau in höherer Position zusammengearbeitet.
Kathy machte ihre Arbeit hervorragend. Die schlanke Frau mit ihren dunklen Augen und dem kurzen schwarzen Haar war ausgesprochen hübsch, suchte jedoch ihre Vorzüge hinter betont nachlässiger Kleidung zu verbergen. Sie hatte eine gute Ausbildung genossen und sprach fließend Englisch und Französisch, was freilich für eine gebürtige Kanadierin nichts Außergewöhnliches war; ebensowenig wie die Sympathie einer frankokanadischen Studentin für die FLQ (Front de la Libération du Quebec) in den sechziger Jahren. Kathy, die einer gutbürgerlichen Familie in Quebec entstammte, hatte sich im Laufe der Jahre ähnlich wie

Tony und Louis vom Sympathisanten zum hartgesottenen Profi-Terroristen entwickelt, für den Politik kein Thema mehr ist.
Avner hätte gern gewußt, welche Weltanschauung Kathy vertrat und was von ihren ursprünglichen Idealen noch übriggeblieben war. Was mag eine Frau wie sie veranlassen, diese Art von Arbeit zu tun? überlegte er. Einem Mann gegenüber hätte er sich diese Frage nicht gestellt, denn die Pflicht, den Lebensunterhalt zu verdienen, und das maskuline Ethos, etwas tun zu *müssen*, konnten einen Mann in die seltsamsten Branchen verschlagen (Avner hatte stets das Gefühl, er selbst sei mehr oder minder »aus Versehen« in den Agentenberuf hineingestolpert). Eine Frau dagegen mußte sich in der Regel nach Kräften bemühen und engagieren, um in einer ausgefallenen Laufbahn Karriere zu machen. Avner war neugierig zu erfahren, wofür Kathy sich engagierte. Es gelang ihm indessen nicht, ihr Geheimnis zu lüften.
Sie war flink, zuverlässig und höflich, lachte gern und begegnete ihren Untergrundkontakten mit einer leicht altmodisch anmutenden Kameraderie, die durchaus charmant wirkte. So hatte sie die Angewohnheit, einen Handschlag mit einer leichten, formellen Verbeugung zu begleiten. Kathy teilte Papas Skepsis den Engländern gegenüber. Ihre Abneigung manifestierte sich in süffisanten Spitzen und Nebenbemerkungen; und als Avner die Unterhaltung auf Geoffrey Jackson, den britischen Botschafter in Uruguay, lenkte, den die Tupamaros acht Monate lang gefangengehalten hatten, da erschien ein Lächeln auf ihrem Gesicht, das ihm das Blut in den Adern gefrieren ließ.
Kathy hegte anscheinend eine gewisse Sympathie für Patrioten, worunter sie Leute verstand, die unter Einsatz ihres Lebens für ihr Vaterland kämpften. Diese Zuneigung empfand sie auch für Völker, die sich gegenseitig bekriegten, wie die Palästinenser und die Israelis. Mehr vermochte Avner nicht über Kathys Gefühlsspektrum zu ergründen. Allen, die nicht in ihre Kategorie der Patrioten paßten, brachte sie offensichtlich nur Verachtung entgegen, was sich unter anderem darin äußerte, daß sie wahllos jeden als »Esel« apostrophierte.
»Dem ist nicht schwer auf die Schliche zu kommen«, sagte sie

über Kubaisi. »Der geht nämlich jeden Abend gegen zehn die Rue Royale runter. Und um die Zeit sind nicht mehr viele Esel unterwegs.«

Dr. Basil al-Kubaisi war in der Tat ein Mann mit festen Gewohnheiten. Der Juraprofessor aus dem Irak, der früher an der Universität Beirut gelehrt hatte, diente den Informationen der Mossad zufolge seit Frühjahr 1973 der »Volksfront« Habashs erfolgreich als Organisator für Waffenlieferungen und Logistik.[5] Al-Kubaisi hatte »Le Groupe« selbst dabei geholfen, ihn ausfindig zu machen. Als er am 9. März in Paris landete, hatte er nämlich das Pech, sich ausgerechnet an eine Bodenhostess zu wenden, die ihr bescheidenes Einkommen durch einen Nebenverdienst bei Papa aufbesserte.

»Sehn Sie, mein Fräulein«, sagte der Jurist, »ich bin kein reicher Araber, nur ein einfacher Tourist. Ich brauche ein Hotel in einer vernünftigen Preisklasse.«

Die Bodenhosteß empfahl dem Herrn mehrere preiswerte Hotels im Herzen von Paris und meldete anschließend den Vorfall ihrem Kontaktmann bei »Le Groupe«. Das Mädchen hatte zwar keine Ahnung, von wem sie da am Flughafen angesprochen worden war, aber eine Routineüberprüfung der Hotels, die sie dem Fremden genannt hatte, führte Kathys Überwachungsteam ohne große Mühe zu al-Kubaisi.

Der Iraker war in einem kleinen Hotel in der Rue de l'Arcade abgestiegen, einer schmalen Seitenstraße im Achten Arrondissement, die den Boulevard Malesherbes und den Boulevard Haussmann miteinander verbindet. Von dort ist es nicht weit bis zur Eglise de la Madeleine, die den Mittelpunkt einer Straßengabelung bildet. Deren Stamm, die Rue Royale, führt direkt auf die Place de la Concorde zu; ihr linker Arm, der Boulevard des Malesherbes, zweigt zur Eglise St. Augustin ab, während man auf dem rechten, dem Boulevard de la Madeleine, zur Opéra gelangt.

Al-Kubaisi verbrachte seine Vormittage in den Bistros und Straßencafés am Ufer der Seine und traf seine Kontaktpersonen tagsüber in der Regel auf dem Boulevard Saint-Germain.

Abends dagegen bevorzugte er entweder die Rue du Faubourg, Montmartre oder die Champs-Elysées als Treffpunkt. Wenn er eine Verabredung auf dem Montmartre hatte, so kehrte er über den Boulevard des Italiens und den Boulevard des Capucines zu Fuß in sein Hotel zurück. (Dieser Spaziergang führte ironischerweise knapp an der Eingangstür des Hauses vorbei, in dem Hans, Robert und Avner derzeit ihre konspirative Wohnung hatten.) Von den Champs-Elysées kommend, wechselte al-Kubaisi zwischen zwei verschiedenen Heimwegen ab. Entweder ging er die Avenue de Marigny entlang am Palais de l'Elysée vorbei und bog dann rechts in die Rue de Faubourg Saint-Honoré ein, oder er schlenderte die Avenue Gabriel hinunter und passierte die amerikanische Botschaft sowie das elegante Hotel de Crillon, ehe er die Place de la Concorde erreichte. Beide Wege mündeten an der Rue Royale, der eine ober-, der andere unterhalb von Maxim's, dem weltbekannten Feinschmeckerlokal. Von dort erreichte er in fünf Minuten an der Madeleine vorbei sein Hotel.

Am Abend des 6. April wählte Dr. Basil al-Kubaisi die zweite Route.

Entweder aus gewohnheitsmäßiger Vorsicht oder aber, weil er eine Gefahr witterte, wandte der Iraker sich von Zeit zu Zeit um, so als wolle er feststellen, ob ihm jemand folge. Doch die beiden Autos, die wiederholt an ihm vorbeifuhren, konnten ihm in dem lebhaften Verkehr, der selbst zu dieser vorgerückten Stunde auf den Champs-Elysées noch herrschte, schwerlich auffallen. In der Avenue Gabriel setzten Kathys Späher sich ab. Es wäre sinnlos gewesen, eine Zielperson unnötig zu alarmieren, deren weitere Wegstrecke man inzwischen ohnehin kannte.

Avner, Robert und Hans warteten auf einen Anruf, der ihnen mitteilte, daß die Zielperson sich der Rue Royale nähere. Die Wohnung der drei lag unweit des Boulevard des Capucines, dicht am rechten oberen Ende der Gabelung. Sie hatten vor, al-Kubaisis Verfolgung in der Nähe der Madeleine, also im Mittelpunkt der Gabelung, aufzunehmen und ihm auf den Fersen zu bleiben, wenn er nach links abbog, um zu seinem Hotel zu gelangen.

Der Anruf kam kurz nach zweiundzwanzig Uhr.
Zu diesem Zeitpunkt ging Kubaisi über die ruhige Avenue Gabriel. Observiert wurde er hier höchstens von der Pariser Polizei, deren Beamten die amerikanische Botschaft bewachten. Möglicherweise hatte sich Kubaisi gerade ihretwegen für diese ansonsten völlig vereinsamte Straße entschieden; unter den wachsamen Augen der wohlbewaffneten Gendarmerie würde niemand wagen, ihn zu überfallen. Vor und nach diesem Wegstück gewährte ihm der lebhafte Fußgängerverkehr Schutz. Ganz auf sich gestellt war er lediglich für das kurze Stück zwischen der Rue Royale und seinem Hotel.
Als der erste von Kathys beiden Observierungswagen den Obelisken auf der Place de la Concorde umrundet hatte, sah der Fahrer al-Kubaisi bereits in die Rue Royale einbiegen. Das Auto hielt nicht an, ja, es bremste nicht einmal ab, sondern fuhr in gleichmäßigem Tempo die breite, elegante Geschäftsstraße hinunter, bog rechts in den Boulevard de la Madeleine ein und blinkte nur einmal kurz auf, um Avner und seine Partner aufmerksam zu machen, die mit raschen Schritten in die entgegengesetzte Richtung liefen.
Kathy war die Beifahrerin in dem zweiten Wagen, der al-Kubaisi in gemäßigtem Tempo folgte und ihn erst überholte, als er fast am Ende der Rue Royale angelangt war. Das Auto umkreiste die Madeleine, hielt auf der anderen Seite der Kirche an der Ecke der Rue Chauveau Lagarde, wo der Fahrer vor den geräumigen Garages de Paris parkte, das Licht ausschaltete und den Motor abstellte.
Avner und Hans waren Robert etwa fünfzig Schritte vorausgeeilt. Sie überquerten die Rue Royale an der Place de la Madeleine von rechts nach links, und zwar im selben Augenblick, in dem al-Kubaisi etwa hundert Meter vor ihnen über den Boulevard des Malherbes ging. Der Araber beschleunigte seine Schritte und erschwerte es dadurch seinen Verfolgern, den Vorsprung auszugleichen, ohne Aufmerksamkeit zu erregen. Avner und seinen Leuten blieb jedoch keine Wahl, wenn sie Kubaisi erwischen wollten, bevor er sein Hotel erreichte.

Inzwischen waren kaum mehr Fußgänger in der Nähe, und auch der Autoverkehr tröpfelte nur noch. Nach den unruhigen Blikken zu urteilen, die al-Kubaisi über die Schulter warf, als er die andere Straßenseite erreicht hatte, schien er über einen untrüglichen Instinkt für Gefahr zu verfügen. Wenn der jetzt losrennt, dachte Avner, dann schnappen wir ihn nicht mehr. Noch einen Block weiter, und er hat die Rue de l'Arcade erreicht. Dann hält er sich rechts und ist gleich in der Passage de la Madeleine. Von da sind es nur noch wenige Schritte bis zu seinem Hotel. Wenn wir ihn nicht stellen, bevor er zur Ampel an der Rue Chauveau Lagarde kommt, ist er uns entwischt.
Avner und Hans bemühten sich, schneller zu laufen, ohne Verdacht zu erregen, was alles andere als einfach war. Wenn al-Kubaisi nicht losrennt, ehe wir den Abstand zu ihm halbiert haben, ging es Avner durch den Kopf, dann haben wir gewonnen. Die Organisator der Volksfront war sich allerdings inzwischen bewußt, daß ihm jemand folgte. Er eilte an den Häuserwänden entlang und blickte sich immer wieder suchend um. Doch er rannte nicht. Ich hoffe für uns, dachte Avner, daß er Mut hat und starke Nerven!
Zu seinem Pech hatte al-Kubaisi tatsächlich ein gutes Nervenkostüm. Er rannte weder los, als er in die Rue de l'Arcade einbog, noch als er erst den Blumenladen, dann das elegante Zigarrengeschäft »Au Lotus« und schließlich das kleine Hotel Pfeiffer an der Ecke der Passage de la Madeleine passierte. Er ging nur zusehends schneller und blickte wiederholt zurück. Avner und Hans versuchten inzwischen nicht mehr, sich den Anschein unauffälliger Passanten zu geben. Sie waren nur noch dreißig Meter von ihrem Opfer entfernt. Robert folgte ihnen in einigem Abstand auf der anderen Straßenseite. Avner und Hans konnten sich darauf verlassen, daß ihr Partner ihnen Deckung gab, und konzentrierten sich ausschließlich auf die Zielperson.
Obwohl al-Kubaisi nicht rannte, wäre er Avner und Hans vielleicht doch noch entkommen, hätte er nicht an der roten Ampel auf der Rue Chauveau Lagarde haltgemacht. Avner konnte sich über eine solche Reaktion von einem Mann, der wußte, daß er

verfolgt wurde, nicht genug wundern. Kein einziges Auto war unterwegs, und doch blieb al-Kubaisi an der Bordsteinkante stehen, sah zu der roten Ampel auf und warf einen unschlüssigen Blick auf das Schaufenster der Pharmacie de la Madeleine.

Avner und Hans gingen – der eine rechts, der andere links – an ihm vorbei. Auf diese Weise konnten sie sich vergewissern, daß sie auch ganz bestimmt den Richtigen im Visier hatten. Außerdem war es ihnen beiden zuwider, jemanden von hinten zu erschießen.[6]

Ein paar Sekunden zuvor hatte Avner an den Fassaden hinaufgeschaut, um festzustellen, ob jemand sie vom Fenster aus beobachtete, und zu seiner Beruhigung festgestellt, daß eine Reihe von Markisen den oberen Etagen auf ihrer Straßenseite die Sicht versperrte. Die Häuser gegenüber waren zwar ebenfalls zu berücksichtigen, aber immerhin halbierte sich so die Gefahr. Zwar kein Null-Risiko, dachte Avner, aber unter den gegebenen Umständen kann man das kaum erwarten. Wie sollte man 'nen Mann auf offener Straße erschießen, ohne 'n Risiko einzugehen?

Er folgte Hans vom Gehsteig auf die Fahrbahn.

»Jetzt«, kommandierte Hans, und die beiden wandten al-Kubaisi das Gesicht zu, während sie mit der Linken einen Bogen beschrieben, um den Schlitten ihrer Beretta bis zum Anschlag zurückzuziehen. Al-Kubaisi starrte sie ungläubig mit weit aufgerissenen Augen an. »La! La!« rief er abwehrend und wiederholte gleich darauf auf englisch: »Nein! Nein!« Er war vom Trottoir auf die Fahrbahn getreten, sobald Avner und Hans ihn überholt hatten. Als er nun zurückweichen wollte, stieß er mit dem Fuß gegen die Bordsteinkante, stolperte und taumelte hintenüber. Seine Arme ruderten heftig wie Windmühlenflügel durch die Luft. Wenn ich ihn verfehle, schoß es Avner durch den Kopf, dann saust die Kugel ins Schaufenster der Apotheke. Nein, das darf nicht passieren! Er justierte seine Pistole um eine Winzigkeit exakter und richtete den Lauf auf al-Kubaisis fallenden Körper. Ehe der Araber den Boden berührte, hatte Avner seine ersten zwei Schüsse abgefeuert. Wieder drückte er zweimal ab und dann ein drittes Mal. Daß Hans neben ihm im gleichen Rhythmus feuerte, war ihm kaum bewußt, aber aus dem Augenwinkel erhaschte er einen Blick auf Robert, der auf der anderen Straßenseite hinter einem parkenden Wagen wartete.

Al-Kubaisis Körper sackte auf dem Gehsteig zusammen, sein Kopf berührte beinahe den Ampelmast, die Füße baumelten über dem Rinnstein. Er gab keinen Laut von sich, nur seine Schultern zuckten. Dann zog er die Knie an und rollte zur Seite, so als versuche er aufzustehen. Um ein Haar hätte Avner noch einmal geschossen, doch da stieß al-Kubaisi eine Reihe von kurzen, rasselnden Lauten aus, die fast wie ein Räuspern klangen, und im nächsten Moment streckte sich sein Körper lang aus. Der Mann, den die Pariser Schlagzeilen am nächsten Tag als Dr. George Habashs reisenden Gesandten titulierten, war tot.[7]

Als Avner aufblickte, sah er eine Zigarette in der Dunkelheit glühen. In einer Toreinfahrt auf der gegenüberliegenden Seite stand offenbar ein Mann, oder vielleicht waren es auch zwei, mit einem Mädchen. Augenzeugen.

Wortlos ging Avner die Rue Chauveau Lagarde entlang zurück zur Place de la Madeleine. Robert machte kehrt und nahm den Weg, auf dem sie gekommen waren, zurück zur Sainte Madeleine. Er warf keinen Blick auf den Toten. Hans folgte Avner. Sie konnten nur hoffen, daß die Augenzeugen ihnen nicht auf den Fersen waren.[8]

Kathys Autos erwarteten die drei auf der Place de la Madeleine vor dem eleganten Caviar Kaspia. Sie fuhren zuerst zu ihrer Wohnung und von dort gleich weiter zum Flughafen. Am nächsten Tag waren Hans und Robert in Athen. Avner flog direkt nach Beirut.

Die Ereignisse überschlugen sich so, daß keine Zeit zum Überlegen blieb. In der Rückschau war Avner später überzeugt, daß nur ein Moment des Nachdenkens genügt hätte, um ihn von einer Reihe von Dingen abzuhalten, die er zwischen dem 1. und dem 15. April 1973 tat. Zumindest hätte ich sie anders angepackt, dachte er. Ich wäre vorsichtiger gewesen. Zuerst mal hätt ich nicht mitten in Paris 'nen Anschlag mit nur drei Leuten und 'n paar Fluchtwagen um die Ecke inszeniert. Ganz bestimmt hätte ich meinen Leuten nicht erlaubt, noch in derselben Nacht von Paris wegzufliegen, wo der Flughafen nur so von Polizisten wimmelte.

Aber wer weiß, womöglich hätte man uns grade geschnappt, wenn ich vorsichtiger gewesen wäre. Vielleicht besteht das ganze Geheimnis darin, sich einfach 'nen Ruck zu geben und loszuschlagen. Wenn's klappt, rühmt es hinterher jeder als brillant und professionell.

X
Beirut und Athen

Der Überfall auf Beirut wurde einstimmig als brillant und professionell dargestellt – jedenfalls im nachhinein. Am Sonntag, dem 8. April 1973, waren sich die Beteiligten ihres Erfolges noch keineswegs sicher.

Avner traf zwei Tage später als Carl und Steve in Beirut ein. Carl war mit einem britischen Paß als Andrew Macy eingereist und im Atlanta abgestiegen. Glücklicherweise erinnerte Avner sich ohne Schwierigkeiten an Carls Decknamen. Andernfalls hätte er einen halben Tag in der Halle des Sands Hotel vertrödeln müssen, um Steve dort abzufangen. Denn dessen Namen für die Beiruter Operation hatte er vollkommen vergessen, obwohl Hans zum leichteren Einprägen einen gewählt hatte, der sich reimte: Gilbert Rimbert nannte Steve sich, und er reiste als belgischer Geschäftsmann. Im Libanon konnte sein Afrikaans ohne weiteres als Flämisch durchgehen.

Avner war als deutscher Geschäftsmann namens Helmuth Deistrich unterwegs. Er stieg in keinem Hotel ab, sondern bezog eine von Louis organisierte konspirative Wohnung.

Am nächsten Tag kamen Robert und Hans aus Athen an. Sie waren über Rom geflogen. Robert mimte unter dem Namen Charles Boussart ebenfalls einen Belgier. Hans hatte sich als Dieter von Altnoder ein deutsches Pseudonym zugelegt. Die beiden quartierten sich in Steves Hotel ein.[1]

Im Jahre 1973 war Beirut noch nicht das geplünderte, verbrannte, verwüstete Wrack, zu dem es die zwei Jahre später ausbrechenden blutigen Straßenschlachten zwischen christlichen Falangisten und Moslems machen sollten. Beirut war damals eine ansehnliche Stadt mit hohen Wohnhäusern, mit Kasinos und Nachtclubs, eleganten Einkaufsvierteln und schönen, gutgekleideten Frauen. Diese Attribute machten Beirut zur wohl einzigen

Stadt im Mittelmeerraum, an der Avner Gefallen fand. Der gepflegte Sandstrand entzückte ihn ebenso wie der Aden Rock Club in West-Beirut, hinter dessen Eingangstür sich dem Besitzer einer gültigen American-Express-Karte ein wahres Vergnügungsparadies auftat. Avner genoß es zwar nur in sehr bescheidenem Maße, da er weder trank noch spielte, aber seine Sinne erfreute es schon, nur zuzusehen und die Eleganz ringsumher auf sich wirken zu lassen. Genausogern ließ er sich am Strand in einem Liegestuhl von der Sonne bräunen und beobachtete die langbeinigen Mädchen, während er ab und zu an einem großen Glas Cola mit Eis nippte.

Leider blieb für derlei Entspannung so gut wie keine Zeit. Statt für Vergnügungen benutzten Avner und seine Partner ihre Kreditkarten, um eine kleine Wagenflotte anzumieten: drei weiße Buicks, einen Plymouth-Kombi, einen Valiant und einen Renault 16. Die ortsansässigen Kontaktleute von »Le Groupe« standen ihnen als Chauffeure zur Verfügung. Das Team verbrachte den Sonntag und zum Teil auch den Montag damit, sechs verschiedene Standorte zu beobachten. Zwei davon befanden sich unmittelbar in Beirut, drei lagen an der Peripherie und der letzte knapp fünfzig Kilometer weiter südlich in der Nähe der Küstenstadt Sidon. Dort sowie an drei Punkten unmittelbar vor der Stadt hatten die Guerillas Versorgungsdepots eingerichtet, in denen sie Waffen, PKWs, Boote und Nahrungsmittel, aber auch Dokumente, Karteien und Register verwahrten.

Von den zwei Standorten innerhalb Beiruts, die sie observierten, war einer das Hauptquartier der PLO. In dem anderen, einem vierstöckigen Apartmenthaus, wohnten Kamal Nasser, Mahmoud Yussuf Najjer und Kemal Adwan.

Einen Teil der Planung, Vorbereitung und Überwachung hatten die ortsansässigen Mossadagenten bereits besorgt. Das Team brauchte also nur noch die Schritte zu unternehmen, die den Beiruter Agenten verwehrt waren, wenn sie ihre Tarnung nicht aufs Spiel setzen wollten. Avners Leuten fiel also die Aufgabe zu, die Wagen zu mieten, die man für den Anschlag verwenden würde. Außerdem sollten sie die Überfallkommandos zu ihren Einsatzorten führen. Einige der einheimischen Mitglieder von »Le Groupe« würden dem Team zur Seite stehen. Dieses große – und entsprechend teure – Zugeständnis hätte Louis um ein Haar nicht gemacht. Doch Avner verbürgte sich dafür, daß Louis' Leute weder mit den Mossadagenten noch mit Militärkommandos in Berührung kommen würden. Sie hatten nichts weiter zu tun, als bestimmte Zielorte anzusteuern und darauf zu achten, daß sie unterwegs einen kleinen Konvoi von Zivilfahrzeugen nicht aus dem Auge verloren. Louis rechnete sich aus, daß seine Organisation unter diesen Bedingungen ein wirklich vertretbar kleines Risiko einging, und gab seine Zustimmung.[2]

Kurz nach Mitternacht parkten die acht Wagen am Strand von Ramlet-al-Beida. Die Küste war zwar sonst um diese Zeit völlig verlassen, doch ein paar amerikanische Autos würden kein Aufsehen erregen. In Beirut, wie überhaupt im Nahen Osten, gingen die Einheimischen früh zu Bett. Aber man hatte sich daran gewöhnt, daß die Touristen Nachtschwärmer waren.

Es war eine mondlose Nacht. Schwarz und schweigsam lag das Meer vor ihnen. Um ein Uhr morgens machte Steve das Punktziel einer Taschenlampe aus und beantwortete es durch mehrmaliges Aufblinken seiner Scheinwerfer. Die Taschenlampe erlosch. Wenige Minuten später wateten die dunklen Silhouetten einer Gruppe von Froschmännern an Land. Ihre Waffen und Zivilkleidung führten sie in wasserdichten Rucksäcken mit.

Die vierzig Soldaten quetschten sich in die acht Wagen. Steve behauptete später scherzhaft, das sei der schwierigste Teil des ganzen Unternehmens gewesen. In zwei getrennten Gruppen steuerten sie auf das Zentrum von Beirut zu. Carl und Robert führten ein Kommando zum PLO-Hauptquartier, während Avner, Steve und Hans das zweite zum Haus der Terroristenführer brachten. Die Überfälle auf die vier außerhalb gelegenen Standorte wurden von separaten Stationen aus organisiert.

Die palästinensischen Wachen vor dem Haus in der Rue el-Khartoum waren völlig unvorbereitet, die Israelis machten sie nieder, sobald die Autos zum Stillstand gekommen waren. Um die Bewohner des Hauses nicht vorzeitig aufmerksam zu machen, benutzten sie keine Handfeuerwaffen, sondern Messer. Während die Soldaten das Haus erstürmten, warteten Avner, Hans und Steve bei den Wagen. Für den eigentlichen Überfall wurde das Team nicht gebraucht, ja, die fünf wären bei einem solchen Einsatz vielleicht sogar im Wege gewesen.

Kamal Nasser, ein vierzigjähriger christlicher Palästinenser, wohnte im dritten Stock. Der Junggeselle, der an der libanesischen Universität von Beirut in Politikwissenschaften promoviert hatte, war 1969 zum Pressechef der El Fatah und ein Jahr später zum offiziellen PLO-Sprecher ernannt worden. Er konnte sich auf diesem Posten trotz eines ernsthaften Zerwürfnisses mit Arafat behaupten. Der PLO-Chef war 1971 gegen Nasser vorgegangen, weil dessen Haltung ihm allzu aggressiv erschien. Als der Sturmtrupp die Tür zu Nassers Wohnung erbrach, saß der PLO-Sprecher an der Schreibmaschine. Im Hagel der Leuchtspurkugeln, die seinen Körper durchlöcherten, ging ein Sofa hinter Nasser in Flammen auf.

Kemal Adwan, der im zweiten Stock wohnte, saß ebenfalls noch an seinem Schreibtisch. Doch während Nasser unbewaffnet gewesen war, hatte er eine Kalaschnikow griffbereit. Der Ingenieur, Gründungsmitglied des Kuwaiter Zweiges der Fatah, hatte sich 1973 zum Organisator aller Sabotageakte in den von Israel okkupierten Gebieten aufgeschwungen. Er machte seine Sache gut; ja, der durchschlagende Erfolg einiger seiner Operationen hatte vielleicht im Gegenzug den Überfall auf Beirut heraufbeschworen. Adwan war verheiratet und hatte zwei kleine Kinder. Es gelang ihm, einen Schuß abzugeben, ehe die Israelis ihn niedermähten.

Mahmoud Yussuf Najjer trug innerhalb der Fatah die Verantwortung für den »Schwarzen September«. Der unter dem Namen »Abu Yussuf« bekannte Leiter der PLO-Militärpolitik stand zum Zeitpunkt des Attentats schätzungsweise an dritter Stelle der ständig wechselnden Hierarchie der palästinensischen Bewegung.[3] Er wohnte mit seiner Frau und einem fünfzehnjährigen Sohn im vierten Stock des Gebäudes. Avner erfuhr später, daß Najjers Sohn unverletzt geblieben war. Seine Frau dagegen, die

versucht hatte, ihren Mann mit dem eigenen Körper zu schützen, starb im Kugelhagel der Israelis. Manche Berichte behaupteten später, auch der Sohn des Paares sei dem Angriff zum Opfer gefallen.
Unglücklicherweise öffnete Najjers Nachbarin während der Schießerei ihre Wohnungstür. Sie war auf der Stelle tot. Es stellte sich heraus, daß sie völlig unbeteiligt gewesen war und in keiner Weise mit den palästinensischen Terroristen kollaboriert hatte.
Im PLO-Hauptquartier und in den vier Versorgungsstützpunkten kam es zu kurzen Gefechten zwischen den Palästinensern und den Überfallkommandos. Die Israelis waren zwar zahlenmäßig unterlegen, hatten dafür das Überraschungsmoment auf ihrer Seite. Außerdem waren sie wesentlich besser ausgebildet und trainiert. Da diese Faktoren jede Kampfhandlung – höchstens mit Ausnahme von ungewöhnlich langatmigen Operationen – entscheidend beeinflussen, endeten die Schußwechsel an allen Einsatzpunkten mit einem überwältigenden Sieg für die Israelis. Innerhalb von zwei Stunden kamen nach offiziellem Bericht über hundert palästinensische Untergrundkämpfer ums Leben.[4] Die Israelis hatten dagegen nur einen Toten und einige wenige Verletzte zu beklagen, die per Hubschrauber weggeschafft wurden. Man versuchte nicht, die Kampfhandlungen vor der libanesischen Regierung geheimzuhalten. Vielmehr informierten die Israelis von öffentlichen Telefonzellen aus die Regierungschefs darüber, daß rivalisierende Palästinensergruppen sich an mehreren Stellen der Stadt Feuergefechte lieferten. Tatsächlich erreichten sie mit dieser Falschmeldung ihr Ziel: Die libanesische Polizei ließ sich nicht blicken.[5]
Gegen 3 Uhr 30 war alles vorbei. Die Mietwagen, die nach Steves Auskunft nicht einmal eine Schramme abbekommen hatten, parkten wieder ordentlich hintereinander am Strand. Die Kommandos hatten sich auf dem Seeweg zurückgezogen. Während sie ihr Landungsboot bestiegen, wurden Avner und sein Team sowie zwei von Louis' Leuten zu einem Fischkutter gerudert, der etwa dreihundert Meter von der Küste entfernt vor Anker lag.

»Le Groupe« hatte dieses Boot gechartert. Avner und seine Begleiter gingen kurz nach Tagesanbruch in Zypern an Land.[6]
Dort war es alles andere als ruhig. Zufällig hatten die Fedajin an eben diesem 9. April einen Sprengstoffanschlag auf die Residenz des israelischen Botschafters in Nikosia verübt und versucht, eine El-Al-Maschine auf dem Flughafen der zypriotischen Hauptstadt zu entführen. Beide Operationen waren allerdings zum Scheitern verurteilt. Im Hause des Botschafters verwundeten drei Kommandos lediglich einen einheimischen Polizisten; ansonsten entstand nur Sachschaden. Auf dem Flughafen gelang es dem israelischen Luftsicherheitsschutz, einen der sechs Terroristen, die mit einem Landrover und einem japanischen Geländewagen auf das Flugfeld vorgedrungen waren, zu töten und zwei weitere kampfunfähig zu machen. Verantwortlich für den Anschlag, bei dem keiner der Passagiere der Viscount zu Schaden kam, erklärte sich Abu Nidals »Arabische Jugendorganisation«.
»Na schön«, brummte Carl, »für uns ist's ohne Verluste abgegangen. Aber das verdanken wir schließlich nicht den Terroristen!«
Der israelische Botschafter Rahamim Timor hatte zufällig wenige Minuten vor dem Angriff der Fedajin mit seiner Familie das Haus verlassen. Die Freischärler setzten zunächst den zypriotischen Polizisten außer Gefecht und deponierten dann eine Sprengladung im Erdgeschoß, deren Explosion so stark war, daß noch in der fast einen Kilometer weit entfernten Florinis-Straße im Zentrum Nikosias die Fensterscheiben zerbrachen.[7] Wenn Timor und seine Familie sich, wie die Terroristen annahmen, in ihrer Wohnung im ersten Stock aufgehalten hätten, wären sie mit Sicherheit ums Leben gekommen. Der Angriff der Palästinenser auf Zypern bestärkte Avner in dem Entschluß, die Ermordung Zaid Muchassis in Athen durchzusetzen, ob er nun auf der Liste stand oder nicht.
Dieser Anschlag endete um ein Haar in einer Katastrophe.

Im nachhinein neigte Avner zu der Ansicht, den ersten entscheidenden Fehler begangen zu haben, als er das Team wieder, wie schon in Paris, getrennt operieren ließ. Aber sie hatten al-Kubaisi so mühelos zu dritt zur Strecke gebracht, daß es kein großes Wagnis schien, einen zweiten Angriff in gleicher Manier zu planen. Auch diesmal wollten Avner, Robert und Hans gemeinsam vorgehen. Steve sollte in der Zwischenzeit neue Tips einhandeln und insbesondere die Spur der Zielperson Nummer eins, Ali Hassan Salameh, verfolgen. Carl wurde beauftragt, sich um die konspirativen Wohnungen und Bankkonten zu kümmern, die das Team in mehreren europäischen Großstädten unterhielt. Deren Überprüfung sollte gewährleisten, daß die fünf ohne Verzögerung an jeden Ort umziehen konnten, an dem eines ihrer Ziele auftauchte. Bei dem Tempo, das sie gegenwärtig vorlegten, schien es durchaus möglich, daß sie alle elf *mechablim* zur Strekke bringen würden. »Na, wär das nicht fabelhaft?« fragte Avner ermunternd, und die anderen nickten zustimmend.
Die Leute von »Le Groupe« hatten sich bisher in jedem Einsatz bewährt; in Rom, Nikosia und Paris sogar schon zweimal. Mit Ausnahme von Genf hatten sich Louis' Informationen stets als zuverlässig erwiesen, womit er die Trefferquote der gängigen Mossadinformanten beträchtlich überbot. Sein Überwachungspersonal leistete professionelle Arbeit, und seine konspirativen Wohnungen waren maßgeschneidert für die Bedürfnisse des Teams. Hans zog es zwar vor, die Dokumente weiterhin selbst anzufertigen, aber die fünf hatten Louis' Leute bisher zweimal erfolgreich bei der Beschaffung von Waffen und Sprengstoff eingeschaltet sowie gute Erfahrung mit ihnen gemacht, als es galt, nach einem Anschlag die Pistolen loszuwerden. Bisher hatte die Zusammenarbeit fehlerfrei funktioniert. Es ist gar nicht verwunderlich, dachte Avner, daß die Stadtguerillas in Europa während der letzten drei, vier Jahre so Spektakuläres auf die Beine stellten, jedenfalls nicht, sofern man weiß, was für hervorragende Hilfstrupps ihnen zur Verfügung stehen. Im Gegenteil! Er lachte leise in sich hinein. Wenn man einen Louis kennt, dann fragt man sich höchstens, wieso den Terroristen nicht noch mehr und Besseres gelungen ist.

Die Operation Athen unterschied sich von den vorangegangenen nur darin, daß sich das Team um einen winzigen Grad stärker auf Louis verlassen mußte als bisher. Da Robert keine Zeit blieb, seinen Kontaktmann in Belgien aufzusuchen und Sprengstoff bei ihm zu besorgen, wollten Avner, Robert und Carl auf das zurückgreifen, was Louis' Kontaktmann in Athen auftreiben konnte. Es war ein gewisses Risiko, denn – so gab Robert zu bedenken – es kam immer wieder vor, daß Terroristen sich mit irgendwelchem Pfuschwerk selbst in die Luft jagten. Doch die Männer waren der Meinung, daß sie kein unverantwortliches Risiko eingingen. Schließlich gelangen die Sprengstoffanschläge von Freischärlern häufiger, als daß es zu den von Robert erwähnten Unfällen kam. Außerdem hatte Louis Avner versichert, daß sein Mann in Athen die Baader-Meinhof-Gruppe schon mehrmals zufriedenstellend mit Bomben beliefert habe.

Avner, Robert und Hans einigten sich darauf, wie beim letzten Aufenthalt in der griechischen Hauptstadt auch diesmal wieder die konspirativen Wohnungen und das Überwachungsteam von Louis zu benutzen.

Der 11. April, an dem sie in Athen eintrafen, war ein Mittwoch. In der Unterkunft, die sie für ihre erste Übernachtung ausgesucht hatten, fanden sie eine Gruppe arabischer Terroristen vor. Sie unterhielten sich ganz offen vor Avner und seinen Kameraden, nicht nur, weil sie in ihnen als vorgeblichen Angehörigen der Roten Armee Fraktion keine Feinde witterten, sondern auch, weil sie annahmen, daß die drei vermeintlichen Deutschen kein Arabisch verständen. Die Unterhaltung kreiste um den jüngsten israelischen Überfall auf Beirut, und unter den Arabern schien ziemliche Panik zu herrschen, denn es war die Rede davon, daß die Topterroristen sich seit dem Anschlag in Kairo oder Bagdad versteckt hielten. Avner hatte zwar auch zuvor nicht an der Effektivität der israelischen Konterguerilla gezweifelt, aber die Berichte dieser verängstigten Araber bestärkten ihn in der Überzeugung, daß er und sein Team das Richtige taten. Die *mechablim* sind auf der Flucht, jubelte er innerlich. Und wir haben dazu beigetragen!

Am nächsten Tag bezogen sie eine andere Wohnung, die von einer jungen Griechin betreut wurde. Das Mädchen sprach zwar nur ein paar Brocken Englisch, aber ihre Kochkünste waren hervorragend. Am Abend bereitete sie für Avner und Hans eine köstliche Mahlzeit; Robert hatte eine Besprechung mit seinem Sprengstoffspezialisten. Die beiden hatten sich gerade zu Tisch gesetzt, als kurz nach achtzehn Uhr das Telefon klingelte. Louis' Spitzel vom Hotel Aristides in der Sokratous-Straße rief an und meldete, daß Zaid Muchassi soeben das Hotel verlassen habe. Er sei mit dem schwarzen Mercedes des KGB-Vertreters abgeholt worden.[8]

Avner und Hans beschlossen, im Wagen der Griechin Robert samt seinem Sprengstoff aufzugabeln. Einer von Louis' Leuten hatte ihnen in der Zwischenzeit die bestellten Berettas 22 gebracht. Die beiden wählten eilig eine Waffe, steckten noch eine dritte für Robert ein und quetschten sich dann in den Chevy Impala ihrer Gastgeberin.

Von ihrem Quartier gleich bei der Imitou mußten sie fast die ganze Stadt durchqueren, um Robert an der Ecke Trius Septembriou und Omonia-Straße zu treffen. (Die Wohnung der Griechin lag in der Nähe eines Friedhofs, was Hans zu der Bemerkung veranlaßte: »Na, wie praktisch! Da müssen wir wenigstens nicht weit laufen!«) Bis zur Omonia-Straße fuhr das Mädchen den Wagen. An der Ecke stieg sie aus und nahm die U-Bahn, die *electrikos,* zurück nach Hause. Avner setzte sich ans Steuer und stürzte sich ins Verkehrsgewühl auf dem Omonia-Platz, das durchaus mit dem Chaos in den Straßen Roms konkurrieren konnte. Ein älterer Grieche, der »Le Groupe« angehörte, hatte Robert in seinem Wagen zum verabredeten Treffpunkt gefahren. Jetzt tauschte er den Platz mit Hans und setzte sich neben Avner. In ein paar Minuten hatten die beiden Autos die kurze Strecke zur Sokratous-Straße zurückgelegt.

Kurz nach zwanzig Uhr erreichten sie Muchassis Hotel. Der Grieche begleitete Robert und Hans in die Halle. Avner wartete draußen. Sobald er mit Hans allein im Wagen war, hatte Robert seine Bombenkonstruktion aus einer verschrammten Reisetasche in einen kleinen Koffer gepackt. Selbstverständlich hätte er das nicht vor den Augen des Griechen tun können, denn es gehörte zu den unumstößlichen Regeln des Teams, ihre Hilfstrupps nie vor einem Anschlag in ihren Plan einzuweihen. In erster Linie wollten die fünf damit sich selbst schützen, aber diese Vorsichtsmaßnahme diente zugleich der Sicherheit ihrer Helfer. Als ahnungslose Handlanger konnten sie nicht in einen Mordfall verwickelt werden, falls eine Panne passierte. Mit Ausnahme des Mannes, der Robert in Athen den Sprengstoff besorgte, glaubten zumindest ursprünglich alle, die das Team bei einer seiner Operationen unterstützten, daß sie Avner und seinen Partnern halfen, jemanden zu observieren oder mal ein Hotelzimmer, mal eine Wohnung mit Abhörgeräten auszustatten; zumindest konnten sie das annehmen.

An diesem Abend gab Louis' Grieche einem für »Le Groupe« arbeitenden Pagen ein Trinkgeld, damit er einen kleinen Koffer auf einem Servierwagen in den fünften Stock transportierte und zwei Ausländern – Hans und Robert – mit Hilfe des Hauptschlüssels Zugang zu einem bestimmten Zimmer verschaffte. Was sie dort zu tun hatten, war ihre Sache; weder der griechische Fahrer noch der Hotelpage stellten irgendwelche Fragen.

Robert und Hans installierten acht Brandbomben in Muchassis Zimmer. Diese mit einer leicht entzündlichen Magnesiumverbindung gefüllten Sprengsätze haben keine hohe Explosionskraft, detonieren vielmehr mit einem Zischen wie Feuerwerkskörper und absorbieren dabei den im Raum befindlichen Sauerstoff. Ihre Wirkung auf Menschen ist in einem geschlossenen Raum absolut tödlich, aber es besteht nicht die Gefahr, daß sie ein Zimmer in Brand setzen, denn nach einem momentanen Aufflammen ersticken sie in Sekundenschnelle an Sauerstoffmangel. Solche Brandbomben werden gewöhnlich wie Handgranaten geworfen. Robert haßte sie, doch andere Sprengkörper standen ihm diesmal nicht zur Verfügung.

Die Bomben hatten keine separate Sicherung. Wenn jemand versehentlich auf der besonderen Frequenz sendete, würde er damit unweigerlich die Explosion auslösen. Robert sorgte sich allerdings mehr wegen des Zündstoffs, der ihm recht veraltet und daher unzuverlässig erschien. Er befürchtete, das Zeug könne entweder von allein losgehen oder aber überhaupt nicht. Er hatte dem griechischen Händler zwölf Bomben abgekauft, benutzte aber nur die acht, die seiner Meinung nach am besten intakt waren. Die restlichen vier hatte er in der Reisetasche gelassen. »Wenn die Dinger funktionieren«, sagte er, »dann reichen acht in jedem Fall aus.«

Kurz nach einundzwanzig Uhr verließen Robert und Hans das Hotel. Im Gegensatz zu den hochspezialisierten Höllenmaschinen von Paris und Zypern ließen diese altmodischen Brandbomben sich nur schwer an einem versteckten Ort plazieren. Aber die beiden Agenten standen nicht unter Zeitdruck, da das KGB wegen seiner Vorliebe für Nachtarbeit bekannt war. Das Überwachungsteam hatte berichtet, Muchassi sei von seinen bisherigen Konferenzen nie vor Mitternacht zurückgekehrt.

Die beiden Wagen, in denen Avner und seine Partner gekommen waren, erregten kein Mißtrauen. In Athen ist man an reges Nachtleben gewöhnt; besonders in der Plaka, dem Vergnügungsviertel, wo manche Restaurants erst um zehn Uhr abends öffnen.

Avner, Robert und Hans warteten stundenlang vor dem Hotel, doch Muchassi kam nicht wieder. Gegen drei Uhr früh machten die Männer einen kurzen Spaziergang, um sich zu beraten. In wenigen Stunden würde der neue Tag anbrechen. Der Page, der ihnen Zutritt zu Muchassis Zimmer verschafft hatte, würde dann gewiß abgelöst.

»Aber wir brauchen ihn doch«, sagte Avner. »Er muß mit Muchassi im Lift rauffahren und uns ein Zeichen geben, damit wir wissen, ob der auch wirklich allein reingegangen ist. Ihr habt ja selbst gehört, was Louis' Leute erzählt haben: Es wohnen noch mehr Araber im Hotel. Schön, ich geb zu, es ist unwahrscheinlich, daß Muchassi um die Zeit noch Besuche macht oder jemanden zu sich einlädt. Aber ich will kein Risiko eingehen, klar? Wir müssen uns jetzt entscheiden, ob wir die Sache abblasen oder nicht!«

»Also, nehmen wir mal an«, erwiderte Robert gedehnt, »wir schmeißen den Kram hin. Was wird dann aus dem Sprengsatz in seinem Zimmer?«
»Na, dort lassen können wir das Zeug auf keinen Fall!« erklärte Hans entschieden.
»Aber wenn wir zurückgehen und die Dinger abmontieren, ist das 'n ziemliches Risiko«, warnte Robert. »Schließlich könnte Muchassi genau in dem Augenblick reinkommen und uns überraschen. Ja, nicht nur das, wir könnten uns mit dem vorsintflutlichen Mist noch selbst in die Luft sprengen.«
»Dann bleibt uns nur ein Ausweg«, entschied Avner. »Wir müssen die Explosion im leeren Raum auslösen.«
Ihm war selbst nicht wohl bei dem Gedanken, ausgerechnet bei jener Zielperson zu versagen, die nicht auf Ephraims Liste stand. Auf eigene Faust einen Treffer landen, das würde der Mossad vielleicht imponieren. Aber wenn wir im Alleingang operieren und dabei was verpatzen, wird man uns das wohl kaum verzeihen, dachte er. Wir ständen keinen Deut besser da als die Palästinenser. So was bringen die auch fertig: 'n leeres Zimmer in die Luft jagen, weil die Organisation nicht geklappt hat. Man könnte es vielleicht so hinstellen, als hätten wir Muchassi nur warnen wollen, überlegte er, verwarf den Gedanken aber sogleich wieder. Quatsch, würde uns ja doch keiner abnehmen. Terroristen sind durch Warnungen nicht aufzuhalten. Die kann man nur zum Aufgeben zwingen. Die schließen nur dann Frieden, wenn sie einsehen müssen, daß ihnen das mehr einbringt als Krieg. Jeder in Israel weiß das aus Erfahrung. Mit 'nem Warnschuß erreicht man bei unsren Feinden rein gar nichts. Im Gegenteil, Muchassi und seine Anführer würden so was nur als Sieg für sich buchen und sich ins Fäustchen lachen, weil sie den Juden eins ausgewischt haben.
Als Avner seine Bedenken vortrug, nickten die beiden anderen resigniert.
»Na gut«, sagte Avner seufzend. »Warten wir noch eine Stunde. Aber dann muß was geschehen!«
Als die Frist verstrichen war, beschlossen sie, um eine weitere halbe Stunde zu verlängern.

»Das ist aber wirklich das Äußerste«, gab Robert zu bedenken. »Wenn Muchassi bis halb fünf nicht zurück ist, müssen wir was unternehmen.« Damit wandte er sich um und ging zum Wagen zurück.

Es war 4 Uhr 25, als der schwarze Mercedes die Sokratous-Straße hinunterkam. Doch der Wagen fuhr nicht zum Haupteingang, sondern hielt in etwa dreißig Meter Entfernung am Straßenrand. Avner konnte nicht hören, ob der Motor abgestellt wurde, aber der Fahrer hatte die Scheinwerfer ausgeschaltet.

Eine volle Minute verstrich, ohne daß jemand ausstieg. Es war zu dunkel, um zu erkennen, wer sich im Auto befand; nicht einmal die Zahl der Insassen ließ sich mit Bestimmtheit feststellen. Doch als sich endlich die Tür zum Fond öffnete, flammte für ein paar Sekunden die Innenbeleuchtung auf. Der Mann, der ausstieg, war ohne Zweifel Zaid Muchassi. Auf dem Rücksitz saß noch ein zweiter Mann, und der dritte am Steuer trug eine Chauffeursmütze. Die Innenbeleuchtung erlosch, sobald Muchassi die Wagentür zuschlug. Aber die Scheinwerfer wurden nicht eingeschaltet, selbst dann nicht, als Muchassi bereits in der Empfangshalle des Hotels verschwunden war.

»Die Russen warten auf irgendwas, das ist klar«, murmelte Hans. »Ob Muchassi zurückkommt?«

»Möglich«, erwiderte Avner leise. »Vielleicht ist er bloß nach oben gegangen, um was für die zu holen. Womöglich packt er auch seine Sachen und zieht aus. Könnte ja sein, daß die Russen ihm 'ne Wohnung besorgt haben. Oder sie wollen ihn zum Flughafen bringen, damit er 'ne Frühmaschine kriegt.«

In wenigen Sekunden würde Louis' Agent aus dem Hotel treten und dem Team ein Zeichen geben, wenn Muchassi sich allein auf seinem Zimmer befand. Das wiederum war das Signal für Robert, die Explosion auszulösen. Diesmal würde er wohl kaum auf einen Zusatzbefehl Avners warten.

Wenn ich ihn aufhalten will, dachte Avner, dann muß ich's tun, bevor der Grieche rauskommt. Unschlüssig legte er die Hand auf die Klinke der Wagentür. Daß die Russen so nahe beim Hotel warten, ist natürlich 'n unvorhergesehenes Risiko. Aber was ändert sich schon groß? Wenn ich dagegen Robert aufhalte, müssen wir uns um die Bomben in Muchassis Zimmer kümmern. Es ist gefährlich, sie zu entfernen, aber wenn wir sie einfach da lassen, könnten sie unschuldige Menschen töten. Oder jemand findet sie. Intakte Sprengkörper würden's der Polizei leichtmachen, unsre Spur aufzunehmen. Der Mann, der die Dinger besorgt, kennt Robert. Wenn sie den Kerl nun schnappen und ihn verhören ...

Die Chance, das Unternehmen abzublasen, war verpaßt. Der griechische Page trat aus dem Hotel, streckte sich, gähnte, nahm die Mütze ab und kratzte sich am Kopf. Dann drehte er sich um und ging ins Haus zurück.

Avners Blicke suchten instinktiv die Fenster des fünften Stockwerks ab. Muchassi teilte die Vorliebe vieler Araber für die fünfte Etage, die einem Aberglauben zufolge *chamza,* Glück, verhieß. Avner wußte nicht genau, welches Fenster zum Zimmer des Arabers gehörte, aber er war der Meinung, das kurze Aufblitzen, welches die Detonation begleiten würde, müsse er auf jeden Fall erkennen.

Er sah nichts.

Nichts, obwohl gewiß bereits eine volle Minute verstrichen war, seit der Page in die Hotelhalle zurückgekehrt war.

Avner versuchte angestrengt, zu erkennen, was Robert und Hans in ihrem Wagen trieben, doch es war unmöglich. Ob Robert irgendwas falsch verstanden hat? Wartet er womöglich doch auf mein Zeichen? Nein, das kann nicht sein!

Der Mercedes der Russen stand unbeweglich als unheilvoller schwarzer Schatten fünfzig Meter entfernt am Straßenrand.

Plötzlich öffnete sich die Tür von Roberts Wagen, und er – nein, es war Hans! – sprang heraus. Unter dem Arm trug er die Reisetasche, in der Robert die Sprengkörper transportiert hatte. Avner traute seinen Augen nicht, als Hans zielstrebig auf den Haupteingang zumarschierte. Wieso um alles in der Welt geht der jetzt ins Hotel? Avner befürchtete fast, sein Kamerad habe den Verstand verloren. Ja, überlegte er, schon sein Gang ist auf einmal so merkwürdig fremd. Hans bewegte sich für gewöhnlich mit steifen, kontrollierten Schritten, die ihm das Flair eines gesetzten älteren Herrn verliehen. Jetzt eilte er fast beschwingt mit hochgerecktem Kinn die Stufen hinauf. Avner war so verblüfft, daß er noch ein paar Sekunden zögerte. Hans hatte ihn im Vorbeigehen völlig ignoriert, ihn auf keinen Fall zu einer Reaktion aufgefordert. Aber ich kann doch unter diesen Umständen unmöglich im Auto sitzenbleiben, dachte Avner.

»Schalten Sie den Motor ein«, befahl er dem Griechen, der neben ihm am Steuer saß und ihn beunruhigt anstarrte. »Haben Sie verstanden? Rühren Sie sich nicht vom Fleck, aber schalten Sie den Motor ein.«

Dann sprang Avner aus dem Impala und ging über die Straße.

In der Hotelhalle schien alles ruhig. Die Rezeption war nicht besetzt. Weder von Hans noch von dem griechischen Pagen eine Spur. An der Anzeigetafel über dem Lift leuchtete die Ziffer Fünf auf. Rasch blickte er sich in der menschenleeren Halle um und prägte sich die Örtlichkeiten ein. Eine Tür führte zum Personaleingang, eine andere zur Feuertreppe. Hans mußte mit dem Aufzug in den fünften Stock gefahren sein. Wenn ich den Fahrstuhl jetzt runterhole, könnte das für ihn da oben gefährlich werden, überlegte Avner und öffnete die Tür zum Treppenhaus.

Im selben Augenblick hörte er eine Explosion; nicht besonders laut, aber unverkennbar. Ein dumpfer, undeutlicher Ton ohne Widerhall. Durch die Schuhsohlen hindurch spürte er ein schwaches Beben des Bodens unter seinen Füßen.

Der Lift bewegte sich abwärts. Avner verfolgte mit den Augen die Anzeigetafel. Er preßte sich gegen die Wand, seine Hand fuhr an die Hüfte.

Die automatischen Türen öffneten sich. Hans trat aus dem Fahrstuhl, bleich und mit starrem Gesicht. Hinter ihm tauchte der griechische Page auf. Er wütete wie ein Berserker. In der einen Hand hielt er die Reisetasche, die andere hatte er zur Faust geballt und fuchtelte aufgebracht damit in der Luft herum. Er sprudelte auf griechisch Verwünschungen hinter Hans her.

»Scheiß auf Robert mit seiner Scheißfernsteuerung«, zischte Hans, als er Avner erblickte. »Ich mußte es selber machen!«

»Komm schnell«, rief Avner und deutete auf den Personaleingang. »Hier lang!«
Er packte den Griechen an der Schulter und schob ihn hinter Hans durch die Tür. Einen Flur hinunter gelangten sie ins Tiefparterre, dann über eine Treppe und einen schwach erleuchteten Gang ins Freie. Hans lief vorneweg, gefolgt von dem Griechen, der nicht aufhörte, zu fluchen und zu gestikulieren. Avner kam als letzter. Unmittelbar vor dem Eingang befanden sich noch ein paar Stufen. Als Hans die Tür aufstieß, erblickte Avner den schwarzen Mercedes.
Er parkte direkt vor ihnen. Himmel, dachte Avner entsetzt, wir kommen ausgerechnet da raus, wo die Russen warten! Aber das hätte ich doch nicht ahnen können. Typisch für dich, meldete sich seine innere Stimme. Wir hätten genausogut wieder durch den Haupteingang gehen können, aber nein, du mußtest ja wieder mal beweisen, wie sehr du auf Draht bist. Niemals denselben Weg zurückgehen, den man reingekommen ist. Es gilt, den Feind zu verwirren, unheimlich gerissen. Sieht so aus, als wär ich diesmal 'n bißchen zu gewieft gewesen.
Auch Hans sah den Wagen der Russen und blieb wie angewurzelt stehen. Der KGB-Mann auf dem Rücksitz hatte den Schlag geöffnet und wollte gerade aussteigen. Er mußte die Explosion gehört und das Aufblitzen gesehen haben. Wahrscheinlich will er rauskriegen, was passiert ist, dachte Avner. Wenn jetzt, unmittelbar nach der Detonation, direkt vor seiner Nase drei Männer aus einem Nebeneingang stürzen, kann er sich bestimmt 'nen Reim drauf machen.
Und richtig! Noch im Schutz der halbgeöffneten Wagentür griff der Russe mit der Rechten unter die linke Achselhöhle. Er zieht seine Kanone, schoß es Avner durch den Kopf.
Als er später über den Vorfall nachdachte, war Avner sich seiner Sache nicht mehr so sicher. Der KGB-Mann war schließlich ein Agent, der auf seine Tarnung Rücksicht nehmen mußte. Wer weiß, ob er wirklich seine Waffe ziehen wollte? Er war in jenem Moment völlig unbeteiligt, warum hätte er sich einmischen und unnötig in Gefahr begeben sollen? Wie scharfsinnig der Russe

auch kombinieren mochte, er konnte keine Gewißheit darüber haben, daß die Explosion ihn in irgendeiner Weise tangierte. Er hatte folglich keinen Grund, drei Fremde aufzuhalten, die an ihm vorbeirannten. Selbst wenn er nach seiner Waffe gegriffen hatte, so konnte das durchaus eine reine Reflexhandlung gewesen sein. Wie Avner und sein Team war gewiß auch der KGB-Mann darauf trainiert, blitzschnell und hochsensibel zu reagieren. Im Gegensatz zu einem arglosen Zufallszeugen oder einem harmlosen Passanten hatte er angespannt gewartet. Vielleicht, sinnierte Avner im nachhinein, ist das der gravierende Nachteil unserer Ausbildung; man wird zu empfindlich, neigt zu übersteigerter Wachsamkeit, handelt überstürzt. Die Reaktionsgeschwindigkeit wird so lange gefeilt und geschliffen, bis sie eine Spur zu schnell ist. Ein Agent verliert die natürliche Fähigkeit, vor Erstaunen zu erstarren, zu zögern, einen Moment lang handlungsunfähig zu sein. Damit aber fehlte ihm genau die winzige Pause, der unbedeutende Aufschub, der in gewissen Situationen des täglichen Lebens als Sicherheitsfaktor dienen kann.

Wenn Avner die Handbewegung des Russen mißdeutete, so tat Hans es auch. Er schoß zuerst. Zweimal. Streng nach Vorschrift.

Der Russe klammerte sich mit der Linken an den Wagenschlag, seine Rechte umspannte immer noch die Halfter. Jetzt gab Avner vom Fuß der Treppe aus zwei Schüsse ab. Er versuchte, sein Ziel durch die offene Fensterscheibe zu treffen, denn er wußte, daß seine Kugeln die Tür des Mercedes nicht durchdringen konnten. Er sah förmlich, wie Hans' Schüsse einschlugen, war aber nicht sicher, ob er auch getroffen hatte. Ja, er befürchtete sogar, er hätte danebengeschossen. Der Russe sackte zurück auf den Sitz. Der Fahrer beugte sich nach hinten und zerrte ihn an der Schulter vollends ins Auto hinein. Dieser Chauffeur war zweifellos ein ungewöhnlich kräftiger Mann, denn es gelang ihm, den Verwundeten mit einer Hand in den Wagen zu hieven. Dann knallte er die Tür zu, und im nächsten Augenblick schoß der schwarze Mercedes mit quietschenden Reifen davon.

Avner steckte seine Pistole ein und hielt mit der anderen Hand

den Griechen am Kragen fest. Diese Vorsichtsmaßnahme war freilich unnötig, denn der Mann war in starre Lethargie verfallen. Ein Motor heulte auf, und gleich darauf hielt Roberts Wagen mit kreischenden Bremsen vor ihnen. Avner nahm die Reisetasche, die der Page immer noch krampfhaft umklammert hielt, an sich und schob den Griechen in den Wagen. Nachdem auch Hans eingestiegen war, rannte Avner zu dem grünen Impala, dessen Motor bereits lief. »Fahren Sie einfach drauflos«, sagte Avner, als er einstieg. »Aber nicht zu schnell, kapiert?«
Der Grieche nickte. Im Gegensatz zu seinem Landsmann war er die Ruhe in Person. Na ja, dachte Avner, ihm ist schließlich auch keine Brandbombe direkt vor der Nase explodiert. Er hat bestenfalls die Schießerei mitgekriegt.
Als sie in ihrer konspirativen Wohnung angelangt waren, versuchten sie mit erzwungener Ruhe, alles Nötige zu veranlassen. Zunächst einmal mußten sie den Hotelpagen beruhigen, der nur Griechisch verstand. Der Mann war einem Nervenzusammenbruch nahe. Er saß zeitweilig mit starrem Blick da und murmelte »Bomba, bomba« vor sich hin. Dann wieder sprang er auf, rannte mit ausgestrecktem Finger auf Hans zu und überhäufte ihn mit einer Flut von Schmähungen. Avner nahm ihn schließlich zusammen mit dem älteren Griechen beiseite und drückte jedem eine Hundertdollarnote nach der anderen in die Hand. Das erwies sich als wirksames Mittel gegen die aufgeregten Wortkaskaden des Pagen. Nach dem fünften oder sechsten Schein glotzte er Avner stumm wie ein Fisch an.
Als die Griechen das Haus verlassen hatten, sagte Robert: »Hört mal zu, ich weiß, wie euch zumute ist. Denkt ihr vielleicht, mir geht's anders? Glaubt mir, ich hab den Sender überprüft, der war völlig in Ordnung. Ich kann nichts dafür! Dieses alte Zeug, das man uns angedreht hat, taugt einfach nichts mehr.«
Robert hätte besser daran getan zu schweigen, denn seine Worte entfachten die schärfste Auseinandersetzung, die es seit der Gründung des Teams gegeben hatte. Hans beharrte darauf, daß Robert seine Zweifel an der Wirksamkeit des Sprengstoffs deutlicher hätte zum Ausdruck bringen müssen. »Wenn uns klar ge-

wesen wäre, wie unsicher das Ganze war, hätten wir das Unternehmen eben verschoben. Nur, wenn du uns erfolglos gewarnt hättest, träfe dich keine Schuld! Aber was hast du gemacht? Ja, vor dich hingebrummelt, das Zeug tauge nicht viel. Mein Lieber, das ist noch lange keine ernstzunehmende Warnung. Vor allem nicht von dir! Solche Unkenrufe läßt du schließlich vor jeder Operation los!«

Hans hatte nicht unrecht, doch nach Avners Meinung war *er* eines sehr viel schlimmeren Vergehens schuldig. Er hatte sich nicht nur über die Hierarchie des Teams hinweggesetzt, sondern dadurch, daß er ohne Rücksprache mit den anderen einen völlig neuen Plan entwickelte und ausführte, alle drei in große Gefahr gebracht. Hans hatte von sich aus die Tasche mit den vier restlichen Bomben gepackt, die noch mit den ursprünglichen Sprengkapseln versehen waren, hatte sich den verdutzten Pagen geschnappt und war mit ihm zu Muchassis Zimmer gerannt. Er befahl dem Griechen, Muchassi an die Tür zu rufen. Dann winkte er den Pagen beiseite, und während der Araber noch mit den Tücken des Türschlosses kämpfte, holte er eine Bombe aus der Tasche. Als die Tür sich einen Spaltbreit öffnete, trat Hans so heftig mit dem Fuß dagegen, daß sie weit aufsprang. Dann warf er die Brandbombe wie eine Handgranate ins Zimmer.

»Und all das«, rief Avner aufgebracht, »hast du ausgeheckt, ohne Robert und mir auch nur einen Ton zu sagen.«

»Wenn ich dich gefragt hätte«, entgegnete Hans trotzig, »wärst du zuerst dagegen gewesen. Aber dann hättest du bestimmt eingewilligt, denn das war wirklich unsre einzige Chance. Und für lange Diskussionen war nun wirklich keine Zeit. Da hab ich eben das Verfahren abgekürzt.«

»Wieso war das unsre einzige Chance?« wollte Robert wissen. »Und selbst wenn! Sobald du den Pagen los warst, hättest du Muchassi doch einfach erschießen können.«

»Erschießen?« wiederholte Hans entgeistert. Dann wandte er sich an Avner: »Merkst du's nun? Der Kerl denkt einfach nicht mit!«

Avner mußte ihm recht geben. Hätte Hans den Araber erschossen, so wäre das Problem der in seinem Zimmer deponierten Bomben immer noch ungelöst geblieben. Es war durchaus möglich, daß Hans, als Roberts Fernsteuerung nicht funktionierte, die einzig praktikable Alternative gefunden hatte. »Trotzdem«, beharrte Avner mißbilligend, »du hättest nicht auf eigene Faust handeln dürfen. Wenigstens hättest du mir Bescheid sagen müssen. Stell dir doch mal vor, was passiert wäre, wenn diese Bombe dich verletzt hätte! Was hätten wir dann machen sollen? Dich einfach zurücklassen oder so lange rumsitzen und warten, bis man uns alle geschnappt hätte? Was du getan hast, war unverantwortlich. Und warum mußtest du zu allem Überfluß auch noch den Russen umlegen?«

»Na, weil der nach seiner Waffe gegriffen hat«, antwortete Hans empört. »Hätte ich vielleicht warten sollen, bis er mich abknallt? Außerdem hast *du* ja auch auf ihn geschossen, und zwar aus demselben Grund!«

»Ich hab nur geschossen, weil du's getan hast«, widersprach Avner, ohne von seinen Worten sonderlich überzeugt zu sein; die Debatte zerrann in kindische Argumente. »Ist ja jetzt auch egal«, brummte er unwillig. »Und außerdem glaub ich gar nicht, daß ich ihn getroffen hab.« Zumindest hoff ich das, dachte er. Ärger mit dem KGB war das letzte, was er gebrauchen konnte. Auch bei dem Gedanken an Ephraims Zornesausbruch, wenn er erführe, daß seine Leute einen sowjetischen Agenten getötet hatten, schauderte ihn. Aber wenn der Russe doch seine Waffe ziehen wollte, meldete sich trotzig seine innere Stimme, was blieb uns da übrig?

Avner wunderte sich mehr über Hans, als daß er sich ärgerte. Ausgerechnet Hans mit seiner Lesebrille und dem ruhigen, ja pedantischen Wesen; Hans, der aussah wie ein fleischgewordener Bleistift und der gern sein »Mein Platz steht zur Verfügung, jederzeit« im Munde führte. Wenn Steve plötzlich mit 'ner Tasche voller Bomben losgerannt wäre, das hätte mich nicht überrascht, dachte Avner. Robert wär das auch noch zuzutrauen. Ich selbst hätte so was womöglich ebenfalls fertiggebracht. Aber Hans? Kann man sich vorstellen, daß er einem Impuls gehorchend losrennt, 'ne Tür eintritt und auf 'nen Russen schießt? Es ist wirklich schier unmöglich, heutzutage 'nen Menschen richtig einzuschätzen.

Doch unterschwellig hatte Avner das unbehagliche Gefühl, als sei Hans' scheinbar so verrückte Handlungsweise unter den gegebenen Umständen durchaus richtig gewesen. Hans war bloß der einzige von uns, der den Mut aufbrachte, sich der Notwendigkeit zu stellen. Wenn diese dämlichen vorsintflutlichen Bomben weder gezündet noch gefahrlos wieder abmontiert werden konnten, was blieb dann anderes übrig, als einen anderen Sprengkörper explodieren zu lassen, solange Muchassi sich im Zimmer befand? Und auch damit hat er recht, gab Avner insgeheim zu, wenn wir uns erst beraten hätten, wären wir wahrscheinlich zu spät gekommen.

»Na gut«, sagte er laut. »Wir wollen jetzt nicht mehr davon sprechen. Uns allen ist das ganz schön an die Nieren gegangen, und wir müssen erst mal unsre Nerven beruhigen. Wenn wir wieder in Frankfurt sind, werden wir Carl den Fall vortragen.«

Die anderen stimmten zu. Avner war zwar der Leiter des Teams, doch Carl hatte sich – teils seines Alters und seiner Erfahrung wegen, vor allem aber aufgrund seiner Persönlichkeit – zum Salomon, einer Mischung aus Richter und Gewissen der Gruppe, entwickelt. Im vorliegenden Fall war er darüber hinaus auch deshalb prädestiniert, weil er als Unbeteiligter objektiv und unparteiisch urteilen konnte. Wenn sie einen Fehler gemacht hatten – Carl würde sie darauf hinweisen, dessen waren die drei sich sicher.

Sie blieben noch eine Weile in Athen, dann flogen sie einzeln ab. Den Presseberichten nach zu urteilen, hatte die Explosion im Hotel gewirkt wie ein Silvesterfeuerwerk. Sogar ein Schwelbrand war ausgebrochen, aber Muchassi war der einzige Tote. Manche Zeitungen schrieben, daß ein deutscher Terrorist leicht verletzt worden sei. Doch die Schüsse auf den Russen wurden von keinem Blatt erwähnt.[9]

In Frankfurt erstatteten sie Carl minuziös Bericht. Er schwieg lange, sog unablässig an seiner Pfeife, hob skeptisch die Augenbrauen und blickte zur Decke hinauf. Steves Reaktion dagegen war stürmisch und impulsiv. Er zeigte sich völlig verblüfft darüber, daß die drei mit Gewissensbissen beladen zurückgekommen waren. »Was ist denn schon Schlimmes passiert?« wandte er sich an Avner. »Ihr habt den Kerl doch erledigt. Na, und dagegen, daß ihr den verdammten Iwan gleich mit abgeknallt habt, ist doch nichts einzuwenden. Was ist denn los, Freund. Hast du etwa Schiß?«

»Ach, halt den Mund«, unterbrach Carl den Jüngeren. »Seht mal, Jungs, ich war nicht dabei. Also darf ich mich auch nicht als Richter aufspielen. Die Hauptsache ist, daß ihr alle wohlbehalten wieder zurück seid. Jetzt wollen wir erst mal an die Zukunft denken.«

Das war fraglos der einzig vernünftige Vorschlag. Aber Avner hörte nicht auf, sich Sorgen zu machen; er wußte selbst nicht recht, warum. Bisher war alles so leicht gegangen. Sie hatten die israelischen Olympiakämpfer gerächt, indem sie Zwaiter, Hamshari, al-Chir und al-Kubaisi ausgeschaltet sowie an der Exekution von Najjer, Nasser und Adwan in Beirut mitgewirkt hatten. Bei Lichte besehen war ihnen auch der Anschlag auf Muchassi geglückt. Im nachhinein erschien alles ganz einfach.

Vielleicht ist es *zu* leicht, dachte Avner. Zum erstenmal, seit sie die Mission begonnen hatten, verspürte er ein schmerzhaftes Drücken in der Magengrube.

XI
Mohammed Boudia

In Wahrheit fürchtete Avner sich; und das zum erstenmal, seit sie Ende September vom Hotel du Midi in Genf aus ihre Operation begonnen hatten; ja, vielleicht geschah es zum erstenmal in seinem Leben, daß er richtiggehend Angst verspürte. Jedenfalls konnte er sich dieses Gefühls nicht entsinnen. Weder in der Armee noch während des Sechs-Tage-Krieges oder in seiner Ausbildungszeit und beim Einsatz als regulärer Agent hatte er je so etwas empfunden; auch nicht während dieser besonderen Operation, zumindest nicht vor Mitte April. Gewiß, er war oft alarmiert, gespannt oder aufgeschreckt gewesen. Doch die Regung, mit der er im April des Jahres 1973 Bekanntschaft machte, war etwas völlig Neues für ihn. Sie machte sich nicht durch einen plötzlichen Adrenalinstoß bemerkbar oder durch starkes Herzklopfen, das man sekundenlang im Halse zu spüren meinte. Dieses neue Gefühl hatte auch nichts mit jener plötzlich aufschießenden Angst zu tun, die regelmäßig verebbte, sobald die jeweilige Ursache beseitigt war. Die Empfindung, unter der Avner jetzt zu leiden hatte, war eine eher leichte, aber stetig und beharrlich in seinem Innern bohrende Beklemmung, die er tagelang nicht los wurde, ganz gleich, was er tat. Ob er nun in einem Restaurant Lammkoteletts aß oder im Kino seinen neuesten Lieblingsschauspieler Louis de Funès bewunderte – diese nagende Beängstigung blieb stets präsent. Zugegeben, das Gefühl variierte leicht: Manchmal war es ein dumpfer Schmerz, dann wieder ein würgender Kloß – aber es blieb immer Angst.

Anfangs begriff Avner gar nicht, was mit ihm vorging. Er befürchtete vielmehr ernsthaft, er habe sich den Magen verdorben.

Bald aber merkte er, was ihn belastete, und mit der Erkenntnis kamen Scham und Unwillen. Für eine Weile quälte ihn am meisten der Gedanke, daß seine vier Partner erkennen könnten, wie es um ihn stand. Diese Vorstellung war ihm unerträglich. Er versuchte, der Entdeckung seines furchtbaren Geheimnisses durch eine List zuvorzukommen. »Mensch, Kinder, ich hab 'ne Scheißangst«, sagte er mit strahlendem Lächeln mitten in einer Lagebesprechung. Und bei jeder Gelegenheit beteuerte er: »Ich mach mir furchtbare Sorgen, Jungs, wirklich!« Avner baute darauf, daß diese Sprüche als die übliche Soldaten-Aufschneiderei erkannt und als solche interpretiert würden. In der Armee war Prahlerei verpönt. Man konnte seine Tapferkeit nur herausstreichen, indem man das Gegenteil ein wenig zu heftig betonte. Avner mußte aber wohl seine Taktik übertrieben haben, denn eines Tages, als er mit Carl allein war, sagte der ganz ruhig:

»Ich versteh dich. Mir ist nämlich auch ziemlich mulmig zumute.«

Sein Ton veranlaßte Avner, die Maske fallenzulassen. »So 'n Mist!« fluchte er leise. »Du auch? Ist ja kaum zu fassen.«

Carl schüttelte nur schweigend den Kopf. Sie berührten das Thema nie wieder.

Es war kurz nach dieser Unterredung, als die Erkenntnis Avner wie ein Blitz aus heiterem Himmel traf. Er befand sich auf dem Rückflug von New York, wo er eine Woche mit Shoshana verbracht hatte. Diese Begegnung hatte vielleicht etwas mit seiner plötzlichen Einsicht zu tun, wenn auch nur indirekt.

Das Wiedersehen des jungen Paares war nicht ungetrübt. Shoshana hatte in der ersten Aprilwoche das Apartment bezogen, das Avner in Brooklyn für sie gemietet hatte. Avner befand sich in Beirut, als Shoshana mit Geula, ihrer kleinen Tochter, und dem Hund Charlie zum erstenmal in ihrem Leben ins Ausland kam. Sie wußte weder, wo Avner sich im Augenblick befand, noch wann er sie in New York würde besuchen können. Als er drei Wochen später endlich vor ihr stand, klammerte Shoshana sich so verzweifelt an ihn, daß sie ihm körperlich weh tat. Wenn Avner sich je eingeredet hatte, daß Shoshana unter ihrer Lebensweise nicht litt, dann mußte ihn diese Umarmung eines Besseren belehren.

Die ersten beiden Tage verbrachten sie im Bett. Am Morgen des dritten Tages schreckte Avner plötzlich aus dem Schlaf auf. Er hatte geträumt, jemand observiere ihn. Als er die Augen öffnete, saß Shoshana auf der Bettkante und betrachtete sein Gesicht.

»Was ist los?« fragte er schläfrig.

»Ich weiß nicht«, entgegnete sie ernsthaft. »Es ist wirklich seltsam . . . Du kriegst nicht etwa graue Haare oder so was, aber . . . ach, ich weiß wirklich nicht. Du siehst zehn Jahre älter aus.«

Bei diesen Worten spürte er die Angst, die während der letzten beiden Tage beinahe völlig verschwunden war, wie einen Faustschlag in der Magengrube. Er sprach nicht darüber, doch als er sich später rasierte, begutachtete er kritisch sein Spiegelbild. Shoshana hatte recht. In den letzten sieben Monaten war er um Jahre gealtert. Er war erst siebenundzwanzig, aber er sah aus wie ein Mann Mitte Dreißig.

»Tja«, sagte er seufzend zu seinem Spiegelbild, »anscheinend kann man dem Hirn eher was vormachen als dem Körper.«

»Was meinst du?« rief Shoshana fragend aus der Küche.

»Ach nichts, gar nichts.«

Avner mietete ein Auto und verbrachte den Rest der Woche damit, Shoshana kreuz und quer durch New York zu fahren, damit sie die Stadt kennenlernte und sich in Zukunft nicht mehr gar so fremd fühlte. Vor seiner Ankunft hatte sie die Wohnung bloß verlassen, um im Supermarkt an der Ecke einzukaufen. Avner stellte sie auch ein paar Bekannten vor. Shoshana schloß nicht leicht Freundschaft, und es fiel ihr schwer, von sich aus Leute kennenzulernen. Es war nicht ihre Art zu klagen, und sie tat es auch jetzt nicht. Aber als Avner ihr eines Nachmittags in dem schummerigen Einzimmerapartment beim Stillen zuschaute, da kam sie ihm auf einmal so verwundbar und einsam vor, daß ein quälendes Schuldgefühl über ihn hereinbrach. »Es dauert nicht mehr lange«, sagte er. »Ich versprech's dir.«

Sie sah zu ihm auf und lächelte, was Avner nur noch unglücklicher machte. Aber ihm waren die Hände gebunden. Es beruhigte ihn allerdings ein wenig, daß Shoshana offenbar unerschöpfliche Freude an dem Baby hatte. Nach seiner Meinung war Geula immer noch häßlich, obwohl er zugeben mußte, daß sie nicht mehr ganz so schrecklich aussah wie am Tag ihrer Geburt.

Auf dem Rückflug nach Europa erkannte er den Grund für seine Angst. Ihm wurde schlagartig klar, warum er, Carl und möglicherweise auch die anderen nach sieben Monaten und nach fünf erfolgreichen Aktionen – Beirut nicht mitgerechnet – jetzt auf einmal von Zweifeln heimgesucht wurden. Im Grunde war es nur logisch und durchaus einfach.

Je mehr Erfahrung sie selbst mit Attentaten sammelten, desto stärker kam ihnen zum Bewußtsein, wie leicht ein Anschlag zu führen war. Eine kleine Gruppe brauchte nur das nötige Kapital und eine gehörige Portion Entschlußkraft, um eine bestimmte Zielperson aufzuspüren und zu liquidieren. Ungestraft. Eine Terrororganisation konnte jedes gesteckte Ziel erreichen; gewiß nicht für immer, nein, aber doch für kurze Zeit; jedenfalls lange genug, um vier oder fünf Menschen zu töten.

Wenn es für uns leicht ist, dachte Avner seinen Gedanken zu Ende, dann ist es auch für die anderen nicht schwer. Uns macht es keine großen Schwierigkeiten, andere umzubringen, also könnte es dem Feind durchaus gelingen, uns zu erledigen. Wenn wir Informationen über die *mechablim* kaufen, wieso sollten die, denen mindestens so viel Geld zur Verfügung steht wie uns und die weit weniger Skrupel haben als wir, sich nicht auch über uns informieren? Spuren sind auf beiden Seiten zu finden. Wir müssen genau wie der Feind mit bestimmten Leuten Kontakt aufnehmen. Wenn wir dabei nur an einen einzigen Spitzel geraten, dann ist das für den Gegner schon genug. Es kann jederzeit passieren, daß einer von uns um 'ne Straßenecke biegt und direkt in 'ne Pistolenmündung schaut. Vielleicht knips ich eines Nachts das Licht aus und flieg im nächsten Augenblick mitsamt dem Bett in die Luft.

Natürlich! Avner nickte vor sich hin. Wir haben allen Grund, uns zu fürchten! Inzwischen haben die Fedajin mit Sicherheit schon 'n Kommando auf *uns* angesetzt!

Die drei an sich recht unbedeutenden Vorfälle, die sich kurz darauf ereigneten, trugen nicht gerade dazu bei, die überstrapazierten Nerven der fünf Israelis zu beruhigen. Eines Abends beschloß das Team, gemeinsam in einem Frankfurter Restaurant zu Abend zu essen. (Für gewöhnlich aßen sie in der deutschen Finanzmetropole in einer ihrer beiden Wohnungen und wechselten sich mit Einkaufen und Kochen ab.) An diesem Abend fuhren sie alle im selben Wagen. Auf dem Rückweg wollte Avner, der am Steuer saß, über eine Baustelle abkürzen. Plötzlich blendeten ihn grelle Scheinwerfer, und laute Rufe befahlen ihm, unverzüglich anzuhalten. Im nächsten Augenblick waren die fünf von einem Schwarm Polizisten umlagert, die eine Drogen-Razzia durchführten. Das Rauschgiftdezernat hatte den Tip erhalten, daß auf eben dieser Baustelle eine Übergabe stattfinden solle. Avner und sein Team waren versehentlich in die Falle gegangen. Minuten später waren sie bereits wieder auf freiem Fuß. Die Beamten entschuldigten sich höflich für den bedauerlichen Irrtum, denn die Papiere der fünf Männer waren in Ordnung, nicht einer war betrunken, und in ihrem Wagen fand sich keinerlei Belastungsmaterial. Aber in den wenigen Sekunden, in denen man sie mit vorgehaltener Waffe gezwungen hatte, mit gespreizten Beinen neben Avners Opel Aufstellung zu nehmen und die Hände auf das Wagendach zu legen, hatten sie alle dem Tod ins Auge zu blicken gemeint. Übrigens war dies die erste und einzige Gelegenheit, bei der das Team mit westlichen Behörden in Konflikt geriet.

Die beiden anderen Vorfälle betrafen Avner und Carl allein. Beide ereigneten sich an einem Sonntag, und zwar jedesmal gegen zehn Uhr morgens, als die zwei in ihrer Frankfurter Wohnung beim Frühstück saßen. Der erste Zwischenfall kündigte sich durch ein Klopfen an der Tür an. Das war ungewöhnlich, da Besucher normalerweise unten am Hauseingang klingelten, ehe sie heraufkamen. Avner schlich auf Zehenspitzen den Flur entlang und spähte durch den Spion. Draußen standen zwei gutgekleidete Fremde. Carl verbarg sich hinter der Schlafzimmertür, die Pistole im Anschlag. Als er Avner aufmunternd zunickte, drehte der den Schlüssel um und öffnete die Tür, freilich nicht ohne sich von innen dagegenzustemmen.

Durch den Spalt erklärten die beiden Herren, sie seien Postinspektoren, die einen gemeldeten Briefkastendiebstahl überprüften. Offenbar hatte die Hausmeisterin sie eingelassen, und nun gingen sie von Tür zu Tür und erkundigten sich, ob noch anderen Mietern Post abhanden gekommen sei. »Was haben die bloß für 'nen gefährlichen Job«, bemerkte Carl ironisch, als er seine Beretta wegsteckte.

Der zweite Vorfall ereignete sich gleich am nächsten Sonntag. Diesmal wurden die beiden Männer völlig überrumpelt. Carl schenkte gerade Kaffee ein, als die Fensterscheibe mit lautem Knall zerbarst und ein Gegenstand auf dem Fußboden aufschlug. Avner und Carl warfen sich sofort zu Boden, bedeckten den Kopf schützend mit den Armen und warteten auf die Explosion. Nichts rührte sich. Nach einer Weile hoben sie vorsichtig den Kopf. Der Boden war übersät mit Glassplittern, aber sie konnten nirgends eine Granate entdecken, die ins Zimmer geflogen sein mußte.

Avner kroch zum Fenster, richtete sich mit dem Rücken zur Wand langsam auf und spähte vorsichtig hinaus. Unten stand ein kleiner schwarzer Junge – vermutlich eines der Kinder aus der Wohnsiedlung der US-Army jenseits der Straße – und blickte ängstlich zu ihrem Fenster im zweiten Stock hinauf. In der Rechten hielt er einen Baseballschläger. »'tschuldigung, Mister!« rief der Junge hinauf, als er Avner bemerkte. »Es war ein Versehen, ehrlich, ich hab's nicht mit Absicht gemacht. Darf ich meinen Ball wiederhaben, bitte?«

Avner konnte zwei Nächte lang kaum schlafen.

Es lag freilich in seinem Charakter, all das, was andere abschreckt – Furcht, Hindernisse, Schwierigkeiten, Tadel und dergleichen –, als Ansporn zu empfinden. Ohne daß er sich dessen bewußt war, geschweige denn auf die Idee zu kommen, die Ursache seiner Veranlagung zu analysieren, gehörte Avner zu jener verschwindend kleinen Minderheit, deren Tatkraft durch Widerstand beflügelt wird. Es war beinahe so, als habe eine Laune der Natur Avners Gehirnwindungen verwirrt; und nun reagierte er so, wie es ein Auto tun würde, an dem ein Witzbold Brems- und

Gaspedal miteinander vertauscht hat. Angst war gewiß das letzte, was Avner aufhalten würde. Und nicht nur ihn. Trotz der vielen Unterschiede, die zwischen den fünf Partnern bestanden, war dieser spezielle Zug ihnen allen zu eigen.
Die Psychologen der Mossad verstanden anscheinend etwas von ihrem Geschäft. Sie hatten genau die fünf Leute ausgesucht, die instinktiv vor dem, was sie ängstigte, nicht zurückschreckten, sondern mit Angriff reagierten. Eine solche Haltung kann man niemandem anerziehen. Den wenigen, die mit ihr geboren werden, erscheint sie vermutlich durchaus natürlich, obwohl die meisten Menschen sie als völlig wesensfremd bestaunen.

Im Mai des Jahres 1973 waren von ursprünglich elf Zielpersonen noch vier übriggeblieben. Es gelang ihnen nicht, Ali Hassan Salamehs Spur aufzunehmen. Abu Daoud, die Nummer zwei von Ephraims Liste, saß vorübergehend in einem jordanischen Gefängnis. Nummer elf, Dr. Wadi Hadad, der militärische Führer der »Volksfront für die Befreiung Palästinas«, hütete sich, den Nahen Osten und die Ostblockstaaten zu verlassen, blieb also in der Tabuzone des Teams.
Avner und seine Leute konnten sich daher vorerst nur auf die Nummer fünf konzentrieren, einen attraktiven Algerier namens Mohammed Boudia, der viel von sich reden machte. Besonders den Behörden Frankreichs war er bestens bekannt, denn 1959 war Boudia dort ins Gefängnis gewandert, weil er im Dienste der algerischen Befreiungsfront Sabotage in französischen Benzinlagern getrieben hatte. In gewisser Hinsicht konnte Boudia als weiches Ziel eingestuft werden, denn er hängte seine Verbindung zu den palästinensischen Freischärlern keineswegs an die große Glocke. 1973 wußte außer der Mossad und vielleicht noch zwei, drei anderen Geheimdiensten niemand, daß hinter seiner Organisation, der »Parisienne Orientale«, in Wirklichkeit die Volksfront steckte. Als Frankreich 1962 die Unabhängigkeit Algeriens anerkannte, wurde Boudia im Rahmen einer Amnestie aus der Haft entlassen. Bald darauf übernahm er die Leitung des

algerischen Nationaltheaters und machte sich in Künstlerkreisen sowie bei der neuen Linken innerhalb der Pariser Gesellschaft einen Namen. Er inszenierte Stücke mit politischem Sendungsbewußtsein am Théâtre de l'Ouest Parisien in Boulogne-Billancourt, die zum Teil recht beachtliche Erfolge erzielten. Nur sehr wenige seiner Pariser Bekannten waren über seine Rolle in Terroristenkreisen orientiert, und die Anzahl derer, die zu seinen Verbündeten gehörten, war verschwindend klein. Dem Vernehmen nach gab es darunter auch ein paar Frauen. Kein Wunder, der hübsche Algerier hatte viele Verehrerinnen.

Im Gegensatz zu seinem Vorgänger Dr. Hamshari verließ sich Boudia nicht ausschließlich auf seine Tarnung. Er war bekannt dafür, jede Art von Routine zu vermeiden; er erschien fast nie zweimal zur gleichen Zeit am selben Ort; nachts wechselte er ständig zwischen den Wohnungen seiner jeweiligen Freundinnen. Dieser Faktor, so beeilte sich Steve zu kommentieren, hatte freilich höchstwahrscheinlich wenig mit dem Sicherheitsdenken des Algeriers zu tun. In der Öffentlichkeit erschien Boudia häufig in Begleitung eines Leibwächters.

Er war sehr viel auf Reisen, und es ließ sich schwer voraussagen, wann und für wie lange er sich in Paris aufhalten würde. Manchen Berichten zufolge war Boudia im PLO-Hauptquartier gewesen, als die israelischen Kommandos Beirut überfielen. Doch diese Information mußte entweder falsch sein, oder es war dem Theaterdirektor gelungen, unbemerkt zu entwischen. Andere Quellen behaupteten, Boudia sei an jenem Tag im Januar 1973, als der Mossadagent Baruch Cohen ums Leben kam, in Madrid gewesen. Nachweislich hatte mindestens ein Mensch den Versuch, Boudia und seiner Organisation auf die Schliche zu kommen, mit dem Leben bezahlen müssen: der syrische Journalist Hani Kuda, von dem man sich erzählte, er habe im Dienste der Mossad gestanden.[1]

Den ganzen Mai über hatten Avner und sein Team erfolglos versucht, dem gewandten Terroristenführer auf die Spur zu kommen. Da »Le Groupe« in Paris nichts auszurichten vermochte, beschloß Avner, sich noch einmal an Tony in Rom zu wenden.

(Boudia war an Sabotageakten der transalpinen Öl-Pipeline in Triest beteiligt, bei denen achtzehn Menschen verletzt wurden und ein Sachschaden in Millionen Dollar Höhe entstand. Angeblich hatte Boudia diesen Anschlag persönlich durchgeführt, und zwar mit Hilfe zweier seiner Gespielinnen, einer Französin und einer Rhodesierin. Nach Louis' Informationen wurde Boudia von genau dem Griechen mit Sprengstoff beliefert, der Robert in Athen die Brandbomben verkauft hatte.) Die Aktivitäten des Algeriers in Italien brachten Avner auf den Gedanken, Tony einzuschalten.

Aber der Versuch mißlang. Nach ein paar Tagen sinnlosen Wartens in Rom rief Avner Louis wieder an.

»Gibt's was Neues?« fragte er den Franzosen, den er allmählich als seinen Freund betrachtete. Seit einiger Zeit duzten sich die beiden auch.

»Nein«, gestand Louis. »Aber du solltest trotzdem zurückkommen. Hier ist nämlich jemand, der dich gern kennenlernen möchte.«

»Und wann?« erkundigte sich Avner.

»Am Wochenende, wenn's dir recht ist«, sagte Louis.

Avner überlegte: Hier richte ich sowieso nichts aus. Aber es ist erst Mittwoch. Wie wär's, wenn ich mir 'nen Wagen miete und gemütlich nach Paris fahre? Er flog zwar nach wie vor leidenschaftlich gern, aber auch Autofahren machte ihm Spaß. Außerdem konnte es nicht schaden, öfter zwischen verschiedenen Reisemöglichkeiten zu wechseln. Ein paar Tage einfach nur so durch die Gegend zu fahren, das wird mir guttun, dachte Avner. Die Strecke entlang der Riviera ist herrlich, und wenn ich den Weg durch die Schweiz nehme, dann kann ich gleich mal bei der Bank in Genf nach dem Rechten sehen. Geld an sich bedeutete ihm zwar nicht viel, aber in den letzten Monaten hatte er um Shoshanas willen oft an all die schönen Dinge gedacht, die man damit kaufen konnte. Wie mit Schuldgefühlen beladene Ehemänner es überall und zu allen Zeiten zu tun pflegen, so begann auch Avner sich in eine Phantasiewelt zu flüchten, und er malte sich aus, was er seiner Frau alles schenken würde. In Paris verbrachte er zum Beispiel mehrere Stunden in »La Boutique Danoise« bei der Avenue Hoche und begutachtete eine der ausgestellten Modellküchen. Wirklich beeindruckend, dieser große Kühlschrank mit Eismaschine, und erst der selbstreinigende Herd! Shoshana würde sich einer solchen Küche nicht zu schämen brauchen, nicht einmal in Amerika.

Auf der langen Fahrt nach Paris versuchte er, abzuschalten und überhaupt nicht an den Einsatz zu denken. Statt dessen träumte er von seinen Reisen und von all den fernen Ländern, die er in den letzten paar Jahren gesehen hatte. Man braucht nur die französische und die italienische Autobahn miteinander zu vergleichen, dachte er, und schon merkt man, wie verschieden diese beiden Völker voneinander sind. Während die Franzosen ihre Berge mit einem feinen Netzwerk gewundener Straßen umarmen, bohren die Italiener sich mit wuchtigen Tunnels ihren Weg gradeaus durch den Fels. Fünfzig Stück zählte Avner entlang der Autostrada zwischen Genua und der französischen Grenze.

Verschiedene Nationen, sinnierte er weiter, passen sich auch ihren Ortsbildern, der Landschaft und der Architektur ganz unterschiedlich an. In Frankreich zum Beispiel scheint einfach jeder nach Paris zu gehören, in Italien dagegen wirken nicht einmal die Römer so, als paßten sie in ihre Stadt. Avner hatte nichts gegen Italien, im Gegenteil! Aber er war verblüfft über den Kontrast zwischen den großartigen, ehrfurchtgebietenden Bauten und den Bewegungen, Gebärden und der Gestik der Leute auf der Straße. Er mußte unwillkürlich an das Buch denken, das er einmal als kleiner Junge gelesen hatte. Darin wurde von einem sagenumwobenen Ort in Indien erzählt, den in grauer Vorzeit ein Kulturvolk im Dschungel errichtet hatte. Heute aber, so berichtete die Geschichte, sei der alte Glanz längst erloschen, und in den Ruinen hause eine Affenherde. Genau wie in Rom, nur daß die Affen in dem Buch nicht Motorroller fuhren, dachte Avner lächelnd.

Und wie ist es mit Israel? fuhr es ihm durch den Kopf. Schwierige Frage! Natürlich hegte Avner patriotische Gefühle, selbstverständlich liebte er Israel, aber tief in seinem Innern sah er diese

Region im Nahen Osten nicht als seine Heimat an; schon als Kind hatte er das nicht fertiggebracht. Seiner Meinung nach paßten die Juden, gleichgültig, ob sie nun *jeckes* oder Galizier waren, nicht dorthin. Natürlich wollte niemand das wahrhaben, aber nach Avners Empfinden waren die Angehörigen arabischer Staaten – Leute aus Marokko oder dem Jemen – die einzigen, die dort nicht fehl am Platze wirkten. Das hatte freilich nichts mit der alttestamentarischen Geschichte zu tun. Es änderte auch nichts daran, daß die Juden aus Europa in Israel wahrhaft Erstaunliches geleistet hatten. Auf keinen Fall gab es den Arabern das Recht, die Juden ins Meer abzudrängen. Nur über meine Leiche wird man die Juden irgendwohin drängen, dachte Avner ergrimmt. Und doch, sie passen einfach nicht in die Landschaft! Das ist meine ganz private Meinung; als *sabra* kann ich sie mir leisten.

Aber wahrscheinlich spielte es gar keine Rolle, wohin es die Juden verschlagen hatte, nachdem erst die Kosaken, dann die Nazis sie aus Europa vertrieben hatten. Nach Europa paßten sie ganz gewiß, doch da konnten sie nicht leben, ohne ein-, zweimal pro Jahrhundert niedergemetzelt zu werden, bis sie dem letzten großen Blutbad beinahe endgültig zum Opfer gefallen wären. Jetzt sind die Europäer auf einmal alarmiert, weil Israelis und Araber ihre Städte in Schlachtfelder verwandeln. Hätten sie sich doch nur früher Sorgen gemacht!

Unter solchen Gedanken erreichte Avner die französische Grenze. Trotzig starrte er dem Zöllner, der seinen Paß kontrollierte, ins Gesicht.

Gleich nach seiner Ankunft in Paris rief er Louis an.

»Morgen früh um neun hol ich dich ab«, verkündete der Franzose. »Zieh dir was Sportliches an, wir fahren aufs Land. Ich möchte dich Papa vorstellen.«

Avner war aufgeregt, wenn auch nicht übermäßig überrascht. Während des letzten halben Jahres hatte das Team solche enormen Summen an »Le Groupe« bezahlt, daß er damit rechnen konnte, über kurz oder lang die Neugier des alten Herrn zu wekken. Die verschiedenen rechts- oder linksgerichteten Terrororganisationen, die zu den Kunden von »Le Groupe« gehörten, waren zwar keineswegs arm. Die OAS beispielsweise, die gegen die Unabhängigkeit Algeriens kämpfte, erfreute sich einiger sehr vermögender Gönner, während Hunderttausende von Palästinensern, die in arabischen Ölförderstaaten arbeiteten, gezwungen waren, fünf bis zehn Prozent ihres Einkommens für die PLO zu »spenden«. Aber welche Mittel andere Vereinigungen langfristig auch aufbringen mochten, es war höchst unwahrscheinlich, daß ein kleines Team innerhalb so kurzer Zeit mehr Geld für Papas Dienstleistungen ausgegeben hatte als Avners Gruppe. War es da verwunderlich, daß der Maquisard im Ruhestand sich den Goldjungen einmal ansehen wollte?

Avner seinerseits war auf die Begegnung sehr gespannt.

Das Landhaus lag irgendwo im Süden von Paris. Sie waren zwei Stunden unterwegs, obwohl es denkbar war, daß die direkte Entfernung nicht mehr als eine Stunde betrug. Sobald sie die Stadtgrenze passiert hatten, brachte Louis eine Blindenbrille zum Vorschein und sagte: »Ich hoffe, es macht dir nichts aus, die aufzusetzen?« Hinter den dunklen Gläsern konnte Avner nicht das geringste erkennen. Carl, der Wachsame, hätte sich vielleicht geweigert, die Brille zu tragen. Doch Avner war der Ansicht, daß Louis, sobald sie allein im Wagen waren, ihn ohnehin in der Hand hatte. Zudem signalisierte sein sechster Sinn, auf den er inzwischen bedingungslos vertraute, keine Gefahr.

Nachdem der schwarze Citroën eine Weile über unebene Landstraßen gerollt war, erlaubte Louis es Avner, die Brille wieder abzusetzen. Als er hinausschaute, erblickte er eine friedliche, in Dunstschleier gehüllte Landschaft, von der sich in der Ferne blauschimmernde Bergkuppen abhoben. Unmöglich, das wiederzuerkennen, schoß es ihm durch den Kopf. Das könnte sonstwo sein! Das Tor zur Auffahrt des weiträumigen Landsitzes war unbewacht. Als sie ausstiegen, lief ihnen ein struppiger, ausgesprochen geselliger Hirtenhund entgegen. Freudig sprang er an Louis hoch und leckte ihm das Gesicht. Dann ließ er Avner die Ehre einer ebenso stürmischen Begrüßung zuteil werden.

Papa empfing sie auf der Veranda. Er trug einen marineblauen

Pullover über offenem Sporthemd und war in Pantoffeln. (Zu einem späteren Zeitpunkt hatte Avner in Paris Gelegenheit, ihn im altmodischen schwarzen Dreiteiler zu bewundern.) Papa war Anfang Sechzig, hatte graumeliertes Haar und eine vorspringende Nase. Der Druck seiner großen, mit Leberflecken übersäten Hand war fest und angenehm. Irgendwie erinnerte er Avner nicht nur an seinen eigenen Vater, sondern auch an den Amerikaner, der ihn im Trainingszentrum der Mossad im Umgang mit Handfeuerwaffen geschult hatte. Merkwürdig, dachte Avner bei sich, dabei hat dieser alte Herr äußerlich doch gar keine Ähnlichkeit mit Dave! Aber sie setzten beide auf dieselbe Methode, meldete sich seine innere Stimme: Kombiniere Gewalt mit List, und du bist unschlagbar.

Ein wenig erinnerte ihn auch Papas Ausdrucksweise an Dave. So gebrochen wie dessen Hebräisch war das Englisch des Franzosen. Avner brachte sein Bedauern über seine unzulänglichen Französischkenntnisse zum Ausdruck und schlug vor, man könne sich auf deutsch unterhalten. Aber der alte Herr schüttelte energisch den Kopf.

»Mais non, monsieur, mais non. Ich red Englisch, pourquoi pas? Ein bißchen Übung kann nicht schaden. Schließlich wird bald die ganze Welt Englisch reden, *hein?*«

Wie schön, dachte Avner, wenigstens macht er keinen Hehl draus, wo ihn das Fell juckt.

Doch Papas Abneigung gegen die Briten war nur die äußere Schale, unter der sich noch viele andere Schichten befanden. Sowohl bei diesem als auch bei einem zweiten Besuch wurde Avner immer wieder Zeuge, wie eine neue Lage zum Vorschein kam. Abgesehen vielleicht von Politikern, schien Papa Individuen jeder Couleur durchaus wohlgesonnen. Wann immer das Gespräch sich einer bestimmten Person zuwandte, nickte er zustimmend und meinte: »Ganz recht, den kenne ich. Das ist ein feiner Mensch.« Regierungsparteien hingegen waren ihm allesamt ein Dorn im Auge. Für sie hatte er nur den einen unwandelbaren Kommentar: »Merde!«

Papa stellte Avner seiner Frau vor, die also vermutlich Louis'

Mutter war, wenngleich Avner keinerlei Anzeichen von Zuneigung zwischen den beiden bemerkte. Obgleich sie älter wirkte als Papa, war sie wahrscheinlich um einiges jünger als er. Sie ging leise hin und her, bot Erfrischungen an, füllte Gläser nach, setzte sich aber nicht zu den Männern und nahm auch nicht an ihrer Unterhaltung teil. Außer Avner, Louis und Papa war noch ein älterer Onkel anwesend, der sich allerdings nur selten am Gespräch beteiligte und der nur Französisch sprach. Avner fand jedoch bald heraus, daß es mit diesem Onkel eine besondere Bewandtnis haben mußte. Anscheinend benutzten Papa und Louis ihn als eine Art lebenden Computer, denn wann immer sie ihm eine Frage stellten, leierte er prompt mit ausdrucksloser Miene Daten und Zahlen herunter. Avner beschloß, ihn auf die Probe zu stellen, und fragte Louis nach der Höhe der Summe, die sie seinem griechischen Gewährsmann noch schuldeten. Louis übersetzte die Frage für seinen Onkel.

Ohne zu zögern, nannte der Alte die korrekte Zahl.

Solch ein menschlicher Computer ist gewiß sicherer als Aufzeichnungen, dachte Avner beeindruckt. Aber was wird »Le Groupe« machen, wenn der Onkel stirbt? Er ist doch bestimmt schon über siebzig.

Während der ganzen Unterhaltung richtete Papa nur einmal eine persönliche Frage an Avner: »Sie arbeiten für Israel, nein?«

Avner wiederholte, was er schon Louis erzählt hatte, daß er nämlich Informationsmaterial über palästinensische Freischärler zusammenstelle. »Früher hab ich mal für die Mossad gearbeitet«, fügte er hinzu. »Aber das ist vorbei.« Bei sich dachte er: Den offiziellen Papieren zufolge ist das nicht mal gelogen. »Meine Partner und ich«, fuhr er laut fort, »wir sind bei einer jüdischen Privatorganisation in Amerika beschäftigt.«

Diese Lüge klang durchaus glaubhaft, und überdies paßte sie sehr gut zu Papas Weltanschauung. Avner hatte schon bald herausgefunden, daß der alte Herr die Ansicht vertrat, hinter jedem Sabotageakt und hinter sämtlichen Spionageaffären stecke letztlich privates Kapital. Avner war unerklärlich, wie Papa zu dieser Schlußfolgerung gelangte, es sei denn, der Franzose vermutete hinter jeder Organisation die gleichen Beweggründe, die seine eigene florieren ließen. Amüsiert stellte Avner fest, daß die aus Quebec stammende Kathy im Grunde nur Papas Parolen nachgeplappert hatte.

Avner selbst war vollkommen anderer Ansicht. Zugegeben, es kam hin und wieder vor, daß ein Ölscheich, ein reicher Neonazi oder ein Playboy, der den romantischen Revolutionär spielte, eine Guerillagruppe finanziell unterstützte, ja, sogar selbst eine Terroraktion organisierte. Es gab Männer wie den italienischen Verleger Giangiacomo Feltrinelli, der nicht nur in einer Fidel-Castro-Jacke durch Mailand lief, sondern sich aktiv an der Sabotage von Industrieanlagen beteiligte; bis er sich im Frühling 1972 in der Nähe von Mailand selbst in die Luft sprengte. Avner war jedoch überzeugt davon, daß solche Wirrköpfe im Meer des internationalen Terrors und Gegenterrors höchstens einen Tropfen ausmachten. Ihre Bedeutung schätzte er nicht größer ein als die der geistig verwirrten Personen, die auf eigene Faust einen Staatsmann oder eine andere bedeutende Persönlichkeit des öffentlichen Lebens ermordeten. Avner wußte, daß revolutionäre Studentenverbindungen oder nationalistische Gruppen sich für kurze Zeit spontan und ohne jegliche Hintergrundorganisationen bildeten. Aber die tonangebenden Organisationen wurden samt und sonders von einem Staat, wenn nicht gar einem Staatenbund gefördert. Dafür kamen hauptsächlich kommunistisch regierte Länder in Frage, die letztendlich alle von der Sowjetunion und in wenigen Ausnahmen von China abhängig waren. Selbst Individualisten wie Feltrinelli griffen letztendlich auf staatliche Sponsoren zurück, wenn nicht aus finanziellen Gründen, dann wegen ihrer Ausbildung oder der erforderlichen Waffen und Dokumente.[2]

Papa jedoch hielt hartnäckig an seiner Theorie fest. Es verblüffte Avner, daß der mit allen Wassern gewaschene Franzose, der jedes Schlupfloch in der Untergrundszene Europas kannte, offenbar keine klügeren Schlußfolgerungen zu ziehen vermochte als Karikaturisten, Drehbuch- und Bestsellerautoren, die nur aus ihrer Phantasie schöpfen konnten. Wie kam Papa nur darauf, daß hinter der Vielzahl von Terror- und Gegenterroraktionen bloß eine Handvoll mysteriöser Geschäftsleute oder Aristokraten standen, die in ihren Schweizer Chalets saßen und von der Eroberung der Welt träumten? Aber so unwahrscheinlich es auch ist, er glaubt daran, dachte Avner. Er meinte angesichts des wissenden Lächelns des alten Herrn Kathys Lieblingswendung zu hören: »Alle anderen Versionen sind nur für die Esel bestimmt!« Wenn er die Wahrheit kennen würde, ging es Avner durch den Kopf, dann wären wir in seinen Augen auch Esel. Aber wie dem auch sei – wenn ihm die Fiktion einer jüdischen Privatinitiative in den Staaten Freude macht, werd ich ihm nicht den Spaß verderben. Außerdem, wer kennt schon wirklich alle Hintergründe? Ich bestimmt nicht.

Abgesehen von seiner skurrilen Weltanschauung imponierte Avner so ziemlich alles an dem alten Widerstandskämpfer. Kein Zweifel – der verstand sein Handwerk! Zu allen praktischen Themen äußerte er sich so klug wie präzise, und seine Geistesgegenwart war bewundernswert. Mit dem möchte ich mich nicht anlegen, dachte Avner, der umgekehrt das Gefühl hatte, wer Papas Freundschaft gewann, brauche sich um seine Sicherheit keine Sorgen mehr zu machen.

Als der alte Herr die beiden zum Wagen begleitete, gewann er durch eine kleine Geste beim Abschied Avners Herz. Der Israeli griff nach der dunklen Brille, die auf dem Armaturenbrett lag, doch Papa nahm sie ihm kopfschüttelnd aus der Hand. »Eh, merde!« rief er und übergab sie seinem Sohn. Der steckte sie lachend in die Tasche.

Auf dem Heimweg meinte Louis: »Sieht ganz so aus, als hätte mein alter Herr 'nen Narren an dir gefressen.«

Avner lächelte und murmelte einen höflichen Dank. Gut so, dachte er, damit steigen meine Chancen, 'n bißchen länger zu leben. Aber er hütete sich, es laut zu sagen, denn er wollte Louis' Sinn für Humor nicht unnötig strapazieren.

Seit das Team mit »Le Groupe« zusammenarbeitete, wurde Avner das Gefühl nicht los, er habe einen Tiger beim Schwanz gepackt. Während der gesamten Operation schwankte sein Ver-

hältnis zu Papa und seinen Söhnen zwischen Vertrauen und Furcht. Er traf Papa noch ein zweites Mal, ohne allerdings wesentlich Neues zu erfahren, und daher konnte er lediglich darüber spekulieren, ob »Le Groupe« irgendwelchen politischen Motivationen folgte oder aus rein materiellen Gründen mit Informationen und Dienstleistungen handelte. Es war ihm auch nicht möglich, herauszufinden, ob die PLO zu Papas Kunden gehörte. Dagegen war er überzeugt, daß die Rote Armee Fraktion von »Le Groupe« betreut wurde – wie sonst hätte Andreas Louis kennengelernt? Vermutlich arbeitete Papa hauptsächlich für Anti-Gaullisten und andere Rechtsradikale. Das würde zumindest ansatzweise seinen Glauben an mächtige private und aristokratische Interessengemeinschaften als Antriebskräfte des internationalen Terrorismus erklären. Ebenfalls verständlicher erschien in diesem Licht seine Abneigung gegen die Briten, welche die festgefügte Weltordnung erschütterten, indem sie einerseits ihr Empire kampflos aufgaben, andererseits aber indirekt das Primat angelsächsischer Kulturinstitutionen behielten, indem sie es ausgerechnet den draufgängerischen, reichen und völlig unberechenbaren Amerikanern vermachten. Wenn Papa sich von der Politik seiner Kunden aus dem Lager der Anti-Gaullisten beeinflussen ließ, so war dort der Grundstein zu seiner abstrusen Philosophie gelegt worden.
In der Regel beruhen freilich die Verbindungen von Privatorganisationen wie »Le Groupe« nicht auf ideologischen, sondern auf finanziellen, bisweilen auch auf persönlichen Erwägungen. Theoretisch würde es ihnen nichts ausmachen, einen palästinensischen Freischärler an einen israelischen Gegenterroristen zu verkaufen und umgekehrt; in der Praxis aber schützen sie möglicherweise bestimmte Personen in beiden Lagern – sei es, weil sie mit ihnen gute Geschäfte machen, sei es, weil sie ihnen sympathisch sind. Avners sechster Sinn verriet ihm, daß er nichts zu befürchten habe, solange Papa ihn mochte oder solange ihm an Geschäften mit seinem Team gelegen war.
Die Informationen und Dienstleistungen von »Le Groupe« waren Gold wert. »Ihre Preise sind auch danach!« nörgelte Hans.

»Du mußt zugeben, daß sie Enormes leisten«, beharrte Avner. »Papa und Louis liefern weit besseres Material und zuverlässigere Informationen, als wir sie von den üblichen Mossad-Kontaktmännern bekommen könnten. Möglich, daß wir 'n paar *mechablim* auch ohne ›Le Groupe‹ gekriegt hätten. Tatsache ist, daß wir bis Sommer 73 ohne sie rein gar nichts erreicht haben. Sehen wir ruhig mal von Nasser, Adwan und Najjer in Beirut ab. Was bleibt denn dann von der Hilfe der Mossad? Ephraim hat uns am Beginn unserer Operation Hamsharis Adresse gegeben, und wir haben den Tip gekriegt, daß Zwaiter sich irgendwo in Europa aufhalte. Das war's auch schon. Alles übrige haben wir von ›Le Groupe‹ erfahren.«
»Ja, ja, du hast ganz recht«, nickte Hans versöhnlich. »Der reinste Deus ex machina, dieser Louis!«
Avner fand diesen Spitznamen großartig, doch da er ihn sich nicht merken konnte, änderte er ihn in »Mojsche, die Maschine«. Wenn er Louis anrufen wollte, dann sagte er von nun an: »Ich muß mit Mojsche, der Maschine, telefonieren.«

Eine Woche nach dem Ausflug auf Papas Landsitz berichtete Louis, daß Mohammed Boudia in Paris sei. Noch am selben Abend flog Robert nach Brüssel. Wieder eine Woche später, am Donnerstag, dem 28. Juni, parkte Steve morgens um 10 Uhr 25 einen von Papas Lieferwagen gegenüber dem kleinen Café L'Etoile d'Or, Ecke Rue Jussieu und Rue Fossés Saint-Bernard, auf dem linken Seineufer.
Die Beschattung Boudias war ein schweres Stück Arbeit gewesen. Im Gegensatz zu den anderen Zielpersonen führte er ein völlig ungeregeltes Leben, schlief mal hier, mal da und tauchte tagsüber an völlig unvorhergesehenen Orten auf. Es gab nur eine Möglichkeit. Das Team beschloß, ihn rund um die Uhr zu observieren und den günstigsten Zeitpunkt abzuwarten, um den Anschlag ad hoc zu führen.
»Wir können nur hoffen, daß der Kerl den Braten nicht riecht und uns durch die Maschen schlüpft«, meinte Hans. »Ist 'n ausgekochter Hund, der Algerier.«

Um dieses Risiko so klein wie möglich zu halten, beauftragte Avner »Le Groupe«, die Überwachung im großen Stil vorzunehmen und so viele Leute wie möglich dafür abzukommandieren. Eine der sichersten Methoden, das Mißtrauen einer Zielperson nicht zu wecken, ist fraglos der ständige Wechsel der Observierenden und der Verfolgungswagen. Die häufige Ablösung zu bewerkstelligen ist letztlich nur eine Frage des Geldes. In Paris stand »Le Groupe« mehr als ein Dutzend ausgebildeter Detektive zur Verfügung.

Da Boudia sich gern selbst ans Steuer setzte, beauftragte Avner und Carl Robert damit, eine speziell für Autos geeignete Bombe zu konstruieren. Allerdings schlossen sie andere Exekutionsmöglichkeiten keineswegs aus.

»Die minimalste Vorbereitung erfordert bekanntlich Erschießen«, erklärte Robert. »Allerdings gibt's da die meisten Probleme mit der Flucht. Außerdem ist ein Erschossener kein sonderlich drastisches Beispiel in dem Sinne, wie Ephraim seine Akzente des Gegenterrorismus gesetzt wissen will.«

»Ich bin noch aus 'nem anderen Grund gegen Schießen«, pflichtete Avner seinem Kameraden bei. »Die emotionale Belastung macht mir Sorgen. Seien wir doch ruhig offen miteinander: Aus sicherer Entfernung auf 'nen Knopf zu drücken geht weniger an die Nieren, als 'nem Mann in die Augen zu sehen und ihm auf zwei Meter Abstand 'ne Ladung Blei in den Leib zu pumpen.«

Die Bombe, die Robert mit Hilfe seines belgischen Kontaktmannes anfertigte, funktionierte im wesentlichen nach dem gleichen Prinzip wie die, welche al-Chir getötet hatte; sie war lediglich etwas kleiner und hatte einen einfacheren Mechanismus. Anstelle der sechs kleinen Sprengsätze war ein einziger getreten, der auf Splitterwirkung basierte. Gezündet wurde auf herkömmliche Weise.

»Wir montieren das Ding unter den Fahrersitz des Wagens«, erklärte Robert. »Scharf gemacht wird es durch Druck, die Explosion lös ich mit 'nem Radiosignal aus – alles wie gehabt. Auf den Druck allein dürfen wir uns aus Sicherheitsgründen nicht verlassen. Da könnten Passanten verletzt werden oder jemand, der mit

Boudia ins Auto steigt. Umgekehrt wäre auch ein nur per Fernbedienung kontrollierbarer Sprengkörper gefährlich, denn dann könnte jemand versehentlich die Frequenz anpeilen, die die Detonation auslöst, während wir die Bombe noch mit uns rumschleppen oder sie grade im Wagen deponieren. Na, aber ihr seid ja inzwischen mit den Risikofaktoren vertraut.«

Eines Nachmittags, als sie sich zu einer Lagebesprechung zusammengefunden hatten, sprang Steve plötzlich mitten in der Unterhaltung auf.

»Ich will euch mal was sagen«, rief er aufgebracht. »Wir sind komplett verrückt! Wir stehen doch mit diesen Arabern im Krieg, oder etwa nicht? Warum brüte ich dann hier über irgendwelchen Fluchtrouten? Wieso pusselt Robert an seinem verdammten Radio rum? Wißt ihr, was dieser Boudia tun würde, wenn er uns umbringen wollte? Ich werd's euch verraten. Abends um acht würde er uns 'ne Bombe in die Zündung schmuggeln; er oder eine von seinen Miezen. Und gegen Mitternacht säße er bereits in Algier in 'ner Bar. Er würde sich nicht die Bohne drum kümmern, wer alles mit in die Luft fliegt, wenn wir am nächsten Morgen den Motor anlassen. Zum Teufel! Aber so ist der Krieg, würde er sagen, sonst nichts!

Und was machen wir? Hocken hier rum und verschwenden kostbare Zeit damit, auszutüfteln, wie man 'nen Lieferwagen parken muß, damit die Sicht aufs Zielobjekt nicht versperrt wird. Zerbrechen uns den Kopf, wie wir's anstellen können, höchstens hundert Meter entfernt zu sein, wenn der Kerl in die Luft fliegt. Meschugge ist das, total meschugge! Und wißt ihr, was dabei rauskommt? *Die* werden gewinnen, jawohl!«

»Bist du jetzt fertig?« fragte Carl nach einer kleinen Pause. »Schön, das freut mich. Dann setz dich gefälligst wieder hin!«

Boudias derzeitige Favoritin wohnte in der Rue Boinod im Achtzehnten Arrondissement. Der Renault 16 des Algeriers stand am Mittwoch, dem 27. Juni, die ganze Nacht vor dem Haus seiner Geliebten. Doch Avner befürchtete, Boudia könnte das Mädchen, eine Stenographin, am nächsten Morgen zur Arbeit fahren, und ließ Robert daher die Bombe nicht installieren. Boudia

war allein, als er um sechs Uhr früh das Haus verließ. Seine Freundin erschien erst anderthalb Stunden später auf dem Plan.
Erstaunlicherweise fuhr Boudia ausgerechnet zur Universität auf dem linken Seineufer, im Fünften Arrondissement, wo auch das Mädchen arbeitete, das er gerade verlassen hatte. Es war ziemlich weit von der Rue Boinod bis zur Rue des Fossés Saint-Bernard am Fuße des Boulevard Saint-Germain, und obwohl er vor dem morgendlichen Berufsverkehr aufgebrochen war, brauchte Boudia fast eine Dreiviertelstunde für den Weg. Es war etwa 6 Uhr 45, als er den Renault auf einen der markierten Parkplätze vor dem Pierre-et-Marie-Curie-Gebäude lenkte.
Der Algerier stieg aus und verschloß den Wagen. Einer von Louis' Männern folgte ihm zu Fuß, der andere fuhr mit dem Auto, in dem die beiden Boudia gemeinsam beschattet hatten, zur nächsten Telefonzelle. Allem Anschein nach wollte der Algerier zu einer anderen Freundin, die hier gleich um die Ecke wohnte.
Eine halbe Stunde später parkten Steve und Robert ihren Lieferwagen quer vor dem Renault 16. Sie trugen Monteuranzüge. Auf der anderen Seite der Rue des Fossés Saint-Bernard gibt es zwar eine Reihe von Geschäften, aber um diese frühe Stunde waren nur wenige Passanten unterwegs. Außerdem entzog der behäbige Lieferwagen Boudias Auto den flüchtigen Blicken der vorübereilenden Frühaufsteher. Steve und Robert wußten zwar nicht, wann Boudia zurückkehren würde, aber Papas Detektiv, der ihm zu Fuß gefolgt war, würde die beiden rechtzeitig warnen.
Die Bombe, die Robert und sein belgischer Kollege diesmal konstruiert hatten, konnte im Nu unter dem Sitz des Wagens befestigt werden. Es handelte sich um einen Apparat in Form eines kleinen Rechtecks. Kein Zeitzünder mußte eingestellt, keine Drähte brauchten angeschlossen werden. In weniger als dreißig Sekunden hatte Steve die Autotür geöffnet. Robert benötigte knapp eine Minute, um den Sprengsatz zu montieren. Dann schloß Steve den Renault in Sekundenschnelle wieder ab.

Es war noch nicht acht Uhr, als Steve und Robert in den Lieferwagen stiegen und zur Ecke Rue Jussieu, Rue des Fossés Saint-Bernard fuhren. Dort hatten Avner und Hans inzwischen mit ihrem Auto zwei Parkplätze blockiert. Jetzt setzte Hans ein Stück vor, so daß Steve den Lieferwagen ohne Mühe hinter ihm an den Bordstein manövrieren konnte.

Carl trieb sich wie üblich allein in der Nachbarschaft herum.

Fast drei Stunden verstrichen. Um 10 Uhr 45 warteten die vier noch immer geduldig. Da stellte sich plötzlich ein großer Laster ausgerechnet quer vor den Renault – genau wie Steve und Hans es am frühen Morgen getan hatten – und blockierte die Sicht auf Boudias Wagen.

»Tja, Künstlerpech«, seufzte Hans.

»Und wenn ich einfach rübergeh und den Lastwagenfahrer bitte, 'n Stückchen vorzufahren?« fragte Avner.

Aber Hans schüttelte den Kopf.

»Wenn Boudia jetzt zurückkommt«, sagte Robert, »dann bemerken wir ihn frühestens in dem Moment, wo er aus der Parkbucht rausstößt. Wir könnten natürlich hinter seinem Wagen herfahren und die Explosion woanders zünden. Aber das halte ich doch für sehr riskant. Jedenfalls wär's einfacher, wenn dieser verdammte Laster sich endlich von der Stelle rühren würde!«

Ein paar Minuten später fuhr der LKW tatsächlich davon.

Aber schon im nächsten Augenblick wählte ein Studentenpärchen sich ausgerechnet den Renault als Ablageplatz für die Bücher und hielt, an den Wagen gelehnt, seelenruhig einen Schwatz.

»Wenn Boudia losfährt, haun die natürlich da ab«, überlegte Avner. »Aber wer weiß, vielleicht gehn sie nicht weit genug von dem Wagen fort? Ist schon irre, bis vor 'n paar Minuten hab ich mir nichts sehnlicher gewünscht, als daß der Kerl endlich aufkreuzt, und jetzt zittere ich bei dem Gedanken, daß er erscheint, ehe die zwei Typen ihre Unterhaltung beendet haben. Komm schon, Baby«, murmelte er beschwörend und starrte zu dem jungen Mädchen hinüber. »Ganz gleich, was dein Macker von dir will, sag ja, hörst du? Sag ja!«

»Mann, ist ja toll! Du hast direkt telepathische Fähigkeiten«, rief Steve übermütig. Tatsächlich hatte das Mädchen ihre Bücher unter den Arm genommen und schlenderte davon. Der junge Mann folgte ihr.
Um elf Uhr tauchte der Mann von »Le Groupe« auf. Avner überzeugte sich durch Augenkontakt davon, daß Robert ihn ebenfalls gesehen hatte. Robert nickte ihm beruhigend zu, und Avner ließ den Motor an. Er wußte, daß Steve ihm dicht auf den Fersen bleiben würde.
Boudia schloß den Renault auf, stieg ein, knallte die Tür hinter sich zu, und im nächsten Moment rollte der Wagen aus der Parkbucht. Gleichzeitig detonierte die Bombe.
Die Explosion riß die Tür heraus und verbog das Dach des Renaults. Aber die ganze Kraft des Sprengkörpers blieb auf das Fahrzeug beschränkt. Selbst wenn jemand zehn Schritte neben dem Wagen gestanden hätte, wäre ihm vermutlich kein Haar gekrümmt worden.
»Mensch, Junge, das ist die beste Bombe, die du bisher gebaut hast!« Steve klopfte Robert übermütig auf den Rücken.
»Gut«, seufzte Hans gedehnt. »Der ist erledigt. Das hätte kein Mensch überlebt.«
Die Detonation wurde von einem lauten Knall begleitet, der Neugierige an die Fenster und hinaus auf die Straße lockte. Angeblich hörte auch Boudias Freundin in ihrem Büro in der Nähe die Explosion, ohne jedoch zu ahnen, was geschehen war. Der einundvierzigjährige Algerier war auf der Stelle tot. Die Journalisten, die über seine Gesinnung und sein Arbeitsfeld unterrichtet waren, schlossen aus der Tatsache, daß das Attentat vor dem Pierre-et-Marie-Curie-Gebäude, in dessen Chemielaboratorien auch etliche linksradikale Studenten arbeiteten, stattgefunden hatte, Boudia habe möglicherweise Sprengstoff aus dem Institut geschmuggelt. Die Pariser Zeitungen berichteten am nächsten Morgen, der Algerier habe allem Anschein nach die Explosion versehentlich selbst ausgelöst. Da keinerlei Drähte am Tatort eine Fernsteuerung nahelegten, schloß die Polizei sich dieser Theorie zunächst einmal an.[3]

Avner und seine Partner verließen Paris in der ersten Juliwoche. Wie üblich flogen sie getrennt. Avner hatte sich zwar nicht von dem unangenehmen Druck in seiner Magengrube befreien können, aber er fühlte sich dennoch zum erstenmal seit langem wieder zufrieden. Selbst der skeptische Carl gab zu, daß der Einsatz reibungslos vonstatten gegangen war und das Team eine respektable Erfolgsquote aufzuweisen hatte. In neun Monaten waren neun Terroristenführer zur Strecke gebracht worden. Auf ihrer Liste standen noch drei Männer. Wenn sie nur zwei davon töteten, wäre jeder der elf israelischen Sportler von der Münchner Olympiade gerächt – Auge um Auge.
Weder Avner noch Carl oder Robert, der ausnehmend stolz auf seine brillante Konstruktion war, konnten ahnen, daß mit der Ermordung Mohammed Boudias eine Spitzenposition der Palästinenser im europäischen Untergrund frei geworden war. Die fünf Israelis hatten dem wohl berüchtigtsten Terroristen der siebziger Jahre den Weg geebnet. Innerhalb weniger Wochen trat ein Mann an die Stelle Boudias, der die »Parisienne Orientale« unter dem Namen »Boudia-Kommando« blutige Auferstehung feiern ließ. Es war der Venezolaner Ilich Ramirez Sanchez, ein untersetzter Mann, der schon bald unter dem Namen »Carlos der Schakal« traurige Berühmtheit erlangen sollte.

XII
Der Yom-Kippur-Krieg

Am Nachmittag des 6. Oktober 1973 saß Avner in einer TWA-Maschine auf dem Flug von Frankfurt nach New York. Seit vierzehn Uhr Tel Aviver Ortszeit befand Israel sich erneut im Krieg mit Syrien und Ägypten.

Während der zwölf Monate, die Avner und seine Kameraden mit der Jagd auf elf Terroristenführer in Europa verbracht hatten, waren im Nahen Osten diplomatische und militärische Entwicklungen vonstatten gegangen, deren Bedeutung die Mission des Teams in den Schatten stellte. Am Yom Kippur, dem höchsten jüdischen Feiertag, eröffneten die arabischen Streitkräfte an zwei Fronten das Feuer gegen Israel. Im Süden drangen die Zweite und Dritte Armee der Ägypter mit insgesamt fünf Divisionen über den Suezkanal gegen die besetzte Sinai-Halbinsel vor. Im Norden stürmten fünf syrische Divisionen den nach dem Sechs-Tage-Krieg errichteten Sicherheitsgürtel, die sogenannte Pupurlinie, welche sich vom Hermon-Massiv bis hinunter zum Zusammenfluß von Ruqqad und Yarmuk, nahe der jordanischen Grenze, erstreckt. Mit diesem Doppelangriff bedrohten die arabischen Staaten die jüdischen Truppen in einer Stärke, die etwa dem Stand der Nato-Streitkräfte in Europa gleichkam. Es war von vornherein klar, daß der Sieg der Araber im Yom-Kippur-Krieg die Zerstörung des Staates Israel nach sich ziehen würde. Nur ein schnelles Eingreifen der Großmächte würde dann noch ein Blutbad verhindern können, in dessen Verlauf die Palästinenser die jüdische Bevölkerung in einem Ausmaß hinschlachten würden, das seit dem Zweiten Weltkrieg niemand mehr für möglich gehalten hätte.

In dieser Krisensituation hielt Avner es für unsinnig, in Frankfurt oder Genf herumzusitzen und Tips über den Aufenthaltsort von Salameh oder Dr. Hadad zu überprüfen. Der Ausbruch des

Krieges traf das Team weniger unvorbereitet als die Israelis daheim, denn ihre Informanten hatten ihnen seit dem Frühjahr Gerüchte über ägyptische Truppenbewegungen zugetragen. Anfang Mai deponierten sie sogar für Ephraim eine entsprechende Meldung in dem Genfer Safe, nachdem Avner und Carl dies für nötig befunden hatten, wenngleich es strenggenommen nicht zu ihrem Aufgabenbereich gehörte. Nach dem Yom-Kippur-Krieg stellte sich allerdings heraus, daß wesentlich besser informierte Kreise Jerusalem regelmäßig über die arabische Aufrüstung unterrichtet hatten.

Dem Team blieb keine Zeit mehr, in Genf auf Instruktionen zu warten. Die Entscheidung mußte umgehend fallen, und Avner traf sie stellvertretend für seine Männer. »Ich geh zu meiner Einheit«, erklärte er. »Carl und Hans werden hier in Europa den Laden für 'ne Weile allein schmeißen. Steve und Robert, euch steht's frei, das zu tun, was ihr für richtig haltet. Noch Fragen?«

Wie zu erwarten, hatte allein Hans Einwände vorzubringen. Er war der Meinung, Carl könne sich ganz gut allein behelfen. Doch Avner beharrte darauf, daß Carl nicht als einziger zurückbleiben dürfe. »Das würde man uns garantiert so auslegen, als hätten wir die Operation abgebrochen«, warnte er. Dieses Argument war so einleuchtend, daß Hans klein beigab, ohne daß Avner sich auf seine Autorität zu berufen brauchte. Aus Sicherheitsgründen beschlossen Steve und Robert, über Südafrika nach Israel zu fliegen. Avner entschied sich für einen Umweg über New York.

Um ihrem Land in dieser bedrohlichen Lage zu Hilfe zu eilen, hätten Avner und seine Partner die Jagd nach ihren drei letzten Zielpersonen vielleicht selbst dann abgebrochen, wenn sie ihnen dicht auf den Fersen gewesen wären. Da sie derzeit jedoch ziemlich im dunklen tappten, fiel ihnen der Entschluß um so leichter. Seit der Ermordung Boudias im Juni war ihnen keine Nachricht über den Verbleib von Ali Hassan Salameh zu Ohren gekommen, während sämtliche Informanten einhellig berichteten, daß Wadi Hadad endgültig in Aden, im Südjemen, festsäße. Aber nicht nur diese Fakten entmutigten Avner.

Er und allem Anschein nach auch Carl setzten sich seit dem Juni kritisch mit der gesamten Operation auseinander. Sie stellten die Philosophie in Frage, auf die ihre Mission sich stützte. Man sprach nie davon, aber Avner mußte immer wieder darüber nachdenken, und sein sechster Sinn verriet ihm, daß auch die anderen sich ihre Gedanken machten; mit Ausnahme von Steve vielleicht. Natürlich ist es nachgerade Häresie, einen Auftrag wie den unsren in Frage zu stellen, dachte Avner. Aber das ist nicht mal das schlimmste. Wir bringen uns durch unsre Zweifel in Gefahr, und zwar in eine große. Man kann eine solche Operation nicht erfolgreich führen, wenn man nicht dran glaubt.

Aber es fiel ihm von Tag zu Tag schwerer, seine Zweifel zu unterdrücken. Sein Unbehagen hatte nichts mit Reue zu tun, jedenfalls nicht im herkömmlichen Sinn des Wortes. Avner empfand keinerlei Mitleid mit den *mechablim,* und soweit er es beurteilen konnte, ging es seinen Kameraden genauso. Was ihn persönlich betraf, so machte es ihm zwar keinen Spaß zu töten, aber die Terroristen hätte er ohne zu zögern noch einmal liquidiert. Dessen war er sich absolut sicher. Was ihm zu schaffen machte, war das Gefühl lähmender Sinn- und Zwecklosigkeit.

Ein Gesichtspunkt der Ermordung der Fedajinführer, nämlich der schierer Vergeltung, war natürlich erfüllbar: eine Bombe als Rache für Yossef Gutfreund, eine andere für Moshe Weinberger; ein Dutzend Kugeln für Hannah Marrons verlorenes Bein. Golda Meir selbst hatte vor der Knesset gesagt, daß die Regierung dem israelischen Volk zwar nicht versprechen könne, den Terrorismus zu beseitigen, wohl aber verbürge sie sich dafür, daß jedes den Israelis zugefügte Leid gerächt werde.[1] Die Premierministerin versprach, daß die Mörder jüdischer Männer, Frauen und Kinder zum erstenmal seit Jahrtausenden für ihre Taten würden büßen müssen. Avner war damit völlig einverstanden; mehr noch: er verstand sich stolz als einer der Rächer im Kampf gegen die Feinde Israels.

Aber unsere Mission, dachte er, sollte doch über den bloßen Racheakt hinaus dazu dienen, die weltweite antiisraelische Terrorbewegung zu schwächen und zu dezimieren. Wir wußten von vornherein, daß wir unsere Feinde nicht völlig ausmerzen könnten, das zu hoffen wäre unrealistisch. Aber wir wollten ihnen wenigstens Verluste beibringen. Indem wir Ephraims Hydra die Köpfe abschlugen, wollten wir auch dem Monster selbst Schaden zufügen.

So sah zumindest Ephraims Plan aus.

Hatte er sich verrechnet? Diese Frage stellte sich Avner immer wieder, und die Antwort schien zu lauten: ja. Der Hydra wuchsen so schnell neue Köpfe nach, als stimuliere jeder Angriff sie zu erhöhter Fruchtbarkeit. Seit das Team angetreten war, hatten die *mechablim* Baruch Cohen in Madrid ermordet, eine Reihe von Briefbomben losgeschickt, von denen zumindest einige ihr Ziel erreichten, und die israelische Botschaft in Bangkok überfallen. Im März wurde in Zypern ein israelischer Geschäftsmann getötet, im April kam in Rom ein italienischer Angestellter der El Al ums Leben. Am Tage der Operation gegen die Kommandozentrale der Fatah in Beirut hätten die Palästinenser um ein Haar den israelischen Botschafter und seine Familie in Zypern ermordet und auf dem Flughafen von Nikosia beinahe eine El-Al-Maschine entführt. Drei Tage nach Boudias Tod wurde in einer Vergeltungsaktion – wie es in einem Rundfunkkommentar hieß – Israels Militärattaché in Washington, Yosef Alon, erschossen.[2] Etwa drei Wochen später brachten drei Araber und ein Japaner einen Jumbo-Jet der Japan Air Lines, der sich auf dem Flug von Amsterdam nach Tokio befand, in ihre Gewalt. Eine Frau, die dem Kommando angehörte, wurde durch die Explosion einer Handgranate an Bord des Flugzeugs getötet. Ungeachtet dieses Zwischenfalls zwangen die Terroristen den Piloten, vier Tage lang kreuz und quer durch den Nahen Osten zu fliegen. Auf dem Flugfeld von Bengasi in Libyen ließen die Luftpiraten schließlich Passagiere und Besatzung frei und sprengten anschließend die Maschine in die Luft. Am 5. August überfielen zwei Mitglieder der »Arabischen Jugendorganisation für die Befreiung Palästinas« auf dem Flugplatz von Athen eine von Tel Aviv kommende TWA-Maschine. Die Opfer: fünf Tote und fünfundfünfzig Verwundete. Einen Monat später versuchten fünf Angehörige des

»Schwarzen September« in Rom, mit zwei Flugabwehrraketen vom Typ SAM 7 ein Flugzeug der El Al abzuschießen. Und vor nur einer Woche, am 28. September, hatten zwei Mitglieder der »Saiqua«, einer von Syrien unterstützten Terrorgruppe, einen Anschlag auf einen Zug verübt, der jüdische Emigranten von Moskau nach Wien bringen sollte. Sie rangen dem österreichischen Bundeskanzler Bruno Kreisky das Versprechen ab, im Austausch gegen ihre vier Geiseln das Durchgangslager Schönau, in der Nähe von Wien, für jüdische Emigranten aus der Sowjetunion zu schließen. Avner war davon überzeugt, daß Syrien der israelischen Regierung einen solch schweren psychologischen Schock bewußt in diesem Augenblick zufügte, um die Aufmerksamkeit der Knesset von dem drohenden arabischen Angriff abzulenken. Bis zu einem gewissen Grad erwies diese Taktik sich auch als erfolgreich.

Golda Meir war so entrüstet über die Schwäche des österreichischen Kanzlers, daß sie fast am Vorabend des Krieges und gegen den Rat einiger ihrer Kabinettsmitglieder nach Wien flog, wo sie vergeblich versuchte, Kreisky umzustimmen. Die Terroristen hatten den Ort für ihren Anschlag strategisch hervorragend gewählt, denn der Sozialist Kreisky – selbst ein Jude – stand in einem Ruf, der nahelegte, daß er sich eher als andere europäische Regierungschefs von einer Drohung in die Knie zwingen lassen würde.

Das sind nur die Schlaglichter des internationalen Terrorismus in diesem Jahr, dachte Avner seufzend. Daneben gab's noch 'ne Menge unbedeutenderer oder erfolgloser Anschläge. Wenn man es sich recht überlegt, fällt es schwer, zu beurteilen, ob unsre Operation der Strategie der exportierten Gewalt auch nur im geringsten geschadet hat. Allerdings muß ich zugeben, daß noch weit Schlimmeres hätte passieren können, wären die neun *mechablim* nicht eliminiert worden. Wenn man voraussetzt, daß die Fatahfunktionäre keine Stümper waren – und das darf man bei Leuten wie Najjer, Adwan, Boudia und Hamshari getrost annehmen –, dann hätten sie Israel im letzten Jahr bestimmt noch 'ne ganze Reihe empfindlicher Wunden zugefügt. Trotzdem, viel konnten wir wahrhaftig nicht ausrichten.

Ephraims Hydra lebte und war wohlauf. Ständig wuchsen ihr neue Köpfe; manchmal – wie im Falle von Carlos – sogar noch gefährlichere als die, welche das Team abschlagen konnte.[3]
Avners Desillusionierung rührte aber noch aus einer anderen Entdeckung her. Die Ereignisse des Sommers 1973 hatten ihm und seinen Partnern Klarheit über einen Verdacht verschafft, den sie von Anfang an hegten. Carl hatte Ephraim nach ihrer ersten Unterweisung sogar rundheraus gefragt, aber eine direkte Antwort erhielten die fünf erst im Juni 1973.
Es gab nicht nur dieses Team in Europa. Avner seufzte bitter.
Im Juni waren in Rom zwei arabische Terroristen durch eine in ihrem Wagen versteckte Bombe ums Leben gekommen.[4] Avner und seine Leute hätten vielleicht nicht einmal davon erfahren, doch Tony schickte ihnen eine Nachricht, in der er sich leicht irritiert erkundigte, ob Avner mit seinen Leistungen nicht mehr zufrieden sei. Anscheinend hielt selbst der sonst so wohlinformierte Tony Avners Team für die Attentäter, während sie in Wirklichkeit nichts mit dem Anschlag zu tun hatten. Es bestand zwar die Möglichkeit, daß die beiden Araber von einer rivalisierenden Untergrundorganisation getötet wurden, aber Avner und Carl bezweifelten das. Angesichts der Neuigkeit zuckte Avner mit gespielter Gleichgültigkeit die Achseln, und Carl runzelte finster die Stirn.
Das Fiasko, das sich am 21. Juli ereignete, schloß endgültig jeden Zweifel aus. An diesem Tage erschoß ein israelisches Team in dem kleinen norwegischen Kurort Lillehammer einen Araber in der Annahme, es handele sich um Ali Hassan Salameh. Ein paar Mitglieder der Gruppe wurden auf der Stelle von der norwegischen Polizei verhaftet. Das war schon schlimm genug, wurde allerdings bei weitem übertroffen durch den schrecklichen Irrtum des Kommandos. Ihr Opfer war nämlich nicht Salameh, sondern ein marokkanischer Kellner namens Ahmed Bouchiki. Auf einem Spaziergang mit seiner schwangeren Ehefrau, einer Norwegerin, starb er im Kugelhagel der Israelis. Der Anschlag traf einen jungen Araber, der allem Anschein nach nicht die geringste Verbindung mit terroristischen Kreisen unterhielt, sondern ein völlig unbeteiligter Bürger war.[5]

Als sie die Neuigkeit erfuhren, waren Avner und seine Leute zutiefst erschüttert, und zwar aus drei Gründen. Zum einen hatten ihre Kollegen in Norwegen gegen zwei der ehernsten Agentengesetze verstoßen, indem sie den Falschen liquidierten *und* sich schnappen ließen. Beides war den Kriterien eines jeden Geheimdienstes zufolge ein verhängnisvoller Fehler, doch für Avner und sein Team galt seit ihrer Spezialausbildung noch ein ganz besonderes Tabu: Man hatte den fünf Männern bis zur Erschöpfung eingebleut, daß sie sich dieser beiden Verstöße unter keinen Umständen schuldig machen dürften.
Der zweite Grund für ihren Schock war die Erkenntnis, die sie aus dem Beispiel von Lillehammer zogen. »Mann«, rief Steve entsetzt, »mir ist vorher noch nie bewußt geworden, wie leicht man in unsrem Job mit 'm Arsch auf Grundeis gehen kann!« Er hätte die Gefühle seiner Kameraden nicht besser in Worte kleiden können. Bei der Zeitungslektüre kamen sie sich vor wie Flugneulinge, die zum erstenmal Zeuge eines Absturzes werden. »Wenn die Jungs da im Norden so 'ne Bauchlandung hingelegt haben, obwohl sie bestimmt ebenso gut ausgebildet waren wie wir«, sinnierte Carl, »dann kann uns das ganz genauso passieren. Ich red gar nicht davon, wie's wäre, 'n paar Jahre in 'nem norwegischen Gefängnis abzusitzen. Das würde mir sogar relativ wenig ausmachen. Aber binnen zehn Minuten vom Helden zum Verbrecher abzusinken, das muß einfach grauenvoll sein!« Die anderen nickten betreten.
Den dritten Grund für ihre Besorgnis bildete die nunmehr bewiesene Tatsache, daß außer ihnen auch andere israelische Vergeltungstrupps in Europa kämpften. »Auf den ersten Blick«, meinte Robert bedächtig, »ist dagegen nicht mal was einzuwenden. Schließlich haben wir ja kein Monopol auf die *mechablim.* Niemand hat uns 'n exklusives Jagdrevier versprochen. Ephraim jedenfalls nicht. Er hat Carls Frage unmißverständlich zurückgewiesen. Hast du uns ja selbst erzählt, nicht?«
Carl nickte stumm.
»Na bitte! Wir sind schließlich im Krieg und nicht auf 'ner Safari mit Sonderprivilegien, die General Zvi Zamirs Gästen 'n bestimmtes Quantum an Abschüssen garantieren.«

Er hat recht, dachte Avner. Wenn ich beim Militär geblieben wäre, dann würd ich jetzt Schulter an Schulter mit anderen Soldaten gegen den Feind vorrücken und nicht im Traum daran denken, gegen meine Kameraden zu protestieren, wenn sie aufs selbe Ziel feuern wie ich; im Gegenteil, ich wär ihnen sogar dankbar!

Aber ihre Operation bedeutete den fünf Männern soviel, daß der Gedanke, andere Teams seien mit der gleichen Aufgabe betraut, sie zutiefst traf. Sie wußten selbst nicht recht, warum, zumindest konnten sie ihre Empfindungen nicht in Worte fassen. Wahrscheinlich sehn wir die Dinge auch ganz einfach falsch, dachte Avner, konnte sich aber dennoch nicht gegen die alptraumhaften Phantasien wehren, die ihn seit dem Unglück von Lillehammer beständig quälten. Er grübelte darüber nach, wie viele Agenten wohl noch in Golda Meirs Wohnung geführt worden waren. Wie vielen hat die Premierministerin die Hand auf den Arm gelegt und sie gebeten, sich an diesen Moment zu erinnern? Wie vielen hat sie eingeredet, daß sie im Begriff stehen, die jüdische Geschichte zu verändern? Ich wüßte doch gern, dachte er bitter, wie viele noch so naiv wie ich durch die Welt laufen, sich an ihre Stimme und an ihren Händedruck erinnern und ihr Leben aufs Spiel setzen, weil sie glauben, daß sie Auserwählte sind, während sie in Wahrheit bloß als Fußvolk dienen, genau wie jeder x-beliebige *schmok*, der in 'nem Panzer auf den Golanhöhen schwitzen muß.

Aber wir sind schließlich Soldaten! Ist es nicht eine Schande, daß uns gekränkte Eitelkeit soviel zu schaffen macht? Hans sprach für alle, als er nach einer Weile aufmunternd sagte: »Na los, Jungs, nehmt's nicht so schwer! Denkt dran, wir sind schließlich keine Kinostars.«

Richtig, aber . . .

Warum mußten die Galizier diesem Team in Norwegen ausgerechnet dieselben Ziele geben wie uns? Laufen denn nicht genug Terroristen rum? Mußte man die anderen ausgerechnet auf Salameh ansetzen? Vielleicht geben sie allen Einsatzkommandos die gleiche Liste! Wär's möglich – bei dem bloßen Gedanken durchfuhr Avner ein plötzlicher Schmerz –, wär's möglich, daß die in Tel Aviv gar nicht wissen, welches Team wen erledigt hat? »Ich werd's aus der Zeitung erfahren«, hat Ephraim zu uns gesagt. Ob womöglich andere die Anerkennung für *unsre* Arbeit in Rom, Paris und Nikosia einheimsen?

Nein, das ist unmöglich! Schließlich haben wir Ephraim doch vor der Beirut-Expedition in Genf erzählt, was wir bisher erreichen konnten. Also weiß er's auch. Aber wahrscheinlich interessiert's ihn gar nicht, *welches* von seinen Kommandos erfolgreich war. *Das* ist das Problem.

Ach was, ermahnte Avner sich energisch. Warum sollte das Ephraim auch kümmern? Wenn ich ehrlich bin, bastle ich mir mein angebliches Problem doch selbst!

Ich sollte als Soldat meine Pflicht tun, weiter nichts. Aber genau das fällt mir schwer, denn ich hab Angst. Bau ich diese psychischen Schwierigkeiten nicht bloß deshalb auf, weil ich hinter meiner angeblichen Desillusionierung vertuschen will, daß ich mich fürchte? Das ist die schlichte, furchtbare Wahrheit! All diese Grübelei über Nutzlosigkeit, mangelnde Anerkennung und geteilten Ruhm dient nur dem Zweck, den Druck in der Magengrube für 'ne Weile zu vergessen. Ich such bloß nach Ausflüchten, um mir nicht eingestehen zu müssen, daß ich Schiß hab. Bin ich nicht in Wirklichkeit 'n Feigling, dem jeder Dreh recht ist, wenn er damit nur seine Angst rational deuten kann?

Anfangs schreckte Avner vor dieser Erkenntnis zurück. Aber als er zu der Überzeugung gelangte, daß sie der Wahrheit entsprach, da beschloß er, in den Krieg zu ziehen. Wenn ich erst wieder bei meiner Einheit bin, dachte er, dann ist alles viel leichter. Ich werd ein Soldat sein wie jeder andere. Israel braucht jetzt nichts so sehr wie einfache Soldaten. Im offenen Kampf kann ich mich bewähren. Ich werd als erster 'nen Hügel erstürmen und als erster 'ne Handgranate in einen feindlichen Bunker werfen. Im Gefecht kann ich mir selbst beweisen, daß ich keine Angst hab. Der Krieg wird mich von diesem verdammten Magendruck kurieren.

New York glich einem Hexenkessel. Die Nachrichten meldeten, daß Israels Stellung gefährdet sei, worauf Tausende von Menschen – israelische Einwanderer, amerikanische Juden, ja selbst Andersgläubige – sich um einen Flug nach Tel Aviv bemühten, um dem bedrängten israelischen Volk beizustehen. Dabei kam es leider vor, daß Leute, die zwar mit den besten Absichten kamen, aber nicht kriegstauglich waren, den Einsatzfähigen den Platz wegnahmen. Die Beamten auf dem Flughafengelände versuchten mit wenig Erfolg, das Chaos unter Kontrolle zu bekommen. Die Lage im Nahen Osten spitzte sich stündlich zu. Jüngsten Berichten zufolge hatten ägyptische Streitkräfte den Suezkanal überquert und errichteten Brückenköpfe. An einigen Punkten war es ihnen bereits gelungen, bis zur wichtigsten Nord-Süd-Verbindung entlang des Kanals auf israelischer Seite vorzudringen.
Avner beschloß, keine Tricks anzuwenden, sondern ganz offen mit seinem israelischen Paß als Reserveoffizier einer Elitetruppe zu fliegen. Auf diese Weise sicherte er sich einen Platz in der nächsten El-Al-Maschine. Um ein eventuelles negatives Echo der Mossad konnte er sich im Augenblick nicht kümmern. Im Grunde erwartete er allerdings keinen Tadel seiner Vorgesetzten. Denn im Gegensatz zu seinem Besuch in Tel Aviv anläßlich der Geburt seiner Tochter handelte es sich diesmal fraglos um einen so gravierenden Notfall, daß seine Rückkehr ohne ausdrücklichen Befehl gerechtfertigt schien. Das Land war so klein, die Gratwanderung zwischen Sieg und Niederlage hatte sich durch die moderne Kriegführung derart schwindelerregend zugespitzt, daß zwischen den Bürgern ein stillschweigendes Abkommen darüber bestand, wie ein Israeli – zur Not auf eigene Faust – im Kriegsfall zu handeln habe. Selbst wenn man mir im nachhinein einen Verweis erteilt, dachte Avner, so kann ich drauf bauen, daß die Galizier mir vergeben.
Er rief Shoshana an und bat sie, ihn auf dem Flughafen zu treffen. Sie brachte Geula mit, die jetzt, im Alter von zehn Monaten, nicht nur wie ein Mensch, sondern wie ein richtiges kleines Mädchen aussah. Zum erstenmal keimte in Avner eine Empfin-

dung für das Kind auf, die über abwartende Neugier hinausging: meine Tochter, das ist meine Tochter! Er küßte sie und Shoshana und bat seine Frau, wenn möglich einen seiner Freunde in Tel Aviv anzurufen – es war zur Zeit fast unmöglich, eine Leitung nach Israel zu bekommen – und ihn zu bitten, Avner ein Auto nach Lod zu bringen. Das Hauptquartier seiner Einheit lag südlich von Haifa, etwa eine Autostunde vom Flugplatz entfernt. Avner war nicht der einzige Israeli, der im Oktober 1973 mit einem Privatwagen in den Krieg ziehen wollte. Aber ihn brachte gerade dieses Vorhaben in Schwierigkeiten. Die Maschine landete nach einem ruhigen Flug in Lod, und Avners Freund wartete mit dem Auto auf ihn. Die beiden umarmten sich, Avner nahm die Schlüssel in Empfang, warf seinen Koffer auf den Rücksitz und befand sich wenige Minuten später auf dem Weg nach Haifa. Schon nach ein paar Kilometern wurde er von einer hübschen, aber finster dreinblickenden Polizistin gestoppt.

»Was ist los?« fragte Avner verdutzt. »Ich bin doch nicht zu schnell gefahren?«

»Wissen Sie denn nicht, was für 'n Tag heute ist?« erkundigte die *sabra* sich streng.

Einen Moment lang hatte Avner nicht die leiseste Ahnung, wovon sie sprach. Doch dann fiel es ihm schlagartig ein. Natürlich! Angesichts der bedrohlichen Lage hatten er und sein Freund etwas Wichtiges übersehen. Man versuchte, der Benzinknappheit in Israel mit Hilfe eines Aufklebersystems beizukommen, das Wagen mit einem bestimmten Zeichen die Benutzung öffentlicher Straßen nur an gewissen Tagen gestattete. Avners Wagen hatte für diesen Sonntag den falschen Aufkleber.

In Kriegszeiten galt diese Nichtbeachtung als schweres Vergehen. All seine Erklärungsversuche verhallten ungehört. Die Polizistin schleppte ihn vor den Verkehrsrichter. Avner sah sich einem älteren Galizier mit sorgfältig gestutztem weißen Schnurrbart gegenüber, der in all seiner Amtspracht würdevoll hinter einem wuchtigen Schreibtisch thronte.

Avner verteidigte sich, so gut er konnte. Er erklärte, daß er gerade erst aus dem Ausland zurückgekommen sei und so schnell wie möglich seine Truppe erreichen wolle, um sich als Reserveoffizier zum Einsatz zu melden. »Tut mir wirklich leid, diese Übertretung der Notstandsregelung. Aber ich war so lange im Ausland, daß ich ganz vergessen hatte ... Darf ich jetzt bitte gehen?«

Der Richter schien ihm gewogen. »Also schön, machen Sie, daß Sie zu ihrer Einheit kommen«, sagte er. »Unter diesen Umständen laß ich's bei 'ner Geldstrafe bewenden.« Er setzte die Buße auf zweihundert israelische Pfund fest. Das war zwar keine hohe Summe, aber Avner hatte fast gar kein israelisches Geld bei sich.

»Würden Sie mir ein wenig Zeit geben? Ich meine, kann ich später bezahlen?« fragte er kleinlaut.

Der Galizier blickte ihn durchbohrend an. »Was denn, jetzt wollen Sie auch noch *Zeit*?« rief er entrüstet. »Junger Mann, Sie müssen verrückt sein. Sie ziehen in den Krieg, oder etwa nicht? Wenn Sie nun fallen, wer zahlt dann Ihre Strafe?«

Avner seufzte tief. Sei's drum, dachte er. Es ist schön, wieder daheim zu sein.

Ein dunkler Tag in der Geschichte Israels gab der arabischen Welt Anlaß zum Jubel. Seit der Gründung des jüdischen Nationalstaats hatten die arabischen Streitkräfte ein Vierteljahrhundert lang kaum je eine Schlacht gewonnen, geschweige denn einen Krieg zu ihren Gunsten entschieden. Die Überquerung des Suezkanals durch die ägyptische Armee am 6. und 7. Oktober 1973 wurde von den Beteiligten nicht nur als militärischer Sieg gefeiert, sondern galt ihnen auch als Wiederherstellung der verlorenen Ehre, ja selbst der Männlichkeit. Das war keineswegs nur eine schillernde Metapher, sondern ein echtes, tiefempfundenes Gefühl, das sich in jauchzenden Hymnen Ausdruck verschaffte. So beschrieb etwa der syrische Barde Nizar Quabbani im folgenden, ein Jahr nach dem Yom-Kippur-Krieg veröffentlichten Gedicht den Liebesakt aus der Sicht eines Mannes, der soeben von der Überquerung des Suezkanals durch die Araber erfahren hat:

Hast du es gespürt, Geliebte,
Wie ich alle meine Dämme sprengte
Wie ich dich überflutete, als sei ich ein mächtiger
  Strom?
Hast du es gespürt, Geliebte,
Wie ich in dir aufging, als sei es das erste Mal?
Hast du es gespürt, Geliebte,
Wie wir verschmolzen miteinander
Wie wir keuchten und bebten
Wie wir vergingen und wieder auferstanden
So als liebten wir uns
Zum allerersten Mal.

Die Poesie, die in der arabischen Kultur des 20. Jahrhunderts eine im Westen kaum nachvollziehbare Rolle als Stimmungsbarometer und als Richtschnur für politisches Denken und Handeln spielt, zeichnete die Stoßwellen des militanten Nationalismus, welche die arabische Welt überschwemmten, nicht nur auf, sondern sorgte darüber hinaus durch mitreißende Pamphlete dafür, daß sie nicht verebbten. Wenn Nizar Quabbanis neugewonnene Potenz auch nur kurzlebig war – am 14. Oktober stemmten sich die israelischen Streitkräfte den ägyptischen Angreifern so energisch entgegen, daß sich das Blatt am Sinai bereits zwei Tage später wendete –, der gefühlsselige Taumel, der aus seinem Gedicht spricht, wäre selbst dann nicht verklungen, wenn Generalmajor Ariel Sharon seinerseits mit einer Division den Suezkanal überschritten hätte. Als Israels Schwert das hauchdünne Netz durchtrennte, das die Zweite und Dritte Armee Ägyptens zusammenhielt, da brachte es zwar den angreifenden Soldaten eine Niederlage bei, aber gegen die Triebkraft des arabischen Widerstandes vermochte es nur wenig auszurichten. Dieser unbeugsame Geist, der sich an Niederlagen ebenso entflammen konnte wie an Siegen, wurde von den Israelis keineswegs unterschätzt. Während der ersten Tage des Yom-Kippur-Kriegs kursierte sogar das Gerücht, die Amerikaner drängten auf Anraten Kissingers bewußt nicht auf Waffenstillstand. Der Außenminister der Vereinigten Staaten, so munkelte man, sei der Ansicht, daß die Araber einen handfesten militärischen Sieg bräuchten, um ihre Selbstachtung wiederzuerlangen. Erst dann bestünde die Hoffnung, daß sie mit friedfertigerer Absicht an den Verhandlungstisch zurückkehrten.

In gewissem Sinne spiegelte die Reaktion der Araber genau die Empfindung wider, die früher Chinesen und Russen den Japanern gegenüber gehegt hatten; es war das Gefühl der Erniedrigung eines Goliath, der David unterliegt. Über das Leiden der Schwachen durch ihre starken Unterdrücker ist viel geschrieben worden, aber nur selten findet man eine Bemerkung darüber, welch psychologische Belastung die Starken erdulden, wenn sie wiederholt von Schwächeren geschlagen werden. Daß sie auf jede neue Niederlage mit vermehrter Wut reagieren, ist hinlänglich bekannt, und so nimmt es nicht wunder, wenn ein Patriot sich, mit Nizars Worten, folgendermaßen verwandelt:

> Von einem Dichter der Liebe und Sehnsucht
> In einen, der mit blutigem Messer seine Verse schreibt.

Viele Intellektuelle ließen es nicht beim Aufruf zum Kampf bewenden, sondern griffen selbst zur Waffe. Tawfiq Zayyad hatte keinerlei Skrupel, das Land, in dem seine Vorstellung von Aufklärung und Menschlichkeit verwirklicht wurde, beim Namen zu nennen:

> Meine Freunde auf den fruchtbaren Zuckerrohrfeldern
> Meine Freunde in den Ölraffinerien des stolzen Kuba
> Aus meinem Dorf, aus meiner innig geliebten Heimat
> Sende ich euch meine Grüße:
> Meine Freunde, die ihr den lodernden Atem des
> Kampfes
> In die Welt geblasen habt
> Übt weiter Druck aus auf die Imperialisten
> Vorwärts, preßt sie nieder! Die Schwingen des Adlers
> Sind stärker als Orkane
> Die Imperialisten sprechen nicht die Sprache der Demut
> und der Tränen

Sie verstehen nur die wogende Menschenmenge
Die zum Kampf in die Arena drängt.[6]

Gedichte wie diese belegen den Entschluß vieler in den späten sechziger Jahren gereiften Intellektueller der palästinensischen Widerstandsbewegung, sich dem internationalen Kommunismus zu verschreiben. In manchen Fällen mag dieser Schritt aus echter Überzeugung erwachsen sein, in anderen wurde er von zweckdienlichen Überlegungen diktiert. Gleich der Sowjetunion, die sich nicht scheute, den arabischen Nationalismus zu ihrem Vorteil zu nutzen, schreckten auch eine Reihe von Palästinensern nicht davor zurück, die Hilfe der Russen in Anspruch zu nehmen, ohne sich dem Kommunismus wahrhaft verbunden, geschweige denn den außenpolitischen Interessen der Russen verpflichtet zu fühlen. Für die Fedajin gab es nur ein Ziel: die Befreiung Palästinas, und unter dem Eindruck des »Palästinensischen Manifests« von 1968 erschien manch einem dafür selbst ein Pakt mit dem Teufel kein zu hoher Preis.

Diese Bereitschaft, bis zum Äußersten zu gehen, zog weit schlimmere Folgen nach sich als das Bündnis mit der Sowjetunion. Im Zuge der Radikalisierung nationalen Widerstandes zum internationalen Terrorismus waren manche Palästinenser – wie vor ihnen schon eine Reihe anderer Gruppen, beispielsweise die Zionistenvereinigung Irgun – zu der Überzeugung gelangt, daß der Zweck die Mittel heilige und daß kein noch so brutaler Gewaltakt gegen Zivilisten, Frauen und Kinder moralisch verurteilt werden könne, solange er der Errichtung eines eigenständigen Nationalstaates diene.[7] Aufgrund dieser Argumentation überschritten die Fedajin die Grenze zwischen Befreiungskampf und Terrorismus. Während man ihrem Anliegen, ja selbst ihren Zielsetzungen eine gewisse Berechtigung nicht absprechen konnte, entzogen sie sich durch die Methoden, die sie anwandten, jegliche moralische Grundlage, auch wenn sie damit in der Öffentlichkeit ungeheueres Aufsehen erregten und manche Plattform für ihre Propaganda fanden.

Der Kampf der Palästinenser geriet durch den Ausgang des Yom-Kippur-Kriegs in eine besonders kritische Phase. Wenn das dreiwöchige Ringen am Golan und im Sinai letztlich auch mit einem weiteren Sieg Israels endete, so offenbarte sich hier doch erstmals, daß der jüdische Staat nicht gegen Niederlagen gefeit war. Diese Erkenntnis war für die Israelis vermutlich weniger überraschend als für ihre Feinde. Jedenfalls manövrierte sie die Palästinenser in ein sowohl ideologisches als auch taktisches Dilemma, das die Kluft zwischen den beiden großen Vertretern des »Bewaffneten Widerstandes« vertiefte und die unterschwellige Feindschaft zwischen Yassir Arafats El Fatah und George Habashs Volksfront kräftig schürte.

Zwar hatten beide Organisationen die Zerstörung Israels als endgültiges Ziel ihres Kampfes aufs Panier geschrieben und glaubten an den Sieg eines auf die arabische Welt zugeschnittenen Sozialismus im gesamten Nahen Osten, doch Arafat und Habash waren stets geteilter Meinung in puncto Priorität, Taktik und Strategie. Habash, in erster Linie ein militanter Vertreter des Marxismus-Leninismus und erst in zweiter arabischer Nationalist, betrachtete den Kampf der Palästinenser nur als einen Schauplatz in der großen Inszenierung vom Sieg des panarabischen Marxismus über den Imperialismus. Arafat hingegen war zuerst und vor allem palästinensischer Nationalist und strebte daher als oberstes Ziel die Befreiung Palästinas an, gefolgt von der sogenannten ›Befreiung des Menschen‹, verstanden als eine arabische Variante des Sozialismus.

Beide bejahten Gewaltanwendung und befürworteten sogar Terroraktionen. Aber während Arafat sich für eine Konzentration der Guerillatätigkeit auf Israel und die von Israel besetzten Gebiete aussprach, unterstützte Habash den Export der Gewalt über die Grenzen des Nahen Ostens hinaus, ja, er machte sich sogar stark für ein Bündnis mit anderen terroristischen Vereinigungen. Nicht von ungefähr verweigerte Arafat dem »Schwarzen September«, dem gewalttätigen Verband internationaler Terroristen im Dienste der Fatah, offiziell seine Anerkennung, obgleich die Kooperation zwischen beiden für die PLO-Funktionäre nie ein Geheimnis war. Arafat konnte freilich durch sein verbales Dementi nach außen hin eine relativ gemäßigte Haltung zur Schau tragen.

Seine Selbstdarstellung war freilich nicht nur Fassade. Denn immerhin rückte nach dem Yom-Kippur-Krieg die Möglichkeit, die Errichtung eines Palästinenserstaates am Genfer Konferenztisch zu erörtern, in greifbare Nähe. Da man von Israel nicht erwarten durfte, daß es seine eigene Existenz aufs Spiel setzte, konnte für die PLO die Teilnahme an diesen Verhandlungen nur dann sinnvoll erscheinen, wenn sie bereit war, ihre Forderungen zu mäßigen. Zwar ging Arafat nicht so weit, Israel seine Existenzberechtigung zuzubilligen, aber er vertrat vor der PLO die Auffassung, man solle von dem Verlangen nach radikaler Auflösung des jüdischen Nationalstaates Abstand nehmen.

Habash und die Volksfront widersetzten sich seinem Vorschlag – ihrer Auffassung zufolge hatte der »zionistisch-imperialistische Staat« keine Daseinsberechtigung. So formierte sich, unterstützt von Syrien, dem Irak, Süd-Jemen und Libyen, als Speerspitze eines radikal-militanten Extremismus der Palästinenser die »Ablehnungsfront« unter George Habash. Die vielen Splittergruppen innerhalb der PLO schlugen sich entweder auf die Seite der Fatah oder liefen zu Habash über, während nach außen hin die PLO weiter vorgab, einhellig hinter Arafat zu stehen.

In Israel waren die Meinungen über Arafat sehr geteilt. Offiziell verweigerte die Regierung in Tel Aviv der PLO, selbst ihrem gemäßigten Flügel, die Anerkennung. Einzelne Bürger des Landes jedoch vertraten die Ansicht, daß man mit einem Palästinenserführer vom Schlage Arafats eine Einigung am Verhandlungstisch erzielen könne. Andere waren überzeugt davon, daß der PLO-Chef nicht gemäßigter sei als der radikalste *mechabel.* Selbst Avner und seine Kameraden, die nur höchst selten über Politik diskutierten, waren in diesem Punkt geteilter Meinung. Steve, Robert und Hans hielten Arafat für einen ausgemachten Halunken, während Carl zu einer weniger pessimistischen Einschätzung des Palästinenserführers neigte. Avner konnte sich zwischen beiden Parteien nicht recht entscheiden. Hingegen war er der festen Überzeugung, daß Salameh, der Stratege des »Schwarzen September«, sterben müsse.

Salameh, in den Kreisen der palästinensischen Befreiungsbewegung unter dem Namen »Abu Hassan« bekannt, stammte aus reichem Hause und hatte an der Sorbonne studiert. Im Gegensatz zu Yassir Arafat, seinem entfernten Verwandten, charakterisierte man ihn als einen »bildhübschen, unwiderstehlichen Frauenhelden«.[8] Sein Vater, Scheich Salameh, hatte bereits lange vor der Gründung Israels in der arabischen Widerstandsbewegung gekämpft. Er hatte schon vor Ali Hassans Geburt Überfälle auf jüdische Siedlungen in Palästina befehligt und kam im Jahre 1948 durch eine Bombe der Haganah ums Leben.[9] Ali Hassan trat wie selbstverständlich in die Fußstapfen seines Vaters und schloß sich dem »Bewaffneten Widerstand« an. Bedingt durch das Milieu, dem er entstammte, fühlte er sich freilich weniger als andere Terroristenführer zu den marxistischen Zellen innerhalb der palästinensischen Bewegung hingezogen. Diese Distanz hinderte ihn allerdings nicht daran, im Dienste der arabischen Sache mit den Anhängern kommunistischer Fraktionen zu kollaborieren. So gehörte der Marxist Mohammed Boudia, der nachweislich seit den fünfziger Jahren Mitglied der Kommunistischen Partei war, zu seinen engsten Vertrauten in Paris. Salameh scheute umgekehrt auch nicht davor zurück, mit Angehörigen der extremen Rechten zusammenzuarbeiten, wie etwa mit dem Vorsitzenden der Neonazis in der Schweiz, François Arnaud, der bekanntlich finanzielle Transaktionen für die Palästinenser in Europa durchführte, so wie er das während des Zweiten Weltkriegs für die Nazis getan hatte.[10]

Avner und sein Team waren besessen von dem Gedanken, Salameh zu schnappen, wie Steve es in seiner saloppen Art ausdrückte. Im Laufe der Zeit war ihnen dieses Ziel wichtiger geworden als die Exekution irgendeines anderen Topterroristen. Salameh war nicht nur die Nummer eins auf Ephraims Liste, Israel sah in ihm vielmehr auch den Hauptverantwortlichen für die Ermordung der Olympiakämpfer in München. Es gab zwar keinen Beweis dafür, daß der Plan, die israelische Mannschaft im Olympischen Dorf zu überfallen, von Salameh persönlich stammte, doch die Mossad glaubte genügend Indizien dafür in den Händen zu halten, daß er Vorbereitung wie Durchführung des Anschlags befehligt habe. Seit dem Massaker von München war Salameh zum leibhaftigen Symbol der *mechablim* geworden. Im Gegenterrorismus treten – genau wie im Terrorismus selbst – militärische Ziele häufig hinter symbolischen Erfolgen zurück. Im Rahmen dieses strategischen Kalküls erschien dem Team die Ermordung Salamehs gleichbedeutend mit der Eroberung einer feindlichen Flagge.

Die Mossadagenten in Lillehammer mußten vom selben Jagdfieber besessen gewesen sein; Avner zumindest sah darin die einzige Erklärung für die so unprofessionell anmutende Aktion, die in ein schreckliches Desaster gemündet war. Ein zahlenmäßig ungewöhnlich großes Team, das sich gemeinsam in einen abgelegenen kleinen Kurort begibt, der als Fluchtrouten nur zwei leicht kontrollierbare Fernstraßen bietet, hätte sich selbst dann förmlich ans Messer geliefert, wenn ihm kein Irrtum hinsichtlich der Zielperson unterlaufen wäre. Einige der Umstände, die zur Ergreifung des Teams führten, frappierten Avner zwar weniger als Außenstehenden. So war es ihm, der den Großvater aller Galizier in der Mossad mit seinen peinlichen Rechnungsprüfungen kannte, verständlich, daß zwei Agenten geschnappt wurden, weil sie einen Mietwagen am Flughafen von Oslo persönlich zurückgaben, nur um einen Tagessatz zu sparen. Dennoch ließ sich nicht daran deuteln, daß die Operation leichtsinnig geführt worden war. Das konnte, wenn auch nicht entschuldigt, so doch erklärt werden mit der Besessenheit der Mossad und ihrer Agenten, um jeden Preis den Mann zur Strecke zu bringen, der in den Augen Israels zur Personifikation des internationalen Terrorismus geworden war.

Avner teilte zwar diese Besessenheit, aber er war fest entschlossen, zu verhindern, daß sein Team sich der gleichen Leichtfertigkeit wie ihre Kollegen schuldig machen würde. Wir werden keine solchen Fehler begehen wie sie, schwor er sich.

Es dauerte indessen gar nicht lange, bis er und sein Team eine fast ebenso schwerwiegende Niederlage erlitten.

XIII
Ali Hassan Salameh

Die Mossad war offenbar sehr beschäftigt, denn es dauerte bis zum 22. Oktober, ehe der Geheimdienst erfuhr, daß Avner, Steve und Robert sich unerlaubt in Israel aufhielten. Die drei hatten sich, wie alle Reservisten, die aus dem Ausland zurückkehrten, gleich nach der Ankunft zu ihrer jeweiligen Einheit begeben. Ihre Vorgesetzten hatten keine Ahnung von ihrer geheimen Mission in Europa und stellten angesichts der bedrohlichen Lage keine überflüssigen Fragen. Als Avner seinen Truppenstützpunkt erreichte, hatte sich die Krise bereits derart zugespitzt, daß selbst die Köche an die Front geschickt wurden. Avner erhielt unverzüglich seinen Marschbefehl. Er kämpfte im nördlichen Frontabschnitt gegen die Syrer und im Sinai gegen die Dritte Armee der Ägypter. Wieder hatte er Glück und überstand sämtliche Gefechte ohne eine einzige Schramme. Auch Robert und Steve kehrten unversehrt vom Kriegsschauplatz zurück.
Als die Mossad ihnen auf die Spur kam, da war der Kampf bereits so gut wie entschieden. Die israelischen Streitkräfte hatten das Hermon-Massiv im Norden zurückerobert, und General Sharon war es gelungen, mit seiner Division die Ägypter im Süden zu umzingeln. Avner befand sich im südlichen Sektor der West-Bank, als er von einem Offizier aufgegriffen wurde. Dieser brachte ihn im Jeep zu einem kleinen Flugfeld und verfrachtete ihn in einen Hubschrauber, mit dem Befehl, sich nach der Landung in Tel Aviv unverzüglich in der Kommandozentrale der Mossad zu melden.
Unterwegs überlegte Avner, ob Robert und Steve dort wohl schon auf ihn warteten. Aber statt seiner Kameraden sah er sich bei der Ankunft im Hauptquartier Ephraim gegenüber.
»Seid ihr Kerle völlig übergeschnappt?« herrschte sein Einsatzführer ihn an, sobald sie allein waren. »Meint ihr denn, ohne

euch glorreiche Helden könnten wir keinen Krieg gewinnen? Ich sollte euch allesamt vors Kriegsgericht stellen!« Aber so bedrohlich seine Worte auch klangen, Ephraims Tonfall verriet Avner, daß er – wie erwartet – nicht mit ernsthaften Repressalien zu rechnen brauchte.
»Ich erwarte, daß Sie Israel noch heute verlassen«, fuhr Ephraim fort. »Fliegt nach Europa zurück und führt euren Auftrag zu Ende. Wenn wir euch hier noch mal brauchen sollten, dann werden wir euch rufen. Ohne ausdrücklichen Befehl möchte ich keinen von euch wieder auf israelischem Boden finden. Hab ich mich klar genug ausgedrückt?«
Avner billigte Ephraim zwar das Recht zu, so mit ihm zu sprechen, doch etwas in ihm lehnte sich gegen den herrischen Tonfall auf. Wie Tausende von Israelis und Juden aus aller Welt, so sind auch wir nach Hause geeilt, weil unserem Lande ernsthafte Gefahr drohte, dachte er. Es stimmt schon, daß wir dabei gegen die Dienstvorschrift verstoßen haben. Aber wer kümmert sich in so 'nem Fall schon um starre Paragraphen? Zum Teufel, es scheint wirklich so, als ob mir jedesmal, wenn ich mein Leben für Israel riskiere und was tue, das über bloße Pflichterfüllung hinausgeht, irgend so 'n Galizier aufs Dach steigt und mich runterputzt. Oder sie verdonnern mich zu 'ner Geldbuße, wie der Verkehrsrichter an dem Abend, als ich zurückkam. Hört diese Bevormunderei denn niemals auf?
Wann immer Avner sich ungerecht behandelt fühlte, war es ihm unmöglich zu schweigen. »Ich will Ihnen was sagen«, begehrte er auf. »Vielleicht erinnern Sie sich dran, daß ich nicht mal für Sie arbeite. Ihre eignen Worte, schon vergessen? Sie haben mir gar nichts zu befehlen!«
Dieser Ausbruch brachte Ephraim freilich nur zum Lachen. »Also, jetzt aber raus hier«, rief er. »Sonst schmeiß ich Ihnen womöglich noch was an den Kopf. Oder . . . halt, warten Sie 'nen Moment. Sie haben mich da auf was gebracht. Ich möchte, daß Sie mir dieses Dokument unterzeichnen.«
Avner nahm das engbeschriebene Blatt entgegen. »Was ist denn das?« fragte er.

»Nun, Sie können doch lesen, oder etwa nicht?«
Avner überflog die ersten Zeilen, schüttelte dann aber ungeduldig den Kopf. Er war zu aufgebracht, um sich zu konzentrieren. Seufzend nahm er einen Stift aus der Schale auf Ephraims Schreibtisch und setzte seinen Namen in die vorgegebene Spalte. Wahrscheinlich 'n neuer Antrag für 'ne Zahnbehandlungsbeihilfe, dachte er.
Avner nutzte den Aufenthalt in Tel Aviv bis zum Abflug seiner Maschine für einen Besuch bei seinen Eltern. Zuerst fuhr er zu seiner Mutter, dann zu seinem Vater. Beide Begegnungen verliefen nicht sehr harmonisch.
Seine Mutter machte ein, zwei beiläufige persönliche Bemerkungen wie: »Gott sei Dank, daß du gesund zurückgekommen bist.« Dann brachte sie das Gespräch wie gewöhnlich auf ihr Lieblingsthema Israel und erging sich in Klagen über die Niedertracht der Welt, die Kriege anzettelte und verschuldete. Avner hatte wieder einmal den Eindruck, daß seine Mutter sich mehr um das Schicksal Israels sorge als um das ihres Sohnes. Die Not ihres Landes schien ihr wesentlich mehr zu Herzen zu gehen als die Beschwerden, die ihr Sohn auf sich genommen hatte, um für dieses Land zu kämpfen. Israel hier, Israel da – etwas anderes interessiert sie wohl gar nicht, dachte er bitter. Oder doch, ja , sie ist herzlos genug, immer wieder ihrer Hoffnung Ausdruck zu geben, daß wir Frieden haben mögen, wenn mein kleiner Bruder Ber eingezogen wird.
So war sie schon immer, flüsterte seine innere Stimme, vielleicht nicht ganz zu Recht. Für Ber wünscht sie sich Frieden, aber ob *ich* im Kampf umkomme, das kümmert sie nicht. Ich bin ihr ganz gleichgültig. Natürlich dürfte ich ihr nicht erzählen, was ich in Europa mache, aber sie muß sich doch inzwischen zusammenreimen können, daß es »irgendwas mit der Regierung« zu tun hat. Jedenfalls schmerzt es mich, daß sie nicht mal danach fragt oder wenigstens 'ne Andeutung macht. Seine Mutter erkundigte sich nach Geula und Shoshana, aber ansonsten kreiste das Gespräch unaufhörlich um Ber und Israel. Avner hatte plötzlich das Gefühl, als sei die Zeit an dem Tag stehengeblieben, an dem seine Mutter ihn in den Kibbuz geschickt hatte.

Der Besuch bei seinem Vater stand aus einem anderen Grund unter einem ungünstigen Stern.
Vater war noch älter, kränker und gebrechlicher geworden. Ungeachtet seiner schlechten körperlichen Verfassung, erschien Avner die Ähnlichkeit zwischen ihm und dem alten Mann so groß – weniger, was das Äußere betraf, als hinsichtlich ihres Denkens und Gefühlslebens –, daß er den Eindruck hatte, einen Blick auf sein Spiegelbild in dreißig, vierzig Jahren zu werfen. Es war unheimlich. Der Vater schien es ebenfalls zu spüren, denn er wiederholte unaufhörlich Prophezeiungen wie: »Paß nur auf, noch 'n paar Jährchen, und dann sitzt du hier und wartest drauf, daß *sie* anrufen. Sie werden dich auslaugen und fertigmachen, sie werden dir ein Vermögen abluchsen, aber du wirst trotzdem auf ein Zeichen von ihnen warten, obwohl du dann weißt, wie's hinter den Kulissen aussieht. Ich seh's dir an, du glaubst mir nicht, aber du wirst es schon noch erleben!« Ach, Papa, wenn du wüßtest, seufzte Avner innerlich. Ich fang an, dir zu glauben, das ist ja das Schlimme.
Er konnte es kaum erwarten, wieder nach Europa zu kommen. Jetzt war er froh, daß er kein Treffen mit Robert und Steve vereinbart, sondern den erstbesten Flug nach Frankfurt gebucht hatte.

In Europa erwarteten ihn und das Team zwei Monate quälenden, nervenaufreibenden Wartens. Allerdings waren sie im November und Dezember keineswegs untätig, im Gegenteil. »Während der ganzen Operation«, sagte Carl eines Tages, »haben wir noch nie so viel geschuftet und so wenig Erfolg damit gehabt.« Fast jeden Tag schnappte einer der fünf ein neues Gerücht über ihre Zielpersonen auf. Besonders Salameh sorgte immer wieder für Aufregung; einmal war er angeblich in Paris gesehen worden, dann wieder wollte ihm jemand in Spanien oder Skandinavien begegnet sein.
Auch über Abu Daoud, die Nummer zwei auf Ephraims Liste, grassierten plötzlich wieder Gerüchte zuhauf, nachdem er von

Februar bis September völlig von der Bildfläche verschwunden war. Er hatte diese sieben Monate in einem jordanischen Gefängnis verbracht; er war bei dem fehlgeschlagenen Versuch, einige Mitglieder von Husseins Kabinett zu entführen, gefaßt worden. Man verhaftete ihn am 13. Februar. Abu Daoud legte ein öffentliches, vom Fernsehen übertragenes Geständnis ab, in dem zum erstenmal offiziell die Verbindung zwischen El Fatah und »Schwarzem September« bekanntgegeben wurde (womit die Mossad freilich nichts Neues erfuhr). Zwei Tage später verurteilte man Abu Daoud zusammen mit seinen Genossen vom »Schwarzen September« zum Tode. Hussein setzte die Hinrichtungen jedoch auf unbestimmte Zeit aus, und im September 1973, weniger als drei Wochen vor der Invasion im Sinai und auf den Golanhöhen, wurde Abu Daoud zusammen mit fast eintausend Fedajin, die den königlichen Truppen im Laufe der Jahre in die Hände gefallen waren, aus der Haft entlassen. Seitdem hatte man ihn, sofern die Informationen verläßlich waren, in fast jeder europäischen Hauptstadt gesehen.

Die vergeblichen Versuche, einen konkreten Hinweis auf Salamehs Aufenthaltsort zu bekommen, griffen allmählich die Nerven des Teams an. Avner spürte förmlich die knisternde Spannung in der Luft. Seine Männer waren weiterhin auf Draht, und sie funktionierten nach wie vor tadellos. Aber mit jedem Tag wurden sie reizbarer. Die Operation dauerte inzwischen über ein Jahr, und dieses harte Leben forderte nun seinen Tribut. Der offene Kampf im Oktoberkrieg hatte Avner genau die Erleichterung verschafft, die er sich davon erhofft hatte; nun spürte er erneut den Druck in der Magengrube; und zwar stärker als zuvor.

Was die anderen betraf, so wollten es zwar nicht alle zugeben, doch Avner war überzeugt, daß sie genauso unter dem Druck litten wie er. Hans widmete seine Zeit in zunehmendem Maße seinem Antiquitätengeschäft, was Steve zu der spitzen Bemerkung veranlaßte: »Gib's doch zu, du bist hauptsächlich wegen der ollen Möbel in Frankfurt, stimmt's?« Immerhin machte er seine Sache gut, dachte Avner mit einem müden Lächeln. Das Geschäft warf neuerdings sogar Profit ab.

Robert schloß sich die meiste Zeit in seinem Zimmer ein, wo er an einem ausgefallenen Spielzeug bastelte. Avner gelang es einmal, einen Blick darauf zu werfen, und er hatte den Eindruck, es handele sich um ein Riesenrad, das nur aus Zahnstochern gefertigt war.

Am merkwürdigsten von allen verhielt sich Carl. Nach außen hin wirkte sein Benehmen nicht auffällig. Er saß auf dem Sofa, las und sog an seiner kalten Pfeife, wie er es schon immer gern getan hatte. Nur blickte er neuerdings bisweilen unvermittelt von seinem Buch auf und stellte befremdliche Fragen. So wollte er eines Tages von Avner wissen: »Glaubst du eigentlich an Seelenwanderung?«

»Wie bitte?« fragte Avner verdutzt zurück.

Carl wiederholte seine Frage nicht. Er schüttelte nur den Kopf und vertiefte sich wieder in seine Lektüre. Avner erinnerte sich deshalb so genau an diesen Vorfall, weil er sich an einem der Tage ereignete, an denen Carl mit Kochen an der Reihe war, was selbst dann traumatische Erlebnisse auslösen konnte, wenn Carl sich in ausgezeichneter Verfassung befand. Carl war zwar vielseitig begabt, aber kulinarische Fähigkeiten wies er nicht auf. Avner, der in seiner Rolle als »Mutter Koboldine« stets besorgt darauf achtete, daß sein Team reichlich mit nahrhafter Kost verpflegt wurde, bot Carl wiederholt an, ihm den Küchendienst abzunehmen, ohne den anderen etwas davon zu verraten. Doch Carl, der Philosoph der Gruppe, wollte nichts davon hören. »Laß nur«, pflegte er zu sagen. »Wenn ich dran bin, dann bin ich eben dran. Außerdem – was hast du eigentlich gegen meine Brathähnchen?«

An jenem Tag, an dem Carl über die Seelenwanderung nachsann, blieben Avner und den anderen seine Hähnchen erspart. Carl war von seinen Grübeleien so gefangengenommen, daß er darüber vergessen hatte, den Backofen einzuschalten.

Endlich, am 7. Januar 1974, erhielt das Team eine zuverlässig wirkende Information. Die Meldung kam von Papa und betraf sowohl Ali Hassan Salameh als auch Abu Daoud. Dem Vernehmen nach hatten die beiden ein Treffen in einer katholischen Kirche in dem schweizerischen Städtchen Sargans, unweit der Grenze nach Liechtenstein, verabredet.

»Verdammt heikel!« brummte Carl nach einem Blick auf die Karte. »'n kleines Nest, in dem drei Hochgebirgsstraßen münden – und das mitten im Winter! Ich sag euch, das wird das zweite Lillehammer, bloß um 'ne Größenordnung schlimmer!«

»Nicht unbedingt«, widersprach Avner. »Es handelt sich um einen Grenzort, also wird jeder annehmen, daß wir nach dem Attentat schleunigst versuchen, über Liechtenstein nach Österreich zu gelangen. Wir könnten vermutlich in Feldkirch mit 'nem ansehnlichen Empfangskomitee rechnen. Aber wir werden ihnen 'n Schnippchen schlagen und die Schweiz überhaupt nicht verlassen. Wir könnten einfach nach Zürich zurückfahren. Oder nein, halt, ich weiß was Besseres: Wir packen uns 'n paar Skier auf den Dachständer und brausen durch bis St. Moritz. Oder meinetwegen auch nach Davos, das ist näher. Dort mischen wir uns dann unter die Touristen auf der Piste. Ich schlage vor, wir reservieren gleich Hotelzimmer in Davos für fünf deutsche Geschäftsleute auf der Durchreise.«

»Trotzdem gibt's in diesem Nest bloß drei Straßen«, nörgelte Carl und schüttelte mißbilligend den Kopf.

Wie sich bald herausstellen sollte, standen ihnen bei dem geplanten Anschlag jedoch nicht einmal diese drei Fluchtrouten zur Verfügung. Avner und Carl sahen sich in Sargans um. Sie fuhren nur zu zweit, weil sie in Erinnerung an Lillehammer vermeiden wollten, daß eine Gruppe von Fremden in der kleinen schweizerischen Gemeinde Aufsehen erregte. Einen Tag nach ihrem Erkundungsausflug meldete Louis eine Korrektur des Plans. Die Terroristenführer würden sich zwar wie angekündigt in einer katholischen Kirche in einem Schweizer Städtchen treffen. Doch die Wahl war nicht auf Sargans gefallen, sondern auf einen anderen, ebenfalls südlich des Walensees, aber etwas nä-

her an Zürich gelegenen Ort. Die Gemeinde Glarus hatte wohl eine größere Einwohnerzahl als Sargans, doch sie befand sich in einer noch abgeschiedeneren Gegend. Der Ort hatte nur Zugang zu einer einzigen Hauptverkehrsstraße, der A 17, auf der man in nördlicher Richtung nach Zürich und südwestlich über Altdorf und entland dem Vierwaldstätter See nach Luzern gelangte.
Glarus: im Herzen der Schweiz gelegen, genauer gesagt, knapp östlich vom Schnittpunkt des siebenundvierzigsten Grades nördlicher Breite und des neunten Grades östlicher Länge. Glarus: umgeben von Mischwald und mit einer Niederschlagsmenge von jährlich eintausend bis eintausendfünfhundert Millimetern gesegnet. »Das bedeutet«, folgerte Carl düster, »im Januar erstickt man dort im Schnee.«
Salameh und Abu Daoud sollten sich Louis zufolge am Samstag, dem 12. Januar, in Glarus treffen. Einen Tag vorher erkundeten Avner, Steve und Hans in zwei Autos die Stadt, während Robert und Carl in ihrer konspirativen Wohnung in Zürich zurückblieben.
Ausgerechnet zu diesem Zeitpunkt wurde Robert von einer heftigen Darmgrippe heimgesucht. Er rannte ständig zur Toilette und fühlte sich hundeelend. Avner schlug vor, wenn er sich bis zum Samstag nicht erholt habe, solle er in Zürich bleiben, doch Robert wollte nichts davon hören. Sie einigten sich auf einen Kompromiß: Robert sollte anstelle von Steve den Fluchtwagen lenken. Steve, Hans und Avner würden den Anschlag führen. Die Rollenaufteilung schien Avner zwar nicht optimal, da Steve ein besserer Fahrer war als Robert, dem die schlechten Straßenverhältnisse gewiß zu schaffen machen würden, aber er sah keine andere Lösung.
Am Freitag war es frostklar. Sie fanden die Kirche am Stadtrand. Ihr Portal öffnete sich auf einen Platz mit einem kleinen Brunnen. Hinter dem Gotteshaus lag der Friedhof. Vom Platz aus führten ein paar Stufen zum Eingang hinauf. Die hohen Flügeltüren waren in der Regel verschlossen, aber in eine von ihnen war eine kleine Pforte eingelassen, die immer offenstand. Im Innern gelangte man durch das Mittelschiff direkt zum Hauptaltar.

Avner, der nie in die Synagoge, geschweige denn in eine Kirche ging, kannte weder den kunsthistorischen Wert eines Sakralbauwerks noch die ihm als Andachts- und Gebetsstätte innewohnende Kraft. Doch als er jetzt das dämmrige Kirchenschiff betrat, da faszinierte ihn das Spiel der Sonnenstrahlen, die sich hundertfältig in den Glasmalereien der hohen Fenster brachen.

Rechts vom Chor befand sich eine Tür, die in einen relativ großen Raum führte. Er beherbergte die Bibliothek, wurde aber wohl auch für den Empfang hoher geistlicher Würdenträger genutzt. Ein mächtiger Holztisch in der Mitte des Zimmers war mit Büchern und religiösen Traktaten beladen. An den Wänden ragten Bücherregale bis zur Decke empor. Durch eine Tür am anderen Ende des Altarraums gelangte man über eine Treppe entweder hinauf zu einer umlaufenden Galerie, die bei der Orgelempore mündete, oder hinunter in die Kellergewölbe.

Hans vertrat die Meinung, daß nur dieser Raum und das Untergeschoß für das bevorstehende Treffen in Frage kamen. Die Sakristei hinter dem Hauptaltar war strategisch ungeeignet, und im unmittelbaren Umkreis der Kirche gab es keine Pfarrei, sondern nur ein paar offene Schuppen. Der Geistliche wohnte vermutlich irgendwo in der Nachbarschaft. Hans hielt es für zu riskant, alle Räume im Untergeschoß zu inspizieren. »Da sausen wir morgen in 'n paar Sekunden durch«, schlug er vor. »Das gibt 'nen guten Überraschungseffekt, und die *mechablim* sitzen in der Falle. Wenn einer von uns oben an der Treppe Wache hält, kommen die hier garantiert nicht lebend raus!«

In der Rückschau wirkte der Plan zwar nicht besonders sorgfältig durchdacht, aber er war fraglos kühn. »Außerdem rechnen unsre Opfer bestimmt nicht mit 'nem Angriff in der Kirche«, meinte Avner zuversichtlich. Bei sich dachte er: Die Zeit drängt. Seit über einem Jahr sind wir jetzt hinter Salameh her. Wer weiß, wie lange es dauern wird, bis wir wieder so 'ne Chance kriegen!

Es war ausgeschlossen, in Glarus zu übernachten. Die Stadt, die nach einem Großbrand im Jahre 1861 fast ganz neu aufgebaut worden war, besaß zwar ein paar Hotels und Pensionen, aber das waren fast ausnahmslos Familienbetriebe. Dort hätten fünf Männer, die am Abend vor dem Mord eintrafen und am Tag des Attentats wieder abreisten, mit Sicherheit Aufsehen erregt. »Macht eigentlich nichts«, entschied Avner nach einem Blick auf die Karte. »Zürich ist bloß runde fünfzig Kilometer entfernt. Nach Luzern ist's zwar gut doppelt so weit, aber ich würd mir die Strecke trotzdem gern mal anschauen, damit wir für die Flucht 'ne Alternativroute haben. Wer weiß, vielleicht müssen wir uns nach dem Anschlag in zwei Gruppen teilen? Dann wär's gut, wenn ein Wagen nach Luzern fährt und der andere zurück nach Zürich.« Die anderen nickten zustimmend. Am Abend telefonierte Avner mit Louis und bat ihn, für den Notfall eine konspirative Wohnung in Luzern zu besorgen.

Am nächsten Tag, dem 12. Januar, herrschte milderes Wetter. Der Himmel war bedeckt, und gelegentlich ging ein leichter Schneeschauer nieder. Die Hauptstraße von Zürich war geräumt, doch von der Abzweigung nach Glarus an schlingerten die Wagen wiederholt über größere Schneefelder.

Avner, Steve, Robert und Hans fuhren voraus, Carl folgte allein im zweiten Auto. Jeder von ihnen war mit einer Beretta aus jenem ersten Waffenvorrat ausgerüstet, den Avner dem Schweizer Lenzlinger abgekauft hatte. Nach diesem ersten, durch Andreas vermittelten Geschäft hatte Avner die Pistolen und Pässe in der Schweiz in einem Safe verstaut. Hans war auf den Gedanken gekommen, daß es jetzt sinnvoll sei, auf diese Waffen zurückzugreifen.

Avner und Steve führten zusätzlich je eine Rauchbombe mit. Die kleinen Behälter, die sogar käuflich zu erwerben sind, ließen sich mit Mühe und Not in die Taschen an der Innenseite der Vordertüren zwängen. Avner und Carl stimmten darin überein, daß Rauchbomben beim Angriff auf ein Tiefgeschoß hervorragende Dienste leisteten. Wo es keine Möglichkeit gab, durchs Fenster zu entkommen, setzte die Wirkung des Sprengkörpers die Menschen innerhalb von dreißig Sekunden außer Gefecht. »Unsre Gegner wissen das«, sagte Avner. »Also werden sie vermutlich nicht unten hocken bleiben, sondern raufkommen, schön einer nach dem anderen. Das wird ein Kinderspiel, die zu schnappen. Aber auch für 'ne eventuelle überstürzte Flucht über die Treppe könnte uns nichts nützlicher sein als Rauchbomben. Im Gegensatz zu Handgranaten sind sie völlig geräuschlos, erregen also keinerlei Aufmerksamkeit. Ehe jemand rauskriegt, was in der Kirche passiert ist, sind wir wahrscheinlich schon auf halbem Wege nach Luzern.«

»Vielleicht hast du recht«, brummte Robert skeptisch. »Aber bei Lloyd's würdest du diese Aktion nie versichern können!«

Avner hatte selbst einige Bedenken. Doch weder Carl noch ihm fiel etwas Besseres ein als das Attentat in der Kirche. Salameh und Abu Daoud würden zu einer geheimen Zusammenkunft in einer Schweizer Kleinstadt nicht im Schutze einer Armee anreisen. »Ich schätze, sie haben höchstens zwei, drei Leibwächter dabei«, spekulierte Steve.

»Trotzdem find ich's in der Kirche sicherer«, beharrte Avner auf seinem Plan. »'ne Handvoll Leute in einem geschlossenen Gebäude zu stellen ist nicht übermäßig schwer. Sie dagegen auf offener Straße anzugreifen, das erfordert viel zuviel Aufwand. Wir müßten zwei Straßensperren errichten, um beide Ortsausfahrten unter Kontrolle zu kriegen. Dafür müßten wir gut die Hälfte des Teams abstellen. Außerdem riskieren wir bei 'nem offenen Angriff, daß der Feind uns den Wagen zusammenschießt. Wie willst du in 'nem durchlöcherten Karren von einem Tatort fliehen, wo es höchstens zehn Minuten später von Polizisten nur so wimmelt? Du hast selbst gesehen, daß auf den Zufahrtsstraßen ziemlich reger Verkehr herrscht. Und dann überleg dir mal, was geschehen soll, falls Salameh beschließt, in Glarus zu übernachten! Solln wir uns dann vielleicht in 'nem Hinterhalt an der Straße den Arsch abfrieren? Nein, nein, in der Kirche haben wir bestimmt leichteres Spiel.«

»Es wäre sogar möglich«, nahm Hans das Wort, »daß die Schweizer Polizei von 'nem Attentat in einer Kirche nichts erfährt, ganz gleich, ob es nun erfolgreich verläuft oder nicht. Wir können natürlich nicht fest damit rechnen, aber es spricht einiges dafür. In den letzten Jahren haben nämlich sowohl die Links- als auch die Rechtsextremisten wiederholt Priester aller Konfessionen dafür gewonnen, ihnen bei ihren ›Gewissenskämpfen‹ Schutz und Unterstützung zu gewähren. Natürlich geschah das meist ohne Wissen oder Billigung der kirchlichen Oberhirten. Es kommt zwar vereinzelt vor, daß selbst hohe Würdenträger sich an solchen Aktionen beteiligen – so verdächtigt man den Patriarchen der griechisch-orthodoxen Kirche in Jerusalem des Waffenschmuggels für die PLO –, häufiger aber sind es einfache Geistliche, die sich von den Terroristen vor deren Karren spannen lassen. Aufgrund irgendeiner verzwickten psychologischen Kondition ist eine Minderheit des Klerus äußerst empfänglich für das Gedankengut des extremen Faschismus, Nationalismus oder Marxismus.[1] Falls Salameh sich für morgen die Kirche eines solchen Abtrünnigen ausgesucht hat, wird dieser Priester schon aus eigenem Interesse dafür sorgen, daß nichts von dem, was geschieht, an die Öffentlichkeit dringt. Wenn das Attentat mißglückt, werden auch die *mechablim* es vor den Schweizer Behörden vertuschen, zumindest so lange, bis sie die Landesgrenze hinter sich haben.«

Als die beiden Wagen rechts und links des Platzes hielten, dämmerte es bereits. Avner, Steve und Hans stiegen aus, und Robert setzte sich ans Steuer. Er ließ den Motor laufen, ebenso wie Carl, dessen Auto in etwa hundert Meter Entfernung parkte.

Hans betrat die Kirche, während Avner und Steve vor dem Hauptportal ihre Kameras zückten wie Touristen, die das letzte Tageslicht für einen Schnappschuß ausnutzen. Dem Gottesdienstplan zufolge, der am Eingang angeschlagen war, mußten bald die letzten Gläubigen die Kirche verlassen. Aber die kleine Pforte würde offenbleiben. Drinnen haben wir's dann nur noch mit den Terroristen zu tun. Jedenfalls hoff ich das, dachte Avner mit einem sorgenvollen Blick auf die Pforte.

Den Zeitplan hatte das Team anscheinend gut ausgearbeitet. Während der nächsten halben Stunde kamen in unregelmäßigen Abständen bald Gläubige – meist ältere Frauen mit Gebetbüchern in der Hand –, bald mit Fotoausrüstungen beladene Touristen aus der Kirche; insgesamt etwa dreißig Leute. Hans folgte als letzter. Er nickte dem Küster, der die großen Flügeltüren verriegelte, freundlich zu. Dann gesellte er sich ungezwungen zu Avner und Steve.

»Hab zwei Araber gesehen«, sagte er schroff. »Junge Burschen in schwarzen Pullovern. Vermutlich Leibwächter, aber, soweit ich feststellen konnte, unbewaffnet. Sie sind durchs Hauptschiff zum Chor gegangen und rechts im Altarraum verschwunden. Einer trug 'n Tablett, das mit 'nem weißen Tuch zugedeckt war.«

»Bist du sicher, daß es Araber waren?« Avner stellte diese Frage rein routinemäßig, denn Hans war kaum ein Mann, sich in solch einem entscheidenden Punkt zu irren.

Hans zuckte mit den Schultern. »Tja, sie haben zumindest Arabisch gesprochen«, antwortete er. »Und zwar ziemlich laut. Überhaupt haben die sich da drin bewegt, als gehöre der Kasten ihnen!«

»Also, worauf warten wir dann noch?« Avner reichte Robert seinen Fotoapparat durchs offene Wagenfenster und eilte die wenigen Stufen zum Hauptportal hinauf. Steve war dicht hinter ihm. Hans folgte in einigem Abstand. Laut Plan sollten Avner und Steve den Anschlag führen, während Hans hinter der Pforte Posten bezog, um eventuelle verspätete Besucher abzuweisen und hernach den Rückzug seiner Kameraden zu decken. Er sollte von der Beretta nur im äußersten Notfall Gebrauch machen.

Im Innern der Kirche war es fast stockdunkel. Avners Schritte hallten auf dem Steinfußboden wider, aber er kümmerte sich nicht darum. Hauptsache, ich komm so schnell wie möglich in den Altarraum, dachte er. In weniger als vier Sekunden erreichten er und Steve die Tür zur Rechten des Chores. Wie auf Kommando hatten beide gleichzeitig ihre Pistole in der Hand, zogen mit der linken den Schlitten bis zum Anschlag zurück und ließen ihn wieder vorschnellen. Schußbereit trat Avner die Tür ein.

Die Araber blickten auf.

Nicht zwei Männer, wie erwartet, sondern drei waren um den großen Tisch versammelt und aßen. Avner sah das Tablett, das Hans beschrieben hatte, beladen mit Milch, Käse, Obst und Brötchen.

Die Bücher und die religiösen Traktate, die gestern noch über den ganzen Tisch verstreut waren, hatte man achtlos zur Seite geräumt. Auf einem Stapel Zeitschriften lag eine Kalaschnikow.

Der Araber, der dem Eingang am nächsten saß, hatte eine Pistole griffbereit neben sich unter die Serviette geschoben. Avner konnte deutlich den Griff erkennen, der unter dem weißen Stoff hervorlugte. Dem Häkchen unten an der Magazinhalterung nach zu schließen, ist das eine Tokygypt, dachte er, und unwillkürlich fuhr ihm Daves Lektion über diese Kopie der russischen Tokarew durch den Kopf: Typ Selbstladepistole mit einfacher Bewegung; Herkunft Ungarn; hergestellt auf Wunsch Ägyptens; Bezeichnung entstanden aus den Worten Tokarew und Ägypten; verschießt die 9 mm Parabellum und nicht die 7,62S wie ihre Vorgängerin. Im selben Augenblick, als er sich diese Daten in Erinnerung rief, sah Avner den jungen Araber nach der Pistole tasten.

Steve mußte es ebenfalls bemerkt haben, denn er feuerte zweimal und gleich darauf noch zweimal. Avner, dessen Waffe auf den Mann am anderen Ende des Tisches gerichtet war, drückte nur Sekundenbruchteile später ab. Um die Wahrheit zu sagen – er hatte keine Ahnung, was sein Opfer tat, als die Schüsse fielen, denn seine Aufmerksamkeit war noch immer auf Steves Zielperson gerichtet. Aber mir blieb gar keine andere Wahl, rechtfertigte Avner sich später vor sich selbst. Wenn der Typ auch 'ne Waffe griffbereit gehabt hätte, wär's aus gewesen mit Steve und mir. Der Araber saß 'n bißchen rechts von meinem unmittelbaren Blickfeld. Wenn ich erst noch den Kopf gedreht hätte, um mich zu vergewissern, was er vorhatte, wär's womöglich zu spät gewesen. Das Risiko war zu groß. Außerdem reagierte ich auf Steves Schüsse mit 'nem automatischen Reflex – tja, das ist eben das Training.

Avner gab zwei Schüsse ab, worauf der Araber zusammensackte und zwischen Stuhl und Tisch zu Boden glitt.

Vielleicht, sinnierte Avner später, hätten wir den dritten Mann nicht zu erschießen brauchen, wenn uns 'n bißchen mehr Zeit zum Überlegen geblieben wäre.

Dieser dritte saß der Kalaschnikow am nächsten. Als Avner und Steve hereinstürzten, sprang er auf. Aber statt nach dem Sturmgewehr zu greifen, streckte er beide Arme hoch über den Kopf. Sobald Avner und Steve das sahen, konzentrierten sie ihre Aufmerksamkeit auf die beiden anderen Araber.

Doch als der junge Mann mit anschauen mußte, wie seine Kameraden im Kugelhagel fielen, da glaubte er entweder, er müsse gleichfalls sterben, oder er reagierte in Panik, ja vielleicht sogar aus ohnmächtiger Wut heraus. Womöglich spekulierte er auch darauf, daß Avner und Steve bei diesem Feuerzauber ihre Munition verschossen hätten. Jedenfalls nahm er plötzlich die Hände herunter und machte einen Satz auf die Kalaschnikow zu.

Avner und Steve drückten gleichzeitig ab. Jeder zweimal. Die vier Kugeln trafen den Araber im Magen. Er stürzte vornüber und kroch auf seine beiden Kameraden zu. Die jedoch rührten sich nicht mehr. Seit Avner und Steve den Raum betreten hatten, waren nicht mehr als zehn Sekunden vergangen.

Wir haben drei Leute umgebracht, die nicht auf der Liste stehen, registrierte Avner fassungslos. Wie ein Blitz durchzuckte ihn diese Erkenntnis; allein, er durfte keine Zeit zum Nachdenken verlieren. Er gab sich einen Ruck, wechselte das Magazin aus, bedeutete Steve, ihm Feuerschutz zu geben, und war mit einem Satz bei der Tür, die zur Treppe führte. Zu seinem Erstaunen fand er sie unverschlossen. Er warf einen Blick hinauf zur Galerie, um sich zu vergewissern, daß niemand sich dort oben aufhielt, dann rannte er hinunter ins Tiefgeschoß. Steve blieb auf dem Treppenabsatz stehen, von wo aus er Avner Deckung geben und gleichzeitig die drei Araber im Altarraum im Auge behalten konnte. Zwar hatten jeden von ihnen mindestens zwei Kugeln getroffen, aber das war noch keine Garantie für ihren Tod.

Avner trat die Tür am Fuß der Treppe ein. Als sie aus den Angeln flog, hoffte er, sich Salameh und Abu Daoud gegenüberzusehen. Ihre Gesichter hatte er sich sorgfältig eingeprägt. Falls er das Zimmer leer finden sollte, würde er laut Plan den Gang entlanglaufen und hinter den beiden anderen Türen nachschauen. Avner glaubte zwar, auf alles vorbereitet zu sein, doch auf den Anblick, der sich ihm bot, war er nicht gefaßt.

An einem Tisch saßen drei Geistliche mit steifen, hohen Kragen und starrten entgeistert auf den atemlosen Israeli, der mit der Pistole im Anschlag auf der Schwelle stand. Es waren nicht etwa Salameh, Abu Daoud und ein Leibwächter als Priester verkleidet, sondern echte Schweizer Pfarrer, die ihn anschauten, als hätten sie einen Wahnsinnigen vor sich. Zwei wirkten noch recht jung, während der dritte mit seinem schlohweißen Haar und dem rosigen Gesicht ein ehrfurchtgebietendes Alter hatte.
Die verängstigten Mienen der drei verrieten, daß sie die Schießerei im Altarraum gehört hatten. Natürlich ist es möglich, überlegte Avner fieberhaft, daß die Terroristenführer in einem der zwei anderen Zimmer sind, aber eh ich das nachprüfe, muß ich erst mit den dreien hier fertig werden.
Ich kann sie unmöglich erschießen.
Ob ich Steve runterhole, damit er auf sie aufpaßt? Nein. Schon schlimm genug, daß sie *mich* gesehen haben. Außerdem brauch ich Steve selber, wenn ich meine Erkundungen fortsetzen will. Ich hab die Befehlsgewalt, ich muß eine Entscheidung treffen.
Avner erinnerte sich später, daß er in diesem Moment tatsächlich in solch starren militärischen Begriffen gedacht hatte. Ich kann nicht allein hinter zwei Terroristen herjagen, das steht fest, sagte er sich. Aber wie lös ich das Problem, wenn Steve die drei da oben bewacht und Hans nutzlos an der Tür rumsteht? Nicht auszudenken, was passieren würde, wenn diese drei Betbrüder plötzlich aufstehn sollten, sich an mir vorbeidrängen und abhaun! Allein kann ich sie nicht aufhalten, und Steve schafft das auch nicht ohne Gewaltanwendung. Und doch dürfen wir auf gar keinen Fall 'ne Waffe gegen sie einsetzen. *Wehrlose Priester in Schweizer Kirche von israelischen Agenten ermordet* – eine solche Schlagzeile würde unsrem Land binnen einer Minute mehr Schaden zufügen, als es die *mechablim* in fünf Jahren vermocht hätten.
Avner trat einen Schritt zurück und vollführte dabei eine drohende Gebärde mit dem Lauf seiner Pistole.
Wir müssen die Operation abbrechen.
Er sah den Geistlichen an, daß sie mehrere Sekunden, vielleicht

sogar Minuten brauchen würden, um ihren Schock zu überwinden und etwas zu unternehmen.
Das wird für unsren Rückzug genügen, dachte Avner.
Im Hinausgehen knallte er mit der Linken die Tür hinter sich zu. Er rannte zur Treppe, rief Steve von unten die Parole entgegen, damit der nicht aus Versehen auf ihn schoß, hastete dann die Stufen hinauf und winkte Steve, ihm zu folgen. Auf dem Weg durch den Altarraum starrte sein Partner ihn fragend an. Die drei Araber lagen in ihrem Blut, das mit den Milchpfützen am Boden zusammenfloß. Einer der Männer lebte noch und stöhnte leise vor sich hin. Avner nahm sich nicht die Zeit, nachzusehen, ob die beiden anderen wirklich tot waren. Hans kauerte hinter einer Säule in der gewölbten Eingangshalle, die Pistole im Anschlag.
»Was ist passiert?«
»Nichts«, keuchte Avner atemlos und steckte seine Waffe weg. »Kein Mensch da, außer drei *galochim.*« Er wußte selbst nicht recht, warum er, der sonst fast nie jiddisch sprach, ausgerechnet jetzt die jiddische Bezeichnung für katholische Geistliche – ein Begriff, der auf die Tonsur des Priesters Bezug nimmt – wählte. »Los, machen wir, daß wir hier wegkommen!«
In wenigen Sekunden hatten sie die Wagen erreicht. Es war noch immer nicht völlig dunkel. Sie hatten höchstens sieben oder acht Minuten in der Kirche verbracht. »Nach Luzern!« rief Avner Robert zu. Sein sechster Sinn riet ihm davon ab, nach Zürich zurückzukehren. Er hielt Hans und Steve die Tür auf, vergewisserte sich, daß Carl im zweiten Auto abfahrbereit war, und gab Robert das Zeichen zum Aufbruch.
In gemäßigtem Tempo fuhren sie über die verschneite Serpentinenstraße. Avner war versucht, die Pistolen samt den Rauchbomben aus dem Wagen zu werfen, doch dann besann er sich eines Besseren. Wenn wir innerhalb der nächsten vierzig Minuten in 'ne Straßensperre geraten, überlegte er, dann heißt das, die Pfaffen haben uns angezeigt. Und die erkennen mich sowieso wieder. Nein, ich werd mit sämtlichen Waffen in einem Auto fahren, und Carl kann unsre Jungs in dem anderen nach Luzern

schaffen. Auf die Weise gibt es keine Möglichkeit, die vier mit der Schießerei in der Kirche in Verbindung zu bringen. Warum sollten wir riskieren, daß sie uns alle schnappen, wenn ich's allein durchstehen kann?

Auf seinen knappen Befehl hin hielten beide Wagen am Straßenrand, und die Männer tauschten die Plätze.

»Tja, Freunde«, meinte Robert düster. »Jetzt haben wir auch unser Lillehammer, was?«

»Wie kannst du das vergleichen!« schrie Steve aufgebracht. »Wir haben doch keinen harmlosen Kellner umgelegt! Wir haben drei Terroristen mit 'ner Kalaschnikow und weiß der Teufel wie vielen Pistolen erschossen. Glaubst du vielleicht, die sind bloß zum Abendessen in die Kirche gegangen?«

»Schluß jetzt, darüber reden wir später«, entschied Carl. »Laßt uns erst mal hier rauskommen.«

Eine Dreiviertelstunde später erreichten sie Altdorf, die Hauptstadt des Kantons Uri mit ihren altehrwürdigen Patrizierhäusern. Unterwegs waren sie weder von einer Straßensperre noch von Polizisten aufgehalten worden. Jetzt befanden sie sich nur noch drei Kilometer südlich des Vierwaldstätter Sees. Ab Altdorf, dem Schauplatz der Tellsage, konnten Autos aus verschiedenen Richtungen nach Luzern unterwegs sein. Avner legte sich für den Fall, daß er gestoppt würde, die Erklärung zurecht, er habe einen Abstecher nach Oberitalien, zum Comer See, gemacht. Er kannte sich dort gut genug aus, um die Gegend notfalls beschreiben zu können. Wenn keine Streife auf die Idee kommt, den Wagen zu filzen, und dabei die Waffen findet, dachte Avner, dann müßte ich mit meiner Comer-See-Geschichte durch jede Kontrolle kommen.

Aber er gelangte unbehelligt ans Ziel, ohne ein einziges Mal angehalten zu werden.

In ihrer konspirativen Wohnung in Luzern trafen die fünf wieder zusammen. Kurz vor Mitternacht rief Avner von einer öffentlichen Telefonzelle aus ein ortsansässiges Mitglied von »Le Groupe« an, dessen Nummer Louis ihm vorsorglich gegeben hatte, und bat ihn, die Waffen beiseite zu schaffen. Dann telefonierte er mit Papas Kontaktmann in Zürich.

»Sie waren nicht da«, sagte er in scharfem Ton.
»Doch, das waren sie«, beteuerte der Mann am anderen Ende der Leitung.
»Aha«, machte Avner skeptisch und hängte ein. Es hatte keinen Zweck, länger darüber zu reden. Wer konnte schon mit Sicherheit behaupten, ob Salameh und Abu Daoud in Glarus gewesen waren oder nicht? Fest steht bloß eins, dachte Avner niedergeschlagen: *Wenn* sie dort waren, dann werden sie sich nach dem, was in der Kirche passiert ist, nicht lange aufhalten. Steve hat zumindest in einem Punkt recht: Drei bewaffnete Araber waren nicht bloß zum Abendessen in der Kirche.
»Weißt du«, sagte er zu Robert, als er in die Wohnung zurückkam, »unser Fehlschlag läßt sich wirklich nicht mit Lillehammer vergleichen.«
»Und wieso nicht?«
»Mensch, denk doch mal nach! Uns haben sie schließlich nicht erwischt. Das ist doch wenigstens ein Trost, hm?«[2]

XIV
London

Im Mai des Jahres 1974 hielten Avner, Carl und Hans sich in London auf.

Avner war seit seiner Ausbildungszeit nicht mehr in der britischen Hauptstadt gewesen. Seine Informanten lebten – natürlich mit Ausnahme von Papas Leuten – zum größten Teil in Deutschland, während Hans seine Kontakte hauptsächlich in Frankreich und Carl die seinen in Italien hatte. England und Holland waren Roberts und Steves Domänen. Aber wann immer es aus organisatorischen Gründen notwendig war, die Kundschafter eines anderen zu treffen, hatten die Mitglieder des Teams sich stets als recht flexibel erwiesen. Jedesmal, wenn ihnen ein ernstzunehmendes Gerücht zu Ohren kam, setzten sie denjenigen darauf an, der gerade verfügbar war.

»Denkt dran, Jungs«, pflegte Carl zu sagen, »wir sind bloß fünf. Da muß einer für den anderen einspringen können.«

Informanten, gleichgültig, ob es Araber sind oder nicht, tendieren zwar allesamt dazu, bevorzugt mit ihrer angestammten Kontaktperson zu verhandeln, aber wenn sie sicher sein können, daß sie kein Risiko eingehen, dann verkaufen sie ihre Informationen auch an andere.

Als das Team von der Londoner Spur erfuhr, hielt Robert sich gerade in Belgien auf, und Steve verbrachte einen wohlverdienten dreitägigen Urlaub mit seinen Eltern in Südafrika. Also mußten Avner, Carl und Hans das Gerücht überprüfen, demzufolge Ali Hassan Salameh, der bekanntlich ein Augenleiden hatte, Ende Mai in London einen Spezialisten konsultieren wollte.

Am 9. Mai, einem Donnerstag, landeten die drei in Heathrow. Hans bezog eine konspirative Wohnung, während Avner und Carl im Hotel Europa, Ecke Duke Street und Grosvenor Square, abstiegen. Zu diesem Zeitpunkt beschäftigten sie sich noch nicht mit dem eigentlichen Anschlag. Sie wollten vielmehr lediglich ein paar Vorgespräche mit dem Informanten führen und die Örtlichkeiten sondieren. Wo würde Salameh wohnen? In welchem Viertel befand sich die Praxis des Augenarztes? Wie verläßlich war ein anderes Gerücht, demzufolge Salameh ein Treffen mit *seinen* Informanten in einem Haushaltwarengeschäft in der Innenstadt vereinbart hatte? Und wenn diese Information zutraf, wo genau befand sich der fragliche Laden? Das Gespenst von Glarus saß Avner noch im Nacken; diesmal wollte er auf Nummer Sicher gehen.

Glarus war vielleicht wirklich nicht mit Lillehammer zu vergleichen; dennoch hatte das Team dort seine erste völlige Niederlage erlitten. Abgesehen davon, daß Salameh und Abu Daoud entwischten – vorausgesetzt natürlich, daß sie sich überhaupt in der Kirche befanden –, hatten Avner und Steve drei Männer erschossen, die nicht auf der Liste standen. Die Araber waren zwar weder harmlose Passanten noch Unbeteiligte, dagegen sprachen schon ihre aus den Ostblockstaaten importierten Waffen. Aber das ändert nichts an der Tatsache, daß sie nicht zu unsren Zielpersonen gehörten, dachte Avner. Wir haben 'nen Bock geschossen, daran gibt's nichts zu deuteln. Uns ist genau der Fehler unterlaufen, den wir uns geschworen hatten zu vermeiden.

Die Vorfälle von Lillehammer und – wenn auch in geringerem Grad – von Glarus erhärteten Bedenken, die viele Leute gegen Konterguerillatätigkeit vorbringen. Diejenigen unsrer Landsleute, die behaupten, daß man sich bei solchen Operationen nicht für fehlerfreien Ablauf verbürgen kann, haben recht behalten, flüsterte seine innere Stimme Avner zu. Selbst Golda Meir hat ja ursprünglich diesen Standpunkt vertreten. Als das Thema zur Sprache gebracht wurde, da verlangte sie zu wissen: »Wie um alles in der Welt wollen Sie denn garantieren, daß kein Unschuldiger zu Schaden kommt?«[1] Jetzt könnte ich ihr die Antwort geben, dachte Avner bitter: Eine solche Garantie gibt's nicht!

Dennoch ließ sich ein Faktor nicht übersehen, der möglicherweise auch die Entscheidung der Premierministerin beeinflußt hatte. Innerhalb des gesamten Spektrums der Gewaltanwendung

forderten gezielte Aktionen des Gegenterrorismus die vergleichsweise wenigsten unschuldigen Opfer.
»Menschenskind, wir haben doch neun erwischt«, rief Steve jedesmal aufgebracht, wenn die Sprache auf Glarus kam. »Neun Topterroristen! Was glaubt ihr, wie viele Zivilisten die Luftwaffe niedergemäht hätte, ehe ihr so 'ne Trefferquote geglückt wäre?
Er hat durchaus nicht unrecht, dachte Avner. Aber seine Argumentation läßt den politpsychologischen Faktor außer acht, der sowohl im Terrorismus als auch im Gegenterrorismus eine entscheidende Rolle spielt. Die Schüsse von Glarus blieben von der Presse unerwähnt, wahrscheinlich hatte man die Nachricht unterdrückt. Wäre sie aber in die Schlagzeilen gelangt, so hätte ein solches Vorkommnis in einer westeuropäischen Stadt dem Image Israels mehr Schaden zugefügt als zehn Luftangriffe in einem Gefecht im Nahen Osten, selbst wenn diese Dutzende von Menschenleben forderten.
»'n Bomberpilot kann wahllos zuschlagen. Auch die Artillerie darf sich das erlauben, ja, sie kann sich sogar mal 'nen Fehler leisten. Aber *wir* nicht«, hämmerte Carl seinen Kameraden unermüdlich ein.
Avner und Hans akzeptierten sein Argument, doch Steve und Robert gingen regelmäßig in die Luft, wenn Carl davon anfing.
»Mann, ich versteh dich nicht!« begehrte Robert auf. »Wenn die *mechablim* 'nen Bus voller israelischer Schulkinder in die Luft jagen, dann werfen sie sich in die Brust. Wenn sie unsre schwangeren Frauen mit 'nem Maschinengewehr niedermähen, dann sind sie auch noch stolz darauf. Die tun das nicht etwa aus Versehn, nein! Sie machen mit voller Absicht Jagd auf Frauen und Kinder. Das wißt ihr doch genausogut wie ich. Also, warum reden wir uns dann über *einen* lumpigen Fehler den Mund fusselig?«
Avner verstand Roberts Erregung. Am 17. Dezember, nur wenige Wochen vor dem Anschlag von Glarus, hatte eine palästinensische Terrororganisation in Rom Brandbomben auf eine Pan-Am-Maschine geworfen. Zweiunddreißig Passagiere verbrannten,

vierzig weitere wurden verletzt. Am 11. April 1974 überfielen die Fedajin einen Wohnblock in der nordisraelischen Stadt Qiryat Shemona, töteten achtzehn Menschen und verwundeten sechzehn weitere, darunter mehrere Frauen und Kinder. Im Mai verloren zweiundzwanzig Kinder ihr Leben, die von Angehörigen der »Demokratischen Volksfront« aus Maalot in Galiläa entführt worden waren. Für die Terroristen bedeutete der Tod eines Zivilisten keinen Fehler. Die meisten ihrer Operationen richteten sich vielmehr bewußt gegen Zivilpersonen.

Carl ließ sich freilich durch solche Beispiele nicht erschüttern. »Das ist eben der Unterschied zwischen denen und uns«, sagte er achselzuckend. »Macht es euch etwa was aus, daß wir uns von den *mechablim* unterscheiden? Also, mir ist das durchaus nicht unangenehm.«

Carl schien am meisten unter dem verpatzten Anschlag von Glarus zu leiden. Er ließ sich seine Niedergeschlagenheit zwar nicht anmerken, aber er lebte noch zurückgezogener, grübelte noch mehr als früher und sog länger als gewöhnlich an seiner Pfeife, ehe er seinen Kommentar zu einem Plan abgab. Carl, der Wachsame, hatte seine Vorsichtsmaßnahmen seit dem Zwischenfall in der Schweiz verdoppelt. Avner billigte sein Vorgehen. Er selbst war zu ungeduldig, um sich auf abstrakte Argumente einzulassen, doch er spürte, daß Carl das Richtige vorschlug. Wenn er und Robert oder Steve sich gar zu heftig in eine Diskussion verbissen, unterbrach Avner die Streithähne über kurz oder lang. »Hört mal her, Sportsfreunde«, sagte er gutmütig. »Schluß mit der Philosophiererei, ja? Wenn wir was von Philosophie verstünden, würden wir fürs doppelte Gehalt an der Universität von Jerusalem dozieren. Also bleiben wir auf 'm Teppich und besprechen die nächste Operation, das ist unser Job.«

In London blieb für Unterhaltungen kaum Zeit. Avner wollte soviel wie möglich in maximal vier Tagen erledigen und dann nach Frankfurt zurückfliegen, um sich mit Steve und Robert zu beraten. »Wenn wir definitiv feststellen, daß Salameh Ende des Monats nach London kommt«, erklärte er, »und wenn die Örtlichkeiten für einen Sprengstoffanschlag günstig sind, dann muß

Robert unverzüglich zurück nach Belgien und seine Vorkehrungen treffen. Uns bleibt nicht mehr viel Zeit.«
Das Treffen mit dem Informanten sollte im Hotel Grosvenor House in der Park Lane stattfinden. Sie hatten keinen festen Zeitpunkt vereinbart, sondern würden abwechselnd in der Hotelhalle Posten beziehen. Sobald der Informant auftauchte, würde der gerade Wachhabende sich durch Augenkontakt mit ihm verständigen, seine beiden Kameraden anrufen und dann gemächlich zum Brook Gate im Hyde-Park schlendern. Dort würde er mit dem Informanten zusammentreffen, der auf einem anderen Weg in den Park gelangte. Die beiden anderen Mitglieder des Teams sollten das Treffen aus einiger Entfernung beobachten und auskundschaften, ob eine Falle oder ein Hinterhalt drohte. Dieses Vorgehen war reine Routine. Aber seit Avner einmal gehört hatte, daß der Mossadagent Baruch Cohen vielleicht deshalb in Madrid ums Leben gekommen sei, weil er diese Vorsichtsmaßnahme außer acht gelassen und sich allein zu einem Treffpunkt begeben hatte, legte er größten Wert auf die Einhaltung der Sicherheitsroutine.
Die Begegnung sollte am 9., 10. oder 11. Mai stattfinden, und zwar zwischen zehn und sechzehn Uhr. Solch vage Verabredungen waren zwar nicht ungewöhnlich, aber ausgesprochen lästig. Avner fand die untätige Herumsitzerei und das ständige Ausschauhalten mittlerweile entsetzlich ermüdend. Am Beginn seiner Laufbahn hatte er großen Gefallen daran gefunden, da diese Arbeit ihm aufregend und romantisch erschien, doch inzwischen war der Zauber längst verflogen. Vielleicht bin ich einfach zu verkrampft, dachte er, oder ich werde alt.
Am ersten Tag ließ der Informant sich nicht blicken.
Als Avner tags darauf, an einem Freitag, von Hans abgelöst worden war und zu seinem Hotel zurückging, da hatte er plötzlich das Gefühl, er werde verfolgt. Er hatte Grosvenor House durch den Hinterausgang verlassen, war die Reeves Mews hinuntergegangen, links in die South Audley Street eingebogen und steuerte nun an der US-Botschaft vorbei auf den Grosvenor Square zu. Er wollte gerade den Platz überqueren, als er merkte, daß je-

mand hinter ihm herging. In einer Großstadt ist das natürlich nichts Ungewöhnliches, aber Avner meinte die Blicke dieser Person in seinem Nacken zu spüren. Er fühlte buchstäblich ein Prikkeln auf der Haut. Im ersten Moment versuchte er, es mit der Hand zu verjagen, doch dann kam ihm blitzartig zu Bewußtsein, um was es sich handelte.
Avner hatte seinem sechsten Sinn, der in der Regel nie falschen Alarm gab, stets unbedingt vertraut. Als Avner noch ein einfacher Agent war und sich mit Geldern für Informanten in München aufhielt, da hatte er eines Nachts Hals über Kopf eine konspirative Wohnung verlassen, nur weil sein sechster Sinn ihm riet, seine Sachen zu packen und sich aus dem Staub zu machen. Er war kaum bis zur nächsten Straßenecke gelangt, als er zwei Streifenwagen vor dem Haus anhalten sah. Die Polizei führte eine Razzia durch.
Avner gab sich nie der Einbildung hin, daß es mit seinem sechsten Sinn etwas Geheimnisvolles auf sich habe; er erklärte sich das Phänomen vielmehr einfach mit einer außergewöhnlichen Sensibilität für kaum wahrnehmbare Signale. Er konnte nachgerade unbewußt Zeichen auffangen, die andere gar nicht registrierten, um sie zu gegebener Zeit zu entschlüsseln. Damals in München zum Beispiel hatte er vielleicht Verdacht geschöpft, weil die Hausmeisterin ihn beim Heimkommen so merkwürdig angesehen hatte. Wenn sie von der bevorstehenden Razzia wußte, kombinierte Avner später, dann lag vielleicht etwas in ihrem Blick, was mich alarmierte, ohne daß ich es unmittelbar zu deuten verstand.
Jetzt wandte er sich nicht um. Aber anstatt wie gewohnt die Abkürzung zu nehmen, die ihn in weniger als fünf Minuten zum Hotel Europa gebracht hätte, ging er über die North Audley Street weiter. Er war sicher, daß nach wie vor jemand hinter ihm her war, doch sosehr er sich auch anstrengte, in einem Schaufenster oder im Seitenfenster eines gerade vorbeifahrenden Wagens einen Blick auf seinen Verfolger zu erhaschen, es gelang ihm nicht. Er hatte nicht die Befürchtung, daß man ihn am hellichten Tag Ecke North Audley und Oxford Street überfallen würde.

Aber er schloß die Möglichkeit auch nicht aus. Wenn ich doch nur 'ne Kanone bei mir hätte, dachte er. Hoffentlich glaubt wenigstens der Kerl hinter mir, daß ich bewaffnet bin!
Wenn aber nun der britische Abschirmdienst hinter mir her ist, schoß es ihm durch den Kopf. Es wäre immerhin möglich. In dem Fall sollten wir morgen früh abhauen, gleichgültig, ob der Informant sich heute noch blicken läßt oder nicht. Robert kann den Kontakt erneut knüpfen, sobald er aus Belgien zurück ist.
Avner bog nach rechts in die Oxford Street ein und ging Richtung Oxford Circus. Wenn der Kerl dranbleibt, dachte er, versuch ich in der U-Bahnstation Bond Street unterzutauchen und nehm den Zug nach Finsbury Park. Wir haben doch noch das Haus in Crouch End. Dahin werd ich mich durchschlagen. Wer auch immer hinter mir her ist – früher oder später häng ich ihn ab!
Aber bevor er auch nur bis zur Höhe der Duke Street kam, war das unangenehme Prickeln verschwunden. Es hörte ebenso unvermittelt auf, wie es begonnen hatte. Vorsichtshalber ging er trotzdem nicht direkt zurück ins Hotel, sondern betrat ein Restaurant und suchte sich einen Fensterplatz. Er bestellte einen Tee und verbrachte eine geschlagene Stunde damit, die von Geschäft zu Geschäft hastenden Kauflustigen draußen auf der Oxford Street zu beobachten. Nichts, dachte er resigniert. Soweit ich's beurteilen kann, nicht das geringste Anzeichen für einen Verdacht!
Merkwürdig, grübelte er, ich hab noch nicht mal den Versuch gemacht, die Verfolger abzuschütteln, da ziehn die sich schon von allein zurück. Natürlich könnte ich mich geirrt haben, und ich wurde in Wirklichkeit gar nicht beschattet. Doch das glaub ich nicht. Nein, irgendwas ist da faul!
Der Informant ließ sich nicht blicken, und die drei Israelis gingen am frühen Abend zum Essen in ein kleines indisches Restaurant in Marylebone Lane, das Carl entdeckt hatte. Avner machte sich nicht viel aus Curry, aber Carl war seit neuestem ein begeisterter Anhänger der indischen Küche. Hat vielleicht was mit der Seelenwanderung zu tun, überlegte Avner, während er lustlos in seinem Reis herumstocherte.

Zum Glück sprachen sie bei Tisch nicht über dieses Thema, doch es gelang Carl immerhin, die Unterhaltung auf ähnlich Mystisches zu lenken. Er schien in einer seltsam düsteren Stimmung, die sich auf Hans übertrug. Als Avner zum Beispiel das Gefühl beschrieb, das ihm am Nachmittag signalisiert hatte, er werde verfolgt, da dauerte es gar nicht lange, und das Gespräch kreiste um geheimnisvolle Gemütsbewegungen und unheimliche Stimmungen. Ohne die konkrete Bedeutung von Avners Erlebnis herunterspielen zu wollen, legten Hans und vor allem Carl es mit geradezu frivolem Eifer darauf an, seine Erfahrung einem größeren, ja einem transzendentalen Bereich zuzuordnen, von dem an diesem Abend eine unwiderstehliche Faszination auf die beiden auszugehen schien.
Carl geriet förmlich ins Schwärmen: »Spiritistische Erscheinungen setzen gewaltige Kräfte frei«, sagte er. »Was meint ihr, ob ich's wohl bis zur Levitation bringen würde, wenn ich mich geistig ausschließlich auf die Überwindung der Schwerkraft konzentriere?«
»Keine Ahnung, Carl«, entgegnete Avner mit einem Anflug von Ungeduld. »Aber du solltest es mal versuchen, ist vielleicht ganz unterhaltsam. Nur würd ich vorschlagen, du wartest damit bis *nach* unserer Operation, einverstanden?«
Carl lachte, und Hans gab dem Gespräch eine andere Wendung: »Vielleicht«, überlegte er laut, »vielleicht war's Carlos, der dich heut nachmittag beschattet hat. Könnte doch sein, daß er mal 'n kurzen Abstecher nach London gemacht hat, um seine Mutter zu besuchen.« Diese Vermutung war nicht völlig aus der Luft gegriffen, denn die Mutter des Terroristen, eine gewisse Mrs. Sanchez, betrieb eine Modeboutique in einem der eleganten Einkaufsviertel der Stadt. Nun würde Carlos gegenwärtig zwar kaum sein Leben um eines Familienbesuchs willen aufs Spiel setzen. Aber vor nicht ganz fünf Monaten hatte er sich tatsächlich nach London gewagt, um dort persönlich zwei Terroraktionen zu leiten, nämlich im Dezember den Anschlag auf Sir Edward Sieff, den Warenhauspräsidenten der Firma Marks & Spencer, sowie den auf einen britischen Zionistenführer; ferner

im Januar den Bombenangriff auf die israelische Bank Hapoalim, bei dem eine Frau verletzt wurde.
»Jetzt hört mir mal ernsthaft zu«, sagte Avner eindringlich. »Carlos hin oder her – ich finde, wir sollten hier verschwinden. Wir hängen jetzt schon zwei Tage in diesem Hotel rum, ohne daß unser Mann sich hat blicken lassen. Wie leicht hätte uns bei der Warterei einer hochgehen lassen können! Ich schlage vor, wir fliegen morgen früh. Warten wir 'n paar Tage ab, und wenn an dem Tip wirklich was dran ist, dann können Robert und Steve noch mal ihr Glück versuchen.«
Avner hatte zweifellos recht. Wenn ihnen wirklich jemand auf den Fersen war und sie enttarnt hatte, dann wäre es mehr als leichtsinnig, die Aktion fortzusetzen. Sie würden dadurch womöglich auch den Informanten in Gefahr bringen. Es war sinnvoller, den Kontakt in einigen Tagen durch jemand anderen erneut herzustellen. Carl und Hans versuchten nicht, Avner zu widersprechen, aber Hans trug eine Bitte vor: »Sieh mal, ich wohn doch nicht mit euch im Hotel. Mir ist bestimmt niemand gefolgt, da bin ich ganz sicher. Die Verabredung mit dem Informanten war auf den Neunten, Zehnten *oder* Elften festgesetzt. Der Elfte ist aber erst morgen. Warum fliegst du nicht morgen früh mit Carl zurück und läßt mich noch mal bis zum Nachmittag mein Glück versuchen?«
»Du willst dich allein mit ihm treffen? Kommt nicht in Frage!« Avner schüttelte energisch den Kopf. »Das ist viel zu gefährlich.«
Doch Hans gab nicht auf. »Vertrau mir«, bat er. »Ich paß schon auf. Du weißt selbst, daß wir keine Zeit zu verlieren haben!«
Nach langem Hin und Her gab Avner, wenn auch widerstrebend, Hans' Drängen nach.
Carl und Avner teilten sich im Hotel Europa eine Ecksuite; sie verfügten über zwei Schlafräume mit Bad und einem kleinen Salon. Vom Korridor gelangte man durch eine Flügeltür zunächst in diesen Wohnraum. Dem Eingang gegenüber führte eine Tür in Avners Zimmer. Zur Linken gelangte man durch eine dritte Tür in Carls Zimmer. Die beiden Schlafräume waren nur durch den Salon miteinander verbunden.

Im Jahre 1974 stand dem Hotel Europa jene großangelegte Renovierungsaktion noch bevor, in deren Rahmen die Etruskische Bar völlig umgestaltet wurde. Damals waren die Sofas und Sessel in der Halle mit dunklem Leder überzogen, und an der Wand hing ein großes Gemälde, auf dem die Entführung der Europa dargestellt war. Carl machte sich zwar im allgemeinen nicht viel aus Alkohol, aber abends setzte er sich gern für ein Viertelstündchen in die Bar und trank vor dem Zubettgehen gemütlich sein Bier.

An diesem Abend trennte Avner sich nach dem Essen vor dem Restaurant von seinen beiden Kameraden, um noch ein paar Geschenke für Shoshana einzukaufen. Gegen zweiundzwanzig Uhr kehrte er ins Hotel zurück, ging allerdings nicht sofort auf sein Zimmer, sondern warf noch einen Blick in die Etruskische Bar, in der Hoffnung, Carl dort anzutreffen. Nach dem stark gewürzten Curry hatte er selbst Appetit auf ein Bier.

Carl war nicht da, aber inmitten einer Reihe freier Barhocker saß eine auffallend hübsche Blondine. Sie war schlank, schätzungsweise Anfang Dreißig, hatte schulterlanges, glattes Haar und tiefblaue Augen. Sie war genau Avners Typ.

Avner setzte sich auf den Hocker links neben ihr und bestellte ein Bier.

Noch bevor er sie ansprach, fiel ihm auf, daß sie ihre Handtasche auf die andere Seite der Theke legte, sobald er Platz genommen hatte. Dann beugte sie sich ein wenig zur Seite und suchte nach ihren Zigaretten. Es war durchaus keine verdächtige Bewegung, doch sie blieb in Avners Unterbewußtsein haften.

Das zweite, was ihm auffiel, war ihr Parfum, eine eigenartige Mischung aus Moschus und einem Duft, den Avner nicht kannte. Es roch angenehm, aber ungewöhnlich.

Ihre Unterhaltung beschränkte sich auf die belanglosen Plaudereien, die Fremde in allen Bars der Welt austauschen. Avner eröffnete das Gespräch mit einer Bemerkung über das wappengeschmückte Glas, in dem der Barkeeper ihm das Bier servierte. Die Blondine lachte leise und machte ihrerseits einen harmlosen Scherz. Sie sprach mit einem leichten Akzent, der sowohl

deutsch als auch skandinavisch sein konnte. Als sie Avner eine Zigarette anbot, lehnte er dankend ab. Sie versuchte absolut nicht, ihn anzumachen; sie schien einfach nur froh, mit jemandem reden zu können. Eine Weile unterhielten sie sich über die diesjährige Frühjahrsmode. Avner interessierte sich zwar nicht besonders für dieses Thema, wußte indes aus Erfahrung, daß man damit bei den meisten Frauen Erfolg hatte.
Und heute abend wollte er Erfolg haben. Die Blonde hatte einen schimmernden Teint, der noch akzentuiert wurde durch den Hauch von Sommersprossen auf ihrer Nase. Die beiden oberen Knöpfe ihrer grünen Seidenbluse standen offen, und wenn sie sich vorbeugte, erhaschte er einen Blick auf ihren kleinen, festen Busen. Unzweifelhaft eine verführerische Frau, dachte er. Er wäre liebend gern mit ihr ins Bett gegangen. Shoshana war so unendlich weit weg, und er fühlte sich einsam.
Vielleicht hätte er sie gebeten, mit auf sein Zimmer zu kommen, wenn nicht *sie* zuerst den Vorschlag gemacht hätte.
»Es ist so nett, mit Ihnen zu plaudern«, sagte sie. »Wollen wir nicht auf Ihr Zimmer gehen und noch ein Glas miteinander trinken?«
Avner war sicher, daß er kein Callgirl vor sich hatte. Er erkannte eine Nutte schon von weitem und machte einen Bogen um sie; Prostituierte hatten ihn noch nie interessiert. Wenn er nicht sicher gewesen wäre, keine Hure vor sich zu haben, hätte er das Mädchen gar nicht erst angesprochen. Sie könnte natürlich eine von diesen offenherzigen Skandinavierinnen sein, überlegte er, von denen man öfter reden hört, als daß man ihnen begegnet. Ja, das wär 'ne Möglichkeit, allerdings nicht die einzige. Avner war nach wie vor ein wenig nervös wegen des Zwischenfalls am Nachmittag.
»Das wär wirklich nett«, sagte er laut. »Aber leider muß ich passen. Ich hab morgen schon sehr früh 'ne Besprechung. Ich bedaure das mehr als Sie, das dürfen Sie mir glauben.«
Es tat ihm wirklich leid. Er kam sich ziemlich albern vor, als er jetzt aufstand und ein paar Münzen auf die Theke legte. Die Blondine versuchte nicht, ihn umzustimmen. Sie hob nur lä-

chelnd die Schultern. Bis zum Aufzug glaubte Avner ihr Parfum zu spüren.

Er wollte gerade auf den Knopf drücken, da öffneten sich die Türen des Fahrstuhls, und Carl trat heraus. »Gehst du schon rauf?« fragte er. »Ich wollte noch auf 'n Bier an die Bar.«

»Ich seh dich vielleicht später oben«, erwiderte Avner. »Ich will noch 'n paar Postkarten schreiben.« Er stieg ein, und die Türen schlossen sich hinter ihm.

Avner verbrachte etwa eine halbe Stunde in seinem Zimmer. Zuerst schrieb er eine Postkarte an Shoshana, und dann packte er gewohnheitsmäßig seine Sachen, um sich nicht am nächsten Morgen damit aufhalten zu müssen. Er schaltete den Fernseher ein, doch er war zu unruhig, um sich auf den Bildschirm zu konzentrieren. Ich geh noch mal runter und werf die Karten an Shoshana ein, beschloß er nach einer Weile. Eigentlich hatte das keine Eile, aber vielleicht wollte er den kleinen Flirt mit der Blondine an der Bar wiedergutmachen. Außerdem könnt ich's morgen vor dem Abflug leicht vergessen. Es machte ihm Spaß, Shoshana aus jeder Stadt, die er besuchte, eine Karte zu schikken. Er war immer noch stolz darauf, daß er so weit in der Welt herumkam: der Kibbuznik aus der Wüste Palästinas, der einst nur zum Hühnerkrallenstutzen zu gebrauchen war, verschickte nun Karten aus den Hauptstädten der Welt.

Da Avner es vorzog, seine Post selbst zu besorgen, statt sie dem Portier anzuvertrauen, trat er hinaus auf die Straße und ging die wenigen Schritte bis zum nächsten Briefkasten. Es war ein schöner Abend, und so blieb er einen Augenblick an der Ecke stehen, betrachtete die dunklen Schatten der Bäume auf dem Platz und atmete in vollen Zügen die klare Luft ein. Als er ins Hotel zurückkehrte, durchquerte er die Halle und rannte die wenigen Stufen zur Bar hinauf, in der Hoffnung, Carl vielleicht noch anzutreffen.

Aber er konnte ihn ebensowenig an der Theke wie an einem der kleinen Tische entdecken.

Auch die Blondine war fort.

Avner wandte sich um und ging zum Lift. Als die automatischen

Türen sich vor ihm öffneten und er einstieg, schlug ihm der moschusgeschwängerte Duft entgegen. Na, sie wird auf ihr Zimmer gegangen sein; wahrscheinlich ist sie gleichfalls Gast im Hotel, dachte Avner. Nanu, welch ein Zufall, anscheinend wohnen wir sogar im selben Stock, wunderte er sich beim Aussteigen, denn auch auf dem Korridor roch es nach ihrem Parfum.
Als er die Tür zu seiner und Carls Suite öffnete und den kleinen Salon betrat, da schlug ihm eine Duftwolke entgegen. Es roch stärker als im Aufzug und war unverkennbar das Parfum der Blondine aus der Bar.
Das kann nur eins bedeuten, dachte er; Carl hat das Mädchen mit nach oben gebracht. Wahrscheinlich grade eben, als ich zum Briefkasten ging.
Avner blieb wie angewurzelt stehen und lauschte, doch er hörte nichts außer dem Fernseher in seinem Zimmer, den er nicht ausgeschaltet hatte. Einmal war ihm, als klänge das Lachen einer Frau in Carls Zimmer auf, aber er war sich dessen nicht sicher. Ach was, ist ja auch egal. Wenn Carl die Blondine eingeladen hat, dann ist das sein Problem. Von mir aus – ich gönn's ihm. Geht mich jedenfalls nichts an.
Avner schloß seine Zimmertür auf und ging hinein.
Na so was, da hat er sie also tatsächlich mit aufs Zimmer genommen. Ausgerechnet Carl, der Wachsame; Carl, der vorbildliche Ehemann; Carl, der Frau und Tochter noch mehr mit Geschenken überhäufte, als Avner es tat. Carl, der über vierzig war und normalerweise nicht mal ein Mädchen anschaute; Carl, der nichts weiter im Sinn hatte, als seine Pfeife zu rauchen und sich hinter seinen Büchern zu verkriechen. Ja, wenn's Steve gewesen wäre oder Robert, meinetwegen sogar ich selbst – das könnte man sich durchaus vorstellen. Manche Männer leiden eben die reinsten Folterqualen, wenn sie zu lange ohne Frau auskommen müssen.
Aber Carl?
Ob mit dieser Blondine auch alles in Ordnung ist? 'ne Nutte war sie bestimmt nicht, und doch geht sie keine Stunde, nachdem sie mit mir anbändeln wollte, zu Carl aufs Zimmer. Der war den

ganzen Tag über in einer merkwürdigen Verfassung und wirkte so niedergeschlagen. Klar, sein sechster Sinn ist so zuverlässig wie der meine, aber vielleicht hat er sich heute abend nicht genügend in der Gewalt? Ob ich nicht doch eingreifen sollte? Schließlich hab ich das Kommando.
Ich könnte ganz einfach zum Telefon gehen, den Hörer abnehmen und Carls Zimmernummer wählen. »Hallo, Sportsfreund«, würd ich sagen, wenn er abhebt. »Sieh zu, daß du die Puppe los wirst. Wir müssen morgen früh raus und haben 'nen anstrengenden Tag vor uns. Tut mir leid, aber das ist ein Befehl.« Damit wäre der Fall erledigt.
Doch Avner griff nicht zum Telefon. Er konnte sich nicht dazu durchringen. Natürlich würde Carl gehorchen, dachte er, aber vielleicht nähme er mir's übel? Womöglich hält er mich für eifersüchtig, oder er meint, mir seien die Nerven durchgegangen. Das Team hatte in puncto Frauen und Sex nie feste Regeln aufgestellt. Selbstverständlich hatten Agenten offiziell die Anweisung, sich von jeglichem Techtelmechtel fernzuhalten, aber es war allgemein bekannt, daß diese Vorschrift nicht buchstabengetreu befolgt wurde. Ein Mensch hat nun einmal gewisse Bedürfnisse. Manche Fachleute vertraten sogar die These, es sei gefährlich für einen Agenten im Einsatz, sein Verlangen rigoros zu unterdrücken. Die dadurch aufgestauten Spannungen, so argumentierten sie, beeinträchtigten seine Diensttauglichkeit.
Sei's, wie es wolle, dachte Avner. Schließlich kommt keiner dadurch zu Schaden. Er zog sich aus und schaute noch ein Weilchen fern. Aus dem anderen Zimmer drang kein Laut zu ihm herüber. Selbst als er den Fernseher ausschaltete, war nicht das geringste zu hören. Er drehte das Licht ab und ging zu Bett. Er schlief tief und fest.
Als er aufwachte, war es 7 Uhr 30, höchste Zeit, zu duschen und sich anzuziehen! Zum Glück hatte er schon gepackt. Als er aus dem Bad kam, stopfte er nur noch schnell die Zahnbürste und den Rasierapparat in den Koffer. Er zog es vor, im Restaurant zu frühstücken, statt sich das Essen aufs Zimmer bringen zu lassen. Ehe er hinunterging, klopfte er kurz an Carls Tür und fragte, ob

er ihm Gesellschaft leisten wolle. Er bekam keine Antwort. Im Salon war noch immer ein Hauch des seltsamen Parfums zu spüren.

Beim Frühstück trödelte er ein bißchen, in der Hoffnung, Carl würde bald kommen, aber er blieb allein. Schließlich fuhr er wieder mit dem Lift nach oben. Ob er die Kleine noch bei sich hat oder nicht, ich muß ihn jetzt wecken, sonst verpassen wir die Maschine. Energisch klopfte Avner an die Tür seines Partners. Drinnen rührte sich nichts.

Avner zwang sich, ruhig zu bleiben. Er wußte plötzlich, daß etwas nicht stimmte. Carl war kein Langschläfer, und er würde schon gar nicht sein Flugzeug verschlafen. Avner holte tief Luft und verschloß die Flügeltüren, die auf den Gang hinausführten. Vor Carls Zimmertür bückte er sich und schob eine Kreditkarte zwischen den Rahmen und den Schnapper des Schlosses. Der Trick funktionierte nur, wenn die Tür nicht von innen verriegelt war. Avner hatte Glück.

Als er eintrat, sah er Carl bis ans Kinn zugedeckt auf dem Rükken liegen. Seine Augen waren geschlossen. Avner schlug die Laken zurück und erblickte das kleine, sternförmige Einschußloch, das nur von einer aus nächster Nähe abgefeuerten Kugel stammen konnte. Rings um die Wunde zog sich ein schwarzer Kreis von der Pulvereinsprengung, und auf seiner Brust klebte getrocknetes Blut. Carl war tot.

XV
Hoorn

Avner starrte minutenlang auf den leblosen Körper, dann deckte er seinen toten Kameraden wieder zu. Mechanisch durchsuchte er das Zimmer, obgleich er nicht erwartete, etwas Aufschlußreiches zu finden. Er vergewisserte sich, daß Rolläden und Vorhänge geschlossen waren, dann nahm er Carls Zimmerschlüssel vom Nachttisch und das »Bitte nicht stören«-Schild vom Türknopf. Als er das Zimmer verließ, schloß er zweimal ab. Das Schild hängte er draußen auf dem Gang vor die Flügeltür. Es war erst neun Uhr. Die rotumrandete Papptafel würde die Putzfrauen noch mindestens zwei Stunden fernhalten.

Er verließ das Hotel durch den Gepäckaufbewahrungsraum, um nicht am Portier vorbeizumüssen. Von der nächsten Telefonzelle aus tätigte er zwei Anrufe. Als erstes wählte er die Nummer von Hans. Als sein Partner sich meldete, sagte Avner nur: »Tut mir leid, Hans, aber ich kann leider heute abend nicht mit ins Kino. Bis bald.« Dann hängte er sofort ein. Hans kannte die Bedeutung dieser Nachricht: Alarmstufe eins! Er würde so schnell wie möglich das Land verlassen und sich nach Frankfurt durchschlagen.

Als nächstes rief Avner Louis in Paris an. Zum Glück war der Franzose gleich selbst am Apparat. »Ich hab bloß für drei Minuten Kleingeld«, sagte Avner. »Könntest du mich vielleicht zurückrufen? Einer von meinen Leuten ist tot.« Dann gab er die Nummer der Zelle durch. Eine Viertelstunde später klingelte das Telefon.

Papa war persönlich am Apparat. »Sie gehen zurück und warten«, kommandierte der alte Mann, nachdem Avner ihm die Situation geschildert hatte. »Alles einpacken, Ihre Sachen und seine. Dann warten Sie. Mein Mann, wenn kommt, klopft er dreimal. Sie tun nichts, gar nichts, vous avez pigé?«

»Ja, kapiert«, bestätigte Avner. »Danke.«
Er schlüpfte durch den Nebeneingang zurück ins Hotel. Als er die Suite betrat, ließ er das »Bitte nicht stören«-Schild draußen hängen. Er vergewisserte sich, daß in seiner Abwesenheit niemand die Zimmer betreten hatte. Dann versuchte er, jeden anderen Gedanken auszuschalten, und konzentrierte sich darauf, Carls Sachen zu packen. Als er alles verstaut hatte, trug er den Koffer in sein Zimmer und stellte ihn neben seinen eigenen.
Dann ging er wieder hinüber, schloß die Tür von innen ab und setzte sich neben das Bett seines toten Kameraden. Einer plötzlichen Eingebung folgend, schlug er noch einmal die Decke zurück und ließ seine Augen über den nackten Körper des Toten wandern. Gut gebaut, unser Carl; über vierzig, aber immer noch in Form; nicht ein Gramm Fett zuviel. Er ging immer ein klein wenig gebeugt, aber das merkte man ihm jetzt nicht mehr an.
Was mag nur passiert sein? Ob er schon mit ihr geschlafen hatte, als er erschossen wurde? Avner konnte sich nicht dazu überwinden, Carls Genitalien genauer zu untersuchen; außerdem war er keinesfalls sicher, daß er daraus einen eindeutigen Schluß hätte ziehen können. Aber er unterzog Hände und Fingernägel des Toten einer eingehenden Prüfung. Carl war zwar zum fraglichen Zeitpunkt nicht bewaffnet, doch er hätte einen drohenden Angriff nach Kräften abzuwehren gesucht. Er war wendig und im Faustkampf hervorragend ausgebildet.
Aber die Fähigkeiten, kalkulierte Avner, wären natürlich nutzlos gewesen, wenn man ihn heimtückisch überrascht oder gar im Schlaf erschossen hat. An seinen Händen sind keine Schrammen zu entdecken, keine Wunden, nicht einmal ein Kratzer. Unter seinen Fingernägeln erkenn ich weder Textilfasern noch Hautfetzen oder Haare.
Warum wurde er ermordet? Hat die Blondine ihn erschossen? Sie war auf jeden Fall gestern abend in seinem Zimmer. Avner spürte noch immer den Duft ihres Parfums. Aber vielleicht ist sie in der Nacht fortgegangen, und jemand anders hat Carl getötet?
Hat diese Frau ihn mit dem Vorsatz begleitet, ihn umzubringen,

oder war sie bloß der Köder des Killers, der Carl ablenken sollte? Wer weiß, vielleicht wollte sie auch nur mit ihm ins Bett gehn? Nein, sie *muß* was damit zu tun haben! Carl war vorsichtig und ein guter Beobachter. Vielleicht hat er ihre Handtasche durchsucht, während sie im Bad war, und sie hat's bemerkt. Wenn Carl was Verdächtiges in die Hände gefallen wäre – eine Kanone, ein falscher Paß –, dann hätte er das Mädchen sicher nicht drauf angesprochen. Wenn sie genauso gewieft war wie er, ließ sie sich ebenfalls nichts anmerken; und dann, wenn sie im Dunkeln im Bett lagen: peng! Sie hätte nicht mehr als einen Sekundenbruchteil gebraucht, um ihn umzulegen.

Ach was! Avner schüttelte unwillig den Kopf. Das ist doch bloß reine Spekulation.

Und wenn *ich* die Blondine nun mit aufs Zimmer genommen hätte? fuhr es ihm plötzlich durch den Kopf. Würd ich dann jetzt so daliegen wie Carl, mit 'ner Kugel in der Brust?

Höchstwahrscheinlich. Ihn schauderte.

Aber wie konnte Carl so was passieren? Ausgerechnet Carl, dem Wachsamen, von dem Steve scherzhaft behauptete, er hätte ein Radargerät im Kopf. Und wirklich konnte es geschehen, daß Carl unvermittelt von seinem Buch aufsah und sagte: »Jungs, gleich läutet's.« Tatsächlich stand dann im nächsten Moment jemand vor der Tür. Carl hatte es sich immer strikt zur Regel gemacht, während einer Operation keinen Gast mitzunehmen, weder in eine konspirative Wohnung noch ins Hotel. Als Robert in Frankfurt einmal zufällig einem alten Freund auf der Straße begegnet war und ihn nach Hause eingeladen hatte, da geriet Carl darüber so außer sich vor Zorn, daß er eine Woche lang kein Wort mit Robert wechselte. Avner hatte damals Roberts Partei ergriffen, weil er der Meinung war, Robert hätte sich verdächtig gemacht, wenn er einen langjährigen Freund bei einem solch unverhofften Wiedersehen abgewimmelt hätte. Aber Carl pochte unerbittlich auf die Vorschrift, und wahrscheinlich tat er recht daran.

Und nun bist ausgerechnet du in die Falle gegangen. Noch dazu haben sie dich mit dem ältesten, billigsten Trick der Weltgeschichte geleimt.

Ob er die Blonde vielleicht gekannt hat? überlegte Avner. Carl hatte von allen den größten Informantenkreis, weil er am längsten im Einsatz war. War diese Frau am Ende eine Person, die sein Vertrauen genoß?
Was weiß ich denn eigentlich über Carl? fragte Avner sich seufzend. Er starrte in das Gesicht seines Partners, dessen Züge ihm bis gestern so vertraut gewesen waren und die schon jetzt den starren, undurchdringlichen Ausdruck der Frischverstorbenen annahmen. Zumindest kannte ich ihn besser als die andern, denn schließlich haben wir zusammengewohnt und uns die Last der Planung und Organisation geteilt. Carl hat mich auch bei der Führung des Teams unterstützt. Trotzdem ist es nicht viel, was ich von ihm weiß. Geboren wurde er in Hamburg. Mit sechs oder sieben Jahren schickten ihn seine Eltern nach Israel. Das muß Ende der dreißiger Jahre gewesen sein. Er wuchs bei einem Onkel und einer Tante in Nahariya auf, ging auf 'ne Art Landwirtschaftsschule und später zum Militär. Nach dem Wehrdienst blieb er als Ausbilder in der Armee, bis die Mossad auf ihn aufmerksam wurde. Er spielte Geige und war ungeheuer belesen. Seine erste Ehe wurde geschieden. Die Frau, erinnerte sich Avner, war Deutsche. Aber sie haßte die Nazis, und nach dem Krieg wanderte sie nach Israel aus. Doch sie vertrug die schwere Arbeit und das karge Leben im Kibbuz nicht. Sie bekam einen Nervenzusammenbruch und mußte in eine Heilanstalt eingeliefert werden. Carl heiratete später eine Tschechin, die eine Tochter mit in die Ehe brachte. Avner wußte, daß Carl seine Adoptivtochter vergötterte, denn er verbrachte halbe Nächte damit, sich Märchen auszudenken, die er mit skurrilen Zeichnungen illustrierte. Mindestens einmal im Monat schickte er der Kleinen eine seiner Geschichten nach Rom, wo sie mit ihrer Mutter lebte.
Das ist alles, was ich von ihm weiß, dachte Avner. Außer, daß er jetzt tot hier vor mir in einem Londoner Hotelzimmer liegt.
Auf einmal überkam Avner eine solch hilflose, übermächtige Wut auf seinen ermordeten Kameraden, daß er unwillkürlich die Fäuste ballte. Du warst doch immer Carl der Wachsame, schrie er dem Toten stumm ins Gesicht. Wieso mußtest du dich plötzlich

in Carl den Leichtgläubigen verwandeln, den jedes blonde Gift übertölpeln kann? Du, der du davon träumtest, die Schwerkraft zu überwinden!
Der Abend fiel ihm ein, an dem er, Hans, Robert und Steve sich nach dem Anschlag auf Zwaiter im Bauernhaus in Latina übermütig umarmt und gegenseitig beglückwünscht hatten. Da war Carl mit der kühlen Bemerkung dazwischengetreten: »Sachte, Jungs, überschlagt euch nicht. Wir haben grade einen Menschen umgebracht. Das ist kein Grund zum Feiern.«
Kein anderer aus dem Team hätte eine derartige Rüge gewagt. Umgekehrt hätten sie ein solches Mahnwort auch niemandem außer Carl abgenommen. Carl war eine Ausnahme, er konnte sich erlauben, alles zu sagen, was er dachte. Die anderen respektierten ihn.
Jetzt ist er tot. Aber unsre Mission geht weiter. Und wer Carl auf dem Gewissen hat, schwor Avner innerlich, der wird dafür mit seinem Leben büßen.
Eine Stunde später kamen statt des einen von Papa angekündigten Mannes drei. Sie klopften dreimal, und Avner ließ sie herein. Mit Avner sprachen sie englisch, doch untereinander redeten sie italienisch. Sie brachten eine Trage mit und einen mannshohen, dunklen Plastikbehälter.
»Sie können jetzt gehen«, sagte der Anführer zu Avner. »Lassen Sie mir die Schlüssel zu beiden Schlafzimmern da. Sie brauchen sich nicht bei der Rezeption abzumelden. Auch um Ihr Gepäck werden wir uns kümmern.« Er gab Avner einen Zettel mit einer Adresse und trug ihm auf, dort zu warten. »Wir bezahlen Ihre Rechnung und bringen Ihnen gegen Abend die Koffer vorbei.«
Der älteste der drei Männer trug einen dunklen Anzug und wirkte wie ein Leichenbestatter.
Vielleicht ist er sogar einer, dachte Avner, dem Papas Vortrag bei ihrer ersten Begegnung einfiel: »Warum wollen Sie sich die Mühe machen, ein Grab zu schaufeln? Ich schick Ihnen einen Totengräber – für ein kleines Entgelt, n'est-ce pas?« Wer weiß, wo sie Carl verscharren? Aber wir haben keine andre Wahl. Wir müssen

seinen Tod vor den britischen Behörden verheimlichen, sonst ist die Operation geplatzt. Schlimmer noch: Israel könnte auf peinlichste Weise kompromittiert werden.
»Kann sein, daß hier noch irgendwo 'ne Patronenhülse rumliegt«, sagte Avner zu den dreien. »Ach ja, und an den Bettlaken klebt Blut.«
»Machen Sie sich keine Sorgen«, antwortete Papas Mann. »Wir erledigen alles.«
Avner zweifelte nicht daran, daß er sich auf die drei verlassen konnte. Durch List oder Bestechung, nein, wahrscheinlich durch eine Kombination von beidem, würden sie selbst die kleinste Spur verwischen und jedes mögliche Indiz verschwinden lassen. Die Sprache des Geldes verstand man überall auf der Welt, und auch in London würden sich Hotelangestellte finden, die für einen angemessenen Preis bereit waren zu schweigen. Morgen früh würde die Ecksuite tadellos hergerichtet und für neue Gäste bereit sein.
Carl jedoch konnte keine Macht der Welt wieder zum Leben erwecken.

Als Avner drei Tage später in Frankfurt seinem Team gegenübertrat, war er darauf gefaßt, daß sie ihn für Carls Tod verantwortlich machen würden. Er jedenfalls gab sich die Schuld an der Ermordung seines Kameraden. Schließlich war ihm aufgefallen, wie labil Carl an jenem Abend war, und er hatte eine ungute Vorahnung, was das Mädchen betraf. Nur darum hatte er sie ja nicht selbst mit nach oben genommen. Es wäre meine Pflicht gewesen, Carl zu warnen, statt mich zurückzuhalten, nur weil er mich vielleicht hätte auslachen können. Schließlich bin ich nicht Kandidat in 'nem Popularitätswettbewerb, sondern leite eine Operation, warf er sich vor. Wer der Leitung einer solchen Mission würdig ist, muß auch den Mut haben, Entscheidungen zu fällen, die nicht den Beifall seines Teams finden. Das erfordert eine andere Tapferkeit als die, mit der man Schlachten gewinnt. Weil mir diese Beherztheit fehlt, mußte Carl sterben. Es ist meine Schuld.

Aber sein Team schien anderer Meinung zu sein.
Alle drei waren schockiert, traurig und wütend zugleich, und doch reagierte jeder anders. Hans murmelte Düsteres über das schicksalhafte Verhängnis derer, die das Schwert erheben und selbst durch das Schwert umkommen, wodurch er Steves Zorn auf sich lenkte: »Verschon uns mit diesem scheinheiligen Gefasele!« brüllte er ihn an. »Was für 'n Schwert hatten denn die Kinder von Quiryat Shemona in der Hand? Die meisten von denen, welche die *mechablim* ermorden, haben nie in ihrem Leben 'ne Waffe getragen, das weißt du so gut wie ich.« Nach einer Weile fuhr er ruhiger fort: »Wenn der arme Carl nur 'n bißchen öfter gevögelt hätte, dann wär er nicht auf die erstbeste Nutte reingefallen, die ihm schöne Augen machte.«
»Bist du denn sicher«, wandte Robert sich an Avner, »daß diese Frau ihn umgebracht oder zumindest den Lockvogel gespielt hat?«
»Ja«, antwortete Avner. »Das heißt, beschwören könnt ich's nicht. Genaues werd ich erst wissen, wenn ich rausgekriegt habe, wer sie ist.«
»Was wird aus unsrem Auftrag?« fragte Hans. »Vertagen wir die Operation?«
Das war die zentrale Frage. Avner erwog sie sorgfältig.
»Was mich betrifft, so bin ich dafür, weiterzumachen«, sagte er schließlich. »Natürlich müssen wir Carls Tod melden. Wenn die in Tel Aviv wollen, daß wir aufhören, dann können sie uns das ja mitteilen. Wir werden die Frage gar nicht aufwerfen. Solange wir nichts von Ephraim hören, läuft alles weiter wie bisher. In der Zwischenzeit werd ich Erkundigungen über das Mädchen einziehen. Seid ihr damit einverstanden?«
Die drei anderen nickten zustimmend. Es verstand sich von selbst, daß die Nachforschungen über die ominöse Blondine ohne Wissen der Mossad laufen würden. Das war gewissermaßen eine Privatsache, die mit ihrer Mission nichts zu tun hatte.
Am nächsten Tag flogen sie gemeinsam nach Genf. Avner deponierte eine Nachricht für Ephraim im Schließfach und hob anschließend zum erstenmal Geld von seinem Gehaltskonto ab:

zehntausend Dollar in bar. Die anderen erleichterten ihre Konten um die gleiche Summe. Carls Konto war ihnen zwar nicht zugänglich, aber Ephraim würde dafür sorgen, daß seiner Witwe das Geld nach Abwicklung aller Formalitäten ausgezahlt wurde. Zur Überbrückung wollte das Team ihr, zusammen mit Carls persönlichem Eigentum, vierzigtausend Dollar zukommen lassen. Noch am selben Abend brachen Hans und Steve auf, um Carls Witwe in Rom zu besuchen. Avner hatte zwar anfangs gemeint, er als Leiter des Teams solle ihr die Nachricht vom Tode ihres Mannes persönlich überbringen, doch bei näherer Betrachtung gewann er die Überzeugung, daß Hans diese Aufgabe wesentlich besser erfüllen würde.

Avner flog statt dessen nach Paris.

Als erstes kam er dort seinen finanziellen Verpflichtungen Louis gegenüber nach, dem er anschließend eine detaillierte Beschreibung der Blondine gab. Es war noch keine Woche vergangen, als Louis ihn anrief, um ihm mitzuteilen, daß er Avner vier Fotos zur Ansicht vorlegen wolle. Es waren gewöhnliche Schwarzweißabzüge. Eine Aufnahme war offensichtlich mit Wissen der betreffenden Person gemacht worden, während die restlichen drei so aussahen, als habe man sie mit Teleobjektiv geschossen. Eines der Fotos schied von vornherein aus, die drei übrigen prüfte Avner sorgfältig.

Jede dieser Aufnahmen zeigte eine Frau, auf die im allgemeinen durchaus die Beschreibung zutraf, welche er Louis gegeben hatte. Avner störte es nicht, daß ihm keine Farbfotos vorgelegt wurden, denn in der heutigen Zeit kann man ja nicht nur Haare färben, sondern – mit Hilfe von Kontaktlinsen – sogar die Augenfarbe verändern. Ich wünschte, dachte er, man könnte Bildern einen Duft beimischen; ihr Parfum würde ich todsicher wiedererkennen. Es dauerte eine Weile, bis er sich für eines der Fotos entschied. Er schob Louis einen Abzug über den Tisch hin zu. »Die da«, sagte er. »Wer ist diese Frau?«

»Ich bin froh, daß du auf sie tippst«, entgegnete Louis, ohne seine Frage zu beantworten.

»Warum?«

»Nun, von den anderen sitzt eine seit sechs Monaten in einem Schweizer Gefängnis, und die andere lebt nicht mehr. Die Frau, die du rausgesucht hast und die wir vor einer Apotheke geknipst haben, nennt sich Jeanette. Sie ist Holländerin.«

»Wer ist sie, was weißt du von ihr?« bohrte Avner nach.

»Sie bringt Leute um – für Geld.«

Diese Auskunft war keine allzu große Überraschung. Zwar waren die Killer in der internationalen Terroristenszene meist männlichen Geschlechts, aber unter ihnen befanden sich auch eine ganze Reihe von Frauen. Darüber hinaus gab es Dutzende von weiblichen Handlangern, sowohl bei Terroraktionen als auch in der Welt des Verbrechens. Terroristinnen wie Leila Khaled, Rima Aissa Tannous, Thérèse Halesh oder die Deutschen Ulrike Meinhof und Gabriele Kröcher-Tiedemann sowie die Amerikanerinnen Bernardine Dohrn und Kathy Boudin erlangten zweifelhafte Berühmtheit. Diese Frauen unterhielten nicht nur konspirative Wohnungen, führten Überwachungen durch und dienten anderen als Chauffeur. Sie legten vielmehr selbst Bomben, entführten Flugzeuge und kommandierten mit der Waffe in der Hand ihre Kader. Manchen fiel eine solche Führungsrolle ganz natürlich zu, andere kämpften darum, um zu beweisen, daß eine Frau ebenso gut sei wie ein Mann. Sie demonstrierten damit freilich nur, daß beide Geschlechter gleich blind und grausam handeln können.

Avner hatte in der Grundausbildung gelernt, daß man weibliche Terroristen nicht unterschätzen dürfe. Die Mossad hielt Frauen den Männern in mancher Hinsicht sogar für überlegen, etwa in organisatorischen Dingen, der Fähigkeit, andere hinters Licht zu führen, in ihrer Opferbereitschaft und Zielstrebigkeit. Unterlegen waren sie den Männern höchstens kräftemäßig und im Feuergefecht. Bei Frauen kam es ein weniger häufig vor, daß ein Schuß danebenging, daß sie sich selbst durch eine Handgranate in die Luft jagten oder daß sie sich in einer aussichtslosen Situation ergaben – letzteres freilich deutete nur daraufhin, daß Frauen offenbar über einen gesünderen Selbsterhaltungstrieb verfügen als Männer. Im Zweifelsfall machte dieser Überlebenswille eine Frau um so gefährlicher.[1]

»Für wen arbeitet sie?« wollte Avner wissen.
Louis zuckte die Achseln. »Wie's scheint, für jeden, der sie sich leisten kann. Es heißt, 'ne Reihe von Südamerikanern hätten sie angeheuert.«
»Wo steckt sie jetzt? Kannst du sie finden?«
»Wenn sie grade keinen Auftrag hat, wohnt sie in einem Küstenstädtchen in Holland«, antwortete Louis, »Hoorn heißt das Nest. Ist ungefähr dreißig Kilometer von Amsterdam entfernt.«
Avner nickte. Er kannte die Gegend. »Hat sie 'n Haus oder 'ne Mietwohnung?« fragte er.
»Ob du's glaubst oder nicht, sie lebt auf 'nem Hausboot.« Louis lachte. »Ich bin mir nicht sicher, ob sie lesbisch ist oder bi, jedenfalls wohnt sie da mit 'nem Mädchen zusammen. Aber zur Zeit ist sie nicht dort.«
»Kannst du rausfinden, wann sie zurückkommt?« fragte Avner. »Natürlich auf geschäftlicher Basis«, setzte er hinzu.
»Ich werd mein möglichstes tun«, versprach Louis. »Und abgesehen von den Spesen kannst du das als Geschenk des Hauses betrachten.«
»Recht herzlichen Dank«, erwiderte Avner. »Melde dich bei mir, sobald du was erfährst, ja?«
Als Avner nach Frankfurt zurückkehrte, waren die anderen schon eingetroffen. Die Unterredung mit Carls Witwe war für Hans und Steve ein traumatisches Erlebnis gewesen. Als Avner fragte, wie sie die Nachricht vom Tode ihres Mannes aufgenommen habe, da hoben sie nur hilflos die Schultern. »Was hat sie *gesagt?«* wiederholte Hans Avners Frage. »Ob es sie *schwer* getroffen hat? Ja, Menschenskind, was hast denn du erwartet?«
»Jetzt erst mal das Wichtigste«, fuhr Steve dazwischen, »wann können wir diese Fotze umlegen, die Carl erschossen hat?«
»Sachte«, beschwichtigte Avner. »Wir werden das gleich besprechen. Aber wir wollen nicht die Nerven verlieren, oder?«
Er gab Louis' Information an seine Kameraden weiter und sagte abschließend: »Nehmen wir also einmal an, ich hätte mich bei der Identifizierung anhand dieses Fotos nicht geirrt . . .«
»Ja, bist du dir denn nicht sicher?« unterbrach Hans.

»Doch, das bin ich«, antwortete Avner ohne Zögern. »Aber wir sollten uns nicht ausschließlich auf meine Theorie verlassen. Nehmen wir aber zunächst einmal an, daß es diese Frau war, die mit Carl aufs Zimmer ging. Nehmen wir weiter an, daß sie eine professionelle Killerin ist, die für die PLO arbeitet. Deren Agenten spüren uns auf, während wir im Grosvenor House vergeblich auf unsren Informanten warten. Dann rufen sie diese Jeanette und beauftragen sie damit, einen von uns umzulegen. Sie erledigt ihren Auftrag. Carl ist tot, und wir finden seine Mörderin in Hoorn. Wie soll's dann weitergehen?«
»Wir machen sie kalt!« rief Steve prompt. »Das ist doch wohl klar.«
»Ich weiß, worauf Avner hinaus will«, sagte Robert. »Wir haben es hier mit zwei Risikofaktoren zu tun. Erstens könnte Avners Theorie falsch sein, zweitens wäre ein Irrtum in Louis' Information denkbar. Es ist nicht wie im Kampf gegen die *mechablim,* verstehst du? Über dieses Mädchen haben wir keine Vergleichsdaten. Es wär immerhin denkbar, daß sie . . . oh, was weiß ich, daß sie meinetwegen 'ne Hure war, die Carl erschoß, weil er nicht zahlen wollte?«
»Ist doch Quatsch!« widersprach Steve. »Glaubst du vielleicht, Carl hätte die Operation gefährdet, bloß weil er sich mit 'ner Nutte nicht einigen konnte? Er hätte ihr notfalls das Dreifache bezahlt, um sie unauffällig loszuwerden. Nein, die Geschichte paßt absolut nicht auf ihn.«
»Na schön«, sagte Hans. »Damit hast du sicher recht. Doch wenn sie nun gar nicht gestritten haben? Wenn sie ihn erschoß, weil sie an seine Brieftasche ran wollte?«
»Aber sie hat nichts mitgehen lassen«, gab Avner zu bedenken. »Seine Brieftasche steckte unversehrt im Jackett. Über hundert Pfund in bar waren drin!«
»Na, was hab ich gesagt?« triumphierte Steve. »Außerdem, was macht das schon für 'nen Unterschied? Wenn sie ihn erschossen hätte, um ihn zu beklauen, würden wir sie doch nicht etwa laufenlassen?«
»Das macht sehr wohl einen Unterschied«, erklärte Robert. »Wir

führen eine Mission durch. Da desertiert man nicht zwischendurch, um wie Jack the Ripper Jagd auf Huren zu machen. Avner hat recht; wenn sie Carl wegen seines Geldes umgebracht hätte, dann hätte sie ihn auch bestohlen. Aber vielleicht war sie nur scharf auf ihn, und als er mit ihr geschlafen hatte, machte sie sich dünn. Carl wurde später von jemand ganz anderem erschossen. Könnte es nicht auch so gewesen sein?«

»Glaubst du, daß ein anderer als diese Frau ihn nackt im Bett angetroffen hätte?« fragte Avner. »Carl hat nie nackt geschlafen. Ich weiß das, denn ich hab ja mit ihm zusammengewohnt. Außerdem glaub ich nicht an einen Zufall wie den, daß Carl von irgendeiner dritten Person erschossen wurde, nachdem er grade mit 'ner Frau geschlafen hatte, die laut Louis eine professionelle Killerin ist. Vergeßt auch nicht, daß diese Frau kurz zuvor versucht hatte, mich anzumachen. Und denkt daran, daß mir am selben Nachmittag jemand auf der Straße gefolgt ist. Wenn sie Carl nicht selbst getötet hat, dann hat sie einem anderen geholfen, es zu tun.«

»Stimmt.« Robert nickte. »Aber damit wären wir wieder am Anfang. *Wenn* Louis' Informationen über diese Jeanette stimmen und *wenn* Avner sie auf dem Foto wirklich wiedererkannt hat, dann muß sie Carl getötet haben – entweder allein oder mit Komplizen.«

Hans wandte sich an Avner. »Nun, was ist? Bist du dir sicher mit dem Foto?«

»Ja.«

»Und wie steht's mit Louis' Information?«

»Ich bin bereit, ihm zu vertrauen«, sagte Avner. »Und was ist mit euch?«

Die Männer blickten sich an. Bisher waren Louis' Informationen immer zuverlässig gewesen. Selbst im Fall Glarus, wo zwar nie geklärt wurde, ob Salameh und Abu Daoud sich wirklich in der Kirche aufhielten, war das Team immerhin auf drei bewaffnete Araber gestoßen.

Es hatte keinen Sinn, sich mit Ephraim in Verbindung zu setzen. Die Mossad würde ihnen nie die Erlaubnis erteilen, diese Frau in

Holland zu töten, ob sie nun ein Mitglied der Gruppe umgebracht hatte oder nicht. Eine Anfrage an Ephraim würde schlimmstenfalls darauf hinauslaufen, daß sie einem ausdrücklichen Befehl zuwiderhandeln müßten. Steve sprang ungeduldig auf. »Na los, Jungs! Worauf warten wir denn noch?«
»Nun«, entgegnete Avner, »wir müssen abwarten, bis Louis uns Bescheid gibt, daß die Puppe wieder in Holland ist.«
Diese Information ließ freilich auf sich warten. In der Zwischenzeit vernachlässigte das Team keineswegs seinen Auftrag. Den Sommer über gab es mehrmals falschen Alarm, sowohl in bezug auf Salameh und Abu Daoud als auch auf die Blondine. Mitte August hielt Louis endlich eine definitive Nachricht in Händen. Jeanette würde innerhalb der nächsten Woche in Hoorn eintreffen.
Robert flog unverzüglich nach Brüssel.
Diesmal hatte er nicht vor, einen neuen Bombentyp zu konstruieren. Mehrere Gründe sprachen gegen den Einsatz von Sprengkörpern in Hoorn. Einer davon war rein persönlicher Natur: Es hätte den Rachedurst des Teams nicht befriedigt, die Blondine aus der Entfernung mit ihrem Hausboot in die Luft zu jagen. Sie wollten sie sterben sehen.
Während die Männer ihren eigentlichen Zielpersonen gegenüber eine distanzierte Haltung einnahmen – das galt bis zu einem gewissen Grad selbst für Salameh – und sich bei ihren Operationen nicht von persönlichen Gefühlen leiten ließen, empfanden sie für diese Frau einen abgrundtiefen Haß. Avner gelang es zwar erst sehr viel später, den Unterschied in Worte zu kleiden, aber gespürt hatte er ihn schon damals im August. Zwar war auch die Liquidierung der *mechablim* ein Vergeltungsakt – Rache für die elf israelischen Sportler in München –, doch die Anschläge wurden ohne persönliche Animosität geführt. Das Team brachte den Terroristen auf Ephraims Liste sogar ein gewisses Verständnis, ja beinahe Respekt entgegen, so, wie ihn ein Jäger für ein listiges, schwer erlegbares Wild empfindet. Die Blondine dagegen hatte auf solche Gefühle keinen Anspruch.
Diese Frau hat unsren Freund ermordet, einen Waffenbruder.

Das ist etwas ganz anderes, dachte Avner, als ein anonymer Feind, der zwar unsre Landsleute tötet, aber darunter niemanden, dem wir persönlich nahestanden. Selbst wenn Carl das Opfer eines palästinensischen Freischärlers geworden wäre, hätten wir seinen Mörder nicht so gehaßt wie diese Frau. Was ihre Tat so verabscheuungswürdig macht, ist der Umstand, daß sie Verrat anwendete, um zum Ziel zu gelangen. Sie hat Carl der Würde beraubt, Auge in Auge mit einem ebenbürtigen Gegner zu fallen. Sie hat die Waffen ihres Geschlechts mißbraucht und einen Moment der Schwäche und Einsamkeit ausgenutzt, um dem Mann, der ihr vertraute, das Leben zu nehmen.

Jeanettes skrupelloses Vorgehen, mit dem sie die vermeintliche Geborgenheit und Wärme einer intimen Begegnung in eine heimtückische Falle verkehrte, ließ die Männer jegliche anerzogene Scheu davor, sich an »wehrlosen« Frauen zu vergreifen, leichten Herzens in den Wind schlagen. Die gemeine, hinterhältige Taktik dieses blonden Gifts machte es dem Team im Gegenteil leichter, ihren Tod zu planen als den eines Mannes. »Die Jungs waren bereit, ihr das Herz aus dem Leib zu reißen«, erinnerte sich Avner später.

Robert schlug vor, die röhrenförmigen Stücke von Fahrradrahmen in einschüssige Gewehre für je eine Kugel vom Kaliber 22 umzuwandeln. Es war ein heißer Sommer, und in der kleinen holländischen Küstenstadt wimmelte es von jungen Radlern. Das Team würde also mit Fahrrädern nicht auffallen. Roberts Plan hatte außerdem den Vorteil, daß keine Waffen über die Grenze geschmuggelt werden mußten. Sein belgischer Kontaktmann konnte die auf einem simplen Reißverschlußsystem beruhenden Waffen für einen Bruchteil der Summe herstellen, die vier Berettas bei Papas Leuten in den Niederlanden kosten würden. »Wir können, salopp mit T-Shirt und Shorts bekleidet, direkt bis zu dem Hausboot fahren, ohne uns verdächtig zu machen«, erläuterte Robert seinen Plan. »Wenn wir diese Jeanette erledigt haben, werden die Waffen wieder in den jeweiligen

Fahrradrahmen eingefügt, und wir radeln zurück zu 'nem Lieferwagen, der uns ... na, zirka fünf-, sechshundert Meter entfernt erwartet. Keiner hat 'ne Waffe bei sich. Und den möcht ich sehen, der auf die Idee kommt, 'nen Fahrradrahmen zu kontrollieren! Nun, was meint ihr, ist das 'n todsicherer Plan?«

»Sind diese Basteleien denn auch zielsicher?« wollte Avner wissen.

»Auf zwei, drei Meter Entfernung? Dafür garantier ich!«

»Und wenn nicht, ist's auch egal«, mischte Steve sich ein. »Laßt mich nur mal bis auf drei Meter an dieses Drecksweib ran, dann dreh ich ihr mit bloßen Händen den Hals um!«

Der 21. August war ein Mittwoch. Es war ein warmer Sommertag. Spaziergänger wie Radfahrer bevölkerten scharenweise die Strandpromenade. Das Team hatte das Hausboot bereits zwei Tage lang observiert, als Jeanette endlich eintraf. Avner erkannte sie sofort, als sie aus dem Taxi stieg. »Das ist sie«, zischte er aufgeregt. »Paßt nur auf, gleich geht sie an Bord.«

Er behielt recht. Die attraktive Blondine, bekleidet mit einem cremefarbenen Rock und gemusterter Bluse, schritt ohne zu zögern auf das Boot zu. In der Hand hielt sie einen kleinen Bordcase.

Die Handlungsfreiheit des Teams wurde dadurch beeinträchtigt, daß Jeanettes Freundin sich ebenfalls an Bord befand. Sie war Anfang Zwanzig, hatte kurzgeschnittenes braunes Haar, das mit ihrem auffallend hellen Teint kontrastierte, und sie lief ständig in Bluejeans herum. Avner und seine Leute hatten sie in den letzten zwei Tagen – immer mit einem roten Rucksack – kommen und gehen sehen.

»Vielleicht verduftet sie ja noch mal, um was aus der Stadt zu besorgen, jetzt, wo die Dame des Hauses wieder da ist«, sagte Steve mit höhnischer Betonung auf dem Wort »Dame«.

»Kann auch sein, sie bleibt hier, dann haben wir Pech gehabt«, entgegnete Avner. »Aber es ist ja erst drei Uhr nachmittags, also warten wir's ab.«

Abends um neun ging das Mädchen mit dem roten Rucksack endlich von Bord. Es war zwar noch nicht dunkel, aber die Sonne

schickte schon ihre letzten purpurnen Strahlen übers Meer, während sie wie eine blutrote Scheibe am Horizont versank. Avner beschloß, sofort zu handeln. »Wir wissen nicht, ob das Mädchen nur für 'ne Viertelstunde fort ist oder ob sie die ganze Nacht wegbleibt.« In den letzten beiden Tagen hatten sie keinen geregelten Tagesablauf bei ihr feststellen können.
»Sie hat das Rad genommen«, stellte Steve befriedigt fest. »Dann bleibt sie bestimmt 'ne ganze Weile fort. Außerdem brauchen wir ja nicht lange.«
Robert wartete ein paar hundert Meter entfernt vom Liegeplatz des Hausbootes in einem Kombi. In fünfzig Meter Abstand vom Boot parkte ein Lieferwagen, in dem zwei von Papas holländischen Vertrauensmännern saßen. Ihre Aufgabe war es, nach dem Attentat die Leiche wegzuschaffen. Avner wollte vermeiden, daß die Tote gefunden wurde. »Sie hat einen so unregelmäßigen Lebenswandel, ist ständig auf Reisen; wenn sie einfach verschwindet«, erklärte er, »wird sie so schnell niemand vermissen. Mit etwas Glück haben wir unsre Mission abgeschlossen, ehe man anfängt, nach ihr zu suchen. Für unser Verhältnis zu Ephraim wär das die beste Lösung. Denn wenn *der* Wind davon bekommt, daß wir in Hoorn 'ne Art Vendetta durchführen, dann geht's uns dreckig. Womöglich kommt er sogar zu dem Schluß, unsere Mission wegen sträflicher Eigenmächtigkeit abzublasen, wer weiß?«
Für den Fall, daß die Operation Hoorn doch der Mossad zu Ohren kam, hatte Avner sich eine plausible Erklärung zurechtgelegt: »Wir mußten sie töten, Sir«, würde er zu Ephraim sagen. »Aus Sicherheitsgründen. Sie hat mich mit Carl zusammen in London gesehen. Vielleicht ist ihr sogar Hans über den Weg gelaufen. Sie hätte uns identifizieren können.« Wenn man's genau betrachtete, war das eigentlich nur zur Hälfte gelogen.
Avner hielt das Rohrstück, das mit einem groben Abzug versehen war, fest umklammert, als er jetzt den Holzsteg betrat, der zum Hausboot führte. Es war kurz nach neun. Steve folgte ihm mit einer ebensolchen Waffe. Hans blieb am Fuß der Gangway zurück und lehnte sich lässig ans Geländer. Er würde nur dann aufs Boot gehen, wenn Avner und Steve Hilfe brauchten.

Als Avner an Bord kletterte, erhob ein Kätzchen, das vor der Kajüte auf den Holzplanken gedöst hatte, ein klägliches Miau-Konzert. Das Tier sprang auf die Reling, schlug mit dem Schwanz und ließ sich auch durch Steves gutes Zureden nicht beruhigen. An Bord war es drückend schwül. Die Tür zur Kajüte stand halb offen. Avner sah die Blondine am Schreibtisch sitzen. Sie trug einen blauen Bademantel und drehte der Tür den Rükken zu. Avner glaubte, das Miauen der Katze würde sie aufschrecken, doch anscheinend war sie daran gewöhnt. Erst als Avner die Tür ganz aufstieß, blickte die Frau auf.
Sie hatte das gleiche Parfum verwendet wie an jenem Abend in der Londoner Hotelbar. Falls Avner noch einen letzten Zweifel gehegt hätte, so wäre er durch diesen eigenartigen Moschusduft besiegt worden: Vor ihm saß die Frau, die in der Mordnacht bei Carl gewesen war.
Jeanette wandte den Kopf und blickte Avner furchtlos ins Gesicht. Der Widerschein der sinkenden Sonne fiel durch die offene Tür auf seine Gestalt und blendete sie, so daß sie ihn womöglich nicht erkannte. Doch dann sah Avner, wie die Frau mit der Rechten nach der Schreibtischschublade tastete.
»Wenn ich an Ihrer Stelle wäre«, sagte er und trat näher, »dann würd ich keine faulen Tricks probieren.«
Jetzt kam Steve herein, dicht hinter ihm das Kätzchen. Mit einem Satz sprang es auf den Schreibtisch und setzte dort sein klägliches Miauen fort. Es war ein unheimlicher Laut, der den beiden Männern furchtbar auf die Nerven ging, sosehr sie sich auch dagegen wehrten.
»Na, wen haben wir denn da?« fragte die Frau auf englisch – in dieser Sprache hatte auch Avner sie angesprochen –, während ihr Blick fragend zwischen Avner und Steve hin- und herwanderte. Avner bemerkte, daß sie mit der rechten Hand erneut versuchte, die Schreibtischschublade zu öffnen, dabei mit der Linken am Reißverschluß ihres Bademantels spielte und ihn so weit aufzog, daß ihr Busenansatz sichtbar wurde. Vielleicht geschah das ganz unbewußt, doch in Avner und Steve wurden dadurch Erinnerungen geweckt, die ihre Wut nur noch schürten.

»Paß auf, sie hat 'ne Waffe!« rief Steve seinem Kameraden auf hebräisch zu. Avner nickte nur und ließ die Augen nicht von Jeanettes rechter Hand.
»Erinnern Sie sich an London?« fragte er auf englisch.
Der Blick der Frau blieb auf dem Metallrohr in seiner Hand haften. Sie erriet offenbar nicht, welche Waffe sich darin verbarg, sondern fürchtete, die Männer wollten sie damit schlagen. Ihre Lippen kräuselten sich zu einem trotzigen, verachtungsvollen Lächeln. Mit einer ruckartigen Bewegung zog sie die Schublade auf.
Avner drückte ab. Fast gleichzeitig fiel Steves Schuß.
Die Katze machte einen Luftsprung.
Die Blondine saß mit vornübergeneigtem Kopf auf ihrem Stuhl. Sie keuchte schwer, und als sie sich noch einmal aufbäumte, da sickerte ein dünnes Rinnsal Blut aus ihrem Mundwinkel.
Avner langte in die Tasche und brachte eine neue Patrone zum Vorschein.
Doch ehe er wieder laden konnte, stürzte die Frau zu Boden. Plötzlich tauchte Hans im Türrahmen auf. Er drängte sich mit derselben grimmigen Entschlossenheit an Avner vorbei, die er an den Tag gelegt hatte, als er in Athen die Brandbomben in Muchassis Hotelzimmer warf. »Laßt mich dieser elenden Hure den Rest geben«, knurrte er, kniete sich auf den Boden und schoß Jeanette, die vermutlich bereits tot war, in den Hinterkopf.
»Jetzt aber raus hier!« Avner und Steve zerrten Hans gewaltsam von der Leiche fort. Er machte eine Miene, als wolle er sie mit bloßen Händen zerreißen. Als er widerstrebend zwischen seinen beiden Kameraden ans Ufer zurückkehrte, fluchte er immer noch auf Carls Mörderin.
Draußen war es inzwischen dunkel geworden. Avner gab Papas Leuten das verabredete Zeichen, und der Lieferwagen rollte langsam auf den Bootssteg zu. Mit einem Blick auf seine Armbanduhr vergewisserte sich Avner, daß die Männer genügend Zeit haben würden, um die Leiche fortzuschaffen. Sie hatten sich nur drei Minuten und dreißig Sekunden in der Kajüte aufgehal-

ten. Das Mädchen mit dem roten Rucksack würde mindestens noch eine Viertelstunde wegbleiben.
Avner, Steve und Hans fügten die Metallröhren wieder in ihre Fahrradrahmen ein und radelten zu Roberts Wagen zurück. »Wir haben das Miststück erwischt«, verkündete Hans, während Robert ihnen half, die Räder hinten im Kombi zu verstauen.
Avner verstand Hans' unkontrollierte Reaktion. Ich hatte ja genau wie er den Wunsch, Carl persönlich zu rächen. Die Erschießung dieser Frau war in keiner Weise mit den Attentaten auf Wael Zwaiter und al-Kubaisi zu vergleichen. Mir ist es wesentlich schwerer gefallen, die Pistole auf die beiden zu richten als auf dieses blonde Miststück. Ist ja auch kein Wunder: In dem Augenblick, in dem die beiden Terroristen erkannten, daß der Tod sie eingeholt hatte, da flehten sie um ihr Leben. Ich hab sie zwar getötet, aber es war mir unmöglich, sie im Moment, als ich abdrückte, als Feinde zu betrachten. Sie waren nur beklagenswerte Menschen, ungeschützt und hilflos dem Tode ausgeliefert.
Diese Frau dagegen reagierte ganz anders. Sie bettelte nicht, nein! Die ganze Zeit hat sie mich mit haßerfülltem Blick angestarrt. In ihrer Miene spiegelte sich nichts als Hohn und Verachtung. Wenn sie es mir absichtlich hätte erleichtern wollen, sie zu erschießen – es wäre ihr kaum besser gelungen.

XVI
Tarifa

Am 14. September, etwa drei Wochen nach Jeanettes Tod, fand Roberts Leben ein jähes Ende auf einem Acker unweit des belgischen Städtchens Battice.

Robert tat, was er nicht müde geworden war, den Terroristen anzulasten. Er jagte sich mit einer seiner eigenen Bomben in die Luft.

Die näheren Umstände dieses tragischen Unfalls ließen sich nur bruchstückhaft rekonstruieren. Einen Tag nach dem Anschlag von Hoorn brachte Robert die Fahrräder im Kombi zurück nach Belgien. Er wollte ein paar Tage dort bleiben und seinem Kontaktmann bei der Konstruktion eines neuen Waffenmodells behilflich sein. Avner hatte zu diesem Zeitpunkt keine Ahnung, um was es sich dabei im einzelnen handelte, und es interessierte ihn auch nicht besonders. Robert hatte Steve, der eher für das Thema zu begeistern war, einiges über eine neue Chemikalie erzählt, die er ausprobieren wolle. Der Erfolg war mehr als überzeugend, dachte Avner bitter.

Der Abrede gemäß sollte Robert sich täglich telefonisch in Frankfurt melden. Avner konnte ihn in Belgien nicht erreichen. Robert rief zwischen achtzehn und neunzehn Uhr an, und wenn dann niemand abnahm, versuchte er es zwischen zweiundzwanzig und dreiundzwanzig Uhr noch einmal. Der Rest des Teams legte sich inzwischen mächtig ins Zeug und verfolgte jede halbwegs brauchbare Information, die eine Spur der drei noch auf ihrer Liste verbliebenen Terroristen versprach. Bei der Rückkehr aus Hoorn hatten sie sich darauf geeinigt, die Mission so schnell wie möglich zum Abschluß zu bringen.

Auf die Nachricht von Carls Tod hatte Tel Aviv nicht mit der von Avner insgeheim befürchteten Kurskorrektur reagiert. In dem Schließfach auf seiner Genfer Bank fand er nur eine knappe

Notiz folgenden Wortlauts vor: »Meldung erhalten.« Doch Avner und seine Partner zitterten vor der Möglichkeit, daß die Mossad die Mission abblasen würde, wenn sie bis zum Jahresende nicht mit neuen Ergebnissen aufwarten konnten. Seit dem Attentat auf Mohammed Boudia am 28. Juni 1973, also seit weit über einem Jahr, hatte die israelische Konterguerilla keinen einzigen Erfolg mehr verbucht. Statt dessen mußte sie Katastrophen wie die von Lillehammer einstecken, Fiaskos wie das in Glarus und tragische Verluste wie den von Carl verkraften. Wenn das Team Ali Hassan Salameh, Abu Daoud und Dr. Hadad nicht bald zu fassen bekam, durften die vier kaum mit einer Verlängerung ihres Auftrags rechnen.

Ein vorzeitig von seiner Mission zurückbeorderter Agent ist ein Versager. Hierin waren Avner und seine Männer sich einig, ohne groß darüber diskutieren zu müssen. »Wenn wir gezwungen werden, Schluß zu machen, ehe wir das Ziel erreichen konnten, vor allem ehe wir Salameh geschnappt haben, dann bedeutet das 'ne eindeutige Niederlage«, stellte Avner fest, und die anderen nickten düster. Niederlagen gehörten nicht zur Tradition israelischen Kampfgeistes. »Ich wär lieber tot als ein Versager«, sagte Avner. »Ja, eher würde ich einem strikten Befehl zuwiderhandeln. Allerdings käme man mit Ungehorsam in unsrem Fall nicht weit, die Mossad könnte uns einfach die Gelder sperren.« (Als er diese Sorge seinen Kameraden vortrug, da regte Hans an, zumindest für eine Weile auf ihre persönlichen Schweizer Konten zurückzugreifen, sollte die Mossad tatsächlich je so weit gehen, den Fonds für die Operation einzuziehen.) Als Avner später daran zurückdachte, konnte er nicht verhehlen, daß sein Team in gewissem Sinne ebenso fanatisch war wie die *mechablim.*

Der enorme Zeitdruck, unter dem Avner und seine Leute standen, hatte Roberts Entscheidung, mit der neuen Chemikalie zu experimentieren, mit beeinflußt. Während er mit seinem belgischen Kontaktmann an der Entwicklung der Wunderwaffe arbeitete, hielt Avner in Frankfurt die Stellung; Hans und Steve überprüften zur gleichen Zeit in ganz Europa die Informationen, die dem Team zugespielt wurden. Am 13. September hatte Avner um

die übliche Zeit mit Robert telefoniert. »Ich bin in zwei, drei Tagen hier fertig«, hatte er gesagt.
»Laß dir Zeit, hier tut sich noch nichts«, hatte Avner geantwortet.
Als das Telefon am nächsten Abend zwischen sechs und sieben nicht klingelte, beunruhigte das Avner nicht weiter. Die beiden alternativen Termine, die er und Robert vereinbart hatten, gaben jedem von ihnen ein wenig Spielraum. Fünf Minuten nach zehn kam der Anruf.
Als Avner abhob, meldete sich jedoch nicht Robert, sondern Louis.
»Es tut mir leid«, sagte der Franzose, »aber ich hab 'ne schlechte Nachricht.«
»Ist was mit Robert?« Eine böse Vorahnung ließ Avner diese Frage stellen. Er wußte, daß »Le Groupe« über Roberts belgische Kontakte unterrichtet war. Seit dem Anschlag auf al-Chir in Zypern hatten Papas Kuriere mehrmals Sprengstoff für das Team aus Belgien geschmuggelt.
»Es hat einen Unfall gegeben«, sagte Louis am anderen Ende der Leitung. »Niemanden trifft Schuld, und es gibt nichts, was du tun könntest.«
Avners Kehle war wie zugeschnürt.
»Ich verstehe«, brachte er mühsam über die Lippen.
»Wenn's dir recht ist, werden wir uns um alles kümmern«, versprach Louis. »Wir können das regeln wie damals in London, na, du weißt schon. Das wäre wohl der einfachste Weg.«
»Ja.« Avner hatte Mühe zu sprechen. »Ja, das ist wohl das Beste. Tut, was ihr für richtig haltet, ja . . . Danke für deinen Anruf.«
»Hör mal«, rief Louis eindringlich. »Du darfst dich nicht mit Vorwürfen quälen. So was kommt nun mal vor.«
»O ja.« Avners Stimme gehorchte ihm kaum noch. »Mit so was muß man immer rechnen, nicht wahr?«
Für eine Weile herrschte Schweigen in der Leitung.
»Tja dann«, meinte Louis abschließend, »ruf mich an, wenn du mich brauchst, okay?«
Es gab nichts weiter zu sagen. Avner legte den Hörer auf die Ga-

bel zurück, starrte eine Weile regungslos vor sich hin und fuhr dann zu der konspirativen Wohnung, die Robert mit Steve geteilt hatte. Mit einem Zweitschlüssel sperrte er auf, trat ein und begann, Roberts Sachen zu packen. In den Räumen herrschte ein unglaubliches Durcheinander – Steve war von Natur aus furchtbar unordentlich, und Robert hatte sich nie an dem chaotischen Zustand ihrer Behausung gestoßen. Dennoch hatte Avner keine Mühe, Roberts Klamotten von Steves zu unterscheiden. So schlecht auch sein Zahlen- und Namensgedächtnis war, für physische Details hatte Avner ein unschlagbares Erinnerungsvermögen. Robert bevorzugte einen völlig anderen Stil als Steve, ihre Krawatten und Socken waren schon farblich leicht zu unterscheiden. Und die Bücher und Spielsachen gehörten sowieso ausschließlich ihm. Als er alle Habseligkeiten des Toten zusammengesucht hatte, füllten sie nicht einmal einen Koffer. Robert mußte die meisten seiner Sachen mit nach Belgien genommen haben.

In einem Umschlag fand er noch ein paar Briefe von Roberts Frau, die sie an eine Adresse in England geschickt hatte. Auch einige Fotos waren dabei. Avner schob den Umschlag unter die Kleidungsstücke, ehe er den Koffer zumachte. Wahrscheinlich, dachte er mit einem schmerzlichen Lächeln, waren Roberts Sachen nie in seinem Leben so ordentlich gepackt gewesen.

Ratlos betrachtete er das Riesenrad aus Zahnstochern. Was soll ich nur damit machen? überlegte er. Es war das letzte Spielzeug, das Robert gebastelt hatte. Monatelang hatte er daran gearbeitet. Es stand mitten auf dem klobigen Eichentisch. Das Ding hat gut und gern einen Durchmesser von einem Meter, schätzte Avner. Er betrachtete die zerbrechliche, aber ungemein kunstvolle Konstruktion eingehend und legte schließlich vorsichtig den Zeigefinger auf das Rad, das sich daraufhin sofort in Bewegung setzte und sechs winzige Gondeln in hohem Bogen durch die Luft schaukelte. Geistesabwesend trieb Avner das Rad immer schneller an, bis seine Einzelteile zuletzt in einer einzigen, nebelhaften Silhouette verschwammen. Als er das Gefühl hatte, das fragile Gebilde habe seine Höchstleistung erreicht, ließ er es los und wandte ihm den Rücken zu, um sich mit einem letzten prüfenden Blick zu vergewissern, daß er nichts vergessen habe. Forschend schaute er auf das zerwühlte Bett, das sich vermutlich noch in genau dem Zustand befand, in dem Robert es am Morgen seines Abflugs nach Brüssel verlassen hatte. Nein, er schien nichts übersehen zu haben. Plötzlich hörte er ein seltsames Geräusch hinter sich; es klang wie der Flügelschlag eines Vogels. Avner fuhr herum.

Das Riesenrad war verschwunden. Nur ein Haufen alter Zahnstocher purzelte vom Tisch hinunter auf den Fußboden.

Avner verließ mit dem Koffer in der Hand die Wohnung und fuhr zur Busstation. Dort verstaute er Roberts Habseligkeiten in einem Schließfach.

Am nächsten Tag kehrten Hans und Steve nach Frankfurt zurück.

Die drei machten einen langen Spaziergang in dem Park bei Hans' Wohnung. Fast zwei Stunden lang wanderten sie umher und versuchten, zu einer Entscheidung zu kommen. Avner registrierte mit einem distanzierten, fast klinischen Interesse, daß der Druck in seiner Magengrube sich verflüchtigt hatte. Statt dessen war er jetzt von kalter Wut beseelt, zu der sich die unbändige, kompromißlose Entschlossenheit gesellte, den Auftrag zu beenden. Wenigstens Salameh müssen wir noch kriegen, dachte er. Wenn wir das nicht schaffen, dann sind Carl und Robert umsonst gestorben.

Hans und Steve waren seiner Meinung.

»Wir müssen in Genf 'ne Nachricht über Roberts Tod deponieren«, sagte Avner. »Doch die Antwort warten wir gar nicht erst ab. Wir machen einfach weiter.«

»Jemand muß es Roberts Frau beibringen«, sagte Hans. »Diesmal möchte ich nicht mit zum *chewre-kadische* gehören.« Mit dieser Anspielung auf Israels staatlichen Verein für Leichenbestattung hatten er und Steve sich den traurigen Besuch bei Carls Witwe in Rom erleichtern wollen, doch obwohl die Frau ihre Botschaft sehr würdevoll aufnahm, war diese Begegnung für Hans ein Trauma gewesen, das er noch immer nicht überwunden hatte.

Diesmal erwartete die Unglücksboten ein noch schwererer Gang, denn Roberts Frau – Avner hatte sie übrigens einmal kennengelernt – stand in dem Ruf, eine sehr temperamentvolle Dame zu sein. Die attraktive französische Jüdin, die auf den Spitznamen Pepe hörte, war es gewohnt, die erste Geige zu spielen. Während die Frauen der übrigen Team-Mitglieder sich damit begnügen mußten, auf ein Lebenszeichen ihrer Männer zu warten, brachte Pepe ihren Mann dazu, ihr eine Adresse in England zu nennen, an die sie ständig schreiben konnte, was wiederum Robert zwang, ab und zu den Kanal zu überqueren, um ihre Briefe in Empfang zu nehmen. Darüber hinaus schmeichelte seine Frau ihm Telefonnummern und bestimmte Zeiten ab, zu denen er zu erreichen war. Obgleich Robert jedesmal überglücklich war, ihre Stimme zu hören, bedurfte es doch eines großen strategischen Aufwands, jeweils zum vereinbarten Termin am verabredeten Ort zu sein. Während einer Operation standen dem oft schier unüberwindliche Hindernisse entgegen. Wenn Pepe auch dem Vernehmen nach eine treue und liebevolle Ehefrau war, so eignete sie sich aufgrund ihrer Psyche kaum zur Gefährtin eines Agenten.[1] Ihr Einfluß auf Robert war so stark, daß sie ihn manchmal von seiner Arbeit ablenkte und damit indirekt zu einem Störfaktor für das gesamte Team wurde.

Robert und Pepe hatten zwei Kinder. Als Robert seine Familie zu Beginn der Mission von Israel nach Europa brachte, da siedelte er sie zunächst in Brüssel an. Er wußte, daß er häufig nach Belgien würde reisen müssen, und so lag es nahe, Frau und Kinder dorthin zu bringen. Wann immer er geschäftlich in Brüssel zu tun hatte, konnten sie sich zumindest für ein paar Stunden treffen. Es zeigte sich jedoch bald, daß diese Kurzbesuche Gift für seine Ehe waren. Beide wurden zunehmend gereizt und litten von Mal zu Mal mehr unter den langen Trennungsphasen. Schließlich verfrachtete Robert seine Familie nach Washington, wo Pepes Lieblingsonkel an einer europäischen Botschaft tätig war und wo die Familie mit Freuden willkommen geheißen wurde.

Avner verstand, warum Hans davor zurückschreckte, Pepe die Nachricht vom Tode ihres Mannes zu überbringen.

»Wir müssen zuerst mal nach Genf«, entschied er. »Anschließend werd ich selbst nach Washington fliegen. Steve, ich würd mich freuen, wenn du mich begleitest. Sobald wir aus den Staaten zurück sind, bringen wir die *mechablim* zur Strecke, komme, was da wolle! Schluß mit den großangelegten Plänen, den Sprengstoffkonstruktionen und dem übrigen zeitaufwendigen Kram. Wir sind zwar nur noch zu dritt, aber das reicht für mein Vorhaben völlig aus. Diesmal werden wir ganz anders vorgehen. Hans, während wir in den Staaten sind, mußt du mit Louis Kontakt aufnehmen. Sag ihm, wir brauchen drei Uzis.«
»Bravo, Kumpel! Endlich knistert's im Gebälk.« Steve war hell begeistert.
Avner wußte: Es gibt eine *andere* Möglichkeit, einen Anschlag zu führen, als die Methoden, mit denen wir bisher operiert haben. Dieser andere Weg ist ungleich gefährlicher als die sorgsam geplanten und minuziös vorbereiteten Lehrmuster, nach denen wir vorgegangen sind. Die Alternative, die ich im Sinn habe, garantiert uns nur eine sehr geringe Chance für einen sicheren Abzug. Man würde sie zwar nicht gerade als selbstmörderisch bezeichnen, aber ein Vabanquespiel ist es schon.
Was Avner im Sinn hatte, war ein Frontalangriff, dessen Erfolgschance im wesentlichen auf dem Überraschungseffekt und der Feuerkraft fußte,
Statt eine Zielperson so lange zu beschatten, bis man ein genaues Bild von ihrem Tagesablauf und ihren Gewohnheiten entwerfen konnte, statt dafür zu sorgen, daß man durch den Einsatz von Sprengkörpern nicht unmittelbar am Tatort in Erscheinung zu treten brauchte, statt einen sorgsam durchdachten Fluchtplan zu entwerfen, bestand die Möglichkeit, auf der Basis von nur zwei Informationen zu operieren: Ort und Zeitpunkt.
»Wenn wir zum Beispiel in Erfahrung bringen«, erläuterte Avner seinen kühnen Plan, »daß Salameh sich an einem bestimmten Tag zu einer bestimmten Stunde an einen genau bezeichneten Ort begibt, so können wir ihn zu dritt, mit Maschinenpistolen bewaffnet, ganz bestimmt umlegen. Es ist nur eine Frage des Mutes und unabhängig vom Schauplatz und der Stärke seiner

Leibwache. Wenn wir beherzt und schnell handeln, kann uns nichts aufhalten. Nur für den Rückzug könnte ich bei einem solchen Unternehmen natürlich nicht garantieren. Auch das Risiko für unbeteiligte Passanten wird in diesem Plan nicht berücksichtigt. Möglich auch, daß sich bei solch einem ungetarnten Angriff der Mord auf ein israelisches Kommando zurückführen läßt. Ich will die Gefahren gar nicht runterspielen. Ich versuche lediglich, euch klarzumachen, daß man jeden umlegen kann – jeden, versteht ihr, wenn man sich nicht um die Konsequenzen kümmert, sondern nur versucht, auf fünfzig, sechzig Meter an die Zielperson ranzukommen. Ich weiß, das klingt brutal, aber jetzt, wo wir nur noch zu dritt sind, müssen wir vielleicht einen solchen Kamikaze-Angriff wagen.«

»Natürlich werden wir diesen Schritt nur im Notfall in Erwägung ziehen«, fuhr Avner fort. »Ich hoffe, daß wir 'nen aussichtsreicheren Weg finden. Denn wenn wir auch nur zu dritt sind, so können wir doch auf die Unterstützung von Louis zählen. Ich möchte lediglich darauf hinweisen, daß wir von jetzt an keine Methode mehr von vornherein ausschließen. Wenn uns keine andere Wahl bleibt, dann schmeißen wir die Sicherheitsrichtlinien über Bord und vergessen die Klausel mit dem Nullrisiko.«

Er holte tief Luft und sah seine beiden Kameraden prüfend an. »Kann ich auf euch zählen?« fragte er schließlich.

»Ich bin dabei«, entgegnete Steve wie aus der Pistole geschossen.

»Prima. Na, Hans, und was ist mit dir?«

»Tja, weißt du . . .« Hans zögerte. »Ich fürchte, es ist nicht Sache des Kommandos, eine solche Änderung der Strategie vorzunehmen. Dazu sind wir nicht befugt. Was du da vorschlägst, stellt unseren ganzen Operationsplan auf den Kopf, zumindest erfordert es eine drastische Umkehrung der Prioritäten. Meines Erachtens sollten wir eine so tiefgreifende Entscheidung dem Hauptquartier überlassen.«

Hans lehnte sich zurück und schwieg eine Weile. »Nur keine Angst, Jungs«, fuhr er schließlich lächelnd fort. »Ich mach schon

nicht die Mücke. Ihr könnt auf mich zählen! Ich wollte euch nur mal knallhart vor Augen führen, auf was wir uns da einlassen.«
Hans hatte recht. Sie setzten wirklich eigenmächtig neue Prioritäten. Doch seiner klarsichtigen Warnung zum Trotz war Hans, genau wie seine beiden Partner, ein schlechter Verlierer. Das hatte er durch sein Verhalten bei der Operation Muchassi deutlich genug bewiesen. Der Gedanke aufzugeben widerstrebte allen dreien zutiefst. Hier wurde ein Problem erkennbar, das vermutlich zwangsläufig bei solchen Missionen auftaucht. Wer sich auf ein solches Kommando einläßt, wird mit der Zeit derart besessen vom Jagdfieber, daß die Fähigkeit, an einer vernünftigen oder politisch ratsam erscheinenden Grenze haltzumachen, verlorengeht. Innerhalb der Gruppe wird gegenseitig psychologischer Druck ausgeübt, um auch die bei der Stange zu halten, die ihrem gesunden Menschenverstand folgen und aussteigen wollen. So äußerte Avner später Steve gegenüber: »Ich hab mir wegen Hans nicht einen Augenblick lang Sorgen gemacht. Für mich stand von vornherein fest, daß er sich nicht ausklinken würde, wenn wir beide den Plan befürworten.«
Hans warf indes noch ein zweites Problem auf. »Als du eben von Louis' Unterstützung gesprochen hast«, wandte er sich nachdenklich an Avner, »da ist mir was eingefallen, was mich seit London schon mehrmals bedrückt hat. Wer außer uns fünfen wußte, daß wir uns zum fraglichen Zeitpunkt in England aufhielten? Nur Louis. Und wem außer uns war bekannt, daß Robert allein nach Belgien fuhr? Wieder Louis. Jetzt sind Carl und Robert tot. Wäre es nicht möglich, daß Papa uns hintergeht? Er verkauft die *mechablim* an uns; warum sollte er uns nicht auch an sie verhökern? Habt ihr je darüber nachgedacht?«
»O ja.« Avner seufzte schwer. Den ganzen Sommer lang hatte er darüber nachgegrübelt. Einerseits lag es nahe, daß Leute wie Papa, Louis und Tony – von Andreas ganz zu schweigen – sie zu betrügen versuchten. Wenn Louis mir über die Zielsetzungen seiner Organisation die Wahrheit gesagt hat, dachte Avner, dann brennen sie ja geradezu darauf, mit anzusehen, wie die einzel-

nen Gruppierungen sich gegenseitig zerstören. Je eher, desto besser! Dann kriegt Louis endlich die Tabula rasa, von der er träumt, um seine Vorstellungen von einer besseren Welt zu verwirklichen. Außerdem würde Papa ein gutes Geschäft machen, wenn er uns und unsre Feinde gegeneinander ausspielt. Die *mechablim* bezahlen ihn dafür, daß er ihnen Carl ans Messer liefert, und von mir kassiert er ein zweites Mal, damit er die Leiche verschwinden läßt. Dann sahnt er ein drittes Mal ab bei der Operation in Holland und bittet ein viertes Mal zur Kasse, ehe er den *mechablim* den Tip verkauft, wo und wie sie Robert in Belgien schnappen und einen Unfall inszenieren können. Als nächstes muß wieder ich dafür blechen, daß er Roberts Leiche wegschafft, und so könnte es noch 'ne ganze Weile weitergehen.

Wenn Papa es besonders schlau einfädelt, kann er sogar sämtlichen feindlichen Gruppierungen das Gefühl vermitteln, er sei ihr spezieller Verbündeter, um sie in Sicherheit zu wiegen und dazu zu bewegen, frei und ungehindert mit ihm zu sprechen. Dann bekäme er mühelos Informationen, die er der Gegenseite für teures Geld verkaufen könnte – eine sichere, nie versiegende Einkommensquelle.

Trotz solcher endlosen, von Zweifeln geplagten Überlegungen verwarf Avner schließlich die Möglichkeit, Papa und Louis als Verräter zu betrachten. Er glaubte einfach nicht daran.

»Papa hätte uns doch schon längst verpfeifen können, wenn's ihm darauf angekommen wäre«, sagte er jetzt. »Wieso hat er uns nicht in Zypern verkauft, als wir alle zusammen waren? Das wäre doch 'n Mordsgeschäft gewesen!«

»Vielleicht hatte er damals kein Angebot«, entgegnete Hans. »Oder er wollte nicht die Gans töten, die goldene Eier legt.«

»Glaubst du das wirklich?« fragte Avner.

»Ich weiß nicht, was ich glauben soll«, antwortete Hans. »Ich frag mich lediglich, ob wir Papas Leuten wirklich so blindlings vertrauen dürfen. Schließlich sind das doch samt und sonders käufliche Söldner. Ohne die wären die Terroristen überhaupt nicht aktionsfähig. Verbände wie ›Le Groupe‹ arbeiten nicht nur für uns, sondern für die Hälfte aller radikalen Vereinigungen

Europas. Möglicherweise gehört sogar die Mafia zu ihren Kunden.«

Avner nickte zögernd.

»Es wäre sogar denkbar«, fuhr Hans eindringlich fort, »daß sie letztendlich von den Russen finanziert werden. Hast du das je in Erwägung gezogen? Das KGB könnte eine solche Privatorganisation etabliert haben, damit sie den Terroristen das technische Know-how liefert. Wär gar keine schlechte Idee! Vielleicht wissen die Mitglieder von ›Le Groupe‹ gar nicht, wer hinter der Vereinigung steht, und nur Papa allein kennt die wahren Zusammenhänge. Nun, was sagst du dazu?«

»Also, jetzt gehst du zu weit!« widersprach Avner energisch. »Weißt du, daß du selbst schon ganz wie Papa klingst? Ich fürchte, du hast 'nen leichten Anfall von Agenten-Paranoia. Ist ja auch kein Wunder, du lebst einfach schon zu lange im Untergrund. Da fängt man an, hinter jeder Ecke Verschwörungen zu wittern und völlig Unschuldige zu verdächtigen. Wenn ich's mir recht überlege, leidet Papa wohl gar selbst unter so 'ner Krankheit.«[2]

»In einem hast du allerdings möglicherweise recht«, fuhr er nach einer Weile fort. »Vielleicht ist da 'ne undichte Stelle bei ›Le Groupe‹ oder auch bei einem unsrer Informanten. In jeder zweiten Stadt sitzen doch unsre Spitzel, und manche von ihnen wissen recht gut, wo wir zu finden sind. Bestimmt war einigen bekannt, daß wir uns zum Zeitpunkt von Carls Tod in London aufhielten. Aber es ist natürlich nicht auszuschließen, daß Papa selbst uns hintergeht. Gründe dafür gäb's genug: mehr Geld, Freunde auf allen Seiten, Rückversicherung für sich und seine Familie . . . Aber vergiß nicht, daß Papa uns auch beliefert. Wir haben seine Vertrauenswürdigkeit nicht in Zweifel gezogen, solange er uns einen *mechabel* nach dem anderen ans Messer lieferte.

Vielleicht ist das seine Methode: Er verkauft zu gleichen Teilen an uns und an den Gegner. Wär durchaus möglich. Aber sollen wir deshalb seine Dienste zurückweisen? Ich sage nein! Laßt uns weiterhin alles nutzen, was er zu bieten hat. Wir müssen nur 'n bißchen besser aufpassen, das ist alles. Wir werden in Zukunft noch vorsichtiger sein. Denn wenn er uns verkaufen will, dann muß er uns erst mal kriegen. Zugegeben, es ist 'n Risiko, aber es lohnt sich, meint ihr nicht?«

»Mehr als ein Risiko!« Hans blickte ihn durchdringend an. »Ist das wirklich deine Ansicht?«

»Nein«, sagte Avner entschieden. »Ganz und gar nicht. Vielleicht bin ich verrückt, aber ich kann mir nicht helfen: Ich vertraue Papa, und Louis und Tony ebenso. Doch ich kann euch nicht beweisen, daß sie sauber sind. Es war ganz richtig, daß du die Frage aufgeworfen hast, Hans. Mißtrauen kann in unsrem Beruf zum Lebensretter werden. Nur – haben wir denn eine Alternative? Wenn wir ›Le Groupe‹ fallenlassen, verlieren wir mit einem Schlag unsre beste Informationsquelle und die Unterstützung, die wir so notwendig brauchen. Wie viele Terroristen hätten wir denn geschnappt ohne Louis' Hilfe?

Nehmen wir ruhig an, daß sie drauf aus sind, uns zu verraten. Das hindert uns nicht, ihre Dienste weiter in Anspruch zu nehmen. Wir müssen lediglich unsre Vorsichtsmaßnahmen verdoppeln. Es kann auch nicht schaden, wenn wir sie ein wenig irreführen, indem wir zum Beispiel in letzter Minute eine entscheidende Änderung vornehmen. Findet ihr das nicht auch die geschickteste Taktik?«

Hans lachte laut auf. »Weißt du, daß du verrückt bist? Schön, wir sind ebenfalls meschugge, aber du bist wahrscheinlich der verrückteste von uns allen!«

»Trotzdem hat er recht«, warf Steve ein. »Dieser Plan ist unsre Chance.«

Damit waren Hans' Einwände überstimmt. Avner freilich blieb innerlich von Papas Loyalität überzeugt. Wenn er »Le Groupe« tatsächlich mißtraut hätte, würde er den Vertrag – entgegen der Hans gegenüber entwickelten Theorie – wahrscheinlich aufgelöst haben. *So* verrückt war er nun auch wieder nicht. Er vertraute lediglich auf seinen sechsten Sinn, der ihn jedoch diesmal vielleicht in die Irre führte.[3]

In Washington erwartete Avner und Steve eine Aufgabe, die noch schwieriger war, als sie befürchtet hatten. Als Pepe vom Tode ihres Mannes hörte, bekam sie einen hysterischen Anfall. Aus unerfindlichem Grund ging sie mit den Fäusten auf Steve los und schrie ihm ins Gesicht, er habe Robert getötet. Steve wehrte sich nicht. Mit niedergeschlagenen Augen wich er Schritt für Schritt vor der Verzweifelten zurück, bis Avner sie endlich von hinten um die Taille faßte und gewaltsam zur Ruhe zwang. Weinend brach sie in seinen Armen zusammen. Zum Glück hatte ihr Onkel die Geistesgegenwart besessen, die Kinder rechtzeitig aus dem Haus zu schaffen.

Wie schon für Carls Witwe, so hatte das Team auch für Pepe aus dem Privatfonds eine Spende zusammengetragen. Allerdings hatte diesmal jeder nur fünftausend Dollar abgehoben, so daß sie eine Gesamtsumme von fünfzehntausend erzielten. Die drei schämten sich ihrer mangelnden Großzügigkeit ein wenig. Doch ohne es offen auszusprechen, begann jeder von ihnen allmählich an die eigene Familie zu denken. Wenn man sie wirklich einen nach dem anderen umbrachte, das Team aber weiterhin jeder Witwe vierzigtausend Dollar spenden wollte, dann würde dem letzten Überlebenden buchstäblich kein Pfennig mehr zum Unterhalt seiner Familie bleiben. Zwar stand ihnen eine staatliche Rente zu, aber die war äußerst bescheiden.

Vor dem Rückflug nach Europa machte Avner ein paar Tage in New York Station. In den letzten anderthalb Jahren hatte sich Shoshana an das Leben in den Staaten gewöhnt. Sie ist richtig aufgeblüht, dachte Avner, als seine Frau ihm mit sichtlichem Stolz erzählte, wie sie sich diese fremde und einschüchternde Metropole, die so gar nicht mit den israelischen Städten zu vergleichen war, ganz allein erobert hatte. Geula hatte sich aus einem häßlichen Baby in das zauberhafteste kleine Mädchen verwandelt, das man sich vorstellen konnte. Charlie war so außer sich vor Freude, als er seinen Herrn erblickte, daß er unablässig an ihm hochsprang und ihn vor Übermut beinahe in die Nase gebissen hätte.

Wäre es nicht wunderbar, ging es Avner durch den Kopf, einfach alles hinzuwerfen und zu vergessen – den Auftrag, Europa, die *mechablim,* vielleicht sogar Israel. Ich könnte einfach mein Kündigungsschreiben aufsetzen und an die Mossad schicken. Dann würde ich mit Shoshana, unsrem Kind und mit Charlie in Brooklyn ein ruhiges und vielleicht sogar erfolgreiches Leben beginnen. Wieso eigentlich nicht? fragte seine innere Stimme übermütig. Du hast in zwei Kriegen gekämpft und unter Einsatz deines Lebens geholfen, neun Topterroristen zu eliminieren. Kann ein Land mehr von seinen Bürgern erwarten? Jetzt würde vielleicht sogar deine Mutter zugeben, daß du genug für Israel getan hast.

Aber am nächsten Tag fuhr Avner zum Kennedy-Flughafen und nahm die TWA-Maschine nach Frankfurt. Auch diesmal erlaubte er Shoshana nicht, ihn zum Flugplatz zu begleiten. Als er sich daheim von ihr verabschiedete, sagte er: »Ich kann's dir zwar noch nicht fest versprechen. Aber wenn ich das nächste Mal komme, bleib ich vielleicht für immer hier.«

Dieser Besuch fand in der letzten Septemberwoche statt. Fast zwei Jahre waren vergangen, seit das Team seine Mission aufgenommen hatte. Avner kam es vor, als sei er in dieser Zeit von einem fünfundzwanzigjährigen Jungen zu einem gesetzten Mann von siebenundzwanzig herangereift. Wenn der Auftrag nicht schleunigst abgeschlossen wird, dachte er, bin ich vielleicht bald ein *alter* Achtundzwanzigjähriger. Man hörte zuweilen, daß Agenten zur frühzeitigen Vergreisung neigten, doch bisher hatte Avner solche Berichte immer für Ammenmärchen gehalten.

Seit Carls Tod konnte Avner kaum noch schlafen. Früher hatte er nie unter Schlafstörungen gelitten. Aber jetzt hatte er erheblich damit zu kämpfen, vor allem, wenn er in seiner Frankfurter Wohnung allein war oder auf Reisen in Hotelzimmern übernachtete. Sobald er sich ins Bett legte, war er hellwach. Nach einer Weile löste er das Problem dadurch, daß er sein Nachtlager in den Schrank verlegte. Er breitete Kissen und Decken darin aus, schlüpfte hinein und zog von innen die Tür bis auf einen winzigen Spalt zu. Man konnte diese Marotte durchaus als Sicherheitsmaßnahme verbrämen: Ein Bett konnte mit Sprengkörpern präpariert sein; nächtliche Eindringlinge würden ihr Opfer zuerst im Bett suchen, und Avner, der einen sehr leichten Schlaf hatte, erhielt dadurch die Chance, sie aus dem Hinterhalt zu überwältigen. Er selbst wußte freilich nur zu gut, daß solche Rechtfertigungsversuche nur dazu dienten, die Tatsache zu vertuschen, daß er mit den Nerven am Ende war. Seine beiden Kameraden würden das sofort durchschauen, und deshalb erzählte Avner ihnen nicht, daß er im Schrank schlief, wenn er allein war.

Während Avner und Steve in Washington waren, hatte Hans das Schließfach in Genf kontrolliert. Er fand eine Nachricht von Ephraim vor, in der ihr Einsatzoffizier mit knappen Worten sein Bedauern über Roberts Tod zum Ausdruck brachte und mit dem kurzen Befehl schloß: *Unternehmen sofort einstellen.*

Der Fonds, der dem Team für seinen Auftrag zur Verfügung stand, war noch nicht eingezogen worden; Hans überprüfte das Konto, gleich nachdem er Ephraims Botschaft gelesen hatte. Vermutlich nahm die Mossad Rücksicht darauf, daß die drei ihre Geschäfte ohne auffällige Hast zu Ende führen mußten. Es galt, ausstehende Rechnungen zu begleichen, Informanten zu bezahlen und andere schwebende Verfahren abzuwickeln. Dafür hatte man ihnen offenbar eine Karenzzeit eingeräumt, während derer ihnen nach wie vor eine Viertelmillion Dollar zur Verfügung stand. Freilich durften sie kaum damit rechnen, daß der Betrag noch einmal aufgestockt werden würde, es sei denn, sie konnten die Notwendigkeit dafür einwandfrei begründen. Um ganz sicher zu gehen, daß wenigstens diese Viertelmillion ihnen blieb, überwies Hans umgehend einen Großteil der Summe auf einige der Konten, die Carl zu Beginn der Mission in mehreren europäischen Hauptstädten für das Team eingerichtet hatte.

»Was hast du mit Ephraims Nachricht gemacht?« fragte Avner, als Hans mit seinem Bericht zu Ende gekommen war.

»Die hab ich im Safe gelassen«, antwortete er.

Das war eine kluge Vorsichtsmaßnahme, denn solange sich die Botschaft im Safe befand, mußte die Mossad davon ausgehen, daß Avner und seine Männer sie noch nicht erhalten hatten. Sie waren nicht verpflichtet, das Genfer Schließfach in regelmäßigen Abständen zu kontrollieren, und eine andere Kontaktmöglichkeit zwischen ihnen und dem Hauptquartier bestand nicht. Wenn Ephraim gründlich vorging, würde er freilich entdecken, daß seine Botschaft sie erreicht hatte, denn das Team konnte den Safe nur nach Unterzeichnung eines datierten Kundenbuches benutzen. Mit etwas Glück jedoch brachte ihnen das Verbleiben der Nachricht im Safe immerhin eine kleine Gnadenfrist.

Zeit war von größter Wichtigkeit, jetzt, da Avner und seine Partner beschlossen hatten, den Befehl der Mossad zu ignorieren und ihre Mission um jeden Preis zu Ende zu führen; zumindest, solange das Geld reichte und sie eine Chance sahen, die restlichen Ziele auf ihrer Liste zur Strecke bringen zu können.

Die drei Männer betrachteten ihre Befehlsverweigerung weder als Eitelkeitswahn noch als Insubordination oder gar Fanatismus. Sie rechtfertigten ihren Entschluß vor sich selbst damit, daß sie ihn zum Frontbescheid deklarierten. Seit Ende 1973 hatten sie miterlebt, wie empfindlich die *mechablim* durch das Ausscheiden von neun ihrer tonangebenden Führungspersönlichkeiten getroffen wurden. Die Tumulte und der Wirrwarr, die im feindlichen Lager herrschten, waren schon an den Schwierigkeiten abzulesen, die es ihren langjährigen arabischen Kontaktleuten plötzlich bereitete, brauchbare Informationen zu beschaffen. Der Verlust der neun Topterroristen würde die übrigen Anführer früher oder später zwingen, ihre Verstecke im Nahen Osten oder im kommunistischen Europa zu verlassen, um ihre Verbände zu reorganisieren.[4] In einigen Wochen, spätestens aber in ein paar Monaten mußten Salameh, Abu Daoud und Dr. Hadad wieder im Westen auftauchen. Das Team in seiner Frontstellung konnte das besser beurteilen als die Bürokraten daheim in Tel Aviv. Es gehört zu den geheiligten Traditionen Israels, daß ein Frontkommandant einen Angriff oder eine Verfolgungsjagd unter keinen Umständen abbricht, wenn er die Gewähr hat, daß die Reihen des Gegners ins Wanken geraten; ja, es ist nachgerade seine Pflicht, nicht blindlings den Befehlen des Oberkommandos zu gehorchen, sofern er eindeutig erkennt, daß sie aus Unkenntnis

der Frontlage erteilt worden sind. Die Frage, ob dieser Ausnahmezustand auf die Situation des Teams zutraf, beantworteten Avner und seine Leute leichten Herzens positiv.
»Nehmen wir an«, schlug Avner vor, »wir hätten für heute abend 'ne perfekte Operation anberaumt. Würden wir die abblasen, bloß weil Ephraim uns diesen Wisch geschrieben hat?«
Das Argument wirkte einleuchtend. Nur hatten sie leider weder für diesen noch für einen der folgenden Abende eine Operation geplant – sei sie nun perfekt oder nicht.
Den Oktober über verfolgten die drei unverdrossen jede Spur, die ihre Informanten meldeten. Ständig schwirrten neue Gerüchte von einem bevorstehenden Treffen zwischen Topterroristen durch die Luft, und fast immer hieß es, Ali Hassan Salameh oder Abu Daoud, ja manchmal sogar beide, würden dabeisein. Zweimal hatten Avner und Steve – mit Hans als Rückendeckung – in einem Mietshaus auf der Lauer gelegen, in dem die beiden Araber angeblich erwartet wurden. Beide Male hatten sie Maschinenpistolen im Kofferraum mitgeführt, um einen Frontalangriff zu führen, sobald sie eine ihrer Zielpersonen zu Gesicht bekämen. Sie sahen auch wirklich in beiden Fällen Araber das Haus betreten und verlassen, aber sie dachten an Glarus und verhielten sich still. Sie hatten vereinbart, nichts zu unternehmen, solange sie Salameh, Abu Daoud oder Dr. Hadad nicht eindeutig identifizieren konnten. Der eine Vorfall ereignete sich in Mailand, der andere in West-Berlin.
Anfang November erfuhren die drei von Louis, daß Ali Hassan Salameh binnen kurzem in der spanischen Hafenstadt Tarifa, an der Straße von Gibraltar, erwartet werde; angeblich aus Algerien.
Am 8. November landete das Team in Madrid. Als erstes inspizierten sie die Waffen, die Papas spanischer Vertrauensmann für sie organisiert hatte: drei Berettas Kaliber 22 und drei Uzi-Maschinenpistolen (vom europäischen Modell, das in Lizenz von der belgischen F. N. hergestellt wird und über eine höhere Magazinkapazität sowie über einen längeren Lauf verfügt als das Original). Dann mieteten die drei einen Wagen und fuhren zur

Küste hinunter. Die Waffen nahmen sie vorsichtshalber nicht mit, sondern vereinbarten mit Papas Kontaktmann, daß er sie in einem Kombi nach Tarifa bringen würde.
Geographisch zwar noch zu Europa gehörend, ist Tarifa nach Stadtbild und Lebensart mehr den nordafrikanischen Orten jenseits der Straße von Gibraltar verwandt. Die Bauten sind auch heute noch dem maurischen Stil verpflichtet, der um etwa 1100 seinen Siegeszug antrat und an einigen Plätzen Tarifas die Amphitheater und Aquädukte einer früheren römischen Epoche überlagert.
Avner und seine Partner nahmen Quartier in einem Hotel vor der Stadt und warteten auf Papas Kontaktmann, der nicht nur als Waffenlieferant fungierte, sondern ihnen auch das Haus zeigen sollte, in dem das Treffen der Araber stattfinden würde. Das Team wußte bisher nur, daß es sich um den Besitz einer reichen spanischen Familie handelte, die jedoch die Villa nur selten benutzte. Angeblich lag sie sehr einsam irgendwo auf den Klippen über dem Strand. Den Informationen zufolge hatte die Tochter des Hauses sich an einer französischen Universität mit einer radikalen marxistischen Gruppe eingelassen, deren Anführer sie dazu überredeten, den Palästinensern das Haus zur Verfügung zu stellen.
Avner plante einen heimlichen Kommandoüberfall. Wahrscheinlich wurde das Haus überwacht. »Aber wenn wir Glück haben, nicht allzu sorgfältig«, sagte er optimistisch. »Doch das werden wir durch 'nen Spähtrupp schon rauskriegen. Ferner gilt es festzustellen, ob die obersten *mechablim* wirklich im Haus sind. Wir greifen nur an, wenn wir eine der drei Zielpersonen observiert haben. Sollte sich herausstellen, daß die Villa zu schwer bewacht wird und wir zu dritt nichts ausrichten können, finde ich notfalls Mittel und Wege, die Mossad um Verstärkung oder Instruktionen zu bitten. Ich bin mir meiner Verantwortung voll bewußt, Jungs. Wir werden keinen Kamikaze-Angriff starten, auch dann nicht, wenn einwandfrei feststeht, daß Salameh und Abu Daoud im Haus sind. Wir unternehmen nur dann was, wenn sich 'ne reale Erfolgschance bietet.«

Papas Gewährsmann traf am 10. November in Tarifa ein. Er händigte Avner die Waffen aus und fuhr anschließend mit dem Team die Küstenstraße entlang bis zu einer Biegung, von der ein Kiesweg in die Klippen hinaufführte. Er war zwar nicht als Privatzufahrt ausgeschildert, wurde aber nur von drei Anwesen gesäumt, von denen jedes über weitläufigen Grundbesitz verfügte. Papas Kontaktperson erklärte dem Team, die Villa, nach der sie suchten, sei die mit dem schmiedeeisernen Tor am Ende des Weges.

Am nächsten Abend fuhren Avner, Steve und Hans gegen zweiundzwanzig Uhr bis zur halben Höhe des Kiesweges. Die Luft war feucht, und von der Straße von Gibraltar wehte ein steifer Südost herüber, der das dürre Laub vom Boden aufwirbelte und vor sich hertrieb. In einer solchen Nacht würde es selbst einem wachsamen Späher kaum möglich sein, Fußtritte zu hören. Die Sichel des Mondes war hinter dichten Wolkenschleiern verborgen. Die knorrigen Bäume und das Buschwerk rechts und links des Weges ragten wie drohende Schatten empor. Sowohl das Gelände als auch diese Nacht waren ideal für ein Aufklärungskommando.

Etwa vierzig Meter vor dem Haupteingang hielt Steve an einer Biegung und wendete, so daß der Wagen bereits in Fahrtrichtung parkte, falls sie überstürzt fliehen mußten. Steve hatte die Stelle sorgfältig ausgewählt: In dem flachen Graben, in den er das Auto manövriert hatte, war es durch die Biegung und die Büsche am Wegrand gut getarnt. Sicherheitshalber durchtrennte er die Kabel für die Bremslichter, damit bei einer eventuellen Verfolgung der Wagen nicht jedesmal, wenn der Fahrer in einer Kurve auf die Bremse treten mußte, zur Zielscheibe wurde. Nachdem die Sicherheitsvorkehrungen getroffen waren, folgte er Avner ins Gebüsch auf der dem Meer zugewandten Seite des Weges. Hans blieb beim Wagen zurück, die Uzi im Anschlag.

Avner und Steve hatten ihre Maschinenpistolen im Kofferraum gelassen. Sie planten keinen sofortigen Angriff, sondern zogen erst einmal zum Auskundschaften los. Wenn sie dabei Salameh oder Abu Daoud entdeckten und die Zeit für eine direkte Attakke günstig schien, konnten sie immer noch umkehren und die Uzis holen. Vorerst trugen sie nur ihre Berettas bei sich. Sie wollten das Haupttor umgehen und sich im Schutz der Büsche von hinten an das Haus heranpirschen, wo der Garten hart an die steil zum Meer hin abfallenden Klippen angrenzte. Sie konnten also ihr Ziel nicht verfehlen, wenn sie nur den Felswindungen gewissenhaft folgten.

Das Buschwerk war zwar dicht, doch nicht undurchdringlich. Avner und Steve, bekleidet mit dunklen Trainingshosen und schwarzen Pullovern, bahnten sich vorsichtig ihren Weg. Von Zeit zu Zeit blieben sie stehen, lauschten und spähten angestrengt in die Dunkelheit. Nach zwanzig Minuten hatten sie es geschafft. Fast alle Fenster des Hauses waren erleuchtet. Obwohl der Lichtschein weit in den Garten fiel, konnten Avner und Steve keine Wachtposten entdecken. Aufgrund ihrer Kenntnis der arabischen Mentalität waren die beiden dennoch überzeugt, daß die Leibwächter der Terroristenführer sich ganz in der Nähe aufhielten. Wie alle Afrikaner sind auch die Araber keine Nachtkrieger, sie scheuen vielmehr vor der Dunkelheit zurück. Wenn also Wachtposten aufgestellt waren, würden sie sich möglichst dicht bei den hellerleuchteten Fenstern aufhalten.

Falls sie allerdings in Rußland oder in Kuba ausgebildet worden sind, dachte Avner, dann kämpfen sie sicher genau wie andere Soldaten im Dunkeln ebenso gut wie im Hellen. Das haben ja bereits König Husseins Truppen mit ihrem britischen Drill bewiesen.

Als sie die Giebelseite des Hauses erreichten, hörten Avner und Steve plötzlich Stimmen. Es wurde arabisch gesprochen. Die Männer, die sich da miteinander unterhielten, befanden sich offensichtlich auf der gefliesten Terrasse, die zum Swimmingpool hinunterführte. Um diese Jahreszeit war er leer, bis auf welkes Laub und einen Rest Brackwasser, das sich am tiefsten Punkt des Beckens angesammelt hatte. Avner und Steve preßten sich flach gegen die Wand und spähten vorsichtig um die Hausecke. Jetzt konnten sie die Männer sehen, die sich vor der Verandatür miteinander unterhielten. Von dem Gespräch schnappten sie allerdings nur unzusammenhängende Wortfetzen auf.

»Warum sagen wir ihm nicht einfach, daß wir mehr Geld brauchen?« fragte der eine. »Hast du etwa Angst vor ihm?«
»Wir brauchen 'ne gescheite Begründung, das ist alles«, entgegnete der andere.
Es bestand kein Zweifel mehr. Ob sich die Terroristenführer nun im Haus befanden oder nicht, diese beiden Männer auf der Terrasse waren jedenfalls Araber. Wieder einmal hatte Papa ihnen eine zumindest teilweise korrekte Information geliefert.
Da! Ein Klicken. Die Glastür wurde geschlossen. Die Stimmen waren verstummt. Vorsichtig spähte Avner um die Ecke. Die Terrasse war leer.
Ohne sich zu vergewissern, ob Steve ihm folgte, schlich er auf Zehenspitzen zur Verandatür. Er war sicher, daß man ihn auf der im Dunkeln liegenden Terrasse nicht sehen konnte. Umgekehrt aber war es ihm möglich, die Leute in dem hellerleuchteten Zimmer genau zu mustern. Sieben oder acht Araber waren um einen langen, mit Früchten beladenen Tisch versammelt und unterhielten sich angeregt miteinander. Zwei von ihnen trugen gewürfelte *keffiyehs.*
»Mechablim«, flüsterte Steve neben ihm. Avner nickte. Zwar konnte er keine Waffen in dem Raum entdecken, dennoch sprachen alle Anzeichen dafür, daß sie Terroristen vor sich hatten. Aber, warnte seine innere Stimme, nicht nur die Fedajin tragen *keffiyehs.* Zumindest theoretisch könnten die Araber da drin harmlose Touristen sein; vielleicht auch Studenten oder Geschäftsleute. Die einzige Möglichkeit, sie eindeutig als Terroristen einzustufen, bestand darin, einen von ihnen zu identifizieren. Salameh oder Abu Daoud; Dr. Hadad oder George Habash; Ahmed Jibri oder ein anderes Mitglied der Führungsspitze.
Doch Avner und Steve erkannten keinen der Männer, die drinnen beisammenstanden.
Natürlich gab es in der Villa noch zahlreiche andere Zimmer. Es konnten sich ohne weiteres noch mindestens ein Dutzend Leute im Haus aufhalten. Außerdem würden die Araber laut Papas Informationen nicht alle gleichzeitig eintreffen. Vielleicht trafen die Schlüsselfiguren erst im Laufe der nächsten Tage ein? Mögli-

cherweise hatte die Konferenz – vorausgesetzt, daß sie überhaupt anberaumt worden war – noch gar nicht begonnen, und die Männer in dem festlich erleuchteten Terrassenzimmer waren nichts weiter als das Fußvolk, das die Vorhut bildete?
Avner und Steve standen immer noch reglos auf der Terrasse und spähten durch die Verandatüren, als sie plötzlich hinter sich im Gebüsch ein Knistern vernahmen. Jemand bahnte sich den Weg durchs Unterholz, und nach dem Lärm zu urteilen, den er verursachte, war dieser Jemand vollkommen arglos.
Beide fuhren wie elektrisiert herum. Sie wußten, daß der Lichtschein hinter ihnen sie für den, der da aus der Dunkelheit auftauchte, zu klar erkennbaren Zielen machte. Zwar würde er ihre Gesichter nicht gleich ausmachen, aber er würde zumindest merken, daß sie nicht hierher gehörten. Zwei israelische Agenten, umzingelt von vermutlich feindlichen Arabern, in einem abgelegenen Garten in Spanien. Das durften sie nicht riskieren. Schon als sie sich umwandten, beugten sie die Knie und gingen in Kampfstellung. Die Rechte zog die Beretta, die Linke vollführte einen Bogen in der Luft, zog den Schlitten bis zum Anschlag zurück und ließ ihn wieder vorschnellen.
Etwa dreißig Meter vor ihnen trat ein junger Araber mit einem *keffiyeh* um den Hals aus dem Gebüsch. Verdutzt starrte er auf die Pistolen in ihren Händen. Selbst wenn er sie gesehen hatte, bevor die beiden ihn hörten, hatte er sie offensichtlich nicht für Feinde, sondern für zwei seiner Kameraden gehalten.
Der junge Araber hatte die Rechte am Hosenschlitz, so als zöge er gerade den Reißverschluß hoch. Wahrscheinlich war er bloß mal austreten, fuhr es Avner durch den Kopf. Im selben Moment sah er die Kalaschnikow in der Linken des Mannes.
Als der Araber die Waffe hob, drückten Steve und Avner gleichzeitig ab. Zweimal, und noch zweimal, ganz nach Vorschrift. Der Novemberwind, der die welken Blätter vor sich hertrieb, trug die Schüsse mit sich fort und ließ sie ungehört verhallen. Der Junge versuchte das Gleichgewicht zu halten, als Avner und Steve mit steinerner Miene auf ihn zukamen – vergeblich. Er taumelte nach vorn, schwankte und fiel auf die Seite. Sein Körper krümm-

te sich, er schnappte nach Luft. Die Kalaschnikow hielt er noch im Sturz umklammert. Als er zu Avner und Steve aufblickte, preßte er die Waffe fest an seinen Körper und wiegte sie wie ein Kind.

Im Haus schien niemand etwas gehört oder gesehen zu haben. Die Männer standen nach wie vor lebhaft gestikulierend um den langen Tisch, aßen und unterhielten sich. Ihr Lachen drang bis in den nächtlichen Garten. Ohne seine Pistole wegzustecken, machte Avner kehrt und strebte dem Ausgang zu. Diesmal wählte er den kürzeren Weg durchs Haupttor. Steve war dicht hinter ihm. Sie liefen rasch und vergewisserten sich von Zeit zu Zeit, daß ihnen niemand folgte. Sobald sie das Tor passiert hatten, fielen sie in Trab. Schneller und schneller rannten sie die Klippen hinunter, während der feuchte Novemberwind ihnen welkes Laub nachschickte.

Sie rannten um ihr Leben. Avner würde das nie vergessen. Ihre große, historische Mission endete mit der überstürzten Flucht auf einem Kiesweg hoch über einer spanischen Hafenstadt. Wir rannten, erinnerte er sich später, wie zwei Schuljungen, die etwas ausgefressen hatten und ihrer Strafe zu entkommen suchten.

XVII
Frankfurt

Wie viele andere Städte Andalusiens blickt auch Tarifa auf eine bewegte Geschichte zurück. Nur wenige hundert Meter von der Stelle entfernt, wo der arabische Freischärler sein Leben ließ, hatte im Jahre 1294 der spanische Feldherr Guzmán, der unter dem Beinamen »der Gute« in die Geschichte einging, das Leben seines neunjährigen Sohnes geopfert, nur um die maurische Festung, den Alkazar, dessen Ruinen heute noch eine kleine Touristenattraktion bilden, nicht an die Belagerer zu verlieren. In Niebla, einhundertvierundachtzig Kilometer nordwestlich von Tarifa, sollen arabische Militärexperten im 13. Jahrhundert zum erstenmal in der Geschichte der europäischen Kriegführung Schießpulver zum Einsatz gebracht haben.

Avner und Steve hatten freilich keine Ahnung, auf welch geschichtsträchtigem Boden sie sich befanden, und ihnen stand auch nicht der Sinn nach historischen Vergleichen, als sie atemlos zum Wagen zurückhasteten. Sie sprangen hinein, und Steve sauste los wie ein Verrückter, ohne die Scheinwerfer einzuschalten. »Halt an!« schrie Avner ihm nach einer Weile zu. Sie wurden nicht verfolgt; es war also sinnlos, die Küstenstraße in eine Rennstrecke zu verwandeln und dadurch vielleicht erst recht Aufmerksamkeit zu erregen. Steve beruhigte sich allmählich, stieg aus und schloß die Bremsleuchten wieder an. Hans verstaute seine Maschinenpistole im Kofferraum. Die Berettas behielten sie bei sich, bis sie ungehindert ihr Hotel erreichten.

Alle drei trafen sich zur Lagebesprechung in Avners Zimmer. Sie befanden sich nicht in unmittelbarer Gefahr. Arabische Touristen oder Geschäftsleute würden nicht nachts mit einer Kalaschnikow unter dem Arm durch den Garten spazieren, folglich handelte es sich bei den Männern in der Villa eindeutig um Terroristen. Die aber würden sich gewiß weder an die Polizei wenden noch eine Razzia in der Umgebung beginnen, um Attentäter aufzuspüren, die sie nicht einmal gesehen hatten. Der einzige, der sie eventuell beschreiben könnte, der junge Araber mit der Kalaschnikow, war aller Wahrscheinlichkeit nach tot.

»Selbst wenn sie die Polizei einschalten«, beruhigte Avner seine Partner, »gibt es nichts, was uns mit dem Anschlag in Verbindung bringen könnte. Wir sind drei unter Tausenden von westdeutschen Touristen, und unsre Pässe sind einwandfrei und in Ordnung. Außer den Waffen könnten uns höchstens noch die Reifenabdrücke auf dem Kiesweg mit der Schießerei in Verbindung bringen. Aber das regle ich gleich.«

Avner bestellte Papas Gewährsmann telefonisch für den nächsten Morgen mit einem Ersatzwagen zum Hotel. Das Tatfahrzeug und die Waffen sollte er auf dem Rückweg mitnehmen. Avner glaubte das Risiko verantworten zu können, die Uzis und Berettas für eine Nacht im Hotel zu behalten.

»Morgen früh fahren wir mit 'nem neuen Auto und ohne Schießeisen zurück nach Madrid, ohne uns vor Kontrollen oder Straßensperren fürchten zu müssen«, versprach er.

Während der langen Fahrt sprachen sie kaum miteinander. Avner löste Steve von Zeit zu Zeit am Steuer ab. Er wußte, daß sie alle über dieselben Fragen nachgrübelten, auch wenn sie durch harmloses Geplauder davon abzulenken suchten. Haben wir falsch gehandelt? dachte er. Hätten wir 'ne Alternative gehabt? Haben wir den Kopf verloren? Hätten wir versuchen sollen zu fliehen, statt den Jungen zu erschießen? Haben wir ihn wirklich in Notwehr getötet?

Ist er überhaupt tot? Haben wir mit ihm den vierten unbekannten Palästinenser getötet? Haben wir vier Menschen umgebracht, die zwar nicht so unbeteiligt und schuldlos waren wie jener Kellner in Lillehammer, aber die eben doch nicht auf unsrer Liste standen? Zählt man das Attentat auf Muchassi in Athen dazu, dann sind es sogar fünf; nein, sechs, falls wir auch den KGB-Mann tödlich getroffen haben. Die Blondine in Hoorn ist Nummer sieben.

Aber Salameh, Abu Daoud und Dr. Hadad sind uns entwischt, immer wieder.

Muß eine Mission wie die unsere zwangsläufig so enden? Oder haben wir einen Fehler gemacht? Geht der Auftrag über unsre Kraft? Verlieren wir die Nerven?
Müssen wir in der Schlußbilanz eine Pleite eingestehen?
Fest steht, mußte Avner zerknirscht zugeben, daß wir seit der Exekution Boudias vor fast anderthalb Jahren keine einzige der von Ephraim benannten Zielpersonen mehr zur Strecke gebracht haben. Statt dessen haben wir vier unbedeutende Mitglieder des arabischen Fußvolks und eine Holländerin getötet und dafür Carl und Robert verloren. Zwei Spitzenagenten opferten ihr Leben, ohne daß wir bei unserem Krieg gegen den Terror dadurch einen militärischen Vorteil errungen hätten. Ja, das ist unzweifelhaft ein Fehlschlag, ist eine nicht zu beschönigende Niederlage.
Schlimmer noch, wir handeln inzwischen unsren ausdrücklichen Befehlen zuwider. Unsre Operationen sind von der Mossad nicht genehmigt. Wie blutige Amateure erschießen wir kopflos einen Araber in einem spanischen Garten; nein, nicht wie Amateure – wie Terroristen haben wir uns benommen!
Hans sprach sie aus, diese schreckliche Erkenntnis. Als sie vor der Stadtgrenze von Madrid die N4 verließen, sagte er: »Wir haben gehandelt wie *mechablim,* ist euch das klar?«
Avner und Steve wagten nicht, ihm zu widersprechen.[1]
Im Laufe der nächsten Woche verließen sie einzeln Madrid und flogen auf verschiedenen Routen nach Frankfurt zurück. Wie schon die Schießerei in Glarus, so wurde auch der Anschlag in Tarifa von der Presse totgeschwiegen. Es bestand zwar die Möglichkeit, daß das Team damals in der Schweiz wie auch jetzt in Spanien die betreffende Meldung übersehen hatte, doch Avner hielt es für wahrscheinlicher, daß man die Nachricht unterdrückt hatte.[2] Die Terroristen würden gewiß in beiden Fällen um jeden Preis versuchen, öffentliches Aufsehen zu vermeiden.
Das Team brauchte sich also kaum vor Entdeckung zu fürchten. Sobald sie Spanien verlassen hatten, war diese Gefahr völlig gebannt.
Aber etwas anderes machte den dreien Sorgen, etwas, das sich

nur schwer in Worte fassen ließ. Sie betrachteten sich weder direkt als gescheitert, noch schämten sie sich oder empfanden Schuld im herkömmlichen Sinne. Nicht einmal die scheinbare Sinnlosigkeit ihres Handelns deprimierte sie so sehr wie das Gefühl, vom Glück verstoßen worden zu sein. Wie alle Soldaten waren auch Avner und seine Kameraden ein wenig abergläubisch. In ihrem Verständnis war der Verlust des Glücks – sei es in der Liebe, beim Spiel oder im Krieg – gleichbedeutend mit Schmach und Demütigung. Die drei kamen sich erniedrigt vor, ausgeschlossen aus der Gunst Fortunas, und im Zuge dieser quälenden Selbstzweifel wurden alsbald alle ihre Wertvorstellungen in Frage gestellt.
Avner machte zum erstenmal Bekanntschaft mit diesem Gefühl bei Carls Tod. Nach dem Fehlschlag von Tarifa suchte es ihn wieder heim. Diesmal war auch Steve davon betroffen. Am stärksten aber hatte Hans darunter zu leiden.
Er, der nie sonderlich gesprächig gewesen war, schien jetzt ganz in sich gekehrt und wechselte oft tagelang mit keinem Menschen ein Wort. Er verrichtete seine Arbeit so gewissenhaft wie bisher, wirkte dabei aber so abwesend und derart von Zweifeln geplagt, daß Avner sich ernsthafte Sorgen um ihn zu machen begann. Gleichzeitig weigerte Hans sich, seinen Posten zu verlassen. Diese Möglichkeit wurde zwar nicht offen diskutiert – schließlich hatten sie sich darauf geeinigt, am Ball zu bleiben, solange ihr Geld reichte –, doch als Avner ihn einmal darauf ansprach, ob er nicht eine Erholungspause für angebracht halte, da hatte Hans die Zähne zusammengebissen und geantwortet:
»Du weißt so gut wie ich, daß es kein Zurück mehr gibt. Wozu noch drüber reden, dazu ist es jetzt zu spät. Laß uns unsre Arbeit machen und damit basta.«
Also schwiegen sie und mühten sich weiter ab, sieben Wochen lang. Aber es war alles umsonst. Nicht eine einzige Information wurde ihnen zugetragen, die es wert schien, ihre stetig schrumpfenden Geldmittel für eine Überprüfung zu verwenden. Hans achtete besonders rigoros auf Sparsamkeit. »Ich möchte nicht«, erklärte er, »daß wir eines schönen Tages 'ne erfolgversprechen-

de Operation nicht durchführen können, weil wir zu knapp bei Kasse sind.«

Er hat recht, dachte Avner. Welch tragische Ironie, wenn wir Salameh aufspüren sollten, ihn aber nicht zur Strecke bringen könnten, weil uns das Geld ausgegangen ist! Doch so weit sollte es gar nicht erst kommen.

Es gelang ihnen einfach nicht, weiterführende Kontakte zu knüpfen; weder durch ihre angestammten Informanten noch durch Louis oder Tony. Hätten sie andere Zielpersonen verfolgt, so wären sie vermutlich erfolgreicher gewesen, denn die *mechablim* waren 1974 in Europa sehr aktiv. Das galt ganz besonders für die »Arabische Jugendorganisation für die Befreiung Palästinas«, die vom libyschen Staatschef Gaddhafi reichlich mit Subsidien unterstützt wurde. Diese Gruppe, deren ursprünglicher Führer Ahmed al-Ghaffour später von Abu Nidal abgelöst wurde, setzte sich aus Terroristen zusammen, denen weder der »Schwarze September« noch die »Volksfront« radikal genug war. (Al-Ghaffour wurde übrigens gefangengenommen und vermutlich auf Befehl Abu Iyads von einem Terrorkommando des »Schwarzen September« hingerichtet.) Die »Arabische Jugendorganisation« griff 1974 drei Flugzeuge an. Eines davon, eine TWA-Maschine auf dem Weg von Tel Aviv nach Athen, sprengte ein Terrorkommando am 8. Oktober über der Ägäis in die Luft. Dem Attentat fielen achtundachtzig Menschen zum Opfer. Drei Wochen zuvor, am 15. September, hatten Angehörige der Volksfront in einer Gemeinschaftsoperation mit japanischen Terroristen eine Handgranate in »Le Drugstore« auf dem Champs-Elysées in Paris geworfen und dabei zwei Personen getötet und zwölf weitere verletzt. Das Kommando über diese Aktion führte Carlos, der Schakal.

Carlos, für den das Team sich verantwortlich fühlte; Carlos, dem sie zur Macht verholfen hatten, indem sie Boudia töteten. Doch sie konnten nichts gegen ihn unternehmen; er stand nicht auf ihrer Liste, ebensowenig wie Abu Nidal. Es war undenkbar, Ephraim jetzt um eine Umgruppierung der Zielpersonen zu bitten, da er ihnen offiziell ja bereits ihren ursprünglichen Auftrag entzogen hatte. Eigenmächtig aber würden sie in Zukunft keine Operation mehr ansetzen. Sie würden nur noch auf die drei Terroristenführer von Ephraims Liste Jagd machen und versuchen, vor allem Ali Hassan Salameh zur Strecke zu bringen.

Wenn wir Salameh kriegen, dachte Avner, dann sind viele unsrer Fehler wieder ausgebügelt.

Aber es hatte nicht den Anschein, als würde Salameh erneut nach Europa kommen.

Weihnachten und Silvester verbrachten die drei in Frankfurt. Die Stadt erstrahlte in festlichem Glanz, doch Avner, Hans und Steve war nicht nach feiern zumute. Besonders Hans neigte zu extremen Stimmungsschwankungen; mal war er niedergeschlagen und in sich gekehrt, dann wieder streitsüchtig und kampflustig. Seit neuestem trug er ständig eine Pistole bei sich. Früher hatten sie nur im Einsatz eine Waffe getragen, doch Hans' Paranoia war ansteckend, und so verließen bald auch Avner und Steve nicht mehr unbewaffnet das Haus. Immerhin war es ja möglich, daß Hans' Instinkt ihn nicht trog, wenn er ihm suggerierte, daß jemand hinter ihnen her sei. Vielleicht gab es wirklich eine undichte Stelle in Papas Organisation. Hans redete sich sogar ein, die Operation Tarifa sei eine Falle gewesen. Avner dagegen war sicher, daß er sich zumindest in diesem Punkt irrte. Andernfalls wären sie in dem Garten der Villa mit einem Kreuzfeuer empfangen worden, statt daß ihnen ein einzelner Terrorist entgegentrat, der sich gerade die Hose zumachte. Völlig von der Hand zu weisen war ein Verdacht gegen »Le Groupe« seit Carls und Roberts geheimnisumwittertem Tod freilich nicht mehr. Es war immerhin denkbar, daß die Araber in Tarifa zwar einen Tip bekommen hatten, die Israelis aber erst zu einem späteren Zeitpunkt erwarteten. Avner hatte Papas Kontaktmann zur Vorsicht erzählt, daß sie erst noch die Ankunft einiger Freunde abwarten wollten, ehe sie etwas unternehmen würden.

Nun trugen sie, ungeachtet des zusätzlichen Risikos, in Frankfurt eine Waffe. Avner schloß aus der verschrammten, schwärzlichen Stelle unten an der Innenseite von Hans' Wohnungstür, daß er jetzt niemandem mehr aufmachte, ohne den Ballen gegen die Türfüllung zu stemmen. Jedem Agenten wurde in der Ausbildung dazu geraten, und im Falle eines Überraschungsangriffs konnte diese Vorsichtsmaßregel in der Tat über Leben und Tod entscheiden, aber das Team hatte sie früher meist unterlassen. Ähnlich den »Softies« unter ihren Zielpersonen hatten sie bisher auf ihre Tarnung vertraut.

All diesen Sicherheitsvorkehrungen zum Trotz unternahm Hans nachts lange, einsame Spaziergänge im Ostpark, der in der Nähe seiner konspirativen Wohnung lag. Er hatte sich schon immer gern im Freien aufgehalten, aber während er früher zu vernünftigen Zeiten und bei einigermaßen angenehmer Witterung ausgegangen war, stapfte er nun stundenlang durch den verschneiten Park und stemmte sich den eisigen Dezemberwinden entgegen. Bis Mitternacht irrte er zuweilen über die verlassenen Wege nördlich des Ostbahnhofs. Manchmal saß er sogar für ein, zwei Stunden auf der Bank an seinem Lieblingsplatz bei einem künstlichen Teich, auf dem sich im Sommer die Wildenten tummelten. Jetzt war er freilich zugefroren.

»Die Enten haben mehr Grips im Kopf als du«, äußerte Steve ärgerlich, als er einmal bis zu diesem Teich vordringen mußte, um eine Auskunft von Hans zu erfragen.

»Ach, weißt du«, hatte Hans ihm geantwortet, »ich halt's einfach nicht aus, den ganzen Tag in der Wohnung eingesperrt zu sein.«

Avner hatte dafür Verständnis. In diesem Stadium der Mission hätte auch er nicht allein leben mögen. Nach Roberts Tod hatte er Steve zu sich in die Wohnung geholt, die er ursprünglich mit Carl teilte. Um dem Alleinsein zu entgehen, nahm er jetzt sogar Steves Junggesellenallüren und seine enervierende Unordnung in Kauf. Er hatte Hans den Vorschlag gemacht, sich nach einem Haus umzusehen, das groß genug sei für alle drei. Doch der lehnte ab: »Mach dir um mich keine Sorgen«, meinte er. »Mir geht's gut.«

Aber er sagte nicht die Wahrheit.

Am Abend des 6. Januar 1975 verließ Hans kurz nach einundzwanzig Uhr das Haus. Um neun hatte Avner noch mit ihm telefoniert. Sie redeten nur ein paar Worte miteinander, denn es gab nichts Wichtiges zu besprechen, vereinbarten aber, routinemäßig am späteren Abend noch ein Kontrollgespräch zu führen. Als Hans sich bis Mitternacht nicht gemeldet hatte, wählte Avner erneut seine Nummer. Doch am anderen Ende nahm niemand ab. Um ein Uhr morgens ging Hans noch immer nicht an den Apparat.

Da stimmt was nicht, dachte Avner. Hans geht zwar abends oft lange spazieren, aber er kommt nie nach Mitternacht heim. Natürlich bestand die Möglichkeit, daß ein Informant ihn unerwartet um ein Treffen bat, aber in dem Fall hätte Hans seine Kameraden garantiert verständigt. Besonders in letzter Zeit hielten sie solche Vorsichtsmaßregeln gewissenhaft ein. Avner begann, sich ernstlich Sorgen zu machen.

»Ich möchte gern mal kurz rüberfahren«, sagte er zu Steve. »Es gefällt mir nicht, daß er immer noch nicht zu Hause ist.«

Steve zuckte die Achseln. »Wahrscheinlich sitzt er an seinem verdammten Ententeich und hat die Zeit vergessen«, mutmaßte er. »Aber wenn du meinst, sehn wir mal nach.«

Sie legten den Weg von Eschersheim zum Röderbergweg, wo Hans wohnte, in knapp zwanzig Minuten zurück. Hans war nicht da. Avner verschaffte sich mit einem Nachschlüssel Zutritt zur Wohnung, konnte jedoch nichts Ungewöhnliches entdekken. Offenbar war Hans ausgegangen und aus irgendeinem Grund einfach länger ausgeblieben als gewöhnlich.

Inzwischen war es fast zwei Uhr morgens. Die Nacht war bitter kalt. Ganz gleich, wie niedergeschlagen Hans sich fühlte – bei diesen arktischen Temperaturen würde er gewiß keinen Spaziergang machen, geschweige denn ruhig auf einer Bank sitzen. Und doch war das die einzige harmlose Erklärung für sein langes Ausbleiben. Andernfalls mußte ihm etwas zugestoßen sein.

»Wenn er doch an seinem Ententeich hockt«, murmelte Steve, »dann muß er sich aber 'ne gute Entschuldigung ausdenken, damit ich ihm nicht die Nase einschlage!«

Sie kannten die Richtung, die Hans gewöhnlich wählte. Zuerst folgte er ein kurzes Stück dem Röderbergweg, dann ging er über die malerische, terrassierte Lili-Schönemann-Steige hinunter zu einer vierspurigen Straße. Er überquerte die Ostparkstraße und betrat das Parkgelände einige hundert Meter nordöstlich der Stelle, an der er die Straße gekreuzt hatte. Auf einem verschlungenen, aber gut markierten Weg gelangte er schließlich zum Ententeich.

Avner und Steve warteten, daß Hans ihnen entgegenkäme. Aber ihr Partner befand sich offenbar nicht auf dem Heimweg, wie sie gehofft hatten. Es war stockdunkel. Keine Menschenseele begegnete ihnen. Nach etwa einer Viertelstunde erreichten sie den Teich. Als sie näher kamen, warf das Eis gerade so viel Licht zurück, daß sie eine Gestalt auf der Bank ausmachen konnten. Es war tatsächlich Hans. Doch Steve schlug ihm nicht die Nase ein, denn Hans hatte eine unwiderlegbare Entschuldigung: er war tot.

Avners erster Gedanke beim Anblick der Leiche war: Hans hat Selbstmord begangen.

Das Buschwerk hinter der Bank bildete eine natürliche Laube. Die Uferlinie des Teichs lag ein wenig oberhalb der Eisfläche und wurde durch eine niedere Steinmauer markiert, auf der ein Holzgeländer verlief. Die Leiche war im Sitzen nach vorn gerutscht, die Schulter lag auf dem Geländer. Der Kopf war zur Seite gekippt, und in dem ausdruckslosen Gesicht starrten die weit aufgerissenen Augen ins Leere. Hans' Mantel war aufgeknöpft. Im ersten Moment konnte Avner weder am Kopf noch am Körper des Toten eine Wunde entdecken.

Sie hatten keine Taschenlampe und auch keine Streichhölzer bei sich. »Nimm dich in acht«, flüsterte Avner seinem Kameraden zu. Trotz der klirrenden Kälte war Hans' Körper noch warm. Das bedeutete, er war seit höchstens einer Stunde tot. »Sein Mörder ist vielleicht noch in der Nähe!«

Entgeistert starrte Steve ihn an.

»Ja.« Avner nickte. »Jemand hat ihn umgebracht.« Er hatte als erstes Hans' Pistole untersucht, die noch in seinem Gürtel steckte.

Keine Patrone fehlte. Hans hatte sich weder erschossen, noch war er eines natürlichen Todes gestorben. Avner vermochte in der Dunkelheit zwar nach wie vor keine Wunde zu erkennen, aber als er die Leiche nach der Waffe abgetastet hatte, da griff seine Hand plötzlich in etwas Klebriges, Zähflüssiges, das sich anfühlte wie angetrockneter Teer oder Harz. Avner wußte sofort, was da an seinen Fingern haftete: Blut! Blut von einer Wunde, die Hans sich unmöglich selbst beigebracht haben konnte.

»Man hat ihn umgebracht«, wiederholte er und reichte Steve die Waffe des Toten.

Ein paar Sekunden schwiegen beide. Sie waren vor Schreck wie gelähmt. Die Einsamkeit wirkte bedrückend. Das ausgedehnte Parkgelände umgab sie von allen Seiten mit den drohenden Silhouetten kahler Bäume und vereister Büsche. Es war windstill, und aus der Ferne drang der monotone Rhythmus der Großstadt herüber, hie und da unterbrochen vom metallischen Klappern der Güterwagen, die auf dem Rangierbahnhof aufs Abstellgleis gefahren wurden. Steve entsicherte die Pistole des Toten. »Nimm dir seine Brieftasche vor«, sagte er zu Avner. »Ich halte Wache.«

Welche makabre Ironie, wenn Hans das Opfer eines Raubüberfalls geworden wäre! In einer Wirtschaftsmetropole von der Größenordnung Frankfurts, die Menschen aus aller Herren Länder anzieht, ist die Kriminalitätsrate natürlich nicht gerade niedrig. Die blühende Industrie- und Handelsstadt besitzt ein ausgedehntes Vergnügungsviertel, und die Polizei kämpft einen zähen, oft aussichtslosen Kampf gegen Einbrecher und Zuhälter, gegen Prostitution und Drogenhandel. Der Ostpark liegt zwar in einem ruhigen, gutbürgerlichen Viertel, aber ein größeres unbebautes Gelände ist spätnachts nun einmal kein absolut sicheres Terrain. Die Frankfurter Gazetten melden fast täglich einen Raubmord. Hans hatte gewiß den Eindruck eines leichten Opfers erweckt. Ein einsamer Mensch in mittleren Jahren, der nachts auf einer Parkbank saß, war förmlich prädestiniert für einen Raubüberfall. Vielleicht hatten die Täter ihn sogar irrtümlich für betrunken gehalten. Hans hätte sich wegen ein paar Mark bestimmt nicht gewehrt, sondern freiwillig seine Brieftasche und womöglich auch seine Uhr rausgerückt. Doch ein nervöser Straßenräuber, der das natürlich nicht ahnen konnte, hatte vielleicht gleich drauflosgeballert. Ja, dachte Avner, so könnte es gewesen sein.

Aber Hans trug seine Uhr noch am Handgelenk, und die Brieftasche steckte im Jackett. Nichts fehlte.

Ob ihn ein Informant verpfiffen hat? Aber nein, er hätte sich bestimmt mit niemandem hier verabredet. Zum einen war der einsame Park kein Ort, um zu nächtlicher Stunde einen Informanten zu treffen, zum anderen hatte Hans eine sehr persönliche Beziehung zu diesem Plätzchen am Teich. Diese Bank suchte er auf, wenn er sich ausruhen und nachdenken, wenn er mit sich allein sein wollte.

Es muß unheimlich schwer sein, ging es Avner durch den Kopf, jemanden bis hierher zu verfolgen, ohne daß der Betreffende etwas davon merkt. Aber Hans wäre nicht mitten in der Nacht bis zum Ententeich gegangen, wenn er gewußt hätte, daß man ihn beschattet. Es war allerdings denkbar, daß jemand von der Ostparkstraße beobachtet hatte, wie Hans zwischen den Bäumen verschwand. Vorausgesetzt, daß dieser Jemand mit seinen Gewohnheiten vertraut war, wußte er, wo Hans zu finden war. Aber Steve und ich, wir waren doch die einzigen, die seine Bank beim Ententeich kannten, dachte Avner. Das Gelände ist riesig, zufällig hätte man ihn hier kaum gefunden. Ein Terrorkommando, das auf gut Glück den Park durchstreifte, wäre vermutlich eher erfroren, als Hans in dieser versteckten Laube aufzuspüren.

Aber wenn er nicht beraubt wurde, kann er ja nur Terroristen zum Opfer gefallen sein! Oder gibt es doch noch eine andere Möglichkeit? Avner entnahm der Brieftasche einen deutschen Führerschein und einen Personalausweis. Sorgfältig tastete er im Dunkeln alle Fächer sowie die Innentaschen des Mantels ab, konnte jedoch keine weiteren Papiere entdecken. Statt dessen fiel ihm auf, daß das geronnene Blut sich zum großen Teil mitten auf der Brust des Toten befand, genau da, wo Avners Finger einen langen Riß im Pullover fühlten. Avner hätte es nicht be-

schwören können, aber die Indizien deuteten eindeutig auf eine Stichwunde hin. Das machte den Mord noch geheimnisvoller. Wie ist es möglich, grübelte Avner, daß jemand nahe genug an Hans rankam, um ihn zu erstechen, ohne daß er seine Waffe zog? Entweder er hegte nicht den mindesten Verdacht, oder seine Mörder waren zu zweit, und einer hielt ihn in Schach, während sein Komplize Hans das Messer in die Brust stieß. Aber selbst dann hätte Hans versucht, sich zu verteidigen, hätte zumindest mit einer Reflexbewegung das Messer abgewehrt. Doch weder waren die Hände des Toten zerkratzt, noch fanden sich Blutspuren an Handschuhen und Ärmeln. Es hatte fast den Anschein, als habe man ihn im Schlaf erstochen.
Absurd! dachte Avner. Das ist völlig unmöglich. Eigentlich, überlegte er weiter, weiß ich gar nichts über sein Sexualleben. Schön, er war verheiratet, aber das muß nicht unbedingt andere Neigungen ausschließen. Ich wär zwar nie auf die Idee gekommen, Hans für homosexuell zu halten – der bloße Gedanke wirkt lächerlich –, aber es wäre immerhin ein Motiv. Ein Park in einer Januarnacht scheint zwar nicht gerade geeignet für 'n Rendezvous, aber angenommen, Hans hätte sich jemandem genähert, der damit nicht einverstanden war, so ergäbe das ein Tatmotiv.
Die Theorie schien ihm allerdings selbst so weit hergeholt und phantastisch, daß er sie Steve gegenüber gar nicht erst erwähnte; weder in dieser Nacht noch zu einem späteren Zeitpunkt. Steve hätte ihm womöglich einen Kinnhaken verpaßt, wenn er nur die Möglichkeit homosexueller Neigungen ihres toten Kameraden angedeutet hätte.
»Ich muß Louis anrufen«, sagte Avner zu Steve. »Warte beim Haupteingang auf mich.«
Bis zur nächsten Telefonzelle auf der Ostparkstraße brauchte er nur zehn Minuten zu gehen. Er rief in Paris an. »Wir haben einen Unfall wie den in London zu beklagen«, sagte er. »Ich werd dir erklären, wo wir sind.«
Louis hörte schweigend zu, während Avner ihm eine sorgfältige Beschreibung des Platzes gab, an dem er und Steve Papas Män-

ner erwarten würden. Der Franzose fragte nicht nach Einzelheiten, und Avner bot ihm keine Erklärung an. Bevor sie sich voneinander verabschiedeten, erkundigte sich Louis lediglich, ob er sonst noch etwas für ihn tun könne.

»Im Augenblick nicht, danke«, sagte Avner und legte auf.

Er wußte nicht, daß dies seine letzte Unterhaltung mit Louis war.

Steve und Avner warteten fast anderthalb Stunden am Haupteingang des Ostparks auf die Männer, die Hans' Leiche fortschaffen sollten. Avner wunderte sich später darüber, daß er trotz der klirrenden Kälte überhaupt nicht gefroren hatte. Bis auf zwei kurze Wortwechsel verbrachten sie diese Nachtwache schweigend.

Das erste Mal unterbrach Steve die Stille mit der Frage: »Wenn du Louis angerufen hast, dann glaubst du also nicht, daß Papas Leute was mit dem Mord zu tun haben?«

»Nein«, erwiderte Avner.

Fast eine Stunde verstrich, ehe Steve wieder das Wort ergriff. »Ich hab uns lange für unheimlich gerissen gehalten«, sagte er. »Aber vielleicht hatten wir bloß Glück. Und nun kommt unsre Pechsträhne dran.«

Darauf gab es nichts zu antworten. Avner schwieg, aber bei sich dachte er, daß Steves Bemerkung möglicherweise das Schicksal der ganzen Mission trefflich charakterisierte.

Papas Leute kamen kurz vor vier Uhr morgens in einem Wagen von der Stadt. Ein solches Fahrzeug würde in einem Park kein Aufsehen erregen. Avner und Steve führten die Männer zum Ententeich und sahen zu, wie sie Hans' Leiche in eine Zeltplane wickelten und hinten im Wagen verstauten. Die beiden Deutschen arbeiteten wahrscheinlich ganz legal als Sanitäter oder städtische Leichenbestatter. In sieben, acht Minuten hatten sie alles erledigt und fuhren den schmalen, gewundenen Pfad entlang zum Ausgang zurück.

Ein paarmal sah Avner die Scheinwerfer zwischen den kahlen Bäumen aufleuchten, dann umfing ihn wieder die Dunkelheit. Hans war fort. Wie Carl und Robert, so war auch er verschwunden, als habe es ihn nie gegeben.

Während der nächsten Wochen versuchten Avner und Steve eine Entscheidung zu fällen; oder nein, sie bemühten sich vielmehr, sie hinauszuschieben, indem sie sich mit Routineangelegenheiten beschäftigten. Sie lösten Hans' Wohnung auf und wechselten die ihre. Mit Hilfe der Vollmacht, die Hans auf Avners Namen ausgestellt hatte, verkauften sie das Antiquitätengeschäft. Sie flogen nach Paris und zahlten Kathy die Summe aus, die sie »Le Groupe« noch schuldeten; Louis trafen sie nicht an, er war auf dem Land. Dann mieteten sie einen Wagen und fuhren in die kleine französische Stadt, in der Hans' Frau lebte.
Sie war eine Israelin und reagierte völlig anders, als Roberts Frau es getan hatte. »Ist Hans bei Ihnen?« fragte sie, als Avner mit ihr telefonierte.
»Hm-hm . . . nein.«
Einen Moment lang herrschte Stille in der Leitung. »Ich verstehe«, sagte sie dann. Sie verlangte keine Erklärung.
Als die beiden bei ihr eintrafen, nahm sie den Koffer mit den persönlichen Sachen ihres Mannes in Empfang und führte Avner und Steve ins Wohnzimmer. Sie bot ihnen Tee an, und nachdem sie eine Weile höflich Konversation getrieben hatten, bat sie die beiden, ihr über Hans' Tod das anzuvertrauen, was sie erzählen dürften. Es war wenig genug.
Als sie fragte, wo ihr Mann begraben sei, warf Avner seinem Kameraden einen hilfesuchenden Blick zu und sagte schließlich: »Es tut mir leid, aber ich kann's Ihnen nicht sagen. Ich . . . niemand weiß es.«
»Ich verstehe«, entgegnete sie, ohne ihre Selbstbeherrschung zu verlieren. »Würden Sie mich einen Augenblick entschuldigen?«
Sie verschwand für etwa eine Viertelstunde im Nebenzimmer. Als sie sich wieder zu ihren Gästen gesellte, waren ihre Augen trocken, wenn auch ein wenig gerötet. »Verzeihen Sie bitte«, wandte sie sich mit leiser Stimme an die beiden Männer. »Ich weiß, ich sollte mich besser in der Gewalt haben. Darf ich Ihnen noch eine Tasse Tee anbieten?«
Als Avner ihr einen Umschlag mit Geld zustecken wollte, da

lehnte sie dankend ab. Als die beiden wenige Minuten später das Haus verließen, fühlten sie sich elend, beschämt und schuldig. Als ob wir leichtsinnig mit etwas gespielt und es zerbrochen hätten, dachte Avner; etwas, das zumindest für einen Menschen von unschätzbarem Wert war.

Vielleicht führte dieser Besuch bei Hans' Witwe ihre endgültige Entscheidung herbei. Sie sprachen nicht darüber, aber jeder fühlte instinktiv, daß der andere einen Entschluß gefaßt hatte. Nacheinander lösten sie ihre Konten in Amsterdam, in Zürich und Paris auf und erledigten alle übrigen organisatorischen Details, die erforderlich waren, um die Mission abzuschließen. Es hätte keinen Sinn gehabt weiterzumachen. Zu zweit konnten sie nichts ausrichten.

Als alles erledigt war, flogen sie nach Genf, holten Ephraims Order aus dem Schließfach und entdeckten darauf folgenden Zusatz: *Erwarte umgehend Bestätigung.* Avner deponierte eine chiffrierte Antwort im Safe. Sie lautete: *Weisung erhalten. Hans verloren.*

Als sie die Bank verließen, lenkten Avner und Steve ihre Schritte unwillkürlich zum Pont de la Machine, wo sie damals, bei ihrem ersten Genfer Treffen im September 1972, zum erstenmal unter vier Augen miteinander gesprochen hatten. »In einem«, sagte Avner gedankenvoll, »hast du jedenfalls recht behalten. Wir beide sind noch am Leben.«

Das war das Ende der Mission.

Teil 4
Rückkehr ins Leben

XVIII
Amerika

Hans war im Januar gestorben. Der Tag, an dem Avner und Steve ihre Angelegenheiten in der Genfer Bank regelten und über den Pont de la Machine zum Hotel du Midi zurückschlenderten, war der Frühlingsanfang des Jahres 1975. Es gab immer noch einige Kleinigkeiten in Europa abzuwickeln: konspirative Wohnungen mußten aufgelöst, unbedeutende Informanten ausbezahlt werden. Auf der Bank hatten die beiden sich gerade davon überzeugt, daß ihre Privatkonten trotz der Spenden für die Witwen ihrer Kameraden noch einen Betrag von jeweils knapp einhunderttausend Dollar aufwiesen. In die Befriedigung hierüber mischten sich Bitternis und ein nagendes Schuldgefühl. Dennoch war es beruhigend zu wissen, daß ihre Zukunft zumindest finanziell gesichert war. Obwohl Avner sich während der Mission an einen aufwendigen Lebensstil gewöhnt hatte, bedeuteten einhunderttausend Dollar immer noch eine geradezu astronomische Summe für ihn. Zum erstenmal wurde ihm bewußt, daß er reich war. Mit Leichtigkeit könnte ich Shoshana diese phantastische Schwedenküche aus der Avenue Hoche kaufen, dachte er. Ach was, zwei könnte ich mir leisten, wenn ich nur wollte!

Nachdem die Entscheidung über den Abbruch ihrer Mission gefallen war, fühlten Avner und Steve sich niedergeschlagen und erleichtert zugleich. Wenn auch der »Schwarze September« seit dem Anschlag auf die saudiarabische Botschaft in Khartum im März 1973 nicht mehr aktiv in Erscheinung trat, so beschoß nun das Boudia-Kommando der »Volksfront«, operativ geleitet von Carlos, die in Paris stationierten El-Al-Maschinen mit Raketenwerfern – zum Glück ohne nennenswerten Erfolg. Spektakuläre Ergebnisse erzielte hingegen die Baader-Meinhof-Gruppe in Deutschland mit der Entführung von Politikern und Industriel-

len, für deren Freilassung sie von der Bundesregierung hohe Lösegelder erpreßte. Avner und Steve fragten sich anläßlich der Zeitungsmeldungen, ob ihre Mission, für die Carl, Robert und Hans ihr Leben lassen mußten, dem internationalen Terrorismus wenigstens eine Kerbe geschlagen habe. Ephraims vielköpfige Hydra erlahmte nicht. Und selbst wenn es, wie im Falle des »Schwarzen September«, zur momentanen Passivität einer Terrorgruppe kam, handelte es sich vermutlich um ein taktisches Manöver von PLO-Chef Arafat, der seinen nach dem Yom-Kippur-Krieg errungenen Kredit nicht aufs Spiel setzen wollte. Mit ihm betrachteten vermutlich eine Reihe von Palästinaguerillas gegenwärtig das Rednerpodium der Vereinten Nationen und den Genfer Konferenztisch als geeignetsten Schauplatz für ihr Vorhaben, die Juden ins Meer abzudrängen.
Trotzdem zweifelten Avner und Steve nicht an Sinn und Notwendigkeit ihrer Arbeit. Israel konnte nicht zulassen, daß seine Landeskinder ungestraft ermordet wurden. Damals, im Frühjahr 1975, hätten die beiden selbst in Momenten größter Niedergeschlagenheit ihre Mission rückhaltlos verteidigt.
Sie teilten sich die letzten Aufräumarbeiten. Beim Abschied umarmten sie sich linkisch und ein wenig beschämt ob dieser Gefühlsaufwallung, und dann ging ein jeder seines Weges.

Als Avner am 10. April in New York eintraf, hatte er noch keine klare Vorstellung von seiner Zukunft. Er war einfach zu erschöpft, um ernsthaft darüber nachzudenken. Offiziell unterstand er seit 1972 nicht mehr der Mossad, und jetzt, da man zudem seinen Auftrag gekündigt hatte, fühlte er sich unmittelbar zu nichts verpflichtet. Natürlich würde er irgendwann in Tel Aviv seinen Einsatzbericht abliefern müssen, aber er wollte zunächst ein wenig Abstand gewinnen. Im Augenblick, dachte er, könnte ich mit niemandem über unsre Mission sprechen; ich würd's einfach nicht ertragen. Er wünschte sich nichts sehnlicher, als ein paar Wochen mit Shoshana zu verbringen.
Er blieb fast einen Monat in New York. Es war eine herrliche

Zeit, die er mit dem prickelnden Schuldgefühl eines Kindes genoß, das die Schule schwänzt. Vielleicht brauchte er gar kein schlechtes Gewissen zu haben, aber er konnte es nicht abstellen. Shoshana und er liebten einander zwei- oder dreimal am Tag, machten ausgedehnte Spaziergänge und besuchten mal ein Restaurant, mal ein Kino. Avner spielte mit Geula und versuchte Charlie darauf zu dressieren, die Zeitung zu apportieren.

Nur einmal, als Avner sich schon drei Wochen in New York aufhielt, stellte Shoshana ihm eine Frage: »Wenn du diesmal fortgehst, wie lange wirst du dann wegbleiben?«

»Ich hab nichts von Fortgehen gesagt«, erwiderte er lächelnd.

»Nein, aber du wirst es tun«, stellte Shoshana sachlich fest. »Ich bin jeden Tag drauf gefaßt. Alles, was ich wissen möchte, ist, ob du lange fortbleiben wirst.«

»Weißt du«, antwortete Avner verheißungsvoll, »vielleicht muß ich diesmal nur für ein, zwei Wochen weg. Und wenn ich wiederkomme, dann verreisen wir. Wir mieten uns 'nen Wagen und fahren einfach ins Blaue – kreuz und quer durch Amerika. Würde dir das Spaß machen, hm?«

Shoshana lachte. »Wo willst du denn das Geld dafür herkriegen?« fragte sie.

»Ach richtig, das hab ich dir ja noch gar nicht erzählt«, entgegnete Avner. »Also, paß auf, wir kriegen 'n bißchen was extra. So 'ne Art Prämie, verstehst du? Davon können wir uns ohne weiteres 'ne Reise leisten.«

»Wirklich?« Shoshana strahlte. »Meinst du das im Ernst? Oh, wir haben noch nie gemeinsam Ferien gemacht!«

»Ich versprech's dir«, sagte Avner. »Ganz bestimmt. Wir fahren miteinander in Urlaub – nur du, Geula und ich. Ach ja, und Charlie natürlich auch.«

Einige Tage nach diesem Gespräch erhielt Avner den Anruf eines New Yorker Agenten der Mossad. »Schau mal einer an«, sagte der Mann am anderen Ende der Leitung, als Avner sich meldete. »Das hätt ich mir ja denken können! Alle Welt sucht nach Ihnen, und Sie sitzen ruhig daheim, als hätten Sie keine Sorgen.«

»Worüber sollte ich mir denn Sorgen machen?«

»Woher soll ich das wissen? Das müssen Sie sich schon selber fragen. Ich weiß nur, daß zu Hause 'n paar Leute auf Sie warten. Nachdem ich Sie nun aufgespürt habe, werd ich denen sagen, daß Sie morgen früh die erste Maschine nehmen. Das wird die in Tel Aviv sehr freuen.«

»Erzählen Sie denen, was Sie wollen«, entgegnete Avner und legte auf.

Aber am nächsten Tag fand er sich mit einem kleinen Koffer auf dem Kennedy-Flughafen ein. Zwar fühlte er sich unverändert zu erschöpft und ausgelaugt, um eine Bilanz der letzten zwei Jahre zu ziehen. Doch es hatte keinen Zweck, den Einsatzbericht, den er früher oder später in jedem Fall abliefern mußte, noch länger hinauszuzögern. Mehr als diese Formalität bedrückte ihn freilich etwas anderes.

Der Abschlußbericht stellte nur das Vorspiel zu einer Entscheidung dar, die er fällen mußte. Allem Anschein nach konnte er sie nicht länger hinauszögern.

Zehn Stunden später schlug ihm beim Verlassen des vollklimatisierten Jets die brütende Hitze auf dem Flugfeld von Lod entgegen. Am Horizont versank die Sonne als roter Ball im Meer. In der feuchten, schweren Luft hatte Avner Mühe zu atmen. Beklemmend lagerte die Schwüle auf seiner Brust, ein Gefühl, das ihm seit seiner Kindheit – als er aus Frankfurt zurückkehrte – so vertraut war, daß er unwillkürlich lächeln mußte.

Ephraim erwartete ihn gleich hinter der Zollkontrolle. Er war in Begleitung zweier Herren, die Avner nicht kannte. »Na endlich!« Ephraim strahlte übers ganze Gesicht, als er ihn umarmte. »Wie schön, Sie endlich wiederzusehen. Meine Herren, das ist unser Avner. Ich kann Ihnen gar nicht sagen, wie stolz wir auf ihn sind.«

»Willkommen.« Die beiden verbeugten sich. »Willkommen daheim.«

In diesem Mai wurde Avner eine Woche lang als Held gefeiert.

Die Einsatzbesprechung in einer Privatwohnung dauerte drei

Tage. Obwohl eine anstrengende Prozedur, fand sie doch in durchaus entspannter, ja fast freundlicher Atmosphäre statt. Ephraim ging im Zimmer auf und ab, dehnte und streckte sich wie eine zu lang geratene Marionette. Die beiden anderen trugen eine respektvolle, ja ehrerbietige Haltung zur Schau, jedenfalls soweit *sabras* anderen gegenüber dazu fähig sind. Zu Avners Erstaunen wertete man die Mission als durchschlagenden Erfolg.

Ephraim war in einer völlig anderen Stimmung als bei seinem Treffen mit Avner und Carl in Genf vor der Operation Beirut oder bei der Unterredung nach dem Yom-Kippur-Krieg. Damals hatte er Avner an einen Löwenbändiger erinnert, der einen Feuerreifen vor sich herträgt und beim Sprechen mit der Peitsche knallt. Jetzt wirkte er ausgeglichen und zufrieden. Aber warum?

Avners Ansicht nach hatte sein Team sich in der Anfangsphase bewährt, mindestens bis zum Oktoberkrieg des Jahres 1973. Wenn sie je Anerkennung oder Dank erwartet hatten, dann in dieser Zeit. Damals aber hatte Ephraim ständig Kritik geübt. Sie bräuchten zuviel Zeit, die Mission verschlinge zuviel Geld. Und wie er uns erst runtergeputzt hat, als wir heimkamen, um im Yom-Kippur-Krieg mitzukämpfen, dachte Avner. Seit damals hatte mein Team nur noch Niederlagen zu verzeichnen. Fehlschläge und Katastrophen häuften sich: Carl, Robert und Hans; die drei Palästinenser in der Schweiz und der junge Araber in Spanien. Und nach alledem klopft Ephraim mir plötzlich auf die Schulter!

Avner konnte es nicht begreifen. Vielleicht war man bei der Mossad einfach nur erleichtert, weil alles vorbei war. Womöglich hatte man ein zweites Lillehammer befürchtet. Es wäre auch denkbar, daß Ephraim, der schließlich im Grunde nichts weiter war als ein Bürokrat, von seinen Vorgesetzten eine Belobigung erhalten hatte. In einer Bürokratie – und das ist letztlich jeder Geheimdienst – streben alle nach dem Lob der hohen Tiere. Wenn es nun Ephraim selbst zuteil geworden ist, dann gibt er es natürlich nach unten weiter, dachte Avner.

Ephraim und die anderen Kibbuzniks behandelten Avner während dieser drei Tage so zuvorkommend und spendeten ihm soviel Beifall, daß er sich nicht nur in den Ritter ohne Furcht und Tadel seiner Träume verwandelte, sondern zum Oberstleutnant John Wayne der US-Kavallerie emporstieg. Er war ein Kämpfer, der selbst dem zähesten Kibbuznik Respekt abnötigte. All seine Kinderträume erfüllten sich, und all seine Phantasien aus der Zeit im Kibbuz wurden Wirklichkeit. Er hatte ihnen bewiesen, was in ihm steckte. Er war tatsächlich ein Held; zum erstenmal in seinem Leben.

Während Avner seinen detaillierten Bericht ablieferte, machte Ephraim sich hin und wieder Notizen. Vielleicht wurde das Gespräch zusätzlich auf Tonband aufgezeichnet. Avner war sich nicht sicher, wollte aber nicht danach fragen. Jedenfalls gratulierte die Mossad ihm zu seinen Erfolgen und spielte die Niederlagen herunter. Salameh – tja, wirklich schade, aber ihr habt euer Bestes getan. Muchassi – nun, das war eine gültige Frontentscheidung, auch wenn er nicht auf der Liste stand. Der KGB-Mann – darüber ist uns nichts bekannt. Vielleicht habt ihr ihn doch nicht getroffen. Aber selbst wenn er getötet wurde – ihr hattet schließlich keine andere Wahl. Die Russen werden schon ihre Gründe haben, darüber Stillschweigen zu bewahren. Die jungen Terroristen in der Schweiz und in Spanien – wir können nicht über euch zu Gericht sitzen. Zumindest waren es Terroristen. Ihr habt nach bestem Wissen und Gewissen gehandelt. Carl, Robert und Hans – wirklich tragisch, aber man kann nun mal keinen Krieg führen, ohne Opfer zu bringen. Ja, ihr hättet die Mission abbrechen sollen, sobald ihr unsre Nachricht bekamt. Aber wir verstehen die Beweggründe, die euch veranlaßten weiterzumachen. Sprechen wir nicht mehr davon.

Die einzige Operation, die Ephraim mißbilligte, war das Attentat auf die Holländerin. »Das hättet ihr nicht tun dürfen.« Er schüttelte energisch den Kopf. »Da habt ihr euch einem ausdrücklichen Befehl widersetzt. Eure Gründe dafür interessieren mich nicht. Ob sie Carl getötet hat oder nicht – und ich bezweifle das gar nicht –, sie umzubringen war Mord. Wir hätten dazu nie unsre Zustimmung gegeben.«

»Nun, Sie hatten ja auch nichts damit zu tun«, erwiderte Avner. »Das haben wir auf eigene Faust gemacht. Stellen Sie sich einfach vor, wir hätten uns dafür beurlaubt.«

»Ach, reden Sie doch kein Blech! Wir sind hier schließlich nicht im Kino!« Es war das einzige Mal, daß er einen scharfen Ton anschlug oder Kritik übte. Aber selbst bei dieser Gelegenheit lenkte er rasch wieder ein. »Na ja, was geschehen ist, kann man nicht mehr rückgängig machen«, sagte er. »Aber merken Sie sich für die Zukunft, daß wir unerlaubte Aktionen nicht auf die leichte Schulter nehmen. Normalerweise wird so was mit Suspendierung geahndet.«

Avner antwortete nicht. Bei sich aber dachte er: Suspendierung wovon, möchte ich wissen. Schließlich arbeite ich nicht mehr für euch. Aber er wollte sich Ärger ersparen, also schwieg er.

Der einzige Aspekt der Mission, über den er Ephraim nicht eingehend informierte, war die enge Zusammenarbeit mit »Le Groupe«. Er erwähnte weder Papa noch Louis namentlich, sondern sprach entweder von »einer Kontaktperson aus dem Untergrund« oder erfand irgendeinen Namen. »Dann haben wir Paul angerufen«, sagte er beispielsweise; oder: »Anschließend haben wir uns mit Haled in Verbindung gesetzt.« Avner wahrte nicht nur im Gedenken an die Warnung seines Vaters, immer ein As im Ärmel zu behalten, Diskretion, sondern auch aus einem Gefühl der Loyalität Papa gegenüber. Er hielt an dem Glauben fest, daß Papa ihm die Treue gehalten habe; trotz Carls, Roberts und Hans' Tod gab er diese Hoffnung nicht auf. Außerdem hätte er Ephraim ohnehin nicht viel über Papas Organisation verraten können. Er kannte lediglich ein paar Telefonnummern, unter denen er »Le Groupe« erreichen oder eine Nachricht hinterlassen konnte. Bestenfalls wäre es ihm noch gelungen, ein Landhaus in der Nähe von Paris wiederzufinden, von dem er jedoch nur mutmaßte, daß es Papas Hauptquartier sei.

Ephraim bedrängte ihn nicht. Er wußte aus Erfahrung, daß Agenten ihre besten Informanten gern für sich behalten. Das geschieht zum einen aus Sicherheits- und zum anderen aus Prestigegründen; solange ein Agent über wichtige Geheimkontakte

verfügt, braucht er nicht zu befürchten, daß man ihn durch einen Computer ersetzen könnte.
Nach zweiundsiebzig Stunden umarmte Ephraim Avner zum Abschied und ließ ihn gehen.
Avner hatte früher schon Agenten gesehen, die als Helden gefeiert und mit Ehrfurcht behandelt wurden, obgleich kaum jemand wußte, was sie eigentlich vollbracht hatten. Jetzt genoß er offensichtlich selbst ein solch hohes Ansehen. Er merkte es an der Art, wie die Leute ihm auf die Schulter klopften, als er nach seiner Einsatzbesprechung in der Zentrale erschien, um den behördlichen Kram zu erledigen. Die Bürohengste, die er kaum kannte und bei denen er lediglich die Scheckbücher, Pässe, Safeschlüssel und andere Überbleibsel der Mission abliefern wollte, rissen sich darum, ihm die Hand zu schütteln. Der Großvater der Galizier grunzte beifällig, als Avner ihm die letzten Kontoauszüge und ein paar tausend Dollar in bar aushändigte, die noch vom Operationsfonds übrig waren. Im Rahmen eines kurzen Gesprächs schüttelte ihm sogar der neue *memune*, General Yitzak Hofi[1], die Hand, wobei sein für gewöhnlich ernstes Gesicht von der Andeutung eines Lächelns erhellt wurde.
Doch diesmal kam niemand auf die Idee, ihn zur Premierministerin zu führen.
Immerhin war die Flüsterpropaganda von Avners Ruhm offenbar bis zu seinem Vater in dessen Einsiedelei gedrungen. »Ich höre, du hast dich bewährt«, sagte er, als Avner den Garten betrat. »Man denkt bei der Regierung anscheinend, du seist ein begnadeter Retter des Vaterlands.«
»Ja«, antwortete Avner zögernd, »so was Ähnliches denken sie wohl.«
Sein Vater blickte ihm forschend ins Gesicht. »Und du?« fragte er. »Glaubst du's etwa nicht?«
Avner wiegte zweifelnd den Kopf. »Ich weiß es nicht«, erwiderte er.
»Was du selber denkst, ist auch gar nicht wichtig«, nahm sein Vater nach einer Pause wieder das Wort. »Kümmre dich jetzt nicht um das, was du getan hast. Heute bist du ganz oben.

Nimm, was du kriegen kannst! Heute werden sie dir nichts abschlagen. Morgen sieht womöglich alles ganz anders aus. Da bist du vielleicht schon wieder ein Niemand.«

»Ich will aber nichts von denen«, antwortete Avner. »Sie haben nichts, was mich reizen könnte.«

Energisch richtete sein Vater sich in seinem Liegestuhl auf. »Jetzt hör mir mal zu, mein Junge«, sagte er eindringlich. »Du hast dir meinen Rat nicht zu Herzen genommen, bevor du dich mit *denen* eingelassen hast. Aber tu's wenigstens jetzt. Was geschehen ist, läßt sich nicht mehr ändern. Du hast Glück gehabt, es hätte schlimmer kommen können. Heute bietet sich dir 'ne einmalige Chance. Aber du mußt zugreifen, verstehst du? Heute noch! Morgen schließen *die* ihren Schatz womöglich schon wieder ein. Da werden sie dich vielleicht nicht mal mehr grüßen. Dann sitzt du da und wartest auf einen Anruf, der nie kommen wird.«

»Wenn ich aber nun gar nichts haben will von ihrem Schatz? Wenn ich gar nicht scharf drauf bin, daß die mich anrufen?« fragte Avner.

Sein Vater blickte ihn an und seufzte. Plötzlich erlosch das Interesse in seinen Zügen. »Du verstehst es eben nicht«, sagte er mehr zu sich selbst als zu seinem Sohn. »Du mußt genauso bis zum bitteren Ende gehen wie alle anderen. Dann wirst du's begreifen, doch dann wird es leider zu spät sein.«

Obwohl er seinen Vater nicht dazu bewegen konnte, sich deutlicher auszudrücken, glaubte Avner den Grund für seine Bitterkeit zu erraten. Wilma, seine zweite Frau, war vor einem Jahr nach längerer Krankheit gestorben. Dieses Leiden hatte sie sich nach Ansicht seines Vaters zugezogen, während sie als israelische Spionin im Gefängnis saß. Doch da sie weder Israelin noch Jüdin war, hatte sie keinen Anspruch auf kostenlose ärztliche Behandlung. Vater mußte sie als Privatpatientin in der Klinik unterbringen, was mehr als die Hälfte der Abfindung verschlang, die man ihm nach seiner glorreichen Mission ausgezahlt hatte. Ungeachtet all der Dienste, die er seinem Land geleistet hatte, machten *die* für Wilmas Behandlung nicht einen einzigen Pfennig locker.

Avner erfuhr diese Einzelheiten nicht von seinem Vater, der sich wie gewöhnlich auf vage Andeutungen und verbitterte Schimpfkanonaden beschränkte. Seine Mutter berichtete ihm von den näheren Umständen. Sie hatte an Wilmas Beerdigung teilgenommen. Außer ihr waren nur Vater und ein paar Kibbuzniks anwesend gewesen. Das ist schon mehr als makaber, dachte Avner und schauderte zusammen.
Mutter verstand Vaters Verbitterung über *die,* wenngleich sie sie nicht teilte. In diesem kleinen, bedrängten Land mußte eben jeder für sich selbst sorgen. Viele Familien hatten im Krieg Vater, Mutter, Söhne oder Töchter verloren. Wenn jeder belohnt werden sollte, der Israel ein Opfer gebracht hatte, dann müßte man nahezu jedem zweiten eine Auszeichnung zuteil werden lassen. Durfte man denn wirklich zwischen einfachen und außergewöhnlichen Verdiensten unterscheiden? Ein Panzerfahrer konnte sein Leben ebenso leicht verlieren wie ein Geheimagent. Wenn man jedem mutigen Israeli eine Extrawurst braten wollte, wäre das Land bald bankrott. »Als Israeli tut man seine Pflicht«, sagte Avners Mutter. »Und zwar ohne eine Belohnung dafür zu erwarten. Die Juden haben endlich eine Heimat, damit sind wir überreich belohnt.«
»Aber Wilma war schließlich keine Israelin«, wandte Avner ein.
»Sie tat nur ihre Pflicht«, entgegnete seine Mutter hart. »Genau wie *ich* die meine. Glaubst du vielleicht, mir ist es leichtgefallen? Wo ist denn meine Belohnung, hm? Das soll allerdings nicht heißen, daß ich je eine erwartet hätte!«
»Mutter, du bist eine Heilige«, stellte Avner teilnahmslos fest.
»Was soll der Unsinn? Wie sprichst du denn mit mir? Und das bloß, weil ich mit deinem Vater nicht einer Meinung bin?«
»Na ja, er ist ganz gewiß kein Heiliger«, antwortete Avner. »Das ist sein einziger Fehler. Genau wie es dein einziges Manko ist, 'ne Heilige zu sein.«
Aber es erleichterte Avner nur momentan, seine Mutter durch solch flapsige Reden zu schockieren. Insgeheim konnte er das Gefühl nicht abschütteln, seine Mutter sei im Recht. Sie hatte die

richtigen Wertmaßstäbe. Es ist nicht Mamas Schuld, dachte er, wenn weder Vater noch ich oder – wenn man so will – ganz Israel diesen Idealen gerecht werden.

Ende Mai kehrte Avner nach New York zurück. Zu diesem Zeitpunkt hatte er die Entscheidung über seine Zukunft getroffen, doch er behielt sie für sich. Wenige Stunden vor dem Abflug hatte er eine letzte kurze Unterredung mit Ephraim. »Nun machen Sie erst mal Ferien, und erholen Sie sich richtig«, sagte sein alter Einsatzoffizier aufmunternd. »Über Ihren nächsten Auftrag reden wir, sobald Sie zurück sind.«

»Schön«, antwortete Avner ausweichend. »Reden wir miteinander.«

In Wirklichkeit gab es nur einen Menschen, mit dem er sprechen wollte, und das war Shoshana. Gleich am ersten Abend in New York brachte er das Thema aufs Tapet: »Du bist jetzt schon zwei Jahre in den Staaten«, begann er. »Gefällt's dir hier eigentlich?«

»Ja, schon«, antwortete Shoshana.

»Hast du Heimweh?«

»O doch. Du etwa nicht?«

»Ja und nein«, sagte Avner zögernd. »Aber ich glaube nicht, daß ich wieder in Israel leben möchte. Was hältst du davon, wenn wir in Amerika bleiben?«

»Heißt das, du möchtest emigrieren?«

»Ja«, entgegnete Avner. »Genau das meine ich.«

In dem Augenblick, in dem er ihn aussprach, kam ihm sein Wunsch ebenso ungeheuerlich vor wie Shoshana. Sie waren beide Israelis, nein, mehr als das, sie waren *sabras.* Auswandern bedeutete für sie nicht dasselbe wie für einen Schweden oder einen Italiener. Wenn auch der Entschluß, das Vaterland zu verlassen und eine neue Staatsbürgerschaft anzunehmen, gewiß jedem Menschen schwerfällt, so hat er für einen Israeli doch einen ganz besonderen Stellenwert. Er grüßt nicht nur eine andere Flagge, erlernt eine neue Sprache und zahlt seine Steuern künftig einer anderen Behörde. Ein Israeli, der sein Land verläßt, kehrt in die Diaspora zurück. Er verschmäht seine Heimat, für die Zehntausende von Juden ihr Leben geopfert haben und für die Hunderttausende noch heute zu sterben bereit sind. Aus Israel zu emigrieren ist beinahe Fahnenflucht.

Obwohl er all dies wußte und bedachte, hatte Avner sich Ende Mai 1975 dazu durchgerungen, Israel auf immer zu verlassen.

Niemand hätte ihn mehr von diesem Entschluß abbringen können – ausgenommen Shoshana.

»Heißt das, wir sind in Zukunft keine Israelis mehr?« fragte sie in seine Gedanken hinein.

»Nein.« Avner schüttelte den Kopf. »Israelis sind und bleiben wir. Daran wird sich nichts ändern. Sobald im Nahen Osten wieder ein Krieg ausbricht, nehm ich die erste Maschine und flieg hin, das versprech ich dir.«

Shoshana zuckte die Achseln. »Ja, das weiß ich. Aber darum geht's jetzt nicht. Ich meine was anderes.«

Avner wußte nur zu gut, wovon sie sprach. Im Kriegsfall eilten viele Leute Israel zu Hilfe, ob sie nun Israelis waren oder nicht. Emigration dagegen war etwas ganz anderes. Ein solcher Schritt hatte nichts damit zu tun, was der Betreffende im Notfall für Israel zu leisten bereit war.

»Weißt du . . .«, begann er zögernd. »Ich möchte nicht mehr zurück, das ist alles. Es hat nichts mit meinem Gefühl fürs Vaterland oder mit meinen Pflichten Israel gegenüber zu tun; gar nichts, verstehst du?«

Shoshana sah ihn forschend an. »Hat es was mit deiner Arbeit zu tun?« erkundigte sie sich.

»Kann schon sein.«

»Ich stell dir keine Fragen«, sagte sie. »Aber wenn wir eine Entscheidung treffen müssen, dann wollen wir's jetzt tun.«

Sie beugte sich über ihre kleine Tochter, die friedlich in ihrem Kinderbettchen schlief. »Ich möchte nicht, daß Geula zwei verschiedenen Ländern angehört. Sie soll von Anfang an da aufwachsen, wo sie als Erwachsene leben wird. Dann weiß wenigstens sie später einmal, wo sie hingehört.«

Avner erriet aus diesen Worten, wie schwer Shoshana der Entschluß fiel.
»Hör mal, wir müssen nicht hierbleiben«, erklärte er eilig. »Ehrlich, wenn du lieber zurück möchtest, dann gehn wir eben wieder nach Israel.«
»Nein.« Shoshana schüttelte den Kopf. »Ich glaub, wir sollten besser hierbleiben.«
Damit war die Entscheidung gefallen, obwohl sie noch wochenlang darüber diskutierten. Avner unternahm vorläufig keine offiziellen Schritte. Er ging weder zur Einwanderungsbehörde, noch schickte er Ephraim ein offizielles Kündigungsschreiben. Was letzteres betraf, so beruhigte er sich mit dem Gedanken, daß er eigentlich gar nicht mehr zurückzutreten brauche. Schließlich bin ich ja schon vor zweieinhalb Jahren offiziell vom Dienst suspendiert worden, dachte er.
Avner suchte eine größere Wohnung in Brooklyn und hinterlegte zwei Monatsmieten Kaution. Er kaufte eine Couchgarnitur und einen passenden Tisch, beides in dem hellen, skandinavischen Stil, den Shoshana so sehr liebte. Für die Möbel ging beinahe sein letztes Bargeld drauf.
»Können wir uns das denn leisten?« fragte Shoshana atemlos, als Avner sie zu dem Geschäft führte und ihr stolz seine Überraschung präsentierte. Shoshanas Augen leuchteten vor Entzücken wie die eines Kindes.
»Mach dir wegen des Geldes keine Gedanken«, erwiderte er. »Und ob wir uns das leisten können!«
Ephraims Anruf kam noch vor dem Umzug und ehe die neuen Möbel geliefert waren. »Wie bekommt Ihnen der Urlaub?« fragte Ephraim auf hebräisch, sobald Avner sich meldete. Er erkannte die Stimme seines früheren Einsatzoffiziers sofort.
»Von wo rufen Sie an?« fragte er zurück.
»Ich bin in New York«, antwortete Ephraim. »Ich würd mich gern mit Ihnen treffen.«
»Gern. Wollen Sie mich nicht besuchen?«
»Nein, nein«, wehrte Ephraim ab. »Ich möchte Sie nicht zu Hause belästigen. Kommen Sie lieber zu mir ins Hotel.«

Sie verabredeten sich für den nächsten Morgen in der Halle. Auf diese Weise brauchte Avner am Telefon nicht nach dem Namen zu fragen, unter dem Ephraim reiste. Diese Vorsichtsmaßnahme war reine Routine, denn zum einen schien es höchst unwahrscheinlich, daß Shoshanas Anschluß überwacht wurde, und zum anderen hatte Ephraim bestimmt von einer öffentlichen Telefonzelle aus angerufen.

»Schön, Sie wiederzusehen«, sagte Ephraim, sobald sie sich in seinem kleinen, ziemlich schäbigen Hotelzimmer gegenübersaßen. »Sie wirken gut erholt. Das freut mich, denn wir haben Arbeit für Sie.«

Avner war nicht überrascht. Er hatte die ganze Nacht lang darüber nachgegrübelt, warum Ephraim sich hier in New York mit ihm treffen wollte, und war zu dem Schluß gekommen, daß es sich nur um einen neuen Auftrag handeln könne. Er hatte sich seine Antwort sorgfältig zurechtgelegt. Aber jetzt brachte er sie nicht über die Lippen. Vielmehr suchte er nach einer Ausflucht, einer möglichen Entschuldigung.

»Um was für einen Job handelt sich's denn?« fragte er. »Ist er mit dem letzten vergleichbar?«

»Nein, diesmal ist es was völlig anderes.« Ephraim hatte immer noch die enervierende Angewohnheit, an die Avner sich von ihrer ersten Begegnung her erinnerte, nämlich sein Taschentuch zum Gesicht zu führen, ohne sich die Nase zu putzen. »Dieser Auftrag führt Sie auch auf neues Territorium, nach Südamerika.«

Avner schwieg.

»Allerdings können Sie Ihre Familie wiederum nicht mitnehmen«, fuhr Ephraim fort. »Aber wir werden's so einrichten, daß Sie zwischendurch für zwei, drei Wochen heimkommen können; alle sieben Monate vielleicht. Ach was! Seien wir großzügig: zweimal im Jahr.«

»Nein.« Avner sagte es ganz ruhig, ohne die Stimme zu heben. Ephraim blickte verdutzt auf. Er lachte, wenn auch ein wenig peinlich berührt. »Heißt das, Sie möchten erst mal drüber nachdenken?«

»Danke, das ist nicht nötig. Ich habe mich bereits entschieden. Ich lehne den Auftrag ab.«
Ephraim schwieg eine Weile. Dann legte er Avner aufmunternd die Hand auf die Schulter. »Hören Sie, wir sind doch Freunde, nicht wahr? Also raus damit! Was haben Sie für ein Problem?«
Avner hatte seine Absage ein wenig heftig vorgetragen, was vielleicht daran lag, daß er sich schämte. Was mach ich nur? dachte er. Kein Wunder, daß Ephraim so verblüfft ist; kommt schließlich nicht alle Tage vor, daß ein israelischer Agent sich weigert, 'ne Mission zu übernehmen. »Also gut, wir sind Freunde«, erwiderte er. »Darum nenn ich Ihnen auch meine Gründe. Mit Rücksicht auf meine Familie kann ich keine solchen Aufträge mehr annehmen. Und außerdem . . . ich will nicht mehr. Ich möchte aussteigen.«
Ephraim stand schwerfällig auf und trat ans Fenster. Er sah eine Weile schweigend hinaus, dann drehte er sich zu Avner um und sagte: »Tja, wenn das Ihr letztes Wort ist . . . Es tut mir aufrichtig leid . . .« Er brach ab, überlegte einen Moment und schlug dann einen anderen Ton an. »Wissen Sie was, junger Freund, ich glaub, das Ganze ist mein Fehler. Ich hab Sie einfach zu früh überfallen. Sie brauchen noch 'n bißchen mehr Zeit, um wieder zu sich selbst zu finden.«
»Nein, ganz und gar nicht«, widersprach Avner. »Im Gegenteil! Ich bin froh, daß Sie angerufen haben und ich mir das endlich von der Seele reden kann. Ich will Schluß machen, verstehn Sie? Es tut mir leid, aber ich hör auf.«
Ephraim setzte sich wieder. »Ich verstehe«, sagte er sanft. »Möglicherweise glauben Sie mir nicht, aber es ist so.« Das Mitgefühl in seiner Stimme klang echt, wodurch Avner sich noch unbehaglicher fühlte. Er interpretierte Ephraims Worte folgendermaßen: *Ich versteh Ihre Kampfmüdigkeit. Ich versteh, daß Sie die Nerven verlieren. Ich versteh, daß Sie letztlich einfach nicht genug Durchhaltevermögen besitzen.* Ephraim sprach zu ihm wie ein Arzt zu einem Patienten, für dessen tödliche Krankheit man ihn zwar nicht verantwortlich machen, wogegen aber der Doktor auch nichts tun kann. Avner hatte sich noch nie im Leben so elend gefühlt. Wie

hatte Carl doch gleich gesagt: Von einer Sekunde zur anderen sinkt man vom Helden zum Landstreicher herab.
Ephraims nächste Worte waren noch niederschmetternder. Die falsche Herzlichkeit seines Tons traf Avner wie ein Peitschenhieb:
»Nun mal Kopf hoch, junger Freund! Machen Sie nicht so ein finsteres Gesicht. Wir werden schon einen Weg finden. Wir bringen Sie und Ihre Familie zurück nach Israel und suchen einen geeigneten Posten für Sie. Es gibt haufenweise Arbeit in Israel, die genauso wichtig ist wie Ihr alter Job.«
»Ich möchte aber nicht nach Israel zurück.«
Ephraim starrte ihn sprachlos an.
»Ich möchte einige Zeit in New York bleiben«, sagte Avner langsam.
»Was soll das heißen?« fragte Ephraim entgeistert. »Das geht nicht.«
»Was soll das heißen, das geht nicht?« Avner sah seinem Einsatzoffizier fest in die Augen. »Ich möchte in New York bleiben.«
»Aber das *können* Sie nicht.« Ephraims Stimme klang, als spräche er zu einem Kind. »Sie haben keine Papiere, keine Arbeit – nichts! Was wollen Sie denn hier anfangen?« Ratlos breitete er die Arme aus und fuchtelte mit seinem Taschentuch in der Luft herum. »Wovon reden Sie eigentlich, Mann?«
»Davon, daß ich hierbleiben möchte. Ich weiß noch nicht, was ich mir für 'ne Arbeit suchen werde. Das ist jetzt auch ganz unwichtig. Hauptsache, ich kann bei meiner Familie bleiben. Alles andere ist zweitrangig.«
Ephraim hob die Schultern und verzog das Gesicht zu einer Grimasse. »Ach was, Unsinn«, sagte er schließlich. »Nehmen wir einfach an, ich hab Sie zum falschen Zeitpunkt aufgesucht. Ich versteh nicht mal, wovon Sie eigentlich reden – zumindest hoff ich das! Oder wollen Sie mir wirklich weismachen, daß Sie *emigrieren* möchten? Wollen Sie, daß ich das Ihren Eltern erzähle? Sie, der Sie in Israel *geboren* sind, wollen Ihr Land verlassen?«
Avner wollte »ja« sagen, doch er brachte das Wort nicht über die

Lippen. Er war zu feige. Er konnte es Ephraim nicht einfach ins Gesicht sagen – zumindest jetzt noch nicht.
Vielleicht hatte er trotz seiner langen Diskussionen mit Shoshana bislang keine endgültige Entscheidung getroffen. Möglicherweise würde er sich nie dazu durchringen können, ganz gleich, wie viele Argumente er in seinem Kopf bereithielt. Oder aber es fehlte ihm einfach der Mut, seinen Entschluß einem Mann wie Ephraim gegenüber uneingeschränkt zu vertreten.
»Ich verlasse mein Land ja gar nicht«, sagte er, den Blick auf den Boden geheftet. »Ich . . . äh . . . wahrscheinlich komm ich wieder zurück nach Israel. Nur im Augenblick, da . . . da möchte ich lieber woanders leben.«
»Ach so!« Ephraim seufzte erleichtert. »Wenn Sie nur für 'n paar Monate andre Tapeten sehen wollen, dann ist dagegen natürlich nichts einzuwenden. Darüber läßt sich reden. Aber wir wollen nichts überstürzen. Ich muß für 'n paar Tage nach Washington. Wenn ich auf dem Rückweg wieder in New York bin, unterhalten wir uns noch mal drüber. Inzwischen sollten Sie mit Ihrer Frau sprechen. Ich bin sicher, die will nicht in Amerika bleiben.« Ephraim lachte auf, als sei der bloße Gedanke urkomisch, um nicht zu sagen absurd. »Ich hätte Sie nicht so anfahren dürfen vorhin«, fuhr er nach einer kleinen Pause fort. »Bitte entschuldigen Sie. Aber ich hatte Sie mißverstanden. Ich dachte schon, Sie wollten für immer in den Staaten bleiben.«
Er streckte Avner die Hand entgegen. Der ergriff sie, konnte aber weiterhin seinem Einsatzoffizier nicht in die Augen sehen. »Ich hab nichts von ›für immer‹ gesagt«, preßte er mühsam hervor. »Aber . . . aber an ein paar Jahre dachte ich schon. Entweder hier oder in Australien; wo, weiß ich noch nicht genau. Doch ich würde gern längere Zeit im Ausland leben.«
»Darüber reden wir dann«, warf Ephraim ein. »Später, später.« Er verstaute einen Stoß Papiere in seiner Aktentasche und wandte Avner ostentativ den Rücken zu. Der brachte es nicht fertig, den Raum zu verlassen. Sein Zorn und sein Schuldgefühl hielten ihn zurück.
»Würden Sie . . . darf ich Sie zu uns zum Abendessen einladen?«

stammelte er schließlich und fühlte, wie er immer wütender auf sich wurde.
Ephraim blickte von seiner Aktenmappe auf. »Nein«, sagte er brüsk. »Danke, aber ich bin schon verabredet.«
Avner verbeugte sich kurz und verließ das Zimmer. Doch er ging nicht gleich nach Hause, sondern machte einen langen Spaziergang. Von der East Side wanderte er bis zum Hudson River. Ohne auf die Menschenmenge ringsum zu achten, überquerte er mehrmals in Gedanken versunken bei Rot die Straße. Er versuchte, mit sich ins reine zu kommen. Wie hätte ich Ephraim etwas erklären können, was ich selbst nicht ganz verstehe? grübelte er. *Warum* will ich eigentlich nicht zurück nach Israel?
Schon als kleiner Junge hab ich mir gewünscht, in Amerika zu leben. Ich liebe mein Vaterland, gewiß, aber ich hatte nie das Gefühl, der Nahe Osten sei meine Heimat. Ob das an der *Luft* lag? Dieser schweren, drückenden Luft, die selbst dann, wenn sie sich abkühlte, nicht frisch und sauber roch? Ob sie feucht oder trocken war, ob sie mir Wohlgeruch oder Gestank zuwehte, diese Luft hing immer bedrohlich über mir, machte mich benommen, trieb mir Sand in die Augen und erschwerte mir das Atmen. Nie hat sie mich gestärkt und beschwingt wie die leichte, sanfte Luft Europas mit ihrem anmutigen Duft.
Nein, dachte er bei sich, es liegt nicht nur an der Luft.
Möchte ich nicht nach Hause zurück, weil ich das Gefühl hab, gescheitert zu sein? Schäme ich mich, weil ich, der Ritter ohne Furcht und Tadel, der sich nichts auf der Welt so sehr wünschte, als ein Held zu sein, diesen Ehrentitel nur mehr wie Hohn und Spott empfinde, da man ihn mir endlich zuerkennt? Weil ich jedesmal, wenn mir einer auf die Schulter klopft oder anerkennend die Hand schüttelt, an Carl, Robert und Hans denken muß? Ist der Leiter eines Kommandos, der ohne seine Männer zurückkehrt, ein Held? Nicht einmal ihre Leichen hab ich heimgebracht, dachte er bitter. Dabei gehört es zur Tradition der israelischen Armee, selbst dann keinen verwundeten oder toten Kameraden zurückzulassen, wenn man bei seinem Transport ein Dutzend Menschenleben riskiert. Was ist das für ein Held, der sein ober-

stes Ziel nicht erreicht hat? Bin ich ein Held, obwohl die *mechablim* Europa immer noch in Schach halten?
Vielleicht hätte ich es Ephraim so erklären sollen. Ich fürchte nur, dachte er, auch das ist nicht der wahre Grund für meinen Wunsch hierzubleiben.
Allmählich verschaffte er sich Klarheit über das, was in ihm vorging. Aber er konnte es nicht vermitteln. Als er sich Shoshana anvertraute, las er ihr an den Augen ab, daß sie ihn nicht verstand. Doch selbst wenn er es nicht erklären konnte, in seinem Innern war er sich endlich sicher.
Solange er in Israel lebte, mußte er den Ritter ohne Furcht und Tadel spielen. Nur so fühlte er sich den anderen ebenbürtig. Vielleicht hatten nicht alle Israelis dieses Problem, er aber litt darunter. Tag für Tag. Vielleicht lag es daran, daß er kein Galizier war. Vielleicht fühlte er sich schuldig, weil er nicht so konsequent sein konnte wie Mutter; oder weil er heimlich immer Frankfurt als seine Heimat betrachtet hatte; oder weil er nicht so zäh war wie die Kibbuzniks. Jedenfalls empfand er in Israel stets das Bedürfnis, ein Held zu sein, um nicht als Niemand abgestempelt zu werden.
Gleichzeitig aber sehnte er sich nach dem Leben in einem Land, das seinen Bürgern nicht soviel abverlangte; in dem ein Mann sich nicht zweitrangig oder schuldig zu fühlen brauchte, wenn er einfach er selbst war; in dem nicht vorausgesetzt wurde, daß jeder sich wie ein Held verhielt. Er träumte von einem Land ohne Heldenethos – sei es nun das des Soldaten, des Pioniers oder des Kibbuzniks –, von einem Land, in dem man sich nicht zu schämen brauchte, wenn man sich nicht für jedes gefährliche Unternehmen meldete.
Avner gab nicht etwa Israel die Schuld, sondern sich selbst. Er akzeptierte durchaus die Tatsache, daß Israel hohe Maßstäbe ansetzte. Manche Leute – seine Mutter zum Beispiel – konnten dem entsprechen, während viele andere sich nicht darum kümmerten, ja, sich womöglich nicht einmal bewußt waren, an welch großen, heroischen, Opferbereitschaft fordernden Maßstäben sie gemessen wurden. Diese Leute gingen ihrer Arbeit nach,

wählten, stritten miteinander, leisteten ihren Militärdienst ab und lebten glücklich und zufrieden in Israel, denn sie spürten seine Forderung nach Heldentum nicht.
Ich bin anders, dachte Avner. Solange ich ein Israeli bin, muß ich auch ein Held sein. Aber ich schaff's nicht mehr. Ich bin nur ein ganz gewöhnlicher Durchschnittsmensch, und ich bin es leid, dauernd eine Maske zu tragen. In Israel aber müßte ich fortfahren, den Helden zu spielen. Vielleicht nicht immer mit der Waffe in der Hand und auf der Jagd nach Terroristen, aber zumindest nach Mutters Art. Man würde erwarten, daß ich mit 'ner bescheidenen Pension zufrieden bin, meine Familie opfere, mich womöglich in einen Kibbuz zurückziehe und für all das keinen Dank erwarte, sondern mir sage: Die Juden haben wieder ein Zuhause, das ist mein schönster Lohn. Ich würde dasitzen wie Vater und drauf warten, daß das Telefon klingelt.
Aber ich will nicht danebenstehen und leer ausgehen, während die Galizier den Kuchen unter sich aufteilen! Ich werd nie mehr der brave kleine *jecke poz* aus Nahariyya sein. Wenn die Palästinenser wieder versuchen sollten, die Juden ins Meer zu treiben, dann werde ich selbstverständlich für Israel kämpfen – und wenn ich schon ein alter Mann wäre. Aber in der Zwischenzeit möchte ich mit meiner Familie ein ganz normales Leben führen, hier in Amerika.

Ein paar Tage später erhielt Avner einen Anruf von Ephraim aus Washington. »Ich möchte nicht, daß Sie versäumen, einen wichtigen Punkt in Ihre Zukunftspläne einzubeziehen«, sagte er.
»Und der wäre?«
»Sie stehen immer noch unter Vertrag.«
Im ersten Augenblick glaubte Avner, er habe sich verhört. Ephraim hatte ihn gebeten, ihn in einer bestimmten Telefonzelle in Washington zurückzurufen, und zwar sicherheitshalber ebenfalls von einem öffentlichen Fernsprecher aus. Avner stand nun in einer Zelle auf dem Queens Boulevard, umbraust vom Großstadtverkehr. »Haben Sie *Vertrag* gesagt?« brüllte er in die Muschel. »Was soll das heißen?«

»Erinnern Sie sich an das Dokument, das Sie in meinem Büro unterschrieben, damals nach dem Oktoberkrieg?«
Avner erinnerte sich. Nur hatte er damals nach dem Yom-Kippur-Krieg andere Dinge im Kopf gehabt, als sich mit Behördenchinesisch herumzuschlagen. Er hatte das Papier unterzeichnet, aber nicht gelesen.
»Soll das heißen«, rief er entsetzt, »daß ich mich euch Brüdern auf ewig verpflichtet habe?«
Ephraim lachte. »Ganz so schlimm ist's nicht«, antwortete er gutgelaunt. »Sie haben einen Dreijahresvertrag unterzeichnet, der jährlich auf unser Befürworten hin verlängert werden kann. Während Sie außer Landes waren, haben wir diese Formalität erledigt.«
In Avners Kopf drehte sich alles. »Moment mal! Was ich auch unterschrieben habe, wie können *Sie* meinen Vertrag ohne meine Erlaubnis verlängern?«
»Was faseln Sie da von Erlaubnis? Wir treffen die Wahl. Sie brauchen davon lediglich in Kenntnis gesetzt zu werden.«
»Aber genau das ist unterblieben, weil ich außer Landes war«, rief Avner eifrig.
»Nun, wir haben's in Ihrer Akte vermerkt«, antwortete Ephraim gleichmütig. »Ich versichere Ihnen, das ist völlig legal. Also berücksichtigen Sie den Umstand bei Ihren Überlegungen!«
»Sie haben's in meiner Akte vermerkt?« wiederholte Avner ungläubig. Ephraim hätte sich nichts ausdenken können, was seinen Widerspruchsgeist stärker angefacht hätte. »Jetzt hören Sie mir mal gut zu«, sagte er. »Wenn Sie die Akte statt meiner Person von der Vertragsverlängerung in Kenntnis gesetzt haben, dann nehmen Sie diesen verdammten Wisch und schicken Sie ihn nach Südamerika. Ich bleib in New York!«
»Nun gehn Sie doch nicht gleich hoch«, beschwichtigte Ephraim. »Ich dachte nur, Sie sollten die Sachlage kennen, ehe Sie eine endgültige Entscheidung treffen.«
»Na schön, jetzt kenn ich sie ja. Und nun passen Sie gut auf! Ich werde nirgendwohin gehen, und ich komm auch nicht zurück nach Israel, ist das klar?«

»Damit werden Sie vertragsbrüchig«, stellte Ephraim fest und hängte ein.

Eine Woche später flog Avner nach Genf. Da er diesmal einen anderen Paß benutzte, stieg er nicht im Hotel du Midi ab. Aber er hatte vor seiner Reise Kontakt mit Steve aufgenommen, der in Europa einen Routineauftrag durchführte, und sich mit ihm im Mövenpick verabredet.

Als die beiden sich am nächsten Morgen dort beim Frühstück gegenübersaßen, sagte Steve: »Junge, Junge, du hast dich vielleicht in die Nesseln gesetzt!«

»Was meinst du damit?«

»Ich hab Ephraim getroffen, nachdem er in den Staaten war«, erklärte Steve. »Er hat mir von eurem Gespräch in New York erzählt. Er sagte, daß er mehr von dir erwartet hätte und daß du völlig unvernünftig geworden seist.«

»Ich will aussteigen.«

»Ja, ich weiß. Er hat's erwähnt. Und was willst du machen?«

»Weiß ich noch nicht. Jetzt hol ich mir erst mal mein Geld ab. Erinnerst du dich, wie wir früher alle davon gesprochen haben, daß wir aufhören und 'n neues Leben anfangen, wenn die Mission zu Ende ist?«

»Ja, ich erinnere mich.« Steve nickte lächelnd. »Ich nehme an, so was sagt man eben, wenn's einem dreckig geht.«

Avner schaute ihn forschend an. »Und was ist mit dir?« fragte er.

Steve wich seinem Blick aus. »Ich bin 'n bißchen älter als du. Aber selbst wenn es nicht so wäre . . . Doch das ist meine Sache. Wenn du ernsthaft raus willst, dann solltest du's tun, solange du jung bist. Aber du mußt dich drauf gefaßt machen, daß sie dir 'ne Menge Steine in den Weg legen werden.«

»Was redest du nur für 'n Stuß? Warum sollten *die* mir Schwierigkeiten machen?« Ich rede über sie schon genau wie Vater, schoß es ihm durch den Kopf. »Ich hab denen doch nichts getan!«

»Schrei mich nicht an«, sagte Steve ruhig. »Ich weiß bloß, daß Ephraim, der früher so große Stücke auf dich hielt, jetzt unheimlich sauer auf dich ist.«

»Ach, laß mich mit Ephraim zufrieden! Komm, wir gehn auf die Bank.«

Avner hatte noch ein Schließfach zu räumen, zu dem er als einziger den Schlüssel besaß. Es enthielt allerhand Kleinkram, unter anderem ein paar Pässe und Führerscheine. Avner sammelte diese Überbleibsel seiner großen Mission ein wie ein Soldat seine Schlachttrophäen. Dann trat er an einen Schalter im Kassenraum und bat darum, sein Konto aufzulösen.

Der junge Mann verschwand und kehrte nach wenigen Minuten mit einigen Papieren und einem Umschlag zurück. Avner öffnete ihn und zählte knapp dreihundert Dollar.

»Das ist unmöglich«, rief er mit einem Seitenblick auf Steve. »Sind Sie sicher, daß Sie sich nicht in der Kontonummer geirrt haben?«

Der Bankangestellte überprüfte alles ein zweites Mal. »Doch, Monsieur«, sagte er dann. »Das ist der Restbestand Ihres Kontos.«

»Da muß ein Irrtum vorliegen«, meinte Avner gelassen, denn er hatte noch keinerlei Verdacht geschöpft. »Mein Kontostand beläuft sich auf knapp hunderttausend Dollar.«

Der junge Mann hüstelte diskret. »Monsieur sind sich doch bewußt, daß eine zweite Partei ebenfalls Zugang zu diesem Konto hat? Von dieser Seite wurden mehrere größere Abbuchungen vorgenommen . . . Möchten Monsieur vielleicht die Belege sehen?«

»Wenn Sie so freundlich sein wollen?« bat Avner ruhig.

Der Angestellte verschwand. Avner und Steve wechselten während seiner Abwesenheit kein Wort.

Nach einer Weile kehrte der junge Mann in Begleitung eines würdigen älteren Herrn im dunklen Zweireiher zurück, der die Stirn in besorgte Falten legte. Er führte Avner und Steve in ein Besprechungszimmer und bat sie, Platz zu nehmen. Er warf einen Blick ins Hauptbuch und sagte: »Monsieur waren natürlich

davon unterrichtet, daß die Gelder auf diesem Konto von einer französischen Firma eingezahlt wurden?«
»Ja.« Avner erinnerte sich, daß dies ursprünglich als Tarnung eingeführt worden war.
Der Bankbeamte zuckte bedauernd die Achseln. »Nun, Monsieur, natürlich hatte das Unternehmen auch Zugang zu dem Konto. Tja, und vor vier Tagen wurde fast der gesamte Betrag abgehoben. Hier, bitte, überzeugen Sie sich selbst.«
Avner warf einen Blick ins Hauptbuch.
»Ich hoffe, die Unterschrift ist in Ordnung?« fragte der Bankbeamte besorgt.
»Ja, ja, durchaus«, brachte Avner mühsam hervor. Er stand auf und wandte sich zum Gehen. Doch Steve hielt ihn zurück. Er schien über den Vorfall fast noch betroffener zu sein als Avner. Aufgeregt stürzte er zum Kassenschalter und verlangte seinen Kontostand zu erfahren. Auch er hatte sein privates Vermögen nach Beendigung der Mission auf der Bank gelassen. Jetzt stand er schwer atmend wie ein angriffsbereiter Stier in der Schalterhalle und wartete ungeduldig auf die Rückkehr des Angestellten.
Doch Steves Konto war unangetastet. Er verfügte über einen Betrag von knapp einhunderttausend Dollar.
In seiner Erleichterung rief er Avner beinahe anklagend zu: »Na, siehst du? Es ist alles da! Schau doch nur! Alles da!«
Avner nickte, machte kehrt und verließ die Bank. Steve rannte ihm nach. Schweigend gingen sie nebeneinander zum Fluß hinunter und setzten sich auf eine Bank. Avner starrte blicklos auf die sich im leichten Wind kräuselnden Wellen der Rhône, während Steve vergeblich versuchte, ihn zu trösten. Avner konnte kaum atmen. Er spürte einen stechenden Schmerz in der Magengegend, so als habe jemand ihm eine scharfe Klinge in den Leib gerannt. Er starrte auf seine zitternden Hände, als gehörten sie einem Fremden. Seine Lippen bebten, und ein Schauder lief durch seinen Körper. Er war dem Weinen nahe.
»Kannst du dir das erklären?« brachte er schließlich fassungslos hervor.

»Vielleicht ist es ja nur ein Mißverständnis. Oder sie haben dein Geld abgehoben, weil ... na ja, vielleicht kriegst du einen Scheck, wo du doch jetzt nicht mehr dazugehörst. Vielleicht ...«
Er brach ab, denn er spürte selbst, wie wenig überzeugend seine Theorien klangen.
»Ich wünschte, ich wüßte, wer das getan hat. Wenn ich das rauskriege, dann schieß ich den Schuft nieder wie einen Hund, das schwör ich dir!«
»Reg dich nicht auf«, beschwichtigte Steve.
»Ich soll mich nicht aufregen? Aber das Geld gehört denen doch nicht!«
»Komm, reiß dich zusammen!« Steve rüttelte ihn an der Schulter.
»Laß uns mal in Ruhe nachdenken. Warum rufst du sie nicht einfach an? Nein, warte, am besten, du nimmst die nächste Maschine, fliegst hin und sprichst persönlich mit ihnen.«
Langsam gewann Avner seine Fassung wieder. Natürlich, genau das möchten sie erreichen, dachte er. Sie wollen mich zurücklokken, das steckt dahinter! »Ist dir klar, daß die mich in die Armee stecken können?« fragte er. »Wir sind Reserveoffiziere. Wie lange hast du keinen Dienst mehr gemacht? In meiner Einheit muß man pro Jahr zwei Monate ableisten.«
»Du glaubst doch nicht ...« Fassungslos starrte Steve ihn an.
»Die könnten mich glatt über ein Jahr festhalten. Legal. Bis sie mich rumgekriegt haben. Und was soll in der Zwischenzeit aus Shoshana werden? Sie sitzt mit dem Kind mutterseelenallein in New York – ohne Geld.«
»Ich werde für dich nach Tel Aviv fliegen. Ich red mit ihnen.«
Avner war nicht überrascht, daß Steve ihm dieses Angebot machte, schließlich waren sie Partner gewesen. Trotzdem lehnte er dankend ab. »Du sollst da nicht auch noch reingezogen werden«, sagte er. »Du hast deine Abmachung mit ihnen. Mein Problem muß ich selber lösen. Mir wird schon was einfallen.«
»Und was willst du jetzt tun?«
»Ich flieg nach New York zurück«, antwortete Avner. Er nahm die nächste Swissair-Maschine und rief Shoshana vom Flughafen aus an. Er bat sie, ihn abzuholen, denn er hatte nicht einmal mehr das Geld für ein Taxi.

Auf Shoshanas Konto befanden sich noch ungefähr zweihundert Dollar.
Auf dem Weg in die Stadt erzählte er ihr alles. Sie mußte es erfahren; schließlich betraf es sie und das Kind ebenfalls.
»Aber wie können sie so was tun?« fragte Shoshana entgeistert. »Das ist doch ungerecht!«
»Steve meint, vielleicht schicken sie uns 'nen Scheck in die Staaten.« Avners Stimme verriet, daß er nicht an diesen billigen Trost glaubte, und Shoshana tat es ebensowenig.
»Wir brauchen nicht gleich zu verzweifeln«, sagte Avner. »Wenn wir uns nicht anders zu helfen wissen, kann ich immer noch zurück und Ephraims neuen Auftrag annehmen.«
Er hatte kaum ausgesprochen, da riß Shoshana das Lenkrad herum, fuhr an den Straßenrand und bremste so heftig, daß Avner fast mit dem Kopf gegen die Windschutzscheibe geflogen wäre. »Ehe du das tust«, fauchte sie mit zornsprühenden Augen, »eher fahr ich dich zusammen, das schwör ich dir. Wir wollen doch mal sehen, was Ephraim mit dir anfangen kann, wenn du bis zur Hüfte in Gips liegst!«
Sie meinte es völlig ernst, das spürte Avner. Er war ungemein beeindruckt von dem unerwarteten Ausbruch seiner sonst so sanften Frau. »Sachte«, versuchte er sie zu beschwichtigen. »Sieh mal, wir müssen schließlich von was leben. Wir haben kein Geld, keine Papiere, keine Arbeit. Außerdem sind wir Israelis. Vielleicht gibt's wieder Krieg, und unser Land braucht mich.«
»O nein, so kriegen sie dich nicht! Wenn du aus freien Stücken gehen möchtest – kein Wort würd ich sagen. Du weißt, ich hab dir nie dreingeredet. Ja, ich hab dich nicht mal gefragt, womit du dein Geld verdienst. Glaubst du vielleicht, ich wußte nicht die ganze Zeit, was du tust. Was glaubst du, wie ich mich gefühlt hab, all die Jahre, allein mit dem Kind? Aber ich hab den Mund gehalten und auf dich gewartet. Ich hab mir gesagt, ich bin eine *sabra,* und ich hab einen Soldaten geheiratet – das ist mein Schicksal. Aber ich werde nicht zulassen, daß sie dich zwingen. Lieber geh ich Fußböden schrubben, um uns drei zu ernähren!«

»Ist ja gut, laß uns abwarten«, begütigte Avner. »Jetzt wollen wir erst mal heimfahren, hm?«
Shoshana blickte ihm in die Augen. »Ich meine es ganz ernst«, sagte sie, als sie sich geschickt wieder in den Verkehr einfädelte. »Du kennst mich noch lange nicht.«

In den nächsten zehn Tagen nahm niemand Kontakt mit Avner auf, und auch er selbst stellte keinerlei Erkundigungen an. Er hätte auch gar nicht gewußt, an wen er sich wenden sollte. Bisher war ihm immer eine Anlaufstelle zugewiesen worden – sei es eine Telefonnummer, ein Schließfach oder ein Etappenoffizier. Jetzt gab es nur noch Ephraim in Tel Aviv. Aber es hatte keinen Sinn, ihn anzurufen, solange Avner nicht bereit war, klein beizugeben. Und das wollte er auf gar keinen Fall.
Da bereits die erste Monatsmiete für die neue Wohnung bezahlt war und sie außerdem die alte gekündigt hatten, zogen sie wie geplant um. Die neue Bleibe in einem ruhigen Doppelhaus war nur wenige Blocks von der früheren entfernt, und so konnten sie ihre Telefonnummer behalten.
Ein paar Tage nach dem Umzug rief ein Sicherheitsoffizier des israelischen Konsulats in New York an.
»Wir haben einen Brief für Sie«, sagte er. »Aber Sie müssen sich schon herbemühen, um ihn zu lesen.«
»Können Sie ihn nicht einfach per Post schicken?« fragte Avner mißtrauisch.
»Tut mir leid, aber wir dürfen den Brief nicht aus der Hand geben. Sie können ihn nur hier im Amt lesen.«
Vielleicht hatte Steve recht, schoß es Avner durch den Kopf. Am Ende schicken sie mir jetzt doch einen Scheck.
Am nächsten Morgen fuhr er mit der U-Bahn nach Manhattan. Auf dem Konsulat erwartete ihn statt des erhofften Schecks ein einseitig beschriebenes Dokument, das offenbar mit der üblichen Diplomatenpost gekommen war. Aus dem Schreiben ging hervor, daß ein Zeitpunkt für Avners Rückkehr nach Israel festgesetzt worden sei – eine verdammte Lüge, wie Avner dem Be-

amten entrüstet versicherte. Obwohl die Frist längst verstrichen sei, halte er sich weiterhin unerlaubt im Ausland auf. Diese Befehlsverweigerung, hieß es in dem Schreiben weiter, sehe man sich gezwungen dahingehend zu interpretieren, daß Avner freiwillig aus dem Dienst ausscheiden wolle. (Um welchen Dienst es sich dabei handelte, wurde nicht erwähnt.) Dieser Umstand entbinde die Regierung von jeglicher finanziellen Verpflichtung ihm gegenüber. Man wünsche Avner jedoch Glück für die Zukunft. Das Dokument war gestempelt und von unleserlicher Hand unterzeichnet.

Avner drehte das Blatt um, aber die Rückseite war leer.

Der Sicherheitsoffizier streckte die Hand aus und nahm den Brief zurück. Dann schob er Avner einen Quittungsblock zu und bat ihn zu unterschreiben. »Nur 'ne Formsache«, sagte er. »Daß Sie's gelesen haben, verstehn Sie?«

»Was soll das heißen?« fragte Avner. »Krieg ich denn keine Kopie?«

»Davon gibt's keine Kopien«, entgegnete der andere. »Unterschreiben Sie einfach hier, und dann werde ich gegenzeichnen.«

»Tut mir leid«, sagte Avner, dem die Zornesröte ins Gesicht stieg. »Ich hab keinen Brief gesehen.«

»Hören Sie«, bat der Beamte, »machen Sie mir keinen Ärger. Ich tu doch bloß meine Pflicht. Kommen Sie, unterschreiben Sie da rechts, und alles ist erledigt.«

»Nur, wenn Sie mich dazu zwingen.« Mit diesen Worten machte Avner auf dem Absatz kehrt und verließ das Konsulatsgebäude.

Er ging nach Hause. Wir werden das Geld nie bekommen. Der Gedanke erleichterte ihn seltsamerweise. Ich hab mir nie was aus Geld gemacht. Wenn's nur darum gegangen wäre – nicht für eine Million hätte ich einen solchen Auftrag übernommen. Sie brauchten mir kein Geld anzubieten, ich hab mich freiwillig gemeldet! Ich hab's getan, weil die Premierministerin und der *memune* mich baten, eine historische Mission zu leiten. Und das zudem in Gegenwart von General Sharon, meinem Jugendidol, der zu mir gesagt hat: »Ich wünschte, man hätte mich gebeten.« Darum hab ich eingewilligt. Ich hab keine hunderttausend Dollar verlangt. Nichts hab ich verlangt, gar nichts.

Ephraim hat uns das Geld angeboten. Er war es, der zu uns sagte: »Wann immer ihr in die Schweiz kommt, könnt ihr euch davon überzeugen, wie euer Vermögen wächst.« Meine Partner und ich, wir hätten ihn nicht einmal im Traum um Geld gebeten!

Selbst jetzt geht's mir nicht in erster Linie um das Geld. Natürlich würde ich mich freuen, wenn Shoshana die Schwedenmöbel behalten könnte. Ich hätte sie auch gern mit 'ner neuen Küche einschließlich Eismaschine überrascht. Es stimmt, daß ich mir stundenlang die Nase an den Schaufenstern in der Avenue Hoche plattgedrückt und davon geträumt hab, Shoshana mit all diesem Luxus zu verwöhnen. Aber jetzt würde ich das Geld lediglich brauchen, um hier in Amerika bleiben oder nach Australien, vielleicht auch nach Europa auswandern zu können. Ich würde sonstwo hingehen, ehe ich in Israel als Schreibtischhengst verkomme, bloß um Shoshana und das Kind durchzubringen. Ebensowenig will ich nach Südamerika, um wieder auf die *mechablim* Jagd zu machen. Wir sind uns einig, Shoshana und ich, wir wollen aufhören mit diesem Leben und ganz neu anfangen. Und das werden wir, ob mit oder ohne Geld. Schließlich haben wir noch nie viel besessen. Nur ein Galizier wie Ephraim konnte auf den Gedanken kommen, mich könne man kaufen!

Ein anderes Problem ließ sich freilich nicht so leicht wegargumentieren: Avner hatte keine Papiere. Er war so lange mit falschen Pässen gereist, die er entweder von der Mossad bekam, mit ihrem Geld kaufte oder von Hans anfertigen ließ, daß er sich keinen Begriff machte von der bürokratischen Schwerfälligkeit und dem Zeitaufwand, die mit der Beschaffung legaler Papiere und einer Einwanderungserlaubnis verbunden sind. Jetzt, da er nicht länger auf den Schutz von Diplomatenpässen und Militärpapieren Anspruch hatte, machte er zum erstenmal Bekanntschaft mit der frostigen Atmosphäre einer Realität, in der Einwanderungsquoten, Arbeitserlaubnis und Sozialversicherung regierten.

Ohne Papiere bekam Avner keine Anstellung. Da jedoch die zweihundert Dollar auf Shoshanas Bankkonto nicht ewig reichen würden, mischte er sich im Sommer 1975 unter die vielen tausend illegalen Einwanderer, die von den Untergrundorganisationen der amerikanischen Wirtschaft für die niedrigsten Arbeiten herangezogen und schamlos ausgebeutet wurden.
Avner freilich fühlte sich nicht ausgebeutet, im Gegenteil. Ihm erschien es ganz natürlich, daß er sich für eine Weile plagen mußte, wenn er das erreichen wollte, wozu er einstweilen offiziell nicht berechtigt war: ein Leben in Amerika! Ihm machte es nichts aus, Taxi zu fahren oder sich als Anstreicher zu verdingen, selbst wenn er weniger Lohn bekam als die legal Eingewanderten, obwohl er länger arbeiten mußte als sie. Was ihn bedrückte, war die schwelende Furcht, daß er vielleicht sein Leben lang nichts anderes mehr tun würde als Taxi fahren und Wände anstreichen.
Nachdem er erst vor zweieinhalb Jahren in Paris, London, Rom und Frankfurt den Jet-set-Stil der Topagenten kennengelernt hatte, mußte er sich nun, gerade achtundzwanzigjährig, eingestehen, daß der aufregendste und interessanteste Teil seines Lebens vorüber war. Er durfte nicht einmal reden über das, was er erlebt hatte! In dem Alter, in dem andere versuchen, neue Erfahrungen zu machen, neuen Aufgaben entgegenzustreben, begann Avner in der Versenkung zu verschwinden. Er sah keine Möglichkeit, je wieder auch nur annähernd so leben zu können wie während der Mission in Europa.
Es ist mir egal! Avner wiederholte sich diesen Satz wieder und wieder. Aber er konnte ein Bild nicht verscheuchen, das ihn bis in den Schlaf verfolgte: Er sah seinen Vater im Liegestuhl vor sich hin dösen, während Fliegen das Orangensaftglas neben ihm umschwirrten. Der Saft wurde schal, während der alte Mann einnickte und von einem Vermögen träumte, nur um wieder hochzuschrecken, in der Hoffnung, das Telefon habe geklingelt.

Avner erhielt seine Gelegenheitsjobs durch die Vermittlung jener Kontakte, die er während früherer New-York-Aufenthalte geknüpft hatte: durch einen jüdischen Geschäftsmann in New York, einen Angestellten bei der El Al, dessen Vetter in New Jersey wohnte. Keiner von diesen Leuten hatte eine Ahnung davon, wie Avners frühere Tätigkeit eigentlich aussah. Eine seiner Kontaktpersonen brachte ihn mit dem gewieften, erfahrenen älteren Rechtsanwalt (der nicht einmal Jude war) zusammen, von dem der Plan stammte, zuerst Shoshanas Papiere anzufordern. Ihr würde man den Immigrationsstatus leichter bewilligen, denn die Mossad hatte dafür gesorgt, daß sie zumindest nominell als Zivilbedienstete in die USA einreiste. Sobald Shoshana ihre Sozialversicherungskarte in Händen hielt, würde es leichter sein, auch für ihren Mann die Einwanderungsgenehmigung zu erlangen.

In der Zwischenzeit durfte Avner nicht leichtsinnig sein. Denn obwohl die Gefahr, von den Behörden aufgegriffen und zurückgeschickt zu werden, nur gering war, so wollte er doch kein Risiko eingehen. Welch makabrer Scherz wäre das, dachte er, wenn plötzlich, nachdem ich jahrelang unentdeckt eine der waghalsigsten Operationen ganz Europas leitete, in der Zeitung stände: »Israelischer Ex-Agent als illegaler Taxifahrer festgenommen.«

Ungeachtet seines Dickschädels und der Entschlossenheit, mit der er und Shoshana bereit waren, dem Schicksal zu trotzen und lieber zu hungern als klein beizugeben, gestand Avner später, daß er während der überaus harten sieben Monate, die folgten, mehr als einmal drauf und dran war, nachzugeben. Wenn Ephraim nochmals angerufen und gesagt hätte: »Es war ein Mißverständnis. Übernehmen Sie noch einen einzigen Auftrag, und Sie kriegen Ihr Geld zurück. Kommen Sie wieder nach Israel, und wir geben Ihnen Ihre hunderttausend« – dann wäre Avner vermutlich schwach geworden. Wenn die Mossad ihm ein Lockmittel vorgehalten hätte, wäre Avner ihr auf den Leim gegangen. Statt dessen aber drohte Ephraim mit der Peitsche.

Es geschah eines Nachts im November, kurz nach ein Uhr. Avner und Shoshana waren längst zu Bett gegangen, die Wohnung lag im Dunkeln, doch Avner war noch wach. Er hörte den Wagen vor dem Haus halten, ohne sich etwas dabei zu denken, bis plötzlich die Klingel schrillte.
Shoshana schreckte auf.
Avner legte den Finger an die Lippen. Sie nickte stumm, stand auf und schlich auf Zehenspitzen zum Kinderbett hinüber. Lautlos trat Avner ans Fenster. Er berührte den Vorhang nicht und knipste auch kein Licht an; er kniff nur die Augen zusammen und versuchte, durch einen winzigen Spalt zwischen Fensterrahmen und Gardine hinauszuspähen. Charlie wachte auf und schüttelte sich. Der kluge Hund richtete sich nach dem Beispiel seiner Herren und bellte nicht, sondern drängte sich dicht an Avners Seite, legte die Vorderpfoten aufs Fensterbrett und schaute mit ihm auf die Straße hinaus.
Es läutete kein zweites Mal. Nach einer Weile sah Avner den Mann, der geklingelt hatte, aus dem Hauseingang kommen und sich ans Steuer eines kleinen japanischen Autos setzen. Avner konnte ihn zwar nicht genau erkennen, aber im Licht der Scheinwerfer bemerkte er zumindest, daß es kein Araber war. Er sah eher aus, als stamme er aus dem Kaukasus.
Avner war sicher, daß er den Mann nicht kannte. Außerdem würde keiner seiner Bekannten nachts um eins einen Besuch machen. Die Einwanderungsbehörde hingegen würde keinen einzelnen Beamten in einem ausländischen Wagen losschicken. Außerdem hätte eine Amtsperson gewiß mehrmals geklingelt.
Der Wagen fuhr los. Besonders geschickt hat der Typ sich nicht angestellt, dachte Avner. Wenn er sich die Örtlichkeiten genau angeschaut hätte, ehe er bei uns klingelte, wäre ihm aufgefallen, daß unser Haus in 'ner Sackgasse liegt, und er hätte gewendet, *bevor* er läutete. Jetzt muß er drehen, und dabei kann ich mit Leichtigkeit sein Nummernschild erkennen.
Er zog den Vorhang zurück.
Gleich darauf brauste der Wagen heran, doch der Fahrer hatte die Geistesgegenwart besessen, am Ende der Sackgasse die

Scheinwerfer auszuschalten, so daß Avner sein Nummernschild nicht zu lesen vermochte. Das Fahrzeug schien ein Toyota neueren Modells zu sein.

Fünf Minuten später klingelte das Telefon.

»Vor Ihrer Tür liegt eine Nachricht für Sie«, sagte eine männliche Stimme, als Avner den Hörer abnahm. Ehe er etwas erwidern konnte, hatte der Anrufer bereits aufgelegt. Obwohl er fließend englisch gesprochen hatte, war Avners geschultem Ohr der leichte Akzent nicht entgangen. Klang irgendwie vertraut, dachte er. Sollte mich nicht wundern, wenn seine Muttersprache Hebräisch ist.

Avner wollte kein Risiko eingehen. Er erwartete zwar nicht, daß diese angebliche Nachricht explodieren würde, aber wenn er jetzt im Dunkeln vor die Haustür tappte, würde er eine ideale Zielscheibe für eine ferngesteuerte Bombe oder ein Gewehr abgeben. Er beschloß, bis zum nächsten Morgen zu warten und im Hellen nachzusehen, welche Botschaft der Fremde ihm gebracht hatte.

»Nichts Wichtiges«, sagte er zu Shoshana. »Geh wieder schlafen.«

Doch in dieser Nacht fanden sie beide keine Ruhe.

Als es Tag wurde und die Straßen sich belebten, zog Avner sich an und verließ das Haus durch die Hintertür. Er ging um den Block herum, ohne daß ihm etwas Verdächtiges aufgefallen wäre. Als er zum Vordereingang kam, fiel sein Blick auf einen Umschlag, der zwischen Türrahmen und Füllung steckte. Er sah ganz harmlos aus; zumindest war er zu dünn und schmal für eine Briefbombe. Trotzdem nahm er ihn sehr vorsichtig unter die Lupe. Scheint in Ordnung zu sein: das Papier ist nicht aufgequollen, sondert kein Fett ab und riecht auch nicht nach Marzipan.

Behutsam öffnete Avner das Kuvert. Drinnen lag nichts als ein Foto seiner Tochter. Avner erkannte den Schnappschuß gleich wieder: Er selbst hatte ihn im letzten Sommer aufgenommen. Die Negative hatte er aufbewahrt, aber aus Sparsamkeitsgründen pro Bild nur einen Abzug machen lassen. Und diese Abzüge

hatten sie allesamt an Shoshanas Eltern geschickt. Der Schnappschuß im Umschlag mußte aus dieser Sendung stammen.
Das Foto zeigte Geula in Großaufnahme. Sie hielt den Kopf zur Seite geneigt und blickte schelmisch in die Kamera. Den rechten Daumen hatte sie in den Mund gesteckt.
Jemand hatte vier konzentrische Kreise über die Stirn seiner Tochter gezeichnet und einen Punkt in die Mitte gemalt. Ein perfektes Ziel.
Meine Tochter!
Avner versuchte, die Ruhe zu bewahren.
Die *mechablim* können's nicht gewesen sein. Wenn die mich gefunden hätten, würden sie mir keine Warnung schicken. Die würden versuchen, mich umzubringen, vielleicht sogar meine Shoshana und Geula zu töten, aber sie würden mir kein Foto mit einer Zielscheibe auf der Stirn meines Kindes vor die Tür legen. Die *mechablim* wären außerdem gar nicht an dieses Bild gekommen. Niemand hätte das abfangen können, außer . . .
Natürlich, wir haben die Fotos nach Israel geschickt. Nach *Israel.*
Avner blieb keine Wahl: Er mußte Shoshana einweihen. Als er ihr das Bild gezeigt und ihr von seinem Verdacht berichtet hatte, schloß er: »Ich muß zurück. Das muß ich persönlich regeln.«
»Nein«, erwiderte sie. »Ich laß dich nicht fort. Wir können uns verstecken. Mir ist es gleich, wo wir hinziehen. Aber du gehst nicht zurück. Eher mach ich einen Skandal. Ich ruf die *New York Times* an!«
»Warte«, unterbrach Avner sie. »Laß mich nachdenken. Weißt du, ich glaub nicht, daß sie's waren. Nicht mein Einsatzoffizier, verstehst du? Vielleicht steckt irgend so 'n kleiner Scheißer dahinter, der sich als Held aufspielen will. Wenn ich zurückgeh und ihnen erkläre, daß . . .«
»Nein!« rief Shoshana heftig. »Es interessiert mich nicht, wer uns das angetan hat. Wenn du zurückgehst, dann halten sie dich fest. Dein Einsatzoffizier, wenn ich so was schon höre! Was glaubst du, wird er sagen? ›Tut mir leid, ich hab keine Ahnung. Aber da Sie schon mal hier sind . . . Wir haben noch 'n Vertrag mit-

einander.‹ Du glaubst vielleicht, ich kenn diese Leute nicht? Du täuschst dich, ich kenn sie besser als du!«
Überrascht starrte Avner seine Frau an. Sie hatte recht. Genau das würde Ephraim sagen, und er, Avner, würde nie erfahren, ob die Idee mit dem Foto von ihm stammte oder nicht.
»Wir müssen Geula weiter in den Kindergarten schicken«, sagte er. »Sonst können wir nicht mehr beide arbeiten gehen. Ich glaub zwar nicht, daß sie ihr was antun, nein, aber wenn sie das Kind entführen, dann haben wir keine Wahl mehr. Laß mich nachdenken.«
»Was willst du tun?«
»Ich ruf meinen Bruder an. Ja, ich laß Ber nach New York kommen!«
»Aber wovon willst du sein Flugticket bezahlen?«
»Keine Angst, ich krieg das Geld.«
Avner borgte sich die erforderliche Summe vom Besitzer des Taxis, das er fuhr. Er versprach, sie in wöchentlichen Raten abzuzahlen. Avners kleiner Bruder, Mutters Liebling, war inzwischen einundzwanzig Jahre alt geworden. Er hatte gerade seinen Militärdienst abgeleistet. Avner sah ihn in Gedanken immer noch als den dürren kleinen Knirps mit dem Wuschelkopf, auf den er aufpassen mußte, wenn er zum Wochenende Urlaub von der Armee bekam. Kaum daß er daheim war, sagte seine Mutter: »Tu mir einen Gefallen! Ich möchte ein paar Einkäufe machen. Paß auf ihn auf, nur für 'n paar Stunden, ja?«
Bers Maschine landete pünktlich. Er sieht aus wie Vater, dachte Avner: blond und blauäugig, deutscher als ein Deutscher. Wie gern würd ich selbst so aussehen! Vater war zwar in seiner Blütezeit größer gewesen, doch Ber hatte einen gutproportionierten Körper; stolz trug er seine breiten Schultern über der schlanken Taille. Um seine schmalen, ein wenig arroganten Lippen spielte ein freches Lächeln. Der junge Mann verliebte sich auf den ersten Blick in New York, schaute unverändert voll Bewunderung zu seinem großen Bruder auf und war gern bereit, sich um Geula zu kümmern.
Etwa zwei Wochen nach seiner Ankunft kam er eines Tages

aschfahl und zitternd heim. Geula hielt er fest an der Hand. Als er sich ein wenig beruhigt hatte, erzählte er Avner folgende Geschichte.
Er wartete vor dem Kindergarten auf seine Nichte. Da hielt plötzlich gleich neben dem Haupteingang ein ausländischer Wagen, und zwei junge Männer sprangen heraus. Als Geula in einem Schwarm von Kindern aus der Tür stürzte und ihm entgegenlief, versperrten die beiden ihr den Weg.
»Und dann?« fragte Avner, dem seine Stimme kaum gehorchte.
»Hinter mir tauchten auf einmal zwei Polizisten auf«, berichtete Ber. »Ich glaube, sie kamen zufällig die Straße runter, ich hätte sie gar nicht bemerkt. Aber der Kerl, der sich zwischen mich und Geula gedrängt hatte, schrie seinem Komplizen zu: ›Polizei!‹ Darauf sind sie beide wie verrückt wieder zu ihrem Wagen gehetzt und abgehaun.«
»Er hat wirklich ›Polizei‹ gerufen?«
»Ja, weißt du«, erklärte Ber eifrig, »das war ja grade das Seltsame. Der Typ sagte ›Polizei‹ auf hebräisch!«
Shoshana und Avner hatten Ber absichtlich nichts von ihren Schwierigkeiten mit der Mossad erzählt. Er wußte von nichts, folglich konnte seine Geschichte auch nicht der überhitzten Phantasie eines abenteuerhungrigen jungen Mannes entsprungen sein. Avner hatte ihm zwar eingeschärft, wie ein Luchs auf seine kleine Nichte aufzupassen, aber lediglich mit der Begründung, daß die Straßen New Yorks recht unsicher seien und man immer wieder von Kindesentführungen und -mißhandlungen höre.
Aus solchen Warnungen hätte der Junge sich kaum eine Geschichte mit einem Mann zusammenreimen können, der auf hebräisch »Polizei!« rief.
Avner glaubte Ber.
Es gibt nur eine Erklärung für das, was geschehen ist, dachte er. Und auch nur eine Antwort.
Gleich am nächsten Tag machte er sich an die Arbeit. Eine Woche lang schuftete er wie ein Besessener, allein und ohne Hilfe. Er

erzählte nicht einmal Shoshana von seinem Unternehmen. Er ging langsam, besonnen und methodisch vor und arbeitete genau so, wie *sie* es ihn gelehrt hatten. Er hinterließ keine Spuren, erregte keinerlei Verdacht, observierte und beschattete, ohne selbst gesehen zu werden. Nie hatte er eine perfektere Operation durchgeführt. Eine Woche später war er fertig.

Um zehn Uhr morgens an einem Donnerstag im Januar des Jahres 1976 betrat Avner das israelische Konsulat.

»Sie haben vielleicht Nerven, einfach so hier reinzuplatzen«, entrüstete sich der Sicherheitsoffizier, als Avner unangemeldet in sein Büro stürmte, gefolgt von seiner fassungslos die Hände ringenden Sekretärin. »Oh, oder sind Sie vielleicht zur Vernunft gekommen und wollen Ihre Unterschrift nachliefern?«

Avner zog wortlos einen Umschlag aus der Brusttasche und legte ihn auf den Schreibtisch.

»Lassen Sie mich erst mal reden«, sagte er. »Wenn ich fertig bin, dann sind Sie dran. Aber erst hören Sie mir zu, verstanden?

Ihr Mistkerle habt versucht, meine Tochter zu entführen. Vielleicht stecken Sie in der Sache mit drin, vielleicht auch nicht. Jedenfalls ist es eine New Yorker Aktion. Mich interessiert es nicht, ob Sie was damit zu tun haben. Ich halte mich an Sie, weil Sie der einzige sind, den ich persönlich kenne. Also mach ich Sie verantwortlich, kapiert? Und jetzt passen Sie gut auf!«

Avner öffnete das Kuvert und zog sechs Fotos heraus. Es waren allesamt Schnappschüsse von Kindern. Er legte die Bilder eins nach dem anderen vor den Beamten auf die Schreibtischplatte. Die Fotos zeigten Kinder im Alter von etwa vier bis sieben Jahren. Es waren zwei Mädchen und vier Jungen, die mit Teleobjektiv auf Spielplätzen, Schulhöfen oder auf der Straße geknipst worden waren. »Kennen Sie eins von diesen Kindern?« fragte Avner. »Ich hoffe doch, eins der Mädchen ist nämlich Ihre Tochter.«

Der Sicherheitsoffizier starrte wortlos auf die Fotos.

»Ihr Kerle schiebt hier 'ne ruhige Kugel, habt 'ne angenehme Arbeit, wohnt in hübschen Häusern und schickt eure Kinder auf gute Schulen. Wie Sie sehen, weiß ich, wo Sie wohnen und wo Ihre Kinder zur Schule gehen!«

»Um meine Haut ist mir nicht bange«, fuhr Avner fort. »Aber bitte, sorgen Sie dafür, daß meiner Tochter nichts passiert. Wenn Sie helle sind, stellen Sie sie unter besonderen Schutz. Achten Sie darauf, daß ihr nichts zustößt, nicht mal 'n Unfall, haben Sie mich verstanden? Passen Sie auf, daß mein Kind nicht mal im Park von der Schaukel fällt. Denn ich mache *Sie* verantwortlich. Wenn meiner Tochter auch nur das Geringste passiert, dann werd ich mich an all diesen Kindern hier rächen. Und geben Sie sich ja keinen falschen Hoffnungen hin: Ich mein's todernst!«

Der Sicherheitsoffizier fand endlich seine Stimme wieder: »Ich weiß nicht das geringste von Ihrer Tochter. Ich hab keine Ahnung, was mit ihr geschehen ist. Bitte, so glauben Sie mir doch!« Flehentlich streckte er Avner die Hände entgegen.

»Sie sollten besser *mir* glauben!« gab Avner zurück. »Vielleicht sind Sie unschuldig, vielleicht auch nicht. Mir ist das egal. Einer von euch Brüdern steckt mit drin. Also tun Sie sich und Ihrer Kleinen den Gefallen und verbreiten Sie meine Botschaft unter Ihren Kollegen. Zeigen Sie denen die Fotos hier.«

Avner wandte sich zum Gehen, doch der Sicherheitsoffizier hielt ihn zurück. »Hören Sie, Mann«, sagte er eindringlich. »Sie müssen glatt verrückt sein! Sie sollten zum Arzt gehen. Ich versichere Ihnen, Sie bilden sich das alles bloß ein.« Mit solchen und ähnlich beschwörenden Reden folgte er Avner den Gang hinunter. Avner schwieg eine Weile, doch an der Tür blieb er stehen und sagte zu dem Beamten:

»Sie sind noch sehr jung. Es gibt 'ne Menge in dem Beruf, wovon Sie keine Ahnung haben. Sie wissen nicht einmal genau, wer ich bin. Bitte, zeigen Sie Ihren Vorgesetzten die Bilder und sagen Sie denen, was ich Ihnen erzählt habe. Versuchen Sie lieber nicht, mit dieser Geschichte allein fertig zu werden.« Damit verließ er das Konsulat.

Avner zog weder um, noch änderte er den Tagesablauf seiner Familie. Fast ein Monat verging, ohne daß er einen Brief oder einen Anruf erhielt. Dann rief ihn eines Tages ein alter Bekannter vom Sicherheitspersonal der El Al an, mit dem er früher gemeinsam als Begleitschutz Passagiermaschinen betreut hatte. Meine Güte,

es kommt mir vor, als wäre das in einem anderen Jahrhundert gewesen, dachte Avner und seufzte.
»Man hat mich gebeten, dich anzurufen«, sagte sein ehemaliger Kollege. »Du möchtest am Freitag um zehn Uhr morgens in dasselbe Hotel kommen wie letztes Mal . . . ehm . . . Also du wüßtest schon. Ach ja, ich soll dir noch bestellen, auch die Zimmernummer sei die gleiche. Jemand möchte dich dort treffen.«
Das konnte nur Ephraim sein.
»Ja«, antwortete Avner. »Sag deinem Auftraggeber, ich werde dort sein.«

Als Ephraim ihm am Freitag morgen die Tür öffnete, reichte er Avner nicht einmal die Hand. Er trat zur Seite und ließ ihn eintreten. Dann wandte er ihm den Rücken zu und blickte aus dem Fenster. »Ich wollte Sie nur aus einem einzigen Grund sprechen«, sagte er, ohne sich umzudrehen. »Ich wollte Ihnen folgende Frage stellen: Was glauben Sie eigentlich, auf welch niedriges Niveau wir herabsteigen würden?«
Als Avner schwieg, warf Ephraim ihm über die Schulter einen prüfenden Blick zu. »Meinen Sie wirklich, daß wir uns dazu hergeben würden, kleine Mädchen zu entführen?« herrschte er ihn an. »Kennen Sie eigentlich noch den Unterschied zwischen den *mechablim* und Ihren Landesvätern?«
Er spielt hervorragend, dachte Avner. Na, hatte ich von ihm ja auch nicht anders erwartet. Laut fragte er: »Wo ist mein Geld?«
»*Ihr* Geld?« Ephraim trat auf ihn zu und schaute ihn an, als sähe er ihn zum erstenmal. »Sie wollen mit mir über *Ihr* Geld reden?« In seiner Stimme lag unverhohlenes Staunen. »Mann, was ist eigentlich mit Ihnen los?«
»Nichts«, entgegnete Avner kühl. »Ich bin bloß 'n bißchen älter geworden und – wer weiß – vielleicht auch 'n bißchen gescheiter.«
»Ich kann einfach nicht glauben, daß Sie so reden!« entrüstete sich Ephraim. »So würde kein Israeli reden, keiner, verstehn Sie?

Ganz zu schweigen von einem Mann mit Ihrer Ausbildung, Ihrer Karriere! Denken Sie doch an Ihre Familie! Was, glauben Sie, würde Ihre Mutter sagen, wenn die Sie so reden hörte?«
Avner fuhr auf. »Meine Mutter würde genauso reden wie Sie. Aber nur, weil sie's nicht besser versteht. Ihnen aber nehm ich das nicht ab. Sie sind zu klug für diese Salbaderei.«
»Tut mir leid, wenn ich Sie enttäuschen muß.« Ephraims Stimme klang ruhig und beherrscht. »Ich bin scheint's naiver, als Sie dachten, jedenfalls weiß ich's auch nicht besser. Vielleicht sollte ich nach Amerika kommen, um von Ihnen zu lernen? Vielleicht sollten all unsre Soldaten erst mal Geld verlangen, ehe sie 'nen Panzer besteigen? Wir sollten womöglich vor jedem Fallschirmabsprung Aktien verteilen, wie? Gute Idee, ich werd's in der Knesset vorschlagen. Keine Angst, ich will mich nicht mit Ihren Federn schmücken! Nein, ich werd schon sagen, daß der Vorschlag von Ihnen stammt.«
Ephraim hatte sich in Hitze geredet. Aufgeregt marschierte er in dem kleinen Zimmer auf und ab. »Glauben Sie etwa, Sie sind der einzige, dem eine gefährliche Mission anvertraut wurde? Halten Sie sich am Ende gar für was Besonderes? Vielleicht erinnern Sie sich gütigst der Geschichte Ihres Landes! Wissen Sie, wie viele Menschen unter wesentlich schlechteren Bedingungen ungleich Wagemutigeres vollbrachten als Sie? Haben Sie 'ne Ahnung, wie viele Israelis Arme und Beine im Kampf für ihr Land opferten, ja, wie viele dafür gestorben sind?
Denken Sie etwa, Israels Staatsschatz sei dazu da, Ihr lustiges Privatleben zu finanzieren? Ihr Partner denkt da ganz anders, der tut weiter seine Pflicht! Niemand verlangt von Ihnen, daß Sie ein Held sind, wenn Sie nicht den Schneid dazu haben. Sie brauchen bloß zurückzukommen und Ihr Päckchen zu tragen wie jeder andere auch. Dann können wir – vielleicht – über Geld reden.«
Ephraim verstummte und erwartete offensichtlich eine Antwort. Doch Avner schwieg. Endlich fragte Ephraim behutsam: »Na, was ist, sind wir quitt?«
»Eine Frage noch«, entgegnete Avner eilig. »Warum haben Sie mich damals vor drei Jahren ausgesucht?«

Ephraim schnaubte verächtlich. »Das nenn ich 'ne gute Frage! Was glauben Sie, wie oft *ich* die mir in letzter Zeit gestellt habe? Aber ich will Ihnen sagen, was wir uns erhofften. Von Ihrem Vorgesetzten erfuhren wir, daß Sie der Typ seien, der nie aufgibt. Sie seien zwar nicht besonders kräftig und nicht grade der Schnellste, aber Sie blieben auf den Beinen; auch dann noch, wenn die Supersprinter und die Sportskanonen schon japsend auf dem Rücken lägen. Ihr kommandierender Offizier charakterisierte Sie als hartnäckig und eigensinnig. Tja, und wir dachten damals, das sei genau der Typ, den wir brauchten . . .«
»Nun, wenn Sie wußten, daß ich hartnäckig bin«, fiel Avner ihm ins Wort, »wieso dachten Sie dann, ich würde aufhören, mein Geld zu verlangen? Wie konnten Sie annehmen, daß ich mich betrügen und belügen und meine Familie bedrohen lassen würde? Paßt das etwa zu einem eigensinnigen Mann?«
Ephraim stieg das Blut ins Gesicht. »Mit Ihnen kann man einfach nicht reden! Immer wieder fangen Sie von Ihrem Geld an. Also haben Sie alles nur für lumpige Dollars gemacht, wie?«
»Wagen Sie's nicht, das noch mal zu sagen! Sie wissen sehr gut, daß ich nichts verlangt hab. Keiner von uns hat Sie um 'nen lausigen Penny gebeten. *Sie* haben uns 'n Vermögen versprochen. Und jetzt sind Sie's mir schuldig. Nicht für meine Arbeit, o nein, sondern weil Sie Ihr Versprechen halten müssen. Ich weiß nicht, warum Sie's uns gegeben haben, vielleicht, weil Sie niemandem zutrauen, daß er was umsonst tut, ist es so?«
»Versprochen, versprochen! Sie reden ja wie 'n kleines Kind.« Ephraim warf die Arme in die Luft. »So was wie Sie ist mir in meinem ganzen Leben noch nicht vorgekommen. Sie sagen doch selbst, daß Sie den Auftrag nicht des Geldes wegen übernommen haben. Na also! Wo liegt dann das Problem? Sie wollten kein Geld, und Sie haben keins gekriegt. Seien Sie endlich zufrieden, Mann!«
Einen Augenblick lang starrte Avner den Älteren verdutzt an, dann brach er in schallendes Gelächter aus. Ephraims Argument schien geradewegs aus einem alten Witz entlehnt, den sein Vater vor vielen Jahren erzählt hatte, als die Familie noch in Rehovot lebte.

Ein Galizier und ein *jecke* teilen sich einen Kuchen. Schließlich sind nur noch zwei Stücke übrig, ein großes und ein kleines. Höflich läßt der *jecke* dem Galizier den Vortritt, und der wählt, ohne zu zögern, das größere Stück.
»Das ist wieder mal typisch«, sagt der *jecke* mißbilligend.
»Wieso? Was hättest du denn an meiner Stelle getan?« erkundigt sich der Galizier scheinheilig.
»Ich hätte natürlich das kleinere Stück genommen«, antwortet der *jecke.*
»Na also, warum regst du dich dann auf? Du hast doch gekriegt, was du wolltest.«
Das ist also nicht bloß ein alter Witz, sondern die Wahrheit darüber, wie die Galizier Israel regieren, dachte Avner. Jede weitere Diskussion ist zwecklos. Er wich Ephraims Blick nicht aus, aber seine Schultern bebten vor unterdrücktem Lachen.
»Darf ich fragen, was Sie so erheiternd finden?« erkundigte sich Ephraim irritiert. Doch Avner schüttelte nur den Kopf.
»Tja, das hat man davon, wenn man kleine Geister mit großen Aufgaben betraut.« Ephraim klang jetzt ernsthaft beleidigt.
Avner, der sich zum Gehen wandte, hielt noch einen Moment inne. »Nein, Sie irren sich. Das kommt dabei raus, wenn man kleine Geister *betrügt.* Es bedarf eines wahrhaft großen Geistes, um vor einem solchen Betrug die Augen zu verschließen. Mein Vater zum Beispiel, der konnte das. Kleine Geister sind dazu nicht groß genug.«
»Wie ich sehe, sind Sie im Begriff zu gehen«, sagte Ephraim gleichmütig. »Nun, ich möchte Sie nicht aufhalten. Begraben wir doch unsren Streit, hm? Sie brauchen sich wegen Ihrer Tochter oder Ihrer Frau keine Sorgen mehr zu machen. Alles Gute für Sie und für Ihr neues Leben in Amerika, oder wo immer Sie landen werden. Wir danken Ihnen für alles, was Sie für Israel getan haben. Schalom.«
»Schalom«, antwortete Avner, ehe er die Tür hinter sich schloß. Wie leicht sich so ein Wort ausspricht, dachte er. Friede – aber wird es ihn jemals wirklich geben, den Frieden? Ich wünschte, ich könnte in die Zukunft sehen.

Epilog

Mit der zuletzt wiedergegebenen Unterhaltung im Vorfrühling des Jahres 1976 brach zwar der Kontakt zwischen Avner und seinen ehemaligen Vorgesetzten nicht endgültig ab, doch sie setzte den Schlußstrich unter die hier aufgezeichneten Ereignisse. Avner distanzierte sich radikal vom Geheimdienst, änderte seinen Namen, wechselte den Wohnsitz und lebt, soviel ich weiß, heute zurückgezogen irgendwo im Norden der Vereinigten Staaten.
Über seinen einzigen überlebenden Partner »Steve« konnte ich nicht mehr erfahren, als daß er bis auf den heutigen Tag im Staatssicherheitsdienst seines Landes tätig ist.
Die drei Terroristenführer, die Avner und sein Team nicht zur Strecke bringen konnten – Ali Hassan Salameh, Abu Daoud und Dr. Wadi Haddad – blieben noch eine Zeitlang im Untergrund aktiv. Dr. Haddad, dessen 1975 gemeldeter Bruch mit George Habashs »Volksfront« unter Umständen nur vorgetäuscht war, agierte einige Jahre als führender Kopf bei der Planung internationaler Guerilla-Anschläge. 1978 wurde er in ein DDR-Krankenhaus eingeliefert, wo er wenige Monate später eines angeblich natürlichen Todes starb. Als Organisator hatte er in der Blütezeit der urbanen Terrorwelle wohl kaum seinesgleichen. Es ist durchaus denkbar, daß die Radikalität seiner Einstellung ab einem gewissen Zeitpunkt sogar die seines Partners Dr. Habash übertraf, was schließlich 1975 zu dem vieldiskutierten Bruch zwischen den beiden führte. Allerdings ist – wie bereits angedeutet – nicht auszuschließen, daß die Beziehung zwischen Habash und Haddad im geheimen weiterbestand, ähnlich der Verbindung zwischen »Schwarzem September« und El Fatah. Indessen gibt es keinen Hinweis darauf, daß Dr. Haddads Todesursache – Krebs – vorgetäuscht wurde.
Abu Daoud (Mohammed Daoud Odeh) wurde am 1. August

1981 in einer Hotelhalle in Polen angeschossen. Presseverlautbarungen bezeichneten den Attentäter, der entkommen konnte, als israelischen Agenten. Falls diese Behauptung zutrifft, wirft sie die interessante Frage auf, ob der israelische Geheimdienst verwegen genug wurde, seine Operationen – über den bloßen Kundschafterdienst hinaus – auf den Ostblock auszudehnen, der ja für Avner und sein Team noch strikt tabu und infolgedessen zu ihrer Zeit ein sicherer Hafen für Terroristen war. Es ist überaus schwierig, Konterguerilla-Operationen in totalitären Staaten durchzuführen, in denen selbst Wohnungs- und Automietverträge sowie Hotelbuchungen peinlich genau überprüft werden. Ferner genießen in diesen Ländern Agenten, die gefaßt werden, nicht den Rechtsschutz, mit dem Spione, ja selbst Terroristen in westlichen Demokratien rechnen dürfen. Auch die internationalen Beziehungen können durch solche Operationen ernsthaft beeinträchtigt werden; so würde beispielsweise die Sowjetunion gegen Länder, die auf ihrem Boden Spionage treiben, mit wesentlich härteren Vergeltungsmaßnahmen vorgehen, als westliche Nationen in ähnlichen Fällen.
Unter Berücksichtigung dieser Faktoren erscheint die Version glaubhaft, nach der Abu Daoud zwar von einem israelischen Agenten angeschossen wurde, der allerdings nicht im Auftrag der Mossad handelte. Vielmehr soll der Mann im Affekt geschossen haben, als er plötzlich den verhaßten Terroristen in einem polnischen Hotel erkannte. Das Argument, sorgfältig ausgewählte und ausgebildete Agenten agierten gewöhnlich nicht über ihren vorgegebenen Handlungsradius hinaus, kann man mit genügend Gegenbeispielen aus der Praxis widerlegen, um diese Möglichkeit nicht minder wahrscheinlich zu machen als die, daß Israel seine Strategie gegenüber dem Ostblock fundamental geändert habe. (Auszuschließen ist ebenso wenig, daß der Anschlag auf Abu Daoud von streitenden Fraktionen innerhalb der palästinensischen Bewegung verübt wurde – die Israelis haben Abu Nidals Organisation des »Schwarzen Juni« in Verdacht – oder daß das Attentat vom KGB in Szene gesetzt wurde.) Fest steht lediglich, daß Abu Daoud in Polen mit einer Schußwaffe verletzt wurde.

Ebenfalls ungeklärt sind die Hintergründe der Ermordung Ali Hassan Salamehs am 22. Januar 1979 in Beirut. In den siebziger Jahren wurden wiederholt Attentate auf Salameh verübt. Richard Deacon beschreibt in seinem Buch »Der israelische Geheimdienst« zwei dieser Anschläge. Im ersten Fall feuerte 1975 ein israelischer Scharfschütze in Beirut mit einem Zielfernrohrgewehr durch ein Fenster auf Salameh, traf aber nur eine Attrappe. Bei dem zweiten Attentat vom 7. Oktober 1976 wurde Salameh nach Deacons Bericht schwer verwundet. Anderen Quellen – etwa David B. Tinnin – zufolge wurde nur ein Freund Salamehs verletzt.

Am 22. Januar 1979 fielen Salameh und einige seiner Leibwächter einem Sprengstoffattentat zum Opfer, als Salamehs Chevrolet-Kombi morgens gegen halb vier in Beirut an der Ecke Rue Verdun und Madame-Curie einen geparkten Volkswagen passierte. Salameh, der früher als ausgesprochen gerissene Zielperson galt, trug selbst dazu bei, diesen Anschlag zu ermöglichen. Seit er im Jahre 1978 die frühere Miss Universum, die Libanesin Georgina Rizak, geheiratet hatte, begann er ein geregelteres Leben zu führen. Gemäß der moslemischen Sitte ließ Salameh sich nicht von seiner ersten Frau scheiden, sondern pendelte mit gewisser Regelmäßigkeit zwischen dem PLO-Hauptquartier, dem Haus seiner ersten Frau und seiner beiden Kinder sowie Georginas Wohnung in der Rue Verdun.

Jeder seiner Schritte wurde minuziös überwacht von einer israelischen Agentin, die als Mary »Penelope« Chambers unter dem Deckmantel einer exzentrischen englischen alten Jungfer und Katzenliebhaberin operierte. Sie hatte sich nicht weit von Georgina Salamehs Wohnung in der Rue Verdun einquartiert. Eine Gruppe israelischer Agenten mietete einen Volkswagen, belud ihn mit Sprengstoff und parkte ihn entlang der Strecke, die Salameh täglich auf dem Weg zu seiner zweiten Frau zurücklegte. Einer Quelle zufolge montierte »Penelope« einen kleinen Sender unter den Kotflügel von Salamehs Kombi. Andere Schilderungen behaupten, »Penelope« habe die Explosion mit ihrem eigenen Sender ausgelöst, als sie Salamehs Wagen an dem unter ihrem

Fenster parkenden VW vorbeifahren sah. Jedenfalls explodierte der VW, Salamehs Wagen und der Landrover seiner Leibwache wurden in die Luft gesprengt und mehrere Passanten getötet oder verletzt.

Salamehs Tod wurde von der PLO offiziell bekanntgegeben, und auch die israelischen Nachrichtensender berichteten darüber. Yassir Arafat nahm an der Beerdigung teil, und das Pressefoto des Palästinenserführers, der seinen Arm beschützend um die Schulter von Salamehs ungewöhnlich hübschem dreizehnjährigem Sohn Hassan legt, ging um die Welt. »Wir haben einen Löwen verloren«, so zitierte man Arafat. Stewart Steven beschreibt Salamehs Ermordung ausführlich in seinem 1980 erschienenen Buch »Die Meisterspione von Israel«, und auch die israelischen Autoren Michael Bar-Zohar und Eitan Haber schildern in ihrer 1983 publizierten »Suche nach dem Roten Prinzen« das Attentat.

Die Tatsache, daß Salamehs Chevrolet am 22. Januar 1979 in Beirut in die Luft gesprengt wurde, ist unbestritten. Doch bisher unbestätigten Gerüchten zufolge befand Salameh sich zum Zeitpunkt des Anschlags gar nicht in seinem Wagen. (Die Leichen der Opfer wurden durch die Explosion bis zur Unkenntlichkeit verstümmelt, was diese Theorie zumindest in den Bereich des Möglichen rückt.)

Höchstwahrscheinlich verbirgt sich hinter den Gerüchten nur eine Fortsetzung der Salameh-Legende, entsprungen dem Wunsch, einen Mythos aufzubauen. Solche Mythen ranken sich häufig um die Figur eines Revolutionärs, besonders dann, wenn es sich um einen Mann wie Salameh handelt, dessen Leben geheimnisumwittert war und der dem Tode mehrmals nur knapp entkam. Wenn Salameh sich indessen an jenem Tag tatsächlich nicht in seinem Wagen befand (ein in Terroristenkreisen nicht unübliches Täuschungsmanöver), dann hatten gewiß sowohl Palästinenser als auch Israelis gute Gründe, vor der Öffentlichkeit seinen Tod zu proklamieren. Die Palästinenser konnten Salameh nicht wirksamer schützen als dadurch, daß sie die Israelis in dem Glauben ließen, sie hätten ihn umgebracht. Die Mossad hinge-

gen wiegte Salameh – *sollte* er noch am Leben sein – im Gefühl trügerischer Sicherheit, indem sie die Palästinenser glauben machte, sie hätten Israel erfolgreich hinters Licht geführt.
Solche Täuschungsmanöver sind zwischen gegnerischen Geheimdiensten ad infinitum durchgespielt worden. Doch es gilt zu berücksichtigen, daß alle Verdrehungen der Wahrheit immer noch von der Realitätsferne der Gerüchteküche übertroffen werden. Die bekannten Tatsachen bestätigen lediglich, daß Salamehs Wagen explodierte, wobei mehrere Personen getötet wurden, und daß sowohl die Palästinenser als auch die Israelis offiziell den Terroristenführer zu den Opfern zählten.

In den Anmerkungen weise ich auf einige Fälle hin, in denen meine Informationen von denjenigen abweichen, die an anderer Stelle aufgeführt sind. Wer von Ereignissen berichtet, die sich im verborgenen abspielten und vor der Presse später möglicherweise absichtlich falsch dargestellt wurden, der würde fahrlässig handeln, beanspruchte er für seine Angaben größere Authentizität als für die anderen Autoren.
Weitere Schwierigkeiten erwachsen aus dem Umstand, daß Logik und gesunder Menschenverstand als Maßstab für den Wahrheitsgehalt einer Information dort versagen, wo sich im höchsten Grad unlogische, ja sinnlose Behauptungen mit den Tatsachen decken. Diese Erfahrung macht man bei der Untersuchung politischen Terrors immer wieder. Ich möchte hier nur ein Beispiel herausgreifen. Der gewissenhafte und sorgfältig recherchierende französische Journalist Serge Groussard behauptete – zweifellos gestützt auf Informationen, die ihm von für gewöhnlich verläßlicher Quelle zugespielt wurden –, Mahmoud Hamshari sei verantwortlich für die im Rahmen einer Operation des »Schwarzen September« erfolgte »Hinrichtung« Wael Zwaiters.[1]
Obwohl diese Information sich als falsch erwies und von vornherein aufgrund der Tatsache, daß Hamshari und Zwaiter Waffenbrüder waren, unwahrscheinlich schien, mag sie 1973, als Groussard sie veröffentlichte, durchaus glaubwürdig gewirkt

haben, da es in dieser Phase nicht selten geschah, daß Terroristen einander im Zuge parteipolitischer Differenzen umbrachten.
Bei aller gebotenen Vorsicht gegenüber kursierenden Gerüchten fühle ich mich verpflichtet, auf einige weitere Ungereimtheiten hinzuweisen; nicht um anderen Berichterstattern zu widersprechen, sondern lediglich geleitet vom Bestreben nach Wahrheitsfindung.
Zunächst möchte ich darauf hinweisen, daß der Deckname »Die Rache ist unser«, den die Israelis angeblich der Operation gaben, mit der sie zum Vergeltungsschlag für das Massaker von München ausholten, vermutlich nachträglich von westlichen Reportern oder ihren israelischen Informanten eingeführt wurde. Denn obwohl dieser Deckname durchgängig von westlichen Journalisten erwähnt wird – stellvertretend seien hier Claire Sterling, Edgar O'Ballance, Richard Deacon, Christopher Dobson, Ronald Payne und David B. Tinnin genannt –, war er meinem Informanten der Operation nicht bekannt. (Interessanterweise lassen die beiden israelischen Autoren Michael Bar-Zohar und Eitan Haber den Decknamen in ihrem Buch unerwähnt.)
Die Decknamen »Mike«, »Tamar« und »Jonathan Ingleby«, die von mehreren Berichterstattern in Zusammenhang mit der Ermordung von Zwaiter und Boudia sowie mit der fehlgeschlagenen Operation Lillehammer genannt werden, tauchen ebenfalls nicht in meinen Quellen auf. Während der Name »Ingleby« möglicherweise von einem Agenten in Lillehammer benutzt wurde, existierte weder bei der Operation in Rom noch in Paris ein auf diesen Namen ausgestellter Paß. »Tamar«, die schöne Blondine, die angeblich als Freundin des Teamleiters am Anschlag auf Zwaiter und einigen Berichten zufolge sogar aktiv an der Schießerei in Lillehammer beteiligt war, scheint eine reine Phantasiefigur zu sein. (Ihre Erfindung entspringt allerdings nicht notwendigerweise den Köpfen der Reporter, die sie beschrieben, sondern denen ihrer Informanten.) Meine Nachforschungen ergaben ferner, daß auch die Anwesenheit General Zvi Zamirs bei den Attentaten auf Zwaiter und Boudia ein reines Phantasieprodukt ist, wohingegen sein Aufenthalt in Lilleham-

mer nur angezweifelt werden kann. Die Schilderungen von »Tamar«, der blonden Killerin, und dem Führer der Mossad, der sich persönlich zum Schauplatz verschiedener Attentate in Europa begibt, tragen den Charakter purer Fiktion. Es paßt allerdings durchaus zu den Pressekampagnen der Mossad, solch dreiste Erfindungen zu lancieren.

Es gilt zu berücksichtigen, daß die Nachforschungen auf diesem Gebiet durch gravierende Hindernisse erschwert werden. Es kommt sogar vor, daß man zu Anfang eine unglaubhaft klingende Information verwirft, sich später jedoch von ihrem Wahrheitsgehalt überzeugen lassen muß. Ich möchte hierfür ein Beispiel aus meiner eigenen Praxis anführen. Ursprünglich wurde Wael Zwaiters australische Freundin in Rom mir gegenüber als »Jeanette von Braun« genannt. Da der Name in höchstem Maße artifiziell klang und mir überdies aus dem Gedächtnis zitiert wurde, beschloß ich, ihn nur dann in meine Aufzeichnungen aufzunehmen, wenn ich ihn durch andere Quellen belegt fände. In den Presseberichten suchte ich den Namen vergeblich, und so erwähnte ich ihn auch nicht. Mein Manuskript war bereits abgeschlossen, als mir Frau von Brauns Name doch noch von unabhängiger Seite bestätigt wurde, weshalb er wenigstens an dieser Stelle Erwähnung finden soll.

Wenn solche Details auch nicht von überwältigender Bedeutung sind, so illustrieren sie doch die Grundproblematik, der ein Autor gegenübersteht, wenn er Ereignisse recherchiert, die sich nicht per Telefon verifizieren lassen. In diesem Zusammenhang erlaube ich mir noch zu ergänzen, daß aufgrund meiner Informationen kein als Monteur getarnter Agent Hasharis Telefonleitung anzapfte. Ebensowenig wurde die Bombe in seinem Telefonapparat von einem als Klempner verkleideten Agenten »im Angesicht« Hamsharis und seiner Leibwächter installiert.

Doch wenden wir uns nunmehr einem wichtigeren Thema zu. Ich habe mich zwar in meinem Buch durchgängig bemüht, meine persönliche Einschätzung Avners auszuschalten, aber an dieser Stelle dürfte es interessant sein zu erfahren, welchen Eindruck ich von ihm gewann.

Während meiner Gespräche lernte ich ihn als einen Mann kennen, dessen Stimmungen einem ständigen Wechsel zwischen zwei Extremen unterworfen waren: gelassene, ja fast gleichgültige Ruhe wandelt sich abrupt in sprunghafte Aktivität. Für einen Israeli ist seine Gestik bemerkenswert sparsam. Wenn er spricht oder zuhört, sitzt er entspannt, beinahe reglos da. Doch seinen Bewegungen eignet die reaktionsschnelle Wachsamkeit eines Reptils. Er vermittelt den Eindruck eines Mannes, der nicht lange nachdenkt, ehe er handelt, und der voranstürmt, ohne sich zu vergewissern, ob die anderen ihm folgen. (Als wir zusammen in Europa unterwegs waren, fragte ich ihn einmal angesichts eines Sperrgebietes: »Wie würden Sie in das Gebäude da reinkommen?« »Einfach so«, antwortete er prompt und marschierte auch schon durch die Eingangstür.) Avner achtet so gewissenhaft auf sein Äußeres, daß er eine Aura militärischen Drills um sich verbreitet. Im gesellschaftlichen Umfang ist er zuvorkommend und großzügig.

Obgleich er behauptet, er sei mit dem zurückgezogenen, friedlichen Familienleben, das er jetzt führt, zufrieden, steckt in ihm doch immer noch ein »Drang nach Höherem«, der im Acht-Stunden-Tag eines gewöhnlichen Bürgers schwerlich Erfüllung finden kann. Gesetzwidrige Handlungen mögen inzwischen sowohl seinen Wünschen als auch seiner Vernunft zuwiderlaufen, aber in seinem Wesen ist immer noch die Sehnsucht nach spannungsgeladenen Ereignissen spürbar. Folglich bezweifle ich seine Behauptung, er habe sich nur deshalb von der Konterguerilla anwerben lassen, weil seine Vorgesetzten im Kibbuz und in der Armee ebenso wie seine Familie und das israelische Volk dem Patriotismus einen so hohen Stellenwert einräumten. Das mag eine Rolle gespielt haben, war aber gewiß nicht der einzige Grund für seine Entscheidung.

Ich glaube ihm, daß weder die Hoffnung auf materiellen Profit ihn leitete, noch die Ausübung physischer Gewalt über andere Menschen Reiz auf ihn ausübte. Daß er aus freiem Willen Gegenterrorist wurde, erklärt sich aus anderen Bedürfnissen. Seine angeborene Abenteuerlust bedurfte der Gefahr, um seine Persönlichkeit im Gleichgewicht zu halten (eine ähnliche Charakterstruktur hat man bei Drachenfliegern, Motorradrennfahrern etc. beobachtet). Avner wird ferner von einem hohen Wettbewerbstrieb gelenkt, den er durch keine andere Naturbegabung oder Fähigkeit kompensieren konnte.

Avners momentane Empfindungen seiner Mission gegenüber sind bar jeglicher Reue und frei von Bedauern. Er beteuert, nie persönliche Feindschaft gegenüber den Menschen gehegt zu haben, deren Tod er mittelbar oder unmittelbar verschuldete. Er ist nach wie vor der Meinung, daß politische Notwendigkeit und Ehre es erforderlich machten, diese Leute zu eliminieren. Er steht voll hinter dem Befehl, der ihn und seine Partner auf ihre einzigartige Mission schickte, und hat keinerlei Gewissensbisse wegen der Morde, die sein Team verübte.

Während er unverändert an die Rechtfertigung der Operation glaubt, ist er von ihrer Effektivität nicht mehr überzeugt. Er räumt ein, daß sie weder in der Lage war, den Terrorismus auszurotten, noch dazu beitrug, Haß und Spannungen in der Welt zu lindern. Dennoch ist er der Ansicht, daß wesentlich mehr Unschuldige in Israel und Westeuropa Terroranschlägen zum Opfer gefallen wären, wenn sein Team und andere, die in den siebziger Jahren operierten, nicht einige der Topterroristen eliminiert hätten. Er betrachtet den Tod der jungen Fedajin-Mitläufer in der Schweiz und in Spanien als bedauerliches, aber unter den gegebenen Umständen unvermeidliches Unglück. Er verspürt keine Reue wegen der Ermordung der professionellen Killerin in Holland. Im Gegenteil. Wäre es dem Team damals nicht gelungen, sie auszuschalten, fände sich Avner noch heute bereit, allein auf sie Jagd zu machen.

Der Tod seiner Partner bedeutet für Avner einen schmerzlichen Verlust; wenn er davon spricht, ist er zu Tränen gerührt. Den-

noch fühlt er sich nicht für ihr Schicksal verantwortlich; mit Ausnahme von Carl. Was ihn betrifft, so befürchtet er, sein Wunsch, einer Auseinandersetzung mit dem bewunderten älteren Partner aus dem Wege zu gehen, habe sein Urteilsvermögen als Anführer getrübt. Doch er beeilt sich hinzuzufügen, daß weder seine Partner noch sein Einsatzoffizier ihm Vorwürfe machten oder ihn gar verurteilten. In seiner Eigenschaft als Leiter einer Gruppe hochqualifizierter Agenten hatte er nicht die Aufgabe, das Privatleben der Teammitglieder zu überwachen. Er war lediglich Primus inter pares. Nicht einmal die Operation leitete er in alleiniger Verantwortung. Anders als beim Militär wurde keine Aktion nur auf den Befehl des Anführers hin ausgeführt; vielmehr ging jeder Entscheidung ein Meinungsaustausch des gesamten Teams voraus.
Avner fühlt sich von seinen ehemaligen Vorgesetzten ungerecht behandelt, und sein Vertrauen in die Ehrbarkeit der befehlsgewaltigen Elite Israels ist gründlich erschüttert. Seiner Meinung nach verlangen sie absolute Loyalität ohne Gegenleistung und mißbrauchen vertrauensvolle, begeisterungsfähige Leute als Marionetten, deren Wohl und Wehe ihnen völlig gleichgültig ist. Diese pessimistische Einstellung hat jedoch seine Vaterlandsliebe für Israel nicht erschüttert. In jedem Konflikt, der in Vergangenheit und Gegenwart den Nahen Osten erschütterte, steht er eindeutig auf seiten Israels. Er räumt sogar ein, daß auch die Regierungsgewaltigen von patriotischen Empfindungen geleitet werden, ist aber der Ansicht, daß die Interessen Israels von dieser unerbittlich den Vorteil ihrer Kaste verfechtenden Minderheit nicht mehr gebührend vertreten werden. Er sieht allerdings ein, daß vielleicht jede Regierung, die in geheimer Mission agiert, gezwungen ist, sich rücksichtsloser und unbarmherziger Methoden zu bedienen – sowohl den eigenen Leuten als auch dem Feind gegenüber –, und er hält es in der Rückschau für töricht, daß er je etwas anderes erwartete.
Wenn er von Alpträumen gequält wird, was freilich nur selten geschieht, so handeln sie von seiner Kindheit im Kibbuz. Er träumt jedoch nie vom Militär, dem Sechs-Tage-Krieg oder von seiner Mission.

Angesichts der Mythen, die sich um moderne Geheimdienstorganisationen wie die CIA, das KGB und vor allem die Mossad ranken, erhebt sich die Frage, warum ein so durchschnittlicher junger Mann mit einer solch außergewöhnlichen Operation betraut wurde. Abgesehen von der Mythenbildung wird die Verwunderung hierüber noch verstärkt durch die fiktive Darstellung von Superagenten wie James Bond oder Smiley, deren schillernde, vielschichtige Persönlichkeiten unsere Vorstellung vom Typ des Geheimagenten geprägt haben. Einerseits weiß man natürlich, daß der fiktive Supermann, der die Weltklugheit eines Machiavelli mit den Tugenden der Artusritter vereinigt, nur der Einbildungskraft eines Schriftstellers entsprungen ist. Andererseits aber fühlen wir uns betrogen, wenn uns eine Figur vorgeführt wird, die sich anmaßt, in James-Bond-Manier zu operieren, ohne auch nur im entferntesten mit dessen Fähigkeiten ausgestattet zu sein.
Ein solcher Widerspruch wäre nur bei einem erwiesenen Psychopathen entschuldbar. Dieser Archetyp ist uns ebenfalls vertraut. Er tritt auf als der grausame, rätselhafte Killer, der Mafioso und Totschläger. Zwar mögen durchaus beide Varianten, der gedungene Mörder und der weltmännische, von edlen Motiven geleitete Topagent, in der Realität vorkommen, doch sind sie (und dies trifft besonders auf den zweiten Typus zu) ganz gewiß in der Minderheit. Entgegen allen Legenden und Mythen bin ich aufgrund sorgfältiger Recherchen zu der Einsicht gelangt, daß die meisten Mitglieder der Bürokratien moderner Geheimdienste – die Mossad bildet hier keine Ausnahme – ganz gewöhnliche Durchschnittsmenschen sind. Diese These findet immer wieder Bestätigung, sobald ein Geheimkommando aufgedeckt wird – sei es nun Lillehammer oder die berühmte »Operation Suzanna«, bei der die Israelis in den fünfziger Jahren westeuropäische Industrieanlagen in Ägypten sabotierten, in der Hoffnung, man würde die arabischen Nationalisten dafür verantwortlich machen.
Unter diesem Aspekt darf es nicht verwundern, wenn der Leiter eines der berühmten »Vergeltungskommandos« der Mossad

sich als Durchschnittsmensch mit ganz gewöhnlichen Ansichten, Beweggründen und Kenntnissen entpuppt. Im Gegensatz zum KGB läßt die Mossad nicht einmal ihre schmutzigen Geschäfte von kriminellen Psychopathen erledigen. Das liegt gewiß zum Teil darin begründet, daß solche Leute ungemein aufwendiger Hilfestellung und Kontrolle bedürfen. Es wäre undenkbar, fünf Totschläger mit Schweizer Bankkonten ausgestattet auf Europa loszulassen, damit sie dort auf eigene Faust Terroristen zur Strecke bringen. Typen wie diese müßte man vielmehr auf Schritt und Tritt überwachen und ständig mit präzisen Anweisungen versehen. Ein angehender Einstein wäre freilich ebenso ungeeignet für diese Rolle. Außergewöhnliche Persönlichkeiten pflegen das Feld, auf dem sie ihrer Gesellschaft dienen, selbst zu bestimmen; und in die Labyrinthe des Geheimdienstes verirren sie sich ohnehin recht selten. Für die Drecksarbeit mit der Waffe im Anschlag bleiben also nur die einfachen Durchschnittsmenschen übrig.

Abgesehen von Mut und Vaterlandstreue, die Voraussetzung sind, beruht ihre Wahl möglicherweise ebenso auf ihrem Mangel an außergewöhnlichen Fähigkeiten wie auf den Kenntnissen, die sie vorzuweisen haben. Es ist nicht erwünscht, daß ein potentieller Agent zuviel Phantasie, Fanatismus und Kühnheit mitbringt. Denn ein Übermaß an Phantasie führt zum Zweifel; übertriebener Fanatismus mündet in Labilität, und übergroße Kühnheit verleitet zur Unvorsichtigkeit. Auf die Gefahr hin, die komplexe Problematik zu unterschätzen, könnte man die Strategie eines Gegenterrorkommandos mit Tötungsauftrag auf die Beantwortung zweier Fragen reduzieren: wie macht man die Zielperson ausfindig, und wie organisiert man die Flucht nach dem Anschlag. (Die Antwort auf die dritte Frage, nämlich die nach der Durchführung des Attentats, hängt in der Regel von den beiden erstgenannten ab.) Die Lösung des ersten Problems besorgen fast ausnahmslos die Informanten. Die zweite Frage umfaßt neunzig Prozent der Aufgabenstellung, und zu ihrer Lösung bedarf es eines Höchstmaßes an organisatorischem und strategischem Geschick.

Daß die Flucht eines Teams nach einem erfolgreichen Attentat überhaupt bewerkstelligt werden kann, hängt in der Hauptsache mit der Dynamik der modernen, insbesondere der urbanen Gesellschaft zusammen. Die heutigen Städte sind – selbst abseits der riesigen Ballungszentren – ein von Anonymität, Mobilität und Übervölkerung geprägter Lebensraum, in dem die Bewohner, ja sogar die Behörden zur Gleichgültigkeit abstumpfen. Keiner fällt mehr seinem Nachbarn auf. Diese Indifferenz, gepaart mit dem Überraschungseffekt und dem allenthalben verbreiteten Widerstreben, sich in anderer Leute Angelegenheiten zu mischen, ermöglichen in der Regel sowohl die Beschattung vor als auch die Flucht nach dem Anschlag. Mit Ausnahme von vorsätzlichen Kamikazes oder wahnsinnigen Einzelgängern werden politische Mörder nur selten am Tatort gefaßt. Wenn es ihnen gelingt, sich in ihre konspirativen Schlupfwinkel zurückzuziehen, droht den Mördern – wie zuvor ihren Opfern – eigentlich nur noch der Verrat aus den eigenen Reihen. Das Risiko, von den Behörden entdeckt zu werden, ist dagegen vergleichsweise gering.
Meines Erachtens liegt der Geniestreich der Mossad – und anderer mit gleichen Methoden operierender Geheimdienste – in der Erkenntnis der relativen Einfachheit ihrer Aufgabe. Vielleicht hat die Mossad diese Einsicht durch das Studium der Terroristenszene gewonnen, in der hauptsächlich mit den Waffen der Kühnheit, des Selbstvertrauens, des Überraschungseffekts und der Schnelligkeit operiert wird. Außerdem machte sie sich deren Erfahrung zunutze, daß eine einzige Minute vor bzw. nach einem Anschlag oder die Entfernung nur eines Häuserblocks vom Tatort genügen, um in der Anonymität der Großstadtmenge unterzutauchen. Offensichtlich hat die Mossad darauf spekuliert, daß diese Faktoren den Terroristen nicht nur Hilfestellung leisten, sondern sie umgekehrt auch der Konterguerilla ans Messer liefern, wenn diese sich ihre Methoden und Taktiken zu eigen macht.
Wenn man auch davon ausgehen kann, daß die Mossad mehrere Teams damit beauftragte, die Terroristenszene zu infiltrieren, so

ist als ihr zweiter Geniestreich doch der Einsatz eines autarken Teams hervorzuheben, das mit nichts als einer Liste der Zielpersonen und großzügiger finanzieller Unterstützung ausgeschickt wurde, um in Europa genau wie die Fedajin-Basen im Untergrund zu arbeiten. Avner und seine Partner ahmten wahrscheinlich nahezu perfekt die Methoden der Terrorgruppen nach, die im Dienste der arabischen Länder oder der Ostblockstaaten stehen.

Avners Mission, der durchaus Experimentiercharakter anhaftete, zeitigte so eindrucksvolle Ergebnisse, daß manche Forscher dahinter eine weitverzweigte, furchteinflößende Organisation vermuteten, geleitet von Männern mit außergewöhnlichem Erfahrungsschatz. In Wahrheit fußte der Erfolg der Operation auf dem verwegenen Plan, eine Handvoll ehemaliger Soldaten und durchschnittlicher Agenten, versehen mit reichlich Geld und nahezu hundertprozentiger Handlungsfreiheit, in die Höhle des Löwen zu schicken.

Was die Behandlung betrifft, die die Mossad ihrem Agenten nach der Mission angedeihen ließ, so fällt es besonders schwer, zwischen Recht und Unrecht zu unterscheiden. Vorausgesetzt, daß Avner die Fakten richtig wiedergibt, hat es auf den ersten Blick den Anschein, als sei ihm Unrecht geschehen. Aber gilt im Geheimdienst nicht das für jeden Agenten verbindliche Postulat, daß niemand nach eigenem Gutdünken ausscheiden darf? Ist ein V-Mann nicht zu unbedingter Loyalität verpflichtet? Impliziert sein Vertrag nicht den Passus unbedingten Gehorsams, der ihn zwingt, auch niedere Arbeit zu verrichten, sobald er nicht mehr für gefährliche Unternehmungen zur Verfügung steht? Bricht ein Agent nicht widerrechtlich seinen Kontrakt, wenn er sich weigert, die ihm zugewiesene Tätigkeit auszuüben? Ich bin mir der Antworten auf alle diese Fragen nicht sicher. Vom menschlichen Standpunkt her verstehe ich Avners Enttäuschung. Doch ich werte es andererseits als ermutigendes Zeichen für die Liberalität der Mossad, daß ein solcher Konflikt überhaupt ausgetragen werden konnte. Kein KGB-Agent dürfte es wagen, seine Vorgesetzten in der Weise vor den Kopf zu stoßen, wie Avner es tat – jedenfalls nicht, wenn er überleben wollte, um seine Geschichte zu erzählen.

Unabhängig von der Frage nach Recht und Unrecht ist es vielleicht interessant, zum Schluß den Nutzen gegenterroristischer Aktionen zu beleuchten. War Avners Mission letztendlich erfolgreich oder nicht? Häufig wird die Meinung vertreten, die Konterguerilla trage nicht zur Lösung der aufgebrochenen Konflikte bei; sie vertiefe die bestehenden Spannungen, statt sie zu verringern. Diese Einwände mögen durchaus ihre Berechtigung haben. Es ist nicht zu leugnen, daß fast ein Jahrzehnt nach dem Massaker von Münschen, im Zeitraum von August 1980 bis November 1981, mindestens zwanzig Terroranschläge gemeldet wurden, verübt von Arafats El Fatah, Abu Nidals »Schwarzem Juni«, Suheir Mohseins As Saika (»Blitzstrahl«), George Habashs »Volksfront« und der neugegründeten »Bewegung des 15. Mai für die Befreiung Palästinas«. Diese Gewaltakte forderten sechsunddreißig Tote und Hunderte von Verletzten in Paris, Beirut, Nairobi, Kairo, Buenos Aires, Istanbul, Wien, Athen, Antwerpen und Rom. Dennoch bin ich der Meinung, daß der Erfolg der Konterguerilla nicht an den konkreten Lösungen gemessen werden darf, die sie herbeiführt. Mit Waffengewalt werden nie Lösungen erzielt, es sei denn, es handelt sich um eine eindeutige Entscheidungsschlacht wie etwa Waterloo, und selbst ein solches Ergebnis klärt unter Umständen die Fronten nur für ein oder zwei Generationen.

Man muß sich mit der tragischen Tatsache abfinden, daß die Karten unseres Erdballs mit Blut gezeichnet sind. Keine Grenze wurde anders als durch Sieg und Niederlage bestimmt, es sei denn, den streitenden Parteien wurde der Friede von einer dritten, ihnen überlegenen Macht aufgezwungen. Solange der Kampfgeist lebendig ist, haben die Völker keine andere Wahl, als sich immer von neuem zu bekriegen, gleichgültig, ob der jeweilige Etappensieg eine Lösung herbeiführt oder nicht; andernfalls unterliegen sie und werden ausgelöscht. Ich halte es für Heuchelei, wenn die etablierten Staaten, die einst ihre eigenen Grenzen mit dem Blut ihrer Väter auf den Globus zeichneten, jetzt von den jungen Nationen Mäßigung verlangen. Hätte man die Maßstäbe der Moral und des Nutzeffekts, die die Etablierten heute predigen, früher an sie selbst angelegt, so wären sie gar nicht erst emporgewachsen oder hätten zumindest nicht überlebt.

Es wäre ein Mißverständnis, aus meiner These zu schließen, ich erkennte im Krieg kein Gesetz der Mäßigung an. Was die moralische Rechtfertigung betrifft, so kann man zwischen Konterguerilla und Terrorismus ebenso differenzieren wie zwischen kriegerischen Handlungen und Kriegsverbrechen. Nach moralischen Maßstäben steht der Terrorismus auf der falschen, der Gegenterrorismus auf der richtigen Seite. Man kann argumentieren, das Anliegen der Palästinenser sei ebenso ehrbar wie das der Israelis. Aber es ist unmöglich zu behaupten, Terror sei genauso ehrenhaft wie der Widerstand gegen ihn. Im Grunde erhält die Konterguerilla sowohl ihre moralische als auch praktische Rechtfertigung durch die Gewißheit, daß es unvernünftig, ja unmoralisch wäre, sich nicht gegen Terror zur Wehr zu setzen.

Toronto, den 16. Juni 1983

Anmerkungen

Vorwort

1 Zum Beispiel die Personen- und Lebensbeschreibungen einiger der dargestellten Personen.

2 Ungeachtet der Tatsache, daß generell zwei Quellen einen höheren Wahrheitsgehalt gewährleisten als eine einzige, kann die Fixierung darauf sich zum regelrechten Fetisch entwickeln. Im amerikanischen Journalismus artet das in jüngster Zeit dazu aus, eine Information »nicht mehr auf ihren Wahrheitsgehalt zu prüfen, sondern sie danach zu beurteilen, ob zwei Leute sie für wahr halten« (Michael Ledeen).

3 Die Jerusalemer Konferenz über Internationalen Terrorismus definierte Terrorismus als »vorsätzliche, planmäßige Ermordung, Verstümmelung oder Bedrohung Unschuldiger in der Absicht, Panik auszulösen und auf diesem Wege die Erfüllung politischer Ziele zu erzwingen«. (Aus einer von US-Senator Henry Jackson auf der Schlußkundgebung verlesenen Erklärung; zitiert nach einer Veröffentlichung des Jonathan-Instituts aus dem Jahre 1979).

Prolog

1 Die Mannschaften aus Kuba, Syrien und Bulgarien waren am entgegengesetzten Ende des Olympiadorfs untergebracht. Aber die Entfernung zwischen ihrem Quartier in der Straßbergstraße und der Unterkunft der israelischen Sportler beträgt nicht mehr als 400 Meter. Eine ausführliche Beschreibung der Örtlichkeiten des Olympischen Dorfes findet sich in Serge Groussards »Das Blut Israels«, einer gewissenhaft recherchierten Abhandlung, auf die sich dieser Vorspann in einer Reihe von Punkten stützt.

2 Zu den Bewohnern gehörten fünf Sportler, zwei Ärzte und – in Apartment Nr. 5 – Shmuel Lalkin, der Leiter der israelischen Delegation, auf den es die Terroristen besonders abgesehen hatten. Groussard und andere vermuten, daß die Sicherheitskräfte, die nachweislich das israelische Team begleiteten, sich in der Tatnacht nicht in ihrem Quartier (wahrscheinlich Apartment 6) in der Connollystraße befanden.

3 Manche Quellen benennen »Tony« als Anführer des Terrorkommandos. Andere weisen »Issa« diese Rolle zu. Edgar O'Ballance in »Die Sprache der Gewalt« vermutet hinter diesem Pseudonym den Architekten Mohammed Masalhad, der am Bau des Olympiadorfs mitgewirkt hatte und dem Terrorkommando durch seine genaue Ortskenntnis wertvolle Dienste leisten konnte. O'Balance zitiert auf S. 124 seines Buches ferner das arabische Nachrichtenorgan »An Nahar«, demzufolge nicht Issa, sondern Badra die Handgranate warf und die Geiseln im zweiten Hubschrauber

von el-Denawi erschossen wurden. Allerdings gibt auch O'Ballance zu bedenken, daß der genaue Ablauf der Ereignisse sowie die Identität der Terroristen nur sehr schwer nachzuweisen sind.

I

1 Agaf Modiin (Informationsbüro). Dieser unter der Abkürzung *Aman* bekannte Nachrichtendienst wurde im Sommer 1948 in Israel gegründet und bildet einen der drei Zweige der Sherut Yediot (Informationsdienst), kurz *Shai* genannt. Für nähere Angaben siehe Stewart Steven: »Die Meisterspione von Israel«, und Richard Deacon: »Der israelische Geheimdienst«.

2 Die Kibbuzim, die freiwillige landwirtschaftlichen Kollektive in Israel, spiegeln die Wurzeln, den Leitgedanken und die tradierten sozialen Impulse des Landes exemplarisch wider. Die ersten Immigranten, besonders die Mitglieder der mächtigen Zweiten und Dritten Aliyah, die seit der Jahrhundertwende bis zur Mitte der zwanziger Jahre nach Israel kamen, stammten vorwiegend aus Osteuropa. Ihre Ideale, die eine Mischung der Hauptströmungen sozialen und politischen Denkens im Europa des 19. Jahrhunderts repräsentierten, umfaßten auch nationales Gedankengut und radikale Gleichheitsbestrebungen.
Die Kibbuz-Bewegung, in die zahlreiche frühzionistische Impulse einflossen, erreichte den Höhepunkt ihrer Bedeutung in den fünfziger Jahren. Obwohl die Kibbuzniks nur drei bis fünf Prozent der israelischen Bevölkerung ausmachten, wurden ihre Gewohnheiten, Glaubensgrundsätze, Sitten und Gebräuche der Öffentlichkeit als leuchtendes Beispiel vorgestellt, und sie erhielten fast den Wert eines Statussymbols. Der politische Einfluß der Kibbuzniks wurde auf das Fünf- bis Siebenfache ihres Bevölkerungsanteils geschätzt. Amos Elon, auf dessen brillante Studie »Die Israelis« ich mich in diesem und anderen Punkten berufe, berichtet auf S. 315 des genannten Buches, daß die Kibbuzniks 1969 rund 15 Prozent der politischen Spitzenpositionen und 30 Prozent der Parlamentssitze innehatten.
Zu den Idealen eines Kibbuzniks gehören Härtekult, Gemeinschaftsdienst, Opferbereitschaft und eine beinahe mystische Erdverbundenheit. Körperliche – und hier vorwiegend landwirtschaftliche – Arbeit genießt höchstes Ansehen. Der Bürger des neuen Staates Israel bedient sich einer einfachen, oft bis zur Grobheit tendierenden Sprache und zeichnet sich aus durch einfache Lebensweise sowie schlichte Kleidung. In geradezu invertiertem Snobismus verschmäht er jeglichen persönlichen Schmuck, alle Rangabzeichen und sämtliche Beweise von Kultiviertheit und Bildung. Wenn man diese Haltung auch nicht als Heuchelei abtun kann – Kibbuzniks *sind* zäh, arbeiten unglaublich hart und opfern häufig den natürlichen Wunsch nach Bequemlichkeit, materiellem Besitz und Privatsphäre dem Dienst an der Gemeinschaft –, so muß man doch feststellen, daß die Kibbuzniks mit Hilfe ihrer Sitten und Gebräuche eine neue Rangordnung errichteten. Sie entwickelten sich zu einer Art Aristokratie in Israel und stiegen zur Elite des Landes auf.

3 Har-Zion, ein 1934 geborener Sabra der dritten Generation, wurde zu einer legendären Figur in der israelischen Armee. Bisweilen unternahm er

auch private Beutezüge in arabisch besetzte Gebiete und tötete Palästinenser-Soldaten. Einmal wurde er von den israelischen Behörden festgenommen (später allerdings wieder freigelassen), weil er zwei Araber ermordet hatte, die möglicherweise für den Tod seiner Schwester verantwortlich waren. 1969 erschienen Har-Zions Memoiren, versehen mit einem bewegten Geleitwort aus der Feder Ariel Sharons.

II

1 Die italienische Fabrica d'Armi Pietro Beretta blickt wahrscheinlich auf eine der ältesten Büchsenmachertraditionen der Welt zurück. Die 1680 gegründete Firma begann im Jahre 1915 mit der Herstellung automatischer Pistolen und hat seitdem mehrere Millionen Waffen verschiedener Typen und Kaliber auf den Markt gebracht. Zwei Varianten Kaliber .22 sind in den USA als »Plinker« und »Minx« sehr begehrt. Die von den israelischen Streitkräften übernommene Waffe geht auf die 9 mm Parabellum, genannt »Brigadier«, zurück, die 1951 bei der italienischen Armee und Marine eingeführt wurde. Die Verwendung von Leichtmetall gestattete eine beträchtliche Gewichtsverminderung. Die Magazinkapazität beträgt 8 oder 10 Patronen. Für die besonderen Erfordernisse der Mossad wurde diese Selbstladepistole mit einfacher Bewegung entsprechend modifiziert.

2 »Ortega« und »Dave« sind Pseudonyme.

3 Kurzform von *Sherut Habitachon,* was bisweilen mit Sicherheitsabteilung übersetzt wird. Man könnte das Verhältnis zwischen Shin Bet und Mossad annähernd mit dem zwischen FBI und CIA vergleichen. Allerdings unterscheiden sich die Administrations- und Operationsstrukturen der beiden israelischen Geheimdienste in vieler Hinsicht von denen ihrer amerikanischen Pendants. Die Mossad und Shin Bet sowie Aman und zwei weitere Vertretungen (das Fahndungskommando der israelischen Polizei und die Forschungsabteilung des Außenministeriums) sind einer Dachorganisation unterstellt, dem Zentralkomitee der Sicherheitsstreitkräfte *(Veada Merkazit Lesherutei Habitachon),* das ihre Aktivitäten koordiniert.

4 Jiddische Bezeichnung für »Dieb«.

5 Eliahu Cohen, der wohl berühmteste und wahrscheinlich auch erfolgreichste israelische Agent (zumindest unter denjenigen, die schließlich enttarnt wurden), kam 1924 in Alexandria zur Welt. Von 1962 bis 1965 verkehrte er in den höchsten Regierungskreisen Syriens. Unter dem Decknamen »Kamal Amin Taabet« trat er als syrischer Geschäftsmann aus Südamerika auf und übermittelte aus seinem Apartment in Damaskus Geheimnachrichten von unschätzbarem Wert an Tel Aviv. Im Mai 1965 wurde er von den Syrern gefangengenommen und gehängt. Die ausführlichste und gründlichste Darstellung der Arbeit Eli Cohens bietet »Das Schweigen ist gebrochen« von Zwy Aldouby und Jerrold Ballinger.

6 In »Die Meisterspione von Israel« berichtet Stewart Steven, daß einige in Europa eingesetzte israelische Agenten der Polizei als »verdächtige Individuen« gemeldet wurden, weil sie nicht verstanden, sich ihrer Umgebung anzupassen. »Da sie ihr Leben im Kibbuz verbracht und nie zu-

vor ein internationales Hotel betreten, geschweige denn in einem gewohnt hatten, benahmen sie sich völlig hilflos.« In diesem Zusammenhang erwähnt Steven auch, daß Isser Harel, der erste große *memune* der Mossad, sich – wenn auch widerstrebend – gezwungen sah, ein »Benimmtraining« in das Ausbildungsprogramm der Mossad-Agenten aufzunehmen. Harel selbst war ein Galizianer, wie er im Buche steht, was freilich seine Verdienste als einer der bedeutendsten Meisterspione unseres Jahrhunderts nicht schmälert.

7 Die Änderung des Namens ist ein in Israel bis auf den heutigen Tag gepflegter Brauch. Neueinwanderer hebräisieren ihren Namen, andere wiederum wählen willkürlich einen, der die Fähigkeiten bezeichnet oder symbolisiert, die sie an anderen bewundern und selbst besitzen möchten. Manche behaupten scherzhaft, die israelische Ausgabe des Nachschlagewerks, in dem die Prominenten eines Landes aufgeführt werden, müsse den Titel tragen: »Who *Was* Who«.

8 As-Saiqa (»Blitzstrahl«), »Schwarzer September«, El Fatah, die »Demokratische Volksfront für die Befreiung Palästinas«, das »Generalkommando der Volksfront für die Befreiung Palästinas«, »Schwarzer Juni«, die »Nationale Arabische Jugendorganisation für die Befreiung Palästinas« etc. – sie alle sind Unter- oder Splittergruppen der komplexen, in ständigem Wandel begriffenen Palästinensischen Befreiungsbewegung. Bis zu einem gewissen Grad sind sie alle marxistisch orientiert, wenn sie auch die Interpretation des »Wissenschaftlichen Sozialismus« durch den Kreml nicht in sämtlichen Punkten gutheißen mögen. All diese Guerilla-Organisationen billigen den Terror als Waffe im Kampf gegen Israel. Diese Feindschaft und der Feldzug gegen den »Westlichen Imperialismus« machen sie zwar häufig zu Verbündeten, sie greifen allerdings auch zu Terrormaßnahmen, um Konflikte in eigenen Reihen auszutragen. Das Buch von Avrim Yaniv »Die PLO, ein Profil« (Studiengemeinschaft der Israelischen Universitäten zur Erforschung des Nahostkonflikts, 1974), verdeutlicht die Organisation der Fedajin-Bewegung während des hier geschilderten Zeitraums.

9 Dr. George Habash, der oft als »Zahnarzt« bezeichnet wird, promovierte an der Amerikanischen Universität in Beirut. Er war zwar Christ, doch als Araber, der in Lod (dem damaligen Lydda) zur Welt kam, verschrieb sich Habash verständlicherweise eher einer marxistischen als einer religiös orientierten Bewegung zur Befreiung Palästinas. Die »Volksfront« ging aus der ebenfalls von Habash gegründeten »Arabischen Nationalbewegung« hervor, der *Haraka* (Haraka al-Kuamiyyim al-Arab). Die »Volksfront« war fraglos linksradikaler ausgerichtet als Arafats El Fatah, was der Fatah im Vergleich den ansonsten unverdienten Ruf einer gemäßigten Organisation einbrachte. Allerdings spalteten sich bereits 1967, nur zwei Jahre nach der Gründung der »Volksfront«, noch schärfer linksorientierte und militantere Gruppen von ihr ab, so Ahmed Jibrils »Generalkommando der Volksfront« und Nayef Hawathmehs »Demokratische Volksfront«. Letztere erwarb sich nur durch ihre Unbeliebtheit in den eigenen Reihen einen zweifelhaften Ruf: sie hat es angeblich nie auf mehr als 300 Mitglieder gebracht. Für ausführlichere Beurteilungen Habashs und nähere Einzelheiten über die Ursprünge der »Volksfront« siehe Edgar O'Ballance: »Die Sprache der Gewalt«.

Claire Sterling stellt in »Das internationale Terror-Netz« die Behauptung auf, Habash sei 1967 von dem reichen italienischen Verleger und Playboy Giangiacomo Feltrinelli »überredet« worden, auf die internationale Terrorismusszene überzuwechseln, und habe »1968 sein erstes Kommando mit Feltrinellis finanzieller Unterstützung nach Westeuropa entsandt« (S. 39). Wenn Sterlings Vermutung zutrifft, so hatte gewiß auch die Sowjetunion ihre Hand im Spiel. Denn Feltrinellis Pläne wurden bekanntlich auf dem Umweg über den Geheimdienst der Tschechoslowakei vom KGB beeinflußt, obwohl er wahrscheinlich zu labil war, als daß die Sowjets ihn hundertprozentig hätten kontrollieren können.

10 Dr. Wadi Haddad, ein ebenfalls getaufter Araber, war der Sohn eines namhaften Gelehrten. 1952 eröffnete er zusammen mit Dr. Habash in Aman eine Praxis. Edgar O'Ballance (a. a. O., S. 60) berichtet, die beiden Ärzte »waren dafür bekannt, daß sie mit den Rezepten Flugblätter verteilten«. Haddad war ein vorsichtiger Mann und – nach allgemeinem Urteil – ein brillanter Organisator. Ein paar Jahre lang fungierte er als Habashs Planungschef und Stellvertreter. Nach dem Bruch mit Habash führte er bis zu seinem Tode bei den spektakulärsten Terroraktionen der siebziger Jahre Regie.

Es wurde bereits darauf hingewiesen, daß nicht zufällig drei der radikalsten Palästinenserführer, Habash, Haddad und Hawatmeh, keine Moslems waren. Dieser Umstand erklärt vielleicht, warum alle drei sich eher vom Marxismus beeinflussen ließen als vom *Jihad*-Konzept des »Heiligen Krieges gegen Israel«. Daß auch die massive Feindschaft zwischen ihnen und den moslemischen Lagern der Palästinenserbewegung auf diese religiöse Kluft zurückging, kann nur vermutet werden. Tatsache ist, daß beispielsweise 1970 Dr. Haddad und seine Familie nur knapp dem Tode entkamen, als die Fatah ihre Beiruter Wohnung mit Raketen beschoß. Haddad selbst machte freilich später die Mossad für diesen Anschlag verantwortlich.

III

1 Die Ermordung der elf Olympiateilnehmer löste bei den meisten Israelis vielleicht deshalb einen größeren Entrüstungssturm aus als der Tod weit zahlreicherer unschuldiger Opfer – etwa auf dem Flughafen Lod –, weil diesen Sportlern die fast symbolische Bedeutung anhaftete, ihre Nation auf internationaler Bühne zu vertreten. Den Zorn und die Frustration der Israelis hat vermutlich ferner ein grober Fehler der deutschen Berichterstattung angefacht: Kurz nach Mitternacht verkündete ein offizieller Regierungssprecher live über den Bildschirm, die Kommandoaktion sei erfolgreich abgeschlossen und alle israelischen Geiseln seien gerettet. Wut und Enttäuschung kannten keine Grenzen, als am nächsten Tag die Wahrheit bekannt wurde. Die meisten Israelis verloren den Glauben daran, daß die Deutschen wenigstens die festgenommenen Fedajin ihrer gerechten Strafe überantworten würden. Sie sollten recht behalten: Am 29. Oktober 1972 brachten arabische Luftpiraten des »Schwarzen September« eine Lufthansa-Maschine auf dem Flug von Beirut nach München in ihre Gewalt und forderten die Freilassung der drei inhaftierten Attentäter. Die deutschen Behörden erfüllten die Forderung, um das Leben der

Geiseln zu retten, und übergaben die arabischen Terroristen auf dem Flughafen von Zagreb den Entführern. Anschließend flog die Maschine in die libysche Hauptstadt Tripolis, wo die Boeing 727 mit Besatzung und Passagieren freigegeben wurde.

2 Meinen Informationen zufolge gingen die »Vergeltungskommandos« nicht aus Ariel Sharons Gruppe 101 hervor, wie in mehreren Publikationen behauptet wird; abgesehen von einem gewissen historischen Zusammenhang. Sharons Gruppe, die in den späten fünfziger Jahren gegründet wurde und in einer (vielleicht unvermeidlich) grausamen Weise gegen die Fedajin im Gazastreifen und anderen israelischen Grenzgebieten zu Felde zog, erwuchs ihrerseits aus einer älteren Tradition des Widerstands gegen den Terrorismus. Doch die unter General Zamir durchgeführten Racheakte, die dem Massaker von München folgten, wiesen sowohl personell wie organisatorisch eine völlig andere Struktur auf. Mein Gewährsmann berichtet zwar, Sharon sei bei dem Vorgespräch in Golda Meirs Haus zugegen gewesen, aber seine Anwesenheit bedeutete offenbar nur einen symbolischen Akt, der vermutlich darauf abzielte, die Moral des Kommandos zu stärken. Die ursprüngliche Gruppe 101 hatte 1972 ihren Höhepunkt bereits in jeder Beziehung überschritten.

3 Die Behauptung, Eli Cohen habe sterben müssen, weil es in Israel keine Todesstrafe gibt, mag reichlich konstruiert klingen, und doch ist diese Überlegung nicht gänzlich von der Hand zu weisen. Nach Cohens Festnahme boten die Israelis auf inoffiziellem Wege im Austausch gegen ihn die Freilassung einiger syrischer Agenten an. Die Syrer antworteten darauf geringschätzig, daß dieser Handel für sie nicht lukrativ sei. Denn Cohen sah in Damaskus der Hinrichtung entgegen, während das Leben der gefangenen Syrer nicht in Gefahr war. Zwy Aldouby und Jerrold Ballinger schildern diese Reaktion Syriens ebenfalls, wenn auch in leicht abgewandelter Form (a. a. O., S. 389).

4 Vgl. auch Stewart Steven, a. a. O., S. 262.

IV

1 In der Nacht des 21. Juni 1965 verschafften sich vier israelische Kommandos Zutritt zum jüdischen Friedhof in Damaskus und entwendeten Eli Cohens Leiche. Sie gruben den Sarg aus und brachten ihn auf einem Lastwagen fast bis zur libanesischen Grenze. Aber in letzter Minute wurden sie von syrischen Grenzpatrouillen gestellt. Die Israelis konnten zwar entkommen, waren jedoch gezwungen, Cohens Leiche zurückzulassen. Das mißglückte Kommandounternehmen schildern Zwy Aldouby und Jerrold Ballinger, a. a. O., S. 425 f.

2 Die Vorbehalte der Israelis gegen die Ermordung Kanafanis waren keineswegs auf Zweifel hinsichtlich seiner Rolle als Terroristenführer gegründet. Zum einen bedauerte man natürlich, daß seine unschuldige Nichte mit ihm den Tod fand. Darüber hinaus aber bewegte weite Kreise der Mossad die bange Frage, ob der Mord an einem Mann wie Kanafani, der in seiner Rolle als Schriftsteller, Intellektueller und Pressevertreter viele persönliche Kontakte zu westlichen Journalisten und Meinungsmachern unterhielt und der die Öffentlichkeit durchaus für sich einzunehmen verstand, nicht einen gefährlichen Gegenschlag auslösen würde.

Man hegte zu keinem Zeitpunkt moralische Skrupel wegen Kanafanis Tod. Es wurde lediglich die Meinung laut, daß die Ermordung prominenter Intellektueller den Zielen des Landes schaden könne, gleichgültig, welche Rolle sie in der Terrorismusszene auch spielten. Diese Zweifel hinderten freilich die Mossad nicht, sechs Wochen nach Kanafanis Tod eine Briefbombe an Abou Sharif zu schicken, der Kanafanis Nachfolge als Sprecher der Volksfront angetreten hatte. Die Bombe tötete Sharif zwar nicht, aber er wurde bei dem Anschlag unheilbar entstellt. (Für weitere Urteile zur Kanafani-Affäre vgl.: David B. Tinnin und Dag Christensen: »Vergeltungskommando«; Stewart Steven, a.a.O., S. 265 f.; Edgar O'Ballance, a.a.O., S. 87, 90, 145).

3 Ob Ephraim die Frage damals hätte beantworten können oder nicht, bleibt ungeklärt. Heute weiß man jedoch, daß zumindest auf einige Terroristenführer mehrere Teams angesetzt waren. Dieses Verfahren, das zweifellos sowohl Vor- als auch Nachteile birgt, hat seine historischen Vorbilder. Laslo Havas beschreibt in seinem Buch »Hitlers Plan zur Ermordung der großen Drei« anschaulich und fesselnd, wie die deutsche Abwehr und der Sicherheitsdienst autonome Agenten in Teheran einschleuste, mit dem Auftrag, die Führer der Alliierten Streitkräfte umzubringen.

V

1 Christopher Dobson und Ronald Payne behaupten in »Die Terroristen« (S. 132), die Italiener hätten die peinliche Pflicht, die palästinensischen Freischärler vor Gericht zu stellen, die sich Ahmed Zaid und Adnam Ali Hashan nannten, umgangen, indem sie ihnen die »vorläufige Freiheit« zubilligten mit der Begründung, ihre Bombe sei »nicht imstande gewesen, das Flugzeug zu zerstören«. Nicht nur die Italiener scheuten dergestalt vor der Verantwortung zurück. Edgar O'Ballance zitiert aus einer Rede des israelischen Verteidigungsministers Moshe Dayan aus dem Jahre 1973: »Von den 110 bisher gefaßten Terroristen wurden 70 nach kurzer Zeit wieder freigelassen. Wir wissen weder, wieviel Lösegeld für sie bezahlt wurde, noch welche offiziellen oder geheimen Übereinkommen die jeweiligen Staaten mit den Fedajin getroffen haben.« (a.a.O., S. 185). Wie recht Dayan hatte, zeigte sich, als der frühere italienische Premierminister Aldo Moro, der sich in den Händen der Roten Brigade befand, die ihn kurz darauf ermorden sollte, seine Regierung aus der Gefangenschaft in einem Brief anflehte: »Palästinensern wurde wiederholt die Freiheit (in der Verbannung) geschenkt, um die Gefahr schwerwiegender Repressalien zu vermeiden. Viele Male wurden inhaftierte Palästinenser auf verschiedenen Wegen außer Landes gebracht. Dieses Entgegenkommen wurde anerkannt ...« Moro wollte die Regierung seines Landes mit diesem Hinweis dazu überreden, inhaftierte Terroristen der Roten Brigade im Tausch gegen ihn freizulassen. Ein solches »Entgegenkommen« wurde schließlich anerkannt; das wußte man. Die italienische Regierung hatte es bereits mehrfach praktiziert. 1978 allerdings blieb man hart, und Moro mußte mit seinem Leben bezahlen (vgl. Claire Sterling: »Das internationale Terror-Netz«). – Ahmed Zaid und Adnam Ali Hashan werden in manchen Berichten »Ahmed Zaidi Ben Baghdadi« und

»Adnam Mohammed Ashem« genannt. Diese Divergenz möge als Anlaß für den Hinweis dienen, daß die deutsche phonetische Umschrift arabischer und hebräischer Namen höchst unzuverlässig und nur in den seltensten Fällen zweifelsfrei vereinheitlicht ist. Dieser Umstand, gekoppelt mit der Neigung von sowohl Arabern wie Israelis, ihre Namen zu ändern, sich besonders lange auszusuchen, die jedoch nur abgekürzt benutzt werden, sowie Spitznamen, Künstler- und andere Beinamen zu tragen, hat in den Berichten westlicher Journalisten und Nachrichtendienste oft genug Verwirrung gestiftet.

2 In mehreren Publikationen wird Zwaiters Ermordung kommentarlos wiedergegeben. Eine ausführliche Schilderung bieten David B. Tinnin und Dag Christensen in ihrem Buch »Vergeltungskommando«. Allerdings weichen ihre Informationen in mehreren Punkten von den meinen ab. Tinnin und Christensen behaupten zum Beispiel, General Zvi Zamir habe das Attentat von einem parkenden Wagen aus beobachtet. Falls das stimmt, ist meinem Gewährsmann und seinen Partnern seine Anwesenheit zumindest entgangen. »Unsinn«, war der höflichste Kommentar, den ihm die Vorstellung entlockte, der Leiter der Mossad begebe sich derart leichtsinnig in Gefahr. Die Autoren schreiben ferner, das Fluchtauto sei etwa 300 Meter vom Tatort auf der Via Bressanone zurückgelassen worden. Die Entfernung stimmt ungefähr, doch mein Informant gibt an, der Wagen sei in die entgegengesetzte Richtung, am Corso Trieste vorbei zur Via Panaro, gefahren. (Es wäre möglich, daß Carl in seiner Eigenschaft als »Schlepper« das Auto fortschaffte, ehe die Polizei es entdeckte, doch wirkt ein solcher Schritt sehr unwahrscheinlich.) Der Fluchtwagen hielt nicht unmittelbar vor dem Eingang C, und wenn auch anfangs eine Blondine im Auto gesessen hatte, so war sie verschwunden, als die beiden Attentäter aus dem Haus kamen. (Die ominöse »Blondine« hat offensichtlich die Phantasie der Zeugen angeregt, denn sie taucht noch in zwei weiteren Berichten auf. Stewart Steven in »Die Meisterspione von Israel« schreibt ebenso wie Edgar O'Ballance in »Die Sprache der Gewalt«, daß eine blonde Frau mit den beiden Mördern davongefahren sei.) Im Gegensatz zu O'Ballances Darstellung versichert mein Informant, Zwaiter sei nicht *mit*, sondern *von* seiner Freundin heimgekehrt. Tinnin und Christensen betonen, das israelische Kommando sei unmittelbar nach dem Anschlag zum Flughafen gefahren und habe Rom um Mitternacht verlassen. Dem widersprechen meine Quellen, die den Aufenthalt des Teams in Italien auf wesentlich mehr als fünf Stunden beziffern. Dagegen deckt sich Stewart Stevens Behauptung, die Attentäter seien zwar »von der Mossad rekrutiert und ausgebildet, gehörten aber nicht zu den regulären Offizieren der Abwehr«, zumindest oberflächlich mit meinen Informationen. Allerdings widerspricht mein Gewährsmann Stevens These, der Mord an Zwaiter sei von einem eigens für diese Operation zusammengestellten Team verübt worden.

3 Anscheinend hob Robert eine Patronenhülse auf und steckte sie in seine Jackentasche. Als er sie später nicht wiederfinden konnte, vermutete er, er habe sie im Fluchtauto verloren. Vielleicht ist sie mit der Patrone identisch, von der Tinnin und Christensen berichten, daß man sie auf dem Sitz des Fluchtwagens gefunden habe. Allerdings ist in ihrem Buch die Rede von einer »unbenutzten Patrone Kaliber .22« (a. a. O., S. 81).

1 Es gibt keinerlei Hinweis darauf, daß der Mossad je ein derartiger Fehler unterlaufen sei. Andere Irrtümer und Mißgriffe, von denen an anderer Stelle die Rede sein wird, hat sie freilich zur Genüge begangen.

2 Obwohl Belgien immer noch seinen Ruf behauptet, war es in den siebziger Jahren längst nicht mehr das Zentrum illegalen Waffenhandels, als das es vor dem Zweiten Weltkrieg geglänzt hatte. Inzwischen haben der Ostblock, einige Länder des Nahen Ostens wie etwa Libyen, mehrere afrikanische sowie ein paar »blockfreie« kommunistische Staaten, zum Beispiel Kuba und Jugoslawien, als Waffenexporteure eine wesentlich größere Bedeutung erlangt, selbst wenn sie im Einzelfall nur als Vermittler fungieren. Allerdings unterscheidet sich dieser Waffenmarkt ganz erheblich von Belgiens altmodischer illegaler Waffenbörse, deren Produkte durchaus auch für Privatiers erschwinglich sind. Im modernen Handelsverkehr dagegen mag zwar der Endkäufer sich des illegalen Waffenbesitzes schuldig machen, aber der Verkäufer wird fast ausnahmslos von der Regierung kontrolliert. Genaugenommen unterstützen auch Frankreich, die USA, Südafrika, Israel und andere das illegale Waffengeschäft, wenngleich vielleicht nicht in so großem Umfang wie die Ostblockstaaten und nicht in jedem Falle mit der Billigung ihrer jeweiligen Regierung.

3 Ich behaupte keineswegs, daß seit Beginn der sechziger Jahre bis heute jeder, der Hasch rauchte, gegen den Vietnamkrieg und die Umweltverschmutzung protestierte, für die Gleichberechtigung der Frau auf dem Arbeitsmarkt eintrat, oder etwa den Schutz gefährdeter Tierarten befürwortete, damit gleichzeitig die außenpolitischen Interessen der Sowjetunion förderte. Ich möchte nur darauf hinweisen, daß all diese Bewegungen a) von militanten Minderheiten dazu mißbraucht wurden, die westliche Gesellschaft zu unterminieren oder bewußt Repressalien zu provozieren – eine altbewährte Taktik der Kommunisten – und daß b) größere Fraktionen sich solchen Bewegungen aus dem Irrglauben heraus anschlossen, die von ihnen angeprangerten Mißstände, angefangen vom Lineargedanken bis hin zur Ausrottung der Robben, seien speziell durch die freie Marktwirtschaft hervorgerufen.

Allmählich wurde im Westen, insbesondere zwischen 1965 und 1975, ein Klima geschaffen, in dem jede politische Entscheidung der betroffenen Regierungsmächte die Ideale und Interessen dieser Gruppen berücksichtigen mußte, selbst wenn der westlichen Gesellschaft in ihrer Gesamtheit daraus Schaden erwuchs. Über die Konsequenzen der Protestaktionen nur einer einzigen dieser zahlreichen Bewegungen – der Umweltschützer – schreibt Paul Johnson, der ehemalige Herausgeber des »New Statesman«, in seinem Buch »Die Feinde der Gesellschaft«: »Es läßt sich weder jetzt noch in Zukunft mit Bestimmtheit feststellen, wie groß die Schuld ist, welche die Öko-Bewegung an Elend und Tod der Menschheit trifft ... Der einzige Sieger ihrer Kampagne war der archetypische totalitäre Staat, die Sowjetunion, deren Prestige wuchs und die die Effektivität ihrer militärischen und politischen Machtausübung in dem Maße bestätigt fand, in dem der Westen an Geltung einbüßte und sein Selbstbewußtsein verlor.« (a. a. O., S. 101).

4 Zitiert nach Claire Sterling, a.a.O., S. 274.

5 »Es hat mich stets verblüfft«, schreibt Richard Pipes, Historiker an der Harvard-Universität, »daß die terroristischen Vereinigungen, unter denen sich viele Anarchisten befinden, denen die sowjetisch orientierten Staaten ebenso zuwider sind wie die Länder des westlichen Kapitalismus, fast *nie* gegen sowjetische Ziele vorgehen. Für mich bedeutet das einen weiteren Beweis dafür, daß die Russen eine nicht zu unterschätzende Kontrolle über diese Organisationen ausüben.« (Bericht des Jonathan-Instituts, S. 14).

6 Die Gleichgültigkeit der Sowjetunion gegenüber ideologischen Grundsätzen, sobald es um die Unterwanderung des Kapitalismus geht, manifestiert sich besonders deutlich in der Unterstützung verschiedener neofaschistischer Terroristengruppen durch die Sowjets, die weltweit – teils direkt, teils durch Strohmänner – nachgewiesen werden kann. Beispiele hierfür nennt u.a. Claire Sterling, a.a.O., S. 113 ff.

7 Einige der Fakten, die während der siebziger Jahre an die Öffentlichkeit drangen, sind bei Claire Sterling aufgeführt (a.a.O., S. 286–92). Klaus Reiner Rohls: »Fünf Finger sind keine Faust« (Kiepenheuer & Witsch: Köln, 1977), ist in diesem Zusammenhang ebenfalls aufschlußreich. Allerdings bleibt zu berücksichtigen, daß die Aufklärung der Öffentlichkeit sich zu diesem Zeitpunkt weitgehend auf die Auswertung des inzwischen zugänglichen Informationsmaterials in einschlägigen wissenschaftlichen Büchern und Fachzeitschriften beschränkte. Die großen Publikumsverlage mieden das Thema fast ausnahmslos bis zum Ende der siebziger Jahre. Ich weiß aus eigener Erfahrung, daß Verleger einem Autor vorwarfen, er hege Vorurteile oder vertrete eine »Politik des Kalten Krieges«, wenn er es auch nur wagte, Dokumentationsmaterial über die Rolle der Sowjetunion auf der Bühne des internationalen Terrorismus vorzulegen. Die Funktion der Russen im Geschäft mit dem Terrorismus wurde mit einer »Verschwörung des Schweigens« umgeben, wie es der Schriftsteller und Journalist Robert Moss auf der Jerusalemer Konferenz von 1979 formulierte. (Bericht des Jonathan-Instituts, S. 23.)

8 Jean François Revel schreibt in seinem Buch »Die totalitäre Versuchung«: »Selbst wenn CIA und KGB sich zusammentäten und alles Gold von Transvaal zu ihrer Verfügung stünde, so würde das – zumindest zum gegenwärtigen Zeitpunkt – nicht ausreichen, um in den Niederlanden oder in Schweden eine Militärdiktatur zu errichten.« (S. 243).

9 Claire Sterling führt als Beispiel den Fall des Mailänder Präfekten Libero Mazza an, der davor warnte, daß junge Italiener sich in der Tschechoslowakei als Guerillas ausbilden ließen. »Sein Bericht verschwand in einer Schublade, und sein Ruf war ruiniert«, resümiert die Autorin. »Die linke Presse verteufelte ihn als abschreckende Personifikation eines unverbesserlichen Reaktionärs und beschimpfte ihn in der übelsten Weise.« (a.a.O., S. 289). Dem bleibt nur hinzuzufügen, daß dieselben Regierungsmitglieder, die 1970 Mazzas Bericht verschwinden ließen, während der nächsten acht Jahre viele aus ihren eigenen Reihen – bis hin zu Aldo Moro – zu Grabe tragen mußten, als die in der ČSSR ausgebildeten Terroristen nach Italien zurückkehrten und zuschlugen.

10 Dem schweizerischen und auch dem deutschen Geheimdienst war Lenzlinger wohlbekannt. Man nannte ihn in der Abwehr »den Minia-

tur-Feltrinelli«. Er wurde allerdings nie vor Gericht gestellt. Im Jahre 1976 starb er unter ungeklärten Umständen.

11 Terrorismus verschlingt ungeheuere Summen Geldes. 1975 wurde allein das Jahresbudget der El Fatah zwischen 150 Millionen (israelische Quellen) und 240 Millionen Dollar (syrische Quellen) geschätzt. (Zitiert nach Walter Laqueur: »Terrorismus«, S. 290). Die Sowjetunion, die unter ständigem Devisenmangel leidet, war nie geneigt, wertvolle amerikanische Dollars oder Schweizer Franken an ausländische Terroristen zu verschwenden. Was Rußland an harter Währung für Unterwanderungs- und Spionagezwecke zur Verfügung steht, benötigt das KGB zum eigenen Gebrauch.
Die Sowjetunion zieht es im Gegenteil vor, durch den Verkauf von Waffen und Dienstleistungen Devisen zu *verdienen*. Die finanziellen Hilfsquellen des Terrorismus werden im wesentlichen gespeist von arabischen Ölländern wie Libyen; von »Steuergeldern«, die unter den Palästinensern erhoben werden; von Spenden reicher Sympathisanten wie Feltrinelli und von Sammlungen, die häufig unter dem Deckmantel der Humanität – sei es zur Flüchtlingshilfe, sei es für nationale Belange – unter der Bevölkerung veranstaltet werden. (Dobson und Payne berichten, daß etwa unter den irischstämmigen Bürgern der USA allein 1972 durch Wohltätigkeitsbasare und Bälle 600000 Dollar für die IRA eingenommen wurden. Verschiedene kirchliche Verbände haben erwiesenermaßen Geld für afrikanische Terroristen gesammelt.) Nicht zuletzt dienen auch Banküberfälle und Geiselnahmen dazu, die Kassen der Terroristen zu füllen. Solch verbrecherischer Methoden bedienen sich vornehmlich deutsche, italienische und südamerikanische Terrorgruppen. (Vgl. u.a. Christopher Dobson und Ronald Payne: »Die Terroristen«, S. 83–100; Claire Sterling, a.a.O., insbes. S. 158–71).

VII

1 Vgl. auch Serge Groussard, a.a.O., S. 107.

2 Eine ausgezeichnete Darstellung der Ishutiniten liefert Tibor Szamuely: »Die russische Tradition«, S. 247 ff.

3 Fakhri al-Umari, ein führendes Mitglied des »Schwarzen September«. Edgar O'Ballance beschreibt ihn als »Leiter des ›Todeskommandos‹« (a.a.O., S. 107).

4 Mohammed Daoud Odeh, bekannt als »Abu Daoud«, gehörte seit der Gründung des »Schwarzen September« zur Führungsspitze.

5 Später wurde berichtet, Ali Hassan Salameh und Abu Daoud seien Ende September 1972 in Genf gewesen, also zur selben Zeit, als das Team seine ersten Zusammenkünfte im Hotel du Midi abhielt. Welche Ironie, wenn sie einander in dieser relativ überschaubaren Stadt zufällig an einer Straßenecke begegnet wären.

6 Die bekannten Modelle: »Star«, »Astra« und »Lama«. Bei dem Revolver handelte es sich um den »Ruby«.

7 Stewart Stevens schreibt, Hamshari »war von Leibwächtern umgeben. Sie standen auf Posten sowohl vor seiner Wohnung als auch vor der Haustür und auf der Straße.« (a.a.O., S. 269). Dies deckt sich zwar nicht mit meinen Informationen, stimmt aber mit den Angaben überein, die das Team

ursprünglich über Hamshari erhielt und die sich später als falsch erwiesen.

8 Dr. Ami Shachori, ein Landwirtschaftsattaché, der am 19. September 1972 an seinem Schreibtisch starb. Todesursache war ein Holzsplitter, der durch die Explosion losgerissen wurde.

9 Hamshari schleppte sich noch einen Monat dahin. Am 9. Januar 1973 erlag er seinen Verletzungen.

VIII

1 Anfang der siebziger Jahre befand sich die Schaltstelle des KGB für arabische Terrorakte in Zypern. (Vgl. hierzu Richard Deacon, a. a. O., insbes. S. 149). Edgar O'Ballance zitiert Präsident Makarios: »Zypern hat seine eigenen Probleme. Wir wollen nicht, daß unser Grund und Boden als Schlachtfeld mißbraucht wird, auf dem der Nahe Osten seine Konflikte austrägt.« (a. a. O., S. 194).
Am 10. April 1973, als diese Stellungnahme des Präsidenten veröffentlicht wurde, hatten freilich auf zyprischem Boden bereits über ein halbes Dutzend Morde, Entführungsversuche usw. stattgefunden, für die sowohl Araber wie Israelis verantwortlich waren. Obwohl das KGB schließlich sein Verbindungszentrum zur arabischen Terroristenszene nach Damaskus verlegte, blieb Zypern – zum Teil bedingt durch seine geographische Lage – weiterhin der Austragungsort blutiger Auseinandersetzungen. Einer der schrecklichsten Kämpfe fand noch im Februar 1978 statt, als palästinensische Scharfschützen nach dem Mord an einem ägyptischen Zeitungsherausgeber in einer entführten Linienmaschine der amtlichen zyprischen Fluggesellschaft in Nikosia landeten. Ägypten entsandte ein Kommando nach Zypern, das gegen die Terroristen vorgehen sollte. Doch es gab offenbar Kommunikationsschwierigkeiten zwischen der ägyptischen Eliteeinheit und der zyprischen Nationalgarde. Beim nachfolgenden Feuergefecht kamen fünfzehn Soldaten der Kommandotruppe ums Leben.

2 Er reiste unter dem Namen Hussein Bashir mit einem syrischen Paß.

3 Meinen Quellen zufolge enthielt der Umschlag 1000 US-Dollar. Wenn die Vermutung mancher Autoren zutrifft und al-Chir »vom KGB regelrecht bezahlt wurde« (Richard Deacon, a. a. O., S. 255), dann illustriert diese bescheidene Summe hinlänglich den Geiz der Russen gegenüber ihren Agenten.

IX

1 Da die Aufgabe eines Agenten in der Hauptsache darin besteht, sein Land mit Informationen zu versorgen, kommt die vorsätzliche Unterdrückung wichtiger Nachrichten auf den ersten Blick einer groben Pflichtverletzung gleich. Doch die Akten der Geheimdienste bieten zahlreiche Beispiele von Daten, die auf einer bestimmten Ebene bewußt zurückgehalten statt weitergeleitet wurden. Die Gründe dafür sind vielfältig. Abgesehen vom direkten Verrat mögen Nachlässigkeit oder aber persönliche Aufstiegsinteressen innerhalb einer bürokratischen Hierarchie eine Rolle spielen. Es ist durchaus denkbar, daß ein Agent es vor-

zieht, selbst das Lob für einen erfolgreich durchgeführten Auftrag einzuheimsen, statt das Risiko einzugehen, ihn an einen anderen Agenten oder eine andere Abteilung zu verlieren.
Ein weiteres Motiv zur Unterdrückung wichtigen Materials stellt sich ein, wenn die betreffenden Informationen einer Lieblingstheorie oder der Philosophie einer Abteilung widersprechen. Vor dem Yom-Kippur-Krieg reichte der Nachwuchsoffizier Siman Tov, der zum Südstab des Abschirmdienstes gehörte, eine Situationsanalyse ein, aus der hervorging, daß Ägypten sich zum Angriff rüstete. Die nach dem Krieg einberufene Untersuchungskommission Agranat fand heraus, daß Tovs Bericht von seinem unmittelbaren Vorgesetzten blockiert worden war. Das ist beileibe kein Einzelfall. So sehr es einen Außenstehenden auch schokkieren mag, verwunderlich ist es nicht, daß Avners Team zunächst erwog, die Informationen über Beirut für sich zu behalten. Es spricht allerdings für die Loyalität der Gruppe, daß sie schließlich doch Meldung machte.

2 So dringt zum Beispiel am 1. März 1973 – knapp drei Wochen vor der Zusammenkunft des Teams mit ihrem Einsatzoffizier in Genf – ein Kommando des »Schwarzen September« in der sudanesischen Hauptstadt Khartum in die Botschaft Saudi-Arabiens ein und nimmt fünf Diplomaten als Geiseln. Als ihre Bedingungen auf Ablehnung stoßen, werden zwei amerikanische Diplomaten und der belgische Geschäftsträger der Botschaft erschossen. Im Januar wurde der Mossad-Agent Baruch Cohen ermordet. Zur selben Zeit versuchte der »Schwarze September« das Flüchtlingslager für russische Juden im österreichischen Schloß Schonau zu sabotieren.

3 Damals fand jeden Donnerstag eine Sitzung der Spitzenkräfte der Mossad statt.

4 Die Popularität, die Tannous und Halesh erlangten, verdankten sie wohl mehr ihrem Aussehen als dem Erfolg ihrer Unternehmungen. Die beiden arabischen Krankenschwestern, die dem christlichen Glauben angehörten, hatten eine ungeheuere erotische Ausstrahlungskraft. Zusammen mit zwei männlichen Komplizen kaperten sie eine belgische Verkehrsmaschine und zwangen sie zur Landung in Lod. Sie verlangten die Freilassung arabischer Gefangener, im Austausch gegen das Flugzeug und die Geiseln. Israelische Fallschirmjäger greifen ein, töten zwei der Entführer und verhaften Tannous und Halesh. Das Urteil für die beiden Frauen lautet lebenslänglich. Eine ausführliche Schilderung dieser Operation aus dem Jahre 1979 liefert Edgar O'Ballance, a.a.O., S. 110ff.

5 Die meisten Quellen bringen al-Kubaisi mit George Habashs »Volksfront« in Verbindung und nicht mit Yassir Arafats El Fatah bzw. dem »Schwarzen September«. Meine Informationen bestätigen diese Zuordnung. Da aber das Massaker von München eine Aktion des »Schwarzen September« war, beweist al-Kubaisis Name auf der Liste des Teams die These, daß Israels Widerstand gegen den Terrorismus wesentlich mehr bedeutete als einen bloßen Rachefeldzug gegen die Verantwortlichen der Greueltat von München.

6 Viele politische Mörder teilen die Ansicht, daß ihre moralische Schuld herabgemindert wird, wenn sie ihren Opfern von Angesicht zu Angesicht gegenübertreten. In einem Interview, das am 13. März 1983 vom ka-

nadischen Fernsehen übertragen wurde, betonte ein Falangist, der im Sommer 1982 an der Ermordung von Zivilisten in den palästinensischen Flüchtlingslagern beteiligt war, er habe »niemals einen Menschen von hinten erschossen«. Offensichtlich erschien dem Mörder seine Tat dadurch weniger verabscheuungswürdig. Möglicherweise herrscht unter Verbrechern, die nicht aus politischen Motiven morden, eine ähnliche Ethik, doch sind mir keine Untersuchungen auf diesem Gebiet bekannt.

7 Die israelischen Autoren Michael Bar-Zohar und Eitan Haber berichten in ihrem Buch »Die Suche nach dem Roten Prinzen«, al-Kubaisis Ermordung in der Nacht des 6. April habe sich um zwanzig Minuten verzögert, weil al-Kubaisi just in dem Moment, da er getötet werden sollte, zu einer Prostituierten in den Wagen stieg. Die Attentäter beschlossen zu warten, in der Hoffnung, die Dame würde ihren Kunden wieder dort absetzen, wo sie ihn aufgelesen hatte. Und das tat sie dann auch zwanzig Minuten später. Wenngleich dieses Histörchen sich recht amüsant liest, wird es durch meine Informationen keineswegs belegt.

8 Die Augenzeugen verfolgten niemanden, ja sie bemerkten nicht einmal Robert, der in einiger Entfernung auf der anderen Straßenseite stehengeblieben war, als die Schüsse fielen. Alle veröffentlichten Zeugenaussagen sprechen von zwei, statt drei Mördern. (Vgl. z. B. »Le Figaro«, 7. April 1973).

X

1 Einige dieser angenommenen Namen – sowie ein paar weitere, die meine Informanten nicht erwähnten – zählt Richard Deacon auf (vgl. a. a. O., S. 257f.). Die zeitliche Abfolge weicht in meinen Quellen ein wenig von der bei Deacon angegebenen ab.

2 Edgar O'Ballance berichtet, daß ein Franzose namens François Rangée 1974 von einem Gerichtshof in Beirut als angeblicher Komplize des israelischen Kommandos zum Tode verurteilt wurde (a. a. O., S. 174). Meine Gewährsleute hatten darüber keinerlei Informationen. *Le Groupe* ließ sich von Avners Team zur Mithilfe beim Angriff auf die PLO in Beirut überreden (s. u.). Doch meinen Quellen zufolge konnten sämtliche Hilfskräfte zusammen mit den Israelis unmittelbar nach dem Anschlag entkommen.

3 Hinter Fatah-Chef Arafat und Saleh Khalif (auch bekannt unter dem Namen Abu Iyad), dem stellvertretenden Leiter der Fatah und Anführer des »Schwarzen September«.

4 Diese Zahl ist möglicherweise übertrieben. Christopher Dobson und Ronald Payne sprechen von 17 getöteten Arabern, was mir realistischer zu sein scheint (vgl. a. a. O., S. 212).

5 Die Berichterstatter sind sich über die Zahl der toten und verwundeten Israelis nicht ganz einig. In manchen Darstellungen wird vermutet, daß der Hubschraubereinsatz ursprünglich nicht geplant war. Erst nachträglich habe man die Helikopter angefordert, um das umfangreiche im PLO-Hauptquartier erbeutete Dokumentationsmaterial sowie Tote und Verwundete abzutransportieren. Diese Berichte gehen davon aus, daß Israels Rolle beim Angriff geheimgehalten und der Überfall als Racheakt rivalisierender Palästinensergruppen deklariert werden sollte. Nur der

Einsatz der Hubschrauber vereitelte angeblich diesen Plan. (vgl. David B. Tinnin, a. a. O., S. 96; Stewart Steven, a. a. O., S. 247). Nach meinen Informationen zielte das geplante Täuschungsmanöver lediglich darauf ab, die libanesischen Streitkräfte vom Tatort fernzuhalten. Die Mossad vertraute darauf, daß die Libanesen sich wie üblich auch diesmal nicht in interne palästinensische Streitigkeiten einmischen würden, beabsichtigte ansonsten aber keineswegs, die Operation nach ihrer erfolgreichen Durchführung geheimzuhalten.

6 Die Auswirkungen der Operation Beirut werden von einigen Autoren ausführlich behandelt. Mir bleibt lediglich hinzuzufügen, daß der Sturmangriff die Effektivität solcher Kommandoaktionen – zumindest unter gewissen Umständen – schon allein dadurch bewies, daß er der PLO fast ebenso großen Schaden zufügte wie die Invasion der israelischen Armee im Libanon, die neun Jahre später erfolgte. Außerdem forderte der Überfall nur einen Bruchteil der Finanzierungs- und Materialkosten. Vor allem Menschenleben wurden sowohl auf israelischer wie auf palästinensischer und libanesischer Seite in weit geringerer Zahl geopfert. Statt dem Ruf Israels zu schaden, stärkte die Aktion das Ansehen des Landes. Es ist nicht zu leugnen, daß Israel sich durch die Operation Beirut nur kurzfristig einen Vorteil verschaffen konnte, doch es bleibt abzuwarten, ob die 1982 erfolgte Invasion im Libanon dem Land eine längere Atempause gewährt.

7 Vgl. »Le Figaro«, 10. April 1973.

8 Der KGB-Vertreter in Athen hätte sich wahrscheinlich keine besondere Mühe gegeben, seinen Kontakt zu Muchassi geheimzuhalten. Es sei noch einmal darauf hingewiesen, daß die Sowjetunion (abgesehen von einigen wenigen offiziellen Mißfallenskundgebungen wie etwa anläßlich des Mordanschlags von München) in jener Phase ihre Rolle bei der Unterstützung des Terrorismus weniger zu verheimlichen suchte als die auf Entspannung fixierten Regierungen und Nachrichtenorgane der westlichen Welt. Dem widerspricht keinesfalls die Tatsache, daß man im KGB eine direkte Konfrontation mit der Mossad zu vermeiden suchte. Die Mossad wollte sich umgekehrt ja auch nicht auf einen Kampf mit dem KGB einlassen. So hätte beispielsweise kein Team ein Attentat auf einen PLO-Terroristen verübt, solange der sich im Wagen eines russischen Kontaktmanns befand.

9 Die meisten Quellen, die ich zu Rate zog, stimmen bezüglich Zeit und Ort der Mehrheit der israelischen Konterguerilla-Operationen überein. Dagegen sind die Berichte über Muchassis Ermordung auffallend widersprüchlich. Richard Deacon schreibt, das Attentat habe am 9. April auf Zypern stattgefunden (a. a. O., S. 256). Stewart Steven legt es auf den 7. April, ebenfalls in Zypern, und behauptet, der Sprengstoffanschlag auf die Residenz des israelischen Botschafters Timor am 9. April sei der Racheakt der Palästinenser für die Ermordung Muchassis gewesen (a. a. O., S. 271). Doch die Palästinenser konnten schwerlich Vergeltung für einen Mord üben, der sich erst drei Tage später ereignete. Edgar O'Ballances Orts- und Zeitangabe stimmen mit denjenigen meiner Informanten überein (Athen, am 12. April). Allerdings trägt bei ihm das Opfer einen anderen Namen (a. a. O., S. 178). In den im Druck vorliegenden Berichten

fand ich nirgends einen Hinweis auf einen verwundeten oder getöteten KGB-Agenten. Der Russe wird von der Presse überhaupt nicht erwähnt.

XI

1 Richard Deacon lastet Boudia den Mord an Baruch Cohen an. »Eine Stunde später war er (Cohen) erschossen: sein Mörder war kein anderer als Mohammed Boudia, der Mann, den er verfolgt hatte« (a. a. O., S. 256). Andere Autoren gehen nicht ganz so weit, weder was Boudias Täterschaft noch was Baruch Cohens Auftrag in Spanien betrifft. In gewissem Sinne verfolgten die beiden Männer sich tatsächlich gegenseitig. Das ist auf den geheimen Kriegsschauplätzen, auf dem Terroristen und Gegenterroristen sich ihre Schlachten liefern, nichts Außergewöhnliches. Doch es läßt sich nicht nachweisen, daß die beiden an jenem Januartag des Jahres 1973, an dem Cohen erschossen wurde, direkt aufeinander Jagd machten.

2 Eine detaillierte Beschreibung von Feltrinellis Lebensweg findet sich bei Claire Sterling, a. a. O., S. 25–48. Sie entwirft ein glasklares, eindrucksvolles Porträt des neurotischen Playboys und Revolutionärs.

3 Vgl. »Le Figaro«, 29. Juni 1973. Die widersprüchlichen Auskünfte über Boudias Aufenthalt am Vorabend und am Morgen seines Todes verstärkten noch die allgemeine Verwirrung. Christopher Dobson und Ronald Payne berichten, Boudias Renault habe »die ganze Nacht in der Rue des Fossés Saint-Bernard geparkt«. Aber »aus unerfindlichem Grund erzählte eine seiner Freundinnen [der Polizei], daß er die Nacht bei ihr in einem anderen Teil von Paris verbracht habe«. (»Das Carlos-Syndrom«, S. 25).
Meinem Gewährsmann zufolge sagte dieses junge Mädchen die Wahrheit. Boudia verbrachte die Nacht tatsächlich in der Rue Boinod im 18. Arrondissement und fuhr erst in den frühen Morgenstunden in die Rue des Fossés Saint-Bernard. Dort parkte er seinen Wagen und besuchte eine Freundin, die in der Nähe wohnte. Als er gegen 11 Uhr vormittags zum Auto zurückkehrte, fiel er dem Attentat zum Opfer.

XII

1 Edgar O'Ballance zitierte Golda Meir folgendermaßen: »Ich kann nicht versprechen, daß die Terroristen uns in Frieden werden leben lassen. Aber ich kann und will euch versprechen, daß jede Regierung Israels denen die Hände abhacken wird, die unsere unschuldigen Kinder töten.« (a. a. O., S. 233). Diese Rede war die Antwort auf Naif Hawatmehs prahlerische Erklärung, seine »Demokratische Volksfront« zeichne für die Greueltat von Maalot verantwortlich, bei der 27 israelische Kinder ums Leben kamen. Es ist interessant zu beobachten, daß Golda Meirs anfänglicher Widerstand gegen die Konterguerilla, der sich nicht nur auf die Furcht vor potentiellen Irrtümern und diplomatischen Verwicklungen, sondern ganz allgemein auf die Achtung vor den Gesetzen der Zivilisation stützte, in ihren späteren Dekreten einem wesentlich härteren Kurs wich. So sagte sie etwa nach der Operation Beirut vor der Knesset: »Es ist wahrhaftig ein Wunder. Wir töteten die Mörder, die bereits neue Morde planten.« (Zitiert nach David B. Tinnin, a. a. O., S. 96).

2 Ein dunkles, wahrscheinlich gegenstandsloses Gerücht bringt Alons Ermordung in Zusammenhang mit einem Vernichtungskampf innerhalb der israelischen Führungsspitze. Ich halte diese Spekulation für unbegründet, allerdings weniger, weil die Palästinenser sich für Alons Tod verantwortlich erklärten, als vielmehr aus dem Grund, daß nie auch nur der Schatten des Verdachts aufkam, Israelis brächten sich gegenseitig um. Viele Palästinenserorganisationen – und vielleicht auch einige israelische Kommandos – haben wiederholt die »Verantwortung« für Terroraktionen übernommen, die sie in Wahrheit gar nicht begangen hatten. Dem Prinzip: »Töte einen und versetze Hunderte in Angst und Schrecken« ist mit dieser Methode durchaus gedient: Wenn der eigentliche Zweck des Terrors darin liegt, dem Gegner Angst einzujagen, dann kann das durch vorgetäuschte Taten ebenso geschehen wie durch wirklich verübte. Doch die Gerüchte um Alons Tod wurden vermutlich bewußt ausgestreut, um Verwirrung zu stiften.

3 Im Frühjahr 1973, als Avner als Sympathisant der Baader-Meinhof-Gruppe auftrat, verbrachte er gemeinsam mit Carlos zwei Nächte in einer konspirativen Wohnung. In dieser Kommune auf dem linken Seineufer von Paris herrschte ein ständiges Kommen und Gehen. Die meisten der Leute, die sich dort herumdrückten, waren Hippies, Sympathisanten und Mitläufer. Harte Terroristen befanden sich kaum darunter. Niemand stellte Fragen, keiner kümmerte sich um den anderen. Avner unterhielt sich sogar mit Carlos, war jedoch an dem untersetzten Venezolaner, den er für einen unbedeutenden Anarchisten ohne Bedeutung für Israel ansah, nur mäßig interessiert. Vermutlich hielt Carlos seinerseits auch Avner für eine unwichtige Randfigur.

4 Richard Deacon zufolge handelte es sich bei den Opfern um Abdel Hadi Nakaa und Abdel Hamid Shibi (a.a.O., S. 262). Andere Autoren kommen zu dem Ergebnis, daß die Explosion nicht auf ein Attentat der Mossad zurückzuführen sei. So vermutet »die römische Polizei, daß instabile Sprengkörper, die sich im Auto der beiden befanden, den Unfall auf der Piazza Barberine verursachten«. (zitiert nach Edgar O'Ballance, a.a.O., S. 225). Hier gilt es freilich zu berücksichtigen, daß die italienischen Behörden generell dazu tendieren, die Untersuchung von Terroranschlägen zu umgehen, indem sie sie kurzerhand als Unfälle deklarierten. Auf diese Weise vermied man nicht nur leidige Ermittlungsarbeiten, sondern auch eventuelle diplomatische Verwicklungen. Andererseits muß auch in diesem Zusammenhang wieder darauf verwiesen werden, daß beide Kontrahenten im Nahost-Konflikt gelegentlich vor der Öffentlichkeit die Verantwortung für Attentate übernahmen, die von der Gegenseite verübt wurden. Mein Gewährsmann versicherte, daß sein Team nichts mit dem Anschlag in Rom vom Juni 1973 zu tun hatte. Avner und seine Leute hielten die Operation zum damaligen Zeitpunkt für das Werk eines anderen Gegenterror-Kommandos der Mossad. Vielleicht werden die wahren Hintergründe nie ans Licht kommen.

5 David B. Tinnin und Dag Christensen, deren Informationen in anderen Punkten erheblich von den meinigen abweichen, liefern in ihrem Buch »Vergeltungskommando« einen faszinierenden Bericht vom Lillehammer-Fiasko. Wesentliche Details ihrer Geschichte klingen durchaus au-

thentisch. Ausnahmen sind etwa die Erwähnung einer weiblichen Angehörigen des Mordkommandos (eine nach meinen Informationen höchst unwahrscheinliche Konstellation, wenngleich die Frau auch bei anderen Autoren auftaucht) und der Bericht vom Aufenthalt des Leiters der Mossad, General Zvi Zamir, in Norwegen zum Zeitpunkt des Attentats. Letzteres stuft mein Gewährsmann schlicht als »Märchen« ein.

6 Diese Verse aus Nizar Qabbanis Gedicht entstammen seinem 1974 erschienenen Buch »Politische Werke« und sind zitiert nach Elie Kedourie in dem von Bernard Lewis herausgegebenen Band »Der Islam und die arabische Welt«. Die übrigen Gedichtfragmente sind folgender Anthologie entnommen: »Enemy of the Sun: Poetry of Palestinian Resistance«. Hrsg. von Naseer Aruri und Edmund Ghareet (New York: Drum & Spear Press, 1970).

7 Es kann nicht bestritten werden, daß auch zionistische Extremisten politische Morde an Staatsmännern und Diplomaten verübten, ja sogar in blindwütigen Terroraktionen gegen Zivilisten vorgingen. Gemäßigte Zionisten haben diese Extremisten zwar vielfach klar und unmißverständlich verurteilt, aber auch arabische Nationalisten haben immer wieder gegen die Gewaltakte arabischer Terroristen protestiert. Festzuhalten bleibt, daß zionistische Terroristen zwischen 1944 und Ende 1948 folgende Männer ermordeten: Lord Moyne, den Vertreter der britischen Regierung im Nahen Osten; Graf Bernadotte, den schwedischen UN-Beauftragten in Palästina; und mit einer nach England geschickten Paketbombe Rex Farran, den Bruder des britischen Majors Roy Farran, der den Terrorismus bekämpfte. Anderen britischen Politikern, unter ihnen auch Premierminister Clement Attlee, drohte man mit Briefbomben.

Zionistische Extremisten sprengten ferner das King David Hotel in Jerusalem in die Luft. Bei diesem Anschlag kamen 91 Menschen ums Leben, darunter 15 Juden. 254 alte Männer, Frauen und Kinder wurden in dem arabischen Dorf Deir Yassin niedergemetzelt. Hinzu kamen weitere Sprengstoffattentate sowie die Ermordung britischer Soldaten und Offiziere. Zahlreiche öffentliche Einrichtungen (einschließlich einiger Erholungszentren in Palästina) wurden zerstört. Natürlich rechtfertigen zionistische Terroraktionen keineswegs gleichzeitige oder spätere Gewaltakte der Fedajin. Die oben genannten Fakten sollen lediglich daran erinnern, daß moralische Vergehen furchtbarsten Ausmaßes nicht allein bestimmten Nationen oder spezifischen Bewegungen anzulasten sind.

8 Zitiert nach Claire Sterling, a. a. O., S. 117.

9 Die Haganah war eine jüdische Selbstverteidigungsorganisation, die bereits vor der Errichtung des Staates Israel ins Leben gerufen wurde. Zu dieser Zeit machte Salameh durch Greueltaten wie den Mord an dem arabischen Geschäftsmann Ahmed Latif von sich reden. Später ließ er die Leiche des Mannes, den man auf der Hauptstraße von Jaffe erschossen hatte, ausgraben und an den Tatort zurückschaffen, angeblich als Warnung für alle, die es wagten, mit den Juden zu kollaborieren. »Dieser Verräter erhielt seinen gerechten Lohn«, riefen Salamehs Schergen den Vorübergehenden zu. »Möge er hier verfaulen! Die Hunde sollen seinen Kadaver fressen.« (Zitiert nach Michael Bar-Zohar: »Spione im Gelobten Land«).

10 Vgl. Claire Sterling, a.a.O., S.118f. Man vermutet, daß Salameh nicht nur Kommunisten und Neonazis, sondern bis zu einem gewissen Grad auch mit der CIA zusammengearbeitet hat, zumindest in der Spätphase seiner Laufbahn als Sicherheitschef der Fatah. (Vgl. David Ignatius im Wall Street Journal vom 10. Februar 1983). Zwar ist es höchst unwahrscheinlich, daß Salameh der CIA je als Agent diente – oder von ihr auch nur in Einzeloperationen eingesetzt wurde –, doch wäre es denkbar, daß der gerissene, weltkluge Salameh sich vor seinen israelischen Feinden dadurch zu schützen suchte, daß er CIA-Agenten oder amerikanischen Diplomaten hin und wieder eine Gefälligkeit erwies. Salamehs Hilfe wäre den Amerikanern bei ihren Nahost-Missionen zweifellos sehr nützlich gewesen, und sie hätten sich vermutlich erkenntlich gezeigt, indem sie ihm gelegentlich einen Informationsvorsprung gegenüber der Mossad verschafften. Doch all diese Überlegungen bewegen sich auf der Ebene reiner Spekulation.

XIII

1 Hilarion Capucci, Erzbischof der griechisch-orthodoxen Kirche in Jerusalem, schmuggelte Waffen für die PLO. Er wurde im Juli 1974 festgenommen und später von einem israelischen Gerichtshof zu einer Freiheitsstrafe von 12 Jahren verurteilt. Der Mossad war Capuccis Verbindung mit den Terroristen schon geraume Zeit vor seiner Verhaftung bekannt, doch sie wartete ab, bis sie ihn auf frischer Tat ertappte. Capucci machte gar nicht den Versuch, sich zu verteidigen. Er verwies lediglich auf seine diplomatische Immunität und weigerte sich, die Rechtsprechung eines israelischen Gerichts anzuerkennen. Auch die römisch-katholische und die protestantische Kirche sind nicht immer immun gegen die Infiltration der Sowjets geblieben, was in der Hauptsache durch eine gewisse ideologische Verbindung zwischen Christentum und Marxismus bedingt zu sein scheint.

2 Ich konnte in der deutschschweizerischen Presse keine Meldung über den Vorfall finden. (Vgl. hierzu auch Anm. 2, Kap. XVIII).

XIV

1 David B. Tinnin zitiert Premierministerin Meir wie folgt: »Können Sie dafür garantieren, daß Ihnen eines Tages nicht ein Fehler unterläuft? Nein! Irgendwann wird man welche von unseren Leuten schnappen. Können Sie mir sagen, was Sie dann zu tun gedenken?« (a.a.O., S.29). Wenn dieses Zitat auch größere Besorgnis um die politischen Konsequenzen als um das Leben der Betroffenen zu verraten scheint, so ist es doch möglich, daß Golda Meir beide Gefahren in gleicher Weise bedachte. Tatsächlich wurden mehrere israelische Spione und Saboteure im Ausland gefaßt. Israel griff nicht ein, und den Agenten geschah nichts weiter. Viele Länder betreiben Spionage, sind an Sabotage- und Terrorakten beteiligt, ohne daß ihnen daraus große Nachteile erwachsen. Ab und zu wird ein Diplomat ausgewiesen, und hin und wieder werden öffentlich scharfe Verweise erteilt, gefolgt von unbedeutenden wirtschaftlichen Sanktionen, die zudem in der Regel zeitlich begrenzt sind. Israel hatte keinen Grund, schlimmere Vergeltungsmaßnahmen zu befürchten.

XV

1 Wenn es hart auf hart geht, sterben viele männliche Terroristen im Kampf. Zwar kommen hin und wieder auch weibliche Freischärler ums Leben, aber die meisten Frauen sind einsichtig genug, im letzten Moment aufzugeben oder die Granate, die sie zusammen mit ihren Opfern in die Luft jagen würde, nicht zu werfen. Khaled, Halesh und Tannous wurden lebend gefangengenommen, ihre männlichen Begleiter dagegen starben. Mir ist kein Beispiel für den umgekehrten Fall bekannt, daß nämlich ein männlicher Terrorist lebend festgenommen wird, während seine Genossinnen im Kampf fallen.
Die Anführerin beim Entführungsversuch einer japanischen Linienmaschine kam ums Leben, als sie in der Cocktail Lounge des Flugzeugs ihre Unterarmtasche, in der sich eine Handgranate befand, versehentlich zu fest an sich preßte. (Christopher Dobson und Ronald Payne kommentieren diesen Unfall zutreffend, wenn auch ein wenig zynisch, mit den Worten: »[Sie] hätte wohl mehr auf ihre Granate als auf ihren Champagner achten sollen.« »Das Carlos-Syndrom«, S. 176). Die Statistik verzeichnet für Terroristinnen im Einsatz hauptsächlich zwei Todesursachen: Selbstverschulden oder die Ermordung durch Gegner, die keine Kapitulation akzeptieren.

XVI

1 Um Pepe gerecht zu werden, sollte man berücksichtigen, daß nur sehr wenige Männer für die Ehe mit einer Agentin tauglich sind. Geheimdienste in aller Welt machen immer wieder die Erfahrung, daß Spioninnen nicht mit der uneingeschränkten Unterstützung ihrer Partner rechnen können, die männliche Agenten in der Regel bei ihren Frauen finden. Deshalb sind Agentinnen fast ausnahmslos ledig, es sei denn, sie arbeiten mit ihren Männern zusammen, die gewöhnlich zumindest Angehörige des Geheimdienstes sind.

2 Carl litt nicht unbedingt an Wahnvorstellungen. Wenn auch ungeklärt bleibt, welche Kräfte hinter *Le Groupe* standen, so gibt es doch Anzeichen dafür, daß das KGB eine Privatinitiative in Frankreich gründete, die nach ähnlichen Prinzipien vorging wie Papas Organisation und die bis 1978 im Einsatz war. Unter dem Namen *Aide et Amitié* bot diese Vereinigung angeblich internationalen Terroristen ihre Dienste an. (Vgl. Claire Sterling a. a. O., S. 49–69).

3 Das stellt ein immer wiederkehrendes Problem aller geheimen Operationen dar. Es ist ebenso unmöglich, Informationen zu sammeln, ohne erkennbar zu machen, daß man welche sucht, wie einen Gewährsmann zu treffen, ohne von ihm gesehen zu werden. Vorsichtsmaßnahmen können nur dazu dienen, das Risiko möglichst gering zu halten, ausschließen läßt es sich nicht. Ein Agent ist erst dann in Sicherheit, wenn er nicht mehr in Aktion tritt. Nur aus diesem Grund gelingt es den sogenannten »Schläfern« oder »Maulwürfen« manchmal, jahrzehntelang unentdeckt zu bleiben: sie tauchen unter, verhalten sich absolut ruhig und warten auf das Zeichen ihres Anführers. Sowie der sie allerdings in den aktiven Dienst zurückbeordert, ist ihr Leben wieder genauso in Gefahr wie das eines jeden Agenten.

Das Risiko verringert sich nicht dadurch, daß man statt mit Privatorganisationen wie *Le Groupe* nur mit »regulären« Informanten arbeitet. Es sei in diesem Zusammenhang nur auf das Beispiel Baruch Cohens verwiesen, der erschossen wurde, während er mit einem ihm wohlbekannten arabischen Informanten in einem Straßencafé saß. Der Mann langte in die Tasche, angeblich um eine Namensliste herauszuholen. Doch dann hatte der Araber plötzlich eine Pistole in der Hand und gab vier Schüsse auf Cohen ab. (Vgl. Christopher Dobson und Ronald Payne: »Das Carlos-Syndrom«, S. 25).

4 Zwischen November 1971 und September 1973 erklärte der »Schwarze September« sich – abgesehen von dem Massaker von München – für mindestens 14 Terroranschläge verantwortlich, deren Schauplatz meist Westeuropa war. Nach dem Herbst des Jahres 1973 verübten seine Kommandos keine weiteren Attentate in Europa. Im Nahen Osten kam es nur noch zu einem einzigen Anschlag: dem Mordversuch an König Hussein in Rabat am 11. Oktober 1974. Es läßt sich natürlich nicht mit Bestimmtheit sagen, ob der »Schwarze September« seine Aktivitäten in Europa einstellte, weil er zwischen Oktober 1972 und Juni 1973 neun Spitzenorganisatoren verloren hatte. Ich halte es für wahrscheinlicher, daß die Palästinenser hauptsächlich auf den geänderten Kurs der PLO-Außenpolitik nach dem Yom-Kippur-Krieg Rücksicht nehmen mußten. Doch Avners Team konnte immerhin mit einer gewissen Berechtigung davon ausgehen, daß der Erfolg ihrer Operation die Bewegung des »Schwarzen September« unschädlich gemacht habe; und weil die fünf sich das so sehnlich wünschten, glaubten sie um so fester daran.

XVII

1 Solch psychische Tiefschläge sind offenbar der Preis, den ein Team unweigerlich für seine Sicherheit zahlen muß, wenn es ohne Kontakt zur Heimatfront auf eine Mission entsandt wird. Eine unabhängige Gruppe läuft zwar weniger Gefahr, enttarnt zu werden, und ihre fähigsten Mitglieder werden vielleicht durch die autonome Operationsbasis zu noch größeren Leistungen angespornt. Doch diesen möglichen Vorteilen wirken ein latentes Unsicherheitsgefühl sowie mangelndes Orientierungsvermögen im Falle eines Fehlschlags entgegen. Die Berichte der Kommando-Operationen sind voller Klagen über Zweifel, psychischen Druck, Unzulänglichkeits- oder Schuldgefühle. Solche Selbstbezichtigungen mögen im Einzelfall berechtigt sein, aber sie werden auch dann erhoben, wenn die Agenten vom Standpunkt des objektiven Betrachters aus im Rahmen ihrer Mission das einzig Sinnvolle taten.

2 In der spanischen Presse fand ich keine Meldung über diesen Vorfall. Wie schon in Glarus, so verhinderten auch hier Sicherheitserwägungen eine öffentliche Untersuchung von seiten der Behörden. Meine Informanten erklärten sich nur unter der Bedingung zur Aussage bereit, daß keine polizeilichen Ermittlungen angestellt würden. Folglich kann ich einige Behauptungen in diesem Bericht nur durch mein Vertrauen in Quellen stützen, deren Verläßlichkeit zu überprüfen ich in anderen Punkten Gelegenheit hatte.

3 Zusammen mit dem Brandbombenanschlag auf die Pan-Am-Maschine in Rom am 17. Dezember 1973, bei dem 32 Passagiere ums Leben kamen, bildet dieses Attentat den Auftakt für den traurigen Rekord Abu Nidals als Terroristenführer mit der höchsten Menschenopferquote. Abu Nidal, ein Abtrünniger der Bewegung »Schwarzer September«, und Yassir Arafat »verurteilten« einander gegenseitig zum Tode. Allerdings wurde bis zum Zeitpunkt der Fertigstellung meines Manuskripts keines der beiden »Urteile« vollstreckt. Als 1983 Arafats Vertrauter, Dr. Issam Sartawi, in Portugal ermordet wurde, nannte die westliche Presse Abu Nidal als mutmaßlichen Täter. Arafat selbst freilich beschuldigte den israelischen Geheimdienst. (Vgl. »Time Magazine«, 25. April 1983).

XVIII

1 General Zvi Zamir war im Herbst 1974 in den Ruhestand versetzt und durch General Yitzhak Hofi abgelöst worden. Aus Sicherheitsgründen gibt Israel grundsätzlich den Namen des *memune* sowie einiger anderer Spitzenkräfte des Geheimdienstes und der Abwehr erst nach deren Pensionierung bekannt. Wie manch andere Sicherheitsvorkehrungen, so ist auch diese eigentlich nur auf dem Papier wirksam. Die Identität hoher Beamter und Spitzenfunktionäre wird höchstens vor den Bürgern Israels sowie vor der Presse geheimgehalten, bleibt aber dem KGB oder der Terrorismusszene nur in den seltensten Fällen verborgen. So kannte beispielsweise der sowjetische Spion Israel Beer (1962 festgenommen) jeden an der Spitze des israelischen Geheimdienstes, da er selbst sich bis zum stellvertretenden Leiter der Aman emporgearbeitet hatte. Daraus folgt, daß Isser Harrel, der erste große *memune,* den Feinden Israels während seiner ganzen Amtszeit bekannt war, wohingegen die Freunde des Landes nichts von ihm wußten. Da auch General Hofis Identität während seiner Amtsperiode (vom Herbst 1974 bis gegen Ende 1982) aufgrund einer Indiskretion bei seiner Ernennung nicht geheimgehalten werden konnte, scheinen nur zwei *memunim,* Zamir und sein Vorgänger Meir Amit, sich erfolgreich im Verborgenen gehalten zu haben, solange sie amtierten. (Der Mann, der als Nachfolger General Hofis vorgesehen war, starb unter ungeklärten Umständen während des Libanon-Feldzugs im Jahre 1982. Die Identität des jetzigen *memune* konnte bisher erfolgreich verschwiegen werden.)

Epilog

1 Vgl. Serge Groussard, a. a. O., S. 107.

Bibliographie

Aldouby, Zwy & Jerrold Ballinger: »The Shattered Silence«. New York: Lancer Books, 1971

Avineri, Shlomo: »The Making of Modern Zionism«. o.O.: Weidenfeld & Nicolson, 1981

Baker, Ralph: »Not Here, But In Another Place«. New York: St. Martin's Press, 1980

Bar-Zohar, Michael: »Spies in the Promised Land«. o.O.: Davis-Poynter, 1972

ders. & Eitan Haber: »The Quest for the Red Prince«. New York: William Morrow, 1983

Becker, Jillian: »Hitlers Kinder«. Frankfurt a.M.: S. Fischer, 1978

Ben-Hanan, Eli: »Our Man in Damascus«. New York: Crown, 1969

Clark, Richard C.: »Technological Terrorism«. Old Greenwich: The Devin-Adair Co., 1980

Clutterbuck, Richard: »Guerillas and Terrorists«. o.O.: Faber & Faber, 1977

Cohn-Bendit, Daniel und Gabriel: »Linksradikalismus, Gewaltkur gegen die Alterskrankheit des Kommunismus«. Reinbek bei Hamburg: Rowohlt, 1968

Davitt, Michael: »Within the Pale«. Copyright 1903

Deacon, Richard (Pseudonym von: Donald MacCormick): »The Israeli Secret Service«. o.O.: Sphere, 1979

Debray, Regis: »Revolution in the Revolution«. o.O.: Greenwood Press, 1980

Dobson, Christopher & Ronald Payne: »The Carlos Complex«. o.O.: Coronet, 1978

dies.: »The Terrorists«. New York: Facts on File, 1979

Elon, Amos: »Die Israelis«. (1. u. 2. Auflage) München, Wien: Molden, 1972

Fanon, Frantz: »Die Verdammten dieser Erde«. Frankfurt a.M.: Suhrkamp, 1966

Groussard, Serge: »The Blood of Israel«. New York: William Morrow, 1975

Havas, Laslo: »Hitler's Plot to Kill the Big Three«. Cambridge, Mass.: Cowles, 1969

Herzog, Chaim: »The Arab-Israeli Wars«. o.O.: Methuen, 1982

Johnson, Paul: »Enemies of Society«. o.O.: Weidenfeld & Nicolson, 1977

Khaled, Leila: »Mein Volk soll leben«. München: Trikont, 1974

Laffin, John: »Fedayeen«. o.O.: Cassell, 1978

Laqueur, Walter: »Terrorismus.« Kronberg i.T.: Athenäum, 1977

ders.: »Confrontation: The Middle East and World Politics«. New York: Quadrangle, 1974

Lewis, Bernard: »Islam and the Arab World«. Toronto: McClelland & Stewart, 1976

Netanyahu, Benjamin: »International Terrorism: The Soviet Connection«. The Jonathan Institute, 1979
O'Ballance, Edgar: »Language of Violence«. Novato, Cal.: Presidio Press, 1979
Peres, Shimon: »From These Men«. o. O.: Wyndham, 1979
Philby, Kim: »Mein Doppelspiel«. Gütersloh: Bertelsmann, 1968
Revel, Jean-François: »Die totalitäre Versuchung«. Berlin: Ullstein, 1976
Selzer, Michael: »Terrorist Chic«. New York: Hawthorn Books, 1979
Sterling, Claire: »Das internationale Terror-Netz«. München: Scherz, 1981
Steven, Stewart: »The Spymasters of Israel«. o. O.: Hodder & Stoughton, 1981
Szamuely, Tibor: »The Russian Tradition«. o. O.: Secker & Warburg, 1974
Tigay, Alan M.: »Myths and Facts 1980«. Near East Report, 1980
Tinnin, David B. & Dag Christensen: »Vergeltungskommando«. Frankfurt a. M.: Goverts, 1977